人殺し大百科

第3版

ホミサイドラボ

Preface

すべての生物は生来同族を殺せないようプログラムされているそうだ。確かに動物は縄張り争いや牝の奪い合いで激しく戦っているが、決して相手の息の根を止めようとはしない。同族で殺しあうのは人間だけだ――万物の霊長の証か。

なるほど有史以前から人間はさまざまな背景、理由、方法で殺し殺されてきた――謀殺、故殺、暗殺、抹殺、斬殺、惨殺、虐殺、殴殺、撲殺、誅殺、刺殺、射殺、銃殺、絞殺、扼殺、溺殺、焼殺、轢殺、圧殺、爆殺、毒殺、薬殺ｅｔｃ.……

本書は「人殺し」を主に凶器という観点から幾つもの検証を試み、殺しの《意匠》を純粋に突きつめたものである。幸か不幸か各種メディアに横溢するバイオレンスの影響で《人が死ぬこと》への畏怖はかなり薄れてしまった。人を殺すこともしかり――ビデオゲームのバーチャルホミサイドは最高のカタルシスといえよう。

リビドー（性衝動）とデストルドー（暴力衝動）は刺激に敏感だ。フィクションによってセックスファンタジーがかき立てられ性犯罪が増えるのと同じくバイオレンスファンタジーも煽られることで、究極人を実際に傷つけたいという暴力衝動に帰結する。

活字も凶器になりうることから、本書も立派なメディアバイオレンスの一つといえる。ただし読後は己のデストルドーに《萎え》を覚えるはずだ。理由は単純。ここにあるのはフィクションではなく《人殺しの現実》だけだからだ。

ホミサイド・ラボ

人殺し大百科◆目次

目次

2章　窒息死とは——絞殺・扼殺

3章　溺死と溺殺のプロセス

4章　毒物をめぐる現実

6章　感電による処刑・殺人

8章 爆弾と爆発物

序章

《人を殺す》ということ

homicide とは

homicideという単語の構成を調べる——まずhomi-はヒト属のことを表し、拡大解釈をすれば《同類》という意味にも取れる。接尾語の-cideはkilling、《～殺し》の意味を持つ。ゆえにhomicideとは《ヒト属の同族殺し》ということになる。ついでにいえば、同族殺しをする生物はヒト属だけだ。

殺人行為（murder）はhomicideとmanslaughterに分けられる。manslaughterは殺意なき殺人、一時の激情に駆られて犯す殺人、《故殺》を意味する。これとは正反対に計画的かつ残虐な殺人行為はhomicideと解釈される。どちらの方が、罪が重いかはいうまでもないだろう。しかしhomicideであっても形容詞justifiableが付くと《正当防衛殺人》になり罪には問われなくなる。

■尊属殺人

この世の中にはさまざまなhomicideがある。たとえば親族を殺害する尊属殺人。子殺しの総称はchild murderだが、実子殺しはfilicideと呼ばれる。親殺しでは、父親殺しがpatricide、母親殺しはmatricideと呼ばれる。兄弟殺しはラテン語のfraterからとってfratricide、姉妹殺しはsororicideとなる。

子殺しは社会の根幹を脅かす重大な犯罪だ。子供は脆弱で、大人が無条件で護るべき存在だ。であるがゆえに犯罪に巻き込まれやすいといえる。子殺しは一部の例外を除いて身内、知人、親や保護者によっておこなわれている。15～17歳はいわゆる知人から、それ以下の年齢になると親族に殺害されるケースが多い。昨今、よく耳にする幼児虐待や育児放棄は放っておけば重

■2000―2004：正当防衛殺人に関するデータ

警察官（法執行官）によるもの》では使用武器の99％が銃器であった。特筆すべきはナイフや素手を行使した警察官事例が6件しかなかったのに対し《市民によるもの》では166件と圧倒的に多くなる。

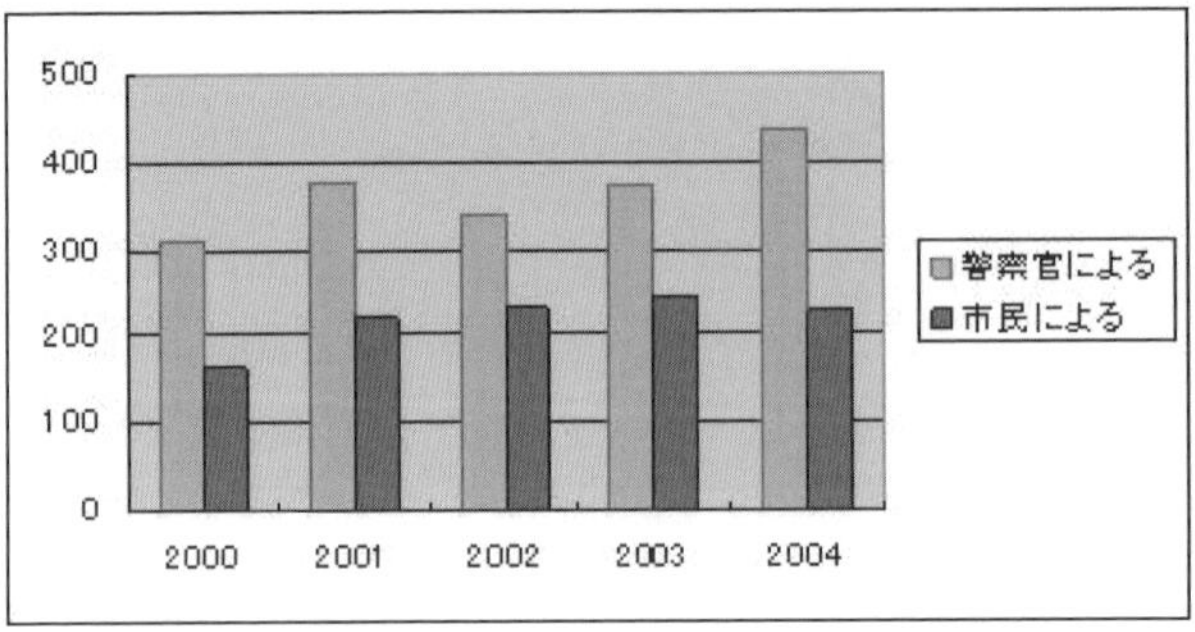

大な犯罪に結びつきやすい。事実、現代の子殺しは日常的な虐待の延長に起きている。太古の時代、子供は天災回避など祈願成就のための生贄であった。もちろんこれは共同体が認めた儀式であり犯罪ではない。

■名誉殺とアッシドアタック

実の娘が限定的に殺害されるケースは中東の国々で頻繁に起こっている。一族、家族の名誉を護る、体面を保つために親族間でおこなわれる殺人――これは名誉殺（honor-killing）とでも呼ぼう。駆け落ち、性行為、同性愛などが発覚することは、その一族にとって恥辱とみなされる。娘が一方的にレイプされても例外ではなく、世間からは《お宅の娘は男に付入られる隙があった》ということになってしまう。

名誉殺は家族間のことであって周囲がとやかく口出しをするべき事柄ではないようだ。事実、加害者に対しては処分保留といったことも少なくない。国連の調査では年間５０００人近くが名誉殺の犠牲者になっており世界的規模でこれを糾弾する動きが出ている。

強酸を女性の顔面に向かって浴びせかけるアッシドアタックは不貞不義をしたガールフレンドや妻に対しておこなわれる。一種のドメスティックバイオレンスだがその代償は非常に大きい。アッシドアタックで命を落とすことはめったにないが、容貌を著しく傷つけられた女性にとっては《死》に等しい仕打ちとなる。トイレ洗浄液として使われている塩化水素酸が凶器として使われ、求愛を拒絶された男によっておこなわれる理不尽なケースもある。

東南アジア、インド、パキスタン、バングラディッシュでは「男尊女卑」「女嫌い」の思想が根強く残っている。２００２年だけで、４１０件のアッシドアタックが起きたが有罪判決を受けたのは87件しかなかった。これは社会が女性への蛮行に対して寛容である証拠だ。むしろ

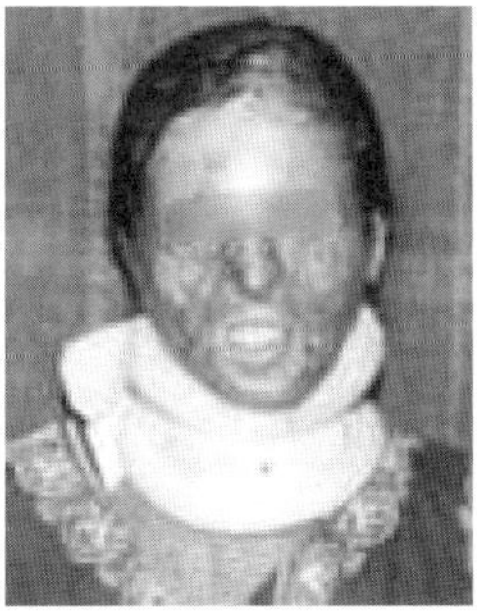

■アッシドアタック。女性にとっては《死》に値する蛮行だ

男性こそ（身勝手な、不埒な）女の犠牲者だと思われている節が多分にあり、アッシドアタックは屈辱への正当な報復と見なされる。西洋社会から上がる猛烈な非難の声に対し当事国の人々は他国の出来事に過剰に反応しすぎだと反発している。

■人工中絶から民族虐殺まで

アメリカ司法省がまとめた1976年から1997年までの30年間における幼児虐待に関する調査の結果、8歳以上の子供に対して暴力を振るうのは父親で、8歳未満の子供では母親が圧倒的に多くなることが判明した。嬰子殺し（infanticide）――ここでいう嬰子とは0歳から3歳時までの赤ん坊を指す。イギリスでは生後2ヶ月までの赤ん坊が母親によって殺害されることと定義している。広義に解釈すれば堕胎や中絶も立派な嬰子殺しということになろう。日本ではその昔、家族の食い扶持を確保するために《間引き（2章「スマザリング」を参照）》という手段が黙認されていた。

ギリシャ語で家族、種族を意味する〈genos〉。これを-cideするジェノサイド（genocide）とはある特定の人種を計画的に大量抹殺することをいう。ジェノサイドの定義は以下のようになる――部分的、全体的に国籍、思想、民族、宗教の異なる共同体を殺害または身体的、精神的機能を損なわせること。

共同体の存続、永続に強制的に干渉することもジェノサイドとみなされる。出生制限、子供の強制移送も同じである。第2次世界大戦時、民族浄化を標榜するドイツ第3帝国によっておこなわれたホロコーストがこの典型だ（4章「青酸化合物」参照）。抹殺、虐殺のような直接行動に移らなくとも、国家に代表される共同体の政治的、社会的、文化的価値（言語、情緒）を排斥しようとする動きもジェノサイドと呼ぶことがある。

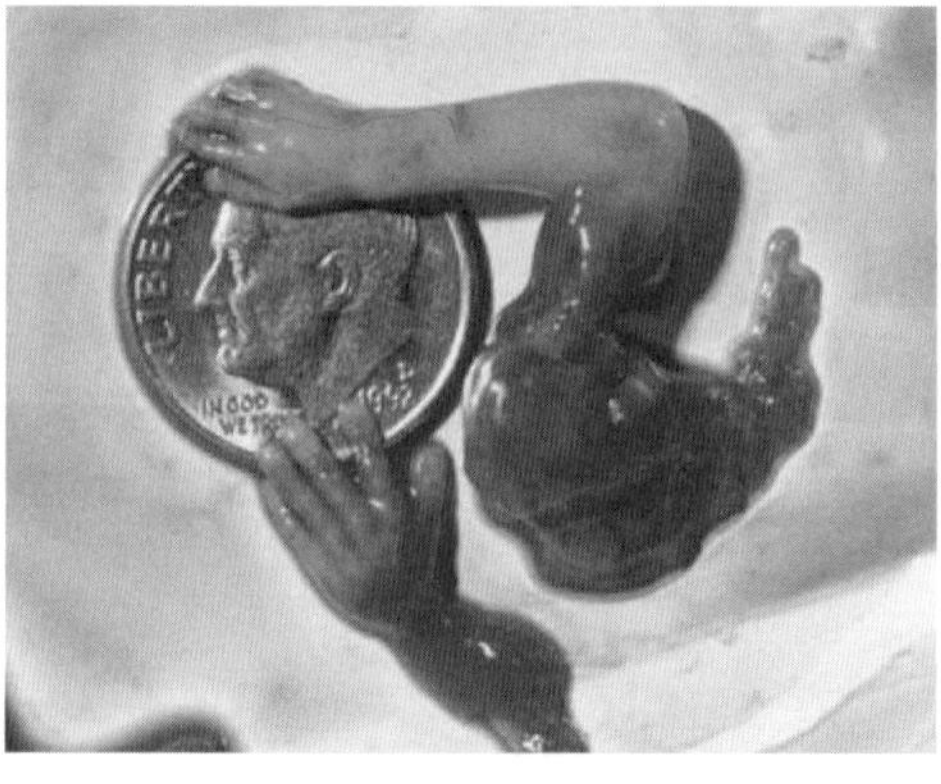

■《人》であることの証明。子宮から掻き出された胎児

■ラストマーダーとシリアルキラー

ラストマーダー（lust murder）のlustは肉欲・淫欲を意味する。ラストマーダーの最大特徴は殺人行為がおこなわれた後の遺体に見ることができる――常軌を逸した性的玩弄と損壊（内臓の抜き取り、乳房や性器の抉り出しｅｔｃ.）。ほとんどのケースで女性器や直腸への異物挿入がおこなわれ、人体の一部を食したり（カニバリズム）、死姦（ネクロフィリア）がおこなわれることもある。

犯人は女性の持ち物、ボディーパーツに対して強迫的なまでの妄想を抱いており（フェティシズム）、窃視や痴漢、下着泥棒といった軽微な犯罪から始まりストーキング、レイプとエスカレートし最後にラストマーダーに行き着く。逮捕を免れ味をしめた犯人は刺激を求めて犯行を繰り返す――こうしてシリアルキラーが誕生する。

肉欲とは別次元の殺人で妄想型殺人というのがある。このタイプの犯人は、宇宙人の来襲、大災害回避のためといった妄想が引き金になっている。動機を尋ねられた犯人はこう供述する――人類を救うため仕方なくやったと。

シリアルキラー（serial killer）とは、一定の期間、複数のロケーションで見ず知らずの人間（ただし身体的共通点がある）を狙った殺人者のことをさす。性的なものが必ずしも伴うとは限らず、その典型がゾディアックキラーだ（下段参照）。連続して殺人を犯すという広義のシリアルキラーは3タイプ――生まれつき正常な情緒が機能しない純粋な殺人者、経済的な理由から殺人を生業とする者（請負殺人）、政治的、思想的、宗教的な背景を抱える者（テロリズム）。

■1970年代に13名の命を奪ったとされるゾディアックキラー。犠牲者のほぼ全員がカップルで車中にいるところを襲われている。暗号を多用した犯行声明文を新聞社に送りつけた。1978年以降ゾディアックキラーは活動を停止した。未解決

■大量殺人者

大量殺人者は、

- **シリアルキラー**
- **マスマーダー**
- **スプリーキラー**

——の三つに分類される。

これといった明確な線引きがあるわけではないが、シリアルキラーは一定期間に大量に人を殺害する者、マスマーダー（mass murder）は、一度に同じ場所で大量に人を殺害する者という区別の仕方がある。この両方に属さない一過性の騒動を巻き起こすような大量殺人者をスプリーキラー（spree killer）という。

アメリカ司法省はシリアルキリングを「三つ以上の独立した事件で数人の犠牲者を出す」と定めている。スプリーキラーとシリアルキラーの唯一の違いはクールダウン（冷却期間）の有無だ。シリアルキラーは一つの殺人が終わると次の衝動に襲われるまで普段の自分を取り戻すことができる。期間は数日から数年に及ぶこともある。もちろん次の犯行に至るまでの期間が短くなればそれだけ逮捕される可能性が高くなるということだ。ミルウォーキーの食人鬼といわれたジェフリー・ダーマーは最初の犯行から9年後に2回目の犯行に及んだ。逮捕のきっかけとなった8番目の犠牲者を手にかけたのは7番目の殺人から数ヵ月後のことだ。一方、スプリーキラーにはクールダウンがない。犯行は逮捕されるまで短いインターバルで連続する。

1）シリアルキラー

クールダウンを挟みながら長期間にわたって3件以上の殺人を犯す者。一見して異常者には見えない。最大の特徴はクールダウン時と犯行時の自分を切り替えることができる点だ。シリアルキラーのすべてが性的要因で犯行に及んでいるのではない。性的虐待や拷問に耽るシリアルキラーはわざと長い時間をかけて犠牲者を殺害する傾向にある。

2）マスマーダー

マスマーダーはひとつのロケーションで同時に三人以上を殺害する。犯行直後に自殺を図ることが多く動機や因果関係の究明が難しい。逮捕された犯人の多くが犯行時の記憶がないと供述している。

3）スプリーキラー

数時間から数日間（数ヶ月）に渡って違う場所で、複数の殺人を犯す者。シリアルキラーと違いクールダウン時の正常な自分を取り戻すことができない。犯行は単独でおこなわれることが多いが、チームを組んでおこなわれることもある（7章「ワシントンを震撼させたベルトウェイ・スナイパー」参照）。

シリアルキリングを犯す動機として抗し難い支配欲、性欲が挙げられる。殺人行為は社会に対する報復とも解釈できる。犯罪心理学者は、大量殺人者は情緒や道徳心というものが生来欠如しており、ここにさらに幼少期に虐待や極度の貧困を経験したことで社会への敵対心が芽生え、それが犯行に駆り立てている、と分析する。彼らがメディアや警察を愚弄したがるのは「かつて卑小な存在だった自分が今や強大な人間となった」という歪んだ自己顕示欲のためだ。

ビジネス、食い扶持として殺人を犯す請負殺人者はこのような屈折した自我とは無縁なことが多い。この意味からするとヒットマンや1820年代にスコットランドで下宿人を次々と殺害していったバークとヘア（2章「バーキング」参照）は純粋に金目当てだったためシリアルキラーの定義から外れる。

■封印されたシリアルキリング

一般にはテッド・バンディやジェフリー・ダーマーがシリアルキリングの代名詞となっているようだが、ほとんど語られることのない、いや、故意に忘れ去られようとしているシリアルキリングがある――全米史上、最もミステリアスな事件の一つに数えられているゼブラキリングだ。専門家の間では人種差別殺人の典型であるKKK（クー・クラックス・クラン）の逆のパターンととらえられている。ゼブラとは捜査コード、オペレーションゼブラで使われたチャンネルZから名づけられた。

1972年から1974年の2年間で71名もの白人（14名死亡、7名が重傷）が襲撃を受けた。不可解なことに犯人の目星はついているにもかかわらず公式には未解決のままだ。犯人は白人ばかりを狙った黒人過激派グループで、動機は《肌の色の違い》だ。1979年、クラーク・ハワード著の「ゼブラ」にはハワードと犯人グループとのインタビューが収められており、メンバーはこの中で白人に対する根深い憎悪を吐露している。

犯人は過激なブラックモスレムの信者5名で、自らを《デスエンジェルス》と名乗った。彼らは白人は黒人のマッドサイエンティストによってつくられた劣性人種で、白人を抹殺すれば自分たちは天国に行けると信じていた。彼らにとって白人は《皮膚を移植した蛇・青い目の悪魔》でしかなかった。

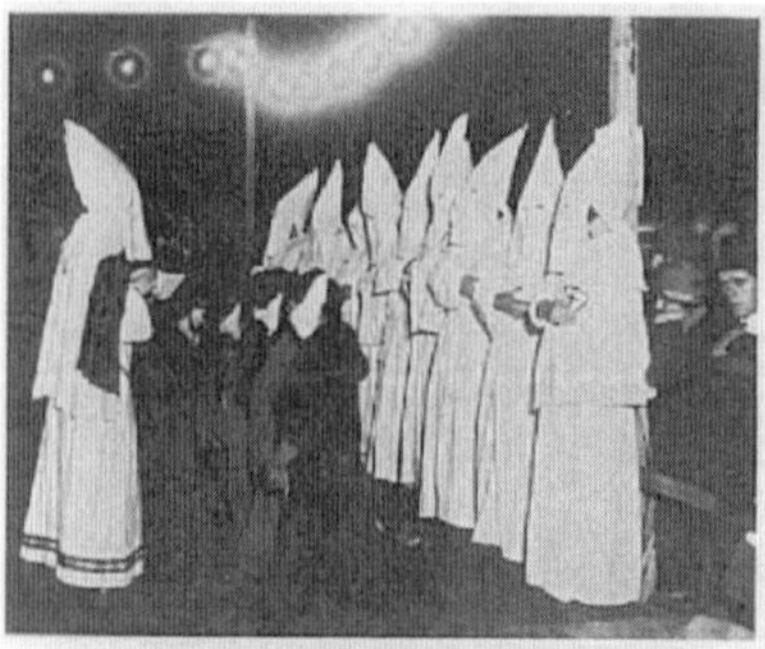

4. Initiation of new members in the first public appearance of the WKKK on Long Island, July 15, 1924. (Courtesy Library of Congress)

■イニシエーションの儀式の最中。KKKとゼブラキリング、根本にあるものは一緒だ

犠牲者のほとんどは女性や高齢者であったが、最初の犠牲者は20代後半のカップルであった。女性はレイプされた後、斬殺され、男性も瀕死の重症を負った。この事件の後、60～80代の高齢の白人女性が次々と銃撃されるようになった。黒人に好意的であったサンフランシスコ州知事候補だった男性までも背後から銃撃を受けた。白人に対する銃撃はその後も続きベイエリア一帯では日が落ちると人っ子一人いない状態がしばらく続いた。

サンフランシスコ市警の懸命の捜査にも関わらず犯行は続き、黒人警官の中に犯人と通じている者がいるのではないかとさえいわれたほどだ。当時犠牲者（白人）に哀悼の意を表す黒人は少なく、警察の捜査にも非協力的であったという。人種間の緊張はこの20年後に起きるＯＪシンプソン事件（1章「ＯＪシンプソンケースとスロートスラッシュ」参照）の時に酷似していた。

犯行の手口はすべてヒットアンドウェイ、現場から32口径の空薬莢が回収されていた。生存者の証言や目撃証言から8人の容疑者が特定されデスエンジェルスとの関与が認められた。しかし事件は未解決のままだ。

アメリカにおいてゼブラキリング、つまり白人差別に関する話題はタブーのようだ。この事件から約30年もの年月が経過しているがデスエンジェルスを扱ったメディアは前掲の著書「ゼブラ」しかない。かつてドキュメンタリー映画製作の話が持ち上がったが頓挫してしまった。１９９０年代の初頭、フロリダ州マイアミでゼブラキリングを髣髴とさせる人種差別殺人が起きた。この事件ではカルト教団ネイション・オブ・ヤーウェーが関与しており7名の白人が犠牲者となった。

代理殺人

犠牲者と直接利害関係のない者が、誰かの指図を受け殺人を犯すことを殺人代行、代理殺人という。愛人にそそのかされて夫や妻を殺害するものも代理殺人である。殺人行為の対価として報酬、金銭を得る請負者を《コントラクトキラー（殺人請負人）》、《ヒットマン》と呼ぶ。
殺人には必ず犠牲者と加害者がつきものだ。代理殺人が起きると直接手を下した加害者だけが罪に問われると思いがちだが、ほとんどのケースで依頼者も教唆や共謀の罪で罰せられている。端からその意志もないのに殺人請負を仲介し、実行に移さないとどうなるか――日本では詐欺罪が適用されるようだ。

1983年、レックス・フィラル（偽名）によって書かれた「ヒットマン：請負殺人業の極意（パラディンプレス社）」には請負稼業に関するノウハウが語られている。初版は13000冊。コンテンツとして起業から、情報収集、顧客獲得、職務遂行までが記されている。記述の正確さ（?）から著者については現役の殺し屋、または請負業に関与していた女性との説がある。1993年この本にインスパイアされたと思しき請負殺人が発覚し、現在公式には絶版になっており、在庫も処分された。

*****

ヒットマンにはファームに属している者と完全なフリーランサーがいる。そもそもこの稼業、開業にあたって許認可など必要としないことから自己申告でOK。思い立ったら即日ヒットマンを名乗ることができる。このあたりの《緩さ》は探偵稼業よりも甘い。ファームに属するメリットは食いっぱぐれがないことだ。マーダーインクの連中がサラリーをもらっていたのと同じだ。もちろん殺しは歩合給だ。ファームには当然カスタマーがいる。マフィアやギャング、あくどいミリオネラ、噂では政府の連中もいるらしい。発注形態はアジア系や南米系のトウシ

■事件はアラバマ州モントゴメリーで起きた。取調べの中で犯人はこの本を参考にしたと供述した。犯人には死刑が言い渡された。犠牲者の遺族は出版社に対し殺人教唆の訴訟を起こし、出版社は数百万ドルの和解金支払いと700冊の在庫廃棄に応じた

ロウに頼むヒットアンドアウェイと完全無欠のプロフェッショナルに頼むものの二つがある。プロフェッショナルには軍隊上がり、どこそこの特殊部隊出身、共産圏から流れてきた元KGBのような腕っこきが多い。ヒットアンドアウェイは、仕事が終わったらすぐに国外逃亡させる方法で、ターゲットの死体が見つかった時には国境越え、空の上、遥か彼方って寸法だ。殺し屋というよりも一度きりの出稼ぎといったほうがいいだろう。何せ人の命の安い国から来た連中だ。1000ドルでも喜んで請負う。世の中よくできたものでこういった連中をリクルート、斡旋する専門業者がいる。ただコストが掛からない分リスクが高い。ヤク中、銃の扱い方も満足に知らないヤツもいる。もともと不法滞在者が多いので言葉すらままならない。しくじったり、逮捕（つか）まる可能性も高い。実はこうした連中に仕事を頼む場合、プロフェッショナルに後見をさせることがある。しくじった帳尻を合わせるのではなく、しくじったヤツを始末するためだ。安物買いの銭失いとはよくいったものだ。カスタマーの中には二重発注するやつもいる。出稼ぎ連中が故郷（くに）に戻ってから誰かに話したり、生活が派手になるのを恐れて、用心のためプロに始末を頼むのだ。酷い話だ。端からプロに頼めばいいものを。カスタマーとコントラクターの間にいるブローカーは殺しとは無関係だ。連中の仕事は斡旋だけだ。女のブローカーも何人か知っている。インターネットで公募？　オンラインショッピングじゃないんだぜ。ファームの中には一見客はお断りというところもある。カスタマーの依頼を片付けるだけで手一杯らしい。要するにカスタマーが信用のおける新しいクライアントを呼ぶってやつだ。ネットも活用次第だ。一昔前はバーやクラブで問題を抱えていそうなやつに近づき、これはというやつに仕事の依頼を持ちかけたものだ。最初は身の上相談を装って、ことの深刻さと相談者の懐具合を確かめてから「実は」と切り出す。バカか？　いきなり「オレはエクセキューター（処刑人）だ」って切り出せば警察が動く以前にコメディアンと間違えられるぜ。クライアントはなるべくなら男がいい。女はいつまでも自責の念に駆られて、自滅するケース

■オーストラリア発　コントラクトキリング（請負殺人）の現実

オーストラリアの犯罪心理学者と司法機関が合同で1989年から2002年までに起きた未遂を含む国内163件のコントラクトキリングの検証をおこなったところ犯罪組織絡みのものよりも一般人が関与しているものがほとんどという意外な結果が出た。オーストラリア犯罪心理学会の議長トウニ・マッカイはヒットマンが雇われる最大の理由は《男女関係の清算》であると発表した。もちろんそれがすべてではなく成功率の点では犯罪組織がらみの方（プロフェッショナルの手による）が圧倒的に高くなるとのことだ。

そのほかの結果は以下のようになる――

・ヒットマンを雇う動機は、横恋慕、三角関係の清算、夫、妻が邪魔になって、子供の養育権をめぐって、というのが多く、次いで金銭問題、目撃者の口封じ、復讐、ドラッグの利権争い、ギャングの抗争となる
・気になる請負契約金だが平均で12700ドル、最低で380ドル、最高で76000ドルであった
・殺しの道具では銃が圧倒的に多く、通常の殺人事件の5倍だ
・コントラクトキリングが占める割合はすべての殺人事件の数パーセントでしかない。この調査でも約2％であった
・コントラクトキリングは毎年5件（完遂）、未遂で7件という割合で着実に増えている

が多い。そもそも女はこういったことには向いていない。義憤に駆られてパニッシャー（正義の仕置き人）になろうなんて思わないことだ。ボランティアなら別だが、まず一銭の得にもならない。唯一の救いは捕まっても、世間が（少しだけ）好意的に見てくれるぐらいだ。社会を変えようなどとトチ狂って要人暗殺などしないことだ。せいぜい狂人扱いされるのがオチだ。

＊＊＊＊＊

■マーダーインク　殺人会社

マフィアが運営した殺人会社（murder inc.）は請負殺人業を組織化した企業集団で、1930年代の禁酒法の時代から1950年代に渡って精力的に活動していた。社員はマフィア関係者やブルックリンやブラウンズヴィルといったニューヨーク周辺のギャングで構成され、全米のファミリーのボスから殺人依頼を請負っていた。彼らは月給をもらい、一仕事につき1000ドルから5000ドルのボーナスを得ていた。互助制度もあり、万が一逮捕された時に必要となる弁護士料などをプールしあっていた。

マーダーインクの社是の一つに《請負人はよそ者を使う》というのがある。ボルチモア仕事ならばクリーブランドやロサンゼルスのヒットマンが送り込まれるといった具合だ。州から流れ込んだ殺し屋は、仕事が終わると即座にその場を去ることから警察の捜査は困難を極めた。

ブルックリンにあるキャンディストアー、《ミッドナイトローズ》がマーダーインクのヘッドクォーターだった。刺す、撃つ、絞める、焼く、爆破する、自殺を装うなどありとあらゆる方法で、主に密告者やギャングの資金を使い込んだ者がターゲットになり、10年間でおよそ500～700人が殺されたといわれている。

マーダーインク最大のエクセキューターはアルバート・アナスタシアといわれている。マー

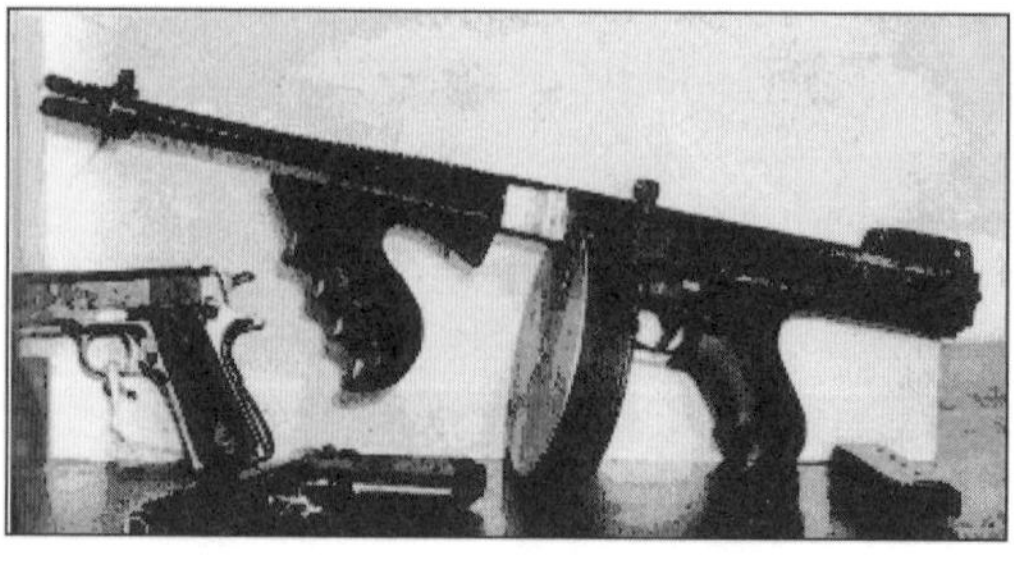

■商売道具

トンプソンサブマシンガン：通称トミーガン、口径45ACP。1920年代にミリタリー向けに開発されたが高価であることと弾をばら撒きすぎることから本格採用には至らなかった。これに目をつけたのが当時のギャングたちだった。約20年後2次大戦で200万丁のトミーガンが軍に納入された

ダーインクの実質的な「社長」ともいわれたアルバート・アナスタシアは群を抜く残虐性でファミリーのボスの間でも一目置かれていた。１９２０年代に殺人罪で起訴されるが、公判前に4人の目撃者が《忽然と姿を消した》ことで釈放されたという逸話がある。１９５７年10月、ニューヨークのパークシェラトンの理容店で二人組の殺し屋によって殺された。

マーダーインクにおける最大の鉄則は《内輪の者しか殺さない》ということだ。殺害命令はコミッションという幹部組織の総意を得なければ成立しなかった。この鉄則は、ダッチ・シュルツが提案したニューヨーク州検事トーマス・デュウィーに対する殺害依頼で試されることになった。デュウィーはラッキー・ルチアーノなど当時の超大物と呼ばれるボスを次々に刑務所に送り込みシュルツ自身も脱税容疑で追い込まれているところであった。ちなみにデュウィーは後に州知事を3期務め、大統領候補にもなった人物だ。結局のところコミッションはシュルツの要請を却下した。

マーダーインクの運営は１９４０年代初頭に検察側の証人に寝返った元ヒットマン、アブラハム・ルールの証言がきっかけで破綻した。以後、名の知られた社員（ヒットマン）はすべて電気椅子に座らされた。密告者ルールは24時間体制で警察の保護下にあったにも関わらず隠匿先のホテルの部屋から転落死した。

■暗殺　アサシネイション

暗殺（assasination）は《宗教的、政治的シンボルである人物をセンセーショナルな手段を使って殺害することで変革をもたらそうとする殺人行為》である。

暗殺者は単独犯とグループ犯に分けることができる。前者の典型は義憤に駆られた理想主義者や妄想に取り付かれた精神異常者、後者のそれは狂信的信者や政府が他国の政府の破壊活動

■アブラハム・ルールは20フィートの高さから落ちた。警察の発表によれば、ルールは監視下にある部屋から捩ったシーツを伝わって逃げようとした際に誤って転落したとされるが、買収警官によって部屋に招き入れられた何者かに《落とされた》とする見方が有力だ

をさせるために送り込んだ諜報員いわゆるスパイがこれにあたる。

暗殺の背景には国家単位の信仰や主義主張の違いがある。これをよすがに実行に出る者がテロリストとかフリーダムファイター（自由解放の戦士）と呼ばれる。フリーダムファイターという呼称は資本主義を標榜するアメリカや西洋諸国によって冷戦時代に頻繁に使われ、共産主義国や旧ソ連支配下で反共産主義運動をするグループを《称える》がごとく使われた。テロリストとフリーダムファイターの違いだが、本質は一緒で、立場によって呼び方が変わるだけだ。いくらフリーダムファイターを自称しようとも相手（体制側）から見ればテロリストや国家転覆を狙う反乱分子に過ぎない。

暗殺とは隠密裏におこなわれるべきものだ。かといって少量の毒物を長期にわたって飲食させ衰弱死させるような手段は効果的ではない。暗殺に求められるのはスピードとインパクトだ。なぜならば成否に関わらず国際社会へのアピールという点では暗殺に勝るものはないからだ。

1）何をして暗殺とみなすか

何を持って暗殺と定義するのか。例えば同じ要人暗殺でも女優ジョディー・フォスターへのあてつけでおこなわれたレーガン大統領暗殺未遂とケネディ大統領暗殺事件（7章「JFK暗殺とマジックブレット」参照）を同列に語ることはできない。

ケネディのケースは公式にはリー・ハーヴェイ・オズワルドの単独犯行で片付けられているが背景には少なからず謀略めいたものが働いている。レーガンのケースではジョン・ヒンクリーという精神異常者の単独犯行で政治的なものは一切背景になかった。

ジョン・レノンは熱狂的なファンによって銃殺されたわけだが、彼の死は《暗殺（assassination）》と呼ばれている。なるほど彼は世界的に有名なアーティストで知名度、人気の点ではどの大統領よりも勝っていた。しかし公式には政治的、宗教的要人ではない。

■リンカーン暗殺の直前

2）凶器の変遷

凶器と呼べるものがなかった時代、暗殺といえば棍棒で殴り殺すか鋭利なもので刺し殺すしか方法がなかった。遊牧生活、定着生活に関わらず共同体の中で協調を乱すような不穏な行為があれば私刑のような形で処罰された——これが暗殺の原型だ。やがて数多の共同体の中から政治的、宗教的リーダーが生まれ、社会や政府という社会基盤が築かれるようになってから現代でいうところの要人暗殺や政府転覆を狙った暗殺と本質的に変わらなくなる。

中世になると暗殺手段として刺殺、絞殺、撲殺のほかに毒殺も頻繁におこなわれるようになった。ところが火薬類の発見や銃器の登場によって暗殺手段が一変する。これらの最大のアドバンテージはターゲットとの物理的接触が不要になったことだ。当時の暗殺者の関心事はいかに捕まらず暗殺を遂行するか、であった。しかし火薬類が登場してからは皮肉にも自爆テロのような道連れ型の暗殺が横行するようになってしまった。古い手段が全く廃れたというわけではない。暗殺史を大きく変えた銃器のディスアドバンテージは《音がする》だ。刃物やギャロットを使った攻撃は今も昔も基本的に《無音》だ。インドや中東諸国ではいまだに剣やマチェットによる暗殺が幅を利かせている。

■HOMICIDEは確実に減った

アメリカでは現在（2000年代）と約30年前にあたる1970年代とを比べると殺人のような重大犯罪は大きく減る傾向にある。たとえば殺人事件の犠牲者数がピークといわれた1980年（人口10万人あたり10・2人）から半分近くも減ったのだ（2004年の調査で10万人あたり5・5人）。この数字を多いととるか少ないととるかは主観の問題だがアフリカのよ

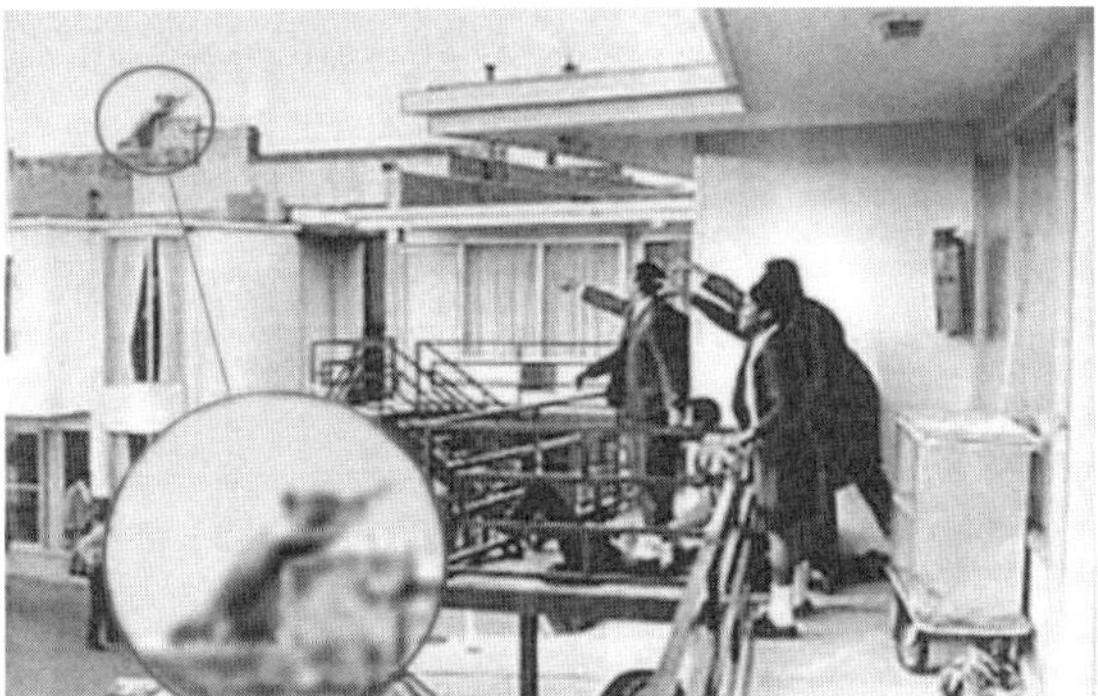

■あっ、あそこだ！

うな発展途上の国々では10～1000人（!）という数字になる。

1）死刑制度と銃規制

殺人事件の発生率は当該国の死刑制度の有無によって大きく左右される。アメリカに限ればここに銃規制問題が大きく絡んでくる（2003年の殺人統計では全体のおよそ68%が銃で殺された）。

下のグラフはアメリカ司法省が発表した1950年から2002年までの人口10万人あたりの殺人事件犠牲者数の推移だ。グラフを見ると1970年代に大きな増加を見せるものの2000年代に入ると1950年代に近い水準まで減っているのがわかる。グラフは1960年代後半から著しい上昇を見せているが、この時期に死刑制度の是非が問われ始め、刑の執行までに大幅な猶予が設けられた。グラフを見る限り死刑制度は犯罪発生の抑止力として評価できるようだ。

死刑制度反対派は死刑制度そのものがないEU諸国やカナダを引き合いにし、殺人事件の発生件数と死刑制度の有無は無関係だと主張する。彼らはむしろ銃規制の甘さに問題があるとし、そちらに矛先を向けようとしている。アメリカではここ最近、死刑制度、銃規制に加え殺人そのものを軽微なものととらえる風潮が問題視されている。これは特に若年層にいえることでホラームービーや残虐な内容のビデオゲームがこれを助長していると槍玉に上げられている。

2）グラフの動きを検証する

犯罪発生率はその国を構成する人種、宗教そして貧富の格差に負っているところが大きい。事実、同じ国内であっても人口の大半を貧困層が占める地域では高い発生率を示す。富める者と貧しい者との比率に差があればそれだけ犯罪が増えるということは多くの学者が認めている

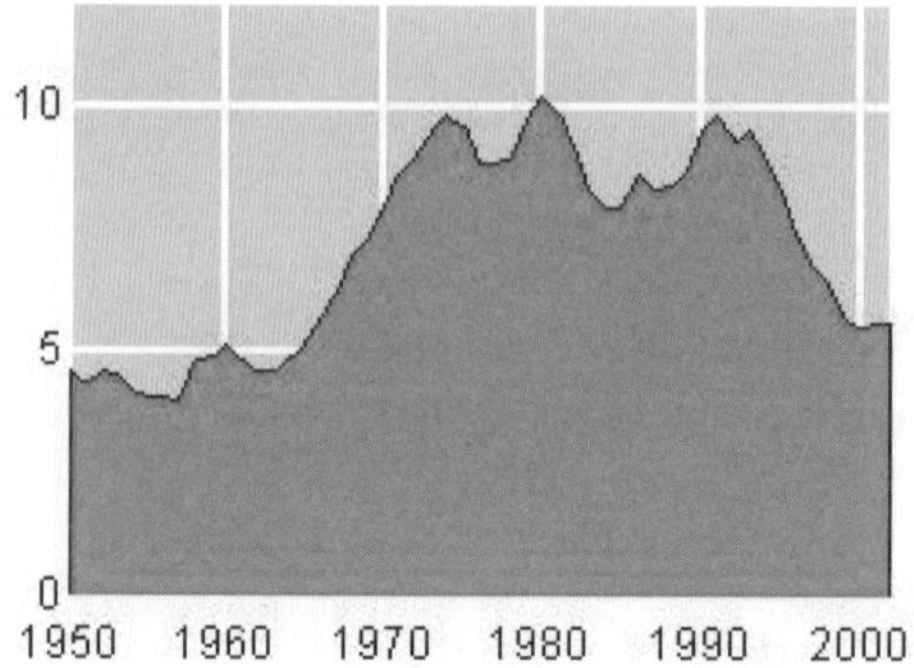

■人口10万人あたりの殺人事件の犠牲者数の推移（1950年から2002年まで）

ところのものだ。

もう一度グラフに目をやると、１９６０年代中盤と１９７０年代終盤とではグラフの高さが倍近く違う。犠牲者数は１９８０年にピーク（10万人あたり１０・２人）を迎え、１９８４年で８人になる。しかし１９８０年代終盤から再び上昇し１９９１年に９・８人となる。そして１９９２年から２０００年にかけて奇跡的な激減を見せた――この傾向は今後も続く見込みだ。

あたりまえのことだが加害者は男性が圧倒的に多い。グラフを見ればわかるように殺人事件の90％は男性によって起こされている（下グラフ参照）。同様に犠牲者も男性が多い（全体の７４・６％を占める）。加害者の年齢構成を見ると17～30歳までが最も多く、以後加齢に従い減る傾向にある。17歳以下が引き起こす殺人事件はメディアの扱いは大きいものの件数そのものは少ない。

被害者・加害者の人種構成を見てみる。どちらも白人よりも黒人の比率が圧倒的に多く、人口10万人あたりの比率で黒人が被害者になる確率は白人に比べて6倍、加害者になる確率は７倍も高くなる。黒人に限定し性別で分析すると黒人男性が被害者になる比率は黒人女性の３倍、黒人男性が加害者になる確率は８倍も高くなる。

3）日本の現状

わが国の状況はどうであろうか。２００４年（平成16年）版の犯罪統計によれば１４１９件の殺人事件が起きた。発生件数は平成７年から平成16年までの10年間に１２００～１４００件の間で推移し、平成15年の１４５２件が最も多かった。加害者の性別は男性が約80％を占めている。動機別で見ると日本人は憤怒、痴情怨恨で殺人を犯し、これが全体の６割以上であった。

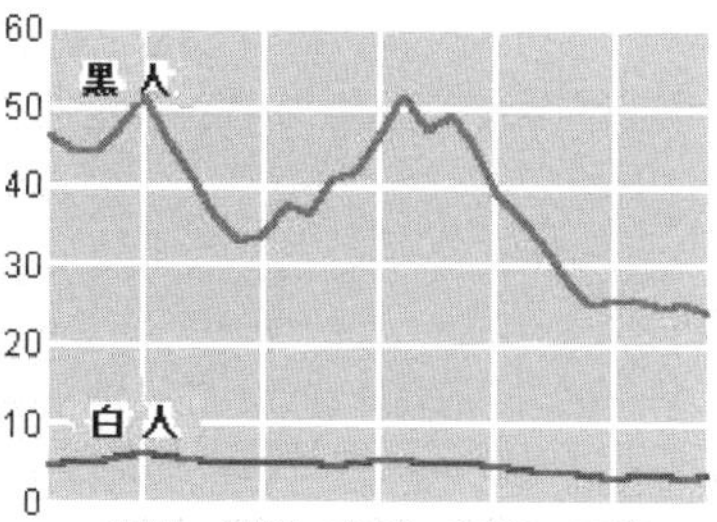

■人種別に見る加害者動向（1976年から2004年まで）

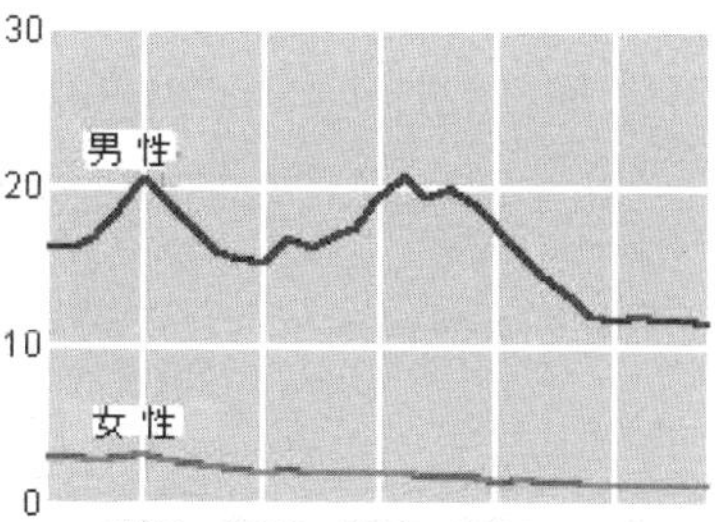

■ 性別に見る加害者動向（1976年から2004年まで）

殺人学概論

さまざまな分野の学問があるように《人殺し》を研究対象とした学問がある。これがキロロジー（killology：殺人学）だ。提唱者は従軍歴23年の退役軍人にして心理学者でもあるディヴィッド・グロスマン元中佐だ（以下中佐とする）。人殺しの心理を探究する中佐だが、中佐本人は従軍中に人（敵）を殺したことはないという。

中佐の説の根幹にあるものは――

・人間は本質的に人を殺すことができない

・殺人シミュレーションの反復で人殺しを育成することができる

――という考え方だ。中佐の説に対しては賛同者がいる反面、事例が定量的ではない、学問として普遍性がないと、否定的な意見も多い。

■《人間は本質的に人を殺すことができない》ということの証明

中佐はこれまでに殺人学に関する書籍を数冊刊行している。自著「オン・キリング」の中で、古の戦場から得られたさまざまなデータをもとに人間は本質的に殺人者ではないという結論に達し、人殺しの学問を提唱したと語っている。

たとえば、19世紀のアメリカで起きた内戦、南北戦争（1861～1865年）において最大の激戦地となった《ゲッティスバーグの戦い》ではほとんどの兵士が発砲せず、銃を撃つそぶり（ジェスチャー）をしていただけであったという。調査の結果、敵に向けて発砲した兵士は全体の25％ぐらいで、多くはマスケット銃に弾丸を込める作業を繰り返していただけのようだ。戦場から回収されたマスケット銃は全部で27574丁。このうち24000丁近くが装填状態のまま見つかり、6000丁には3～10発が装填されていた。最も多いものでは23発（！）というのがあった。

発砲率が低かったとはいえ北軍、南軍あわせて26万人もの戦死者を数えたのは事実で、中佐の説が真実であれば犠牲者の多くは砲撃によるものと推測できる。

おなじような銃撃ジェスチャーはナポレン戦争（1799～1815年）や他の南北戦争激戦区でも見られ、中佐は新しいデータとしてFBIがまとめた1950年代、1960年代の警察官の低い発砲率なども引き合いにしている。

同じような結果は近代戦争でも見られた。WWⅡ（第2次世界大戦）中、敵兵に向かって発砲した兵士は全体の15～20％だったという。特殊な兵器、たとえば火炎放射器や車両搭載型マシンガンは常に発射されていることが多く、発砲回数は上官の「撃て！」の号令で格段に増えた。ところが銃の出番がなくなると大部分の兵士は銃を敵に向けようとしない。つまり、できれば人を殺したくはなかったのだ。

敵と接近すればするほど銃が撃てなくなるという心理は容易に理解できる。10km先の目標に向かってミサイルを撃ち込む、2マイルの距離から敵の陣地に迫撃砲を発射する、1km先からスナイパーライフルで狙撃する――これはOKだ（ビデオゲームを見ているような錯覚を覚えた湾岸戦争は〝ニンテンドーウォー〟と評された）。それでは、50m先の敵に向かってライフルを撃つ――このあたりから抵抗を感じるようになる。さらに近づいて10mぐらいから、もしくは至近距離からピストルで撃つ、銃剣で突き刺す――このあたりになるとほぼ全員が抵抗を感じるはずだ。

■南北戦争の現実

■北軍（連邦軍）が採用したM1861スプリングフィールドマスケットライフル

大佐の持論は、人間も他の動物と同じく基本的に同類を殺すことはありえないというもので、これを抵抗感の正体と位置づけている。野生の世界では縄張り争いや繁殖期のメスの奪い合いで雄同士が激しい戦いを繰り広げる。角をぶつけるといった頭突き攻撃が多く、喉を噛み切るといった致死的な攻撃はない。爬虫類や魚類の世界でも同じだ。ガラガラヘビやピラニアは互いに絡み合い組み伏せたり、尾ヒレを激しく打ち付ける程度でそれ以上のことはしない。動物には本能的に種の断絶を防ぐメカニズムが働いているのだ。喜ばしいことに人間にもこれが機能している。領土拡大に端を発することが多い戦争は動物の「縄張り争い」と本来何ら変わりはないはずだ。しかし人間は簡単に同類を殺すことができる。

兵士の多くは死ぬことよりも《殺すこと》に抵抗と恐怖を感じている。人殺しのトラウマは殺される恐怖や仲間の死を目撃する衝撃よりも大きい。殺すか、殺さないかの最終ジャッジは一人ひとりの兵士が下すものだ。しかし大部分の兵士が逡巡しながらも、結局は殺す側になる。1発の銃弾が頭を掠めた瞬間に——究極、人は殺す側になってしまうのだ。

■《教練や刷り込みで人殺しを育成することができる》という証明

湾岸戦争（1993〜1996年）ではほぼ全員の兵士、およそ90％近くが《敵を殺す》という明確な殺意をもって発砲した。WWⅡ終戦後、400近くの歩兵連隊を調査したところ敵に向かって発砲した兵士は15〜20％しかいなかった。この調査結果に戸惑ったペンタゴンは教練の方法を一から見直すことになった。これまでは黒丸だったターゲットを人型にし、さらに固定式から移動式に換えた。実戦に近づけるために射撃訓練の最中、教官は兵士の頭上めがけてサブマシンガンをぶっ放した。こうして鍛え上げられた結果発砲率は湾岸戦争で90％までにあがった。

■実際はかなりの抵抗を感じるはずだ

社会とは必然的に闘争本能がはぐくみにくい環境になっている。しかし鳥のように空を飛べない人間は《逃避》ができない代わりにそこに留まり戦わなければならない宿命にある。しかし生物は本質的に同類を殺せないようにプログラムされている――このリミッターをどうすれば外すことができるのか？

古来、人間は闘争本能を駆り立てる方法を探していた。兵士教育ではこのリミッターをいかに早く振り切るかが課題になっている。

リミッターを外すためのメンタル教育はこうしておこなわれる――

・機械的な反復

・敵を非人間化させる

・殺人の責任を団体（愛国心、忠誠心）の中で希釈させる

・自責や後悔を上官命令にすり替える

ここで大事なことは、兵士や職務上、デッドリーフォース（致死的攻撃力）を行使せざるを得ない警官は人を殺してはならないというリミッターを必要な時に解除できるよう合法的に殺人術の訓練を受けているのであって、決して《殺人マシーン》になれとはいわれていない。

■殺人マシーン　先天的殺人者

何事にも例外があるように、生まれついての《殺人マシーン》がいる――Born to kill。サイコパス（精神病質者）は他人の痛みに無頓着で憐憫、罪の意識や後悔といった感情を持ち合わせていない。これは成長過程や生活環境によるところも多いが、むしろこれは気質的なもの、

Women in the war
WE CAN'T WIN
WITHOUT THEM

■戦意高揚を訴えるＷＷⅡ中のポスター。女性の力なしでは勝てない！

または遺伝的なものであり矯正はほぼ不可能だ。われわれはそのような人間がこの世の中に少なからずいるということを自覚し自衛しなければならない。闘犬のピットブルは人間によって闘争本能に長けた犬だけをかけ合わせ繁殖させられた。獰猛な遺伝子は幾世代にも引き継がれ、純粋な《殺しの血統》ができ上がった。

幸か不幸か上官の「殺せ！」の命令にまったく動揺を見せない兵士が約2％いることがわかっている。戦場では恐れ知らずの猛者も社会に戻ればそこで適応しなければならない。かりにその兵士が真性のサイコパスであったとすると、先天的に欠陥があるので、帰還しても社会生活に順応することは難しい。人間社会の《殺しの血統》は断たねばならない。

■アーケードゲームは殺人シミュレーターか

1997年12月1日、ケンタッキー州パデューカの高校生、マイケル・カーネル（14歳）はイヤープラグをすると祈りの最中の同級生らに向かって22口径ピストルを発砲した（乱射ではない）。銃は盗まれたもので全弾10発を撃ち尽くすと、3名が死亡、5名が負傷した。頭を撃たれた生徒は5名いた。

グロスマン中佐はこの命中精度に舌を巻いた。FBIの統計によれば警察官の平均的なマークスマンシップは7ヤード（6・3m）から5発撃って1発が命中というレベルのものだ。警官の過剰銃撃が社会問題となったある事件で、警官たちが容疑者に向かって発射したブレットの数は合計41発であったが、実際に命中したのはこの半分ぐらいであった。

少年はどこで射撃術を学んだのか？　中佐はビデオゲームのバーチャルホミサイドが兵士教育と同じ役目をしたと推測した。ゲームセンターのポイントアンドシュートタイプのゲームは軍で採用されているマーダーシミュレーターと本質的に何ら代わりはない。中佐はいう――少

■ピットブルファイト

年はゲームと同じ要領で撃っただけのことだと。

中佐は、バイオレンス映画やビデオゲームがトラブルを抱えた少年に人殺しのスキルと、それが娯楽であることを教え込んでいると分析した。少年らはゲームを通じて現実否認と人殺しに対する無感覚を身につけているのだ。それでは銃撃事件がティーンエイジャーに集中しているのはなぜか。この問いに対して中佐は、未熟な彼らは現実とファンタジーの折り合いをつけることができないと答えた。

マイケル・カーネルに限らず同様の銃撃事件を引き起こした容疑者がゲームに費やす回数と時間は年に2、3回程度といったものではなく毎日数時間といった具合だ——弾切れになるまで、撃つべき相手がいなくなるまでスクリーンに現れるターゲットをすべて撃つ。

スコアアップの近道は頭部銃撃だ。カリフォルニア州で、強盗殺人容疑で逮捕された少年はコンビニ強盗をしでかすまでにアーケードゲームに数百ドルもつぎ込んでいた。ホールドアップ状態の店員の何気ない動作に反応した彼は持っていた38口径で眉間を撃ち抜いてしまった。体が勝手に動いてしまった！　撃つ気はなかった！　——少年は殺意を否認した。

中佐によれば、実際の暴力の何たるかを多少なりとも見聞きしている都会暮らしの少年よりも郊外や田舎の少年の方がバイオレンスファンタジーにのめり込みやすいとのことだ。中佐の故郷、アーカンソー州でも2人の少年が4名の女子生徒と教師1名を射殺するという事件が起きた。最大の悲劇といわれるコロラド州リトルトンのスクールランページもこの事件と同時期のものだ（7章「コロンバイン・シューティング・マサカー」参照）。この事件以後、校内を武装したセキュリティが巡回し、スクールバイオレンスをネタにしたジョークすらタブーになった。

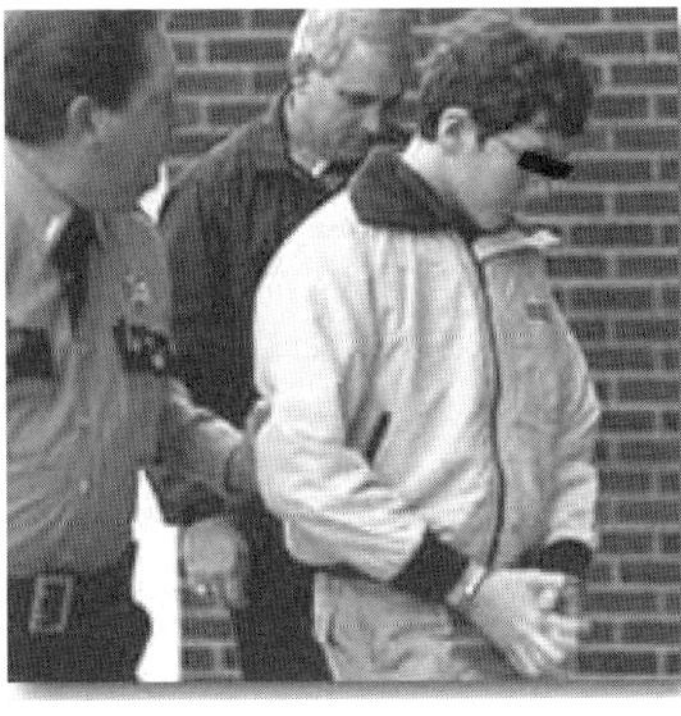

■連行されるマイケル・カーネル

ホラームービーやテレビ、映画の暴力描写が子供に悪影響を与えているといわれて久しい。中佐はここにゲームも入れるべきだと主張する。4歳の息子を持つ女性心理学者は息子からゲームを買ってくれとせがまれたが、当時湾岸戦争がおこなわれており戦場から送られてくるミサイル攻撃の映像とゲームがオーバーラップしてしまい結局買い与えなかったという。

大筋は賛同できるのだが中佐の説に疑問を投げかける専門家もいる。中佐の説の一番の弱点は検証事例が少ないことだ。TVバイオレンスに関する調査は1000事例なのに対してゲームは50例しかない。この他に子供を幾つかのグループに分け、ゲームをさせ、そこから悪影響を受けたと見受けられるグループとそうでないグループとを選別し、検証をおこなうといった実験すらおこなわれていない。ゲームの悪影響を観察するならば長期間にわたる追跡調査も必要だ。

別の心理学者は、中佐の説が正しければ1990年代にこの手のゲームに熱中していた白人少年らによる暴力事件はもっと増えていていいはずだと指摘する。1990年から1997年までの間、調査対象となった8州のうち7州で、殺人罪で逮捕される白人少年の数は12~50%も減少したのだ。ミネソタ州だけが4%から7%に増えたぐらいだ。要するにゲームだけに《非》があるのではなく、家庭環境、いじめ、虐待、ドラッグ、暴力描写など社会の《負》とされるものすべてが複合的に作用していて、さらにここに個人の資質というものが大きく関わってくるはずなのだ。

海兵隊の教官は別の視点から反論する。現在海兵隊はアーケードゲームを改造したシミュレーターを射撃訓練に採用している。これは市販されているアーケードゲームに小改造を施した程度のものだ。教官はゲームをモディファイドしたシミュレーターは海兵隊員のスキルアップに大きく貢献していると話す。しかしゲームが殺人スキルを教えるというのはまずありえず、

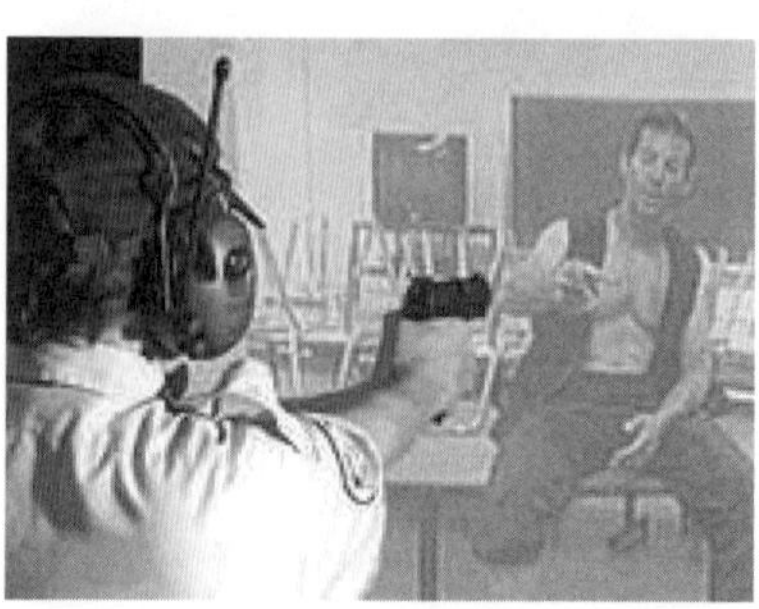

■警官向けのシューティングシミュレーター

おもちゃの銃では到底、射撃のバランスやマークスマンシップの向上には繋がらないというのが教官の率直な意見だ。ゲームメーカーも同意見だ。ただし――問題の解決に際し安易に暴力を持ち込むような風潮や非人道的なターゲットの採用は良くないと、この点では中佐に同調している。

■ゲーム業界の反応

ゲーム業界からも反発の声があがる――中佐の説には科学的な根拠がない、実証に値するデータの収集検証すらおこなわれていない、と。前出のマイケル・カーネル事件についても業界独自で調査をおこなっており、中佐によれば少年はまったく銃に触れたことがないということになっているが、近所の者から扱いを習い、サマーキャンプでもハウツーを習得していることを突き止めた。ただし実際に発砲したのはあの事件がはじめてであったようだ。事件の後、業界も暴力を煽るような広告を自粛するといった自主基準を設け扇情的なフレーズ、殺人を肯定するようなフレーズは使わないよう申し合わせをした。

それでも《人は人を殺せない》か？

カーネル事件の被害者の両親らはメーカー側を相手取り訴訟を起こした。原告側の弁護人は中佐の説を引用し1ターゲットに対し1発、しかも頭部を狙って発射した少年の特異な射撃方法を取り上げた。

殺されるストレス、敵の銃弾が頭をかすめる――脳の血流にアドレナリンが放出された途端に、思考がストップ。攻撃本能がむき出しになる。この本能は先祖より受け継がれたものだ。と同時に攻撃本能を抑えようとする本能も持ち合わせている。つまり生物は同族と対峙すると究極殺せないようになっているのだ。実際問題、軍指導者にとってこれは厄介なことであり、だからこそ現実に近い状況で訓練させこのリミッターを外そうとしている――これが《殺しのリハーサル》だ。黒丸の標的から人型の標的に代える、固定式から移動式へ。最新式のシステムはシミュレーターだ。殺人シミュレーターは殺しのテックニックを磨くためのテクノロジーだ。瞬時の判断を迫られる訓練を何度も何度も繰り返す。何百回も繰り返す中で兵士のリミッターは知らず知らずのうちに外れてゆく……。

ポイントアンドシュートタイプのビデオゲームはこれと同じ反射を子供の脳に刷り込ませているといえそうだ。確かにゾンビやエイリアンを撃つわけだがシルエットは人型だ。頭を撃てば高得点、正確な射撃を心がけ発砲数が少なければ高得点に繋がる――どうだ？

目撃証言によればマイケル・カーネルは静かに銃を取り出し、脚を軽く広げると両手保持のスタンスを取ったという。発砲の間、まったく動かず左右の生徒ではなく目の前（スクリーン）の生徒だけ確実に撃っていった――まるでアーケードタイプのゲームをしているように。

中佐は暴力肯定型のキャラクターから子供たちを遠ざけるべきだという。一方、オーストラリアのさる研究機関はゲームと殺人の因果関係はまったくなく、事実無根と発表した。むしろ国内の銃規制に目を向けるべきだとグロスマン中佐の説に異論を唱える。家庭環境も含め少年の成長過程や精神面に深刻な問題はなかったのだろうか？　理由はどうあれ銃を手にし、無差別殺人をおこなった少年に殺人のハウツーを教えたのはゲームだと中佐は一歩も引く様子を見せていない。

■確かにハンドガンでショットガンのフィーリングは再現できぬが……

1章

刃物による刺殺・斬殺

凶器としての刃物

洋の東西を問わず一般の人々が凶器と聞いてイメージするものは「隠しやすく、持ち運びが便利、材質は金属、犯罪性が高い」ではないだろうか――その最たるものが銃であり（最近の銃はプラスティックで構成されているものもあるが）、銃所持がご法度の国では刃物ということになる。

銃社会アメリカでは5分間に一人が刃物によって傷つけられ、または殺されているという。2003年の凶器別の殺人統計では総犠牲者数1万4408名のうちナイフもしくは刃物（cutting instruments）で殺害された者は1816名となっている。これは全体数の12％を占める数字だ。比較までに銃によるものは9638名といった具合だ。銃によるものが6割近くを占めるのは、「銃が入手しやすい」からに違いない。

刃物は銃よりも入手しやすい――これはアメリカであっても同じだ。押し入った家の台所、事務所、作業所、日用雑貨店など刃物が存在しないシチュエーションのほうが珍しいのではないか。怒りが爆発し、思い直しや熟考する間もなく人を刺してしまうのは、われわれの日々の暮らしが実に刃物にアクセスしやすい環境にあるからだ。

こうした考え方は自殺にもあてはまる。飛び込みに代表されるように自殺というものは往々にして衝動的におこなわれる場合が多い。首吊り自殺では適当な紐を探し出してから、次にそれを吊る梁の強度を確かめなければならない。服毒自殺では死ねる薬を死ねる量調達しなければならない――実はこうした手間や煩わしさが自殺を思いとどまらせている。《道具》が身近にある分、刃物自殺も多い。しかし悲しいかな、人体の構造を知らないためにほとんどが未遂で終わっているのが現状だ。

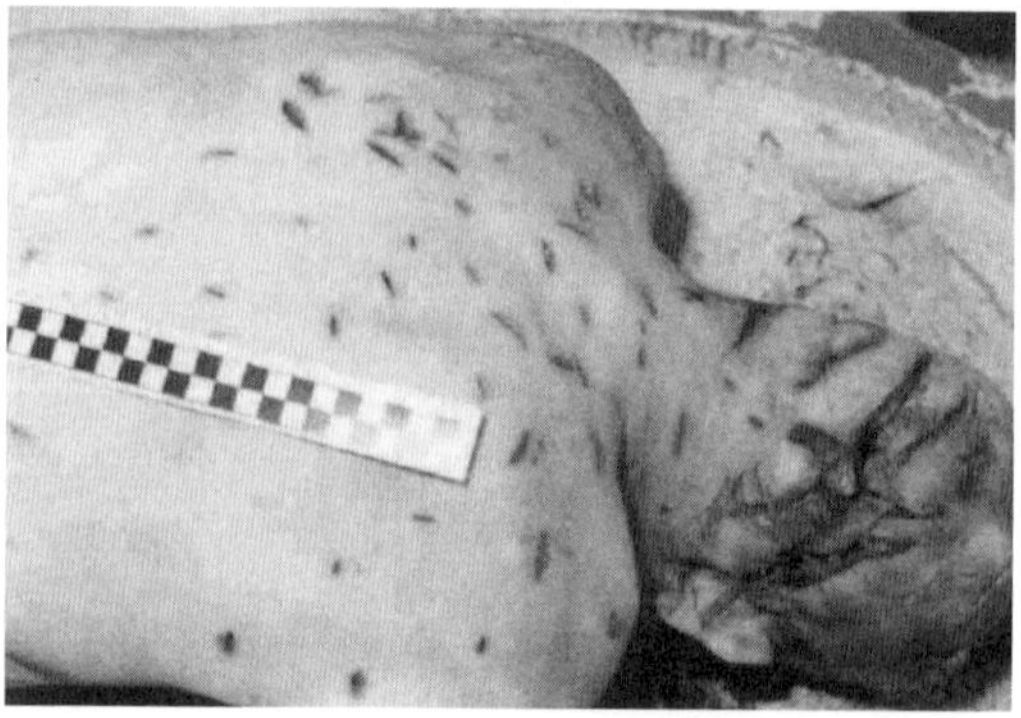

■典型的なメッタ刺し

なぜ刃物を手にするのか　刃物攻撃の心理

■狂気と正気

1）メッタ刺しの心理

この世の中には包丁、ナイフ、カッター、斧、剣、刀などさまざまな刃物（cutting instruments）が存在する。利器ではなく凶器としてこれらを手にした者の心境はどういったものか。日本には《刃物三昧》という表現があるがこれは何かというとすぐに刃物を振り回したがる性癖の人物のことをいうようだ。

日ごろからナイフを携帯しているような一部のマニアックは論外として刃傷沙汰のほとんどが普通の人によって引き起こされている。怨恨や自分を見失うほどの激昂が〈引き金〉だ。加害者の恨みの深さや怒りの大きさを表す際によく《メッタ刺し》という表現が使われる。メッタ刺し＝残虐性という図式が成り立っているようだが、これは間違いだ。殺人を犯すのは圧倒的に普通の人が多く、普通の人ゆえに何が致命傷なのかわからず、ただ闇雲に刺しまくる。ここには「生き返ったら大変だ、早く死んで欲しい」といったパニックが汲み取れる。おそらく最初の一突きを喰らった犠牲者は、次の攻撃を防ごうと抵抗したり、刃物を取り上げようとしたりするはずだ。攻撃者を逃がさぬようにと押さえ込みにかかることもあろう。こうした反撃が加害者に恐怖を与え、攻撃をエスカレートさせるのだ。

アメリカからの報告。刃物が使われた殺人事件１４２件のデータから犠牲者と加害者の背後関係が明らかになった。１４２件のうち男性の犠牲者は１１２名（79％）、女性は30名（21％）であった。一方、加害者の性別は１２５件が男性で、全体のほぼ9割を占めていた。遺体の刃

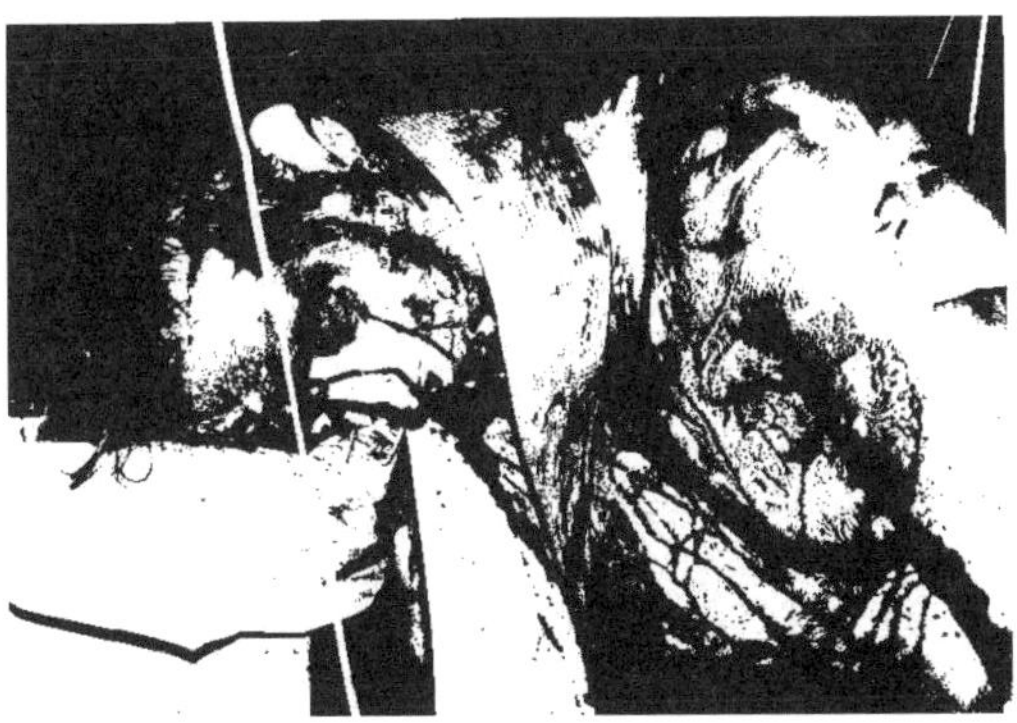

■この犠牲者と加害者はともにドラッグ常習者であった

物傷が1箇所以上10箇所未満であったのは82件、10箇所以上というのは23件であった。後者23件のうち女性の犠牲者は11名いた。

何箇所以上をしてメッタ刺しとするかの基準はないが、痴情怨恨がらみの刃傷沙汰は往々にしてオーバーキル（過剰殺戮）になりやすいようだ。犠牲者と加害者の関係では圧倒的に《顔見知り》というのが多く、刃物傷の数も両者の関係が濃厚であるほど多くなる。

犯行時、犠牲者、加害者ともに正常な判断ができる状態であったか――116名の犠牲者のうち86名に高い血中アルコール濃度を確認し、加害者120名のうち96名が犯行時飲酒していたことが判明している。意外なことに攻撃回数が多いほど犠牲者、加害者ともにアルコール濃度が低くなるという結果が出た。これは、かなり緊密な関係であった分、アルコールの力を借りなくとも激情だけで犯行がエスカレートしたということだ。

2）オーバーキルの心理

オーバーキル（過剰殺戮）はリベンジ（復讐）や愛情の裏返しの行為と受け取れる。通常、《痴情怨恨》、《愛憎のもつれ》といった場合、顔面や性器、乳房など、かつて愛しい存在であったものに対して猛烈な怒りが向けられる――可愛さあまって憎さ百倍といったところか。

例えば2005年11月東京都町田市でおきた女子高生斬殺事件の被害者（15歳）は五十数箇所も刺されており、刃物攻撃を回避する際にできる《防御創》を除くと刃物傷のほとんどは顔面に集中していた。致命傷になったのは頸部への攻撃（切創）で、首の正面と左側を深く斬りつけられていた。

事切れた後に付けられる刃物傷は《女性の剥奪》と《人間性の剥奪》の2種類に分けられる。この事件では、乳房や性器といった女性のシンボルではなく顔面に集中していたこと、加害者の年齢が16歳であることを考慮すると前者ではなく、後者の《人間性の剥脱》がおこなわれ

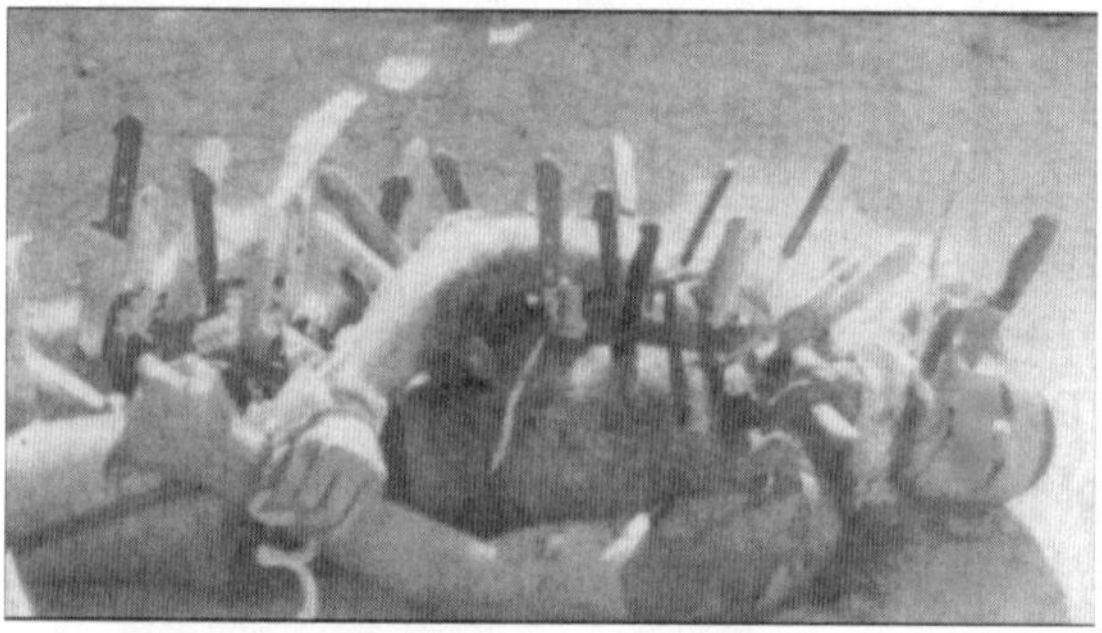

■リベンジ：全身に無数の刃物を突きたてられた

たと解釈できる。愛しいもの（彼にとっては乳房や性器ではなく顔面）が憎しみの対象になった。これはどうせ手に届かないものならば、自分の手で壊してしまえといった感情に近い。

遺体の足首を切り落としたある犯人はこういった――あの世に行っても歩けないようにしてやりたかった、と。

3）トイイング

オーバーキルと混同されやすいのがトイイング（玩弄）だ。オーバーキルが殺害最中の行為とするならばトイイングは殺害後の行為と見なすことができる。乳房の除去に始まり、遺体を切り刻んだり、性器や直腸に異物を差し込んだりする異常行為は真性のセクシャルサディストに多く見られる行動だ。トイイングとネクロフィリア（死姦）は別物である。連続殺人事件でトイイングが確認できたら、ここから犯人の性嗜好やファンタジー（妄想）をトレースすることができる。

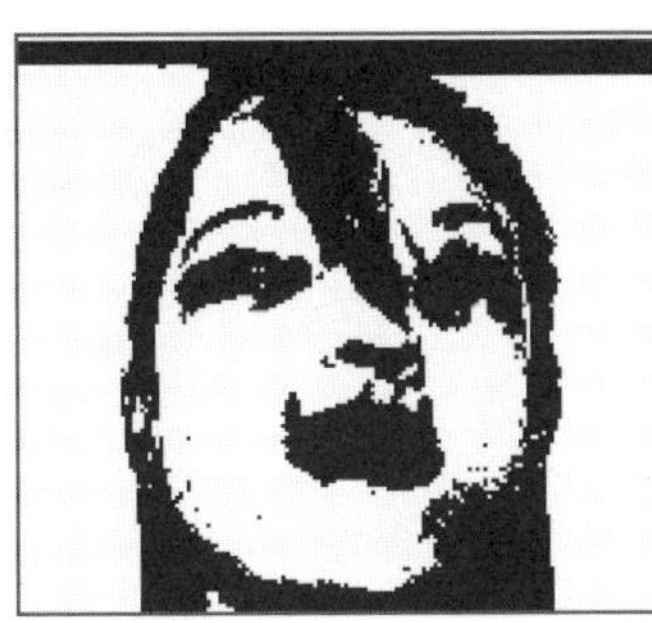

■愛憎の果て：犯人は美しい女の顔を斧で叩き割った

スロートスラッシュ

■正気の沙汰？

メッタ刺しが一時的な狂気のなせる業とするならば正気の証といえる攻撃がある。スロートスラッシュ――背後から忍び寄り口を塞ぎ、喉を掻っ切る、というこの方法はミリタリー式斬首術もしくは暗殺術といわれ、ゆるぎない殺意はもちろん、冷静さも求められる。別れた妻に対する私怨か、プロフェッショナルの手による暗殺か――世界的な関心を集めたＯＪシンプソンケースではこの方法で二人が殺された。

ミリタリー式では、背後から忍び寄り、相手の口と鼻を塞いでから、まず腎臓あたりをナイフで一突きする（もしくは殴りつける）。腎臓を狙うのはここに神経が集中しており、猛烈な痛覚を生み出すからだ。そのまま体勢が崩れたところを左耳下から右耳下にナイフを走らす、といったパターンが採られる。攻撃者が右利きならば、犠牲者の首の左側から右側に刃物が流れる。傷は最初に浅く、次に深くなり最後で再び浅くなるのが特徴だ。

■なぜ首が狙われるのか

動物は獲物を仕留める際、誰に教わったわけでもないのに首に噛み付き相手をねじ伏せてからトドメを刺す。狩りの仕方は親より習うのだろうが文字や口伝といった手段を持たない動物達は教わるまでもなく本能的に知っているのだ――首は急所であるということを。

首は急所である――これは刃物攻撃にもあてはまる。皮膚の下に青く浮き上がって見えるの

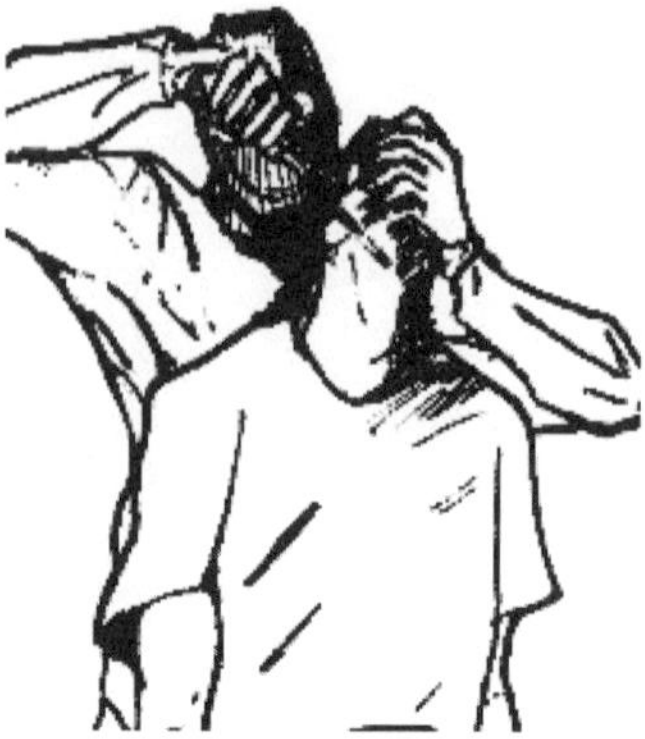

■ミリタリー式斬首術

は頸静脈。さらに深いところ、筋肉（胸鎖乳突筋）の下骨に近い部分に位置するのが頸動脈だ。首に指を当てるとパルスを感じるだろう。頸動脈が脳や顔面に血液を送っている証拠だ。

頸動脈は顔や脳に酸素を豊富に含んだ新鮮な血を運ぶ血管で、これが断たれれば脳細胞は死滅する。刺す、斬るに限らず一度出血すれば止血は不可能で、心臓に近いことから血の噴出量も大きく、1分もかからずに意識を失いそのまま死亡する。

脳や顔面に送られた血液の戻り道である頸静脈も出血すれば深刻な事態を招くことには変わりはないが、その度合いは頸動脈ほどではない。ただ油断ならないのが空気塞栓だ。頸静脈は管内が陰圧であるため傷口から空気を吸い込むことになり、これが気泡となって心臓の右心室に流れ込み肺動脈を詰まらせてしまう。吸い込まれた空気の量は１００～１５０mlあたりで致命的といわれている。

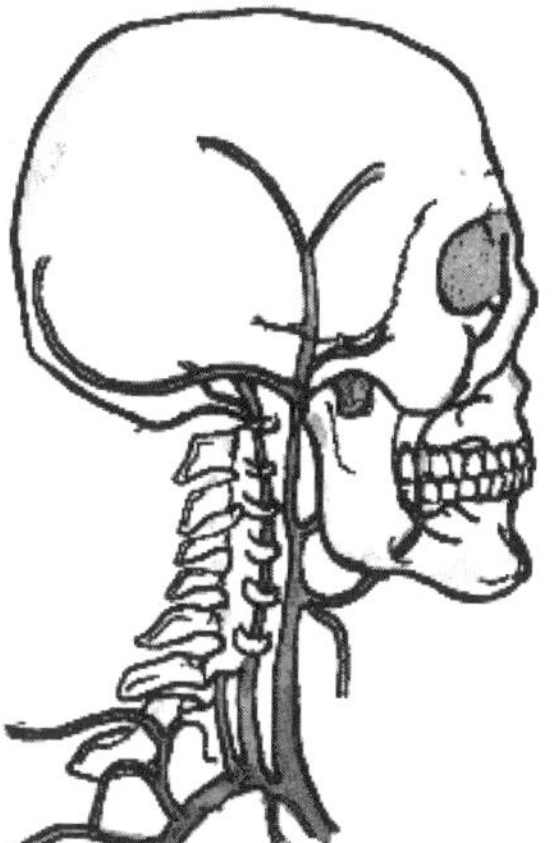

■皮膚、筋肉の下を走るのが頸静脈、さらにその下に位置するのが頸動脈

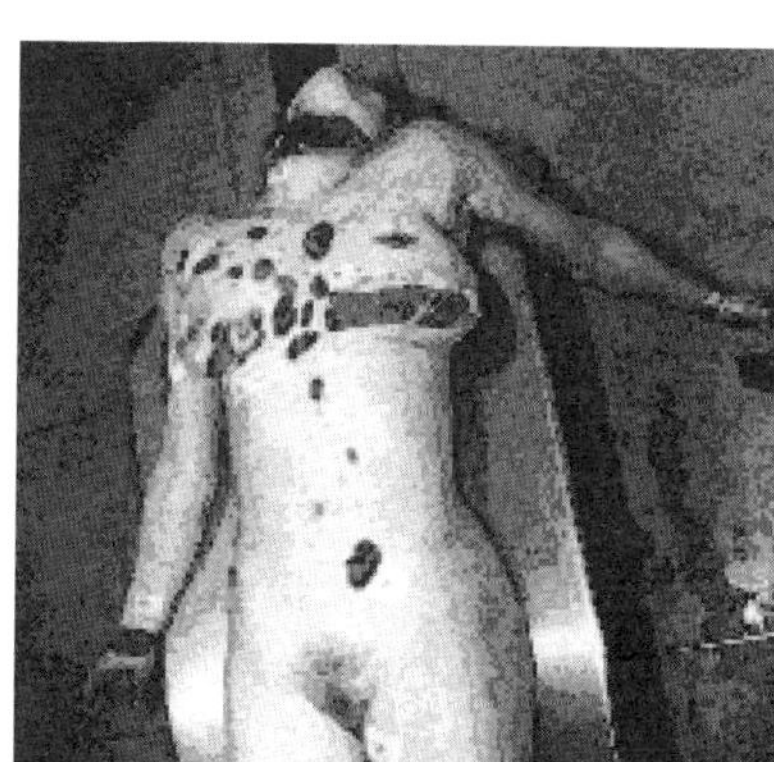

■突く、斬る、スロートスラッシュ（喉斬り）、女「性」の剥脱——すべてがおこなわれた

OJシンプソンケースとスロートスラッシュ

1995年10月3日、「世紀の裁判」としてアメリカのみならず世界中の関心を集めたいわゆるOJシンプソン裁判の評決が下された――Not Guilty。この裁判では判事は日系人が務め、一度解散し再度集められた陪審員は黒人8名、白人1名、ヒスパニック2名、白人系インディアン1名という人種構成に落ち着いた（黒人が8名というところに注目）。

裁判の焦点は死者2名の殺人事件ではなく、いつの間にか人種問題にすり替わっていった。幸いなことにこの判決のお陰でロドニーキング裁判に端を発したLA暴動のような事態は回避できたようだ。しかし世界中の人々はつまるところ「法も金次第か」と落胆した。

黒いものを白くする――判決はどうあれこの事件は《嫉妬深い元夫の凶行》という見方が妥当のようだ。本書では報道されなかった被害者のバックグラウンドやナイフを使った特異な殺害方法《スロートスラッシュ》といった別の視点から検証をくわえてみた。

■ダブルマーダー

1994年6月12日推定時刻午後10時40～50分頃、ロサンゼルスのブレントウッドのコンドミニアムでニコール・ブラウン・シンプソン（35歳）とその友人ロナルド・ライル・ゴールドマン（25歳）が何者かによって斬殺された。殺されたニコールはOJシンプソンの元妻で離婚が成立したのは2年前のことだ。離婚は夫のドメスティック・バイオレンスが原因だった。現場はニコールの自宅前のゲート付近で、事件当時2階にはニコールの娘二人が寝ていた。有力な目撃証言はなかったものの犠牲者以外の血痕、ソールの跡、血みどろのレザー手袋など

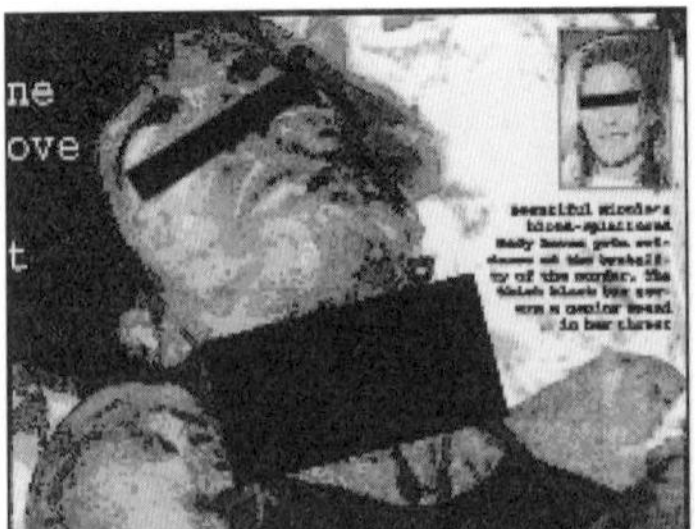

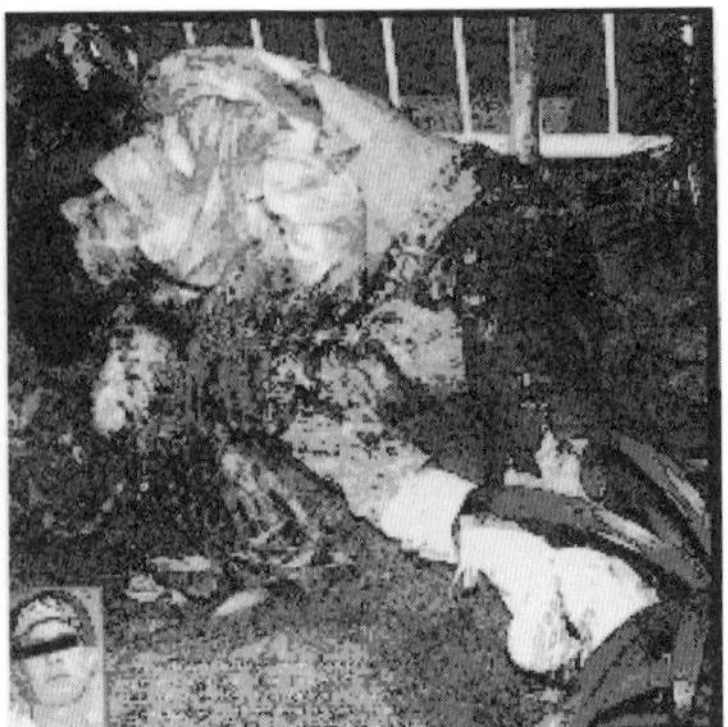

■公開された現場写真〈1〉

数々の物的証拠が見つかった。

ＬＡＰＤはすぐさまＯＪを容疑者と断定した。ＬＡＰＤ（ロサンゼルス市警）は、離婚後もＯＪがニコールに対してストーカー行為を繰り返していたこと、離婚する以前にもたびたび妻に暴力を振るっていた、などの前情報を掴んでいた。事実、１９８９年にＯＪはニコールに酷い暴力を振るっており、裁判では当時の通報記録として残されていたテープが公開された。これと同時にアザだらけになったニコールの写真も公開された。

■ＯＪ（オレンソール・ジェイムス）シンプソンのこと

ＮＦＬ（ナショナル・フットボール・リーグ）の元スーパースター。１９４７年７月９日、サンフランシスコのスラム街に生まれ、悲惨な少年期を過ごす。高校、大学時代にフットボールで頭角を現し、プロに転向後も大活躍をする。前人未到の記録を樹立したアメリカフットボール界の伝説的存在。引退後もアクターやコメンテーターとして成功を収めフットボール界に留まらず黒人社会を代表するヒーロー的存在となった。１９９４年の殺人事件の容疑者となるが１９９５年の刑事裁判で無罪となり、２年後の民事裁判で有罪判決を受け、賠償金の支払いを命じられた。

■ニコールとロナルド

なぜ事件のあった深夜、二人が一緒にいたのか――ニコールの《友人》との注釈が付けられていることが多いロナルド・ゴールドマンはサンフランシスコの高級レストラン、メッザルナのウェイターで、ニコールの所有するフェラーリを借りるなどニコールとは《親しい間柄》で

■スタープレーヤーだった頃のＯＪ

あった。実は事件のあった日ニコールの家族はメッザルナでディナーをとっていた。レストランを出た後、ニコールの母親が老眼鏡を忘れたことに気づき、ロナルドに探すよう連絡を入れていた。老眼鏡は店内からではなく、路上で発見された。どうやら帰宅の車に乗り込む際に落としたらしい。午後10時、仕事を終え、帰宅し私服に着替えたロナルドはメガネを届けにニコールのコンドミニアムに向かった――

当時のマスコミ、特にタブロイド紙は二人の関係をセンセーショナルに脚色し、激昂した元夫の犯行というシナリオで発行部数を伸ばそうとした。たとえばニコールは事件のあった晩、下着はつけず、黒いカクテルドレスを着ていた、バスルームにはキャンドルが灯されていたなどと報じている。

■スローカーチェイス

ＯＪ事件を語る上で忘れられないのがスローカーチェイスだ。ここでいうスローは低速のことだ。

事件当日、ＯＪはシカゴに行く予定になっていたが二人が殺害されたとの報道を知ると急遽これを取りやめた。警察から出頭を要請されたＯＪは、事情聴取にはしばらくしたら応じるとだけ答えた。事件から4日後、警察に出頭する手はずになっていたＯＪが突然姿をくらました。出頭の様子を伝えようと集まった１０００人を超すマスコミ関係者はことの成り行きを見守った。午後2時、ＯＪの友人と称する男性がＯＪから預かった手紙を読み上げた――ニコールの事件とはまったく関係がありません。私のことは心配しないで欲しい。本当にいい人生だった。この手紙は遺言ともとれたため居合わせたマスコミも巻き込んでＯＪの大捜索が始まった。

午後6時、州道４０５号線でＯＪの友人が運転する白のフォードブロンコが発見された。停

■スローカーチェイスの様子は全米中に生中継された

車を命じるもののハンドルを握る友人は、ＯＪはピストルを自分の頭に突きつけていると叫んだ。かくしてパトカー、メディアのヘリに先導されながらの奇妙な低速カーチェイスが始まった。

結末は自殺か、銃撃戦か――ＴＶの視聴率はすでに最高潮に達していた。午後8時過ぎ、車はやっと停車した。しかしＯＪは車から降りることを拒み、約45分後に身柄を拘束されることになった。車内を捜索したところ付け髭などの変装キット、パスポート、Ｓ＆Ｗ３５７リボルバーが見つかった。

■証拠を検証する

ＯＪの弁護団はドリームチームと呼ばれ《黒いものを白に変える力》を持っていると評された凄腕弁護士の集まりだった。１３０日間に及んだ裁判は2名の犠牲者を出した殺人事件の容疑者を裁く場ではなく捜査過程で人種差別意識が働いたかどうかに焦点が合わされた。評決はNot Guilty。弁護団はＬＡＰＤの担当刑事の言動に注目し陪審員、世論に人種差別がおこなわれたことを印象付けることに成功したのだ。

1）動機

殺害動機は嫉妬、妻と愛人への報復と見られている。確かに暴力を振るったことはあるが元ＮＦＬスーパースターがそのようなことで二人の人間の命を奪うだろうか。事実、この頃には彼自身にも新しい恋人がおりニコールのことは過去の話になっていた。しかし、ＯＪは病的な自尊心の持ち主であったとの指摘もある。

■法廷に立つＯＪ。殺害現場から見つかった皮手袋をはめてみせた

2）アリバイは？

事件のあった時刻、ＯＪは2マイルほど離れた自宅にいたことになっている。犯行時刻に至るまでの経過として友人とマクドナルドに立ち寄り、それから家まで送ってもらい、その後は自宅でゴルフの練習をしていたことになっている。

3）手袋は合わなかった

とりあえずはめてみて、合っても合わなくてもキミは無罪なんだから――裁判の最中、検察側から血みどろのレザー手袋が本人のものかどうか試すよう指示があった。ＯＪは証拠品の価値を損なわないよう薄手のラバーグラブをはめ、その上から手袋をはめてみせたが誰が見ても窮屈なものだった。これについては乾燥した血液で手袋が収縮した、ラバーグラブ上からでは合うものも合わないとの指摘がある。

4）血痕はあとから撒かれたもの

遺体周辺の血痕は乾燥が酷くＤＮＡテストには不適格であったためＯＪの血液との照合には至らなかった。これとは別に門扉のところで見つかった血痕がＯＪのものと一致した。しかし事件直後に撮影された現場写真にはそれらしきものは写っておらず弁護団はこれを警察側の捏造と判断した。問題の血液は事情聴取の際に採取されたものが使われた可能性が高い。

5）同じ靴をはいていた可能性が高い

犯行現場に残されたフットプリントはＯＪの履いていた靴のものと一致するが、何者かが同じものを選び履いていた可能性が捨てきれない。

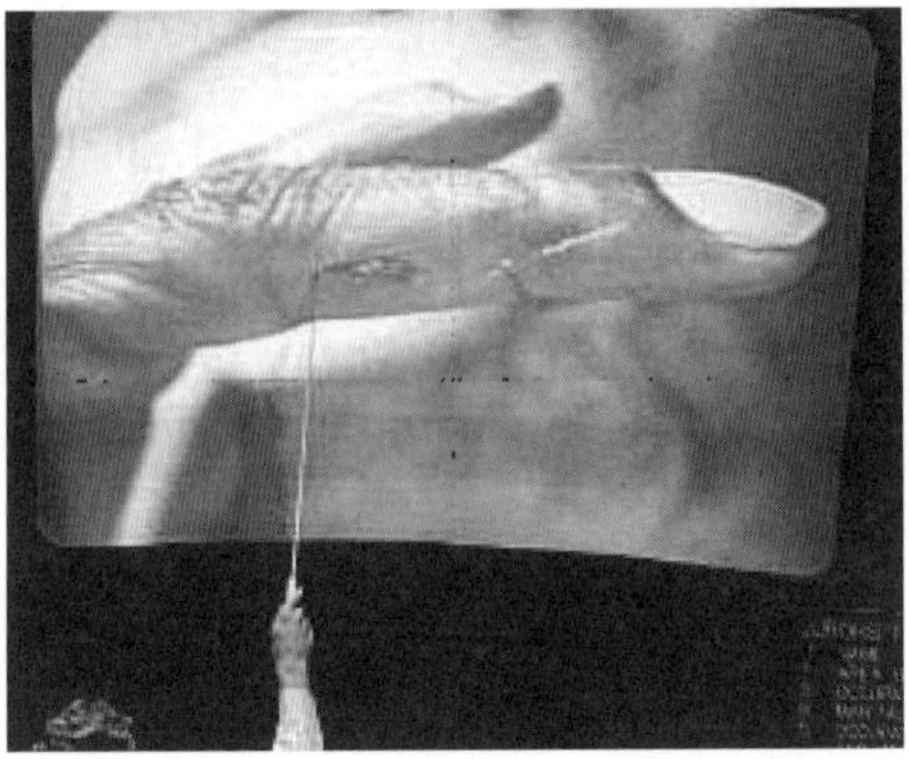

■検察側は中指の傷を指摘した

6）中指の傷

現場から採取されたＯＪの血液は右手中指に負った傷から落ちた血液であるとの主張があった。しかし肝心の手袋にはそれらしき傷は見当たらなかった。

■検証　殺害方法

凶器は「ナイフ」である――これは容易に想像がつくことだ。ここでいう「ナイフ」とはブレードの幅が厚い、誰しもが想像する「ナイフ」のことだ。ＯＪが事件の前にナイフを2本購入していたことが判明している。しかし二人を斬殺した凶器が発見されていないことから間違いなく「ナイフ」であったとは断定できない。ひょっとしたらキッチンナイフ、いわゆる包丁かもしれないのだ。

1）ミリタリー式暗殺術

ニコールとロナルドの死因は失血死となっている。会見の中でＬＡＰＤは最初にニコールが、次にロナルドが襲われたと発表した。攻撃スタイルはスライス（切創）とスタブ（刺創）。特徴的なのは頸部の切創で、《背後から喉を掻っ切る》というものであった。これは完全に暗殺スタイルだ。ミリタリー式斬首術とも呼ばれるこの方法では、相手を押さえつけるための必要な力を最大限に発揮するために攻撃者はターゲットよりも高い位置にいなければならない。この場合椅子に座っている、または体勢を崩させることが条件になる。

立っているターゲットを襲う方法――背後より近づき左手で相手の口を塞ぐ。もちろんこれは声を上げさせないためのものだが顔面反射の効果、心理的なパニックを起こさせる目的も十分あると考えられる。つぎに腎臓を攻撃する。腎臓、腎臓周辺には沢山の神経が集まっており、

■公開された現場写真〈2〉

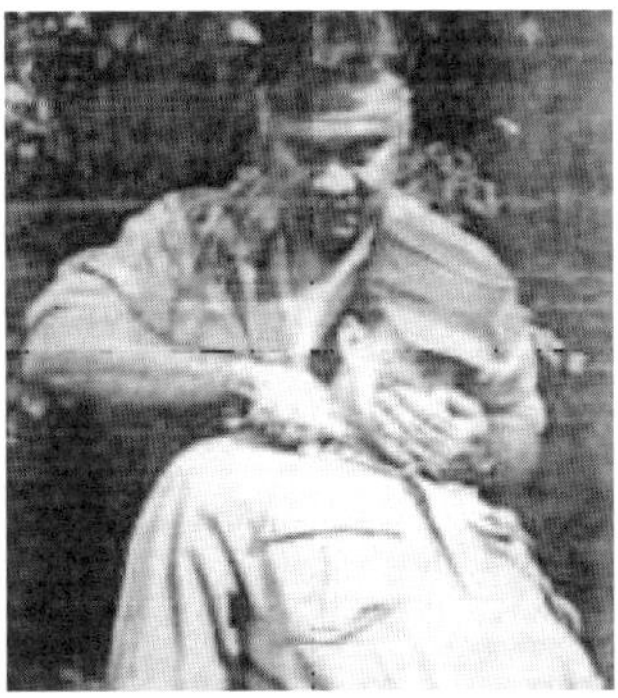

■相手のバランスを背後から崩し……

ここを攻撃されるとかなりの痛覚が発生する。殴りつけるだけでも効果は大きい。これによってターゲットの体勢は完璧に崩れ、顎が上がり、体全体を攻撃者に預けるようなかたちになる。後はそのままターゲットを座らせるか、ひざまずかせたら、一気に喉を掻っ切ればよい。

２）ニコールのケース

ニコールの傷は頸動脈に達していた。ゲートから玄関に通ずるステップの1段目は大量の血液が血溜まりを作っていた。2段目、3段目にはほとんど血痕がないことから当初考えられた「背後から髪の毛をつかまれ首を反らされた」という説は的外れということになる。頸動脈を切断すれば血が噴出する。あたりに血が飛び散っていなければ不自然だ。

返り血を浴びることを避けようとした犯人はニコールに突然襲い掛かり、下のイラスト（右）のようにステップにひざまずかせ頭を押さえつけた、もしくはあらかじめ気絶させてから喉を掻っ切ったのだ。

３）ロナルドのケース

ロナルドの死因もニコールと同じく失血死だが、ニコールと違い彼の遺体には数箇所の切創、刺創が残されていた。下のイラスト（左）で説明する。まず、腕や手には防御創が確認できた（D）。

ニコールは喉の切創が頸動脈にまで達しそれが致命傷となったが同じく喉を掻っ切られたロナルドは頸静脈に留まったため、直接の致命傷にはならなかった（A）。おそらく切創Aでは、受傷後しばらくは意識があったはずで、この後に負う刺創が命取りになった。致命傷は4つの刺創であった——胸部2箇所（B、C）、下腹部1箇所（F）、太もも1箇所（E）。B、Cは肋骨を貫き、肺動脈を切断していた。

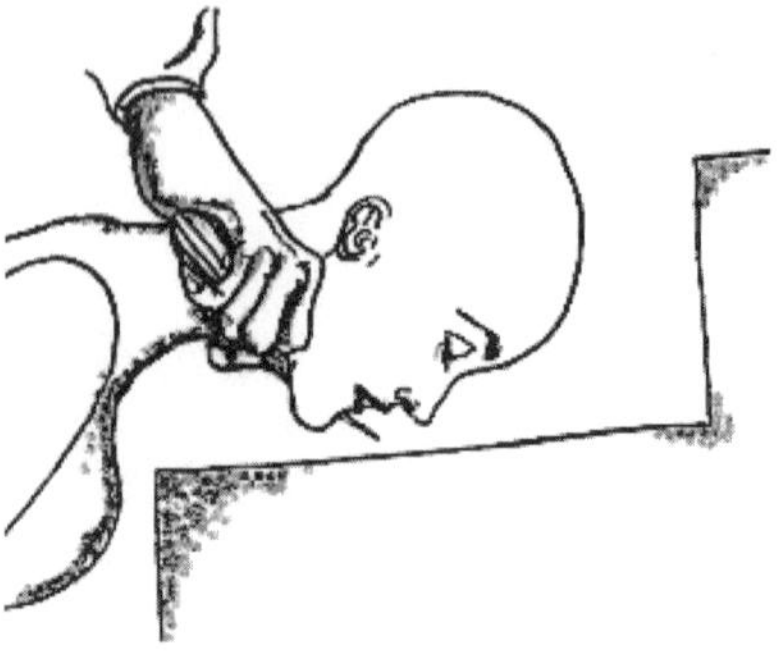

■うつ伏せにさせれば切創が《口を開ける》こともないので血液の噴出をコントロールできる

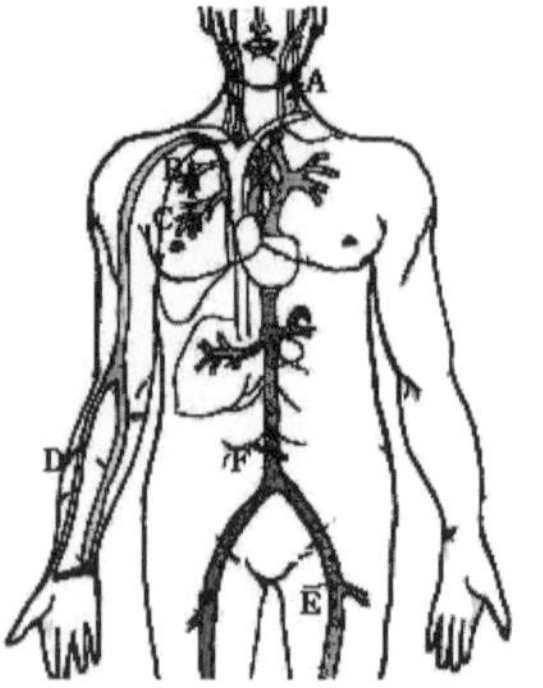

■ロナルドの致命傷はB、C、E、F。Dは防御創と見られる

腹腔に残されていた血液の量から事切れる前、つまり心臓が停止する前に刺されたものであることがわかる。血液量は腹腔に100CC、胸腔に150CCしか残っていなかった。

4）犯人像を推測する

ただ殺害するだけならば銃でもよかったはずだが、現場は住宅密集地とはいえぬものの深夜の住宅街であることを考慮しても銃声で目撃される可能性がある（サイレンサーの音圧レベルがどれだけのものかは7章で触れる）。とにかくナイフを使わざるを得ないシチュエーションなのだ。プロフェッショナルの仕業——ミリタリー式斬首術を完遂している、目撃者がいない、がその根拠だ。しかしそうかと思えばフットプリントを残し、血みどろの手袋を置き忘れるなどの失態も犯している（作為とも受け取れるが）。ナイフを振るった者、押さえつけた者、見張り役など、犯人は複数いたとも考えられる。犯行のあった時間帯にニコールとロナルドが会うことを知っている者——犯人像は単なる私怨を持った者では片付けられないはずだ。

■黒すぎる噂

ニコールとロナルドが殺される以前、以後にもOJの友人を含む多くの関係者が謎の死を遂げている。カシミール・スチャルスキという、OJの友人が事件の2週間後に、さらに1995年3月19日にOJと親交のあったレコード会社のプロモーター、チャールズ・マイナーが殺された。ロナルドが殺される11ヶ月前、彼の友人ベレット・キャンターが喉を掻っ切られ、腕や胸を刺されるという同じような手口で殺されていた。高級レストラン・メッザルナのウェイター、ミッシェル・ニッグが頭を撃たれ死亡、別のウェイターも自動車に爆弾を仕掛けられていた。

実はメッザルナの関係者はギャングやドラッグディーラーとの繋がりがあったと噂されている。

その証拠として——

・ＯＪの事件後、ニコールがドラッグディーラーと入浴もしくはベッドインしている写真が公開された。ＯＪはこれを見た子供たちの心境を察していた。

・私立探偵によれば、ロナルドとニコールはドラッグで儲けた利益をもとにレストランをオープンする予定であった。ニコールらはドラッグビジネスにかなり深く入り込んでいたようだ。

・殺しの手口はプロフェッショナルそのもので、喉を掻っ切るのは声を出させないようにするためだ。激昂した元夫がしでかすような手段ではない。

・ニコールの友人女性（ドラッグ常習者）も、2人はドラッグビジネス絡みで殺されたと話している。

・フォードブロンコのハンドル、タイヤ、車体に付着していた血液が三人の誰とも一致しない。

・ドラッグディーラーの大物ジョウイ・イッポレイトがフロリダの刑務所を脱獄した3週間後に二人が殺された。イッポレイトの側近にして殺し屋の男は以前、別の殺人事件で相手の首を切り落としていた。

・本人は否定しているがニコールの姉デニスは元ドラッグディーラーにしてＦＢＩの密告屋の男と付き合いがあった、ｅｔｃ．……

・ＯＪがヒットマンを雇ったとの説もあるが、フットプリントを現場に残し、手袋を処分しないなど、わざわざ雇い主に嫌疑が掛かるようなことをするであろうか。

ＯＪが犯人なのか、ＯＪが何者かを雇ったのか、ＯＪを誰かが嵌めようとしたのか——諸説

■遺体発見時の姿勢からロナルドへの攻撃はこのようにおこなわれたと推測できる

あるがＯＪシンプソンは刑事裁判では無罪なのだ。この事件で着目するべきはスロートスラッシュといわれる冷徹なプロしかおこなわないような方法で二人の人間が殺害されたということだ。

10年が経過して……

事件発生から実に10年以上が経過したことになる。ＯＪをはじめとする事件の関係者はどうしているのだろうか。10年目の節目にメディアの取材を受けたニコールの姉デニス・ブラウンは当時の女性検事マルシア・クラークが後年に出版した暴露本の中で自分たち家族のことを貶めたと語っている。同じくインタビューを受けたＯＪシンプソンはいつの日か真犯人が必ず捕まるはずだと話し、すべてのメディアに対して当時の過剰な報道があたかも自分が犯人であるかのような印象を国民に植え付けたと非難し、またＯＪの単独犯行を信じて止まない元妻の姉デニスについては誰かにそそのかされたか、買収されたに違いないと話した。このインタビューの内容を聞かされたデニスはＯＪのことを「悪魔」と罵った。ＯＪは近々再デビューするそうだ。番組はＯＪ自身のプロデュースによるもので彼の役どころは《悪い冗談に引っかかった人》らしい。10年前の出来事を揶揄しているかのようだ。

刃物攻撃について

■切創と刺創

刃物攻撃はおおまかに、1）刃物のedgeを横方向に払う《斬る》と、2）人体に対して刃物のtipを垂直に押し込む《突く》に分けられる。1）で生じた刃物傷を切創、2）で生じたものを刺創と呼んでいる。

頸部や四肢など攻撃された部位にもよるが《斬る》よりも《突く》という攻撃の方が致死率は高い。同時に《突く》に深い殺意を汲み取ることができる。《突く》からさらに突いた刃物を人体内で動かす《抉る》という動作が入ると、殺意、致命率ともに格段に高くなる。刑罰も《斬る⇒突く⇒抉る》の順で重くなる。

刃物攻撃に対してはさまざまな思い込みがある。たとえば一般には銃で撃たれるよりも刃物で攻撃された方が傷の程度は軽いと見られている。しかし現実はこの逆というケースが少なからずある（もちろんブレットの種類や銃口からターゲットまでの距離等によって大きく変化することは百も承知だ）。

銃によって生じる創傷、銃創が《点》であるのに対して、刃物は《線》でダメージを与える。ブレットが人体を穿孔するのに対してブレードはコンタクトした組織をスパスパと切り裂いてゆく、といったところだ。人体組織はクラッシュされるよりもスラッシュ（カッティング）される方が出血は酷くなる。また創面はある程度グサグサの方が治癒も早い。

■刃物VS銃

■サクッといった瞬間は血が出ない

幸か不幸か、世間では銃で撃たれるよりも刃物で斬りつけられる方が軽傷で済むと思われている。ＦＢＩの統計によればある条件下では銃撃後に死亡する確率は10％、刃物では30％になるという。こうした理由のひとつに刃物の高い貫通力が挙げられる。刃物は《突く》、《引き抜く》という1ストロークで内臓や主要血管に確実にダメージを与えることができる。刺創はそのまま銃創学でいうところの永久空洞になる。また刃物攻撃の場合、少なくとも腕のリーチ分しかターゲットと離れていないので、下手な銃よりも命中率が高い。このほかに刃物ならば銃と違い、弾切れの心配もなく、ミスショットもない、もちろん銃声もしない。携帯性という点でも格段に優れている。

たとえ軽傷であっても《刺された！》、《撃たれた！》という精神的ダメージは大きい。刃物で襲われた場合、深い傷を負ったにもかかわらずほとんどの犠牲者がことの重大さに気づくのが遅い。すぐに救急車を呼べば助かるのに、そのまま放置しておく者が多い。受傷時の精神状態やアルコール摂取による知覚鈍麻などが考えられるが、医者に診察してもらった時にはすでに手遅れというケースが非常に多い。特に肺などの胸部を刺されると胸腔内に血液が溜まり、肺が十分に膨らまない状態、《血胸》になりやすい。意識を失いかけた時にはすでに手遅れで脳細胞が低酸素状態に陥っているのだ。

■斬るという攻撃

1）刺されるよりはまし

英語圏では斬るという動作に対してcut（切る）、slash（斬る）、incise（掻っ捌く）、carve（削ぐ）などの表現があり、読む順に従って傷の程度が酷くなる。切創は出血が多く見た目は

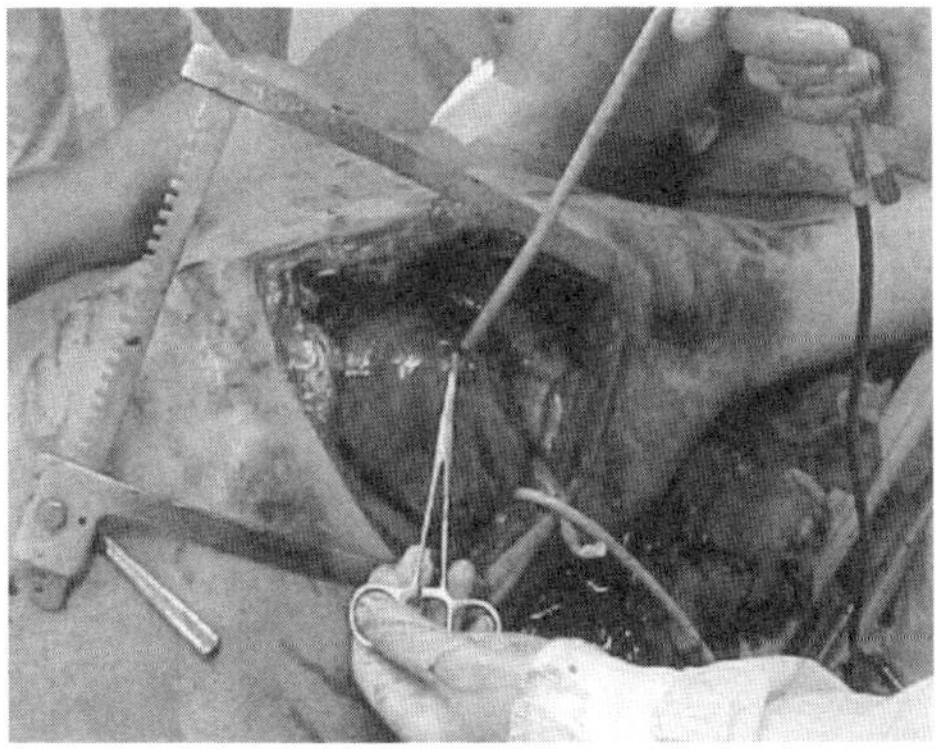

■切創は間違っても軽症ではない。写真の男性は胸部を刃物でinciseされた

さも重傷そうだが、傷の深さが浅いので動脈、静脈の損傷がなければ回復は早い。たとえば細菌の感染がなければ3日くらいで傷は接着し1週間も経てば線状の傷痕を残すだけで治癒してしまう。多くの血管が走る場所は治癒が早く、顔面などでは3～4日ぐらいで治癒するのが普通だ。

　しかし侮ってはいけない。ナイフファイトを指南するビデオの中で天井からぶら下がった肉塊にスラッシュ攻撃を繰り出すシーンがあった。肉の塊にはクレバスのような深い切創がいくつも刻まれた。

　腹部を斬られた場合、傷が深ければ開放された腹圧で小腸が飛び出してしまう。この典型が切腹である。さまざまな流儀があるようだが、一般的な切腹方法は、短刀でまず腹部左側を刺し、そこから右腹部へ刃を真一文字に走らせる。つぎに刃を半回転させ上側に切り裂く、というものだ。残された切創は写真のようなL字型になる。刺し込みが浅ければ内臓が飛び出し悶絶、もしくは激痛で意識を失う。侍は身悶える様を潔しとしない。だからこそ介錯がいるのだ。

2）《叩き斬る》を検証

　日本刀は《拵》のあるものにせよ《白鞘》にせよ自重が1kg近いために形成された傷は切創ではなく斧などによってできる創傷、《割創》のカテゴリーに分類される。《叩き潰す》ではなく《叩き斬る》——この効果は斧の破壊力に日本刀の斬れ味をプラスしてはじめて得られるものなのだ。肉を斬らせて骨を断つとはよくいったものだ。

　日本刀が使われた刃傷沙汰では切断寸前の割創とほぼ貫通に近い刺創、そして完全切断が見られる。出血の程度は深いところまで斬られるため噴血状態になり、血液だけではなくリンパ液、その他の体液があたりに撒き散らされる。その場で一命を取り留めても傷が深いために動脈系の損傷が酷く止血はまず不可能。数時間後には必ず死ぬ。療養所に担ぎ込まれた犠牲者が

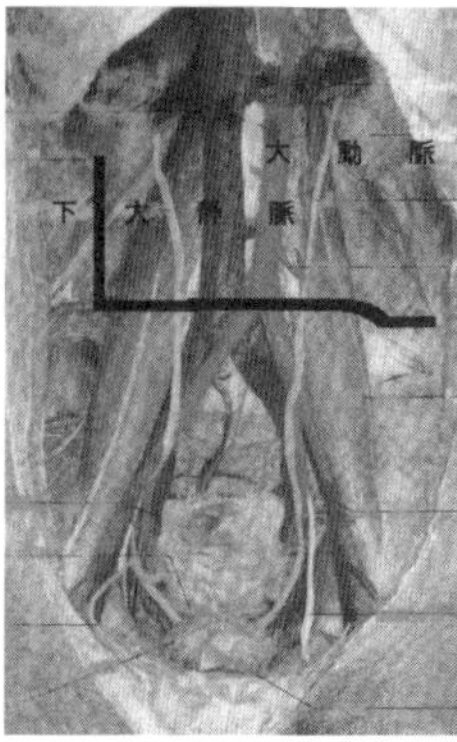

■刺し込みが深ければ下行大動脈や下大静脈を切断することになるので、意識の喪失はかなり早いものとなる

■作法に関する記述と一致している

2、3日高熱でうなされてから回復するのは時代劇ではお馴染みだが、これは奇跡に近い。

日本刀による創傷は主に三つ――《Chop-off》は骨まで叩き斬り、《Stab》は肋骨を削り、胸膜を突き破り心臓、肺を貫通。さらに胸部大動脈を切断し背中から切っ先が覗く。《Sever》は手指を完全切断。

日本刀による刃傷沙汰のこの他の特徴として描写が派手なチャンバラ映画のような四肢の切断ではなく手指の切断が顕著だ。自分も刀を構えているので振り回された刀身を拳で受け止めてしまうというパターンが多く現場には手指が散乱する。鍔のない白鞘の場合、血脂で指が滑り自傷というケースも多い。

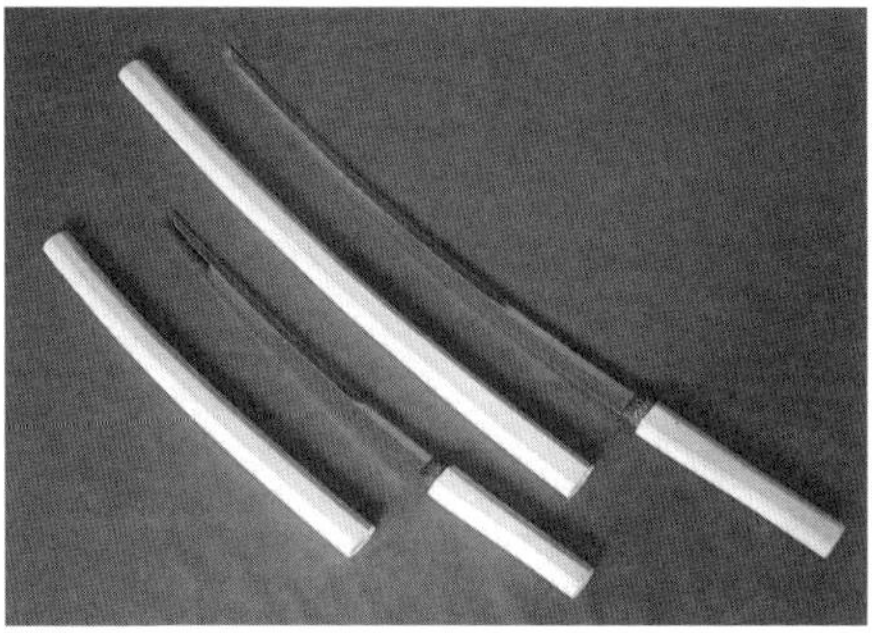

■白鞘（しらさや）――刀の普段着といったところか

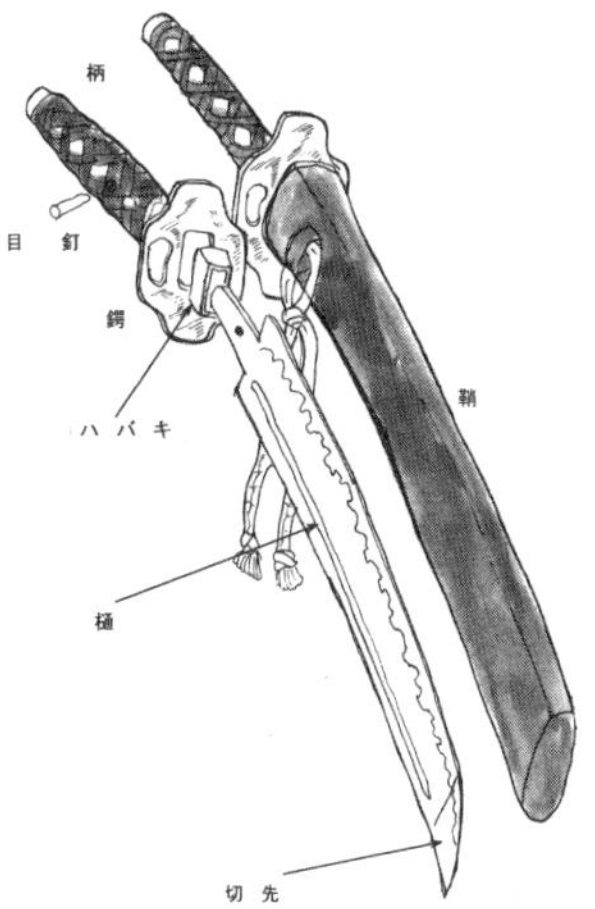

■拵（こしらえ）を施した刀――白鞘と違いめかし込んだ刀といったところだ

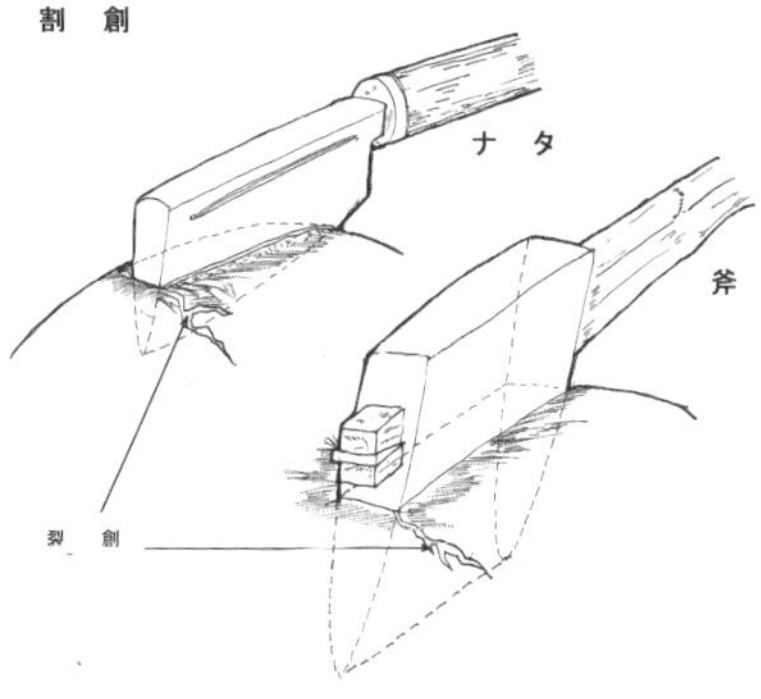

■割創の特徴は裂創と骨折だ

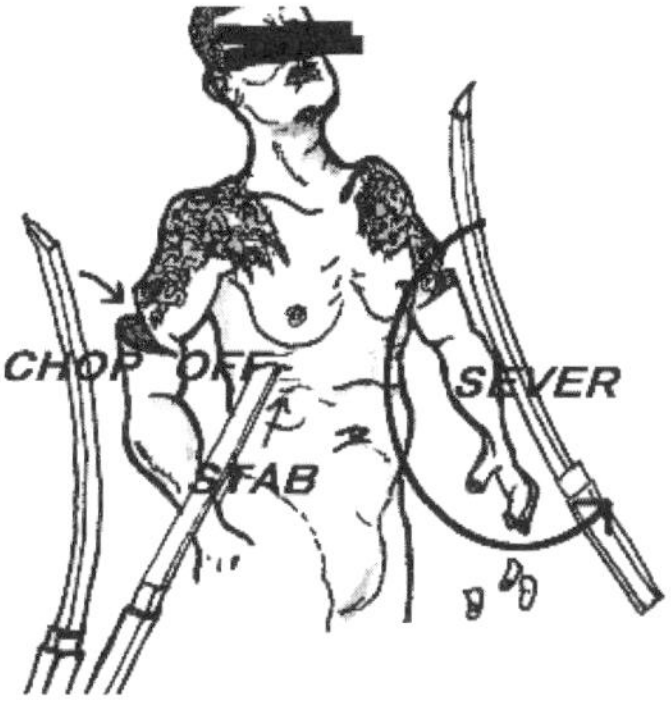

■侠気の代償――Chop-off!　Stab!　Sever!

突くという攻撃

■1）人間の体は薄い

人間の体を図化すると胴体はたいてい円柱に近い形で表されることが多い。極端な肥満体を除き人間の体は思った以上に薄い。特に首は円柱という思い込みが強いが仰臥させればほぼ平らに近い楕円になる。

日本の銃刀法は刃渡り15㎝以上のものを《刀剣》といい、刃体の長さ6㎝以上のものを《刃物》と定義している。余談になるが刃渡りというのは刀剣にだけ使われる用語で、刃物全般についてはブレード長（刃体長）という表現を使う。ブレード長とは非常に曖昧なもので、グリップとブレードの境がない一体型のナイフではナイフ全長から8㎝を差し引いた長さをブレード長と解釈する。よって17㎝のナイフであれば17－8＝11で《刃渡り11㎝＝銃刀法違反》ということになってしまうのだ。

普通体型の成人男性の体の幅は18～25㎝あたり。女性になればさらに薄くなる。体幹の厚みは当然ウェスト長に比例する。銃刀法が刃物と定めるブレード長6㎝はスケールで見る限りかなり短いことがわかる（スイスアーミーナイフに代表される多目的ツールのナイフブレードがこれに近い）。この短さならば刺されても安全だと思えるが、vital organといわれる内臓を傷つけるには十分な長さということになる。

体の中で内臓が占めるスペースは次々ページのイラストで示された程度のものだ。仰臥させれば体の幅はさらに薄くなる――6㎝もあれば十分な殺傷力があるということがわかる。このことを裏付けるもう一つの根拠は人間の体は弾力に富んでいるということだ。さすがに貫通と

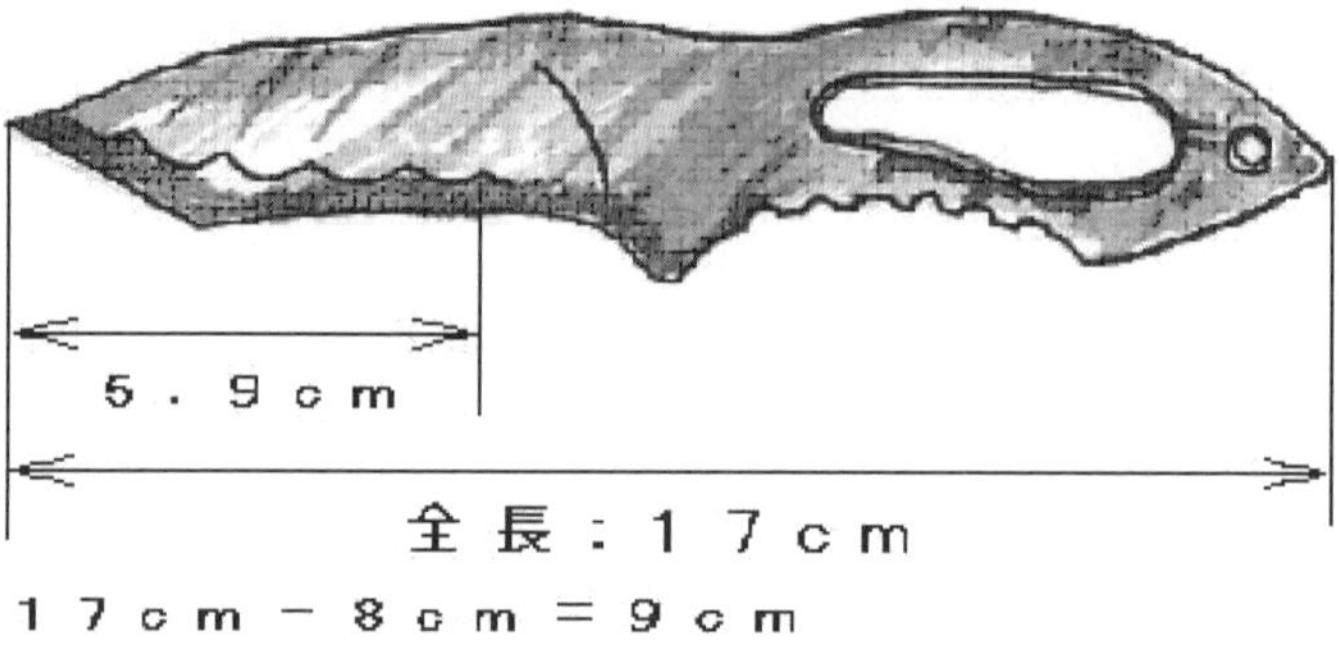

■ブレード長8cm――この解釈からするとイラストのナイフは銃刀法に抵触しているということになる

までは いかなくとも勢いをつけて思い切り刺し込めば刺創の長さは実際のブレード長よりも長くなる。メディアは「首を突き抜けた」、「刃物が内臓まで達する」などとさも大事のように報じるが、このようなことは短い刃物でも十分おこり得ることなのだ。刃物で襲われたものの肥満体の人や厚着をしていた人が軽症で済んだという理由はブレード長が内臓に達していなかったからだ。

■2）stab（刺す）に関する数値

ある程度の硬度があり先端が鋭利なものであればstabは可能だ。下の写真のようにボールペンでも立派な凶器になりうる。いわんや刃物をや、といったところか。アメリカで、死体や切断された四肢を使って人体を突き刺すのに必要な力が計測された。その結果皮膚、皮下脂肪、筋肉を突き刺すには約5kgの力が必要であることがわかった。

ナイフにはダガー（dagger）といって刺殺専用にデザインされたナイフもある。アイスピック（千枚通し）などはもともと先端にすべてのエネルギーが集中しやすいようにデザインされているので、stabには最適で、形成された刺創はピックの径と同じ小さいものとなる。

あたりまえのことだが刺す力が同じならば先端が鋭利なものほど貫通力は高い。衣類、皮膚を最初の一突きでクリアすれば、後は驚くほどスムースに脂肪、筋肉、内臓を貫いてゆく。切創で致命傷を与えるにはある程度の力を要求されるが、刺創ではそれほど体力を必要としない。一説によればブレード先端にはトン単位の力がかかっているという。

アメリカの法医学者が71体（男性44名と女性27名）の刺殺遺体を精査したところ皮膚から内臓までの到達距離に男女の差はなかったという。次ページの表は皮膚から内臓までの距離だが、実際は刃物の種類、衣類、皮下脂肪や刺す時の力の加減によって変わってくるはずだ。

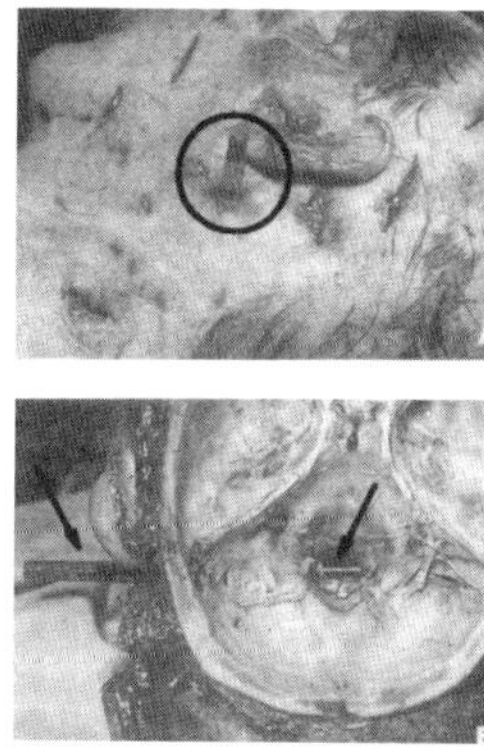

■○と→で示した部分がボールペン

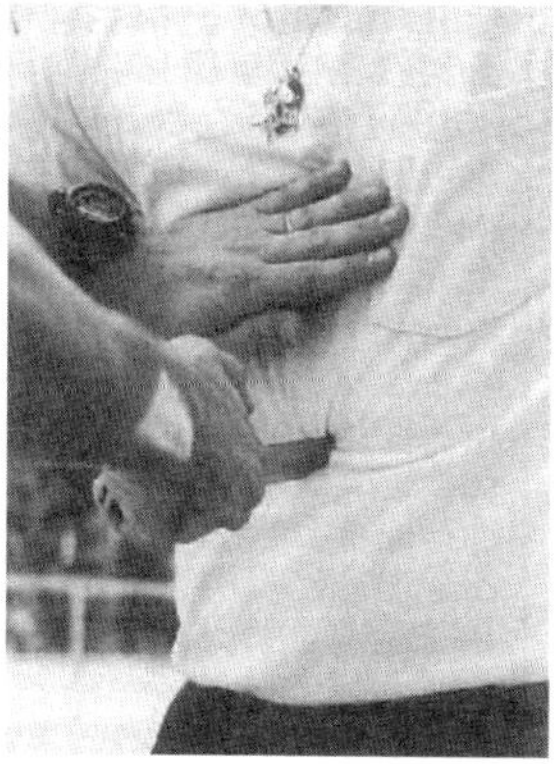

■柔らかい人体に刃物が差し込まれた時、ブレード長よりも長い刺創ができる

直径が２・５～３㎝はある腹部大動脈や隣接する下大静脈が傷つけば救命は極めて困難で、犠牲者の80％が病院に到着する前に死亡してしまう。

別の検死報告を見ると、刃物攻撃で死亡した犠牲者の多くは胸郭を刺されており、傷の深さは１～１・５インチ（２・５４～３・８１㎝）となっている。一撃で死亡するケースは稀で、何度も刺されている最中に絶命している。短いブレードであっても腹部を刺された場合、８～10㎝に達しており、肺は３㎝、心臓は４㎝で完全貫通となっている。

■３）暗殺とstab

背後からのスロートスラッシュを除くと、狡猾な暗殺者はstabを好むようだ。刺す攻撃はプロフェッショナルの手にかかるとpuncture,penetrate（貫通、穿孔）になる。暗殺者はテクニックだけでなく次ページのイラストのようにナイフやピックに工夫を凝らす。さらに暗殺者はどこを刺したか一見したところわからないような箇所を狙う。たとえば脇の下や《うなじ》だ。うなじは極端な短髪でもない限り髪の毛で隠れているので刺した痕（跡）をわからなくするのに好都合だ。相手を昏倒させてから瞼をめくって眼窩からピックを差込み、脳を破壊するという手口もある。

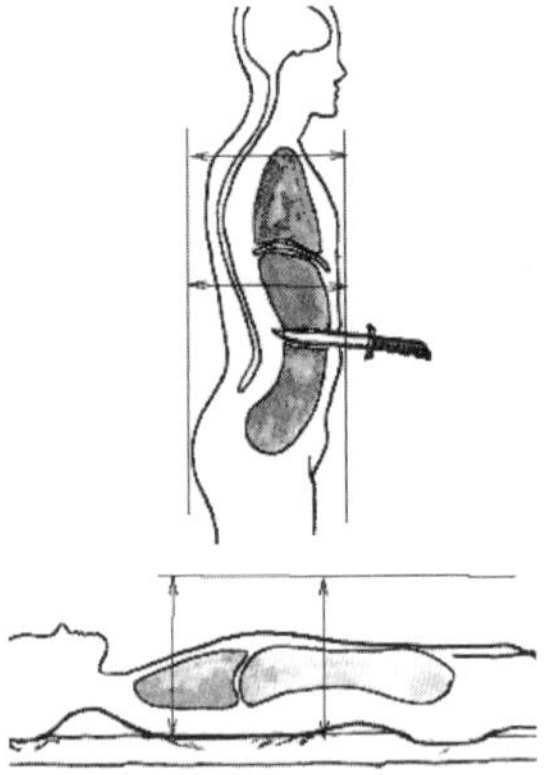

■同じ人物であっても立っている時と寝ている時では体の厚みに差が出る

■内臓までの距離

	胸膜	心膜	肝臓	脾臓	腎臓	胸部大動脈	腹部大動脈	大腿部動脈
最小	10	15	9	12	19	31	65	13
最大	48	45	36	39	79	93	102	25
平均	22	31	19	23	37	64	87	18

＊単位はmm

■刺殺専用ナイフ：ダガー

ブレードは両刃で、押し込み、引き抜きを容易にするためのハンドルが着けられている

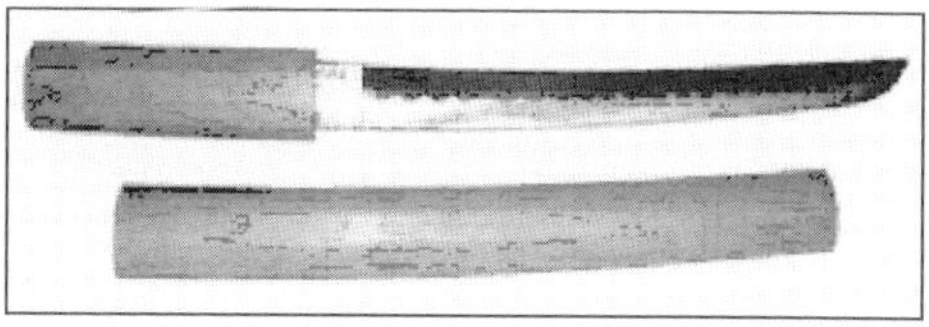

■短刀

仁侠映画で御馴染みの短刀。切れ味はもちろん胴体を貫通するのに十分な長さを誇っている

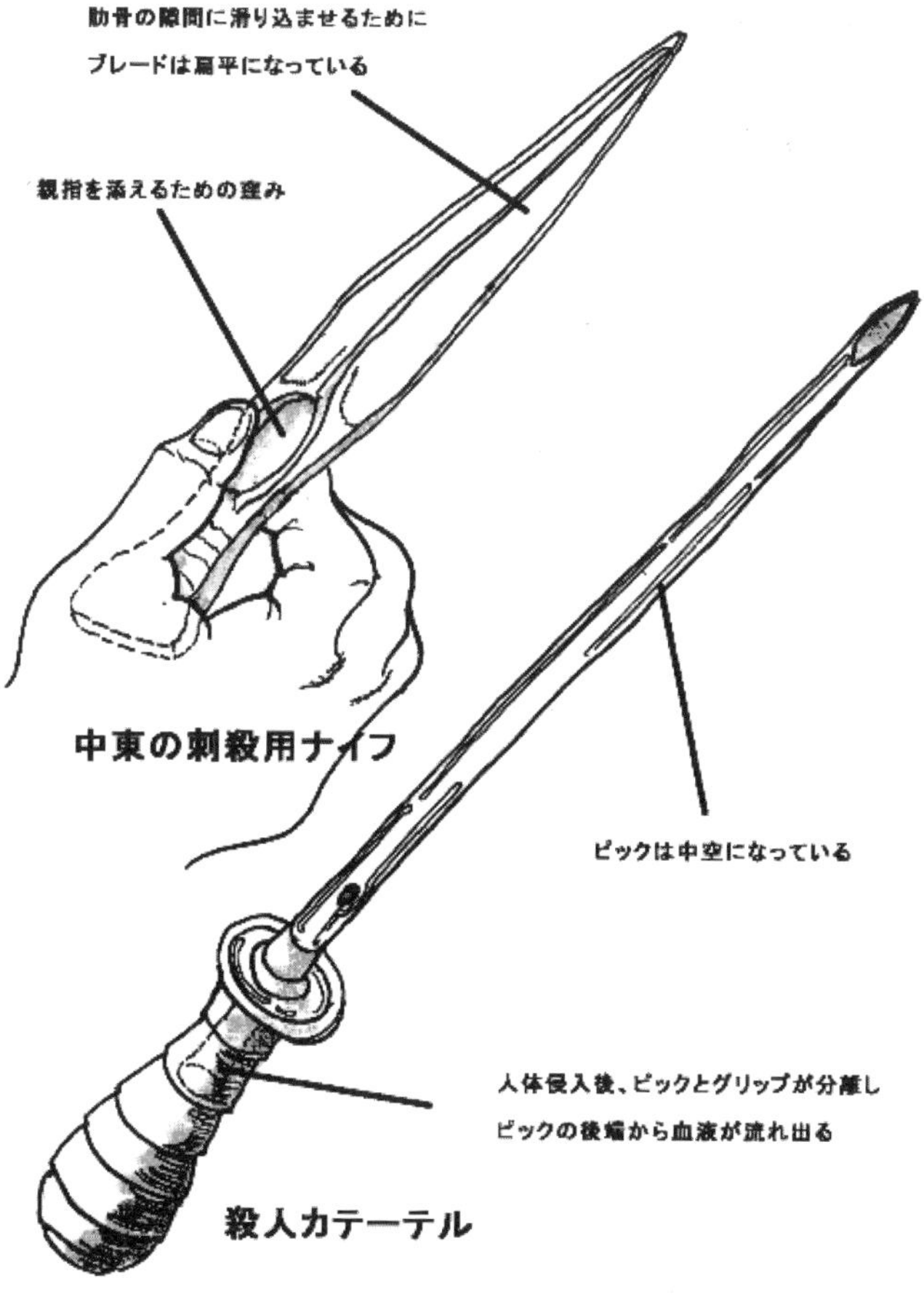
肋骨の隙間に滑り込ませるために
ブレードは扁平になっている
親指を添えるための窪み
中東の刺殺用ナイフ
ピックは中空になっている
人体侵入後、ピックとグリップが分離し
ピックの後端から血液が流れ出る
殺人カテーテル

死因：失血死を検証する

■失血死とは

事故であろうと、自殺、他殺であろうと損傷によって血液が体外に流れ出し死亡すると失血死、「出血多量で死亡した」となる。血液がなくなるとなぜ人は死ぬのか？　生物の細胞はすべて酸素を必要としている。この酸素を運んでいるのが血液だ。血液は酸素の運搬と同時に細胞が酸素を消費した際に生じる老廃物（二酸化炭素、尿素、窒素など）を回収する役目もしている。酸素を受け取れない細胞は遅かれ早かれ死滅する。人体の最小構成単位である細胞の死は最終的に個体の死に繋がる。

酸素のない状態に最も敏感なのが脳細胞だ。血液が少なくなるとまず意識が遠のくのは脳が酸欠状態になったためだ。酸素不足の状態が大脳皮質で3～5分、脳幹で7～10分続くと完全に死滅する。

切断した手指や四肢が再縫合の後に再び機能するのは筋肉細胞の酸素の消費量とスピードが遅いためだ。氷漬けにすればさらに遅くなる。筋肉細胞、特に末端部である手指は切断された後でもしばらくは蓄えた酸素で機能を維持できる。首はどうか――首はこうはいかない。脳細胞の酸素消費量と消費スピードが筋肉細胞と比べ格段に違うからだ（むしろ止血不可能！）。

■出血性ショックと大出血

失血死に至るまでに出血性ショックという経過をたどる。出血性ショックは単純に《ショッ

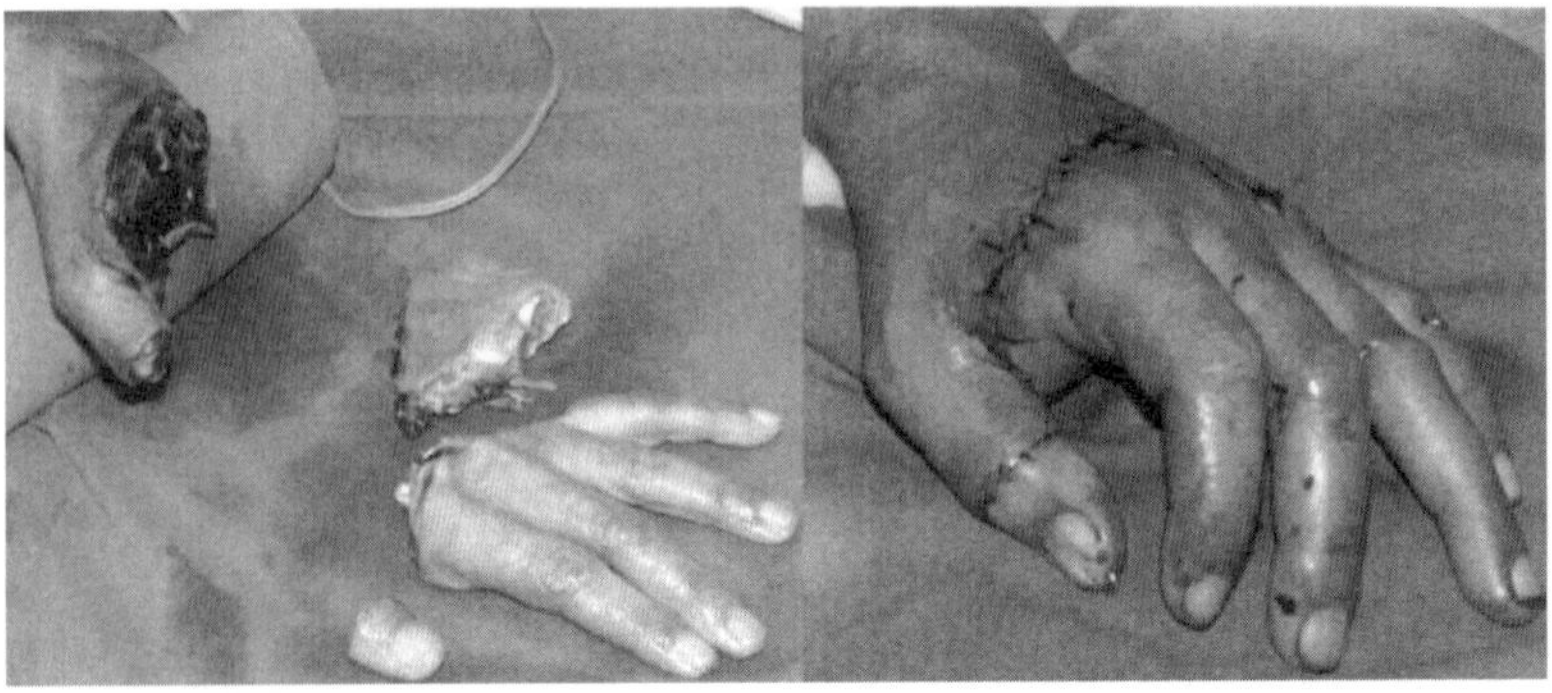

■指の縫合は可能だが首のそれは聞いたことがない

ク》と呼ばれることがある。腹部刺創に多く、特に胃や肝臓、脾臓が刺されたり、腸間膜が断裂したりすると直ちに腹腔内に出血が溜まりショック状態に陥る。いずれにせよ人間の体は総血液量の30％が急激に流出するとかなりの危険状態になる。出血性ショックは出血量が20％あたりになると症状として現れる。脳や心臓などの主要臓器に血液が供給されないことが主な原因で、症状としては、脈が乱れ、手足の先が冷たくなり、呼吸が荒くなる。皮膚は蒼白になり、血液がなくなっていくことで体温が下がり寒さを訴えるのだが、冷汗が出てくるのが特徴だ。

アクションドラマなどで腹を撃たれたり、刺されたりした人物が短時間で絶命したら、このショックとは別に、下行大動脈、総腸骨動脈が損傷したという設定だ（74ページ、イラスト参照）。

■血管について

尖ったもので指を刺した、料理の最中包丁で指を切った――血が止まらない！　ご心配なく。これらは毛細血管を《破った》だけだ。毛細血管は内径０・０９㎜ほどの極細血管で血管というよりは皮膚細胞の間にある隙間に近い。

生命に支障が出るのは動脈系と静脈系を傷つけた時だ。脈拍にあわせて鮮紅色の血がドクドクと噴き出るようならば動脈系から、暗紅色の血がジワーとめどなく流れ出すようならば静脈系からの出血と判断する。

１）動脈系

動脈血とは心臓から送り出される血液のことだ。この動脈血が流れる血管を《動脈》という。

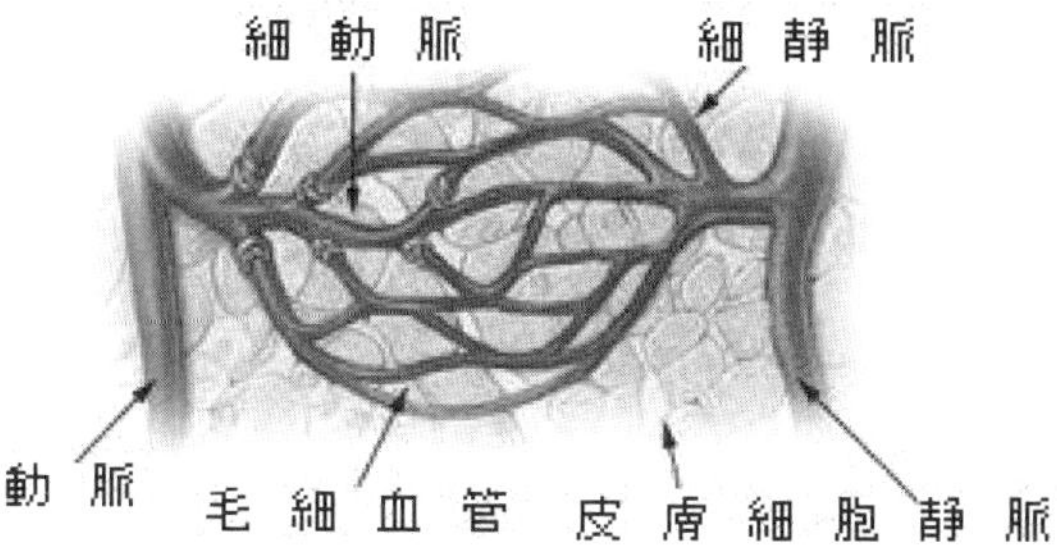

■血液の流れ
心臓⇒大動脈⇒動脈⇒細動脈⇒毛細血管⇒各種細胞⇒毛細血管⇒細静脈⇒静脈⇒大静脈⇒心臓

人体模型や解剖イラストで赤く塗られた血管がこれだ。血の色は鮮紅色で、いわゆる《鮮血》とはこの動脈血のことを指す。動脈血は脳に15％、肝臓や腸に25％、腎臓に20％、筋肉に20％、皮膚その他に15％が振り分けられる。動脈血管は弾性繊維が発達しており高い弾力性を誇っている。引っ張りにも強く、刃物で刺されることでもなければ傷ついたり破れたりすることはない。動脈は筋肉の下、むしろ骨に近いところを走り、管内は高い圧力で保たれているため一度傷がつけば止血、修復は非常に難しい。

2）静脈系

静脈血は細胞が酸素を消費した後に排出される窒素や二酸化炭素などの老廃物を含んでいるのが特徴で、静脈血が通る血管を《静脈》という。人体模型では必ず青色で表現されているが実際は暗紅色をしている。なぜ青なのか――そもそも静脈血は《どす黒い赤》ということと、真上を覆う皮膚、光の具合とそれを感知する人間の視覚と関係があるようだ。

3）血みどろ・血の海

刃傷沙汰の現場は「血みどろ」、「血まみれ」、「血の海」、「血の雨を降らす」といった表現で表される。使い古された陳腐な表現だがこれは本当のことだ。人間の総血液量は成人で5～7kg。または血液の量はその人の体重の1／13といわれている。この他、総血液量は体重の約8％であるともいわれ、体重60kgならば60×0・08＝4・8リットル、約5リットルという計算になる。一部のチャンバラ映画を除くとテレビドラマや映画では血液の演出は控えめだ。

試しに5、6本のペットボトルに入れた赤い液体をぶちまけてみるとよい。〈血の海〉といった表現しか見当たらないだろう。失血の激しい人の体温が低下したり遺体が蒼白になるのは血液が流れ出たためだ。寒さを訴えるのは体温低下よりも、脳に血液がいかなくなったことで

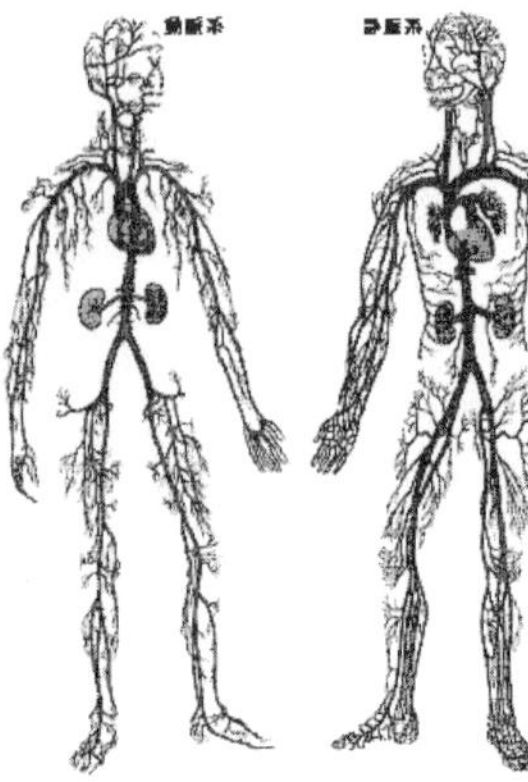

■行き道（動脈）よりも帰り道（静脈）のほうが多く整備されている

■刃傷沙汰の現場は《血みどろ》になる

温度感知機能に支障が出たからともいえる。血液は最初、ドクドクと流動性の高いものが流れ出るが、しばらくすると糊状になり《澱（おど）み》のような状態になる。

一般に総血液量の30％が急激に流出するとかなりの危険状態になるといわれている。赤ん坊は1／3、成人では1／2の血液がなくなれば完全に事切れる。女性の方が失血に対して強いようだ。

4）血は噴き出るのか

首を斬られた描写では、「血が噴水のように飛び出した」、「天井まで飛んだ」、などという表現が使われる。

■慌てふためく刑吏の様子がリアル過ぎる

■列車に轢断された――流血はほとんど見られない

■出血量と症状

重症度	循環血液減少量（％）	出血量（ｍｌ）	症　状
無症状	10～15	500～750	無症状・立ちくらみ
軽症	15～30	750～1500	冷や汗・冷感・倦怠
中等度	30～45	1500～2250	蒼白・呼吸促進
重症	45以上	2250以上	高度の蒼白・昏睡・意識混濁
致死的	50以上		死亡

チャンバラ映画では派手な流血描写をたまに見かける。あれを見るにつけ「大袈裟な」、と一笑に付す人が多い。

実際、血は噴き出るようだ——断首の様子を収めた写真は数あるが、前ページの上の写真ほど衝撃的なものはない。アジア系部族の公開処刑と思しきこの写真だが、刎ねられた首がまだ宙にある。首の左右からアンテナのように突き出しているのが脳に送られるべきはずの血液（動脈血）だ。よく見ると椎骨動脈からの噴出も確認できる。決定的一瞬を収めたこの写真から——総血液の15％が脳に送られる、血液はまちがいなく噴出するものということがわかる。

爆死、列車に轢断された死体はほとんど出血していない。これは胴体が、首が、四肢が引き千切れたと同時に、心臓も停止していたことを意味する。つまり血液の循環停止と血圧の急激な低圧により血を流す間もなく死んだということだ。横たえた遺体の傷口から血液が流れ出るのは、重力によって血液が低いところに集まり、そこから漏れたにすぎない。

5）ポンプシステム　心臓

流血は心臓の鼓動に一致する。心臓は全身に血液を循環させるポンプの役目をしていて、生命維持において最も重要な臓器だ。心臓は心筋という丈夫な筋肉の塊で、右心室、左心室、左心房、右心房といわれるように左右のパーツに分けられる。仕事量で見ると右よりも左の方が大きい。ここでいう仕事量とは血液を送り出す《圧力》に関係している。

たとえば左心室はからだの隅々まで血液を送らなければならない。ここから大動脈に送られる血液量は安静時の1分間で約5リットルにもなる。その圧は水銀計を１００～１３０㎜を押し上げる力に等しい。一方の右心室はすぐ隣にある肺へ血液を送るだけなので、左心室のそれの1／4でよいということになる（下イラスト参照）。同じ心臓でも右よりも左側を受傷する方が、致命率が高くなるのはこうした理由からだ。

■左心室の仕事量の方が圧倒的に大きい

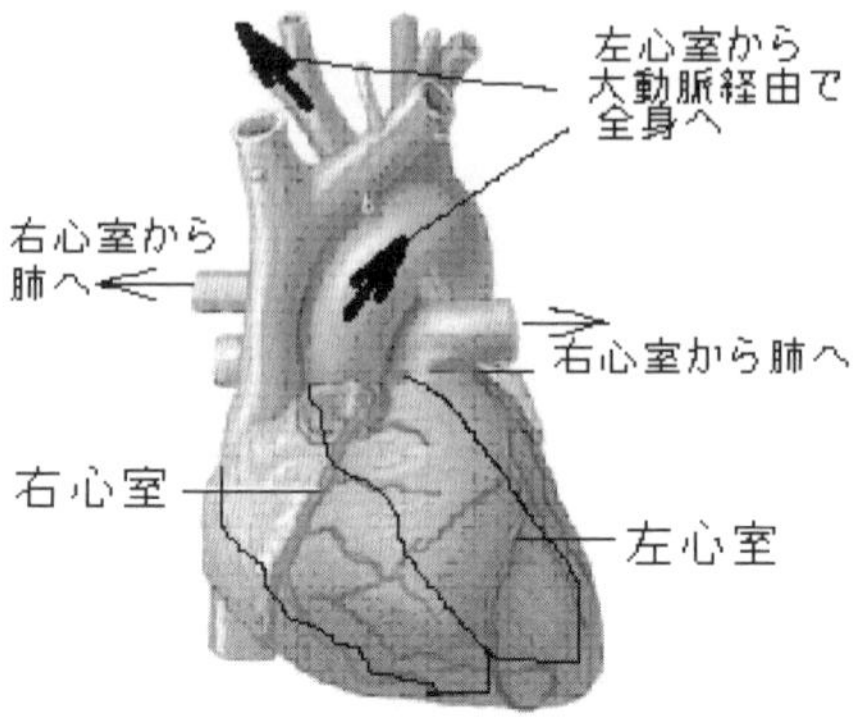

刃物攻撃に関するTRUTH&LIE

世間では刃物傷はどちらかというと《軽いもの》になっているようだ。これはひとえにアクション、もしくはサスペンスドラマのせいであるといえよう。現実の世界では手足の怪我が原因で多くの人が死んでいる。たとえば――校内でふざけていた男子中学生がガラスドアに突っ込み、割れたガラスで出血した。血を洗い流そうと洗面所にいっている最中、失血死してしまった。ほかには――飲み屋で喧嘩をし、腕を刺された人が帰宅後死亡した（酩酊状態であったために痛覚も麻痺していたに違いない）などだ。

これより刃物に関するさまざまな《思い違い》を検証してゆく。

■手足を刺されても安全か

手足を刺される、撃たれるというシチュエーションはフィクションの世界では《軽傷》ということになっているようだ。ハリウッドでさえこうなのだから日本ではこんな調子になる――撃たれた相方に向かって同僚らしき刑事が「腕でよかったな」とほざく、といった具合だ。

次ページのイラストは腕と脚の動脈を表したものだ。末端部ならばアクションドラマでよくみかける《シャツを引き千切って縛る》でなんとか対応できるが、腕足ともに付け根の部分、上肢ならば脇の下や鎖骨の窪み、下肢ならば太ももの付け根を刺されると止血は不可能。放っておけば数分で死んでしまう。

四肢の損傷と脈拍、失血量の関係は次のようになる。

■この男性は当時泥酔状態にあり、ドアガラスを割って部屋に入ろうとした際、割れたガラスの破片で左腕の動脈を傷つけそのまま失血死した

2～3ml／拍×70拍＝140ml～210ml／分（1分間の心拍数70・安静時は51拍）
200ml／分×10～20分＝2000ml～4000ml（2～4リットル）

つまり10分で総血液量の半分近くが流れ出てしまうということだ。

■何をして致命傷とするのか

致命傷の定義は単純明快だ。傷を負った人が死んでしまえば致命傷、そうでなければ負傷したという事実だけに留まる。首を刺されても死なない人がいるのに、足を刺されて死ぬ人がいる。この違いは何であろうか？　致命傷か否かは表面的な傷の《長さ》より見えない《深さ》で決まる――これだけははっきりしている。生死の境目は負傷してからどれだけ早く救命措置を受けられたかによっても決まるが、首や四肢に限っては刃物が動脈や静脈に達しなかったか

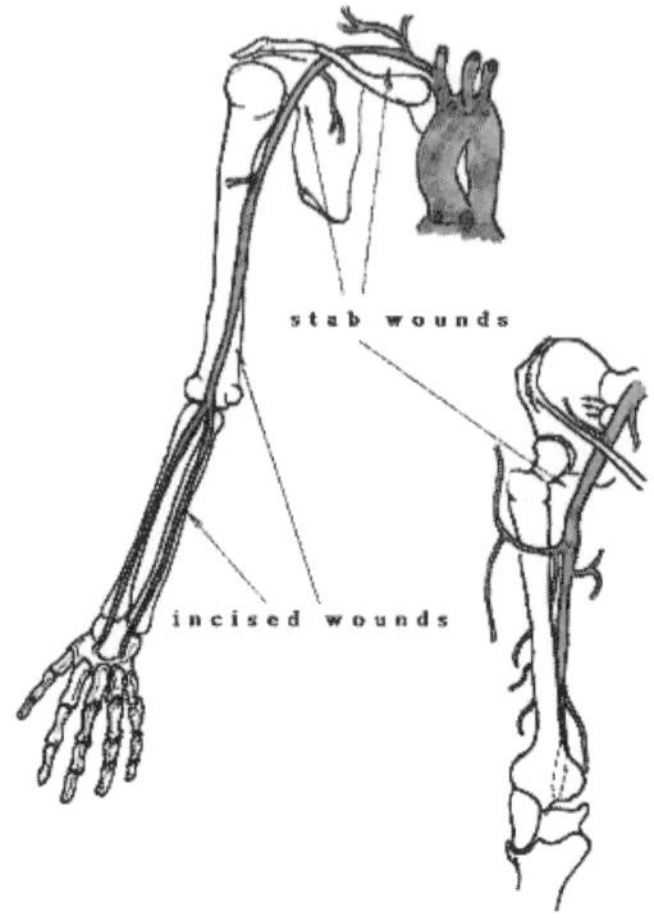

■四肢といえどもあなどれない

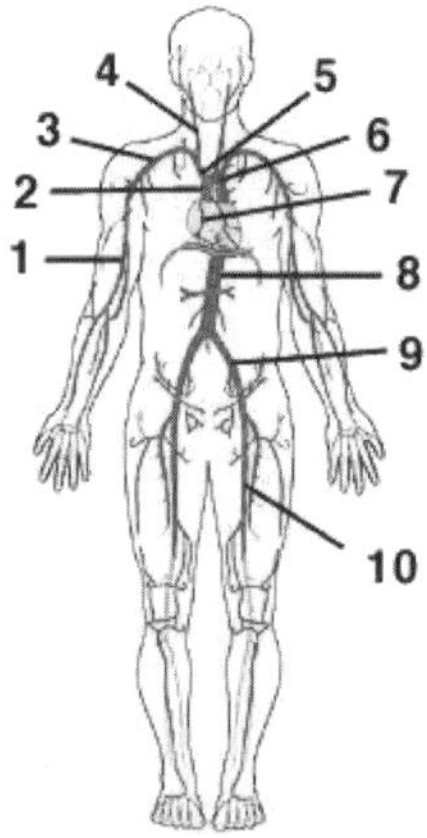

1　上腕動脈
2　上行大動脈
3　鎖骨下動脈
4　頸動脈
5　腕頭動脈
6　肺動脈
7　冠状動脈
8　下行大動脈
9　総腸骨動脈
10　大腿動脈

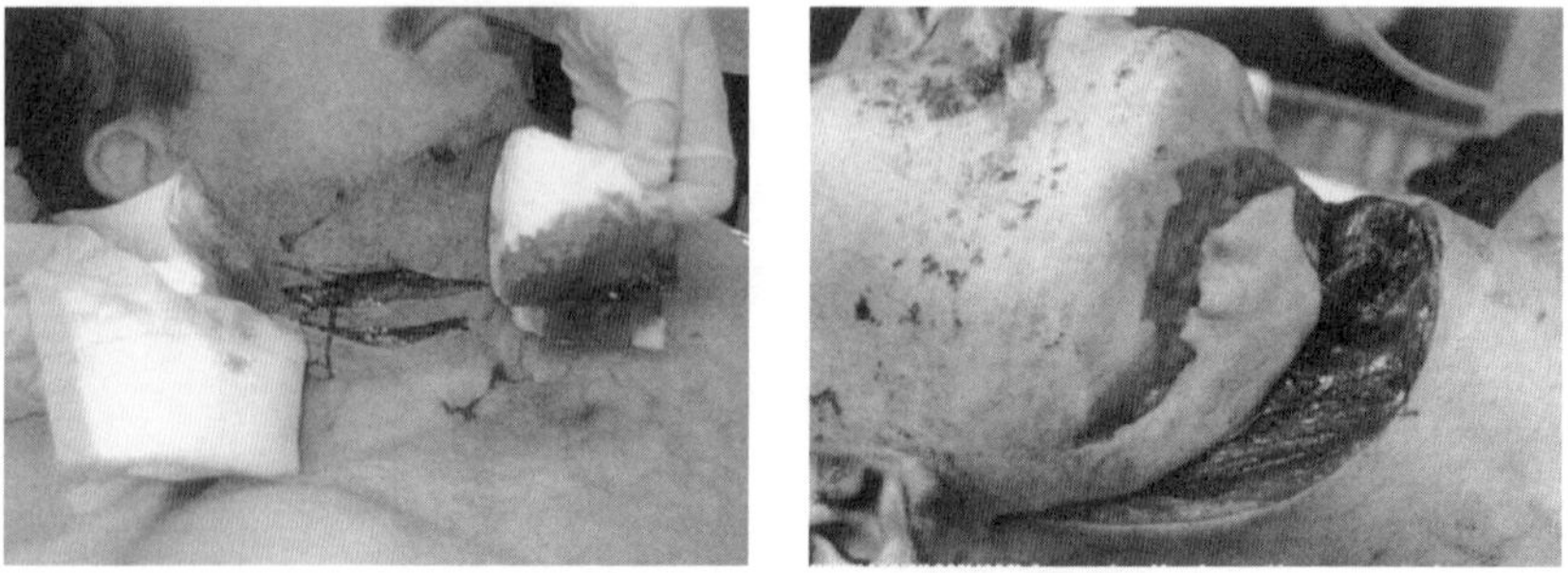
■あと数センチずれていたら――負傷と致命傷

どうかにかかっている。致命的な刃物攻撃で知られるスロートカット。しかし前ページの写真（左）のようにスロートカットを受けても主要血管に達していなければ致命傷にはならないのだ。

刃物攻撃から一命を取り留めるとこういわれる——あと○センチ、あと○ミリずれていたら、どうなっていたかわからない、と。ここでいうセンチ、ミリは刃物と急所の離隔距離のことをいう。人間は攻撃を受ければ本能的にこれをかわすようにできている。首ならば最も効果的な防御は《首をすくめる》だ。生と死を分かつセンチ、ミリはこれによって決まる。刃物を横に払ったぐらいでは筋肉に保護されている頸動脈まで切断することはできないのだ。であるからしてミリタリー式斬首術では何を差し置いても相手の動きを背後から封じ込めることが求められるのだ。

前ページのイラスト（下）の動脈系を傷つけられれば間違いなく致命傷になる。なぜならば身体の深いところに位置するこれらは簡単に止血ができないからだ。動脈は管内の圧力が高くしかも太いときている。個人差はあるが腹部大動脈は直径が2～2・5cmぐらい、大腿部や頸部の動脈が1cmぐらいだ。致命傷を負ったというのはこの動脈系のいずれかを損傷したということだ。

■背中のアナトミー　背中を刺されれば安全か

罵倒され逆上したアバズレ女がゲス男の背後からブスリ、刑事が後から駆け寄ってきた犯人に刺されるというシーンはよくある。フィクションでは四肢は完全に《軽傷扱い》だが、背中を刺されるとあっけなく死亡する演出と、そうでないものとの二つがある。

背中は広背筋、腰腸肋筋、胸最長筋などが幾重にも交わり保護され、真ん中に脊柱が位置し

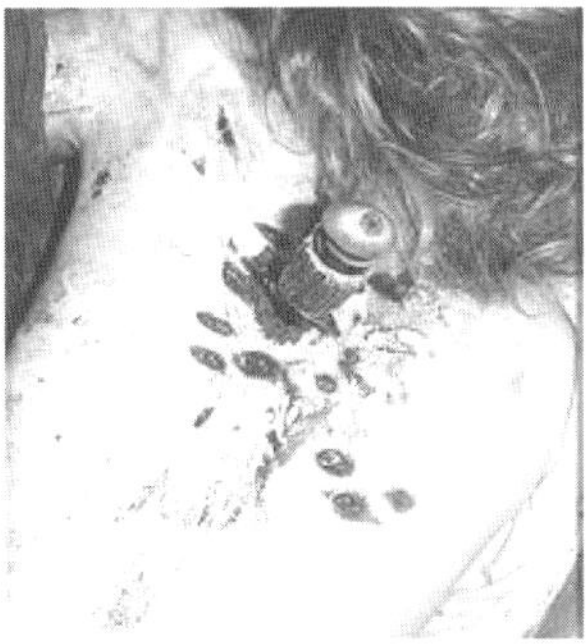

■電気コードでストランギュレーションされ、ハンティングナイフで背中をメッタ刺しにされた

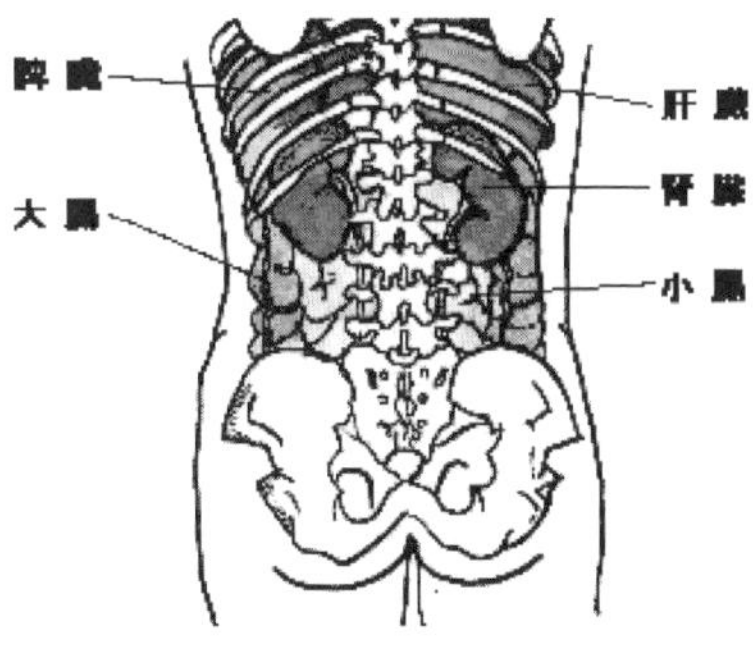

■背中側から見た内蔵のレイアウト

ているため腹部側よりは内臓の占めるスペースは少ない。しかも断面図（66ページ）で見れば一目瞭然になるが腹部側に比べて刃物が内臓に達するまでに距離がある。

1）軽傷の場合

ドラマでいえば、「後ろから刺され、振り向きながら刺さったナイフに手をやり、攻撃者をねめつける」というのがこれだ。背中側の肋骨は正面側に比べて2本分多い（浮遊肋）。刃を地面に対して垂直に立てて刺した場合、皮膚、筋肉を貫いたとしても肋骨や脊柱の突起によって攻撃は阻まれてしまう。唯一狙えるのは腰に近い箇所でここから攻撃できる内臓は腎臓、大腸、小腸となる。これらは腹部側にある内臓に比べれば致死率は低いとされている（大腸を刺されると糞便が洩れるために細菌汚染から重度の腹膜炎を起こす）。背中への攻撃は《一突き》が相場だ。非力なアバズレ女が刺したところで、まず筋肉で阻まれ、内臓には達しない。

2）重傷もしくは死亡の場合

背中に向かって刃物を振り下ろせば肋骨によって阻まれてしまう。しかし刃を地面と垂直ではなく、水平にして肋骨の隙間に滑りこませるように刺されれば状況は一変する。プロの殺し屋は一突きではなくこの方法で何度も刺しては、その都度刃を横に動かし、肺や主要血管を切り裂いてゆく。

背中を刺すにあたっては胸の位置よりも腰の辺りが狙われる。重要臓器と目される肝臓や脾臓は肋骨によって保護されているが、これらはもともと血液の多い臓器で損傷の程度が大きければ腹腔内に大量の出血を起こし出血性ショックを引き起こす。

■刺されたナイフは抜くべきか

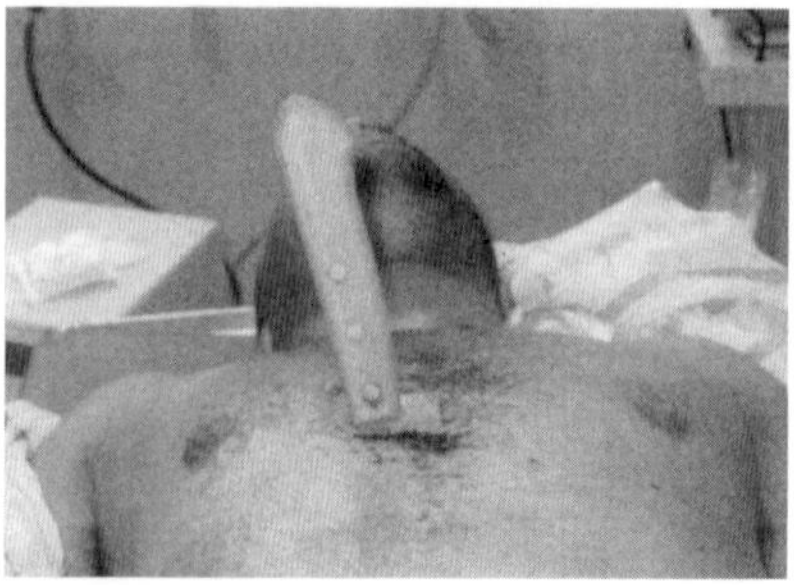

■胸骨を貫通した包丁

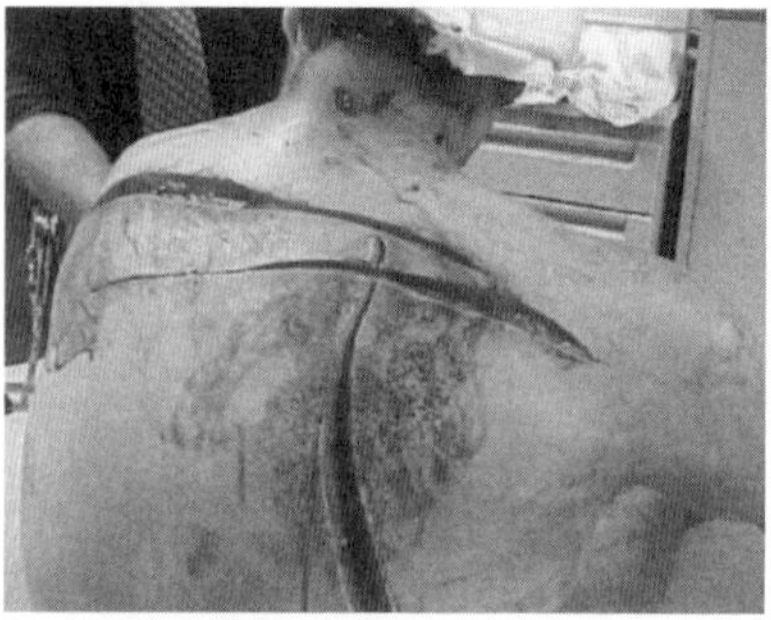

■この男性は背中の刺創ではなく切創を負った――背中は姿勢の関係で常に皮膚が引っ張られているので治癒が遅い

鋭利にして扁平な金属を柔らかく湿った材質（人体組織）に刺し込めば、ピタリとくっついてしまう。放っておけば筋肉が収縮して、抜けなくなることも。包丁の孔や日本刀の刀身に彫られた溝（樋）はこれをふせぐためにある（63ページ、イラスト参照）。

密着は止血効果も生む。刃物で刺されたら抜いてはいけないというのはこうしたことからだ。下の写真のインド人女性は夫に顔面を刺された。ナイフの先端は頸静脈にほぼ達しており、少しでも動かせば損傷は免れず、止血は不可能なことからただ引き抜くだけでは死亡する確率が高かった。外科、歯科、眼科、整形外科からなる合同チームはナイフをいくつかに分割除去することで女性の顔面損傷を極力抑えながら手術を成功させた。

■防刃ベストの限界

2005年11月、警官2名が成田空港の検問を突破した男を追跡し、身柄を拘束しようとしたところ男が隠し持っていた刃物で次々に刺され、1名が出血性ショックで約6時間後に死亡した。凶器はブレード長が8cmのナイフで犯人は護身用として常に携帯していた。

殺害された警察官は防刃ベストを着用していたが、ガードのない脇腹を刺された。セキュリティガードが着ている堅牢なつくりのものは首周りにスタンドカラーがついているが、一般的な防刃ベストは首周りと、脇下が無防備な状態になっている。また丈の短いものでは腕を挙げた際に脇腹ががら空きになってしまうことも（下写真参照）。

防弾ベストはブレットのインパクトをまず内蔵したセラミックもしくは金属プレートで吸収し、つぎにケブラーやスペクトラといった特殊繊維を絡ませることでブレットのエネルギーをほとんど殺ぐようデザインされている。実のところ防刃ベストは斬る攻撃には強いが、刺す攻

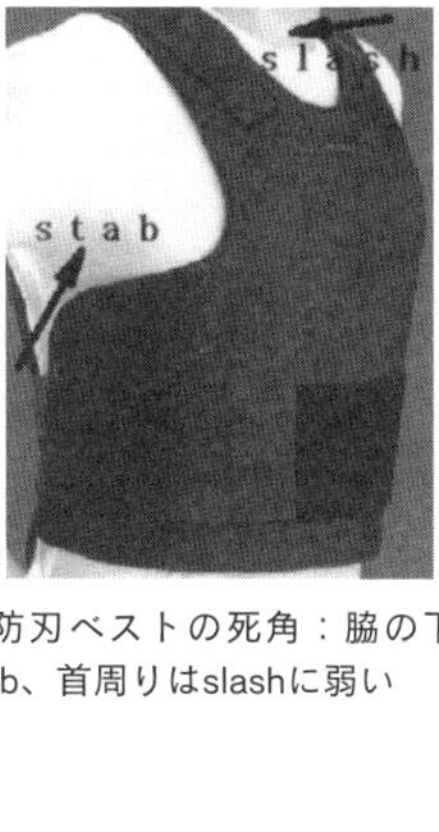

■防刃ベストの死角：脇の下はstab、首周りはslashに弱い

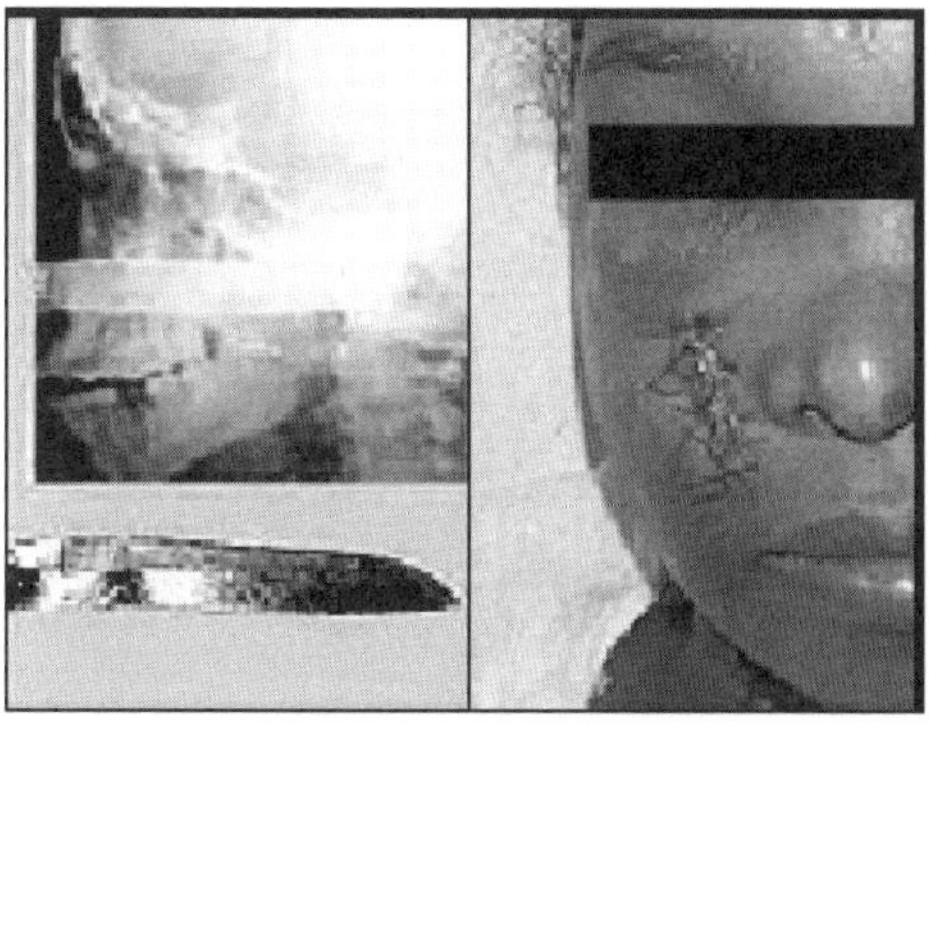

■抜いてはいけない

撃にはほとんど効果がないといわれている。エネルギーが刃物先端に集中する《突く》攻撃をかわすには防弾ベストと同じように金属プレートなどを介在させる必要がある。

検証　防刃ベスト

防刃効果を計測する方法に25J（ジュール）テストがある。25Jは成人男性が体重を乗せて体当たりしてきたエネルギーに相当する。エネルギーは当然刃物先端に掛かる。

プラスティックのパーティクルを噛み合せてつくった軽量タイプの防刃ベストに対しておこなわれた結果は以下——

- **10Jで粘土に2cm突き刺さる**
- **20Jで粘土に4・5cm突き刺さる**
- **25Jで粘土に6・5cm突き刺さる**

数値から判断すると20Jでは皮膚、筋肉を貫き、25Jでは完全に臓器（胸膜、肝臓）に達していることがわかる。攻撃者の体格やぶつかってきた時のスピード、さらに刺し込まれた後に抉られた場合を考慮すれば、心臓や大動脈に損傷を与える可能性は十分ありえる。

同じような実験を1mm厚のチタンプレートを内蔵した防刃ベストでおこなったところ25Jで1・2cmという結果が出た。プレートの厚みを増せばそれだけ高い防刃効果が得られるということになるが、着心地、機動性が犠牲になる。

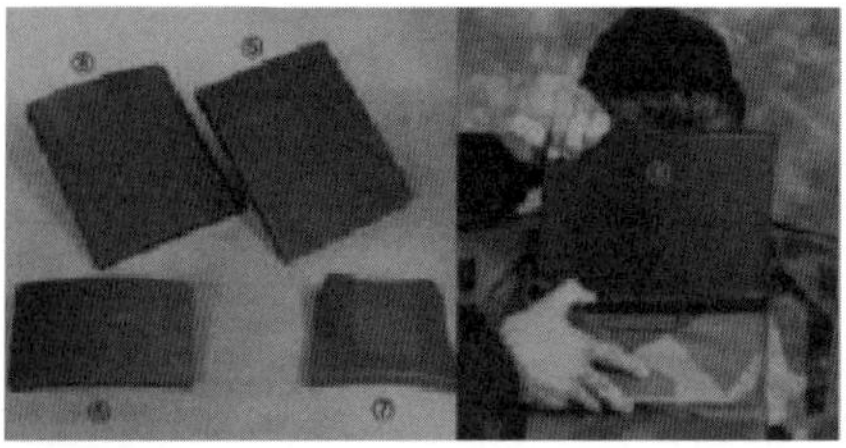

■抗弾プレート

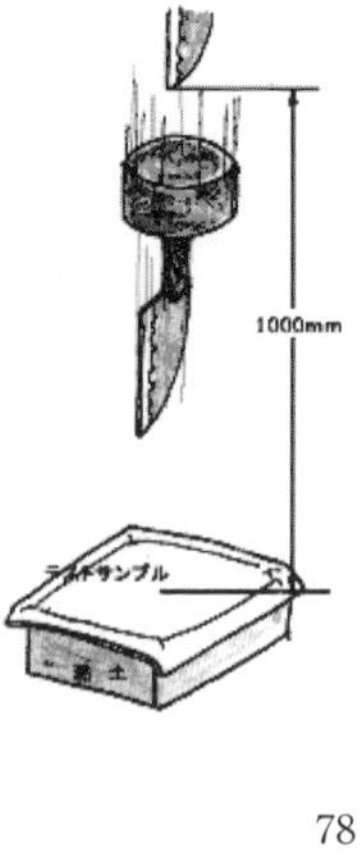

■重石は2・5kg、刃物は《最も手に入りやすく、かつ殺傷力の大きい》出刃包丁が使われる

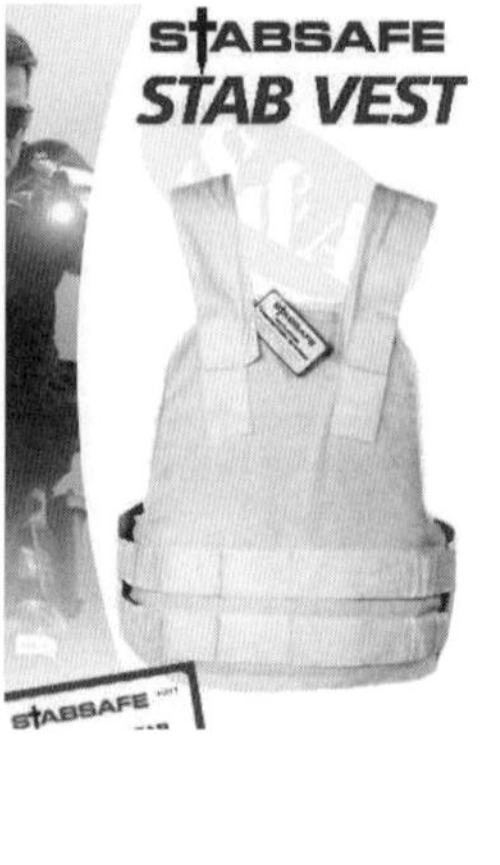

■防刃ベストは海外ではスタブ（stab：刺す攻撃）ベストと呼ばれている。重量は2・3kgでサイズフリー。腹部と背部にそれぞれ1枚ずつ、側面には合計4枚のプレートを装備し、刃物を垂直に突き刺した実験で、24Jで7mm、36Jで20mmまで防刃効果を発揮した

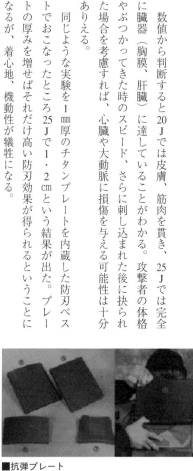

HOUCHOという名の凶器

戦場で使われる数万円もする高価なナイフが売れている。多くはマニアのコレクションになっている（はずだ）。十代の子供が護身用と称してナイフを持ち歩き、キレたといっては躊躇なく人を刺す。

刃物を使った凶悪犯罪が激増しているといわれて久しい。こうした事件では特殊部隊が採用しているような殺人ナイフが使われていると思いがちだが実際は、何の変哲もない包丁（キッチンナイフ）の類で人が殺されている。その証拠に、市販の防刃ベストは出刃包丁による攻撃を第一に想定している。

■ナイフと包丁

高価なナイフと数百円の包丁。刃物を使った凶悪犯罪のほとんどが包丁でおこなわれているという現実は殺傷力と値段に何の相関もないことを教えてくれている。包丁はナイフの代わりになるがナイフに包丁の代わりはできない。キャンプ場で戦闘ナイフをメインナイフにしているキャンパーを見かけるが愚の骨頂だ。そもそもスラッシュ、スタブ、ティアといった対人攻撃用につくられた戦闘ナイフはデザインそのものが食材の腑分け、調理には向いていない。キャンプ場においてドアを隙間からこじ開けたり、極太のロープを一刀両断にするような状況はそうないはずだ。

マニアにいわせれば「まだ、まだある」といいたいところだろうがナイフと包丁の外見上の大きな違いはガード（鍔）の有る、無しではないか。包丁にガードは無用の長物だ。もしガー

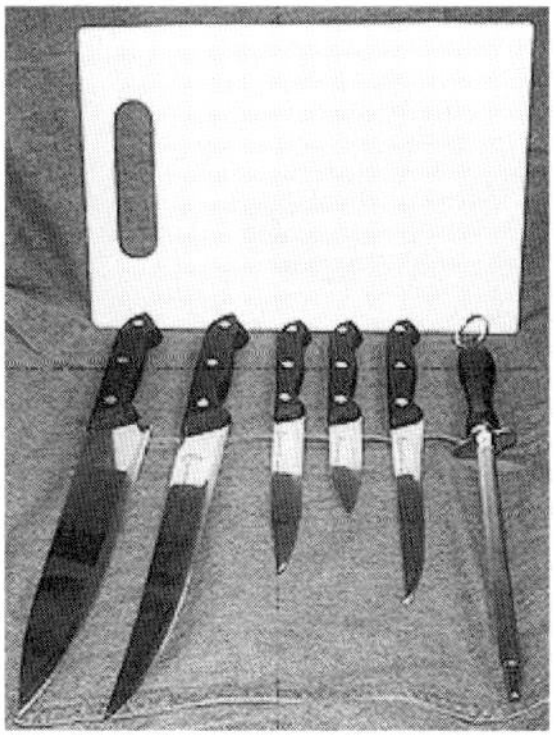

■ナイフと包丁の明確な違いはどこにあるのだろうか？

ド付きの出刃包丁があったとすれば調理にはまったく不向きだ。

獲物を解体する目的で作られたハンティングナイフにガードがなかったとすれば別の意味で使い物にならなくなる。包丁には切り捌く動作はあっても、力任せに斬る、刺すという行為はあてはまらない。ナイフは人を殺せてもキャベツの千切りができない。ところが包丁はこの両方ができるのだ。

■包丁の特徴

1）安価であること

○○作などという高級品は別として化粧箱など端からなくブリスターパックが当たり前だ。タクシー運転手を殺害し売上金を奪った犯人の凶器は100円ショップで購入した刃渡り15㎝のステンレス製包丁だった。包丁は中国製で肉を調理する際にブレードが肉と密着しないよう孔が開けられているものだった。この包丁は初めから軽量かつ何度も刺し易いようにデザインされていたということだ。

2）ノーチェック

地域によっては身分証明書の提示を求められるらしいが普通、陳列された商品（包丁）をレジに持って行けばノーチェックで購入可能だ。「これで何をするつもりですか」と尋ねる店員はまずいない。不審者然とした客であっても「まさかお客様、人を殺すのでは」などとは絶対に訊いてはこない。

3）自傷する

■サバイバルナイフ：写真はいわゆるRAMBOレプリカといわれているもの。2000年8月大分県で高校1年生がサバイバルナイフを使って一家6人を襲いうち3名を殺害した

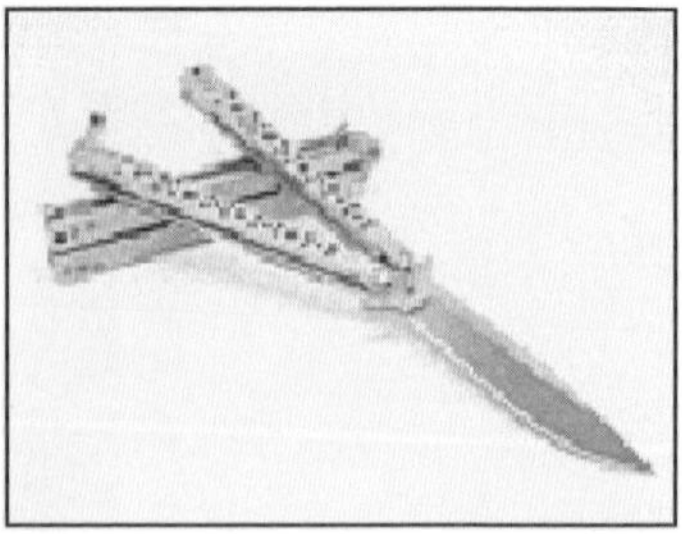

■バタフライナイフ：1998年栃木県黒磯市で女性教諭を刺し殺した1年生男子が使った刺殺用ナイフ

包丁の柄の部分はほとんどが木製で、しかも鍔や滑り止めというものが存在しない。包丁のデザインは血脂で柄がヌルヌルになるような使い方をはじめから想定していないからだ。刃物が使われた犯行現場では犠牲者と違う型の血液が検出されることが多い。もちろん犯人のものだが反撃を受け負傷したわけではない。血脂で手が滑りブレードで自傷したのだ。つまり相手を刺した時に刃物が骨や肋骨などにあたり、その衝撃で握った手指がブレードまで滑ってしまったということだ。

4）折れる

ハガネではなく安価なステンレスでできた包丁は折れやすい。これは実験可能だ。骨付きの肉を買ってきてそれに力任せに突き刺し、抉ってから引き抜くという動作を繰り返せば簡単に折れてしまう。

■包丁各種のスペック

すまし顔の調理用品も使い方次第で立派な凶器になる。各種包丁の凶器としての可能性を探ってみた。

1）出刃

海外では《DEBA》という名で知られ、用途は専ら魚、肉の調理だ。一昔前はどこの家庭にもまず1本は用意されていた。多目的包丁といわれる文化包丁が普及するまで刃傷沙汰で最も使われてきた。刃の部分が重く、根元が頑丈であることからチョップ（叩き斬る）、スラッシュ、スタブなど自由自在に攻撃ができる。《ブスリ》という表現が実にしっくりとくる。と

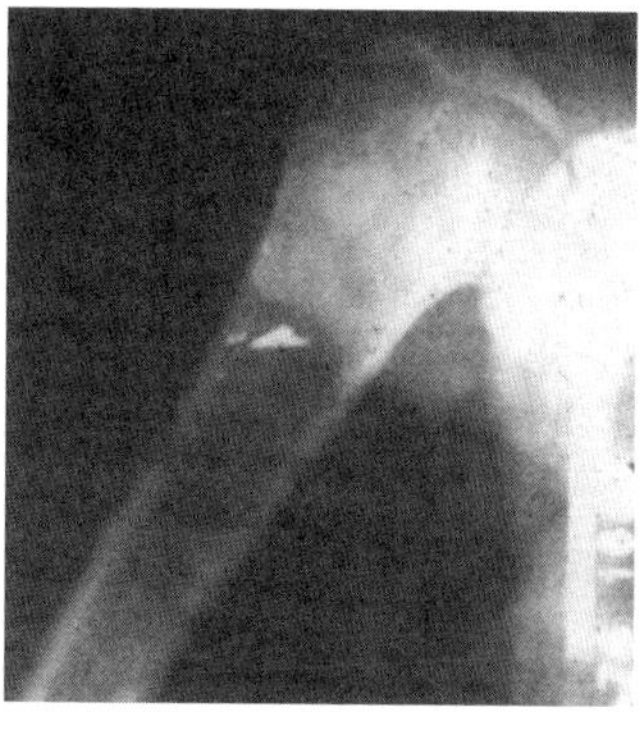

■犠牲者の上腕部から包丁の先端が回収された

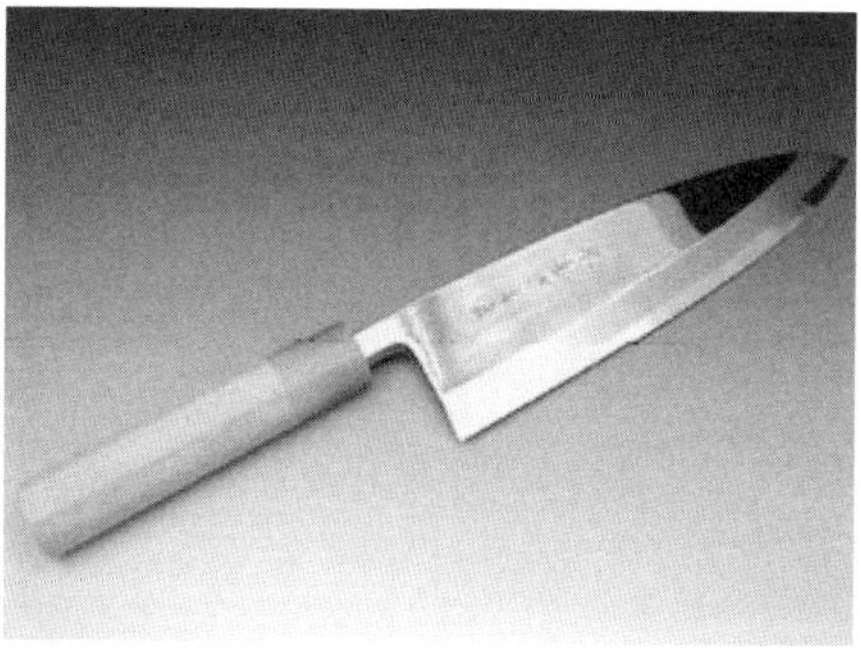

■DEBA

にかく《激情を掻き立てやすい》デザインだ。デメリットとしてどの包丁にも当てはまることだがガードがないので自傷しやすい。またシース（鞘）が付属しないので、形態性に劣る。

2）柳刃

刺身用の調理包丁。ブレードが長く、鋭利でスマート。調理用品というよりも小刀を髣髴させる。あえていえば、「完全貫通を可能にした刺殺用包丁」。２０００年大晦日、東京都世田谷区で起きた一家殺人事件では24㎝長の柳刃包丁が使われた。似たようなデザインで牛を捌くのに使われる包丁、牛刀（ブッチャーナイフ）がある。こちらはさらに大型で、２０００年５月、死者1名を出した佐賀県のバスジャック事件の犯人（17歳）が振り回していた牛刀はブレード長が22㎝もあった。

3）果物ナイフ

サスペンスドラマで《カッときた女が不意に手にする》で御馴染みの小型包丁。本来の用途は果物の皮をむいたり、切り分けたりするのに使われる。隠匿携帯に優れ、シース付きで売られていることが多い。

4）文化包丁

刃が広く薄く、先端が尖っていない大人しいデザインを持つ包丁に《菜切包丁》というのがある。これは名前の通り野菜を切るための包丁だ。出刃と柳刃と菜切のそれぞれの特徴を兼ね備えたのが別名三徳包丁と呼ばれる《文化包丁》だ。安価で入手しやすいことから出刃に取って代わって刃傷沙汰で使われている。キッチンナイフといえば普通このタイプのことをいう。グリップやブレードの形状に凝ったものがあり、次ページ写真のタイプは肉との密着を防ぐた

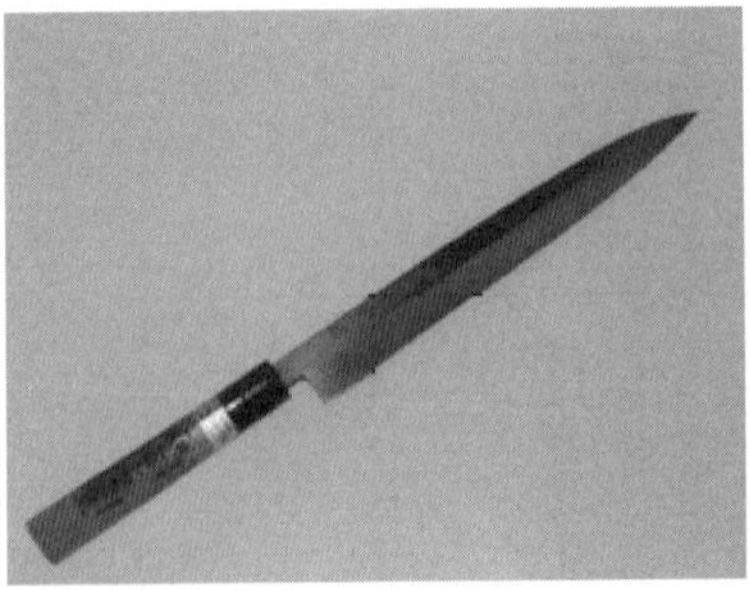

■柳刃包丁

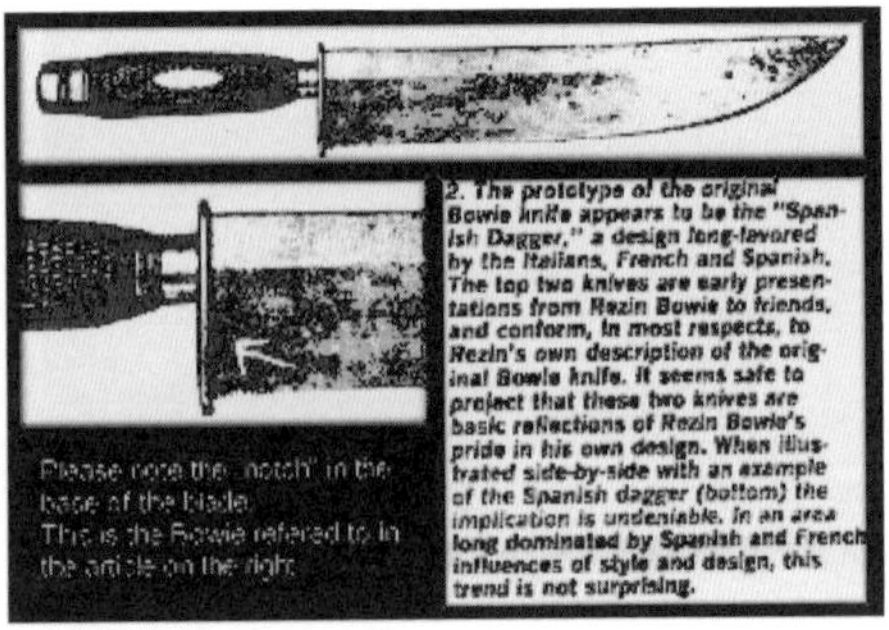

■初期のボウイナイフ——これはもうガードのついた出刃包丁だ！

めにブレードに窪みが施されている。

■凶器カッターナイフ

カッターナイフは事務用品、工作道具として包丁と同じくらい日常生活に溶け込んでいる。根拠はないが一般常識（先入観）からすれば、カッター（文房具）では人殺しはできないと思われてきた。

カッターナイフは恐れるに足らず――これはどうやら大人の勝手な思い込みだったようだ。２００４年６月長崎県佐世保市で小学６年生の女子生徒が工作用のカッターナイフで殺害された。加害者は同級生の女子生徒で椅子に座らせた被害者の背後から喉を掻っ切った（スロートスラッシュ！）。被害者は病院に搬送される前にすでに事切れていた。切創は幅深さともに10㎝に達し頸動脈が一気に切断されていることから、相当の力を込めていたことがわかる。

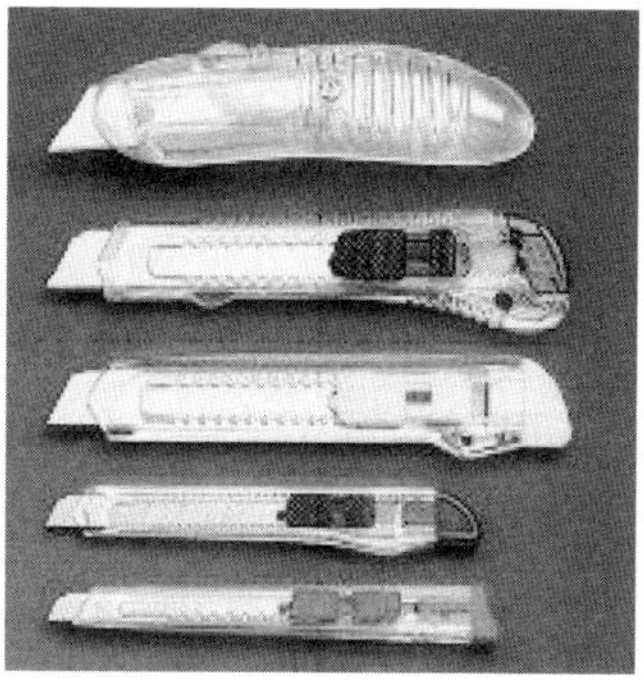
■カッターナイフ

■進化した文化包丁

■果物ナイフ

実録　ナイフファイト

決闘は2者間で生じた悶着や遺恨を解消させる究極の手段である。18世紀になって短銃が使われるまで決闘といえば刀剣類が用いられていた。現在、決闘は完全に廃れた。廃れたというよりも理由の如何に関わらずこれをおこなったものは法で罰せられることになる。

ところがいまでも《決闘まがい》のことをしようと剣を持ち歩いている者がいる。昔と違って腰からぶら下げるようなことはしない。隠し持ち、些細なことで刃物を取り出す。自称ナイフファイター——現役の兵隊をのぞいてこうした連中は「要注意人物」という言葉で一括りにできる。キチガイに刃物とはよくいったものだ。

護身用にナイフを持ち歩く連中が増えている。《刃物には刃物で立ち向かう》ということか。いかなる理由があろうとも自分もナイフを抜いたら最後、覚悟を決めるしかない。刑務所に入る覚悟？　違う——死ぬ覚悟だ。

■リアルナイフファイト

月並みだが、ナイフに立ち向かうスキルを習得するにはやはり経験とトレーニングということになろう。経験は、生涯一度もナイフの恐怖に曝されずにすむ人の数の方が圧倒的に多いので、場数を踏むこと自体が難しい。しかしトレーニングはどうであろう。繰り返しおこなわれるシミュレーションは何らかの効果を生むはずだ。これは避難訓練の成果と似ている。

刃物攻撃とは本来予測がつかないものである。背後から、側面から、と刃物攻撃の犠牲者のほとんどが刃物の存在を認識する間もなく襲われている。昔ならいざ知らず下の写真のような

■古（いにしえ）の決闘！

■あり得ないシチュエーション

ナイフを持った二人が適当な間合いを保ちにらみ合っているシチュエーションなど絶対にあり得ないと断言しよう。

明確な殺意を持った者は凶器を寸前まで見せないものだ。攻撃前にナイフをチラつかせるのは最初から脅すことが目的で殺意はないということだ。

あるナイフファイト指南書に興味深いエピソードが書かれていた。ナイフを持った暴漢に出くわした時に自分も持っていたナイフを抜き構えた。しばらくにらみ合いになったが、最後に暴漢は逃げ出したというものだ。この話は妙な説得力を持っていると思わないか。未開の地の部族の間では今でも決闘まがいのことがおこなわれているかもしれないが、ナイフVSナイフはフィクションの世界だけの話だ。

フィクションと現実の違いは次のようになる——（フィクション⇩現実）

1　襲う前に既にナイフを持っていることを相手に気づかせている
⇩ナイフは攻撃の寸前まで見せない

2　ナイフファイトは動きやすいスペースでおこなわれる
⇩実際は暗い路地裏や障害物に囲まれた空間が舞台になる

3　攻撃は一度きりである
⇩攻撃は相手が倒れるまで続く

4　攻撃スタイルは見栄えのするハリウッドスタイル（アイスピック、ハンマー、グッと腕を突き出す）
⇩素早く短いストロークの連続攻撃

■犠牲者の反応

■腕を真っ直ぐに伸ばしきった《突き》、ゴテゴテと飾り付けられたナイフ——これぞハリウッドスタイル

刃物攻撃の犠牲者は襲われている最中でもナイフの存在を確認できていないようだ。刃物攻撃に対するリアクションを観察した興味深いデータがある。被験者は現役警察官85名。戦闘服に身を包んだ暴漢役が彼らに絡む。警官らには暴漢がナイフで武装していることは知らされていない。シナリオは、職務質問の最中に暴漢が突然ナイフを抜き、《死ね！　豚野郎》といいながら襲いかかるというものだ。ラバーナイフのブレードには攻撃跡が残るようチョークの粉が塗られている。結果は以下——

- **ナイフの存在に気づいたのは85名中たったの3名。**
- **襲われている最中、自分が何度も刺されていることに気がついたのは10名。**
- **72名が、寸劇が終わるまでナイフで襲われたことに気づいていなかった。**
- **何度も刺された末にほとんどの者が地面に倒れこんだ。**

後退りの心理

この様子はビデオで撮影され専門家によって検証がおこなわれた。ほぼ全員の警官に見られたリアクションは異変に気づいた瞬間に後退りをしているところだ。これによって暴漢役が優位に立っている。みすみす暴漢にナイフを取り出すチャンスを与えているのだ。

この後退りという行動は攻撃回避のものではなく、状況把握のためのものだった。人間の行動は、目で状況をデータ化しそれを脳に送り判断を仰いでから体を動かすという仕組みになっている。後退りをするということは接近しすぎて見えない周囲の状況（加害者の動き）を把握しようと（視野を広げようと）しているのだ。これが功を奏す場合もあるが、攻撃者に凶器を

■道場、正面からナイフを振りかぶって下に下ろすアイスピックグリップ——こういったシチュエーションは現実の世界ではほぼありえない

取り出させる猶予を与えることになっている。不審者には近づきすぎない、もし近接していれば怪しい動きを察知したら、後退するのではなくむしろ前進し、相手の動きを封じ込めなくてはならない。

■ナイフトレーニングは無益か

トレーニングが大事なことは先ほど述べたとおりだ。しかし《使えるもの》でなくては何もならない。護身術といわれるものの最大の欠点は「攻撃側が皆一様に大人しすぎる」ということだ。たいてい暴漢役が師匠らしき人物から何か技をかけられるときにジッとしている。ナイフを突き出す、そのまま静止。師匠がその伸びきった腕を掴み、肩に手を掛けエイッと畳の上に投げ飛ばす。こうしたやり取りはまるで弟子がマスターの面子を潰さないように気を配っているかのようだ。

巷のセルフディフェンスセミナーのアンチナイフトレーニングは次のようなものが多い――

・攻撃者がナイフを既に構えた状態から始まっている。
・攻撃、防御が予定調和の上に成り立っている。いわゆる合気道スタイル。
・スキルは攻撃されるかもしれないというストレス下では到底発揮できない複雑なものが多い。当然心得のない初心者には覚えられない。
・主眼が相手の全体の動きよりもナイフを持った手に置かれている（ナイフハンドを制するのはナイフを突きつけられHold upされた時だけでよいのだ）
・ナイフハンドを突き出すなど、連続した攻撃ではなく一撃完結型の静止した動きがほとんどである。

■背後から……突然！　これが実際の刃物攻撃だ

・見栄えのよいハリウッドスタイルの攻撃が多い。実際の攻撃はボクシングのジャブのようにストロークが短く、何度も繰り返される（これでは映像的には見栄えがしない）。
・舞台設定は道場やフローリングなどのクリーンなスペースだけ。狭い路地、薄暗い駐車場、倒れ込む、血だらけになるといった悪条件を無視している。

攻撃側の手の動きを目で追うなど土台無理な話だ。その証拠に犠牲者は加害者がナイフを取り出したことすら確認できていない。ナイフハンドを制する、というトレーニングがあるが、もし最初の攻撃で流血し攻撃者の手が血みどろになっていれば、それを掴むことなど不可能だ。血液は潤滑油と同じだ。こういったトレーニングをするならばローションを塗っておこなうべきだ。

■使えるトレーニング

攻撃者は2タイプいる――プロとアマチュア。両者の違いを見抜くことは重要だが、これだけははっきりいえる。どちらも十分危険な存在だ。アマチュアであってもだ。アマチュアは捨て身の攻撃が侮りがたいものとなる。刃物ごとの体当たり、メッタ刺しはアマチュアこその攻撃だ。

場慣れしたプロならどうか。体の動きが速い分、彼のスキルがどの程度のレベルにあるのか測ることができない。いい換えればプロかアマかの見極めはそれほどの意味を持たないということになる。それならば相手がナイフを抜いた時点ですべて熟練者（プロ）と見なす方が賢明だ。

何度もいうように相手はナイフを隠し持っているのでこちらとしては襲われる直前までそれ

■ショルダーハーネスに収められたナイフ

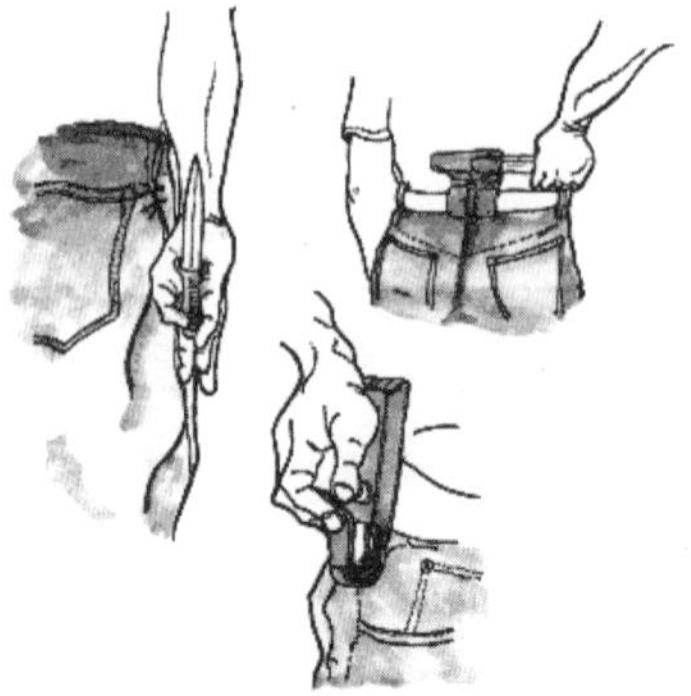

■こうした動きが確認できたらすぐに相手の腕を取り押さえる

に気がつかない。しかし何らかの前兆が必ずあるはずだ。相手と接近しているのならば、ちょっとした手や腕の動きに注意を払えばよい。たとえば——

・ケースに収められたナイフならばボタン解除のスナップ音
・ベルクロを引き剥がす音
・フォールディングナイフならばブレードをロックする音
・背中に手を回している
・腕組み、肘や手の動き
・ホルスターに入っていればどういったタイプのものか。取り出し口が下を向いていればナイフは重力でケースから落ちてくる
・手のひらに隠し持ってはいないかｅｔｃ．……

■ナイフを手にしたら

この項の最初に、セルフディフェンスであろうと自分もナイフを手にしたら《死ぬ覚悟》で臨めといった。いささか大袈裟すぎるかもしれぬが少なくとも負傷する覚悟は必要だ。攻撃側、受け手側などといった予定調和は存在しない。

アクション映画のように腕ごとナイフを突き出したり、ナイフをアイスピックやハンマーのように握りブレードをただ上下に移動したりする攻撃は「あり得ない」というよりは、自分自身を不利な状況に導く愚行と受け止めるべきだ。ナイフ攻撃は少なくともこうあるべきだ——

・大振りは無用。腕の振りは最大で自分の肩幅まで

■相手の攻撃をかわすと同時にこちらからも攻撃をしかける

■南米でおこなわれていた軍事訓練——国際動物保護団体（WSPA）から猛烈な抗議が寄せられた

・ナイフハンドのストロークは短く、しかも繰り返し攻撃する
・相手になるべく接近する
・攻撃は弧を描くようにおこない一つ一つの動きが連続している

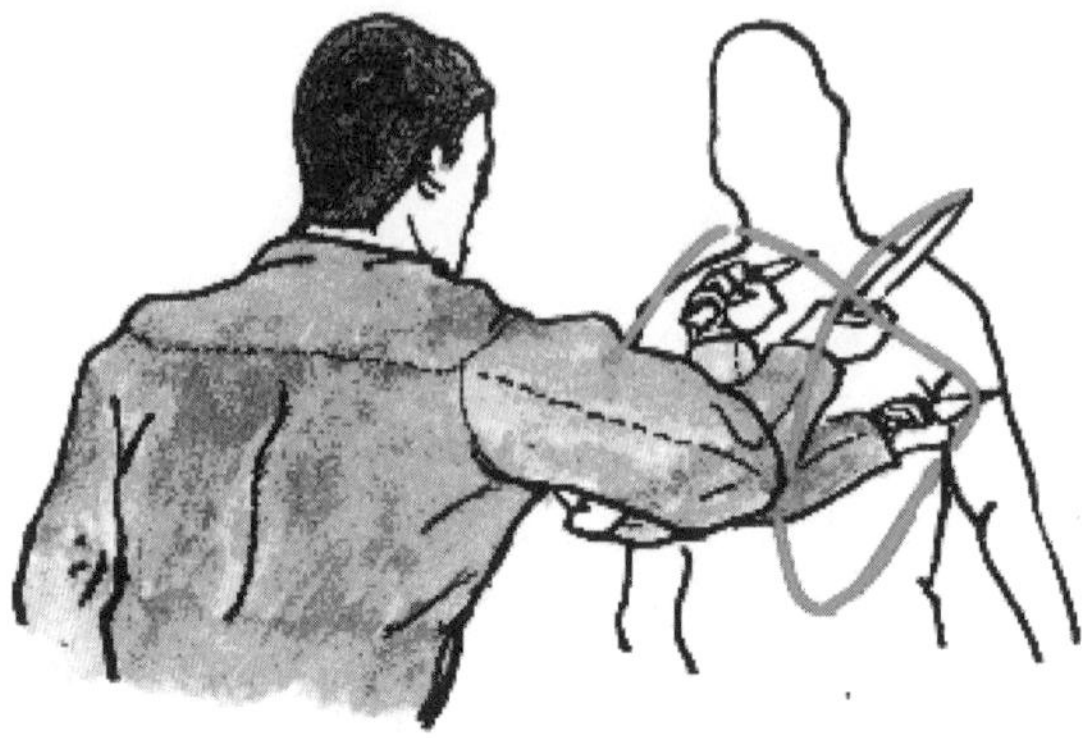

■手首の動きに注目——サークルモーションで斬りつけ、この動きの中に《突き》を盛り込む

■ナイフは上下、前後と直線的な動きばかりと思われているが縦横無尽に攻撃を繰り出すことができる

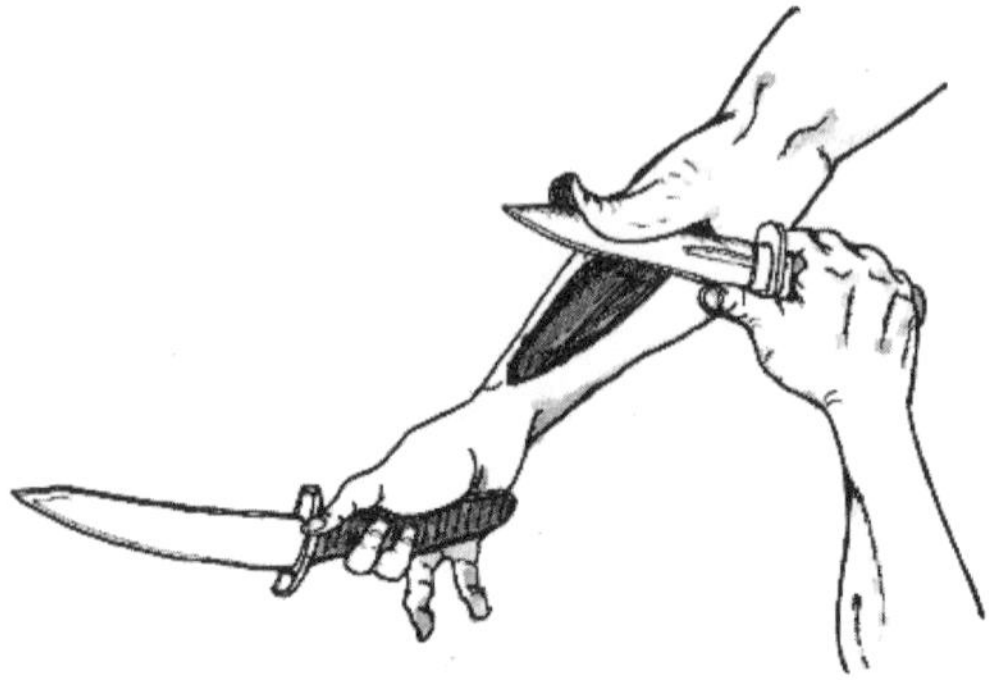

■ピーリング（皮削ぎ）——相手の攻撃はかわすのではなく、すべてターゲットにしてしまう

首を斬り落とすことに関することども

陳腐ない回しで恐縮だがイラク戦争はまさに泥沼の様相を呈してきた。現地では外国籍の民間人が次々とテロリストらに誘拐され、各国政府は釈放と引き換えに理不尽な要求を突きつけられている。テロには断固屈せず――こうした信念の犠牲になった人質の多くがBeheading（斬首）されている。斬首映像は中東のウェブサイトを通じ世界中に向けて発信されている。それを見ると斬首は日本の打ち首のような様式美を漂わせるわけでもなく、ギロチンのようなソフィスティケートさえ感じさせない。そのやり方はまるで屠殺だ。

映像は大体このような感じだ――声明を読み上げた直後、人質の後ろに立っていた数名が突然襲いかかり、人質を床に寝転がさせ手足を押さえつける。この時の人質はまさになすがままで、抵抗する様子は見られない。大型ナイフを持った者1名が、かがみ込んだ姿勢で人質の首をシゴキ切る。かすかに聞こえたうめき声がやがて喘鳴にかわる。奮闘の末に切断した首は首なしの胴体の上に置かれる。当然、切断部分の皮膚はガタガタ状態だ。動物の屠殺風景を見たことがある。動物は生存本能が強いのか鳴き声を上げ猛烈に抵抗する。斬首ビデオに見る人質は諦観したように見える。専門家の話によれば、高度な動物である人間はいよいよ生命の危機が回避できないと悟ると、脳内にある種のホルモンが分泌され、それほど苦痛を感じなくなるとのことだ。その代わりといっては何だが動物、ニワトリや豚は首を切り落とされても暫くの間、あちこちを走り回ることができる。もっとも体中をいろいろなところにぶつけながらだが。

人間の首は簡単に斬り落とせるものなのだろうか。斬首といえば打ち首だ。重量級刃物である日本刀を振り下ろせばすべてが一刀両断というわけにはいかない。介錯にも上手、下手があり、上手の刀は数百人の首を斬っても刃こぼれ一つおこさないという。１９７０年、陸上自衛

■マスク、シュマーグ、AK――声明を読み上げるテロリスト

■公開処刑の様子

隊東部方面総監部でクーデターを煽動し、直後に割腹自殺をした三島由紀夫の検死報告を見ると斬首というものがいかに難しいかということがわかる。三島の首を斬ったのは素人の介錯人だが、使った刀は名刀の誉れ高い「関の孫六」という時代刀だった。三島はまず自分の腹に鎧通しを突き刺した直後に斬首されたわけだが、この時あろうことか3回も刀が振り落とされたという。関の孫六は斬首の衝撃で真ん中からS字にひん曲がったそうだ。打ち首にも極意というものがある。頚椎は7つの骨から構成されている。首の骨は突起が大きいような印象を受けるが第一椎骨と呼ばれる環椎は比較的扁平であり、差し出した首のちょうどこの部分に刃が通れば骨はかすめる程度で筋肉や腱をきれいに切断する。後は重力にまかせておけばよい。当時の介錯上手は人間のアナトミーに精通していたのだ。

人間の手を煩わせることなく首を切り落す装置がギロチンだ。ギロチンは斬首ではなく正確には断頭だ。この装置は18世紀のフランスの医師ジョゼフ・ギヨタンによって考案され切断面の仕上げをよくするよう斜状の刃が採用された。現代にもお粗末なギロチンがある。エレベーターの点検作業中の誤作動によるアクシデント的な断首は労働災害として今でも報告が絶えない。

■斬首と断首

2章

窒息死とは――絞殺・扼殺

息ができなくなるということ（窒息：サフォケーション）

後の「首を絞める（吊る）ということ」ではストランギュレーション（首絞め）とハンギング（首吊り）について詳述する。ここでは《息ができなくなること》、いわゆる窒息（サフォケーション：suffocation）について説明してゆく。

辞書でsuffocationの動詞であるsuffocateを引くと「――の息を止める」、「窒息させる」、「呼吸困難にさせる」、「息苦しくさせる」、「（空気が悪くて）気分が悪くなる」などと書かれている。ストランギュレーション、ハンギングも広義の意味で窒息の範疇でくくれるが、釈然としないものがある。ストランギュレーション、ハンギングは《血流》を、サフォケーションは《呼吸運動》を妨げ、窒息死に至らしめるものと解釈するとわかりやすい。いずれにしてもサフォケーションこそわれわれがイメージするところの窒息に最も近いといえる。

窒息は《外窒息》と《内窒息》とに分類できる――

1）外窒息（外呼吸が機械的に妨げられることによっておきる窒息）

スマザリング（鼻口を押さえられ酸素を得ることができない）

チョーキング（気道が詰まり酸素を得ることができない）

ストランギュレーション・ハンギング（首を吊る、絞める、絞められた）

ポジショナル・アスフィクシア（胸部圧迫や拘束や姿勢によるもの：体位窒息）

ガス・サフォケーション（メタンや二酸化炭素による酸素置き換え）

2）内窒息（内呼吸が妨げられることによっておきる窒息）

事故・自他殺にみる窒息形態

窒息の形態	事故	自殺	他殺
スマザリング	○	△	○
チョーキング	◎	△	×
ストランギュレーション	×	◎	◎
ハンギング	△	◎	×
ポジショナル・アスフィクシア	◎	×	△
ガスサフォケーション	◎	◎	×

◎：非常に多い、○：多い、△：まれに起きる、×：ほとんどない

・外呼吸……口鼻から空気を吸って、肺胞でおこなう酸素と二酸化炭素のガス交換のこと

・内呼吸……血液が運ぶ酸素を細胞が利用する状態

ガス・サフォケーション（一酸化炭素中毒）

酸欠状態とは

酸欠状態、いわゆる酸素欠乏状態は1）血中（動脈中）の酸素濃度、もしくは2）ある空間における空気中の酸素濃度のいずれかの希薄によって起きる。酸素欠乏から窒息に至るまでの時間は表1を参照すると外窒息の形態に関わらず酸素を取り込むことができなくなって（第一期）から無呼吸状態（第三期）まで5～7分の時間を要することがわかる。この経過は溺死にもあてはめることができる。意外なことに心臓の脈動は呼吸停止後5分から十数分（ある専門書では30分間と明記）持続する。ストランギュレーション（ハンギング）のように脳への血流が絶たれたわけではないので、弱いながらも心臓が動いているサフォケーションの方がいくらか望みがあるということだ。血流停止の深刻さは別項説明したとおりで、大脳皮質は3～5分、脳幹部は10～15分で死滅してしまう。この状態からたとえ蘇生したとしても脳に重大な後遺症が出る。

1）動脈中の酸素濃度の低下

表1とも重複するが個体差はあるものの人間の体の酸素残量は4つのステージに分けられる。

ステージ1（動脈の血中酸素残量90％）：視力に若干の影響が出始める。

ステージ2（動脈の血中酸素残量90～82％）：呼吸が激しくなり脈拍回数が上がる。健康体ならば支障はないが、肺や心臓に障害があると何らかの症状が出てくる。

ステージ3（動脈の血中酸素残量84～64％）：頭痛、倦怠感、めまい、多幸感、錯乱を引き起

表1：窒息経過と各ステージ

ステージ	症　　状	持続時間	経過
第一期：前駆期	呼吸困難から症状が出るまで。いわゆる“息こらえ”。肺の中に蓄えられていた酸素が総動員される。	30～60秒	1分
第二期Ａ：呼吸困難期	血中の二酸化炭素濃度が上がり、呼吸中枢が刺激を受けるため、十分な呼吸ができない。	1～2分	3分
第二期Ｂ：痙攣期	酸欠状態。二酸化炭素濃度は最高潮に。中枢神経麻痺、痙攣、嘔吐、意識消失、血圧上昇	2分以内	5分
第三期：無呼吸期	呼吸機能の停止、徐脈	1～2分	7分
第四期：終末呼吸期	あえぎ呼吸（下顎呼吸）⇒呼吸筋の単たる収縮で、通常の呼吸にあらず	1分前後	8分

こす。

ステージ4：残量60％以下。数分以内に意識を失い脳障害から死に至る。

2）ある空間における空気中の酸素濃度の低下

左に紹介する2事例のように微生物による発酵や腐乱、鉄の錆びの発生によっても酸欠状態になる――

・酒粕の発酵による酸欠事例

酒造メーカーの従業員がタンクに落とした器具を拾おうと梯子を使って底に下りていった。底には粥状になった酒粕が溜まっており、発酵によってタンク内の酸素濃度は13％しかなかった。従業員は落とした器具を探している間に徐々に行動不能になり、うつ伏せ状態で酒粕の中に倒れ窒息死した。ガス・サフォケーション（酸欠状態）からチョーキング（気道が詰まり酸素を得ることができない）した労働災害。

・微生物の呼吸と鉄錆びによる酸欠事例

マンション建設現場のコンクリート型枠工程で養生のため2ヶ月間放置していた地下室に入り込んだ作業員が次々と倒れた。現場の酸素濃度は13～14％。地下に溜まった水の中にいた微生物による呼吸と型枠コンクリートの鉄筋に発生した錆によって酸素が著しく消費されていた。異変に気がついた現場監督がコンプレッサーで空気を送り込んだため全員が一命を取り留めた。酸素濃度が5％以下だったらどうなっていたか――呼吸しただけで卒倒、全員死亡だ。

空気中の酸素濃度と症状

酸素濃度（%）	症状
20.9	空気中の正常濃度
16～20.9	ローソクの火が消える：静止状態で無症状
15	呼吸が深く脈拍が増加：労働困難
10	呼吸困難：不能
7	脈拍が速くなる（100以上／分間）：知覚鈍麻：放置すれば死亡（7～8分）
5～	瞬間的に卒倒・死亡

■血中の酸素嚢濃度ステージ4は酸素濃度が7％以下の状態に等しい

スマザリング（smothering）

スマザリングの動詞smotherには当然、「窒息させる」、「息苦しくさせる」という意味があり、他の形態と同じく〈窒息〉を連想させながらも、そこには「厚く覆う」、「埋め尽くす」、「包んでしまう」という条件がつけられている。法医学の世界では「口鼻を覆われたことで酸素の供給を絶たれ、その結果窒息すること」をスマザリングと定義している。スマザリングは他殺、自殺、事故の手段としてどれにもあてはまる。

■猿轡・ギャグをかませる

口鼻を覆うものといえば猿轡や〈ギャグ〉だ。最近では入手しやすい粘着テープが使われるケースが多い。通常これらは捕獲者が犠牲者を大人しくさせるために使われるが、不本意ながら犠牲者の体調や年齢などを無視した結果死に至らしめている。下の写真のような顔面をダクトテープで「ぐるぐる巻きにする」という使われ方には明確な殺意を汲み取れる。この犠牲者のうつ伏せ姿勢は後述のポジショナル・アスフィクシア（体位窒息）の典型だ。

猿轡には口の上からタオルなどを巻きつける方法と、折り畳んだハンカチなどを口に含ませてから、タオルで巻きつける方法がある。後者では唾液の分泌が促進され、生地が湿ったことでチョーキングにも繋がり危険極まりない。

ギャグを噛ませる側の人間には口だけを塞げば大丈夫だろうとの考えがあるようだが、鼻や喉の分泌液が出やすくなりかえって窒息の可能性が高くなる。またタオルなど密着度の低い生地であっても十分窒息してしまう。これは低酸素症に弱い老人によく見られる。

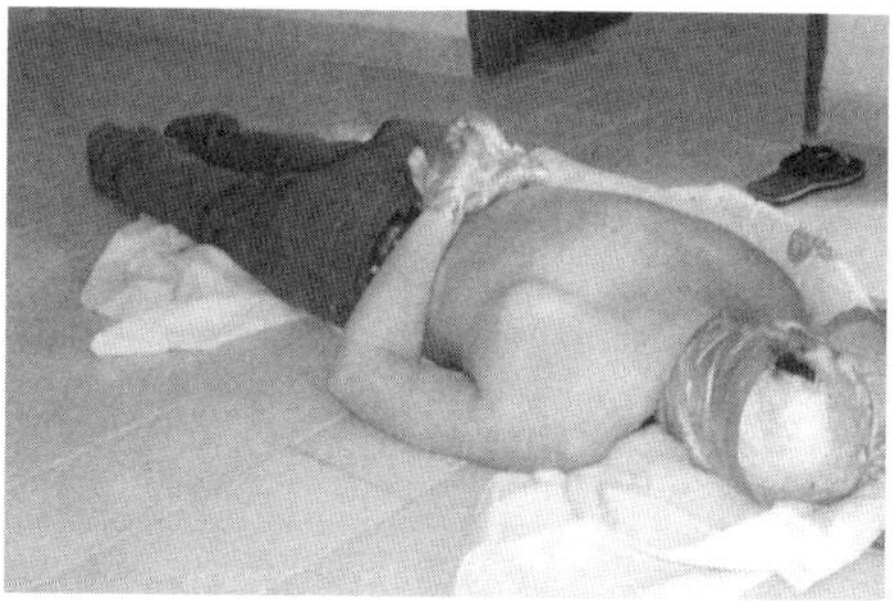

■スマザリングとポジショナル・アスフィクシア——殺人事件

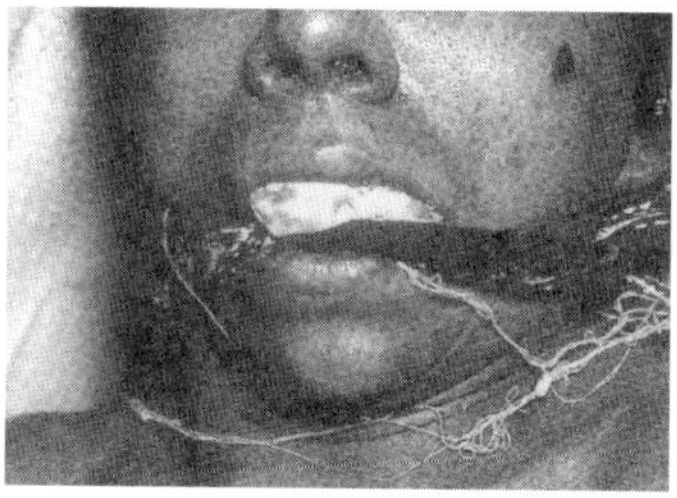

■詰め物をされた上にバンダナで轡をかまされた

虐待死とＳＩＤＳ

幼児虐待にもこの方法は使われる。手のひらや枕、クッションが凶器となる。大人の手のひらは面積の小さい子供の顔を覆うには十分だ。この他の方法として、うつ伏せの状態でクッションや枕に押し付ける、同じくうつ伏せのまま放置する、厚手のタオルやブランケットを顔に乗せる、などがある。子供の場合、窒息するまでに要する時間は70～90秒だといわれている。

昨今取りざたされている乳児急性死症候群（ＳＩＤＳ：sudden infant death syndrome）の正体がこのスマザリングではないかといわれている。原因の特定が難しいとされながらも窒息との因果関係が指摘されている。外傷が残らないほどの少ない力で窒息している点がＳＩＤＳの特徴でもあるのだ。押し付けられた乳房や添い寝をした大人の腕が寝返りを打った拍子に子供の口鼻を覆ってしまう——これが故意でおこなわれれば殺人だ。

体の自由が利かない寝たきり老人もある意味、幼児と同じようなものだ。埼玉県で、73歳の寝たきりの夫を71歳になる妻が看病疲れから枕を使って窒息死させた事例がある。妻は自ら警察に通報し、緊急逮捕された。

成人に対しておこなわれたスマザリング

２００５年8月、大阪府でインターネットの自殺サイトで自殺志願者を募り、殺害するという連続殺人事件が起きた。36歳になる容疑者の人材派遣会社契約社員は「重度の窒息マニア」であり、過去にも薬品を使い失神させるという傷害事件を起こしていた。この男からネットを通じて練炭自殺を持ちかけられた25歳の無職女性は「練炭自殺は苦しいから暴れる恐れがある」

■茨城県の徳満寺には18世紀ごろに描かれた絵馬「間引き絵馬」が展示されている。母親と思しき女が産まれたばかりの赤ん坊の口鼻を渾身の力で押さえつけているというものだ。鉢巻を締めたこの女のシルエットが障子に映っているのだが、頭から角が生えていた

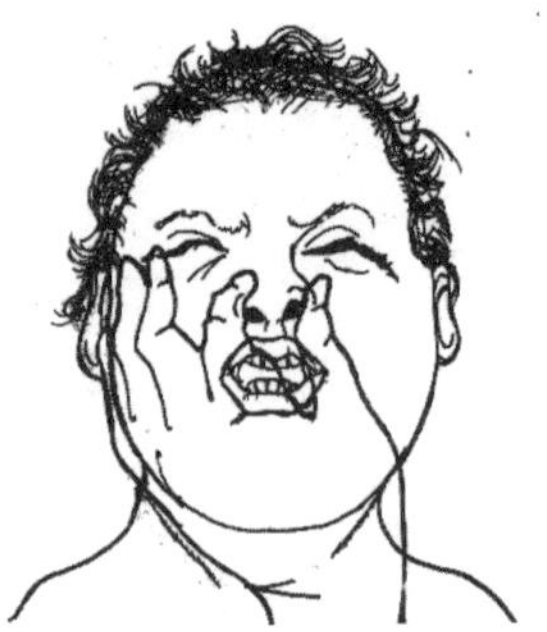

■鼻をつまみ下顎を押し上げてしまう

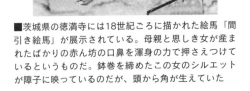

と手足を縛られた後に、ゴム手袋をした手で口鼻を塞がれ窒息死させられた。このほかに中学生と大学生が同じ手口で窒息死させられ遺体は山中に遺棄された。容疑者は「口鼻を手で押さえつけられ悶絶しながら死んでゆく様」に性的興奮を覚えると供述した。

ビニール袋窒息

ビニール袋を被った自殺方法があるが、ただ被っただけで死ねるのであろうか？　常識で考えると手足でも縛らない限り苦しくなって自分から取り除いてしまうはずだ。自殺者にとっては意識喪失をもたらす〈第二期B〉までをどう乗り切るかが一番の関心事だ（表1参照）。袋の端をコードで縛って自殺を成就させた者がいるが、暴れないように体を自縛していたに違いない。

鼻や口を塞いでしまうような小さいサイズのビニール袋の場合は窒息死、中ぐらいもしくは大きめのビニール袋では袋の中の空気が二酸化炭素と窒素だけになるのでむしろ酸欠死（酸素欠乏による窒息死）と呼んだ方がしっくりとくる。人間は二酸化炭素の量が増えると、それに順応しようと自然に呼吸が深くなる。

ビニール袋が介在した場合、自殺や他殺よりも事故死の方が多くなる。犠牲者は子供だ。一言でビニール袋といっても大中小、薄手、厚手とさまざまなものがある。中でも洋服などを保管する薄く密着性の高いサイズの大きいものは子供にとって格好の遊び道具となる。と同時に非常に危険な存在となる。この手の袋は被ってしまえば最後、呼吸をすることで鼻や口にぴったりとくっついてしまうからだ。

接着剤やシンナーなどの揮発性の高い有機溶剤を吸引している最中に死亡するケースが後を絶たない。通常、常習者はこれらをビニール袋に入れて吸引する。この最中に意識混濁に陥り、袋を口に当てたまま、もしくは被ったまま窒息死するというわけだ。布団やベッドの上で吸引

■他殺の手段としてビニール袋とダクトテープが使われた。隆起した眼球と舌から窒息マスクの下でひどく腐乱しているに違いない

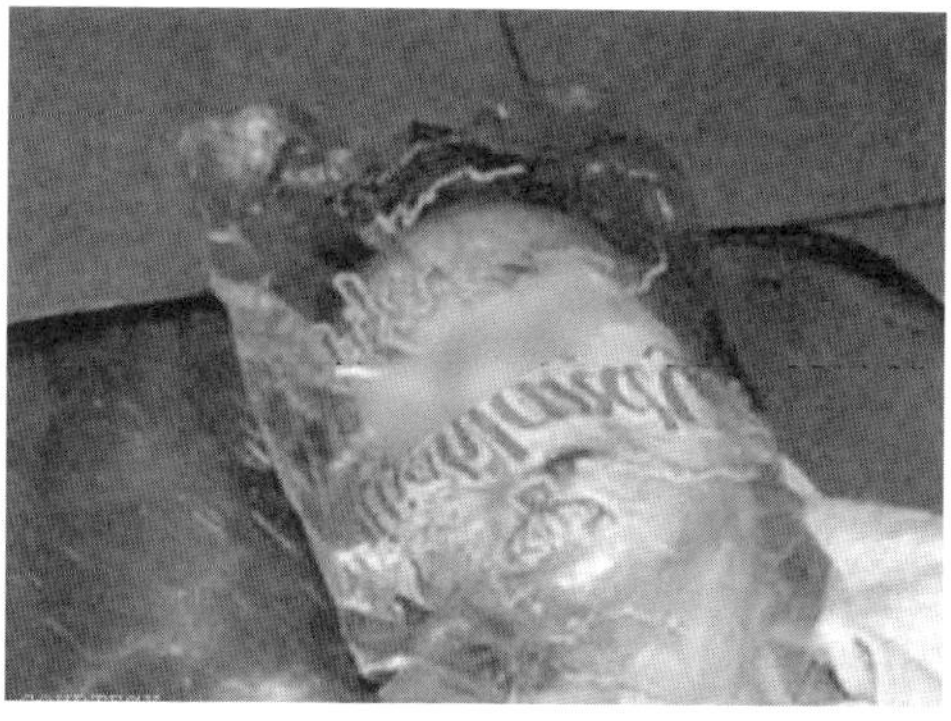

■自、他殺は不明

中、うつ伏せに倒れ込みそのまま窒息死するというパターンも多い。
有機溶剤の恐ろしさについて簡単に触れておく。吸引による急性効果で「酔い」を体感することができる。これは「ラリった状態」として知られている。発揚的な多幸感をもたらし、物が大きくなる、小さくなる、変形するなどの視覚異常、幻覚、幻聴が起きる。脅迫的にこれらを常習する者は飢えや渇きさえも麻痺するといわれている。重度の常習者の脳を調べると大脳皮質の萎縮を確認する。有機溶剤は脳をも揮発させてしまうというわけだ。

ラバーとスマザリング

われわれは口鼻だけではなく皮膚でも呼吸をおこなっている。金粉ショウにまつわるヨタ話で、放っておけば皮膚呼吸ができず死亡するなどというのがあるが心配はご無用。口鼻閉塞の比ではない。ただしラバースーツを着て、酸素摂取と二酸化炭素の排出を制御するような窒息プレイをすれば異常な体温上昇、発汗によって体内の血中酸素は激減する。実践者はこの時に味わう意識喪失を「陶酔」と勘違いする。命を落とすようなことはないにしろ頻繁にこうしたプレイを繰り返せば内臓や脳に深刻な後遺症を残すことになる。脳細胞は一度死滅したら再生はありえない。軽微な低酸素症であっても脳に対し何らかの損傷を与えていると解釈するべきだ。

ラバーマスク装着は緩慢な窒息、遷延（せんえん）性窒息をもたらす。２００4年9月和歌山県の留置場で大声を出して暴れる52歳の受刑者に防声具というゴム製のマスクを装着させ4時間放置したところ死亡してしまったという事例がある。県警の発表では、容疑者に対して最初、防声具をつけたが、大人しくならないので拘束服のような「鎮静衣」を着せた、となっていた。しかし実際は防声具は二つ装着され、鎮静衣の上に布団がかぶされていた。この受刑者はかなりの時間を経て窒息したことから死因は遷延性窒息死と判定された。

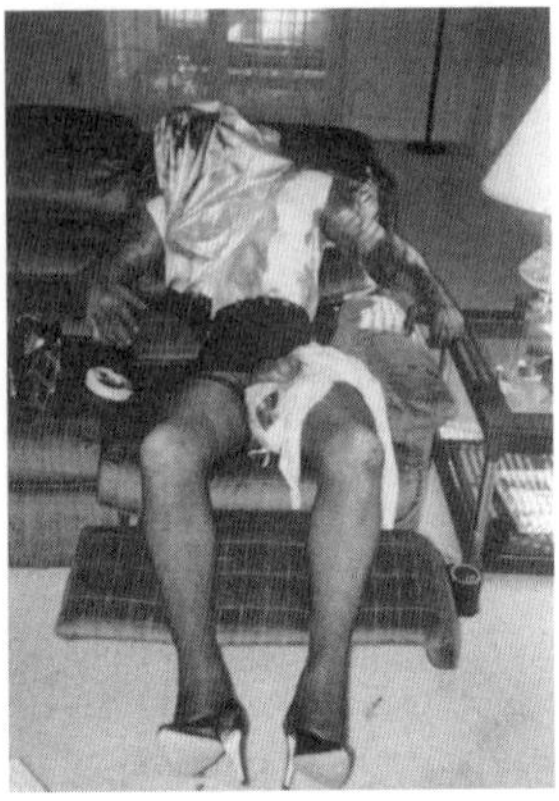
■豪奢なスイートルームで自慰死した女装者――サイドテーブルの上に2本のボンドチューブを確認

■ビニール袋と薬物を併用した自殺

さきほどビニール袋を被った自殺は手足の拘束がなければ不可能ではないかと述べた（意識混濁を利用したのなら別だが）。

1991年、アメリカでは1冊の本がベストセラーになった。本のタイトルは「ファイナル・エグジット」。〝最終出口〟と名づけられたこの本には薬物とビニール袋を併用した自殺方法が詳しく紹介されていた。

著者であるデレク・ハンフリーは安楽死推進団体ヘムロック・ソサエティの代表としても有名で彼の考案した方法はファイナル・エグジット・スーサイドと呼ばれている。

彼はこう述べている――

「もし、わたしが惨めさと苦痛から解き放たれたいと願ったら薬と一緒にビニール袋を使うだろう」

この方法は致死量にあたる大量のドラッグを摂取することがメインであることから薬物自殺に近いといえよう。ビニール袋は致死薬の効果に対する保険のようなものだ。自殺者は未遂で終わることを最も恐れている。苦しさのあまり袋を取り除くという《危険性》を回避するために致死量に相当するドラッグで意識を失わせ、そのまま窒息死する。

睡眠薬セコバルビタール（セコノール）、ペントバルビタール（ネンブタール）、抗不安薬ジアゼパム（ヴァリアム）、プロポキシフェン（ダーヴォン）は適切な致死量であれば1～2時間以内に必ず死に至るのだが、ごくまれに1～2日かかることがある。当然、この間に見つかれば自殺未遂となる。さらに悪いことに、蘇生術を施されても後遺症に悩まされることになる。

■ファイナル・エグジット第3版（Dell Trade Paperback）
単に死にたい人のためではなく、終末医療のありかたに疑問を抱く人のために書かれた指南書だ

■デレク・ハンフリー

ビニール袋はこうした数パーセントの悲劇を回避するために採用された。

1）ヘヴンズ・ゲイト事件

この方法は、1997年3月、カリフォルニア州サンディエゴで新興宗教団体ヘヴンズ・ゲイト（天国の扉）の教祖マーシャル・アップルホワイトを含む信者39名の集団自殺で用いられたことでも一躍有名になった。彼らはまずウオッカを飲み吸収性を高めてからフェノバルビタールを混ぜたプリンを食べ、その効果を高めるべくビニール袋を被った。

ヘヴンズ・ゲイトの教義はUFOカルチャーと終末思想をごちゃまぜにしたようなものだといわれている。集団自殺をおこなうにあたって教祖アップルホワイトはもうじきUFOの母船団が迎えに来るといって信者に準備を急がせた。

遺体は仰向けに寝かされ、体には紫色のドレープがかけられていた。旅立ちに際して全員が黒装束を着込んだ。ロングスリーブのTシャツ、スウェットパンツ、ナイキのテニスシューズすべてが黒色だった。当初、遺体の髪の毛が短く刈り込まれていたことからすべて白人男性と見られたが女性が21名、男性が18名であることがわかった。年齢は26歳から72歳までいた。

2）ファイナル・エグジット・スーサイドの方法

ファイナル・エグジット・スーサイドをするにあたって必要な道具は以下のようになる。ビニール袋とゴムバンド2本。ご想像通りゴムバンドは頭と首のところで袋を固定させるために使われる。つぎに氷嚢。吐き出す息の温度は体温に等しい約37度。これがビニール袋を取り外してしまう原因となる《窒息感》を生み出す。氷嚢はこれを緩和させるためのものだ。

ファイナル・エグジット第2版では袋が鼻や口にくっつかないように粉塵マスクが新しく追加されている。この他、ツバのついた帽子を着用し、その上から袋をかぶれば顔にまったくつ

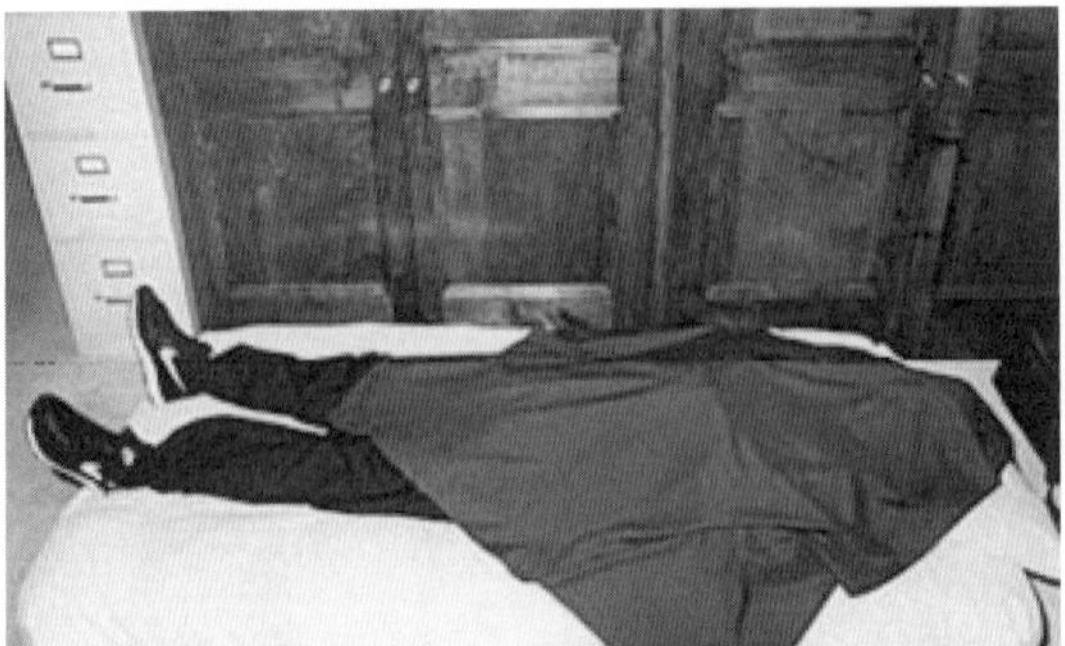

■来世を信じた——

かない状態になると書かれていた。薬物は睡眠薬ダルメーン、ソミネックスなどが採用されている。著者ハンフリー自身も身内三人の安楽死に関わっていて、生命維持装置をはずした一人を除き、二人のうち一人にはセコノールとコデェインの組み合わせが、もう一人にはセコバルビタールとブラロバルビタールが使われた。

遺体にはストランギュレーションやハンギングによる窒息死に見られる鬱血や結膜への溢血点は確認できない。その代わり血液中の酸素が欠乏して鮮紅色を失うので皮膚や粘膜が青色になる。

3）デレク・ハンフリーとヘムロック・ソサエティ

世界的大ベストセラー「ファイナル・エグジット」の著者にしてヘムロック・ソサエティ創設者でもあるデレク・ハンフリーは、１９３０年4月29日、イギリス人の父親とアイルランド人の母親との間に生まれた。幼少期から少年期にかけては、おりしも時代はＷＷⅡ（第２次世界大戦）中で十分な教育を受けることができなかったが15歳にしてすでにジャーナリストの道に進むことを決心していた。イギリスにおけるジャーナリストとしてのキャリアは35年にも及び市民運動や警察問題、人種差別問題などを取り上げた。

ハンフリーは取材活動を通じて末期医療のあり方に常々疑問を抱いていた。１９７８年に活動の拠点をアメリカに移してから、末期ガンに冒された最愛の妻ジェーンを自ら安楽死させた際の様子を記した「ジェーンズウェイ」を出版する。著書は世界中で大きな反響を呼び、当時のイギリス警察から事実確認のため取調べを受けた。出版後、世界各地で安楽死推進運動が活発になりハンフリーは友人数名とともに１９８０年、末期患者の死ぬ権利を保障する団体、ヘムロック・ソサエティを設立した。

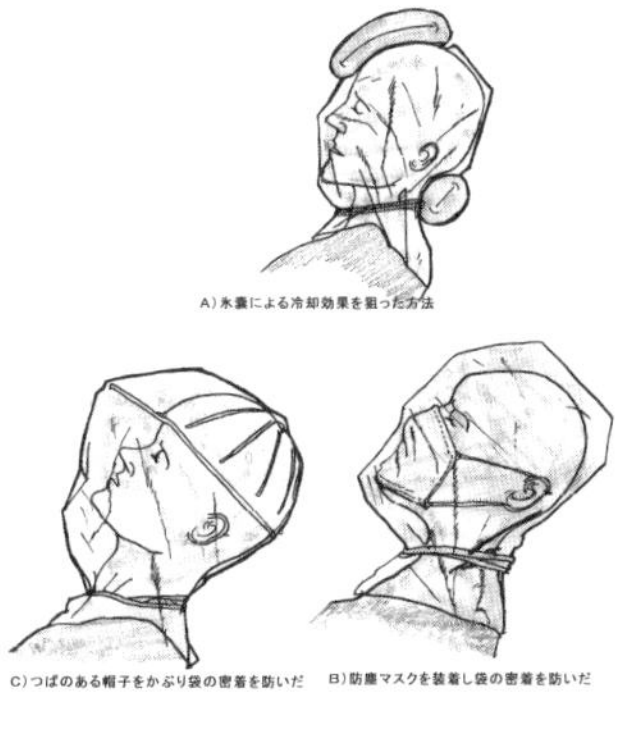

A）氷嚢による冷却効果を狙った方法
B）防塵マスクを装着し袋の密着を防いだ
C）つばのある帽子をかぶり袋の密着を防いだ

■版を重ねるに従い苦痛が取り除かれるようになっていった

チョーキング（choking）

喉にモノが引っ掛かった（詰まった）!!　――チョーキングとは気道閉塞のこと。気道内、特に喉頭咽頭部に異物が詰まる状態で、異物は食物が圧倒的に多く、その次に入れ歯や玩具が続く。２００４年11月兵庫県のとある町内の商工会が主催する早食い大会で38歳の無職女性が特産品であるもち麦を使った食パンを喉に詰まらせ意識不明となり、約９時間後心肺停止状態のまま死亡した。このような早食いが原因の死亡事故は頻繁に起きており１９９７年に山形県の町主催の秋祭りでのり巻きを、２００２年には愛知県の中学生がテレビ番組を真似て給食時間中にパンを詰まらせ死亡している。

早食い競争は別にしても食物の場合、老人が犠牲者となるケースも多い。咀嚼が足りないこと、加齢で喉頭粘膜の反射が鈍くなっていることが原因だ。

反射が鈍るといえばアルコール酩酊者にも同じことがあてはまる。自分の吐いた物で気道を塞いでしまうというものだ。吐物窒息といえばこんな事例があった――京都市のテニスサークルに所属する学生４人（男３人、女１人）が酒に酔った22歳の部員を合宿先のホテルの布団を汚さないようにとポリ袋を被せて放置し、窒息死させてしまった。部員の気道は吐物で閉塞を起こしており、学生らは重過失致死の容疑で書類送検された。

物体の存在を体感しようと赤ん坊は何でも口に入れようとする。乳幼児の異物誤飲は日常茶飯事のアクシデントだ。ご存知のように舌下錠トローチは中央に穴が開いている。この穴は息を吹いて鳴らすといった遊びの目的で開けられたものではない。幼児が誤飲しても、気道閉塞を起こさせない配慮からだ。

■吐物で気道が塞がれた

■子供は何でも口に入れようとする

気道閉塞というと固体をイメージしがちだが液体でもありえる。赤ん坊ならば飲み込んだ母乳で、成人ならば口腔内出血（舌を噛み切るなど）、吐物、喀血などの吸引で死に至ることがある。

ちなみに舌を噛み切って自害するというのは時代劇でもよく見かけるが、これは噛み切った傷口から大量の血液が気道に流れ込むのと、短くなった舌（舌筋）が喉の奥に滑り落ち気道を塞いでしまうためだ。

粉体でも窒息は可能だ。２００５年４月、北海道では22歳の会社員の男性が66歳の祖母に小遣いを無心したところ断られたことに逆上し、口の中に消火器のホースを突っ込み噴射させ、粉末の消火剤で窒息死させるという事件が起きた。男は遺体を床下の収納箱に隠すと、祖母の郵便口座から現金を引き出した。それにしても消火器を口の中で噴出させるという発想はどこから来たものなのか？

カンザス州発：窒息死に関する報告

アメリカのカンザス州では病死を除き、１９９０年から１９９４年までの４年間で同州の住民がどのようなことが原因で死亡したかについての統計数字をまとめていた。窒息が原因で死亡した住民は４年間で３３８名おり、約半分にあたる57％を不慮の事故が占め、自殺は３６・４％、他殺は６・３％であった。不慮の事故で窒息死した犠牲者を年齢別に見ると０～４歳の嬰児と65歳以上の高齢者がほとんどであった。前者のグループの約半分は生後６ヶ月までの嬰児で、窒息の形態はチョーキング（食べ物や異物の誤飲）だ。またこの統計で、窒息自殺に関しては人種や性別はあまり関係がないが、扼殺、絞殺を含む窒息殺人では白人女性が犠牲者になるケースが多いことが判明した（白人男性は銃撃で殺されている）。

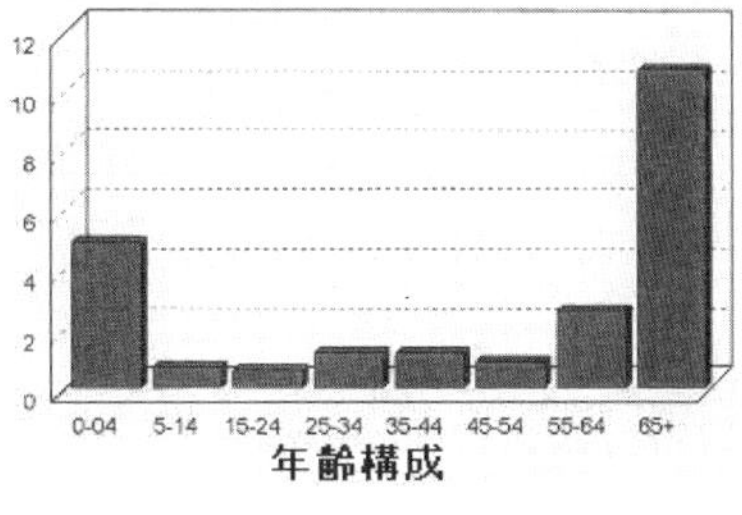

■誤飲が原因で窒息死した犠牲者の年齢構成（カンザス保険環境局の統計より）

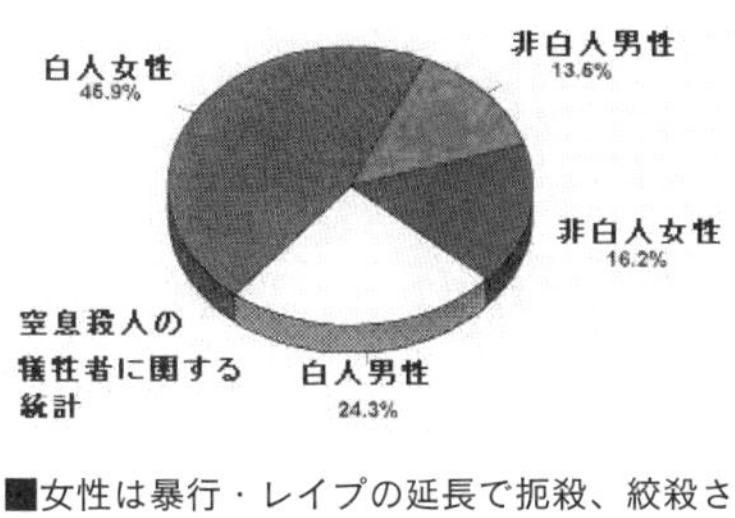

■女性は暴行・レイプの延長で扼殺、絞殺されることが多い

ポジショナル・アスフィクシア（Positional asphyxia）

ポジショナル・アスフィクシア（体位窒息）は犠牲者の姿勢（体位）が原因で起こる窒息である。土砂災害による生き埋め（いわゆる圧死）や、暴れる人間を取り押さえる際に発生する。口や鼻が塞がれているかどうかはここではあまり関係がない。ほとんどが胸部圧迫で、胸に荷重がかかることで本来膨らむべき肺がその拡張を妨げられたことによって酸素を取り込むことができない状態から窒息に至る。事故では「将棋倒し」、殺人ではいたずらの延長で起きたマットレスによる「簀巻き」が挙げられる。

下のイラストAは息を吸っている時の胸郭の様子で、逆にBは吐いている状態のそれである。胸部圧迫はBの状態でロックされたとみなすことができる。呼吸ができないと二酸化炭素がどんどん蓄積され、あっという間に意識を失う。子供の頃に流行った（今にして思えば実に危険な）遊びのひとつにスペースモンキーというのがあったが、これはまさに胸部圧迫を利用したものだ。座ったまま吐く、吸うという動作を10回ぐらいすばやくおこなった後に息を止める。立ち上がり壁にもたれかかる。パートナーが胸を強く圧迫する――数秒で意識を失うというものだった。

《生き埋め》といえば土砂災害を思い浮かべるが殺人の手段としても胸部圧迫がおこなわれる。被せられた土や砂によって口鼻を塞がれた結果、窒息死したと思いがちだが、首から上だけを土中から出したまま殺害された者もいることから口鼻閉塞（スマザリング）ではなく、土砂の重み（圧力）による胸部圧迫ということがわかる。スマザリングと胸部圧迫が複合的に作用することもある。２００５年群馬県草津のスキー場で24歳の会社員が斜面の雪に上半身を突っ込

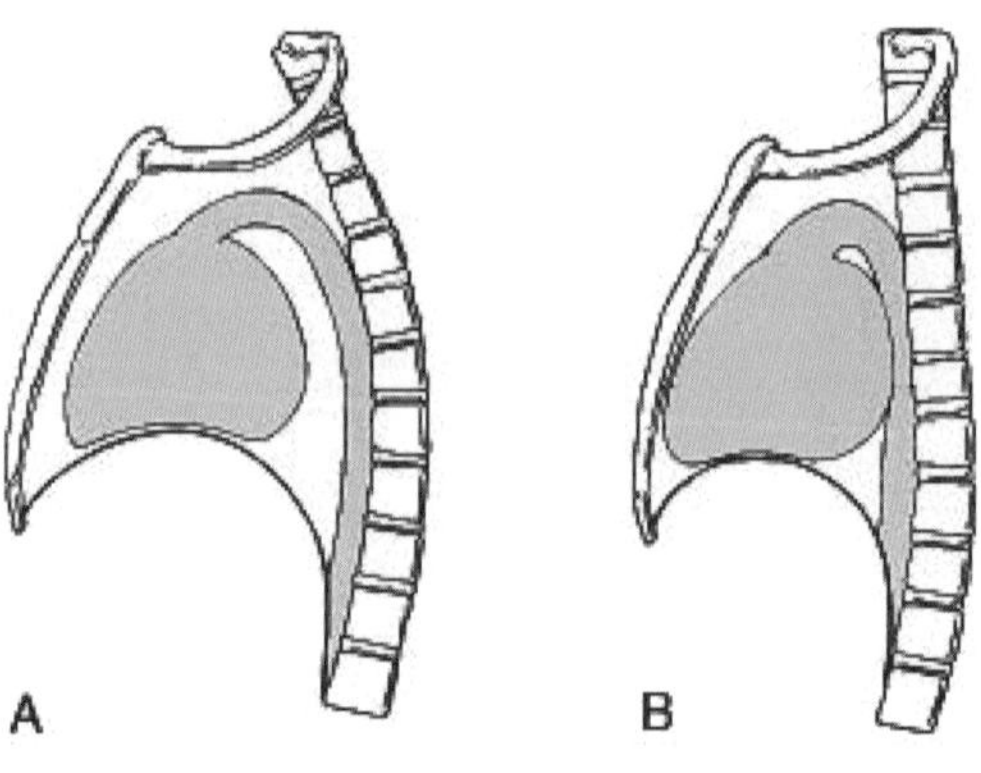

んだまま死亡しているのが発見された。知人と連絡がつかないとの届出を受けたパトロール隊によって発見された当時、男性は意識不明の状態で搬送先の病院で死亡した。雪により口鼻が塞がれ、さらに胸部圧迫が加わったものと推測されている。

２００1年に兵庫県の明石市で花火大会の見物客11名が死亡した歩道橋圧死事故に類似した圧死事故が中国でも発生した。中国の北京ではアーチ上の橋の上で起きた将棋倒しがきっかけで提灯展に訪れていた市民37名が窒息死した。死因は胸部圧迫による窒息死。患者の手当てにあたって医師は「窒息時間が長く、顔面が青くはれ上がり、瞳孔も開ききった状態で応急処置は功を奏さなかった」と話している。

胸部圧迫により死亡した犠牲者の外観は他のスマザリング（窒息）と違い鬱血と溢血点が見られるのが特徴だ。これは胸を押されたことで静脈血が上大静脈に逆流したためだ。

■スペースモンキー

スペースモンキー、スモークアウト、いわゆる「失神ゲーム」は洋の東西を問わず「危険な遊び」として子供たちの間で言い伝えられている。本文のような胸部圧迫ではなく首を絞めること（頸動脈の血流遮断）で意識の喪失を再現する方法もある。フランスでは１９９５年から２０００年までの5年間に報告されているだけで10名の生徒が死亡。英国の名門校では数年前にある男子生徒が「スゴイ快感が味わえる」と皆に広めたのをきっかけに数人の生徒が亡くなった。

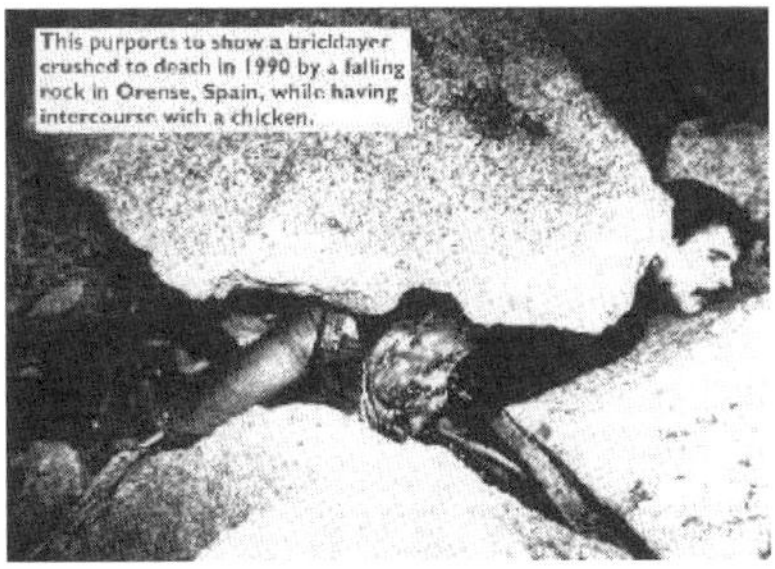

■ニワトリと獣姦の最中、落ちてきた岩石の下敷きになった男性

■自作のスーサイドマシーンで胸部を圧迫し、窒息死した。手首に注目。鎖がつながれている

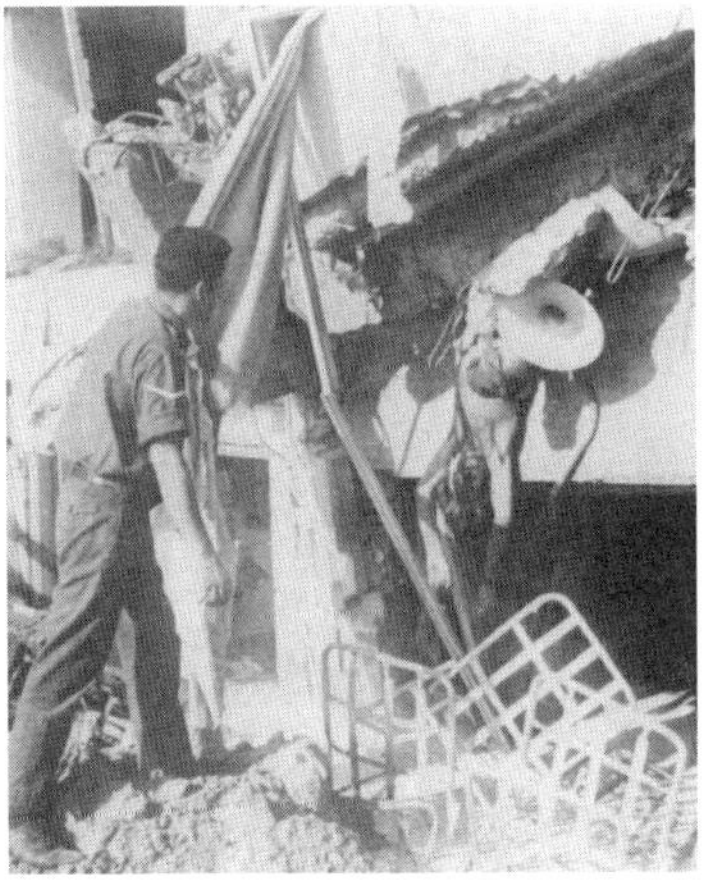

■トルコ大地震の犠牲者。窒息死というよりも圧迫死

■危険な取り押さえ

２００３年、岡山県では留置場で暴れた58歳男性が６名の看守に取り押さえられている最中に死亡してしまった。男性はうつ伏せで手足を押さえつけられたが、検死により腕を取った看守の体重が掛かり肋骨数本を骨折していたことが判明した。拘束は15分間続いた。判定は胸部圧迫による窒息死。

この事例のような取り押さえによる不慮の窒息死報告は海外からも結構寄せられている。事故は犯人逮捕や前後不覚に陥った精神病患者を取り押さえる時に起きており、《うつ伏せ》、《取り押さえる側の体重が背中、特に胸の辺りに掛かっている》という点が共通している。腕を押さえつけようとするためにどうしても上半身に体重を掛けてしまうのだろう。これは仕方のないことだ。この状態で激しく抵抗を続ければ当然、押さえつけようとする側はさらに力を込める。暴れる分、犠牲者の方も大人しくしているよりも酸素消費のスピードが上がり疲弊する。

ポジショナル・アスフィクシアに関する死亡報告はこうした状況以後にも起きている。拘束されたままの放置が原因だ。うつ伏せ姿勢はもちろん犠牲者はたいがい腕を背中で組まされるのでこれによって深刻な胸部圧迫状態になる。さらに足の拘束と繋がれ体が反った姿勢になると最悪の状況になる。

■酩酊とアスフィクシア（無酸素症）

吐物の誤嚥のようにアルコールやドラッグの酩酊によって引き起こされる不慮の窒息死。判定は事故死となる。男女の性別、年齢に関係なく酔っ払ってベッドからずり落ち、壁との間に

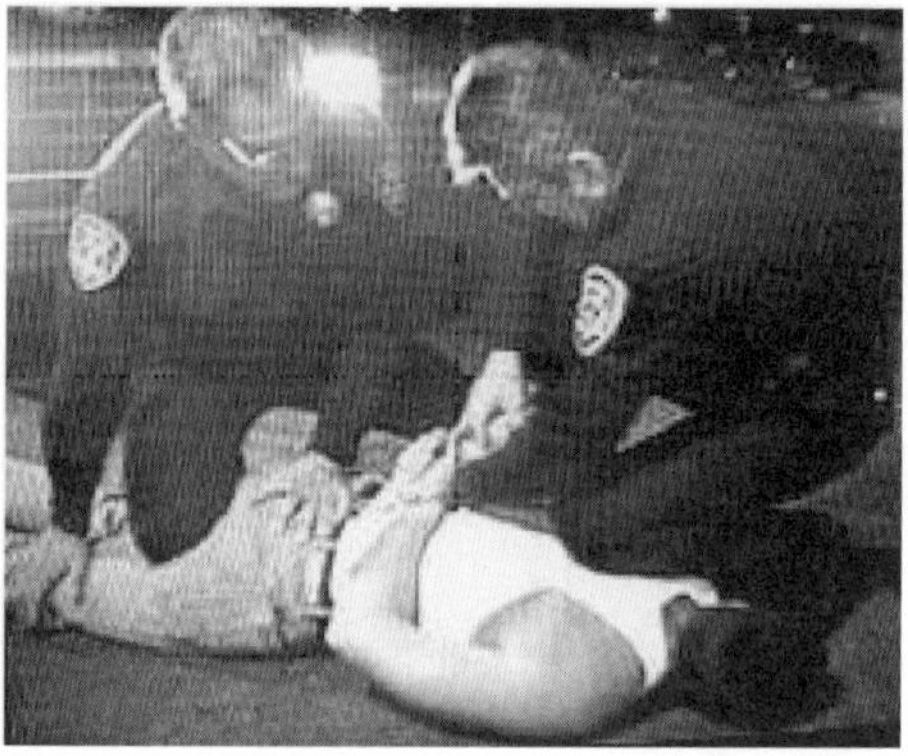

■上半身に体重を掛けた状態は危険である

無理な姿勢で入り込み、脱出を試みるが体が動かずそのまま窒息してしまうというパターンが多い。このほかに枕に突っ伏す、前かがみになり自分の膝で腹部を圧迫しながら、というケースがある。動けば動くほど事態は悪い方へ流れ、やがて力尽き死亡する。極度の泥酔もしくは酩酊では自分が落ちたことすら気づかずに死んでしまうだろう。

この種のポジショナル・アスフィクシアはアメリカ、フロリダ州の一部の郡で１９８２年から１９９０年の９年間に30件もの報告があり、犠牲者の平均年齢は５０・６歳で、アルコール絡みの事故が22件と最も多く次いでドラッグ、痴呆が原因となる。犠牲者の多くは「胸に首が乗った状態」つまり非常に無理な姿勢で発見されており気道が十分に確保されていなかったことがわかる。頚部圧迫の次に胸部圧迫が多かった。したたかに酔わせた後にベッドに寝かせ、自然に転げ落ちたのを装いベッドと壁の間に押し込む――検死をおこなうにあたってはこれが何者かによって故意に引き起こされたもの（他殺）でないことを証明しなければならない。

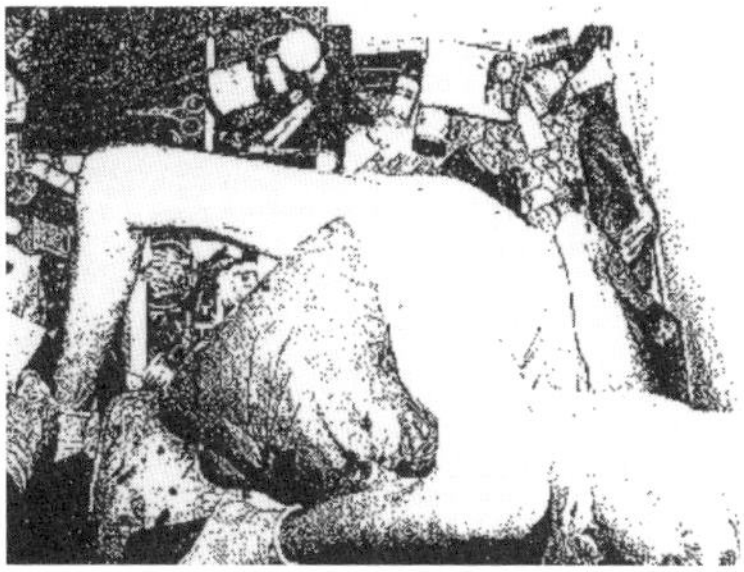

■海老反った姿勢でズリ落ちた

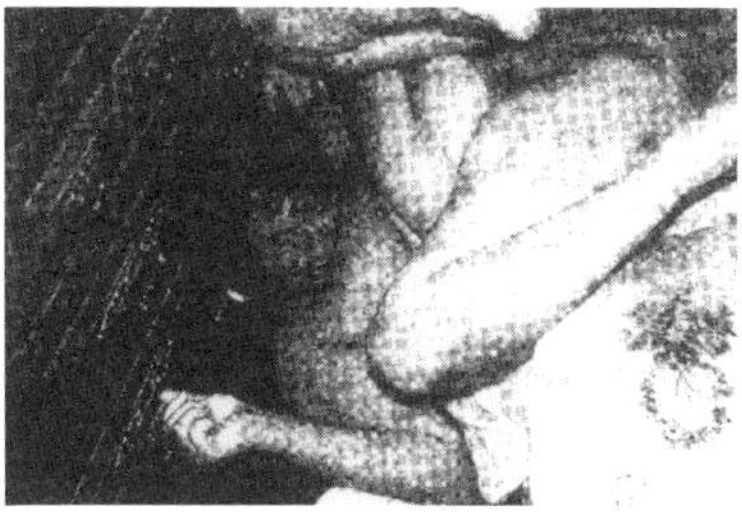

■胸に首が乗った状態の典型

■大人しくなったのではなく、酸素不足から意識を失った状態もしくは死亡したからだ

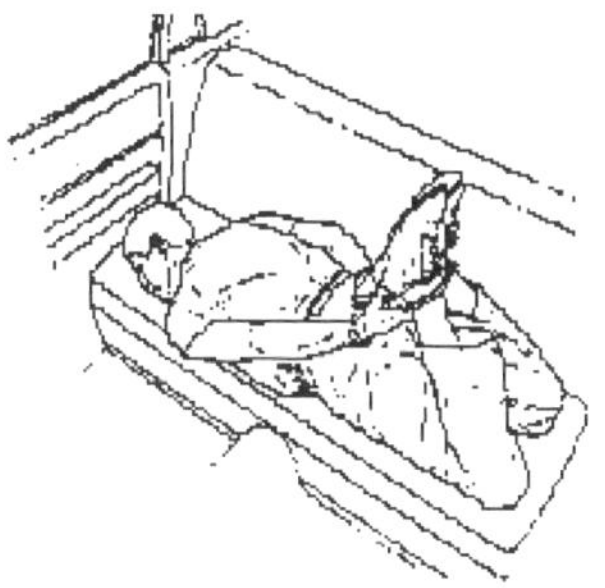

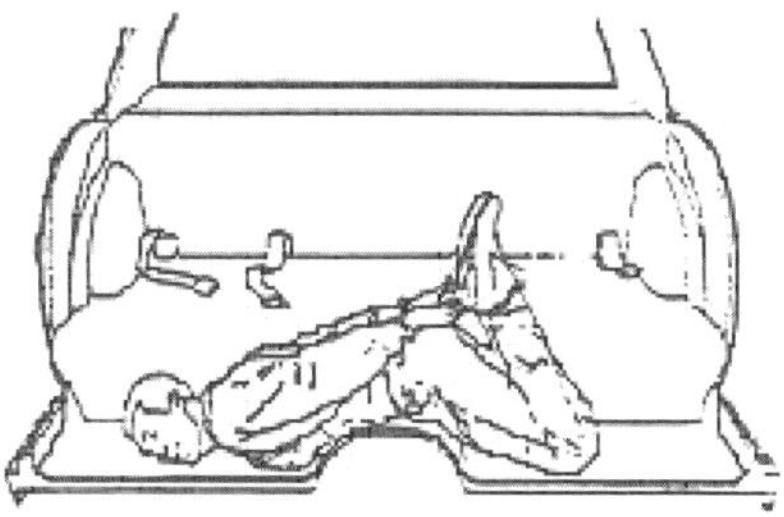

■精神病院の患者を押さえつける時（医療現場）や犯人逮捕の現場では突然死の報告が絶えない。パトロールカーの後部座席とリアコンパートメントにうつ伏せの姿勢で護送中に死亡したポジショナル・アスフィクシアの典型

バーキング

スマザリングとポジショナル・アスフィクシアを用いた有名な殺人事例を紹介する――

　現代医学の黎明期といわれる19世紀の初頭、医者や解剖学者にとって一番の悩みの種は研究対象となる人体の確保であった。供給元は「墓あらし」とよばれる死体盗掘者であり、これについては「出所を問わず」が当たり前であった。

　アイルランドからスコットランドの首都エジンバラに二人の男が職を求めてやってきた。純粋な労働意欲に燃えていたウィリアム・バークとウィリアム・ヘアが死体盗掘が最も旨味のあるビジネスであるということに気がつくにはそれほど時間はかからなかった。二人は墓を暴いては高額な料金と引き換えに医学生や研究者に〈教材〉を供給していた。中でもロバート・ノックス教授は一番のクライアントだった。やがて二人はもっと簡単に、しかも新鮮な死体を手に入れる方法を見つけた――殺せばいいのだ（ある歴史研究家は二人は迷うことなく最初から殺人によって死体を得ていたと指摘する）。

　二人は実に手際がよかった。しかも死体には一切傷をつけない。犠牲者全員が社会の底辺層に属する売春婦や浮浪者、いわゆる「行方不明になっても誰も気にかけない類の人間」だった。バークとヘアはサイドビジネスとして安宿を経営しており、そこへ彼らをおびき寄せ、したたかに酔わせた後に殺害していた。死因は胸部圧迫（ポジショナル・アスフィリシア）と口鼻閉塞（スマザリング）による窒息。酩酊状態の犠牲者を仰向けに寝かせ、胸の辺りにバークが座り下顎を押さえつける。そこでヘアが犠牲者の鼻をつまむ、というものだ。この方法はウィリアム・バークの名前にちなんでバーキングと呼ばれるようになった（上得意であるノックス教

■バーク＆ヘア

授は新鮮な死体を週に2、3体の割合で手に入れていただけではなく、この効果的かつ単純な殺害方法を指南した人物と見られている)。

犠牲者数は16人から30人と見られており、逮捕のきっかけも諸説ある。最も有力なのは一人のアイルランド人老女メアリー・ドチャティの殺人といわれている。1828年、アイルランドから移り住んできたばかりの彼女にとってバークは数少ない知人の一人であった。バークは同郷のよしみからメアリーに自分の経営する宿に住むよう勧めた。しかしこの時、空き部屋はなかった。もともと部屋を借りていた一組の夫婦が突然、部屋を明け渡すようにいわれた。この夫婦が翌朝、バークにメアリーのことを尋ねると、態度が悪いので追い出してやったとの返事が返ってきた。さらにベッドルームには暫く立ち入らないように釘を刺された。

この後夫婦はベッドルームでメアリーの遺体を発見することになる。通報を受けた警察はバークとヘアが遺体をどこへ運び出すのか尾行し、供給先を突き止めた。

二人は直ちに逮捕され、裁判にかけられた。1828年12月24日付けの新聞エジンバラオブザーバーは「人類史上稀に見る裁判!」との見出しをつけた。市民の関心は高くイングランド、スコットランドでも大々的に取り上げられた。世間の注目を集めたことがコピーキャット犯罪を生む結果となり、「恐怖の二人組」は1888年8月から11月にかけてロンドン市民を震撼させた「切り裂きジャック」へと引き継がれてゆく。

有罪に導くだけの証拠が乏しかったことから検察側は共犯者ヘアにバークに不利な証言をするようもちかけた。その見返りとしてヘアは無罪放免を約束された。バークは翌年の1月、25000人もの観衆が見守る中公開処刑された。大衆はこれだけでは納得しなかった。ロバート・ノックス教授、ウィリアム・ヘアにも同じ処罰を求めたのだ。ノックス教授は公判中、だんまりを決め込み、殺人はもちろん死体の供給についても一切喋ろうとしなかった。二人はこの後エジンバラの街から永久に姿を消した。バークの遺体は医学学校に送られ、自分が手にか

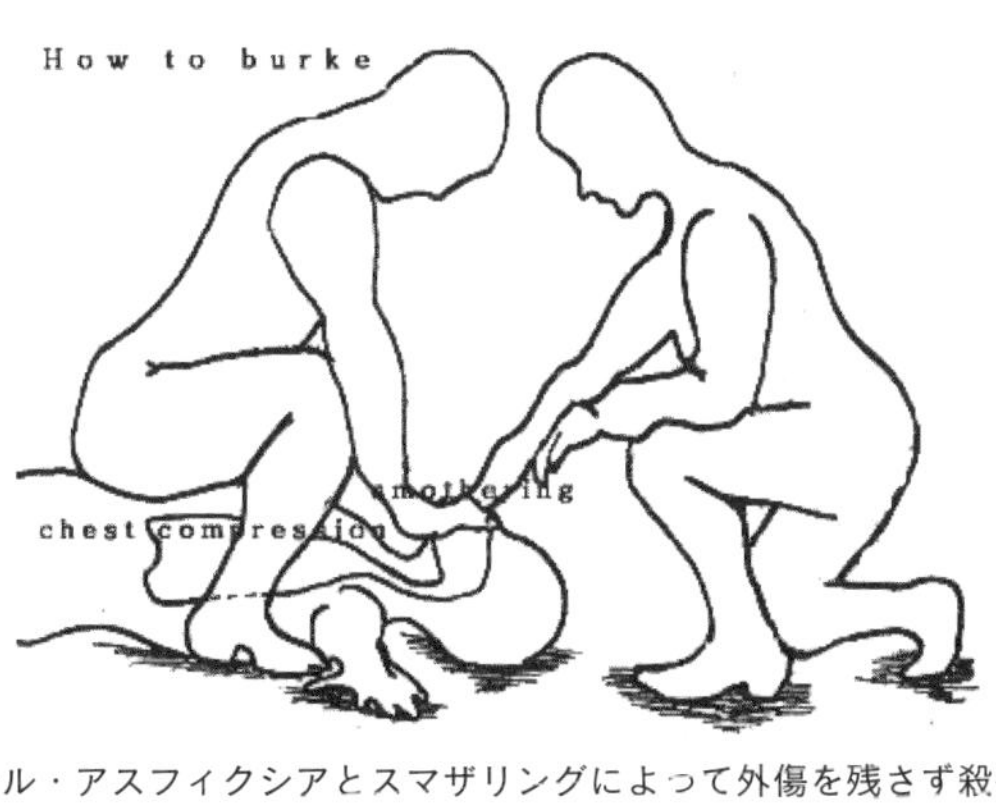

■酩酊、ポジショナル・アスフィクシアとスマザリングによって外傷を残さず殺害することができた

けた犠牲者たちと同じ運命をたどった。解剖を手がけたマンロー教授は殺人鬼の脳に興味を持ったという。遺体は最終的に骨格標本となりエジンバラ医科大学博物館に保管展示されている。

ビバリーヒルズのバーク&ヘア

アメリカ、ロサンゼルスにあるＵＣＬＡメディカルセンターのフリーザーボックスから遺体を横流ししていた現代版バーク&ヘアが逮捕された。ただし現代版バーク&ヘアはコンビではなく一人だ。ヘンリー・レイド54歳、職業はベテランエンバーマー（遺体防腐処理員）。

切り売りされた遺体はすべて故人の意志で献体されたものであり、本来は公的な研究機関に供給されるべきものであった。ＵＣＬＡ献体プログラムは、献体推進のために１９５０年に全米で初めて導入された由緒ある機関であった。

センターから遺体管理の全権を任されていたヘンリーはプライベートな需要先に対して一体につき１４００ドルで横流ししていた。アルツハイマー病やガンの治療法の解明など将来の医学の発展のために自らの意志や遺族の厚意で寄贈された遺体が個人のサイドビジネスに使われていたというわけだ。

ヘンリーと需要先の間にはブローカーがおり、１９９８年から事件が発覚するまでの6年間に少なくとも70万ドルの利益を得ていたと見られている。切り売りされた遺体はおよそ８００体。ヘンリーがブローカーを献体が保管されているフリーザールームに招き入れ、ブローカーが全米の１００近いカスタマーの要望にあわせ膝、手首、頭、胴などをチェインソーで腑分けしていた。

この事実を知った遺族らはメディカルセンターに対してヘンリーが献体管理を任された１９９７年にまでさかのぼって損害賠償の請求を申し立てた。

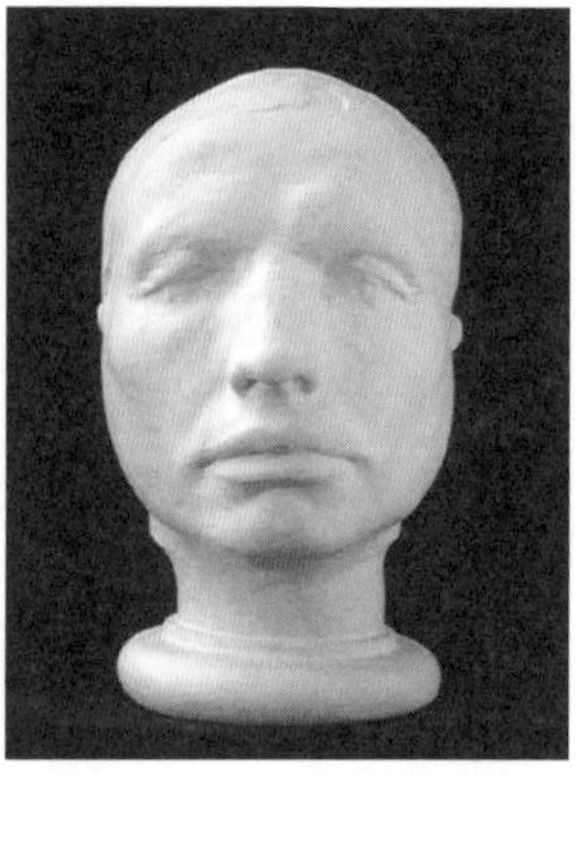

■ヘアのデスマスク

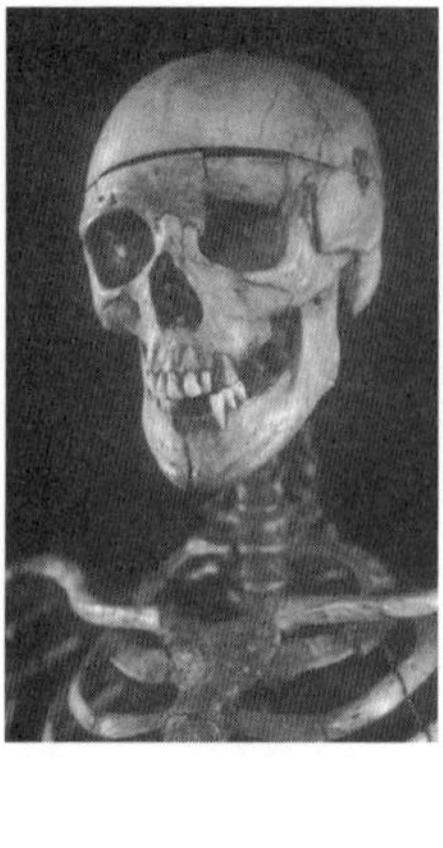

■骨格標本になってしまったバーク

ガス・サフォケーション（Gas Saffocation）

人に関わらずすべての生き物は血中の酸素濃度や、ある空間内における酸素濃度が低下すると酸欠状態をおこし、ついには窒息死してしまう。これが「酸欠死」の正体だ。酸素濃度の低下は二酸化炭素に代表される炭酸ガスやメタンの増大によって起きる。ようするに血液中や空間における酸素が二酸化炭素によって乗っ取られたということだ。

《血液中の酸素濃度の低下》は前述のスマザリング、チョーキングによって引き起こされる。一方《ある空間内における酸素濃度の低下》は細菌、微生物の発生増殖（呼吸）、発酵、腐敗や錆の発生が原因となる。二酸化炭素やメタンは、下水溝、サイロ、貯蔵庫、ゴミ処分場、船底、鉱山などの資源採掘用の坑道に溜まっている。これらのロケーションに共通しているのは汚泥、適度な温度と湿気、雨水や海水の浸入、通気性の悪さ、そして剥き出しの金属だ——96ページで紹介した2事例がその好例といえよう。

酸欠死のメカニズム

いうまでもなく酸欠状態にもっとも敏感な臓器が脳である。このことは脳が体全体で使われる酸素の約25％を必要とすることからもわかる。なぜ酸素濃度が低い空間（酸素濃度15～16％以下）で呼吸をすると酸欠状態になるのか？　これは人体のガス交換時の酸素濃度と関連している。通常、空気中の酸素濃度は20％で人体におけるガス交換時の酸素濃度は16％となっている。この微妙な濃度バランス（酸素勾配）によってわれわれは生命を維持している。ところが酸素濃度が16％以下の空気を吸うと、一気にバランスが崩れ肺胞に張り巡らされた毛細血管にある酸素が肺胞から吸い出されてしまい、血中の酸素濃度が低下し始める。これにより呼吸中

酸素濃度とその症状

酸素濃度（%）	症　　状
20	空気中の正常な濃度
20～16	静止状態では無症状：ローソクの火が消える
15	呼吸が深くなり脈拍が上がる：労働は困難
10	呼吸困難：多幸感：動くことは出来ない
7	呼吸困難：知覚麻痺：放置すれば数分で死亡
5～	瞬間的に卒倒：死亡

枢が冒され反射的に呼吸をしてしまうので、さらに酸素が排出されるというわけだ。酸素濃度5％以下の空気を一呼吸しただけで卒倒してしまうのはこのサイクルが異常に早くなるからだ。

■二酸化炭素

ものを燃やした後には二酸化炭素が発生するということを知らない人はいないだろう。ものは酸素がなければ燃えない。この性質を利用し、地下駐車場や船内の機関室では二酸化炭素を自動噴出する消火設備が導入されている。われわれが呼吸をするたびに二酸化炭素を吐き出しているように微生物、細菌も同じことをしている。彼らのそれは発酵と呼ばれる。

二酸化炭素による酸素の置き換え

最近の研究では酸素の置き換えに加え、二酸化炭素そのものの毒性が指摘されている。前ページ下段の「酸素濃度とその症状」に関する表と見比べながらエレベーターに閉じ込められたシチュエーションを検証してみる。

8立方メートルほどの小型エレベーターに10人が4時間閉じ込められたと想定する――

- **酸素濃度は13・4％⇩呼吸が深くなり脈拍が上がる∴労働は困難**
- **二酸化炭素濃度は6％⇩めまい、頭痛、呼吸困難、錯乱**

夏場であればさらに異常発汗、脱水症状が加わることになり、年齢、体格などの個体差も当然考慮すれば重体、死亡は十分に考えられる。

二酸化炭素の致死性が高いということは野犬や家畜の屠殺用途に採用されていることからも

二酸化炭素濃度とその症状

二酸化炭素濃度（%）	症　　状
4	脱出限界濃度
5〜3	めまい、頭痛、呼吸困難、錯乱
10	視覚障害、痙攣、一分間で意識消失
30	卒倒：放置すれば死亡

わかる。ブタの屠殺には電気ショックと二酸化炭素60％、アルゴン20％の混合ガスが使われている。

ドライアイスと二酸化炭素

保冷目的で使われるドライアイスは外気温で気化すると二酸化炭素を発生する。これを狭い場所、たとえば車中などで気化させれば酸素の置き換えが起こり窒息死する可能性が高い。1994年、販売店でドライアイスを購入後ワゴン車で搬送中、紙で二重包装していたドライアイス約300kgが気化しドライバーが二酸化炭素中毒で死亡した。遺体が発見されたのは販売店から2、3kmしか離れていない地点だった。また1997年には、保冷庫にドライアイスを取りに行った従業員が1時間15分後にうつ伏せで倒れているところを発見されたが、すでに心肺停止状態であった。この男性は病院で一旦蘇生したものの5日後に死亡した。このときの二酸化炭素濃度は40％だった。

レイク・ニオスの大惨事

1986年8月21日、西アフリカ、カメルーンの北西部に位置する火口湖ニオス湖で爆発音とともに湖底から大量の高濃度二酸化炭素が噴出し、麓に居住していた三つの村の村民1746人が一夜にして窒息死した。絶息したのは人間だけではない。鳥や家畜、虫、すべての生きとし生けるものが窒息死したのだ。二酸化炭素は空気を1とすると比重が1・53と空気よりも重いことから低いところへと溜まってゆく。水深が200mのニオス湖は標高1000m以上の高地に位置し、もともと空気が薄いことから短時間で麓の村まで降りてきたと考えられている。

■レイク・ニオスの大惨事：二酸化炭素の噴出は珍しいことではない

一酸化炭素中毒死（Carbon Monoxide Poisoning）

無味無臭。空気を1とすると比重は0・976と空気よりも軽い一酸化炭素は、炭素を含む物質の不完全燃焼で発生する。昨今、メディアを騒がせている練炭を使った集団自殺はこの一酸化炭素（CO）を使った中毒死である。CO自殺といえば一昔前は、家庭用ガス供給栓のバルブを開放し、そのガスを吸引するというタイプのものがほとんどであった。薬事法が改正され睡眠薬自殺が廃れたのと同じく、この手の自殺も多量のCOが含まれていた石炭ガスから天然ガスに切り替わったことでほとんど聞かれなくなった。

自殺サイト絡みの集団自殺は枚挙に暇がないので2003年7月、東京都で起きた特異な単独自殺を紹介する。小学6年生の女児4名を監禁していた男（29歳）が、監禁場所となった短期滞在型マンションのダイニングルームでビニールをテント状に張るとその中で練炭を二つ焚いて急性一酸化炭素中毒死した。遺体発見当時練炭の火は完全に消え、死後十数時間が経過していた。男は女児が近隣に保護を求めた時には既に死亡していたと見られている。

練炭自殺が流行る（?）少し前までは自動車のエキゾーストパイプをホースで延長し車内に排気ガスを引き込む排ガス自殺が有名だった（排ガスの成分には多量の一酸化炭素が含まれていた）。しかしメーカー側の不断の努力の結果、特に1980年代以降、排ガス自殺は激減することになる。触媒コンバーターの導入によって、一酸化炭素の排出量を抑えることには成功したがその代わりに今度は二酸化炭素の濃度が高くなってしまった。

■一酸化炭素とヘモグロビン

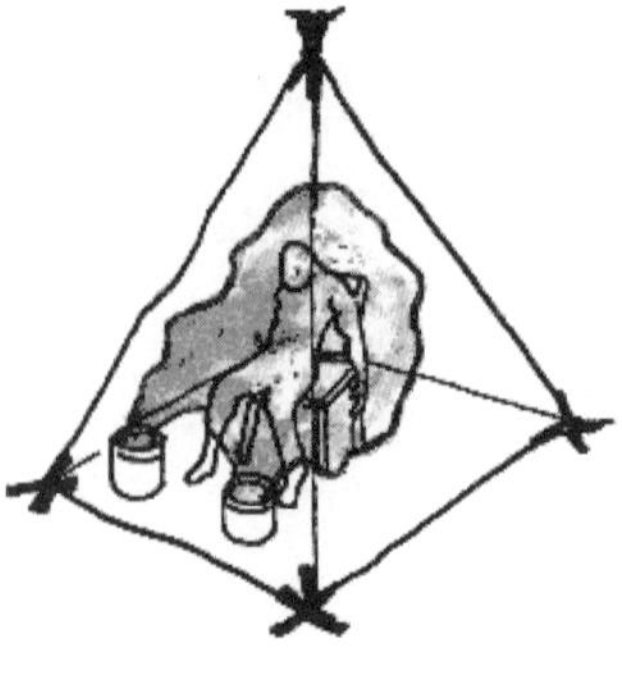

■練炭といえば木炭を練り固めたものというイメージがあるが石炭から作られている

後述のストランギュレーション、ハンギング、そしてスマザリングなどの外窒素は、つまるところ体の外から来る外的要因によって脳細胞の低酸素症（無酸素症）を引き起こすものだが、一酸化炭素中毒では内窒素といって、細胞そのものが窒息する。血液循環、呼吸は維持されているものの、酸素が細胞に届かない状態だ。これに大きく関係しているのが脊椎動物の呼吸における酸素の運搬に重要な役割を果たしている《ヘモグロビン》だ。

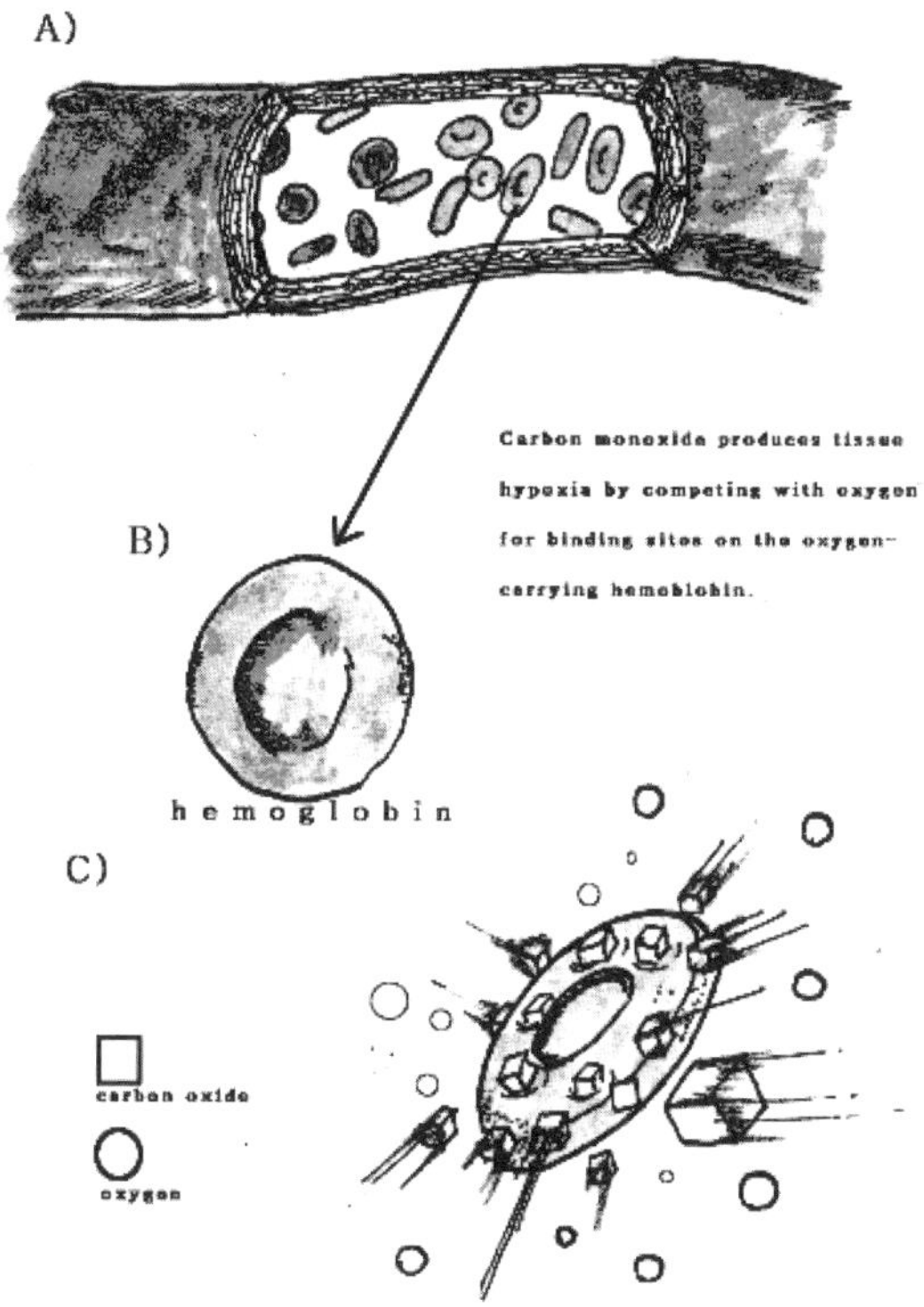

A）動脈血管の中で酸素を運ぶヘモグロビン

B）ヘモグロビン(hemoglobin)は鉄を含む色素（ヘム:hem）とたんぱく質（グロビン:globin）とが結合した化合物だ。赤血球中に含まれ容易に酸素と結合する――

C）しかしヘモグロビンは酸素（○）よりも一酸化炭素（□）と250倍も結合しやすい

表1：血中のカルボキシヘモグロビン濃度とその症状

血中一酸化炭素ヘモグロビン濃度（%）	症　　状
10	無症状
20	軽症：頭痛を覚える
30	中症：脈動性の頭痛、判断力低下
40	重症：激しい頭痛、嘔吐、歩行障害、視力低下、判断力鈍麻
50	重篤：呼吸困難、頻脈、意識障害
65	危険：昏睡、痙攣、時に死亡
70	致死：卒倒、呼吸停止、死亡

表2：空気中におけるCO濃度と致死時間

CO濃度（%）	死亡するまでの時間
0.1	3～6時間
0.2	2時間
0.3～0.4	1時間
0.4～0.5	30分以内

酸素に比べ、一酸化炭素は赤血球の中のヘモグロビンと200～250倍も結合しやすい。したがって空気中に極わずかに一酸化炭素が存在するだけで大部分のヘモグロビンが一酸化炭素に乗っ取られてしまう。この状態は《ヘモグロビン一酸化炭素》の誕生を意味する。たとえば空気中に一酸化炭素が0・01％、0・02％、0・1％、1％存在したとすると人間の血液の中には11％、19％、54％、92％の《ヘモグロビン一酸化炭素》が誕生したことになる。CO中毒ではこの《ヘモグロビン一酸化炭素》の血中濃度が問われるが、これは体内で生成されたヘモグロビン一酸化炭素の濃度によって症状が違ってくるからだ（前ページ表1参照）。

一酸化炭素血中濃度は湿度や温度、健康状態によって変化する。非喫煙者の一酸化炭素血中濃度は1～3％あたりだが喫煙者になると常に5～6％になり、喫煙時に10～15％に倍増する。このほかに消防士の消火活動後の血中濃度が10～14％、トンネル警備員やガレージなど車の往来の激しい場所での作業員が喫煙者ならば13％になる。

■一酸化炭素を吸うとどうなるのか

是非は別問題として人体実験から得られる生データほど信頼のおけるものはない。今から半世紀前、イギリスの著名な科学者J・B・S・ハルダン博士は自分の体を使って一酸化炭素が人体に及ぼす影響を探ろうとした。博士は一酸化炭素濃度0・21％の空気を約70分（正確には71分で打ち切られた）にわたって吸引した。濃度0・21％といえば前ページ表2からわかるように死亡するまでの時間は2時間ということになる。以下は実験開始から打ち切りまでの経過だ――

博士が椅子に座ると助手は一酸化炭素ボンベの弁を開けた。20～34分が経過したあたりで奇妙な満腹感と頭痛を覚える。この時点で博士の体内には《ヘモグロビン一酸化炭素》が17％生

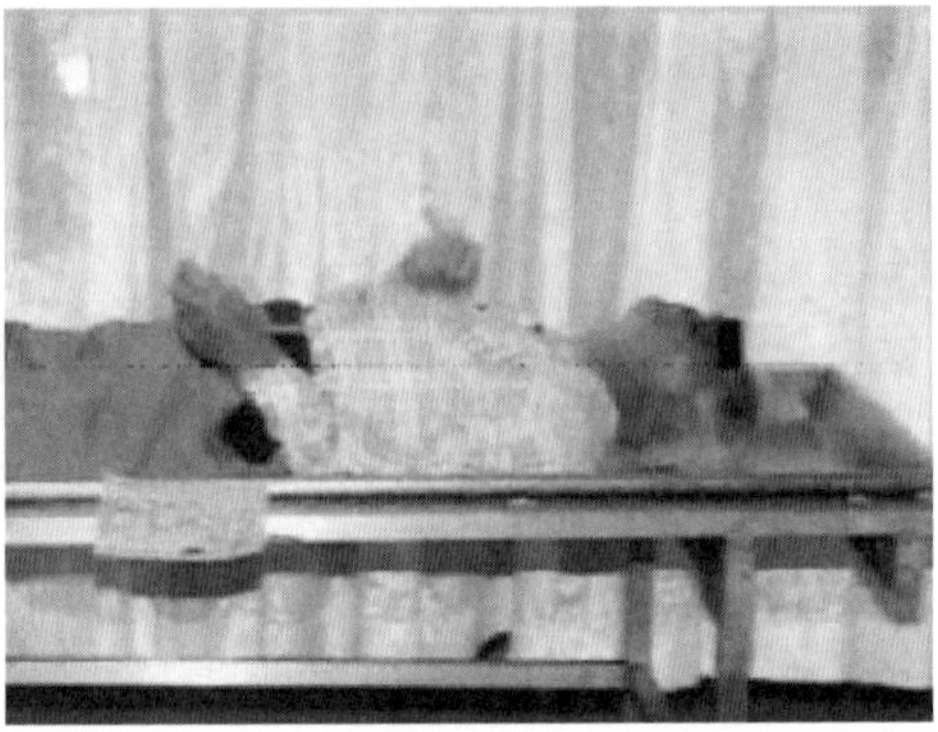

■わかりにくいが、遺体の肌の色はピンク色になっている。これはカルボキシヘモグロビンが分解されないためである。こうした所見は血中の一酸化炭素ヘモグロビン濃度が30％以上になると顕著になる

■J.B.S.ハルダン博士

成されていた。40〜45分経過。頭痛は酷くなり、呼吸が速くなる。博士はここではっきりと異常を感じた（《ヘモグロビン一酸化炭素》は39％に増大）。59〜65分経過。呼吸回数はさらに早くなり、顔が青ざめ眩暈を覚えた。気分が悪く椅子から立ち上がることができない（《ヘモグロビン一酸化炭素》は44・5％に達する）。実験開始から71分。目の前が暗くなり助手の助けなしには動くことができなかった（《ヘモグロビン一酸化炭素》の生成は49％）。

■自殺者が語る排ガス自殺の経過

右の人体実験と同一視はできぬが、ある自殺者が貴重なデータを残してくれた。一酸化炭素中毒死するまでの経緯をテープに吹き込んでいたのだ。自殺したのは36歳になる男性でゴムホースで延長したエグゾーストパイプを車内に引き込むという典型的な排ガス自殺だった。検死の結果、遺体のヘモグロビン一酸化炭素濃度は70％に達しており、表1からも判るように完璧に致死レベルにあった。

表3と見比べながらテープを再生してみる――男性はエンジンをかけてから約2分後に咳き込み始めた。3分ぐらいから「ゲー、ゲー」という音が聞こえてくる。5分後には激しく咳き込み始め「ゼェ、ゼェ」という喘鳴が始まる。6分後、咳は少なくなり、呼吸が浅くなる分回数が増えてゆく。7分経過――呼吸はあいかわらず浅く、回数がさらに減った。9分経過――呼吸は1分間に6回程度になる。13分経過――呼吸に大きな変化が見られる。おそらくこの時点で昏睡したと見られる。吸う（吸気）よりも吐く（呼気）間隔が長くなる。17分経過、呼吸は1分間に3回程度。20分経過――無音。

遺体発見時、テープレコーダーは助手席に置かれていた。当然、20分経過後もテープは回っていた。表3の通り、車中の一酸化炭素濃度は5分後には1・5％に達していることからこの

表3：車内のCO濃度

時間経過 minute	車内のＣＯ濃度 (%)
1	0.2
5	1.5
6	1.7
7	2.2
9	2.5
13	3.7
14	4

自動車は触媒コンバーターが導入される以前のものと推測できる。新型車ではこうはいくまい。録音内容を解析すると一酸化炭素を使った場合、車の中のような狭い場所では6～7分後が生死の分かれ道であることがわかる。この生データはそのまま練炭を使った集団自殺にあてはめることができる。自殺者は3人以上、3個以上の練炭を車内に持ち込んでいるケースが多く、一酸化炭素の濃度はこのケースのようにぐんぐん上昇してゆくはずだ。

■ジャック・ケヴォーキアン博士と一酸化炭素ボンベ

練炭や排ガスから二次的に一酸化炭素を発生させる手間を省くならば工業用の一酸化炭素ボンベを購入するしかない。これらが容易に入手できるかどうかについて著者は寡聞にして知らない。アメリカからこれらを使った2事例を紹介する。

まずは〈安楽死請負人〉または〈Dr.デス〉ことジャック・ケヴォーキアン博士のケースだ。博士は公式には1990年から1993年にかけて末期患者20名を安楽死させたことになっている。ただしあくまでも公になったものだけでプライベートにおこなわれたものをカウントすると90件以上になるといわれている。ミシガン州の元病理学者ジャック・ケヴォーキアン博士は自ら死の専門医を名のり、安楽死請負というメディカルビジネスをはじめた。博士自身が考案した自殺装置、通称メルシトロンには1号機、2号機があり、1号機はモーターで塩化カリウムを注入するというシステムだった（塩化カリウムについては別章に詳しい）。システムといっても制作費は30ドル足らずの稚拙な工作物に過ぎない。

メトロシン1号の仕組みはこのようになっていた――

まず、第1ボトルから生理食塩水が患者の体内に流れる。第2ボトルには鎮静作用のあるペントナトリウムが入れられており「開閉」は患者の指につなげられたコードでおこなわれる。

■メルシトロン1号

■ジャック・ケヴォーキアン博士

この30秒後に患者は意識不明となり自然に腕が落ちる寸法になっている。この拍子に致死量に相当する塩化カリウムが入った第3ボトルの弁が開き、6分後に死が訪れる。安楽死請負業が明るみになるとメルシトロン1号は没収され、医師免許をも剥脱された。これで博士は合法的に塩化カリウムを購入することができなくなった。そこで考え出されたのが一酸化炭素ボンベを使ったメルシトロン2号であった。システムは次のようなものだ。バルブをボンベにつなぎ、ラバーホースを患者の被ったマスクに直結させる。ガスの流入は患者自身がクロースピンで留められたリリースレバーを操作することで行われる。寝たきり、全身麻痺など末期患者の状態に合わせて若干の改良が施されたが基本的なシステムはこれだけだ。バルブ開閉、リリースボタン解除――患者の体格、吸引の強弱にもよるが死はこの後10分以内に訪れる。

次は単独自殺の事例だ。ここで使われた一酸化炭素ボンベは自殺者本人が購入したものだった。特筆に価するのは彼が遺書を通じて関係者に謝罪している点だ。相手は家族や友達ではない。自殺した場所でバンドの練習をしているバンドのメンバー、ボンベ購入に際して「ウソをついてしまった」女性店員に対してだ。本章「ビニール袋と薬物を併用した自殺」の項で紹介した自殺指南書「ファイナル・エグジット」のコンテンツの中に「遺書の書き方」というチャプターがあり、そこにはこう書かれている。

「やむを得ず病院やモーテルで実行（自殺）しなければならない場合、病院関係者やホテル従業員にショックを与えたことと、営業妨害に対するお詫びの意を表しておくこと」

遺体のそばで見つかった「ファイナル・エグジット」のこの箇所の記述にはアンダーラインが引かれていた。

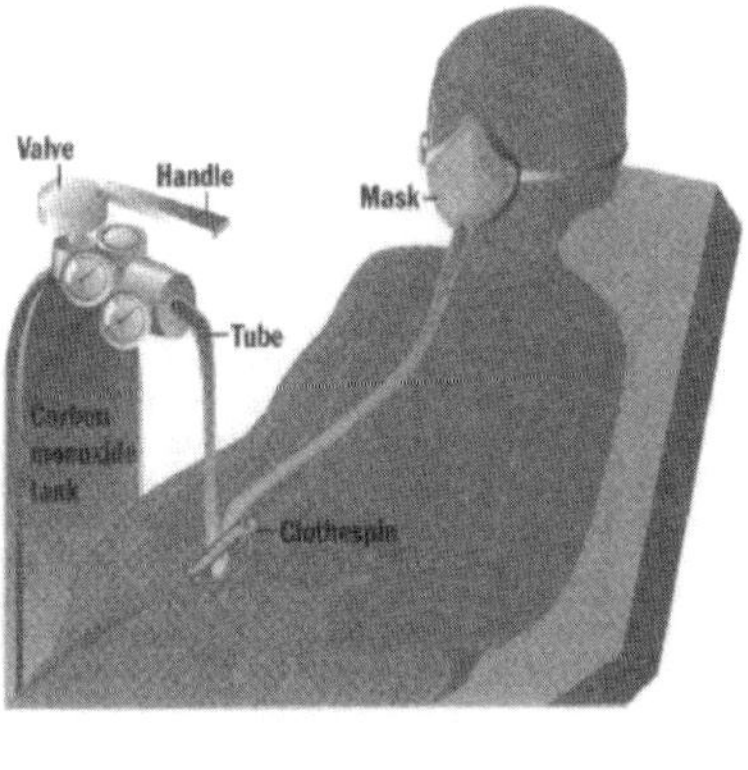

■メルシトロン2号

■一酸化炭素のボンベが見える

首を絞める（吊る）ということ

２００３年、アメリカ司法省が発表した殺人統計を銃殺、刺殺、毒殺などの手段別で見ると総犠牲者数１４４０８名のうち１８４名がストランギュレーション（絞殺）で殺された。この数字は全体の１・２％に過ぎず、首を絞めて殺される人の数がいかに少ないかがわかる。

ストランギュレーションは――

1）紐やコードを使った絞殺（**ligature strangulation**）

2）手や腕を使った扼殺(manual strangulation)

――とに分けられる。

法医学専門書に掲載されていた１３３件のストランギュレーション事例のうち絞殺が48件、扼殺が41件であった。絞殺された犠牲者48名を男女別で見ると女性が27名、男性は21名。女性はレイプの延長で殺されていた。紐やコードを使って首を絞める行為（以下ストランギュレーション）には「自由を奪う」、「静かにさせる」、「意識を失わせる」、そして「殺害する」という目的のためにおこなわれる。また殺害の意思はなくとも行為の過程で死に至らしめるケースも多い。

凶器となるのは紐やコードなどの索状類やベルトなどの日用品がほとんどでプロフェッショナルの犯行になるとギャロット、ロッドなどが使われる（詳細は後述）。ストランギュレーションは何世紀も前に確立された由緒ある殺害方法で殺害時に音がしない、致死率が高いことから暗殺術、戦闘術、処刑術に応用されている。処刑術といえばスペイン式絞殺刑が有名でジリ

■ストランギュレーションには２つある――これは典型的な紐やコードを使った絞殺(ligature strangulation) だ

■スペイン式絞殺刑の様子

ジリと締め付ける首輪が「死の恐怖」を処罰という形で与える。

ストランギュレーションとスマザリング

洋の東西を問わず世界中でストランギュレーションも前述のスマザリングのどちらも《息の根を止める》手段として用いられてきた。人を窒息死させる他殺手段としてどちらが多く採用されているのであろうか——下段表は司法省発表の２０００～２００４年までのストランギュレーションとスマザリング（※データではasphyxiation：無酸素症にいたらしめるすべての手段となっている）の犠牲者数を比較したものだが、一見してストランギュレーションの方が多いことがわかる。

ただし犠牲者を年齢別で分析すると興味深いことが明らかになった。２００４年の犠牲者を年齢別で見たところ、18歳以上のストランギュレーション犠牲者は１４０名なのに対して、スマザリング犠牲者は58名と60％も少なかった。ところが1歳以下の犠牲者ではストランギュレーション犠牲者が2名であるのにスマザリング犠牲者は11名と5倍近くも高くなるのだ。司法省では《犯行の背景》別に分類をおこなっており、これを見るとストランギュレーションは「強盗」や「レイプ」、「言い争い」で、スマザリングは「言い争い」、「その他」、「特定できず」で多かった。スマザリングが1歳以下の犠牲者の殺害に多く用いられているというのは幼児虐待が「その他」、「特定できず」で括られているからであろう。

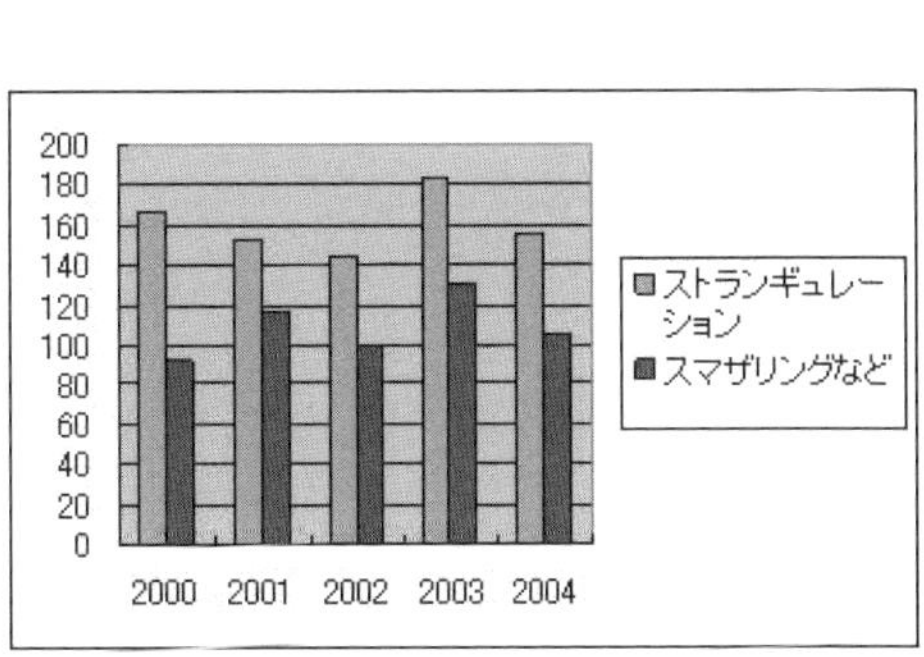

■２０００年から２００４年までのストランギュレーションとスマザリング犠牲者数

検証　ストランギュレーション

■生物体と酸素

昆虫、動物、人間が生命を維持するにあたり酸素がいかに重要であるかは、あえて説明するまでもないだろう。水がなくとも数日間は生き延びられるが酸素はそうはいかない。生物の生命は数分以内で事切れてしまう。

動物や人間は口や鼻から酸素を取り込んでいる。昆虫においては体の側面にある気門がこの役目をする。酸素が利用できない状態を〈窒息（suffocation）〉と呼ぶ。われわれはこの〈窒息〉という単語を簡単に口にするが、なかなかどうしてこの単語は奥が深い。窒息とは口鼻を押さえられたり、首を絞められたりすることで呼吸を阻害され——

1）酸素の取り込みが出来ない状態（その反面で二酸化炭素が蓄積される状態）

もしくは一酸化炭素中毒により——

2）取り込んだ酸素が細胞に届かない状態

——の2通りがある。これらの状態から死に至ると〈窒息死〉ということになる。この意味からすると溺死も結局は窒息死であることがわかるだろう。

窒息（サフォケーション）と酸素摂取の障害

窒息形態	分類	酸素摂取の障害
スマザリング	外窒息	口鼻を押さえられて酸素を取り込めない
チョーキング	外窒息	気管に物が詰まり（塞がれ）酸素を取り込めない
ストランギュレーション	外窒息	頸動脈の血流遮断により酸素が細胞に届かない
ハンギング	外窒息	頸動脈の血流遮断により酸素が細胞に届かない
ポジショナル・アスフィクシア	外窒息	肺が十分に膨らまず酸素を取り込めない
ガス・サフォケーション	外窒息	酸素自体が無い状態
一酸化炭素中毒（＊）	内窒息	細胞が酸素を利用できない
溺死	外窒息	水によるチョーキング状態

＊一酸化炭素中毒は《窒息》ではなく《中毒死》にカテゴライズされることもある

酸素の寿命

生物の体を構成している細胞は酸素がなければいとも簡単に死滅してしまう。他の栄養分の供給も大事だがウェイトは酸素の比ではない。酸素不足に最も弱いのが脳細胞で、骨格筋の20倍、心筋の10倍も酸素を必要としている。

人間に限ってみれば成人で1分間に約３００mlの酸素を消費している。酸素の供給を断たれてから、どれだけの時間持ちこたえることができるのだろうか――通常体全体の血液や細胞に含まれる酸素総量は約８５０mlといわれ、この中には当然予備の酸素も含まれている。酸素供給がストップすると体内に備蓄されていたこれらが総動員させられる。しかしこれらをもってしても3分間程度が限界だ。脳細胞が悲鳴を上げ始めるのがこの3分間で、溺死プロセスとも一致している。

■ストランギュレーションと酸素

ストランギュレーションとは

多くの人にとってストランギュレーションとはイコール《息ができない》、つまり、紐で首を絞められ「喉（気管）が潰された状態」ではないだろうか。ハンギング（首吊り自殺）も同じであろう。「自殺者の体重のかかった首輪ロープ」は「絞殺魔が絞めるコードやネクタイ」と一緒で、要するに喉を潰す、と。これは間違いではない。しかしただ単純に「ストランギュレーション＝息ができない」ではないのだ。ストランギュレーションは死因（cause of death）ではなくモード・オブ・デス（mode of death：殺され方）の一つである。死因は《窒息（suffocation）》となる。法医学の専門家が定めるところの《窒息》とは「細胞が酸素を受け取れず、もしくはそれを利用することができなくなった状態」、「酸素の摂取と二酸化炭素の排出、

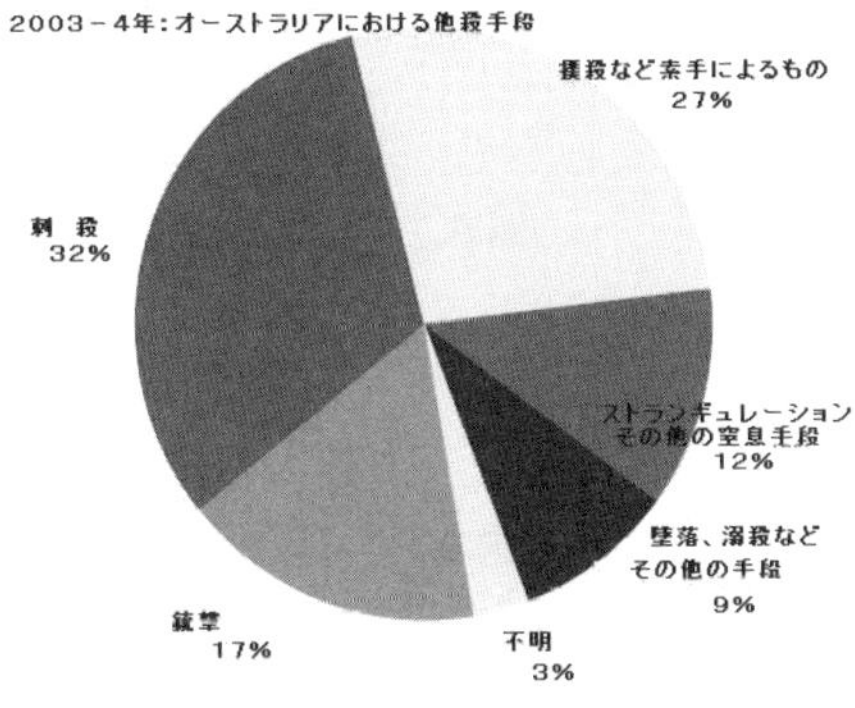

■銃規制が厳格な国では銃撃犠牲者の割合が小さくなる――アメリカでは1～2％程度のストランギュレーションもオーストラリアやカナダでは10％を超える。２００３－２００４年、オーストラリアでは女性はストランギュレーションや撲殺（各28％）、男性は刺殺（38％）される傾向が強かった（Australian institute of criminology）

つまり呼吸が阻止され、その結果何らかの機能障害が生じた状態」だ。そしてこの状態から死に至ると《窒息死》ということになる。ストランギュレーションは前々ページ表の通り、頸動脈の血流遮断により酸素が細胞に届かないことが原因で起こる《外窒息》である。

酸素が利用できなくなった状態は酸素が不足している《低酸素症》とまったくのゼロである《無酸素症》とにわけられる。細胞にとってはどちらも危険な状態で、これに最も敏感なのが脳細胞である。脳の酸素消費量は骨格筋の20～22倍、ポンプ運動著しい心筋とくらべても10倍も多いといわれている。実は、ストランギュレーションは「息ができない（酸素が取り込めない）」ではなく、脳細胞の低酸素症と無酸素症を引き起こしているのだ。

■ストランギュレーションから死に至るまでのプロセス

自殺、他殺を問わず《頸部圧迫》が原因の窒息死は首の外側からかかる力によって1）血管（頸静脈、頸動脈、椎骨動脈）と2）気管がふさがれたことによっておこる。

1）血管（頸静脈、頸動脈、椎骨動脈）

ここでいう血管とは頸動脈、頸静脈、椎骨動脈のことである。脳や顔面に酸素を充たした新鮮な血液を送るのが頸動脈、その逆に脳や顔面の細胞が捨てた炭酸ガスや老廃物を運んだ血液を心臓に戻すのが頸静脈、背骨の中を通り主に小脳に血を送っているのが椎骨動脈だ。頸動脈、椎骨動脈は血液の《行き道》、頸静脈は《帰り道》、と覚えるといい。これらの血管、特に頸動脈が塞がれたその結果、脳が低酸素症を起し（脳細胞が死滅）死に至る。

頸部圧迫における主たる死亡原因は頸動脈の血流遮断による、脳細胞の死滅である。もう少

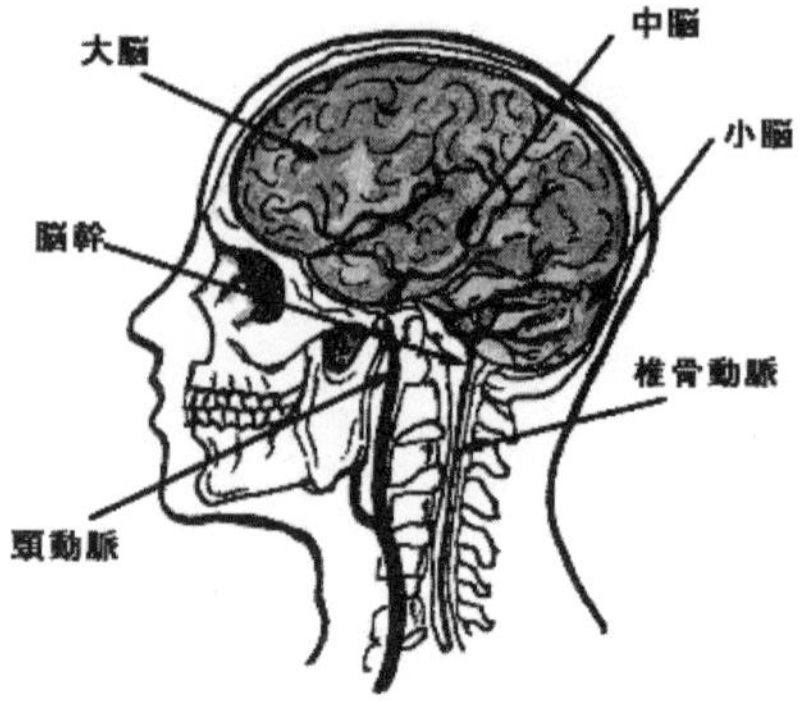

■頸動脈は主に大脳に血液を送っている。椎骨動脈は小脳や脳幹に血液を送っている

し砕けた表現をすると、頸動脈が塞がれたことで脳へ新鮮な血が流れなくなったということだ（脳は人間の体を流れる総血液量の15％を必要としている！）。

なぜ脳細胞の死滅をして《死》とするかだが、脳への血流がストップすると3～4分で大脳皮質が障害を受け、続いて7分（一説では10～15分とも）で脳幹もダメージを受ける。つまり脳死状態になるからだ。ほかの臓器の細胞と違って脳細胞は一度ダメージを受けたら二度と蘇生しない。鼻口を塞がれたり、気管に物が詰まった場合に起こる気道閉塞では無酸素状態になるまで30秒から1分間程度かかるが、ストランギュレーションの場合、圧迫から10秒程度で意識を失ってしまう。これは脳に新鮮な血液を送る頸動脈が閉塞したからに他ならない。おわかりか？　喉に物が詰まっても、鼻口を塞がれても脳への血流がストップするようなことはないだろう。

ストランギュレーションから死に至るまでのプロセスは以下のようになる――

ストランギュレーション
↓
頸動脈の閉鎖
↓
脳へ血が流れなくなる
↓
意識を失い、抵抗することが出来なくなる（8～14秒）
↓
大脳皮質にダメージ（3～5分）
↓

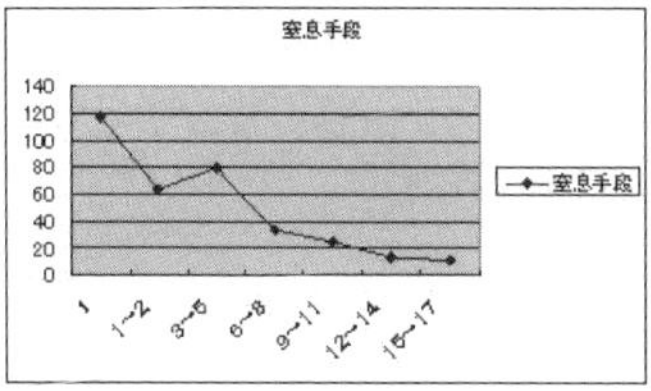

■子殺し（1歳～17歳）に関するデータ　(Dewar Research)
横軸は年齢、窒息手段にはストランギュレーション、スマザリング、溺殺が含まれる。カナダ政府が1974年から2001年までの27年間に収集した子殺しに関するデータによれば、6歳以下の子供1005名の約60％が《サフォケーション（窒息手段）》や《素手によるもの》で殺害されていた。年齢が増すに連れ、銃によるものが多くなり、6～8歳では32％、15～17歳では50％以上になる

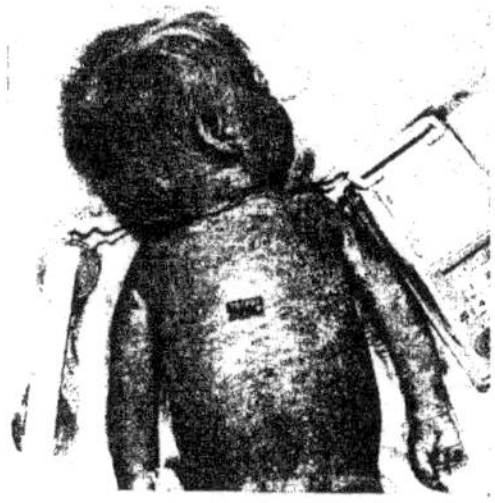

■ストランギュレーション・ベイビー：嬰児はストランギュレーションよりもスマザリングされることが多い

脳幹にダメージ（7〜10分）

↓
DEATH

血管はどこにあるのか。まず頸動脈は首に指を添えると脈動を通じてその存在を感じることができる。しかし実際は広頸筋、胸鎖乳突筋などの筋肉の下に位置している。皮膚の下に青く浮き出ているのは頸静脈、正しくは皮下静脈だ。これは余談だが静脈はなぜ青黒く見えるのか？　本当のところは専門家さえも上手く説明できないらしいが、光の反射具合を指摘するものと、静脈を流れる血液は酸素の量が少ないので血液自体の鮮度が足りないために黒っぽく見えるとの説がある。採血の際、目にする血液は確かにどす黒い。

椎骨動脈は背骨の中にあるので意識することはできないが、うがいをする時など首を後に曲げ元に戻すとクラッとする。これは首を背中側に曲げたことによって椎骨動脈が一瞬、塞がれたからだ。

頸動脈は3〜7kgの力がかかると血流がストップし、この状態が10秒続くと意識を失う。脳細胞が酸素を消費することで発生する炭酸ガス（おもに二酸化炭素）は頸静脈と脊柱内とその付近を流れる椎骨静脈に乗って心臓に戻される。椎骨静脈は別として頸静脈は2kgほどの力が加わると閉塞してしまう。脊柱に守られた椎骨動脈の閉塞には30kg以上の力が必要といわれている。椎骨動脈の場合、ストランギュレーションされるよりも完全に脚が離れた状態の首吊り自殺のような姿勢によって閉塞すると解釈した方がよい。

首吊り自殺とストランギュレーションでは血流に対しどのような違いがあるのかを説明するその前に、遺体の状況について触れておく。首吊り自殺（ここでは完全に足が離れた状態の自殺：定型縊死）では、顔面は蒼白になる。左のイラストで示すようにA（頸動脈）、B（頸静

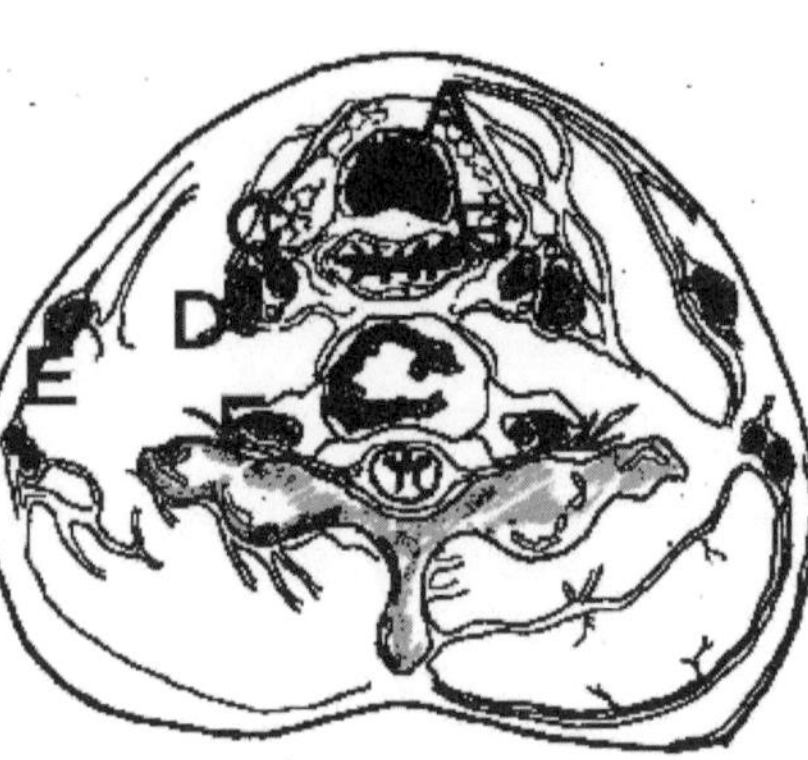

■ネックアナトミー――頸部を輪切りにしたところ

A）気管――ここが潰れるといわゆる「喉が潰れた」状態になる。粘性が高く一度くっつくと離れにくいといわれている

B）食道

C）頸動脈――酸素を一杯に満たしたいわゆる「鮮血」が流れる

D）頸静脈――筋肉に近い位置にある頸静脈

E）静脈（表層部）――目視可能な青く浮き出ている皮下静脈

F）椎骨動脈――背骨に守られているので通常の圧迫では閉鎖できない。もちろん椎骨静脈もある

脈）、C（椎骨動脈）すべての血流がストップ（×）しているので、顔面に血液が送り込まれることはなくなる。

一方、ストランギュレーションのイラストではA、Bは閉塞（×）しているもののCの血流は止まっていない（○）。したがって少ないながらも血液が顔面に流れる。ところが血液の戻り道であるBが機能していないので血液は溜まる一方だ。よって顔面が青黒く腫れたようになる（鬱血）。このほか溢血点と呼ばれる点状出血が結膜や口の粘膜に確認できる。これは毛細血管の破綻が原因だ。首吊り自殺で体の一部が床や地面に接している状態・非定形縊死でも同じことが起きる。

ストランギュレーションに関する危険な実験

頸部圧迫によって人間の体にどのような変化が訪れるのか――ある医療従事者は自分の首を吊ってそれを探ろうとした。自殺研究本に次のような件が掲載されていた――

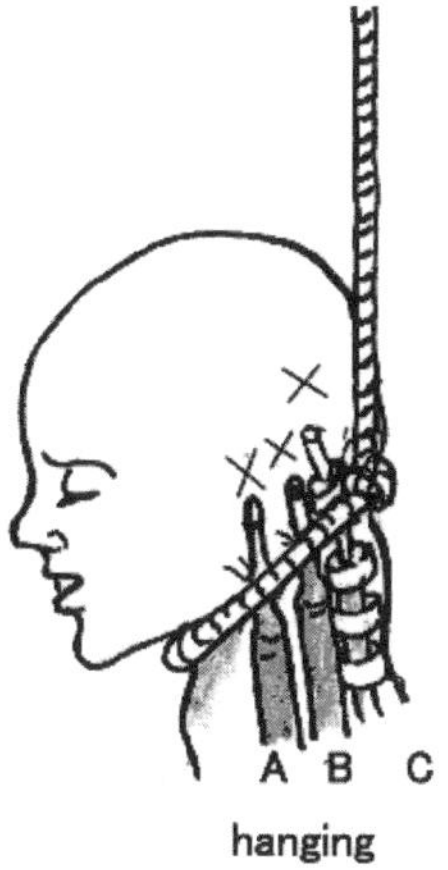

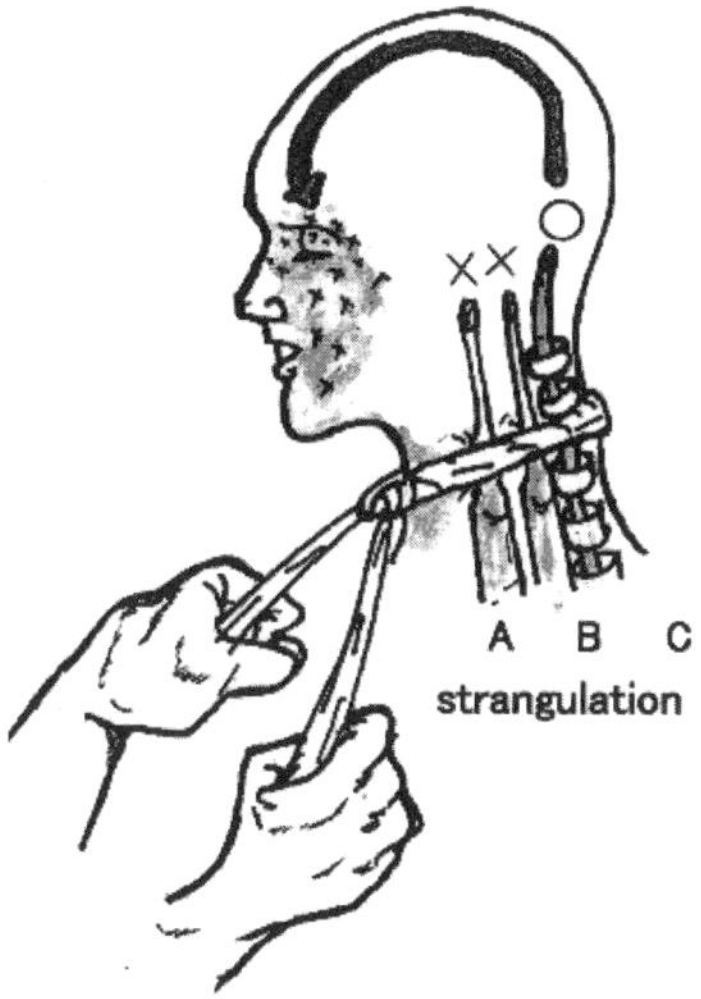

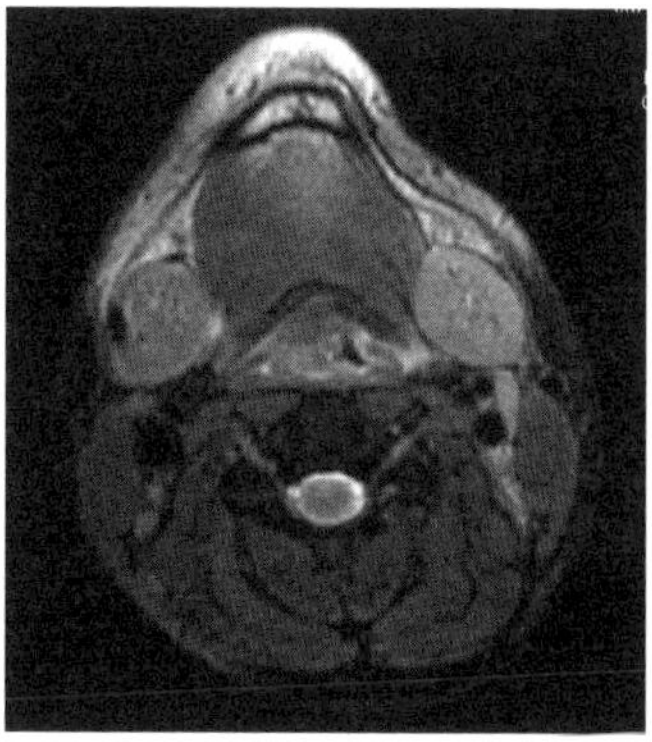
■首を両手で絞められたことで潰れた顎下腺

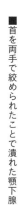

〝首吊り輪にまず5kgの力を加えたところ、あっという間に意識を失った。ロープにもたれかかってみた（不完全懸架）。5、6秒ぐらいで視界がぼやけてきた。ホイッスルのような音が聞こえてきた。顔色は赤紫色になった。首の後ろに廻した結び目を、今度は首の横側にあててみた。8、7秒後に同じような症状があらわれた。

次に足を地面から完全に離した状態（完全懸架）を試みた。両足が宙に浮くやいなや、息をすることも、アシスタントの声も聞こえなくなった。激しい痛みを覚えたので、実験を直ちに中断した。それから10分、首の周りに点状出血を確認する。消えるまでに8〜11日間を要した。目の不調と、嚥下困難、喉の痛みは10〜12日間続く〟

＊＊＊＊＊

この実験では被験者が意識を失う前に打ち切られたが、このまま続けていたら意識を失った後に痙攣が訪れ、間違いなく死んでいただろう。

＊＊＊＊＊

別の加圧帯を用いた血流遮断実験に関する報告——水銀ポンプを使った加圧帯をつけた126名の男性被験者。年齢は17〜31歳まで。急激な頸動脈の閉塞によって85名に、視界がぼやける、視野の狭窄（狭まる）、意識喪失、低酸素症による痙攣が見られた。意識喪失直後、直ちに加圧帯を緩めたところ1、2分以内に意識が回復した。後遺症はなし。意識喪失直後の痙攣は6〜8秒以内で収まっている。急激な加圧によって被験者の半数が6〜6・5秒で意識を失った。

被験者11名に対する脳内の血流障害に関する実験。一定の負荷で加圧し、加圧時間は最大で100秒までとした。加圧解除後、30〜40秒で意識を取り戻し、2分以内で歩けるようになっ

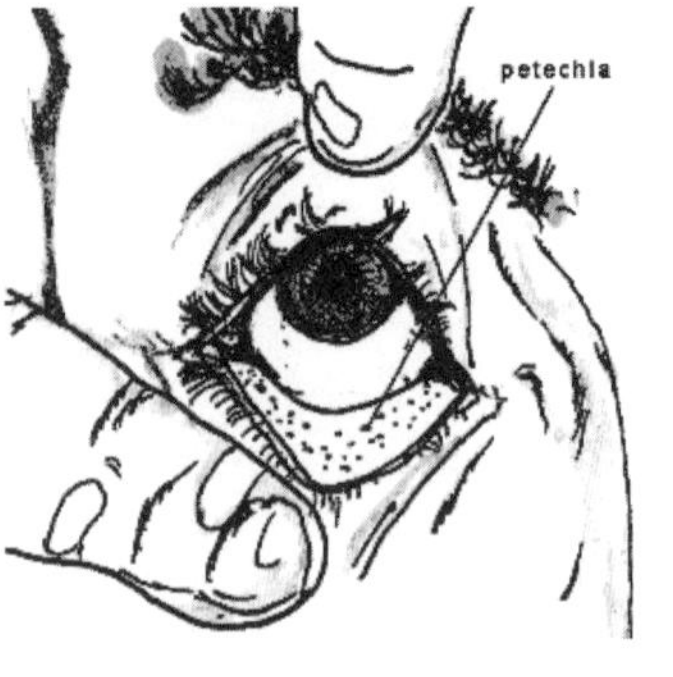
■結膜に溢血点を確認……

■スペイン式絞首刑——ギリギリと絞まるクランプ。死刑囚の恐怖は計り知れない

た。被験者の幾人かに意識喪失後、除脈（脈拍数が落ちる）、瞳孔拡張に続いて痙攣、チアノーゼ、失禁、脱糞を確認する。痙攣は比較的軽いもので、意識喪失の間中または30～40秒間続いた。意識を失った直後の心拍数は安定しているが続く除脈の後の心拍数は通常の半分にまで落ちた。呼吸中断はなかったが逆に回数が増えた。

前述のようにストランギュレーションされた犠牲者の結膜および口内粘膜に溢血点を見ることができる。ただし「溢血点＝頸部圧迫」ではなく自然死や、絶息寸前で一命を取り留めた者にも確認することができる。アクシデントやハンギングを含む頸部圧迫から一命を取り留めた79名の生存者のうち14名に溢血点が確認された。このうち意識を失ったのが8名、失禁脱糞を経験したのは4名いた。

2）気管

気道というのは総称で口、鼻、咽頭、喉頭、気管、気管支すべてを指す言葉だ。ストランギュレーションのような《頸部圧迫》では咽頭、喉頭、気管が関係してくる。

これまでの説明でストランギュレーションにおいて気管閉塞はそれほど重要ではないということに気がついただろう。気管切開を施された患者も首吊り自殺を図っていることからも合点がゆく（下写真）。喉を圧迫すると何ともいえぬ苦痛が生じる。ところが首の横側はどうか。ストランギュレーションされた犠牲者が苦悶の表情を浮かべ悶絶するのは喉を圧迫されているからに他ならない。気管は約16kg前後で潰れてしまう。

後述するロッド（棒）などを使ったストランギュレーションは喉を狙ったものだが、襲われた人間の苦痛はまさに推して知るべし。この種のストランギュレーションでは頸静脈、頸動脈の圧迫は生じないことから少なくとも1分間は、意識がはっきりしていることになる。舌骨、喉頭軟骨は間違いなく砕かれ、潰れた喉（気管）の内側の粘膜は引っ付いてしまうはずだ。

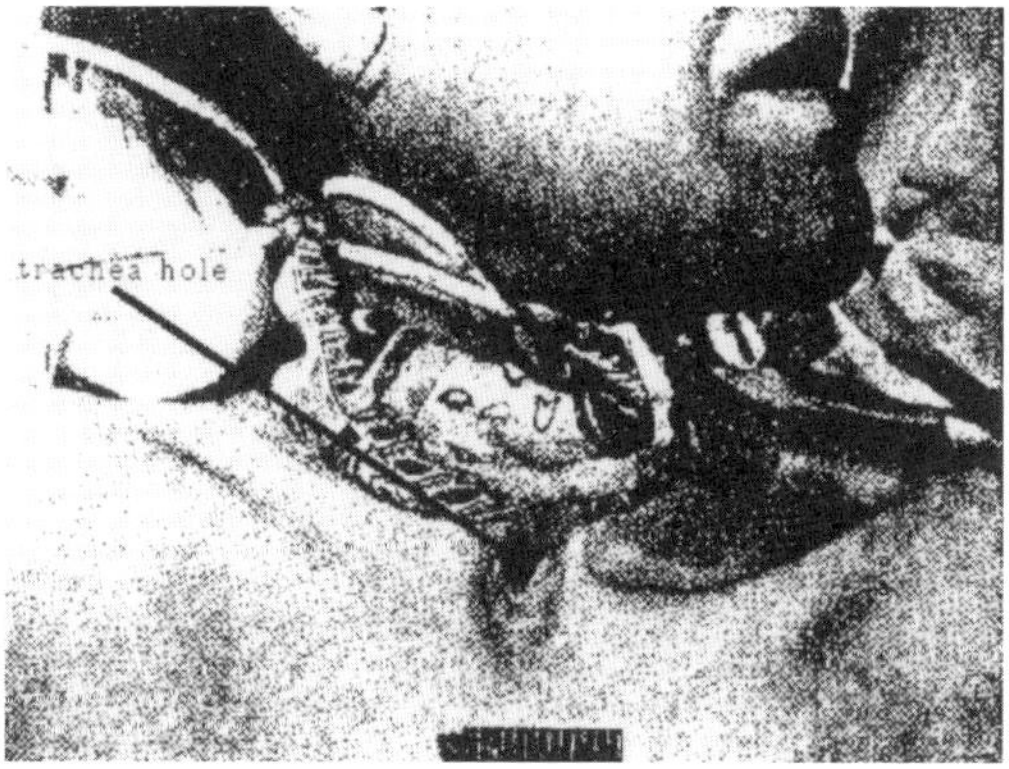

■気管切開が施されているにもかかわらずハンギングをした

ロープや紐で首を絞められたら、気道確保のために口を開けて大声を出し続けるとよいといわれている。ロッドが使われた場合はこの限りではない。

喉の骨の骨折

いわゆる喉仏は甲状腺を守る甲状軟骨とその下にある輪状軟骨によって形成されている。軟骨というぐらいなので外部から圧力がかかった場合、特にストランギュレーションでは骨折を生じやすい。同じように甲状軟骨の上にある舌骨も骨折しやすい。ハンギングでは首輪が喉仏よりも上の位置、つまり顎下にくるので甲状軟骨の骨折の頻度は低くなるが舌骨骨折が増える。

頸動脈洞反射について

頸動脈洞は首の内側と外側を走る頸動脈の分岐付近に位置する。ここに急激な圧力が加わると血管の圧力を制御しているセンサー（圧受容体）が働き舌咽神経を経由し脳に異常ありとの信号を流す。これに対し気管支、食道、心臓、胃、腸の運動や分泌を司る迷走神経が興奮する。この反応に一番敏感なのが心臓で脈拍の少なくなる状態である徐脈、続いて血圧低下が始まる。その結果、脳に流れる血液の量が減少し意識がなくなるのだ。ドラマで見かける手刀の一撃で相手が気絶するシーンがあるが、これはまさに頸動脈洞反射のなせるわざだ。ただし子供や高齢者では迷走神経の興奮が激しいと徐脈から一気に心臓停止になる恐れがある。

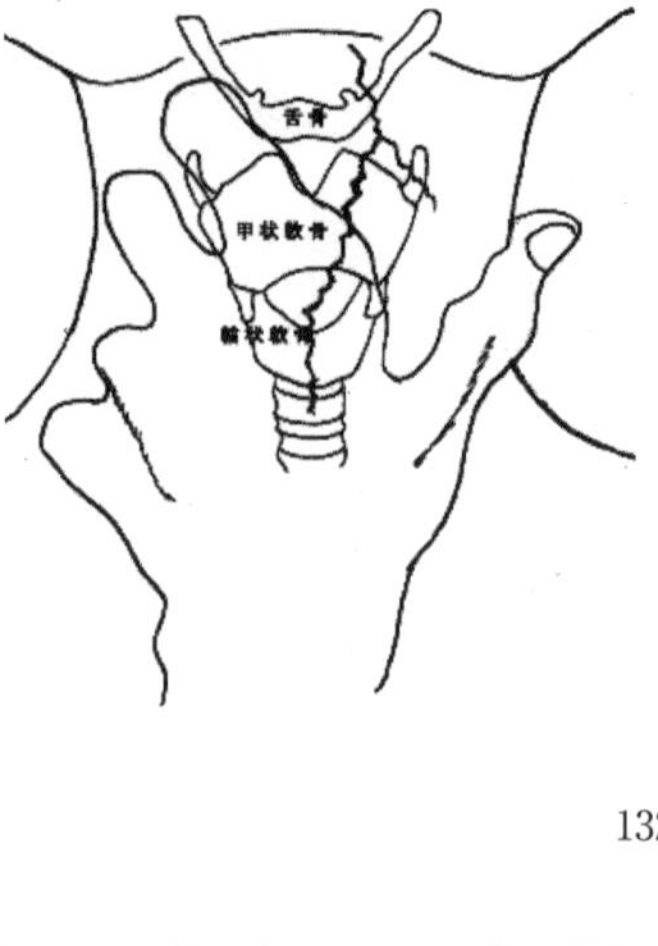

■化骨化現象

ストランギュレーション、ハンギングに関わらず喉周辺の骨の骨折は成人以下の犠牲者にはほとんど見られないといわれている。20歳を境に骨折頻度が高くなる理由として化骨化現象があげられる。このことを考慮せず未成年者が殺された場合、骨折がないからストランギュレーションではないという判定が下されやすい。また化骨が進んだ老人の検死解剖では、喉周辺を粗雑に扱うとすぐに骨折してしまう

性犯罪とストランギュレーション

人の命を奪うのに銃や刃物ではなく《素手》を使うことを好む殺人者がいる。ここでいう素手とはストランギュレーションのことで、これを手段とする者はストラングラー（絞殺魔）と呼ばれる。絞殺魔はイコール性犯罪者であるといえる。彼らは首を絞めるという行為（ストランギュレーション）自体にセクシャルなものを見出している。事実、レイプ殺人の犠牲者の大半がストランギュレーションされている。犯人は、人の命を奪うことではなく首を絞め、殺害するまでのプロセスそのものに快楽を見出しているに違いない。もちろん中には「相手の自由を奪う」、「意識を失わせる」ために首を絞めたものの、加減を誤り死亡させてしまったというケースもあろう。しかし犠牲者が絶息するまでの一部始終を手やコードを通じて感じたかった、と多くのストラングラー（絞殺魔）が告白している。1974年から1979年の間に、ワシントン、ユタ、コロラド、フロリダの4つの州で30人もの女性を殺害したシリアルキラー、テッド・バンディもその一人だ。バンディは撲殺や絞殺を好んだ。

高い知能を有し、上昇志向の持ち主だった彼は洗練された容姿と人なつこさを武器に女性を陥れ、サディスティックな拷問を加えた後に殺害した。

取調室の尋問で彼はこう話していた――

「ハンティングの前はアルコールを飲んだ。レイプしながら絞殺するのが好きだった。遺体は首を切断し、手首を切ることもあった。女が死ぬとき、最期の一息を感じることができる。そして目を見るのさ。この時の自分はまさに神だ！　女どもはこの時に自分のものになる。一生、俺の体の一部になるんだ。女を殺したその場所は聖なる場所となり、そこに戻ればいつでも彼

■テッド・バンディ

女たちを呼び戻すことができるのさ」

■ボストン・ストラングラー　アルバート・デッサルボ

今から40年以上前のこと。時ならぬシリアルキラーの出現によってマサチューセッツ州ボストンの女性たちは夜間外出を控え、カギをしっかりとかけた家の中に閉じこもった。女性たちの反応は過剰ともいえた。訪問販売のノックをシリアルキラーの到来と勘違いしたある女性が心臓麻痺を起こし死亡してしまったほどだ。

シリアルキラーの餌食となった13名のほとんどが絞殺されていたことからボストン市民はこの連続殺人鬼をボストン・ストラングラーと呼ぶようになった。公式な記録によれば１９６２年６月から１９６４年１月にかけて13人の女性が絞殺もしくは扼殺され、犠牲者は全員、自宅でレイプされた後に殺害された。

犠牲者の数が増えるに従ってボストン・ストラングラーは何人もいるのではないかと思われるようになった。犯人は一人か、二人か――そんなことはボストン市民にとってどうでもよいことだった。市民は早期解決を切に願った。特に一人暮らしの中高年女性は。普通、この手の犯罪といえばハイリスク層と目される若い娘や売春婦が狙われるのだがボストン・ストラングラーは魅力に乏しい年配女性を主なターゲットにしていた。

■30年後の真犯人説？

アルバート・デッサルボ。対外的には、ボストン・ストラングラーはこの男だということになっている。《対外的》とはどういうことなのか。実は逮捕直後のデッサルボの供述には不自

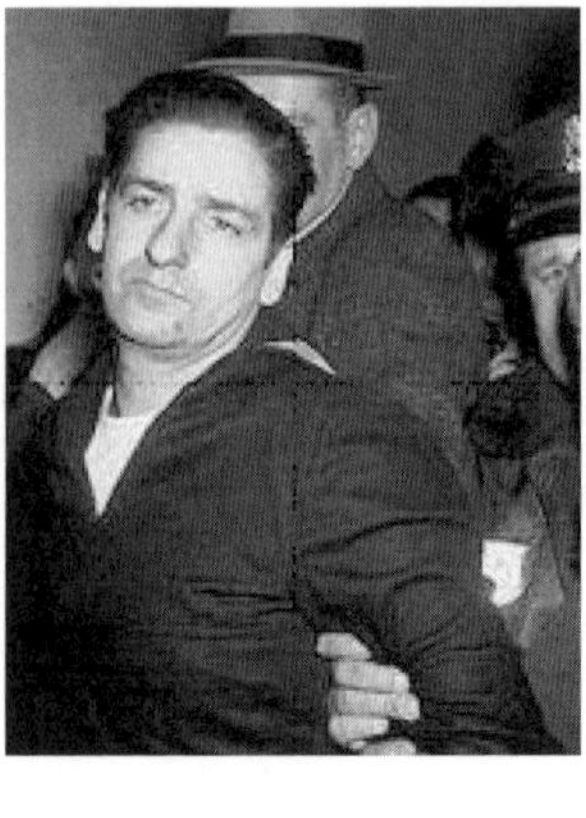

■デッサルボは約３００人をレイプし13人を殺害したと供述した

然な点が多いとの指摘は当時の警察関係者からもあった。その最たるものがストラングラー別人説だ。世紀が変わって2001年、この別人説がにわかに真実味を帯びてきた。

デッサルボは当初ボストン・ストラングラーとしてではなく連続レイプ魔として逮捕されていた。彼は矯正不可能な精神異常者との鑑定後、州立病院に収容され、そこで13人の女性殺害は自分の仕業だと自供した。それから暫くした後、ここを脱走。今度は厳重な警備で知られるウォールポール州立刑務所に収監され約10年後の1976年に何者かによって暗殺された。

デッサルボは本当にストラングラーだったのか？　一説には妻と二人の子供の面倒を見るため自分の犯罪を書籍類の版権と引き換えにウソの供述をしたといわれている。デッサルボは殺害される直前ジャーナリストに本当のことを話したいと連絡していた。重大犯罪者ばかりを収監するウォールポール州立刑務所の警備は厳重なことで知られている。あろうことかデッサルボはそこで何者かによって28箇所も刺され死亡したのだ。これについては、口封じの目的で何者かが雇った殺し屋の仕業というのが大方の見方だ。それでは、雇い主は一体誰なのか？

■メジャーマンからグリーンマン、そしてストラングラー

アルバート・デッサルボは1931年、マサチューセッツ州チェルシーで6人兄弟の三男として生まれた。幼少期から粗暴な父親を憎んでおり彼が母親に暴力を振るう姿を何度も目にしていた。一説によれば母親の指を1本ずつへし折ったと伝えられている。デッサルボの父親が母親や子供を日常的に虐待していたのは間違いない。

10代で陸軍に入隊したデッサルボは遠征先のドイツで現地の女性と結婚した。精力絶倫というよりも色情狂に近かったデッサルボは日に6回も性交を迫り妻は不承不承これに応じていた。性衝動はどんどんエスカレートしてゆき、それは次のようなかたちで表れた――1955年、

9歳の少女に猥褻な行為をおこなったとして起訴されたのだ（少女の母親は途中で告訴を取り下げた）。この事件の翌年の1956年に名誉除隊となり、この2年後に最初の子供をもうけている。

時を同じくしてボストンではモデルエージェンシーを装い、「スリーサイズの調査にご協力を」と言葉巧みに女性を騙しては体を触るという変質者が出没していた。警察はこの男を「メジャーマン（採寸男）」と名づけ捜査を進めていた。数ヵ月後、別の強盗未遂で逮捕された男が自分が採寸男であることを認めた。男の名前はアルバート・デッサルボ。デッサルボには2年間の服役刑が言い渡された。

服役から11ヶ月後、仮出所となったデッサルボは妻とよりを戻すが、この間に再び抑えがたい性衝動に襲われ、今度は採寸男よりも危険なパーソナリティー「グリーンマン」になっていた。レイプ魔グリーンマンは近隣のコネチカット州、ニューハンプシャー州、ロードアイランド州にまで遠征した。犠牲者は自宅でレイプされていた。ほとんどが不法侵入だったが修理人を装い玄関を開けさせ、一人住まいとわかると突如、襲いかかるというパターンもあった。グリーンマンという呼び名は目撃証言から犯人がいつも緑色のオーバーオールをはいていたことから付けられた。

犯行の手口は犠牲者の手足を縛り上げてからレイプするというものだった。警察は犠牲者の数を300人と見積もったが逮捕後のデッサルボの供述通りだとすると1000人以上（！）ということになる。取調べの最中デッサルボは何人かの女性に「また会いに来てくれ」と頼まれたとさえうそぶく始末だった。

グリーンマンにロープで縛られレイプされた――マサチューセッツ州ケンブリッジの女性より出されたこの被害届がデッサルボ逮捕のきっかけとなった。女性の話すレイプ魔の人相と以前逮捕した「採寸男」のそれ（鉤鼻、小柄だががっちりとした体躯）は一致していた。

■不審者の侵入に備えドアの前に空き瓶を並べるボストン市民

デッサルボの顔写真は同様の事件を担当していたマサチューセッツ近隣各州の警察にも配られた。警察はこの時点ではまさかデッサルボがボストン・ストラングラーであるとは夢にも思わなかったようだ。というのは、採寸男は「性犯罪者」のリストに登録されていなかったからだ。

逮捕後の精神鑑定の結果、デッサルボは公判に耐えられる精神状態にはないと判定された。さらに自殺企図の恐れもあるとしブリッジウォーターの精神病院に送られた。この時同じ病室だった第一級殺人犯は担当の弁護士にデッサルボはボストン・ストラングラーではないかと話した。デッサルボはいつも自分の凶行を自慢していたようだ。この密告からデッサルボに対するボストン・ストラングラー事件の取調べが始まり、ついには13人の殺害を自供したというわけだ。

ボストン・ストラングラーと13人の犠牲者

自供通りだとすればデッサルボはレイプ魔グリーンマンであった同時期に絞殺魔ボストン・ストラングラーでもあったことになる。

1962年6月、最初の犠牲者であるアンナ・スレサーズは鉛の重しで頭を殴られ意識を失ったところをレイプされ、その後絞殺された。全裸で開脚姿勢をとらされたアンナの首にはバスローブが巻かれノット（結び目）は顎下に来ていた。

約2週間後、2番目の犠牲者となったメアリー・マランの年齢は85歳。デッサルボは殺害時の記憶がないといいながらも自分の祖母に似ていたと供述している。高齢の彼女は首に手をかけられた時点で死亡していたと見られる。

6月30日、3番目の犠牲者のヘレン・ブレイキも65歳と高齢で、遺体はアンナと同じように全裸で開脚姿勢をとらされていた。ストッキングとブラジャーが首に巻きつけてあった。このほかの特徴として遺体には犯人のバイトマーク（歯型）が残されていた。

ベルトで首を絞めてやろうとしたが、抵抗されたよ。オレの手にこうグッと爪を立ててきたよ——

次の犠牲者、ニーナ・ニコラスも60代の女性だった。ニーナの遺体はワインボトルを使って陵辱されており首にはストッキングが巻きつけられていた。

犠牲者が5人目を数えたのは8月中旬になってからのことだ。75歳のアイダ・イルガの首には捻った枕カバーが巻きつけられていたが、検死の結果モード・オブ・デスは扼殺と判定された。遺体の両足は2脚の椅子で広げられた格好になっており、腰下には枕があてがわれていた。ストラングラーは手を使って絞め殺しても必ず遺体の首に何かを巻きつけていた。扼殺してから絞殺を演出するということだ。

6番目の犠牲者は67歳のジーン・サリバン。室内の荒れ方が酷いことからこの大柄な女性はストラングラーに対してかなりの抵抗を示したと見られている。遺体は全裸に近い状態で頭部が浴槽の中に浸けられていた。ストッキングによるストランギュレーション。陰部がホウキで陵辱されていた。

シリアルキラーの出現にボストンに住む中高年女性は恐れをなした。一方、若い女性の間には中高年でなければ大丈夫だとの噂が流れた。ところが数ヵ月後、とんだ思い違いであることが判明する。7番目の犠牲者は20代だった。

1962年12月。狂おしいほどの衝動に突き動かされたデッサルボは手当たり次第にドアをノックした。ソフィア・クラークはまさに彼好みの女性だった。以前に用いた採寸屋テクニッ

犠牲者	年齢	殺害方法	凶器／首に巻かれていた物	犯行の特徴／遺体の状況
1	60	絞殺	バスローブ	開脚姿勢
2	85	扼殺	なし	
3	65	絞殺	ストッキング	開脚姿勢、遺体には犯人の歯型が
4	60	絞殺	ストッキング	ワインボトルを使った陵辱
5	75	扼殺	枕カバー	開脚姿勢
6	67	絞殺	ストッキング	ホウキを使った陵辱
7	20	絞殺	不明	採寸屋のテクニック
8	33	絞殺	ブラウス・ストッキング	採寸屋のテクニック
9	66	扼殺	なし	キッチンナイフで乳房を切り刻む
10	23	絞殺	ストッキング	開脚姿勢、ナイフによる損壊
11	55	絞殺	ストッキング	開脚姿勢
12	23	絞殺	ストッキング・レオタード	
13	19	扼殺	ストッキング	開脚姿勢、グリーティングカードを残す

■ボストン・ストラングラー13名犠牲者に関するデータ

クで後ろ向きにさせると一気にソフィアの首を絞め、レイプした。8番目の犠牲者は33歳のパトリシア・ビセットで同じく採寸屋テクニックで餌食にした。パトリシアはブラウスとストッキングで首を絞められた。

年が明けて1963年2月。ふたたび中高年女性が狙われた。9番目の犠牲者は66歳のメアリー・ブラウン。モード・オブ・デスは絞殺ではなく扼殺だった。真鍮製のパイプで頭を殴られ意識を失ったところをレイプされ、キッチンナイフで乳房を刺し貫かれた。遺体の損傷も酷く、これまでのボストン・ストラングラーの犯行とはいろいろな点で違っていた。遺体にはシーツがかけられていた。

10番目の犠牲者は23歳になるベヴァーリー・サマンサ。彼女はストッキングで絞殺された。遺体には猿轡と目隠しがされ、両脚はベッドポストにくくりつけられ開脚ポーズを取らされていた。9番目の犠牲者同様に遺体には刺傷が目立った。検死の結果22回も刺されていたことがわかり、凶器と思しきナイフがキッチンシンクから見つかった。

同年9月。11番目の犠牲者はイヴァリン・コービン、55歳で首には2足分のストッキングが巻きつけられ、いつもの開脚姿勢をとらされていた。

1963年11月に12番目の犠牲者となったジョアン・グラフは23歳だった。彼女はストッキングとレオタードで首を絞められていた。デッサルボはジョアンを殺害した後、家に戻ると妻の食器洗いを手伝い、二人の子供の相手をした後テレビを見ながら寝たと警察に話している。ジョアン・グラフの事件を伝えるニュースを見ながら、なぜこんなことをしでかしたのか自分でも理解できなかったとも供述している。多くのシリアルキラーは自分の犯行を伝えるメディアを見聞きすることでエキサイトするが、デッサルボに限ってはそのようなことはなかったようだ。

1964年1月。最後の犠牲者メアリー・サリバンは19歳のティーンエイジャーだった。

頭を拳で殴りつけられ意識を失った彼女は全裸にさせられた後、縛り上げられた。レイプの後デッサルボはメアリーを扼殺するといつも通り遺体の両脚を広げさせ首にストッキングを巻きつけた。そしてグリーティングカードを遺体の上に置いた。

デッサルボの逮捕はこの事件から11ヵ月後のことだ。

13件の事件すべての現場で不法侵入の痕跡が見受けられず、家財は荒らされてはいるものの金品が盗まれた形跡がなかった。このことから警察は顔見知りによる犯行と睨み被害者の交友関係を洗い出したが、事件解決に結びつくようなものは何一つ得られなかった。事実、デッサルボは被害者をランダムに選んでいたようだ。ボストン・ストラングラーはメジャーマン（採寸男）の狡猾さと、グリーンマンの凶暴さをあわせ持っていたのだ。

犯行の特徴は二つ。まずひとつは、絞殺の場合、ノット（結び目）がいつも被害者の顎下に位置している点だ。犠牲者数名は扼殺されたにもかかわらず何かのシグネチャーのようにストッキングなどが巻きつけられていたことから、ストラングラーは強迫的なまでにファブリック（織物）によるストランギュレーションに固執していたと考えられる。もう一つの特徴として（第一発見者へのショック効果を狙ったものだろう）遺体は全裸で開脚ポーズがつけられていたことが挙げられる。死者に対する冒涜の延長であろう、犠牲者の幾人かはワインボトルやホウキを性器に突き立てられていた。最後の犠牲者、唯一のティーンエイジャーのメアリー・サリバンの遺体には「Happy New Year」のカードが添えられていた。

■デッサルボは本当にボストン・ストラングラーなのか

事件の詳細を調べると幾つかの疑問点が浮かび上がってくる。警察関係者の間ではセックスクライムほど犯人の素性を雄弁に語る犯罪はないといわれている。手口や犯行の痕跡、遺体の状況からおおよその犯人像が浮かび上がるというのだ。ボストン・ストラングラー事件も同じだ。

まず――

・絞殺、扼殺問わずストッキングなどのファブリックが首に巻きつけられている
・レイプは女性を縛り上げてから
・遺体に開脚姿勢をとらせる

この3つについては、手口が同じことから同一犯による犯行とも受け取れるが、別の犯人がメディアなどからヒントを得て真似をしていた可能性も高い（いわゆるコピーキャット）。

つぎに――

・死後の遺体玩弄と損壊
・道具を使った陵辱

そして――

損壊と玩弄はすべてのケースで見られたわけではない。別のセクシャルサディストの犯行。もしくはデッサルボの犯行が徐々にエスカレートしていった証とも解釈できる。

・採寸屋⇩グリーンマン⇩ストラングラーと犯行がエスカレートしている

■もうひとりの'60キラー　リチャード・スペック

マサチューセッツ州ボストンでストラングラーが女性を恐怖のどん底に陥れていたのと同時期（正確にはボストン事件解決から2年後の1966年）にイリノイ州シカゴでは凄惨なマスマーダー（同一場所で一度に起きる大量殺人）がおこなわれていた。犯人の名前はリチャード・スペック。犠牲者は看護婦8名で、惨劇の舞台は彼女らが生活をともにしていた看護婦寮だった。スペックは当初、押し込み強盗を装っていたが、緊縛した看護婦らを一人ひとり別室へ呼びレイプ後、刺殺、絞殺していった。

逮捕から1年後の1967年に陪審員全員一致で死刑判決を受けるも、最高裁が死刑そのものを認めないとしたため、スペックにはあらためて終身刑が言い渡された。しかし矯正施設に送られたスペックの刑期は20年足らずという短いものだった。1991年、スペックは突然心臓発作で死亡してしまったのだ。逮捕された頃のスリムな印象はなく、遺体はでっぷりと太り、まるで死んだ大魚のようだったという。おどろいたことにスペックの胸には《乳房らしきもの》があった。

スペックの死から5年後、矯正施設で撮影されたプライベートビデオが公表されることになった。内容はブルーシルクのパンティを履いたスペックが同室の収監者とセックスをしているというもので、映像の中でも乳房らしきものが確認できた。収監中のスペックに女性ホルモンの投与（暴力衝動を抑制させるためだろう）がおこなわれていたに違いなかった。スペックはビデオの中でインタビューを受けており8名の

これこそデッサルボの犯行がエスカレートとしていった証である。軽微な性犯罪者がレイプ魔からシリアルキラーになるケースは多い。

最後に――

・犠牲者の年齢層、タイプが多岐に渡っている

通常、性犯罪者は年齢や容姿などから特定のターゲットを狙う。しかし13名の犠牲者の年齢や特徴はバラバラだった。よって別の犯人がいる可能性が高い。ただし、犠牲者の多くが中高年女性であることから中高年女性を狙った事件のみを同一犯の仕業と見るべきだろう。

■DNA鑑定へ――真犯人は誰か？

事件解決から40年後の2001年12月にデッサルボの供述の真偽を確かめるべくDNA鑑定がとりおこなわれた。デッサルボの自供は二転三転したことから、実のところ当時から信用性は薄いと見なされていた。たとえば犠牲者数だ。300人から2000人を暴行したなどと数字に大きな開きがあった。

もう一度整理すると――デッサルボが州立病院に収容されたのはボストン・ストラングラー事件の実行犯としてではなくグリーンマンのレイプ事件の容疑者としてであった。事実彼は殺人で起訴されたことは一度もなかった。信じられないことに13人の女性殺害を裏付ける物的証拠は一つもなかった。現場から指紋は検出されず、証拠といえるものはあやふやな目撃証言だけだった。警察はデッサルボの自供に頼るしかなかったのだ。

採寸男メジャーマン、レイプ魔グリーンマンはデッサルボ自身であると見てまず間違いない

看護婦殺しについて時折ドラッグをキメながら自慢げに答えていた。
ストラングレーションについて尋ねられたスペックはこう答えている――
「TVみたいにはいかないぜ――3分以上は絞めてないとな。思い切り絞めないとダメだ」

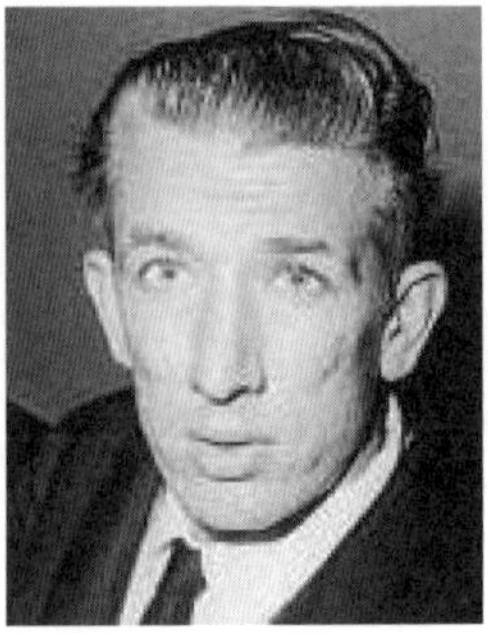

■逮捕後のスペック

■女性化したスペック

だろう。しかし13人の女性の命を奪ったボストン・ストラングラーはまったく別の人間の犯行ではなかったのか。こうした疑念は年月を経るにつれて真実味を帯びるようになってきた。

専門家はこう指摘する。ボストン・ストラングラーは何人もいたと。幾つかの事件の実行犯はコピーキャットだったのではないか？　ボストン・ストラングラーはシリアルキラーだが、専門家の認知しているシリアルキラーの特徴からかけ離れていた。被害者女性13名の年齢層がバラバラなのだ。55歳から85歳の中高年齢が8名、残りが20代から30代なのだ（一人だけ10代がいた）。手口も絞殺、扼殺のどちらかで、性的虐待、遺体の損壊、玩弄もすべてにおこなわれていたわけではなかった。

それではなぜデッサルボは自供したのか？　諸説あるが、グリーンマン事件で終身刑が決まり人生を悲観したと同時に残された妻子を養うために悪名高きボストン・ストラングラーになりきり、本を出版し印税を養育費に充てようとしていたというのが最も有力視されている（1968年、事件は「ボストン・ストラングラー」のタイトルで映画化された）。

確かにデッサルボは妻子思いだった。シリアルキラーは日常のパーソナリティーと犯行時のそれとを上手に切り離すことができるという。しかしデッサルボに限っては、これとは別に単なる目立ちたがり屋で「ボストン・ストレンジャー」であることよりも「ボストン・ストラングラー」として世間の注目を浴びたかったためとの説もある。

もちろん彼こそストラングラーとする説もある。鮮明な供述内容がこれを裏付けていた。決め手は犯人以外は知りえぬ現場のディテイルだ。これについては当時のメディアの受け売りだったとの反論がある。それにしても13人も殺害して現場から指紋すら検出できないというのはどうにも解せない。この他には、デッサルボはボストン・ストラングラーというキャラクターに魅入られていたという説もあり、犯行現場にメンテナンスマンを装い足繁く通っていたとの目撃証言もある（メンテナンスマンならばグリーンのオーバーオールは好都合だ）。

当時19歳だった最後の犠牲者メアリー・サリバンの甥はデッサルボ犯人説を否定している。デッサルボは手で首を絞めたと供述しているが検死の結果スカーフによるストランギュレーションであることが明らかになっている。レイプしたとの供述も怪しく、メアリーの遺体には性的虐待の痕は見受けられなかった。

１９７３年州立刑務所で刺殺される数日前にデッサルボはジャーナリストに自ら連絡を入れた――ボストン・ストラングラーのことについて真実を話したいと。本当に真実を明かそうとしたのか、それとも単なる思いつきだったのかは、今となっては知る由もない。

２００１年、ジョージワシントン大学の法医学専門家ジェイムズ・ストラス教授は13番目の犠牲者であるメアリー・サリバンの遺体に付着していた精液とデッサルボのＤＮＡは一致しないと発表した。

■なぜ13人の女性たちはドアを開けたのか――ボストン・ストラングラー事件は１９６８年映画化された

セルフストランギュレーション（自絞死）

自殺の形態の一つにセルフストランギュレーション、いわゆる自絞死というのがある。自分の力で自分の首に課した負荷や圧迫は意識を失った時点で消失するのが当り前だ。しかし頸動脈を完全遮断しても約10秒間は《意識》があるといわれている。自絞死の実践者はこの10秒間にすべてをかける。最も一般的なのが止血帯テクニックとベルトを使ったものだ。止血帯テクニックとは、首に何重にも紐やロープを巻きつけ、結わいてからその後にロッドを差し込んでテンションを強めるというものだ。ベルトの場合、まずベルトを意識の十分あるうちに力いっぱい締め上げてからベルトホールで固定してしまうという方法だ。ロックタイというプラスティック製の結束バンドが使われたケースもある。

他殺であることを誤魔化すためにハンギングや自絞死を偽装するケースは珍しいものではない。検死で遺体を精査すれば必ずや見破られてしまうが、現場でこれを看破する方法がある。他殺（ストランギュレーション）では犠牲者の髪の毛が、とりわけ髪の毛の長い女性の場合、ヒモと首との間にどうしても挟まれてしまう。ところが自殺では、死を覚悟した人間の心理であろう致死率と確実性を高めるため少しでも凶器と接しようとする。刃物自殺ならば服の上からではなく、肌を露出させそこにナイフを突き立てるといった具合だ。それと同じで自殺者は凶器であるロープが皮膚と接し十分な力が発揮できるように髪の毛を挟まないよう細心の注意を払う。自絞死でもこのことが当てはまる。従って髪の毛、特に後ろ髪が相当量挟まっていたら偽装自殺と疑って間違いない。

チェーンはストランギュレーションには向かないというのが大方の見方だ。欠点は、重くかさばること、背後から迫った際に音がすること、巻きつけたらリング同士がインターロックし

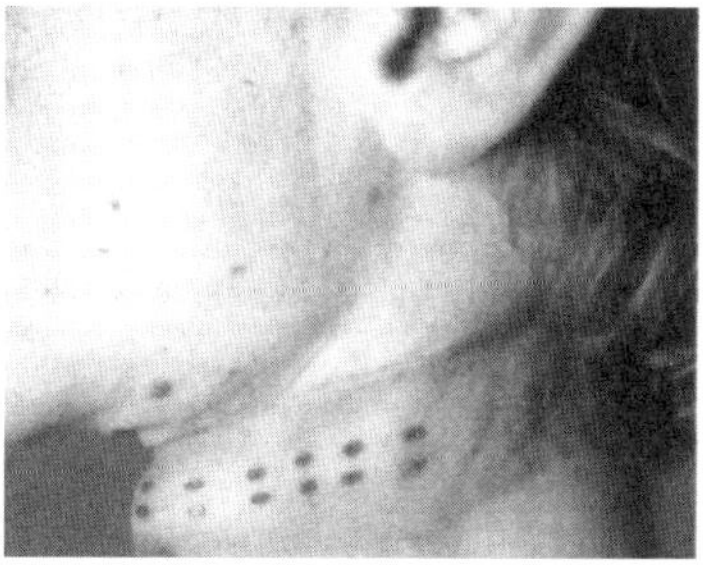
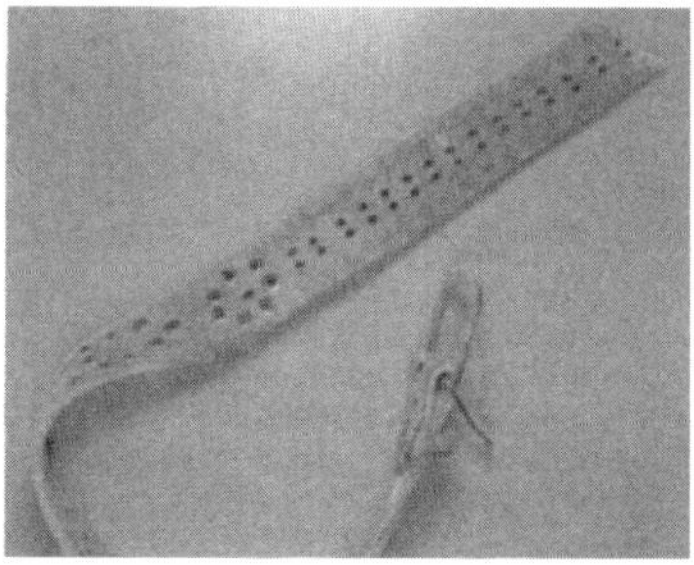

■ベルトを用いた自絞死。ベルトホールがくっきりと残された

てしまいそれ以上の力を加えることができないことだ。しかしインターロックの欠点を逆手に取れば最初に強く幾重にも巻きつけておけばそれで事足りるはずだ。

インターロックに関する事例を紹介する——

２００４年３月埼玉県で70歳の女性から39歳の娘が布団の上で死んでいるとの通報があった。娘は長らく統合失調症を患っており、徘徊を防ぐために外出の際、母親によって鎖（長さ５ｍ）で繋がれていたという。鎖は首に巻きつけられ、シリンダー錠で固定され、端をタンスの取っ手に繋がれていた。警察は事故、自殺の両方の線で捜査を進めている。

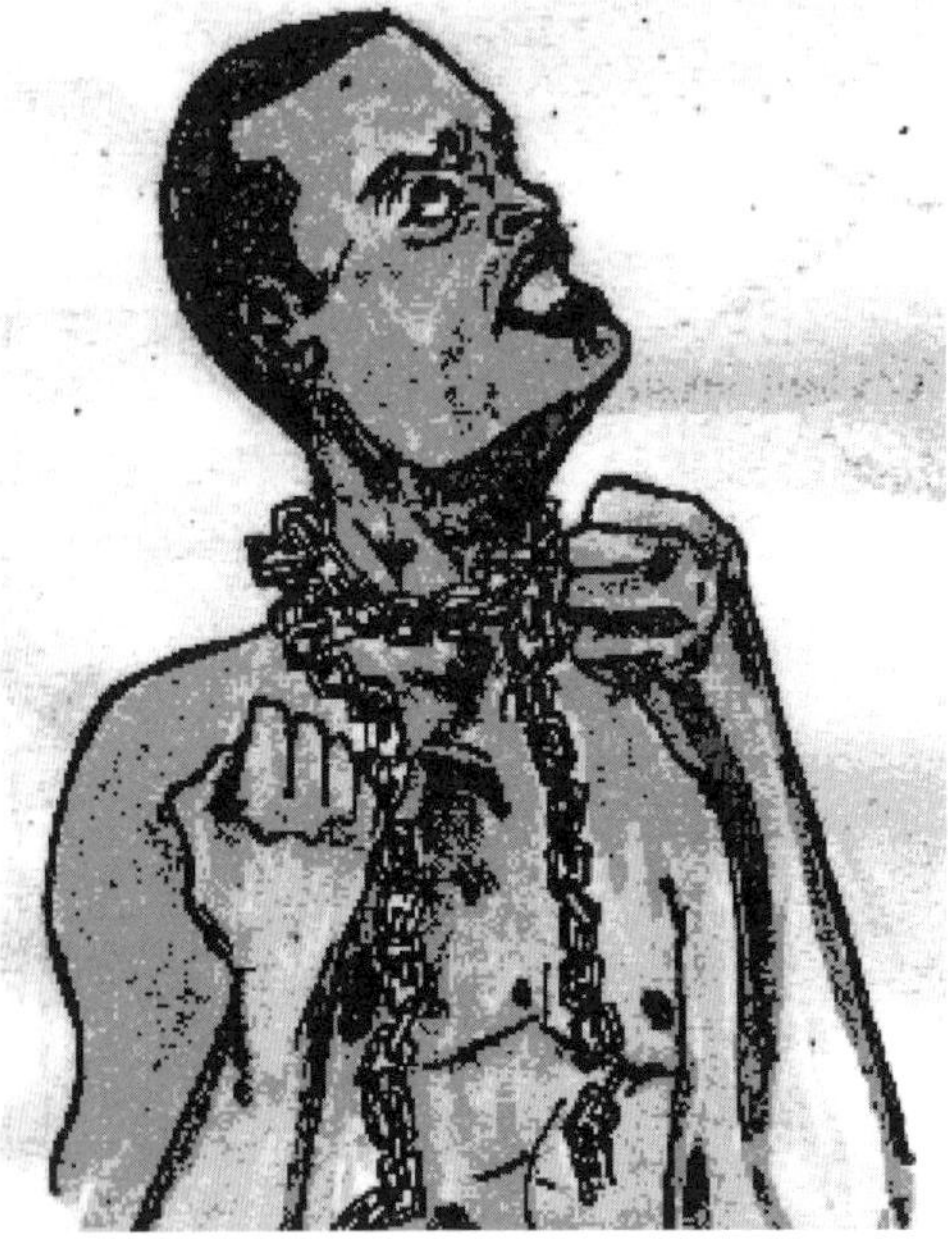

■奴隷時代のセルフストランギュレーション

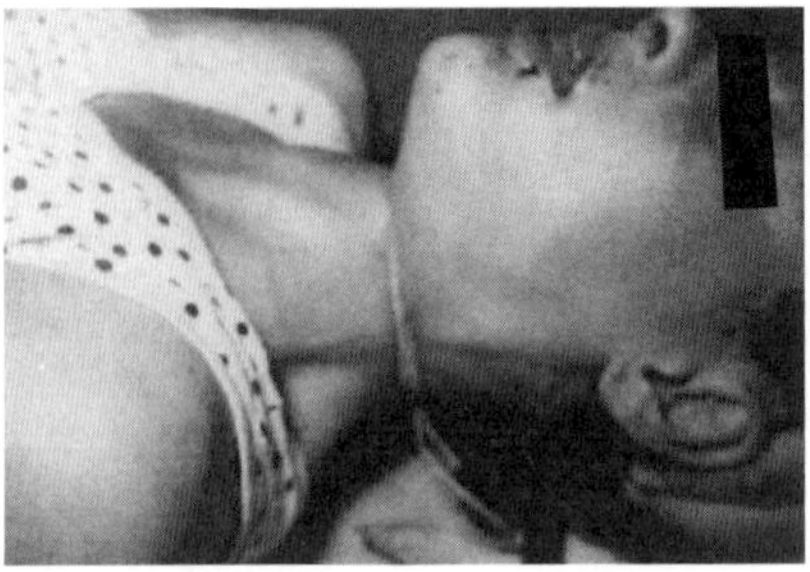

■意識を失う前にヒモを結いた

マニュアルストランギュレーション（扼殺）

サスペンスドラマで見かける絞殺シーンで加害者役の役者の両手の位置を見ると、左右の手が首に対して上下に置かれている。首を絞めているつもりだが無駄な力を使っているだけで、「首を搾っている」に過ぎない。実際の扼殺は親指で喉（気管）、人差し指で頚動脈、中指で頚静脈を圧迫するものだ（薬指と小指はサポート）。ところでディレクターはなぜこうした演技指導をしないのか――本当に死んでしまう！

ストランギュレーションで索痕（ヒモの痕）ができるようにマニュアルストランギュレーションでは手指の痕が残る。これらは圧迫痕とよばれ爪の痕（nail-mark）が顕著だ。

皮膚の剥ぎ取り現象を伴う圧迫痕は圧迫時の指のアングルによって変化し、イラストのようにa）の場合はカーブが爪の先端方向に膨らみ、b）では爪が皮膚を巻き込むので逆になる。

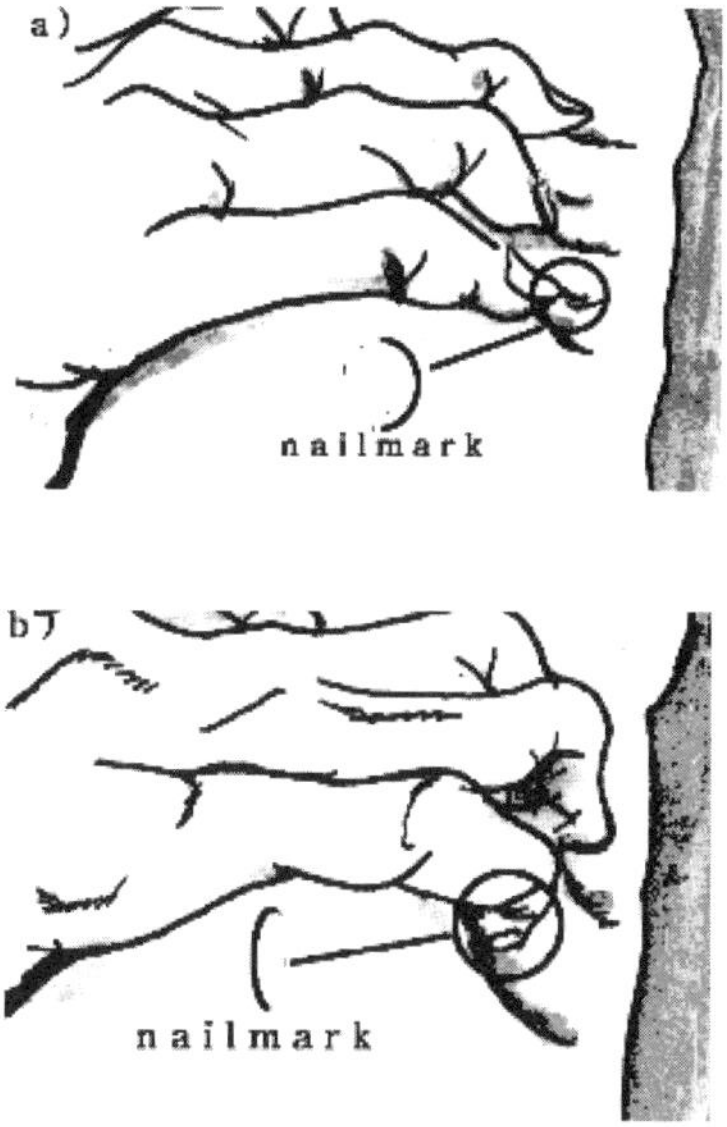

■爪の痕で絞殺時の状況がわかる

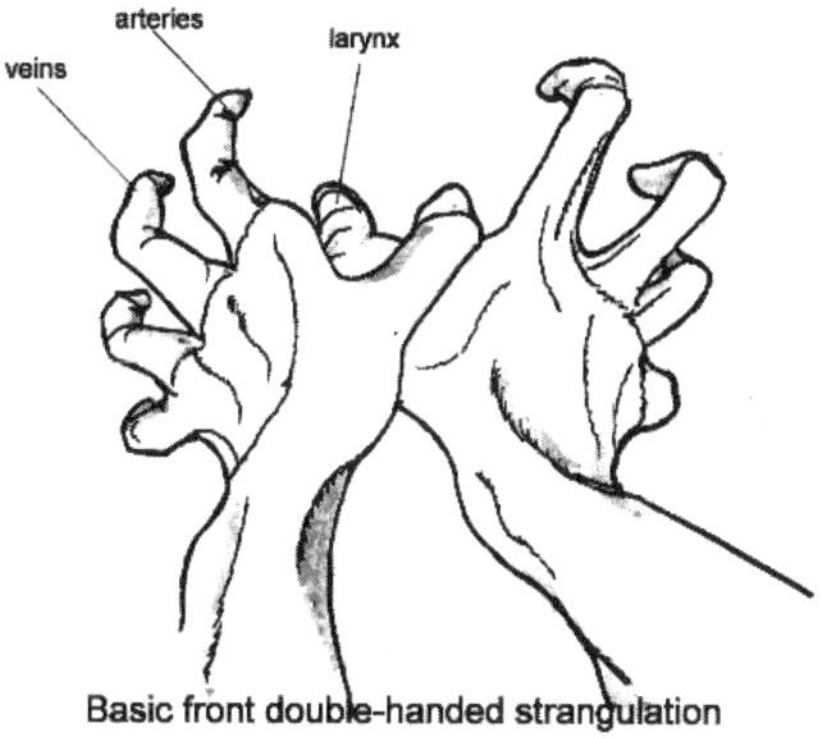

■最も効果的な扼殺方法

■絞首刑の現実

英国における絞首刑に関する技と伝統は歴代の死刑執行人らによって何世代にも受け継がれていった。その昔、絞首刑の執行は一般公開が普通で、新聞の一面を飾るなどして犯罪防止に一役買っていた（もちろん現代でも原則公開している国もある）。死刑囚の体重が軽すぎて自重だけでは死ねない場合、被害者の遺族などが足を引っ張ったと伝えられている。

絞首刑は頚骨の脱臼（引き抜き）により一瞬のうちに心停止、呼吸停止に陥ると考えられている。ところが過去に死刑囚の遺体を調べたところ、死因は脱臼ではなく、落下の衝撃で気管が潰れたことによる窒息死だったのだ。報告によればある死刑囚の心臓は絞首刑後20分間ぐらい活動していたという。日本のデータでは20名の死刑囚の平均絶命時間は14分47秒、別のデータでは13分58秒となっている。最高絶命時間は37分だった。確かに気管の潰れがさほどでもなければ、充分に考えられることだ。

日本の絞首刑には長さ7・5m、直径2cmのマニラロープが採用されている。セレモニーは死刑囚の足元の床が割れて、そのまま落下するというものだ。シナリオ通りならば頚骨の脱臼で即座に意識を失うはずだが、実際は絶命までにある程度の時間がかかっているようだ。

■クレーンを使った公開処刑

■死刑囚にかけられた首輪が引けば絞まるようなヌース（noose）ならばよいが、単なる首を通すためだけのループ（loop）であった場合、血流遮断は起きにくいはずだ。つまり——なかなか死なないということだ

ハウツー・ストラングル

■凶器に関する考察

人間の体の中で鍛えようにも鍛えられない部位の代表といえば眼球だ。首はどうか。「鍛える」ということは人間の体において《筋肉の鍛錬》を意味する。僧帽筋、胸鎖乳突筋はともかく気管、喉仏を鍛えるという話は聞いたことがない。気管は16kg前後の力で潰してしまうことができる。頸動脈は3〜7kg、頸静脈は2kgで閉塞可能。手を使う扼殺ならいざ知らずいくら首を鍛えたからといってもロッドやロープを使ったストランギュレーション（絞殺）には太刀打ちできるはずがない。

扼殺と絞殺を心理的な面から検証すると扼殺は計画性に乏しく、「何かの拍子で激昂し、首に手を掛け夢中で絞めていたら死亡してしまった」というケースが多い。ネクタイやタオルなどの日用品が使われたストランギュレーションも同じだ。例えば次のようなケースがそうだ。

22歳の女性が自宅で首にブラジャーを巻きつけられた格好で死亡していた。典型的な絞殺。ブラジャーを取り外すとブラジャー特有の複雑な索痕（皮膚に残された凶器の痕跡）が確認できた。しかし、もし犯人がブラジャーを持ち去っていたら凶器の特定は困難を極めたであろう。ところでこの犯人はなぜブラジャーを凶器に選んだのか？　最も信頼のおけるストランギュレーションツールとしてブラジャーを持ち歩いていたのだろうか？　そうではない。レイプの最中女性に激しく抵抗され、殺意を覚えとっさに手近にあったブラジャーで首を絞めてしまったと解釈するのが自然であろう。

ギャロットのような暗殺ツールが用いられた場合、計画性の高さと明確な殺意を汲み取るこ

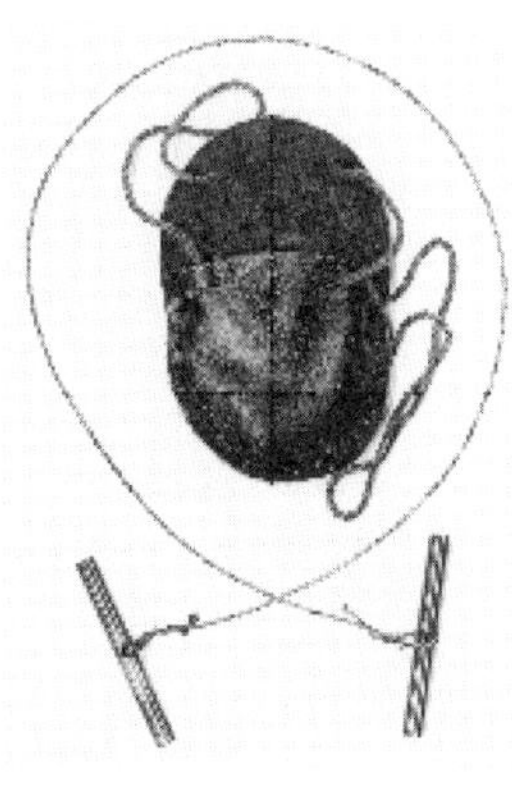

■ギャロットは人を傷つける道具ではなく、人を殺す道具だ

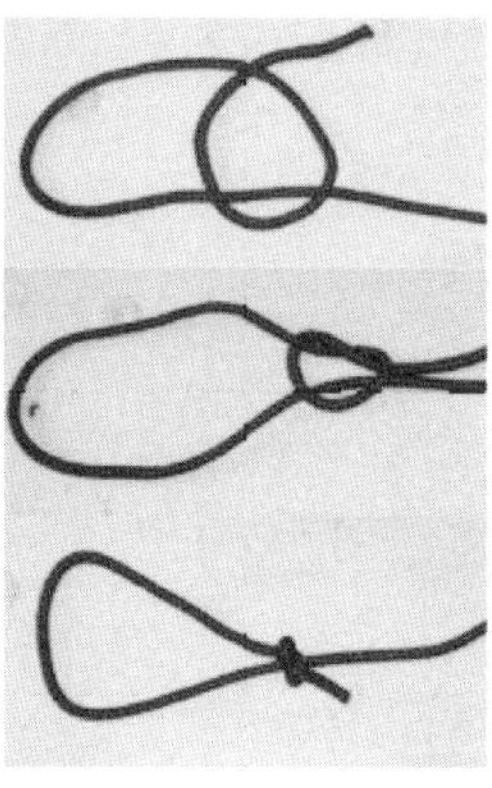

■相手の首にかけ長い方を引っぱれば、首輪は一気に絞まる

とができる（暗殺ツールを使ったストランギュレーションは後述に詳しい）。また前方から絞めたか、背後から絞めたか、によっても殺意の高低を推し量ることができる。

執筆にあたり収集したストランギュレーション事例の中では、ロープ、ネクタイ、スカーフ、ストッキング、メタルワイヤー、チェーン、靴紐、ネックレス、洗濯紐、セーター、ブラジャー、シーツ、ベルト、電気コード、ホース、電話線などが使われていた。これらはほとんどのケースで咽頭の上のあたりに位置し、肩と平行になるように巻かれている。

ストランギュレーションされた犠牲者の首には索痕という圧迫痕が残る。このほか犠牲者の抵抗の証として擦過傷や爪の痕を確認することができる。コードが二重に巻かれた際にコードとコードの間に皮膚が挟まり、その部分が痣になって残ることもある。圧迫痕は凶器によって変化する。たとえば家庭用電化製品に用いられている二連式電気コードでは搾られたような特徴的な圧迫痕が、ピアノ線、メタルワイヤーなどの強靭かつ径の細いものになると皮膚に食い込んだ痕が残る。

この逆に残りにくいとされるのがタオルや幅広の帯、レオタード素材のような伸縮に富んだファブリックで、凶器と首との接触面積が広いため力が分散してしまうのが原因だ。またこれらは絶息後すぐに取り除かれるとまったく痕が残らないともいわれている。いうまでもないが、頸動脈遮断による《意識の喪失》は、幅広で伸縮に富んだファブリックよりも細いロープ類の方が早く訪れる。

残念なことにストランギュレーションツール（絞殺道具）は兵器史というアカデミックな見地から「weapon：武器」とは見なされていない。一体、絞殺道具の何が銃器や刃物と違うのか。まず《武器／兵器》の定義を探ってみよう。たとえば粗末な棍棒であったとしても、国家のようなある程度の規模を有し統制の取れた組織が防衛または攻撃のためのツールとして採用

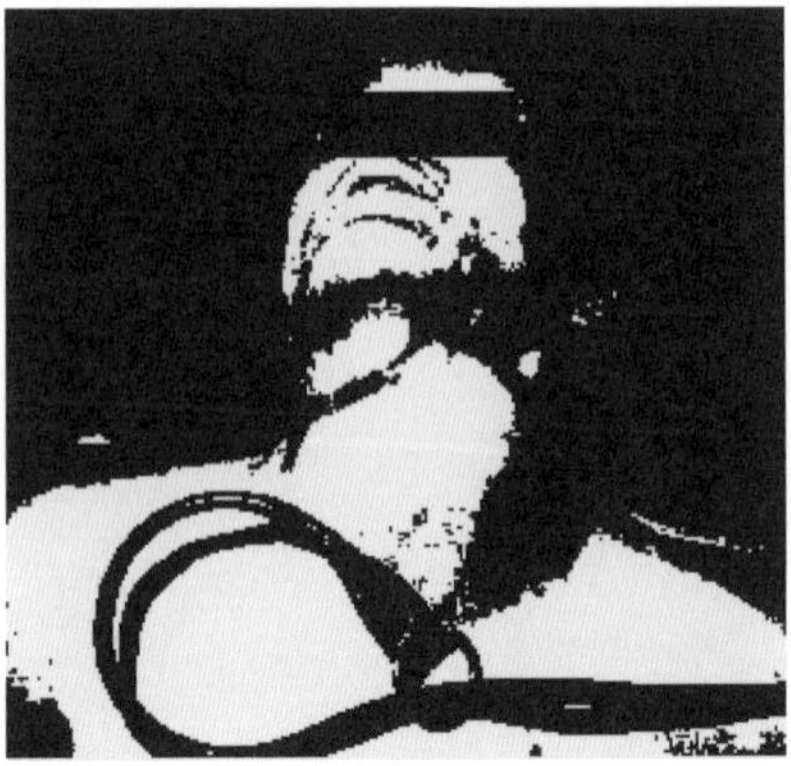

■ベルトのほかリングの痕も顎下に確認できる――リング痕からおそらく椅子に座った姿勢で背後より締め上げられたと推測できる

すればそれは「武器／兵器」と見なされる。採用されなければそれはいつまでたっても《凶器》でしかない。ちなみに植民地時代のインドではサグという「ある程度の規模で統制のとれた強盗集団」が暗躍し、ストランギュレーションを得意としていた。

銃や刃物は使い方次第で相手を傷つけることも、動けなくさせることもできる。しかしストランギュレーションツールにはそれがない。目的はひとつ。相手を音もなく殺害する、だ。実は何の変哲もないロープにこそ高い致死性が隠されているのだ。

■ストランギュレーションツール

ストランギュレーションにはロープ、ネクタイやストッキング、皮ベルト、電気コード、ワイヤーなどが使われる。別に特別なものはいらない。首の円周よりも長く、ひも状であればよいのだ。問題なのは「長さ」とマテリアルの「強さ」だ。短か過ぎはよくない。適度な長さ、丈夫であること、そして伸縮性……よく考えるとネクタイほどストランギュレーションに向いているものはない。何せもともとの目的からして「首に巻く」だからだ。

暗殺スタイルのストランギュレーションはすべて背後から、しかも相手よりも高い位置からおこなわれる。椅子に座っている人間の背後から攻撃するパターンだ。首を絞められた人間はどういった反応を示すのか？　急激な力が首に加われば頸動脈の血流が遮断され10秒以内で気を失う（はずである）。ここでいう急激な力とは3～7kg程度だ。安っぽいサスペンスドラマでもストランギュレーションシーンはおなじみだ。暴れる女の上に男が馬乗りになり首を絞める――これは力を込め易くしているだけでなく、相手の動きを封じようとしているのだ。

正面からのストランギュレーションは珍しい。「首をすくめる」という言葉があるように人間は無意識のうちに剥き出しになっている首を守ろうとする。かりに首に手をかけられたとし

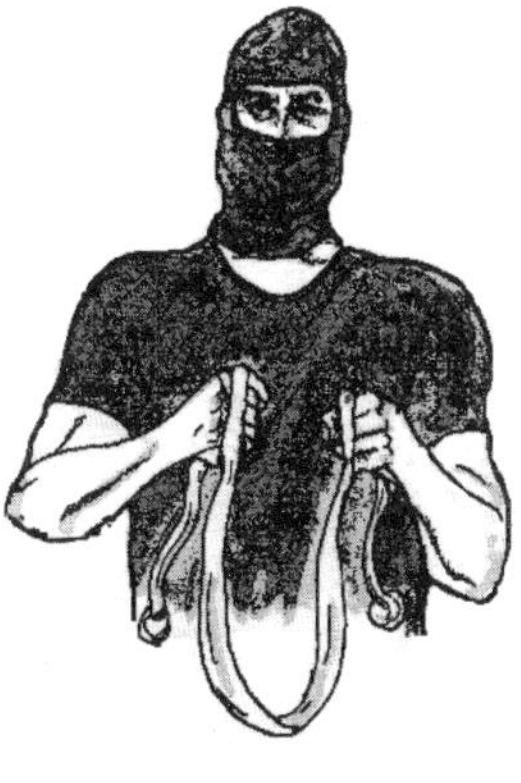

■ルーマールという絞殺道具を手にした〝サグ〟

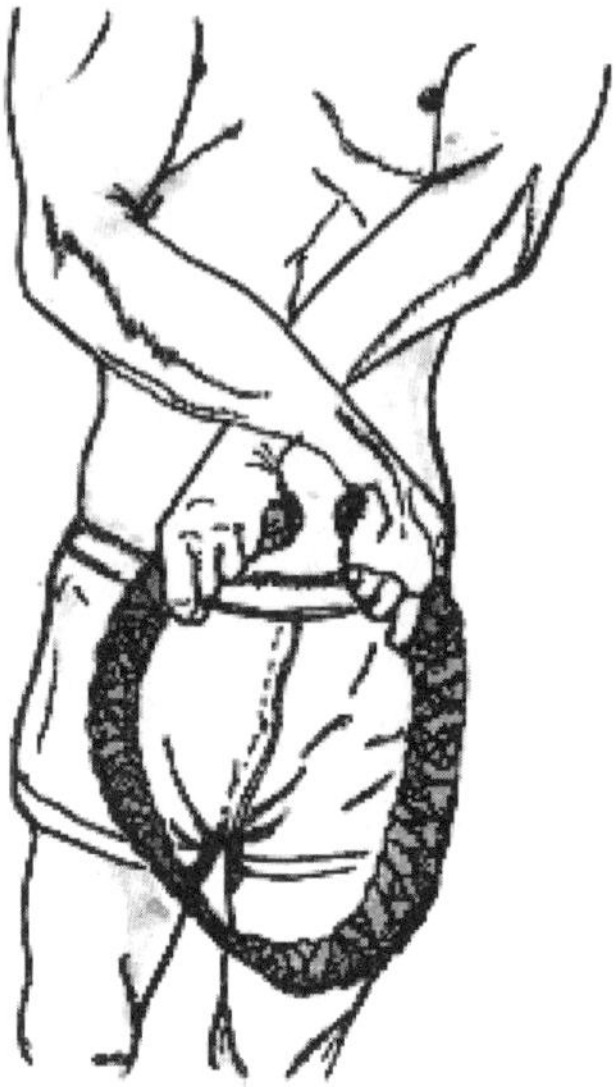

■最初から絞めた時の状態で握り、ループを相手の首に引っ掛けるテクニック——強靭な幅広レザーが使われた

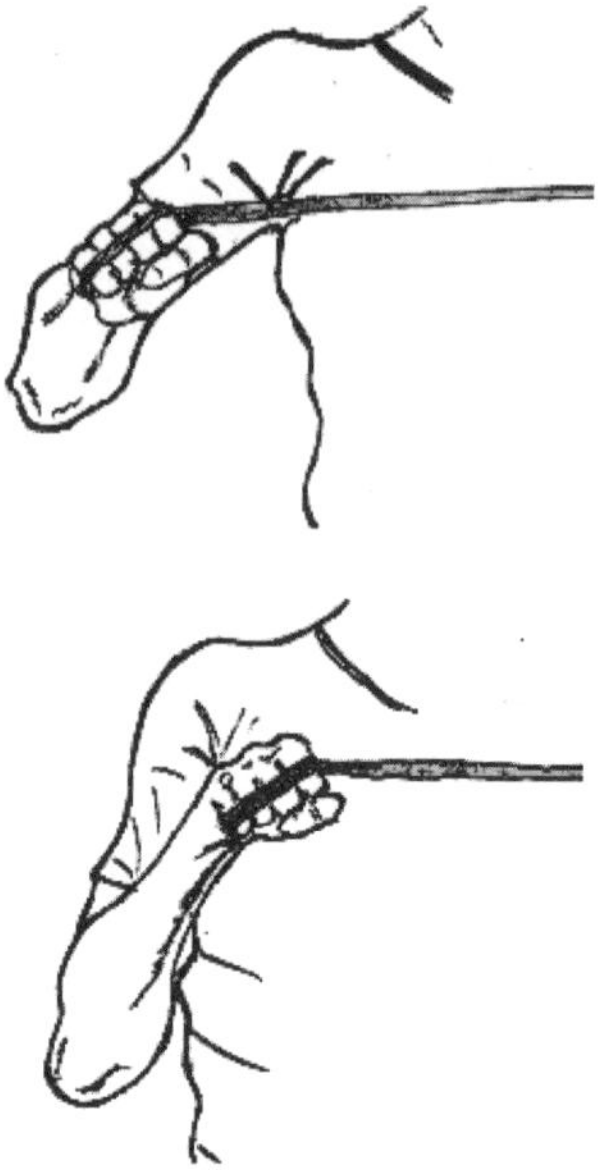

■ストランギュレーション時に交叉する腕のポジションも重要で、脇があき、手首が回転、反り返れば力を込めることができない

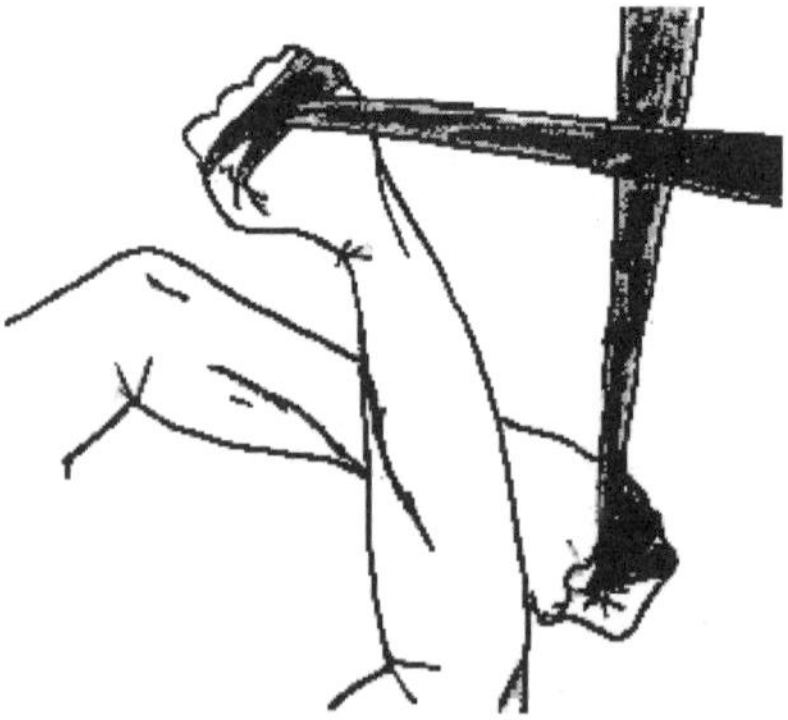

■手首はねじらない。手の甲を上向き（もしくは拳が地面と垂直）にしてベルトを押し付けるように引っ張る

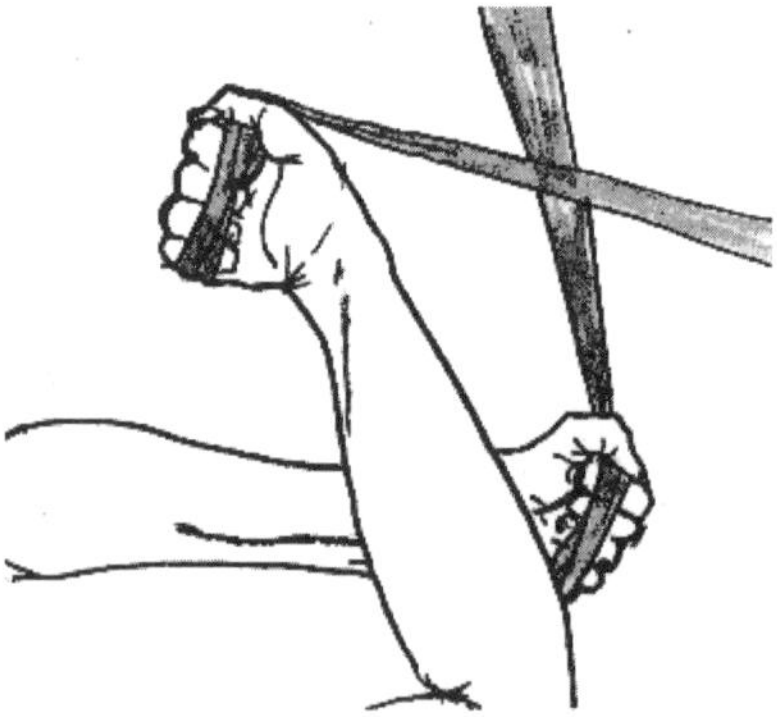

■手の甲が下向きになると力が入らない

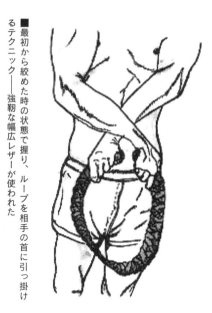

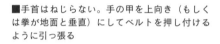

■背後から忍び寄り……

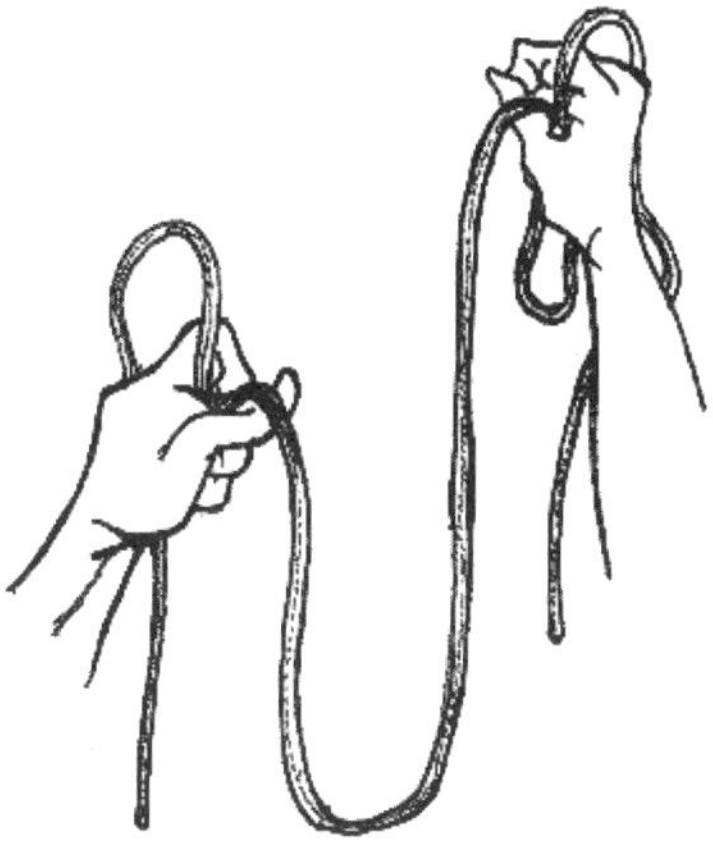

■言うまでもなくコードは強靭なものを使う

■そのまま体を反転し、背負い込む――頸部に索状物をかけたまま背中合わせに担ぎ上げる「地蔵背負い」による他殺事例の報告は多い

■一気にストランギュレーション

ても、瞬時に生命の危険を察知すれば、スーパーホルモン、アドレナリンの作用で能力以上の力を発揮、抵抗することができる。ほんの直前まで椅子に座ってリラックスしている人間であってもそうだ。こうしたことを考慮し暗殺や軍隊式ストランギュレーションでは相手を背負ったり、ストランギュレーションと同時に一撃を放ったりしている。

■サグとストランギュレーション

一滴の血も流さず人を殺す方法といえば毒殺もしくはストランギュレーションしかない。19世紀、インドなどの中東諸国で暗躍していた暗殺者集団サグ（Thug：もしくはThuggee）はストランギュレーションテクニックでイギリス人入植者や旅人を殺害してきた。主な目的は金品強奪だ。サグ（サギィー）は子供から老人までをターゲットとし強盗行為に対して一片の憐みもなかったといわれている。彼らにとってはまさにハンティングに近い感覚であった。

サグは単なる「首絞め」をマーシャルアーツの域にまで高めた。音もなくしかも血の一滴も流すことなく人を殺す――現代の暗殺術、軍隊式絞殺術の源流をいにしえのサグの殺しのテクニックに見つけることができる。

サグ御用達ルーマール

サグが好んで用いたもののひとつにルーマールという平織りの絹スカーフがある。インドの男性はこのルーマールを頭に巻いている。通常3～4フィートほどの長さがある。サグはルーマールの中央にコインを縫い込むなどの工夫を凝らした。これには邪神カーリーへのハンティング成就祈願の意味が込められていた。もちろん本当の目的は気管を潰すことだ。

サグの殺しのテクニックは次ページ～のようになる――

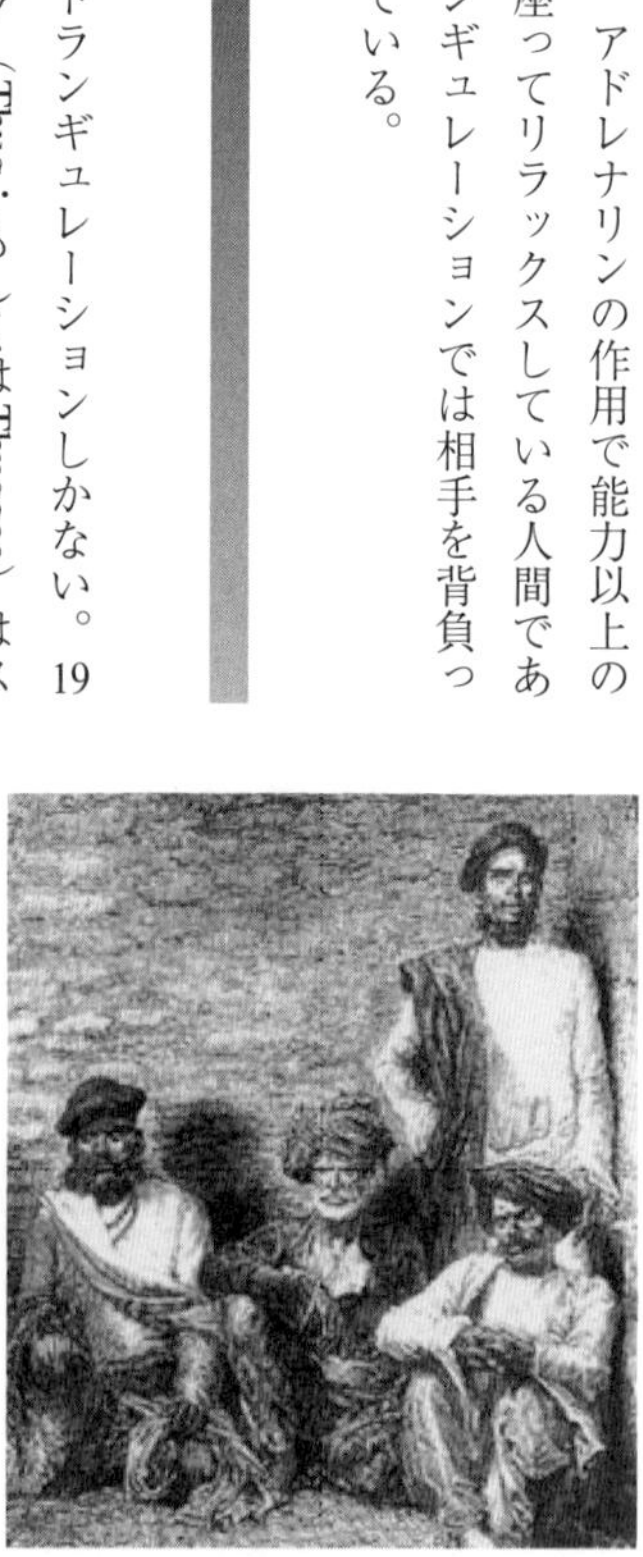

■サグ（thug）という単語は現在、凶悪犯、殺し屋、刺客という意味で使われている

■ルーマール：中央に縫い込んだコインで喉を潰した

■ルーマールをつかったストランギュレーションテクニックはスネークラップと呼ばれている。あたかも頭上から落ちてきた蛇が首に絡まってゆく様をイメージしたからだ

■縫い込んだコインが中央に来るようにピンと張る。この時大事なのがそれぞれの端を、一方を手のひらを上に、他方を手のひらを下にするように握ることだ

■ルーマールの使い手は常にターゲットの頭よりも高い位置につける。一度ルーマールを引っ掛けたら、両手で思い切り引くことで相手の顎に邪魔されないようにする。自分の体（膝など）を背中に押し当てておくとより力が入ることになる

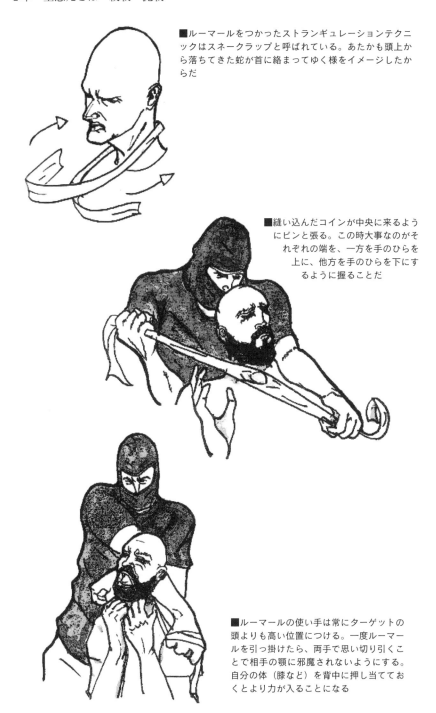

■ストランギュレーションロッド
背後からロッドを一気に振り下ろす。ロッドの握り手に注目。ロッドテクニックは頸動脈、頸静脈の遮断とは無縁で、気管を潰すことだけにある

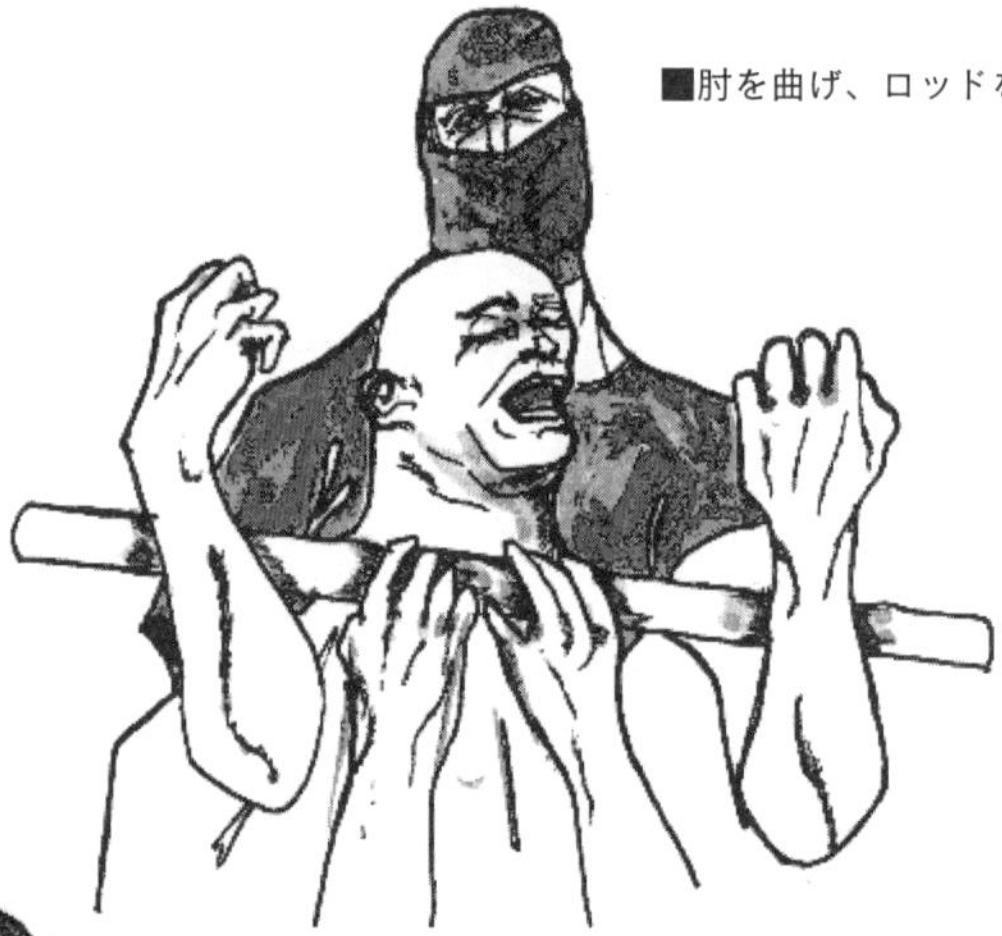

■肘を曲げ、ロッドを巻き込む

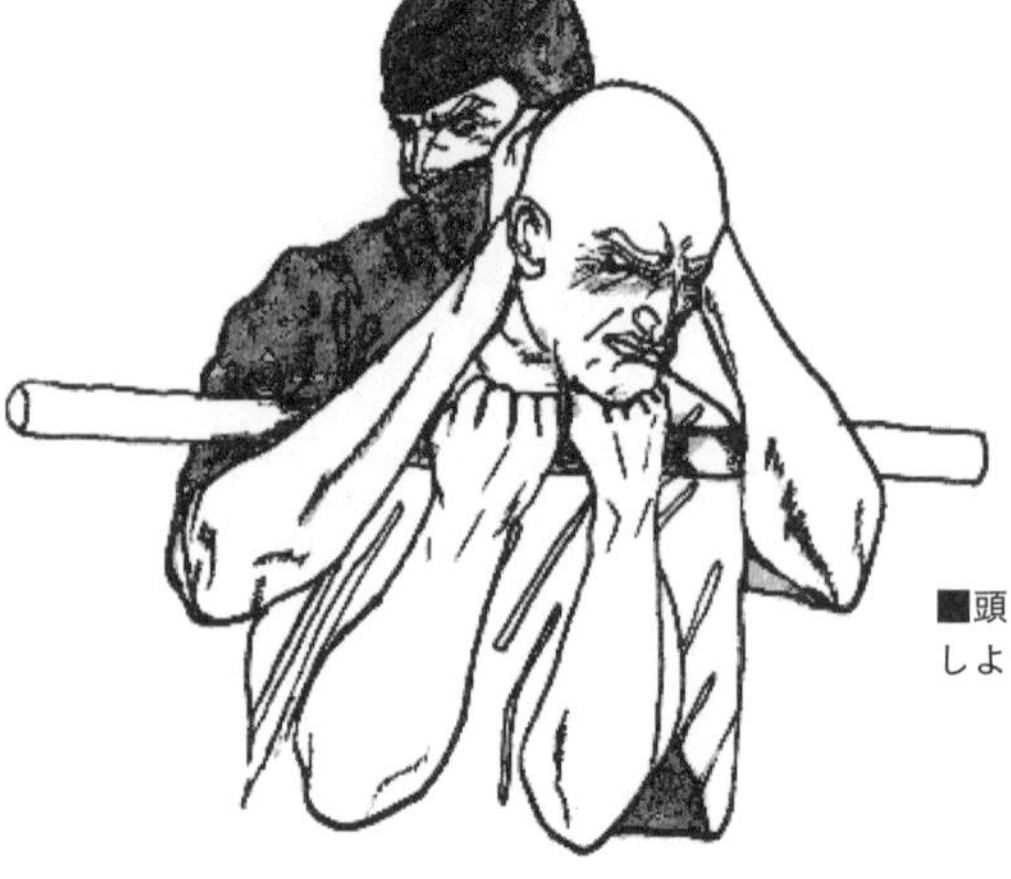

■頭を背後から押さえつければ、抵抗しようにも力が維持できなくなる

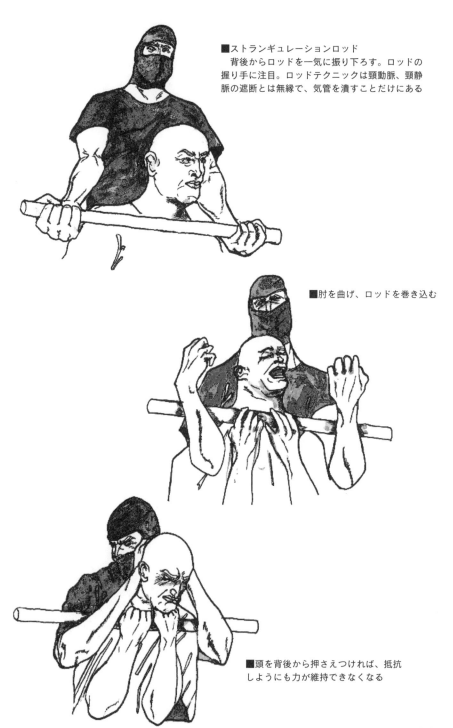

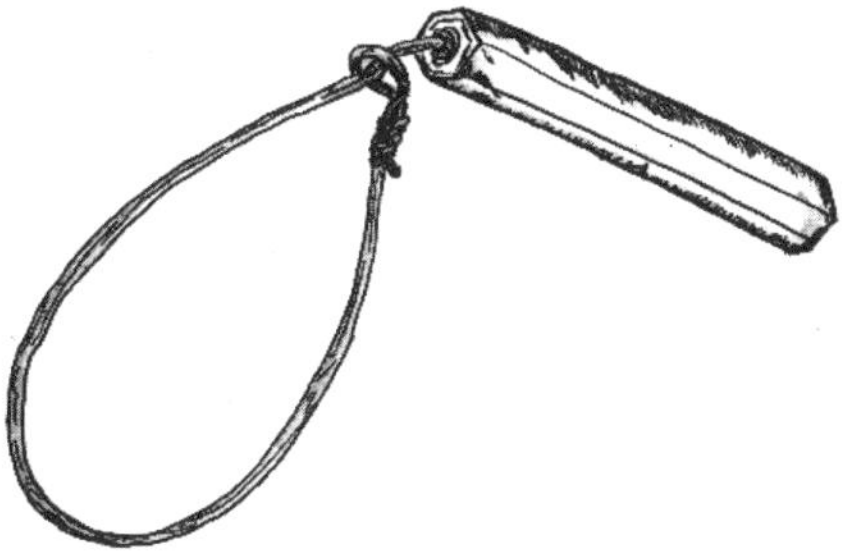

■サグが使っていたオリジナルは約20cm、直径が3cmほどのもので、滑り止め防止と握りやすいように八角形になっていた

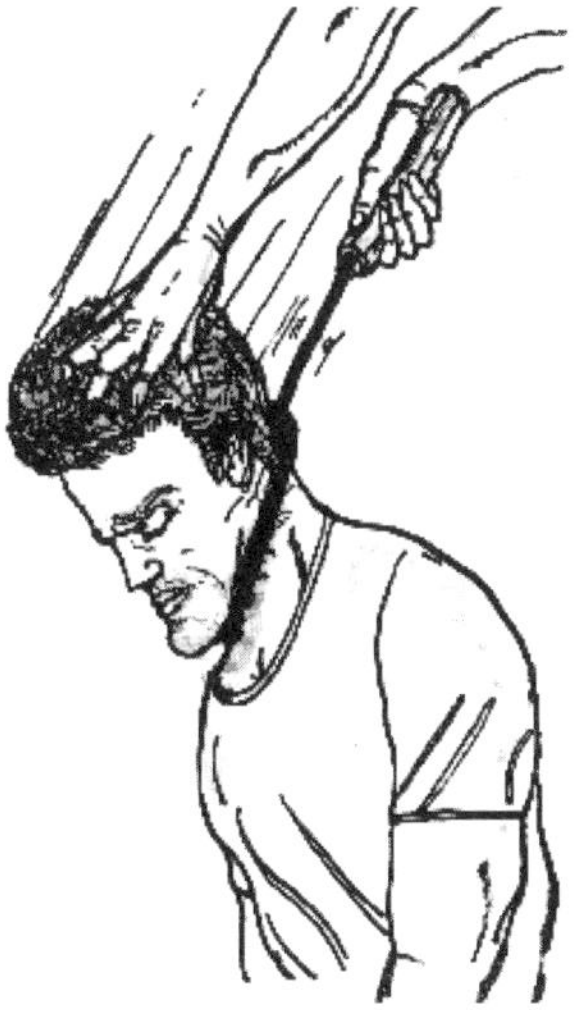

■背後からループを引っ掛け、頭を押さえつける

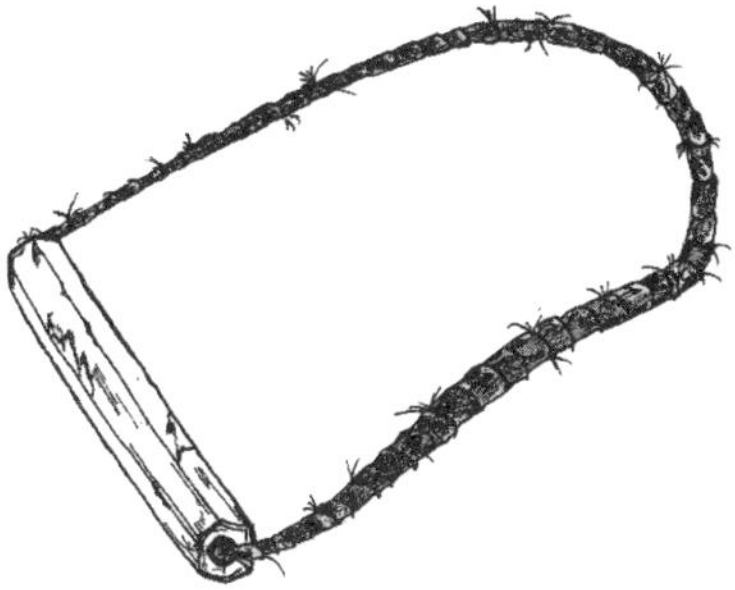

■コードのマテリアルは馬毛もしくは人毛が使われていた。強靭さはもとより、絞めた時に首により深く食い込ませるためだ。スティック部分で相手を打撃することも可能だ

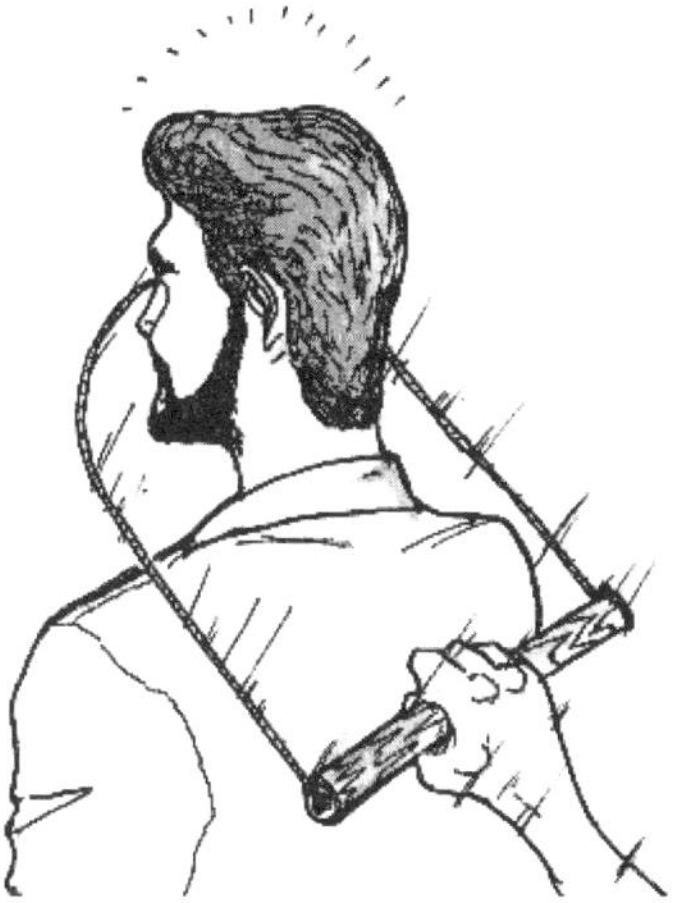

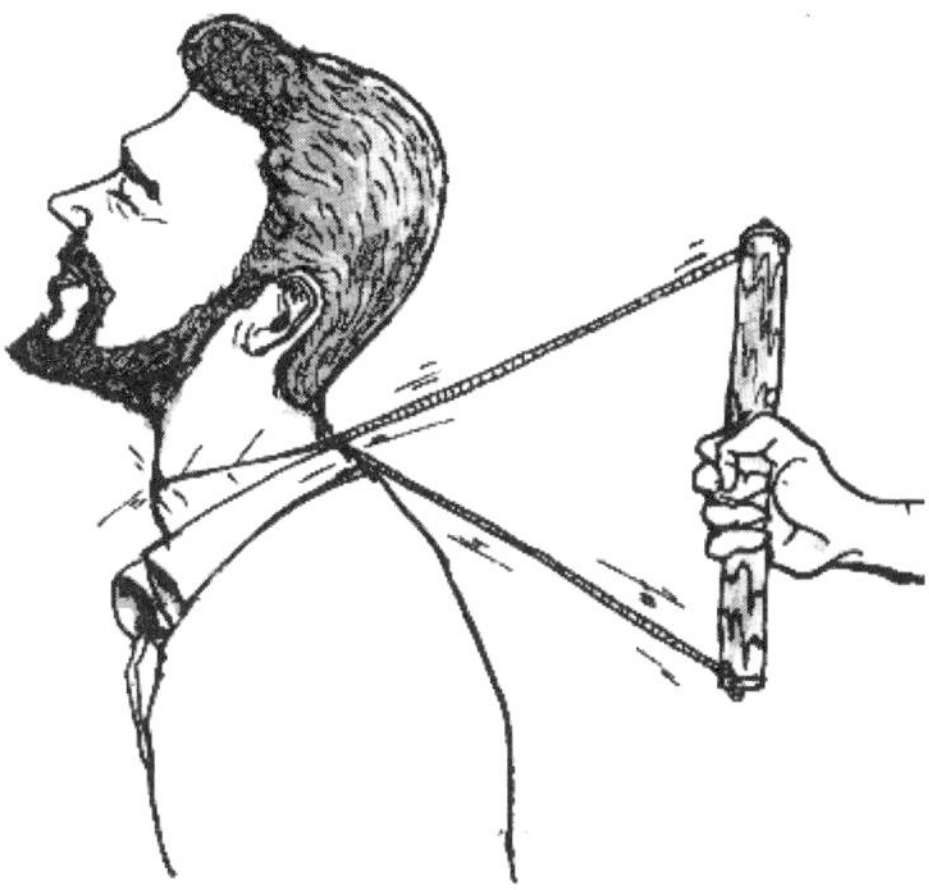

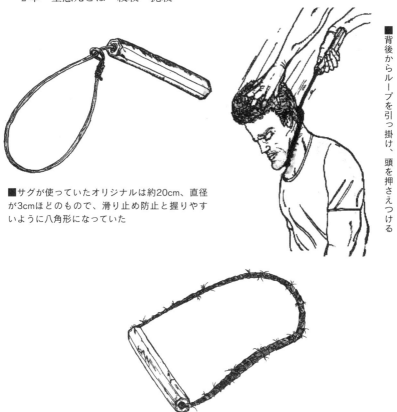

■頸部圧迫とチョークスリーパー

頸部圧迫による血流阻害はチョークスリーパーや柔道の「絞め技」によっても見られる。道着の襟を使った「十文字絞め」では絞めはじめから10秒以内に「落ちる」ことからストランギュレーションに近いといえよう。腕を使って絞めるチョークスリーパーや柔道技の「裸絞め」では意識喪失の時間が長く、かけられた本人が苦痛を訴えることから頸動脈、頸静脈の閉塞ではなく気管閉塞によるものということがわかる。

チョークスリーパーが決まると頸動脈、頸静脈が塞がれるので、脳への血流の大部分がストップする。10～15秒後には意識がなくなってしまう。その後すぐにロックを解除すれば10～20秒以内で意識が回復する。表向きには後遺症はないとされていたが、頻繁にこの状態が繰り返されると脳細胞に深刻な障害が残ることが最近になってわかってきた。

■ギャロットストランギュレーション　ジョンベネット・ケース

ギャロットは人を傷つけるための道具ではなく人を殺すためだけの道具だ。両端につけられたグリップによって紐が自分の手に食い込むことがなくなるので最大限の力を発揮することができる。Garotteという単語は《背後から首を絞める》という動詞にも使われているほどだ。相手が自分よりも大きい場合、膝蹴りなどでバランスを崩してから《ギャロット》すればよい。

１９９６年アメリカ、コロラド州でクリスマスの夜に一人の少女がこのギャロットで絞殺された――

コロラド州ボウルダーの実業家の娘ジョンベネット・ラムジーの絞殺死体が自宅地下室で発見されたのは１９９６年の12月26日、クリスマスの翌日だった。ジョンベネットはこの時６歳。

■「十文字絞め」をアレンジしたストランギュレーションテクニック――右手で襟、左手で襟下の生地を握る。それぞれがクロスするように絞る

現場および遺体の状況から殺人事件と判定されるとメディアはこぞってこの事件を取り上げ、数日後には世界中に配信された。一人の少女の死がなぜこれほどの扱いを受けたのか？　彼女は普通の6歳の女の子ではなかった。彼女はチャイルドビューティークィーンだったのだ。

メディアは単なる殺人事件としてではなくラムジー家そのものに関心を持った。母親であるパティ・ラムジーは1977年のミス・ウェストバージニア、父親のジョン・ラムジーはコンピューター会社のオーナーで地元の名士でもあった。

ジョンベネット・ケースは急増するペドフィリア犯罪のシンボル的な出来事として今もなお語り継がれている。

クリスマスの悲劇

この事件は当初、誘拐事件として捜査が始まった。通報者である母親が地下室に通じる階段で身代金を要求する脅迫状を見つけたのだ。

ラムジー家から通報を受けた地元ボウルダー警察が到着したのは26日の午前5時52分。二人の制服警官は型通りの捜索を開始しただけで、現場の現況維持はおこなわれなかった。事件を担当する捜査官が到着したのはそれから数時間経ってからだ。ここでやっと現場封鎖がおこなわれるわけだが、こうなるまでに家族はもちろん、クリスマスパーティーに招かれていた家族の友人など、大勢の人間の立ち入りが自由であった。邸内の本格的な捜索が始まったのが午後1時。ジョンベネットの遺体はこの後父親によって地下室で発見されることになるが犯人逮捕へ繋がる有力な証拠類はすでに価値を失っていた。このように事件直後の現場への立ち入り制限を怠るなど地元警察のずさんな捜査に非難の声が集まった。

誘拐事件かペドフィリア犯罪か？

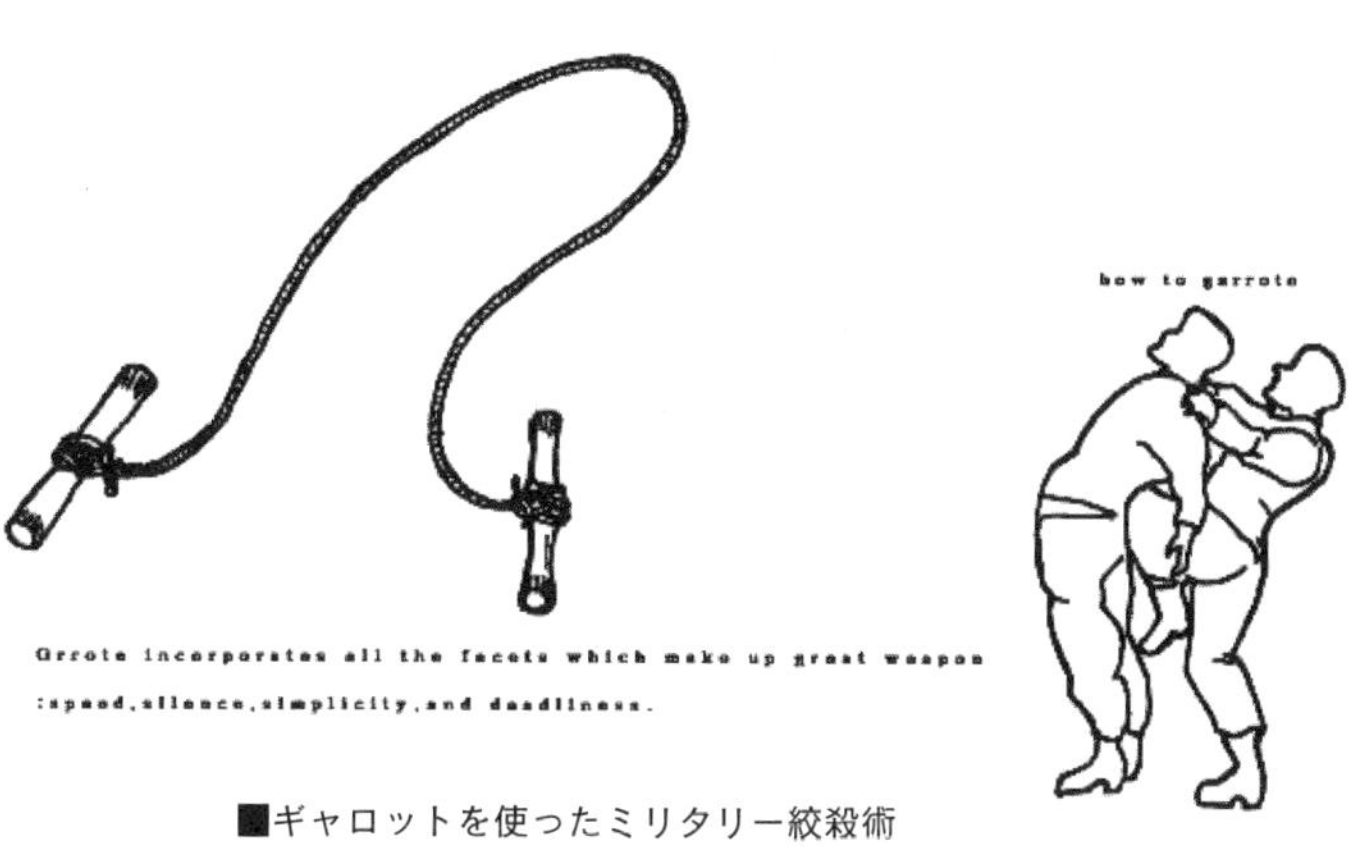
how to garrote
Grrote incorporates all the facets which make up great weapon
:speed, silence, simplicity, and deadliness.

■ギャロットを使ったミリタリー絞殺術

遺体の状況から死因はストランギュレーションによる窒息死と考えられた（後の検死で頭部損傷も死因の一つと判定された）。首には凶器のギャロットが巻きつけられ両手は頭の上に伸ばした状態だった。片方の手首も軽くロープで縛られていた。発見直後はブランケットがかけられており、口にはダクトテープが貼られていた。着衣に乱れはなかった。首にはクリスマスプレゼントとして贈られたゴールドのネックレス、左手の手のひらには可愛らしいハートのマークが描かれていた。

邸内で見つかった脅迫状および遺体の状況から二つのことが考えられた。

・身代金目的の誘拐事件
・ペドフィリア犯罪

それぞれの可能性を検証してみる——

1）身代金目的の誘拐事件

母親のパティが見つけた脅迫状は全部で3枚。脅迫状があることから誘拐事件であることには間違いないのだが、自宅で人質の遺体が見つかるというケースはかなり珍しかった。普通、脅迫状というものは人目につきやすいロケーションに置かれるのが普通だが、地下室に通ずる階段というどちらかというと人の出入りのない場所で見つかっている。ここは唯一パティが朝に行き来するぐらいの場所だった。犯人はパティのルーティンを知っていたということだ。

脅迫状には折り目やしわがないことからあらかじめ用意されたものではなく現場で書かれたということになる。事実、用紙やペンはラムジー家にあったものが使われた。

文面を検証すると不可解な点がいくつもあった。例えば——

■遺体発見時のジョンベネットの様子を人形で再現

■チャイルドビューティークイーン

・よく聞け！　われわれは外国のある反体制グループの者だ

作者は自分たちが誘拐も辞さない過激派に所属していることをいいたかったようだ。原文では“a small foreign faction”となっており、わざわざ自分たちのグループについてこのような修飾をするだろうか？

文面から脅迫の対象は明らかに父親のジョンであることがわかる。下手な動きをすれば娘の命はないと脅している。手紙が書かれている最中、娘はジョンのことをとりわけよく思っていない二人の紳士の監視下にあることになっている。

この他に――

・指示に従わないとどうなるか。娘は死ぬ。亡骸も戻らず、きちんとした葬式すらだしてやれないぞ

・警察、ＦＢＩに通報したら娘の首を刎ねてやる

・「犬ども」にしゃべったら殺すぞ

・銀行に相談したり、身代金に細工をしたら娘は死ぬ

右の抜粋からもわかるように人質が殺された場合の責任はすべてジョンにあるとしている。特筆すべきはすでに葬式のことにまで言及している点だ。まるで娘はすでに死んでいるということをほのめかしているようだ。このほか脅迫状には〝Ｉ〟や〝Ｗｅ〟の混同が目立っていた。

この脅迫状は明らかに捜査のかく乱を狙ったものだということがわかる。これはステージング（演出効果）といわれ誘拐はジョンに対する私怨によるものだということを思い込ませよう

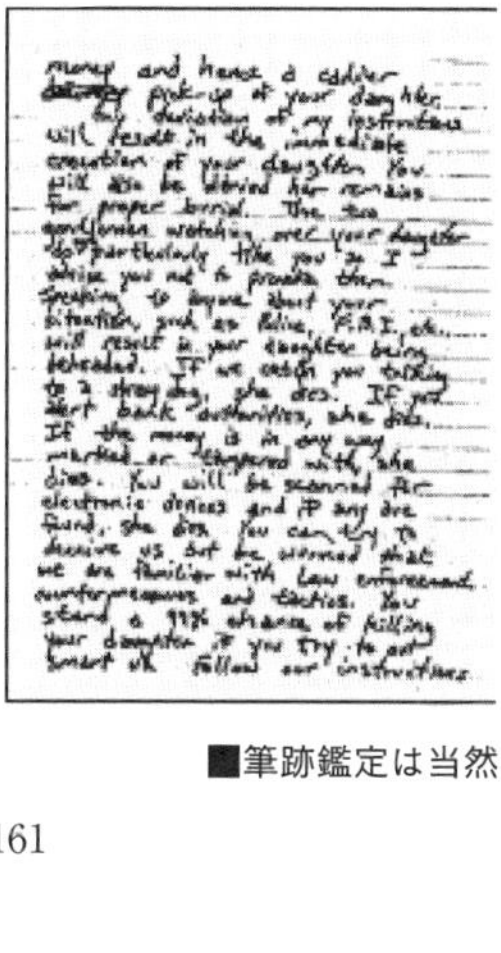

money and hence a earlier ~~delivery~~ pick-up of your daughter. Any deviation of my instructions will result in the immediate execution of your daughter. You will also be denied her remains for proper burial. The two gentlemen watching over your daughter do not particularly like you so I advise you not to provoke them. Speaking to anyone about your situation, such as Police, F.B.I., etc., will result in your daughter being beheaded. If we catch you talking to a stray dog, she dies. If you alert bank authorities, she dies. If the money is in any way marked or tampered with, she dies. You will be scanned for electronic devices and if any are found, she dies. You can try to deceive us but be warned that we are familiar with law enforcement countermeasures and tactics. You stand a 99% chance of killing your daughter if you try to out smart us. Follow our instructions

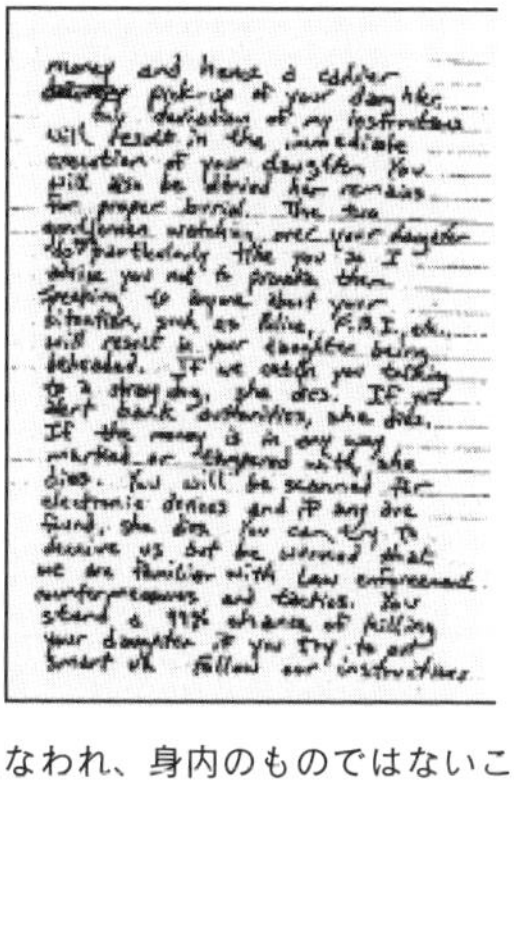

money and hence a earlier ~~delivery~~ pick-up of your daughter. Any deviation of my instructions will result in the immediate execution of your daughter. You will also be denied her remains for proper burial. The two gentlemen watching over your daughter do not particularly like you so I advise you not to provoke them. Speaking to anyone about your situation, such as Police, F.B.I., etc., will result in your daughter being beheaded. If we catch you talking to a stray dog, she dies. If you alert bank authorities, she dies. If the money is in any way marked or tampered with, she dies. You will be scanned for electronic devices and if any are found, she dies. You can try to deceive us but be warned that we are familiar with law enforcement countermeasures and tactics. You stand a 99% chance of killing your daughter if you try to out smart us. Follow our instructions

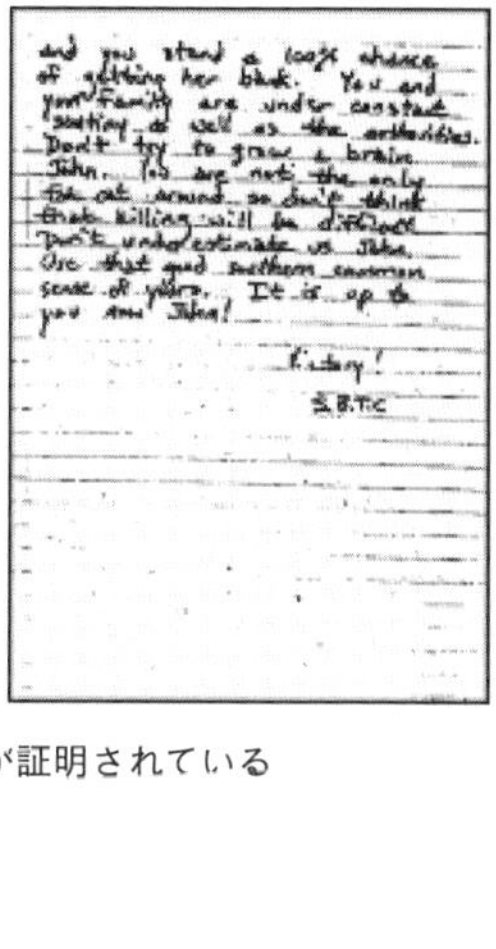

and you stand a 100% chance of getting her back. You and your family are under constant scrutiny as well as the authorities. Don't try to grow a brain John. You are not the only fat cat around so don't think that killing will be difficult. Don't underestimate us John. Use that good southern common sense of yours. It is up to you now John!

Victory!

S.B.T.C

■筆跡鑑定は当然おこなわれ、身内のものではないことが証明されている

としている。

結局ジョンベネットの遺体は事件発生の12月26日の午後、父親によって地下室で発見されるわけだが、タイミングが少しでも狂えば脅迫状の存在意義はまったくなくなっていたはずだ。脅迫状がついぞ発見されなかったらどうするのか、脅迫状よりも遺体の発見が早かったらどうするのか——事件の経過が明るみになるにつれ、このようないくつかの疑問点を指摘する声が警察のみならずメディアや一般市民からもあがった。遺体発見後、誘拐グループからの連絡は一切ない。なお脅迫状の筆跡は家族のものでないことが証明されている。

2）ペドフィリア犯罪

ペドフィリアとは重度の幼児性愛のことだ。一般的には幼児ポルノ愛好で知られているが度を越せば幼児に対するレイプ殺人にまで発展する。遺体の状況から判断しこの事件もペドフィリア犯罪との見方が最有力となった。

遺体は仰向けで、ギャロットを使ったストランギュレーション、手を縛った状態、ダクトテープによるギャグ（猿轡）——これらは成人を狙ったセックスクライムでもよくみかけるシチュエーションで、犯人はセクシャルサディストであることをうかがわせている。唯一の定石破りは遺体にかけられたブランケットだ。通常セクシャルサディストは自らの凶行をショックバリュー（ショック効果）として見せびらかす傾向にある。これは第一発見者を驚かせる悪趣味な自己顕示欲とも解釈されている。

遺体の着衣に乱れはなかった。これはかけられたブランケットと相通ずるものがあり惨めな姿を他人に晒したくない、という憐憫の情の現われで犠牲者と非常に心通った者の犯行と解釈することができる。いかにもペドフィリアの犯行に見せかける——誘拐に続き、ここでもステージングがおこなわれたようだ。

■ショック効果。病的に歪んだ自己顕示欲の表れ

検死解剖の結果、ジョンベネットの頭部は鈍器で殴られていたことが判明した。右側頭部に脳内出血が確認されたのだ。頭蓋骨には亀裂が生じており、この傷は首を絞められる前にできたものだ。死因は窒息死と脳内出血の両方であることには間違いないが死亡時刻の特定には至らなかった。気になる頭部の創傷は邸内にあったマグライトの形状と一致した。これについて家族はラムジー家の所有物か、外部の人間が持ち込んだものなのかはっきりしないと答えた。マグライト本体はもちろん、なんと内蔵された乾電池からも指紋は検出できなかった。

性的虐待はおこなわれていたのか――ジョンベネットは失禁しており、穿いていた下着に少量の血液が付着していた。また陰部、処女膜、膣に紅斑や擦過傷が確認された。伝えられた報告を額面どおり受け取ると犯人は重度のペドフィリアということになるが、生前のジョンベネットをよく知る小児科医は1997年9月にオンエアされた番組のインタビューで「痣や傷はこの年代の女の子によく見られる程度のもの」と応えている。つまり子供というものは（とりわけこの年代の女の子は）大人のように排尿後の衛生にほとんど気を配ることもなく、また無意識のうちに性器を玩弄してしまうものだということだ。ただし、これらの創傷や擦過傷が反復的な性的虐待の証であることは否定できないという。

犯人は？

生前のジョンベネットの姿は父親がクリスマスの日の午後10時に見かけたのが最後だった。当時の状況を詳しく説明すると――ラムジー夫妻が近隣の友人宅で催されたクリスマスパーティーから帰宅したのが午後9時。家族はクリスマスホリデーをミシガン湖で過ごす予定であった。26日の早朝午前5時、母親のパティが「海外のある反体制グループ」から娘を誘拐したとの脅迫状を見つけた。身代金の額は11万8000ドル。ジョンベネットの寝室に急いだ夫婦はベッドで寝ているはずの娘の姿が見当たらないことを確認、すぐさま警察に通報した。時刻は

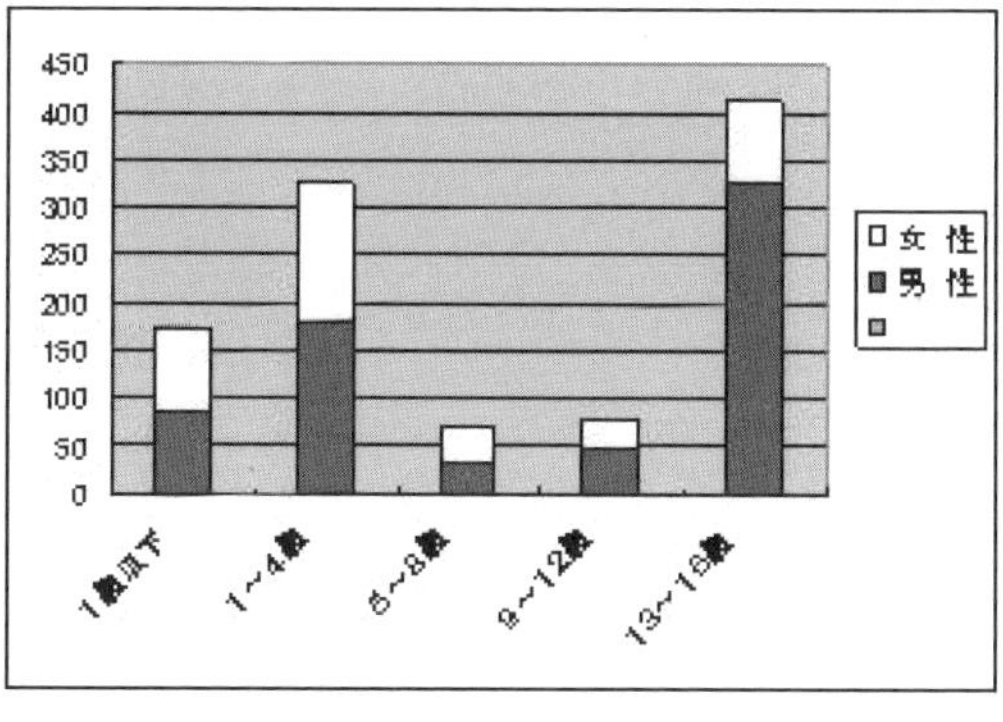

■2004年0～16歳までの子供の殺人犠牲者数と性別（Crime in the united states 2004）。1歳以下から12歳までの4グループの男女比率はほぼ同等だが、13歳以上になると途端に男性の占める割合が高くなる。この傾向は年齢が高くなるにつれて顕著になる。（75歳以上まで）

午前5時25分。二人の警官がこの7分後に到着した。

果たして事件のあった晩に不審者が邸内に忍び込む隙があったか。当時いくつかの窓や扉がアンロック状態で、しかもアラームが切られていたことを考慮すると侵入は可能であったといえる。遺体が見つかった地下室の窓もそのひとつで、大型のスーツケースが窓下に移動されており犯人はここから逃げ去ったものと推測できた。犯人はジョンベネットを地下室に運び（もしくはおびき出し）、そこで凶行に及んだのだ。

これだけは断言できる――何者かが警察の捜査を間違った方向へ導こうとしている。脅迫状、事件直後の来客、犯人の侵入経路、遺体に残された傷、そして通常は持ち去られるべき凶器のギャロット、ダクトテープ、マグライトなどの凶器の発見などをステージングの痕跡とみなすことができる。

殺人容疑は家族にも向けられた。例えば父親がペドフィリアで、ポルノショップに出入りしていたこと、娘に嫉妬したパティがストランギュレーションした後、ニセの脅迫状を書いた、近親相姦中の父と娘に逆上したパティがジョンを殴ろうとマグライトを振り上げ、それがジョンベネットを直撃した、ジョンベネットが着ていたスパッツが濡れていたことからおねしょに激昂したパティが逆上、など。ジョンベネットには兄がいた。当時10歳の内気な息子バークがイタズラ目的で殺害したという説も考えられた。

両親は疑惑に答えるべく、メディアに登場しインタビューに応じた後に「デス・オブ・イノセンス」というタイトルの本を出版することになった。この本の中で両親は他の容疑者（夫の元ビジネスパートナーやラムジー家に出入りしていたサンタクロースまで）がいると記している。

ストランギュレーションツール：ギャロットについて

■《健常者》との線引き

ペドフィリアといわゆる《健常者》の線引きはどこでするべきものなのか――専門家の研究によれば成人男性の1／4はペドフィリア的なものに性的関心を示すとの結果が出ているという。ある州立大学の調査では、調査対象となった80名の成人男性のうち32・5％が成人女性のエロティックな姿態と同じく少女のそれにも興奮を覚えたという（より興奮した者もいた）。成人女性にしか興味を見せない男性であっても、少女のヌードには興奮してしまうこともわかった。1989年にペドフィリア的なものに惹かれている193名の学生を対象におこなわれた調査では、21％が子供に興味があると明言し、9％が性の対象だと答えた。子供をイメージし自慰をする者は5％、警察沙汰にならないという保障があれば子供とセックスをすると答えた者は7％いた。

単なる紐やロープを使ったストランギュレーションではなく、力を入れやすくするためのロッドがコード両端につけられた「ギャロット」が使われたのもこの事件の特徴であった。ギャロットのコードの長さは約43㎝、ロッドはへし折ったペイントブラシであった。顔と首に残された擦過傷はこのロッドによるものだ。交差部分はうなじ中央に位置し、コードはジョンベネットの手首に巻かれていたものと同じマテリアルであった。ジョンベネットの首には索痕（絞めた痕）が確認できた。

　通常首を絞められれば非力な子供であろうと無意識のうちにギャロットを外そうと締め付けるコードの間に指を食い込ませるなど何かしらの抵抗を示すはずだ。そうした痕跡がないことから彼女は意識のない状態のまま首を絞められたに違いなかった（頭部の傷はこのことを裏付けている）。

　この事件では富豪家族、チャイルドビューティークィーンなどの要素がネガティブな方向に働いてしまった。メディアは噂やあてこすりを煽り、大衆はそれを喜んだ。しかし夫妻が娘を亡くしたことは間違いない事実であり、本来は守られるべき信頼やプライバシーも失った。２００３年ボウルダー警察が保管していたサンプルのひとつ、下着についていた血液がＦＢＩによってＤＮＡ鑑定にかけられた。現在、性犯罪者のデータベースと照合がおこなわれている。

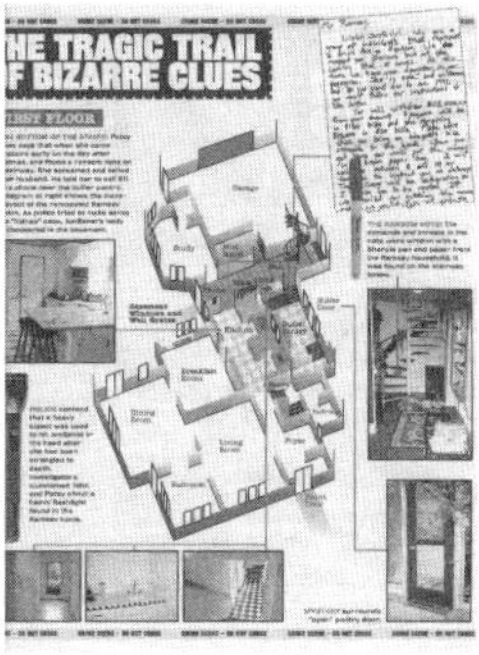
THE TRAGIC TRAIL OF BIZARRE CLUES

FIRST FLOOR

■ラムジー邸の見取り図まで掲載された

Beauty queen's bed-wetting drove her mom to murder, say cops

JONBENET THE POLICE FILES

PATSY'S RA

■警察が、娘のおねしょが原因だった、と語る

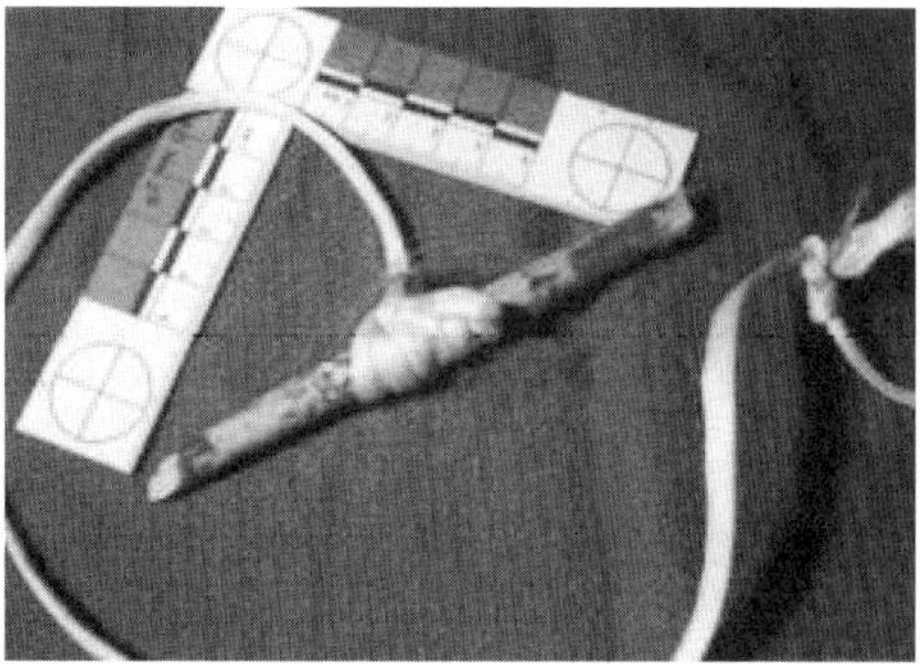

■ロッドには「絵筆」が使われた

アクシデント・ストランギュレーション

ストランギュレーションは不慮の事故としても起き得る。アクシデント・ストランギュレーションの報告は思いのほか多く、犠牲者は女性や子供が圧倒的に多い。女性の場合、長すぎるマフラーやスカーフに原因がある。わが国でも２００２年に26歳の女性が、首に巻いていた長さ２・７ｍのロングマフラーをゴーカートの駆動部に巻き込まれ死亡した。こうしたアクシデントは１９２７年9月に自動車の車軸にスカーフを巻き込まれ死亡した世界的に有名なダンサー、イサドラ・ダンカンの名にちなんで《イサドラ・ダンカン症候群》と呼ばれている。ダンカンは友人の運転する車の助手席に座っていたが発進からわずか20ｍ走った地点ですでに死亡していた。遺体の状況は、頚椎が折れ頚動脈も引き千切れていた。この事故はアクシデント・ストランギュレーション第1号ともいわれている。

1）パワーウインドウ

ＰＬ法（製造物責任法）絡みの訴訟が多いアメリカでは自動車のパワーウインドウによるストランギュレーションをめぐっての裁判が激増している。ここでの犠牲者は圧倒的に子供が多い。もっとも自動車メーカーと遺族との争いは１９６０年代にパワーウインドウが普及し始めた頃からあった。

きちんと警告しているではないか、過失は子供を監督する保護者の方にある——これがメーカーの言い分だ。市民団体から「何らかの対策を」との声が上がるが、メーカーサイドはパワーウインドウの開発から数十年経っているにもかかわらず「技術的な限界」という理由でこれを見送っている（宇宙開発も盛んな時代だというのに！）。

■イサドラ・ダンカン

ＰＬ法絡みのストランギュレーション事例を一つ――

２００４年10月、香川県で40歳の会社員の自宅で母親（67歳）の変死体が見つかった。当初、背後から何者かによって絞殺されたと思われていたが、遺体の近くにフットマッサージ器が落ちており、ローラー部分にエプロン紐が巻きついていた。母親は安全カバーを外したマッサージ器で背中を押していたと見られ、紐がローラーに巻き込まれ、着ていたエプロンの襟でストランギュレーションしてしまったのだ。

２）ボンデージデス

全身を緊縛し、猿轡などで口鼻を塞ぐＢＤＳＭ（ボンデージ＆ディサプリン、サドマゾ）行為は一歩間違えば死につながる。全身緊縛で全身への血流が滞り、ギャグが二酸化炭素の排出、酸素の吸入を妨げる。ギャグについては口だけなら大丈夫というのは間違いで、鼻腔に粘液がたまりやすくなる。スレイブは緊縛の最中に起こる意識の喪失を「縄酔い」などと称し歓迎しているが、勘違いもはなはだしい。脳細胞の低酸素症のなせる業だ。こうした緊縛プレイのひとつに捕獲した獲物を縛り上げるスタイルを模した「ホッグタイ」というのがあるが、うつ伏せになった時に胸郭（肺）の拡張が妨げられさらに危険度が増す。血流障害に胸部圧迫が加わるというわけだ。

■度を超した緊縛は全身の血流を妨げることになる

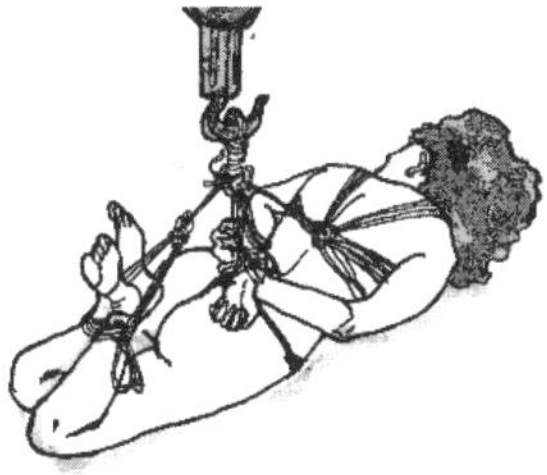

■ホッグタイ

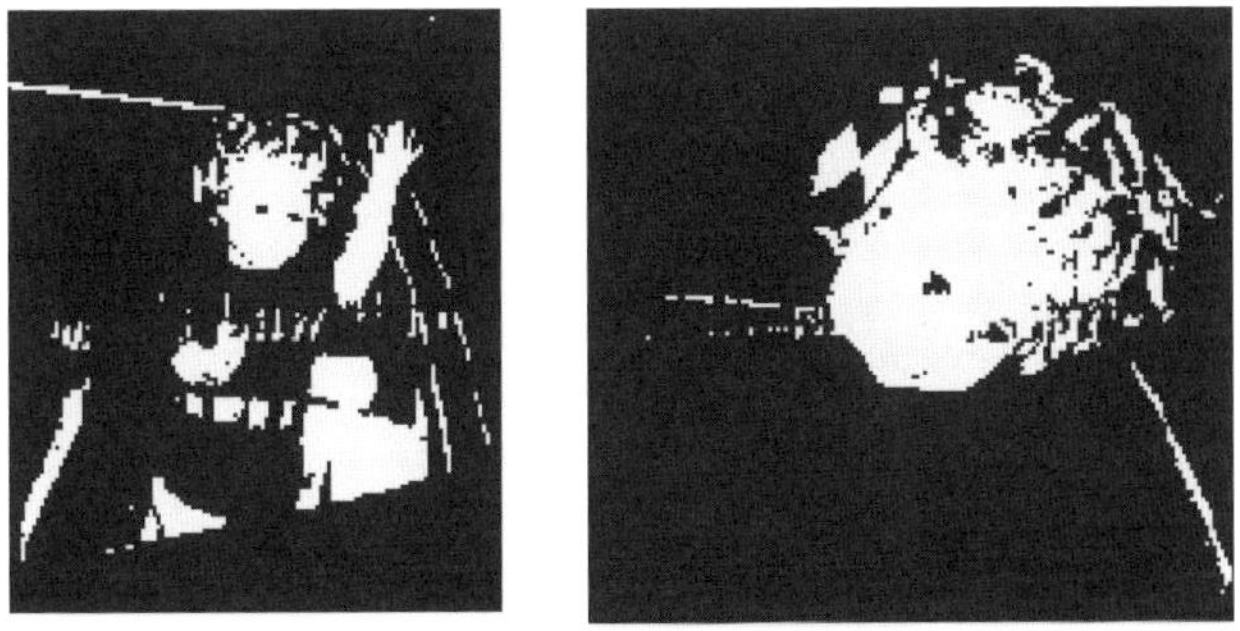

■何らかの抵抗を感知したらリバースする機能の開発はそれほど難しいことではないと思うが……

3）阿部定の供述

1936年（昭和11年）5月18日、東京都の旅館の一室で男性の絞殺死体が発見された。凶器は赤い腰紐。遺体の下腹部が切り取られていたことから当時のメディアは〈稀代の猟奇事件〉と銘打ち、センセーショナルに報じた（もちろん大衆も十二分にこれに応えた）。

本書にとって男根切除などどうでもいいことだ。ここで重要なのは犯人の阿部定（当時32歳）と犠牲者石田（当時42歳）が性交時にストランギュレーションに耽っていたという点だ。当時、今ほどではないにしろ変態趣味というジャンルは確立されていた。少ない情報の中で、情交と絞首を結びつけるヒントがあったに違いない。

二人の性関係を端的にいえば女がサディスト、男がマゾヒストであった。セックスの最中、石田の上になった阿部は紐で首を絞めることで二人の快感が増幅されることに早くから気がついていた。事実、石田の首には索痕がいくつも残っていた。阿部の供述では、事件当日も石田の了解を得て首を絞めたとなっている。真偽のほどは定かではないが性交中の女の首を絞めると膣のしまりがよくなるといわれている。男の場合はどうか？　首を絞めた理由を問われた阿部は「首を絞めると腹が出て男根がピクピク動く」と話していた。脳へ送られる血流量は総血液量の15％。首を絞められたことで脳に割り当てられた数パーセントが海綿体に流れ込むのだろう。

首吊りと男根勃起の関係は――性的興奮を感知すると大脳に対する刺激が情動を司る辺縁系を通じて勃起を促す。性的興奮は大脳、脳幹、脊髄神経を経由し血管運動神経と射精神経が集中する腰部反射神経へと送られる。刺激はそこから神経を経由し、まず仙骨神経から、そして陰茎を隆起させる海綿組織の毛細血管に伝わる。海綿体筋の収縮と陰茎起立筋により血流が逆流することはない。勃起と射精をコントロールする腰部反射神経は大脳皮質から送られる抑制因子はもとより、興奮にも左右される。突然、抑制因子が遮断され絞首直後に勃起に至るのも

■定の〝突き抜けた〟ような笑顔

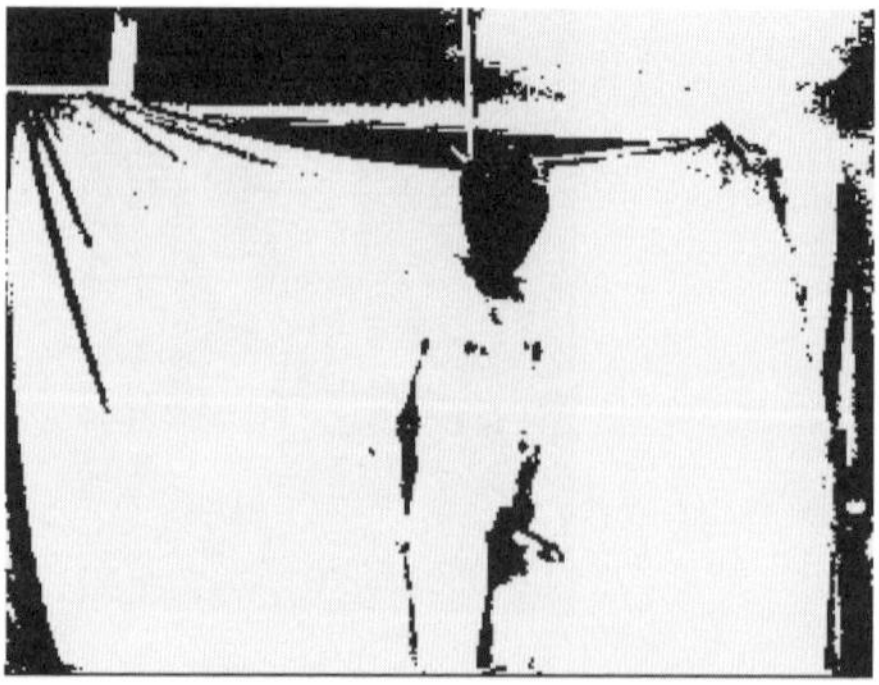

■処刑された男性。男根の勃起が確認できる

これで説明がつく。

■ストランギュレーションツールについて

1）表皮剥脱を伴わない索状類

・neck（首）＋tie（結ぶ）。首に結わきつけるために考案されたネクタイは往々にして〈絞める〉ことにも使われる。ただしはじめから殺意ある者が絞殺用に持ち歩くとは考えにくい。幅広でしかもシルクなどの素材でできたネクタイは痕（索痕）が残りにくい。

・レイプ魔やストラングラー御用達なのがストッキングだ。犠牲者の持ち物だったというケースが多い。強靭で伸縮性に富んでいる。捩って使われることが多いので索痕が残る。

・スカーフ、マフラーも元来の目的が「首に巻く」であることからストランギュレーションにもよく用いられている。幅広のため犠牲者が意識喪失するまでの時間は長い。

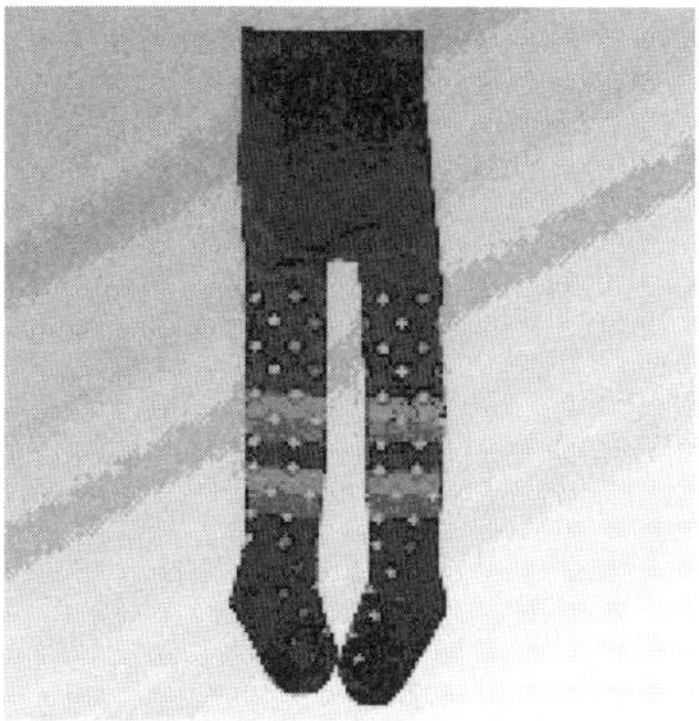

■ストッキング

■マフラー

■首に結わえるものであるネクタイは絞殺にもしばしば用いられる

2）表皮剥脱を伴う索状類

・ロープ。いわゆる索状類といわれるものの代表。不審者のかばんの中から長いロープが出てきたら緊縛に、短めのロープならばストランギュレーションに使おうとしていたに違いない。径が細ければ細いほど力が伝わるので意識喪失に至るまでの時間は短い。

・強靭さでは随一。ワイヤーを使う者の殺意は高い。事故でワイヤーによって首が切断されたという事例は多い。凶器に犯人特定の手がかりとなる人体組織は残らないはずだ。なぜならば犯人は手袋をしているはずだからだ。絞殺用ワイヤーを素手で扱えば血だらけになってしまう。

・ベルト。ベルトホールやステッチが索痕となって残る。

・電気コード。〈電気コードで首をしめられて〉——ストランギュレーション用の凶器の代名詞的存在。なぜ、電気コードなのか考えてみる。強靭さを誇るワイヤーに皮膜が被されたようなものだ。これならば手を怪我をする恐れはない。

・タオルはパイル織りされているので、索痕が残りにくいといわれている。これほど幅の広いものをどうして他人の首に巻きつけることができるのか——タオルの犠牲者は無抵抗な人、寝ている人が多い。

凶器に関する考察

凶器からさまざまなことがわかる。まずは凶器と犯行現場がマッチするかどうかを見極める。たとえば一人暮らしの女性がワイヤーでストランギュレーションされたとすると、剥き出しのワイヤーが女性の部屋の日用品として適当か否かを考える。同じようにロープやコード類、しかも適当な長さのそれが見つかれば、犯行は計画的で、しかも犯人は常習者であることがわかる。事前の犯行でどんなロープ（コード）を、どれぐらいの長さが必要かということを学習していた証拠だ。

ネクタイはどうだろうか。犯人の持ち物なら当然現場から持ち去られているはずだ。女が犠牲者ならば犯人と女はネクタイを外してもよい関係にあったに違いない。犠牲者の所有するストッキングやブラジャーが使われた場合、レイプの途中にストランギュレーションされたことがわかる。犯人にとってはレイプすることが目的であって最初から殺意があったわけではない。もしそうならばそれなりの凶器（ストランギュレーション用のコードなど）を用意するはずだ。

■ロープ

■ワイヤー

■ベルト

■タオル

■電気コード

検証　ハンギング（首吊り）

明確な自殺意思の元、ロープで首を吊っても死に至るまでのプロセスはストランギュレーションとほとんど同じだ。頸静脈、頸動脈の閉鎖が大きなウェイトを占めている。気道はというと気管切開した患者が首吊り自殺をした事実を受け入れれば、それほど大きな要因ではないことがわかる。ストランギュレーションとの大きな違いは129ページのイラストで説明したように首吊りでは椎骨動脈の閉鎖が起こるということだ。しかしここでも条件があり、足が完全に地面から離れた状態で、首輪がほぼ体の中央に位置しなくてはならない。

首吊りは二つの形態に分類される――

・定型縊死
・非定型縊死

1）定型縊死

英語ではcomplete position、つまり「完全な懸垂状態」ということだ。誰もがイメージする「首吊り自殺」がこれだ。遺体の足が完全に地面から離れた状態。ロープに本人の全体重が掛かっているので頸動脈、頸静脈、椎骨動脈（静脈）、気道のすべてが閉鎖されてしまう。それぞれが閉鎖する重量は――

頸静脈：約2kg

■定型縊死

頸動脈：約4～5kg
気道閉塞：約15kg
椎骨動脈：約29kg

成人であれば上記の数値などすぐに達してしまう。一説には全体重の20％が掛かれば十分ともいわれている。

2）非定型縊死

imcomplete position――不完全な懸垂状態。不完全というのは体の一部が地面に触れている状態を指す。全体重の20％の負荷が首にかかれば人間は死んでしまう。要するに首吊り自殺は寝ている姿勢でも可能というわけだ。椎骨動脈の閉鎖がない分、顔面の鬱血、溢血点の発現が顕著だ。

首への体重の掛かり具合は、完全な懸垂状態を１００％とすると足のみ床についていると70～80％、上半身が高くうつむいた姿勢で40％、膝をつくと20％、うつ伏せに近い状態では15％になる。

■ハンギングにまつわる常識・非常識

遺体の容貌は定型、非定型で違う。頭部へ流れるべきすべての血流がストップする定型縊死では顔面は蒼ざめる。一方、非定型縊死では閉鎖を免れた椎骨動脈が血液を送り込むので顔面は鬱血（赤黒く膨張）する。首吊り遺体が醜いといわれる要因に「舌や目玉が飛び出し、糞尿

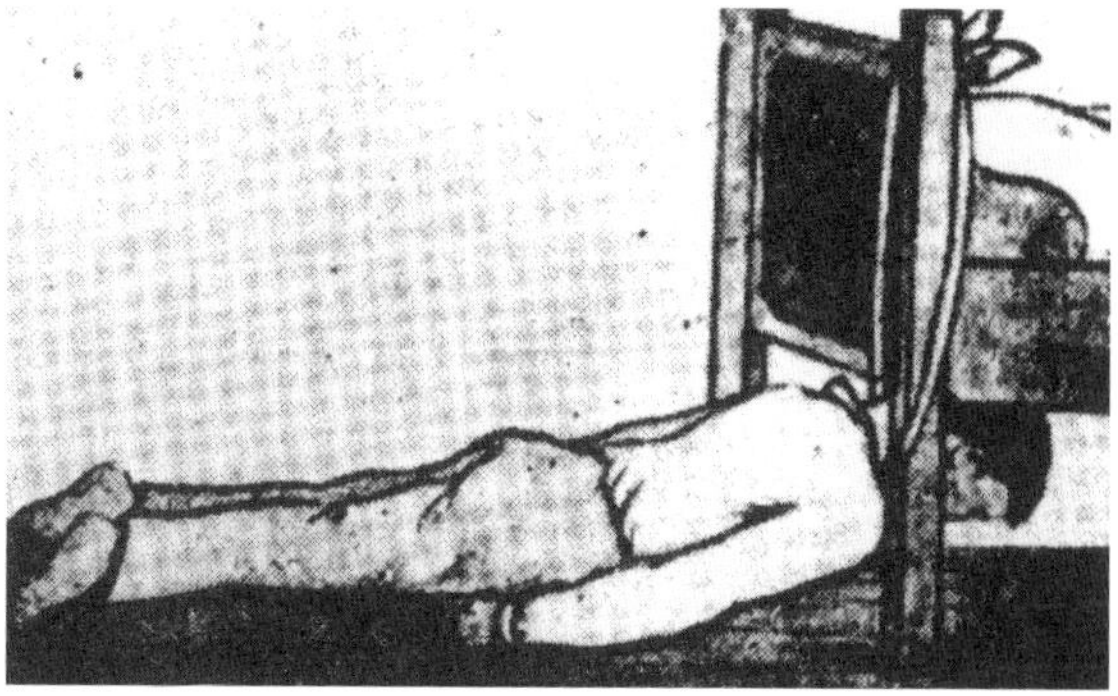

■非定型縊死――接地面が大きいほど首への負荷は小さいが……

が垂れ流しになり云々」というのがあるが、舌の飛び出しについては舌根への首輪の圧迫によるもので口を半開きにして顎下の部分を強く押し込めば再現可能だ。この時、唾液も流れ出るが、これは首を絞めたことで交感神経が刺激されたことで唾液腺の分泌が亢進したためだ。「目玉が飛び出し」についても絞殺遺体と混同しているのではないかと思われる。「糞尿垂れ流し」は筋肉弛緩のせいだ。定型であろうと非定型であろうと遺体発見が遅れれば一緒だ。容貌は時間経過とともに変化する。海外の法医学書は多くの遺体の右目が半開きになっていたと指摘しているが、根拠はないようだ。

発見がさらに遅れた遺体はどうなるのか――左の写真の自殺者は内臓の溶解が進んだ末、セミリキッド状態になった胴体が重力に逆らうことなく「すっぽ抜け」になってしまった。この他に首輪を支点に内側に折り畳まれた状態になった自殺者もいる。

■下顎も崩れたようだ

■非定型縊死の典型。鬱血が顕著

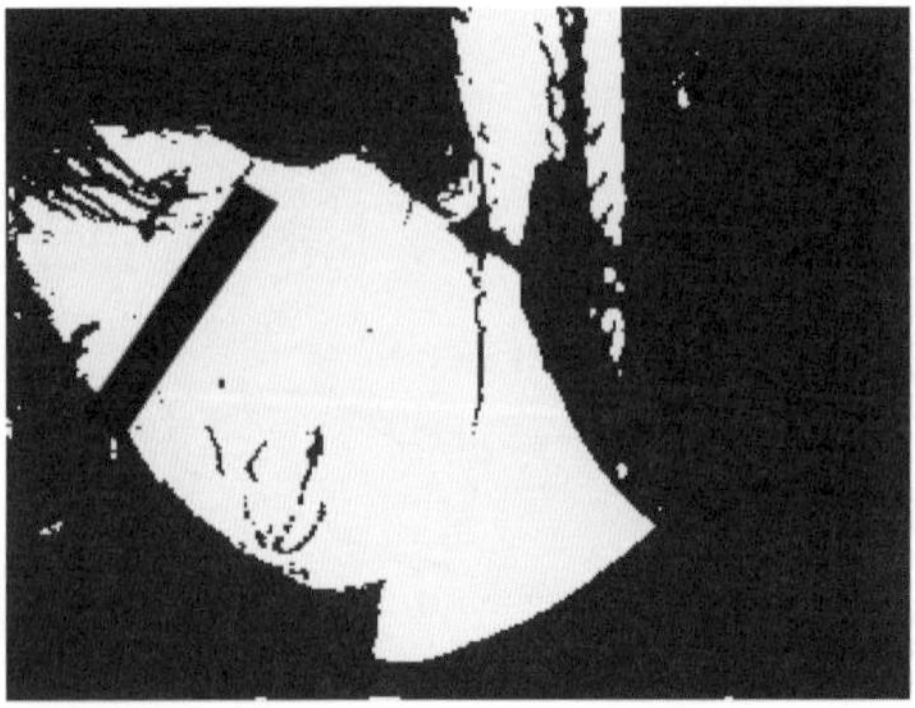

■首輪が舌根を圧迫した結果……

■偽装自殺を暴く

ストランギュレーション後にハンギングを装う偽装自殺。この偽装自殺に関する報告は意外に多く、どんなに巧妙な手を使おうとも検死官によってことごとく看破されているのが現実だ。見た目は単純そうだが首吊り自殺はなかなか奥が深いということはここまで読み進めば理解できているはずだ。たとえば完全な定型縊死であるにもかかわらず、顔面に鬱血、結膜などに溢血点を確認したり、首輪の痕（縊溝）とは別のヒモ痕（索溝）があったりすれば、間違いなく第三者に首を絞められたということになる。鬱血や溢血点は非定型縊死（もしくは絞殺、扼殺）特有の椎骨動脈の不完全閉鎖で生じるからだ。

下の写真を偽装自殺と判断する理由は、1）死後硬直した腕や手首の曲がり具合がおかしい。懸垂状態であることから腕や膝は重力で下がるのが自然の理だ。左手にいたっては地面と平行になるよう曲がっている。2）衣類の汚れ方が不自然、ということだ。そして3）首輪の結び目の位置だ。

偽装自殺か否か――検死解剖以外に単純かつ有効な判定方法がある。自殺者の「首を吊る前にあたかもロープ類の強度を測るかのように手でしごく」という習性を逆用したもので、自殺者の手指にセロテープを貼り、繊維の有無を調べるというもの。この他、シチュエーション的におかしい場合、たとえば足がかなり地面から離れた状態なのに踏み台になるものが見当たらない時、現場が本人の自宅であるにもかかわらずロープ、ベルトなどではなく切り裂いたシーツやカーテンなどで首を吊っている場合だ。他人の家の勝手がわからないから手近にあるものを使ったということがわかる。すべてにあてはまるとはいえぬが遺書の有無も判定基準のひとつとなる。衣類や後髪がロープの内側に巻き込まれている状態も自殺では考えにくい。遺族（遺族が仕組んだ可能性もあるので近所の者や職場の同僚、友人）に、自殺者のここ最近の精

■首吊りではありえない死後硬直を見せている

神状態、本人に自殺するような動機があったかどうかを尋ねることも重要。

中東で起きた典型的な偽装自殺の事例を紹介する――

1）首吊り遺体発見

下の写真の男性は自宅で首を吊っているところを妻に発見された。自殺した男性（35歳）には二人の子供がおり、製靴工場に勤めるかたわら自営で酪農業も営んでいた。結婚して10年以上が経っていたが、酪農場の従業員と妻が不倫をしていると邪推していた。

夫は寝室の天井の梁に切り裂いたシーツを引っ掛けて首を吊っていた。遺体発見は早朝のこと。妻の供述によれば、前夜夫から渡された錠剤を呑み、それから猛烈な睡魔に襲われたという。その晩は二人の子供と寝室に通じる床の上で寝てしまった。翌朝、夫に飲ませようとコップに入れた水を持って寝室に入ったところ、夫の変わり果てた姿と対面した。

2）遺体の状況と検死

膝のついた非定型縊死。顔面が鬱血し舌をかんでいた。甲状軟骨のあたりに肩と平行に走る索痕を確認する。これはシーツのものとは明らかに違っていた。索痕は皮膚に赤い痣のように残され首を一周していた。皮下出血、筋肉内出血が顕著で甲状軟骨も骨折していた。気管の損傷も著しい。この他下顎や脇の下、手足に抵抗の跡をうかがわせるような傷が見られた。

3）判定：他殺

最終判定、他殺。このケースで決定的なのは首に残った索痕である。状況から凶器は細く、強靭であることが判る。首を吊ったシーツは幅が広く、軟らかい素材なのでこのような痕は残らない。手足に残った痣や傷も「抵抗の証」と判断された。また夫婦関係がギクシャクしてい

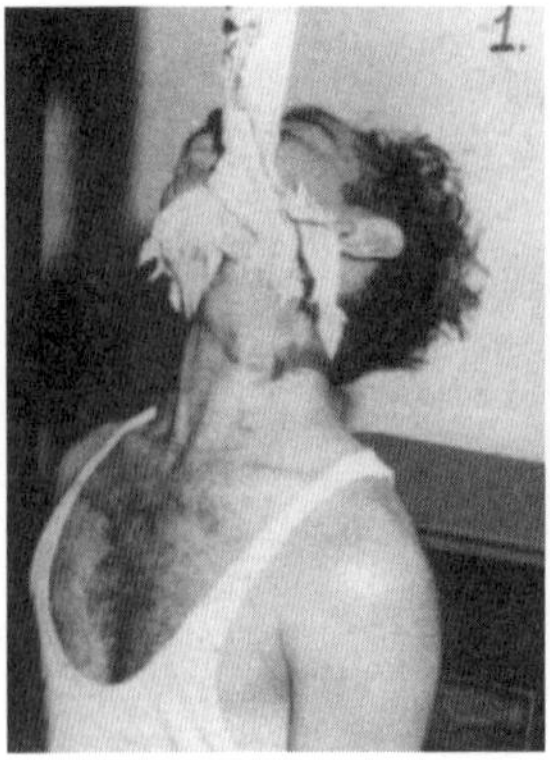

■自宅であるのにわざわざ切り裂いたシーツで首を吊るであろうか？

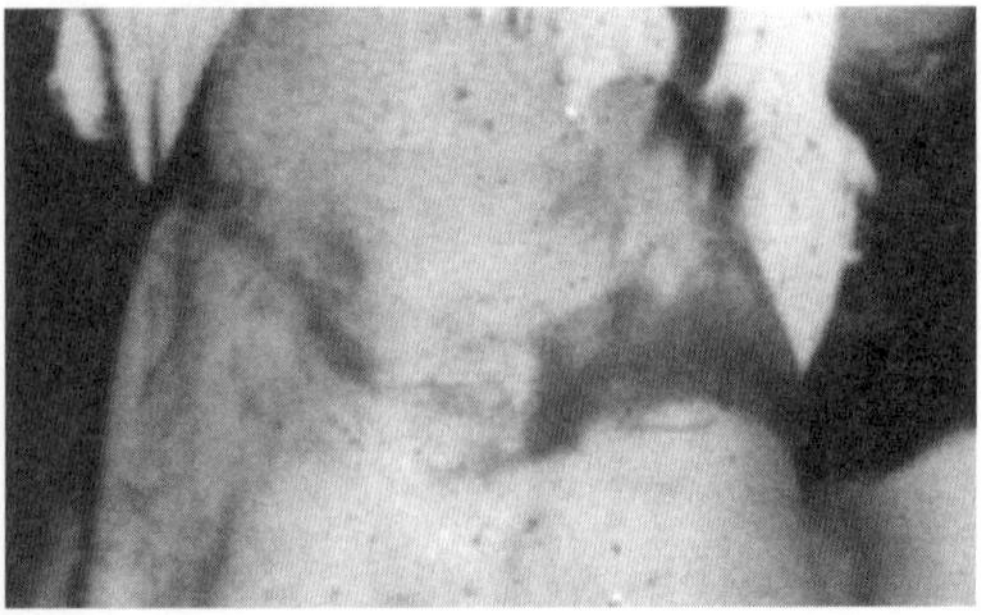

■シーツの位置と完全に符合しない索痕

たこと、妻の供述が不自然なことも大きな決め手となった。

■人種差別とハンギング

首吊りがしばしば他殺の手段として使われていた時代があった。1866年、南北戦争が終わり、それまで奴隷の身分であった黒人が解放された。彼らに対する嫌がらせはこのときから始まっていた。南部諸州の統合、WWⅠ、Ⅱ（第1、2次世界大戦）、そして1960年代になり公民権運動がクライマックスを迎えるまで黒人の活動家やそれを助ける白人が狂信的な人種差別集団KKK（クー・クラックス・クラン）のターゲットになった。KKKの前身は元南軍の数人の兵士の呼びかけで集まった自警団であったが、いつの間にか私設軍隊並みの組織になっていった。夜間の襲撃、焼き討ち——当時の蛮行を撮影した写真（多くはポストカード）を見るとリンチ（私刑）の仕上げは大体がハンギングだった。暴行を加え意識を失ったところで首輪を引っ掛け、木の枝に回し、数人で引っ張るというものだ。

■セックスとハンギング

脳への血流低下、脳細胞の低酸素症は意識喪失に繋がる。喪失と覚醒の瞬間はある者にとって忘れられない体験となり、これを故意に起こそうとする。悪癖の多くは自慰の快感を伴い、何人かがこの行為の最中に息を引き取っている。射精の「快感」は死ぬかもしれないといった「甘美な恐怖」によって何倍にも増幅されるようだ。海外ではセクシャルなシチュエーション（全裸、半裸、女装、ボンデージなど）で、首を吊る、絞める、取り込むべき酸素を別の気体に置き換える、不活性ガスを吸引するなどの行為中に命を落とすことをAutoerotic fatalities（自

■リンチ風景はポストカードにもなった

慰死）と呼び、事故死と判定される。

ハンギング中の自慰死は状況から自殺や他殺と間違えられやすい。自慰死には次のような特徴がある——

・思春期もしくは青年期の男子に多い
・つま先が床から完全に離れている定型縊死はまれ
・部分的に、もしくは全裸である
・ソロプレイである
・自殺願望なし
・現場に性的興奮を引き起こす図画や書籍を確認
・ロープ、チェーン、レザーで体の一部を縛っている⇩ボンデージ&ディサプリン
・フェイルセイフ（緊急時の解除装置）がある
・女装している
・自分の姿を写すために鏡が置かれたり、カメラやビデオがセットされている

Caution!

命を落とすようなことがなくとも故意に、しかも頻繁に引き起こされた低酸素症によって常習者の脳は深刻なダメージを受けている。

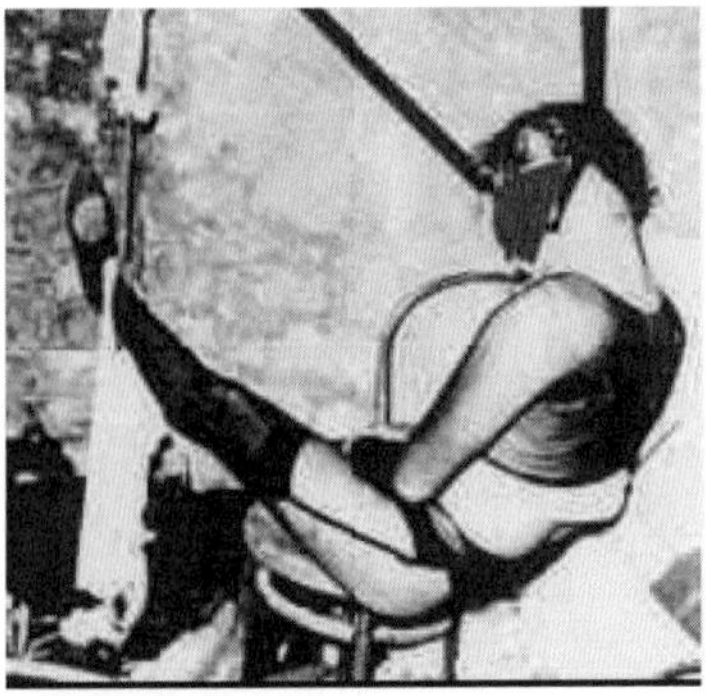

■下半身露出、女装——ハンギング

3章

溺死と溺殺のプロセス

水という凶器

液体に溺れて命を落とすと溺死（drowning）ということになる。液体は何も淡水や海水に限ったものではない。工場のタンクに落ちて中の溶液に浸かって死亡すれば、これも溺死だ。液体の種類は数あれど、この章では水（淡水、海水）に限って話を進めてゆく。

溺死はmode of deathであって直接の死因（cause of death）は窒息だ。溺死は《窒息》の一形態に過ぎない。犠牲者は口鼻から気管を通じて肺に達した水によって《窒息》しているというわけだ。死亡ではなく、溺死寸前の状態で救助されると《溺水（near drowning）》と呼ばれる。

他人を水に押し付けたり、水中に突き落としたりして、死に至らしめることを《溺殺》という。水は凶器になりうるのか？　2003年アメリカの殺人統計では14408人中17名が《水で殺されたこと》になっている。これは全体の0・11％でしかない。犠牲者は体力的にハンディがある高齢者や幼児が多い。

■年間溺死者数

溺死報告の比率は圧倒的に事故死、いわゆる水難事故が占め、自殺は極わずかな件数でしかない。世界中で毎年約14万名が、アメリカでは年間に約6500名が溺死している。アメリカの溺死者6500名の大まかな内訳は、遊泳中が3100名、ボートから落ちてが1200名、スキューバダイビングの最中が700名、自動車ごと水中に転落したというのが500名となり、原因が判らないものが1000名となっている。このうち原因不明の1000名については他殺の可能性が捨てきれない。法医学の専門書にはある年の溺死者6000名のうち0・0

■水難事故

1％にあたる60名は限りなく他殺の可能性が高いと記されていた。

当たり前のようだが生来の活発さが災いして犠牲者は女性よりも男性が、年齢は低いほど多くなる。ハイリスク層と目されているのが5歳以下の子供で、このグループの十人に一人は溺死する可能性が非常に高い。

■事故と他殺

特定の地域（所轄）において水難事故はそう頻繁におこるものではない。したがって担当警察官の経験不足から他殺が事故死で片付けられる恐れは多分にある。多ければよいかというとそういうことでもない。逆に頻繁に水難事故が起きているようなエリアでは忙しくていちいち検証しきれないという事態になりかねない。

警察は他殺の疑いがあると、殺人に結びつくような手掛かりをひとつずつ消去しながら捜査を進めてゆく。目を離した隙に子供が海や川、プールで溺死すれば、遺体の状況によほど不自然な点がない限り事故死と判定されてしまう。本来ならば家族関係をはじめとして虐待の前歴、不自然な保険金契約などがないかを調査しなければならないのだが、大した確信もないのに悲しみに暮れる両親を目の前にして果たして「お子さんは殺されたのかもしれません」といえるであろうか。

同じことは火事にもあてはまる。しかし火災の場合、現場の保存が可能なので検証に十分時間をかけることができる。火事の判定がしばらくして他殺に覆るケースはよくあることだ。ところが水難事故はどうか。現場は水という極めて保存維持の難しい場所なので検証は容易ではない。捜査にあたる者の経験という点でも水難事故に比べれば火災の発生件数の方が多いので、知見が豊富なはずだ。

徹底検証　溺死

■肺こそ生命維持に欠かせぬ臓器

生命を維持するには何が大事かということを考えると、まず水や食物の摂取が頭に浮かぶだろう。確かに水や食料は欠かせない。しかし渇きを癒すとか空腹を満たすといったレベルではなく、もっと根源的というべきか、細胞のレベルで考えれば存在の大きさという点で酸素には遠く及ばない。数時間ばかり水や食物にありつけなくとも死ぬことはない。ところがどうだ。酸素は数時間？　とんでもない！　1、2分でも体に穫り入れることが出来なければ深刻な事態に陥ってしまう。前章で詳述したように酸素の供給が完全に断たれた場合、7～10分が限度だ（ここでいう限度は脳幹の死滅を意味する）。

医療が現代ほど進歩していなかった一昔前、結核などの肺病を患うと二つある肺のうち一つを摘出する人が多かった。退院した患者は少し自慢げにいう――肺が一つになっても大丈夫。命に別状はない？　本来二つあるべきものが一つになったのだ。これはハッタリ以外のなにものでもない。

個人的見解だが肺は心臓よりも重要な臓器であると考える。肺は、酸素を取り込み、不要になった炭酸ガス（二酸化炭素）を吐き出す重要な臓器である。ご存知のように心臓は血液を循環させ、体中の細胞に酸素を送るという役目を担っている。もちろん心臓が動かなければ酸素の供給はストップする。ゆえに心臓は重要な臓器ということになるのだが、この心臓でさえ一番新鮮な酸素を供給されなければ機能が著しく低下してしまう（心臓をぐるりと囲んだ冠状動脈はこのためにある）。

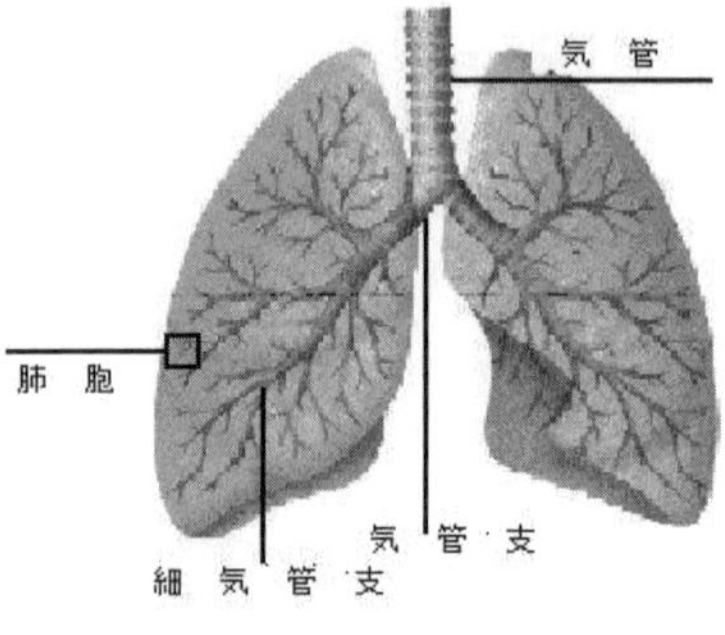

■肺は左肺と右肺に分かれている。心臓のスペース確保のため左肺の方が小さくなっている

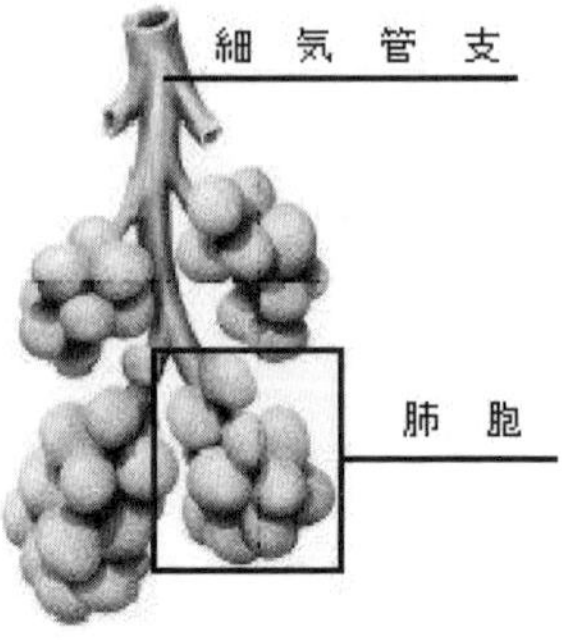

■肺胞の直径は0.1～0.2mm程度。細気管支と肺胞は《ぶどうの枝と房》の関係だ

■肺のアナトミー

外界から酸素を取り入れ、二酸化炭素を放出する一連の動きを呼吸と呼ぶ。生命維持に不可欠な細胞の新陳代謝を促す酸素を取り込む手段はこの呼吸しかない。呼吸は口鼻喉の上気道、気管、気管支、肺の連携で成り立っている。とりわけ肺は重責を担っている。理由は右に述べたとおりだ。胸郭のほとんどを占める肺は左右の肺に分かれ、心臓のスペースを確保する分、左肺の方が小さくなっている。肺がいかに重要な臓器かということは肋骨、胸骨、背骨で防護されていることからも肯ける。ちなみに肋骨に隙間があるのは肺の拡張にあわせフレキシブルに動かせるようになっているからだ。

　鼻から吸い込んだ空気（空気の構成：酸素21％、窒素79％）は気管を通り、左右の分岐点で気管支に分かれる。成人の1回の呼吸量は約0・5リットルといわれている。気管の太さは直径が1・5㎝、長さは約10㎝ある。気管の終端は左右に分かれておりこの部分を気管支という。気管が木の幹ならば気管支は枝のようなものだ。気管支は肺の内部でさらに小枝である細気管支に分かれる。小枝の先端には実がなっている――これが肺胞だ。溺死とは簡単にいえば水による肺胞の目詰まりを意味する。

■ガス交換

　肺門を通じて左右の肺の内部に達した気管支は細気管支に枝分かれする。細気管支の先端に肺胞がちょうどぶどうの房のように実をつける。直径0・1～0・2㎜程度の薄い袋状の肺胞の数は両肺で約6億個近くもある。

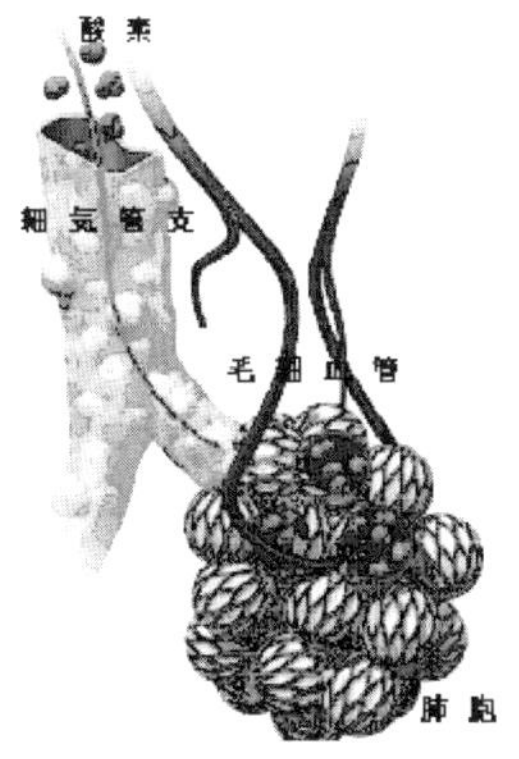

■3億個近い肺胞の表面積は畳40畳敷きのスペースに相当する

肺胞の周りには毛細血管がびっしりと張り巡らされており、心臓から送られた血液（静脈血）はここで二酸化炭素を捨て、新鮮な酸素を取り込んだ血液（動脈血）に生まれ変わり心臓へ戻される――この仕組みが《ガス交換》だ。

■溺死原因

溺死と聞くと全身が水没した姿を思い浮かべるが、溺死は《ガス交換の阻害による脳細胞の無酸素症》が原因によって起こされるので水に没する必要はない。溺死には体重の2～10％の水量で十分だ。

人はなぜ溺れ死ぬのか？　半世紀前、溺死原因は心臓の不整脈にあり、といわれていた。飲み込んだ水（淡水か、海水か）によって体内の電解液が変質し、結果心臓の機能に影響を及ぼすというものだ。しかし今では溺死の最大原因は窒息が定説となっている。

溺死の形態は1）湿性溺死と2）乾性溺死に分けられている。

1）湿性溺死

肺が完全に水浸しになった状態でおこる溺死を湿性溺死と呼ぶ。溺死者の実に90％近くが水による気道、気管、肺胞の目詰まりから窒息死している。気管が詰まれば酸素は取り込めなくなるし、肺胞が目詰まりを起こせばガス交換はもうおこなえない。溺死者は水を飲んでいるのではなく《水を呼吸する》のだ。

水は気管、気管支、細気管支を通じ末端部である肺胞に溜まる。後述するが毛細血管は酸素の代わりに水をくみ上げてしまう。半世紀前は血液（体液）の変質が溺死原因と考えられていたが、これは生還者の治療や後遺症に関してのみあてはまることで、溺死原因とはほとんど関

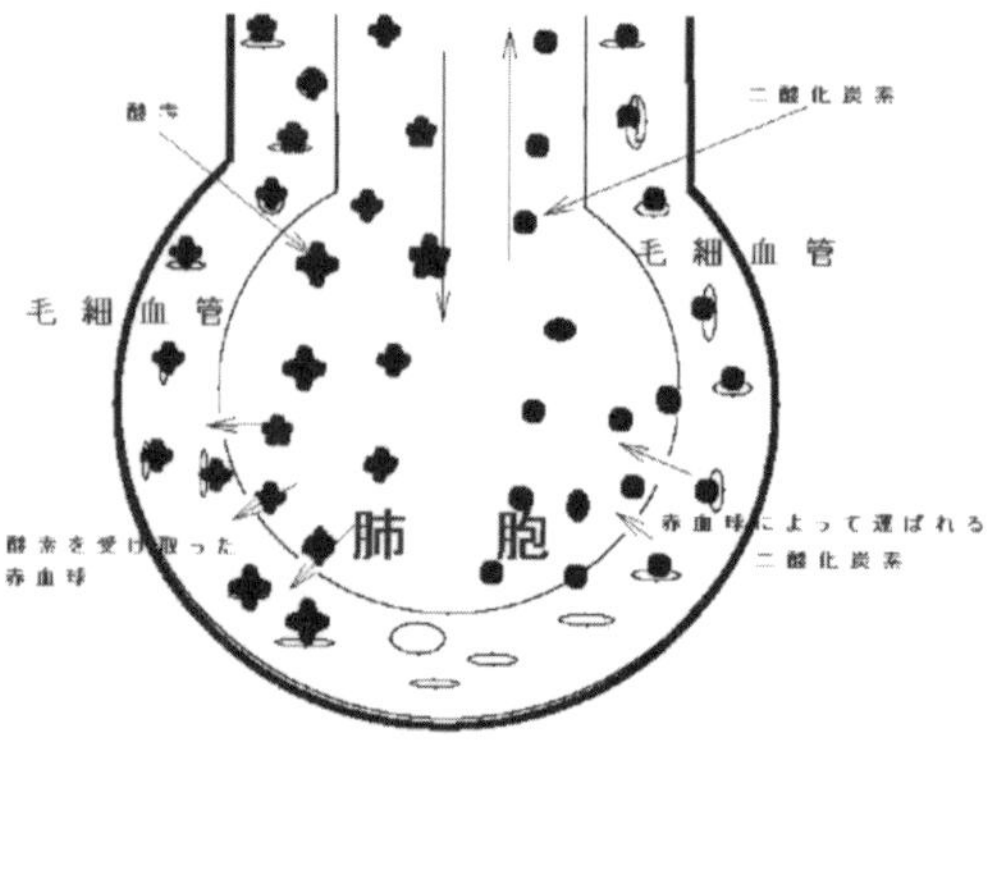

■図はガス交換の様子を表したものだ。肺胞を囲む毛細血管の中を●（二酸化炭素）を乗せた赤血球が通る。赤血球は肺胞で●を捨てると同時に★（酸素）を受け取り心臓へと戻る

係ないことが判明している。溺死は《窒息》の一つであることから、肺胞の目詰まりによって酸素が取り込めない（二酸化炭素を捨てられない）ことの方が深刻だという事がよくわかる。

2）乾性溺死

乾性溺死では肺の水浸し状態は確認できない。乾性溺死は細胞の酸素飢餓を表す低酸素症（hypoxia）、酸素がゼロの状態である無酸素症（anoxia）と関係がある。酸素飢餓状態に最も敏感なのが脳細胞で症状としてはまず意識や視界に障害が出る。放っておけば無酸素状態にまですすみ4～5分経過で大脳皮質の死滅が始まる。さらに7～10分と経過すれば脳幹まで死滅する。

乾性溺死の犠牲者の肺を調べると下の写真のような肺水腫は確認できない。彼らは喉頭痙攣が原因の低酸素症から死に至ったのだ。溺死者全体の10～15％がこの乾性溺死といわれ、洗面器や浴槽に顔を押し付けられ溺死（正確には溺殺）するケースに多く見られる。

ダイバーからも似たような溺死報告が寄せられている。気道に浸入した水が声門に達すると喉頭痙攣（咳など）が起き、肺への進入をブロックしようとする。この状態は水面に浮上してからも続き、通常の呼吸にまで支障を来たす。すでに低酸素症にあるダイバーは無酸素症になり、そのまま窒息死する。水中から引き上げられた後、痙攣が解け自動的に呼吸が再開する場合もあるが、水中でこのことが起きるとまさに《水を呼吸する》ことになる（湿性溺死に移行）。

3）喉頭痙攣

喉頭痙攣は声門閉鎖と粘液閉鎖を引き起こす。口鼻から入り込んだ水に対しては、反射的に飲み込んだり、咳き込んだりすることによって何とかこれに対処しようとする。こうした反応が最終的に喉頭痙攣に繋がり、声門が閉じてしまう。声門閉鎖によって水の浸入は防げるが同

■溺死者の肺。気管支に残留している空気と水が混ざったため泡沫が発生する

時に空気も取り込めない状態になってしまう。粘液閉鎖は喉頭痙攣によって濃厚な粘液、泡が発生し気管を塞ぐことによって水の浸入を阻止するというものだ。同時に酸素供給もストップすることはいうまでもない。

　湿性溺死と乾性溺死が同時に、または乾性から湿性に移行し溺死するケースもある。いずれにしても溺死寸前、いわゆる《溺水》の犠牲者にはＣＲＰ（心肺機能蘇生法）を施し、直ちに病院に搬送することが大事だ。肺胞の変質は救助後もしばらく続き、医療処置が施されたにもかかわらず陸上で《溺死》するおそれがある。これを二次溺死（Secondary drowning）という。

■水と接したことによるその他の症状

　溺死は吸い込んだ水の量だけではなく、水温とも関係がある。一般に水中は空気中よりも約２５０倍も熱を放散させるといわれ、冷却は飲酒によってさらに早まる。また水温15℃の水中に30分間いると死亡するといわれ、水泳競技における水温が20℃以上と決められているのはこうした理由からだ。

　水に落ちた途端に心臓が停止したり、呼吸運動が止まったりすることがある。これは反射といわれ顔面に関するものは1）冷水に接したことで生じるエベック反射、2）眼球圧迫が原因のアシュネル反射がある。この他腹部を強打することで起きるゴルツ反射、進入した水で喉頭粘膜が刺激を受け発生する喉頭心臓反射がある。喉頭心臓反射は食べ物が喉に詰まっておきるカフェコロナリーと同じ反射といえる。これらの反射は一気に心臓停止にまで至ることがあり水中への飛び込みや、予期せぬまま落とされたケースによくみられる。

■冷水溺死と潜水反射：奇跡の検証

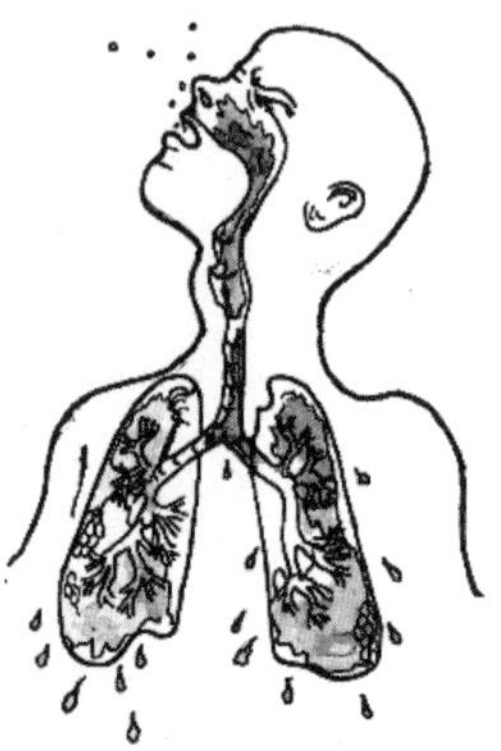

■湿性溺死：肺胞まで水が達している

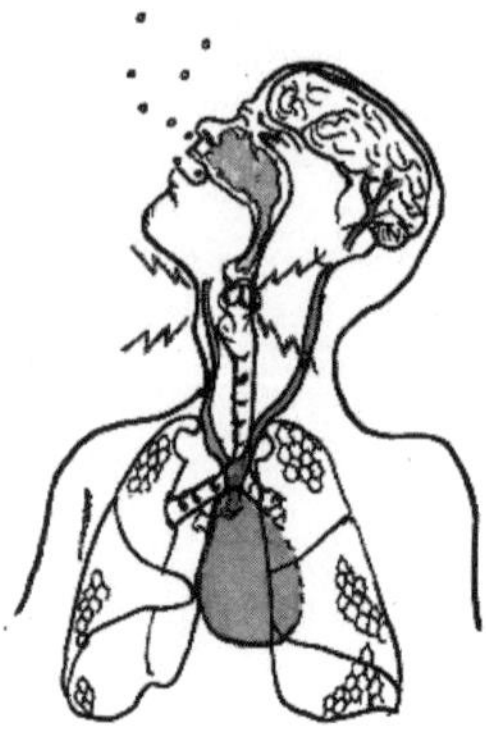

■乾性溺死：喉頭痙攣で実質酸素の取り込みがストップ。脳に新鮮な血液が運ばれず低酸素症を起こし窒息

水温は生死の境を決める重要な要素だ。水中から引き上げて3分間が救助の目安とされているが冷水（10〜15度）ならば10分間まで延長する。比較的暖かい場所（時間帯・季節など）で溺れた場合、低体温になる恐れもなく四肢の筋肉を活発に動かせる。この逆に冬場など水温が低い場合すぐに低体温になり体が硬くなってしまう。これは皮膚の血管の収縮と四肢よりも内臓を守ろうと血流が偏るからだ。体がいうことをきかなければそれだけ早く溺れてしまうではないか！　しかし低体温はプラスに働くのだ。まず冷却により代謝のスピードが落ちるので酸素の消費量が格段に落ちる。くわえて人間（哺乳類）には潜水反射（diving reflex）という素晴らしい能力が備わっており、水温が低ければ低いほど効果的に働くのだ。

アザラシやペンギンなどに見られる潜水反射は潜水時に心拍数を下げ、血液が四肢、内臓から脳へ優先的にシフトする自己防衛機能のようなものだ。脳は酸素不足に最も弱い。水生哺乳類は陸から水中に潜ると心拍数（80拍／分から5拍／分まで）が下がり四肢の筋肉や臓器の血管を収縮させることで、脳に最優先で血液が送り込まれる。

運動中の活動筋をも犠牲にして脳を守ろうとするエピソードのひとつに、潜水中のペンギンを捕獲して羽根を切断したところ血が一滴も出なかったというのがある。

人間にも潜水反射の名残が残っている。ただし大人になるにつれこの能力は劣ってゆく。成人が比較的暖かい水の中で意識を失った場合の蘇生リミットは3〜10分だが、子供が冷水につかった場合は約1時間といわれている。この驚異的な蘇生率は子供の卓越した潜水反射と彼らの未成熟な脳に負うところが大きい。

潜水反射とは冷水中における哺乳類特有の反応で、成人でも冷水で溺れれば暖かい水よりも

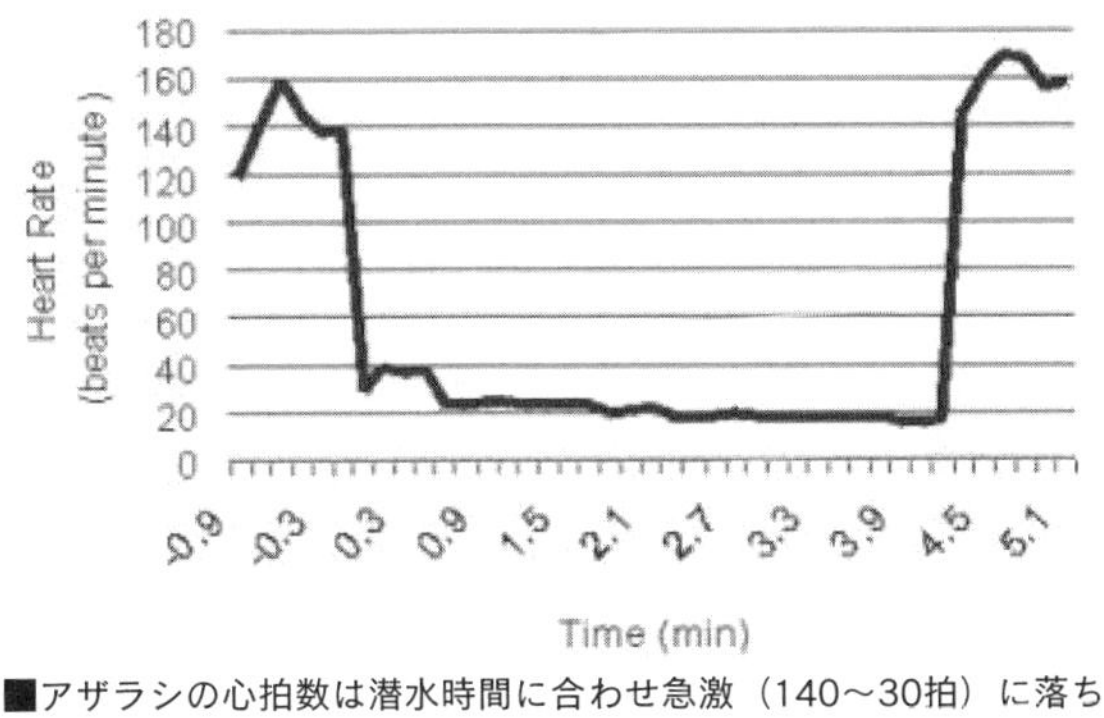

■アザラシの心拍数は潜水時間に合わせ急激（140〜30拍）に落ちる

■アザラシ

蘇生率は高くなる。詳しく説明すると「顔に水が浸かると目や唇にあるセンサーがそれを感知し、脳が心拍数を下げ、酸素消費量を減らすよう指示を出す反射のことで、末梢血管が収縮し、血液が優先的に心臓や脳へ送られる」というものだ。

この他に、子供の未成熟な脳は前述の無酸素症に強いということも蘇生率UPに貢献している。それでなくとも冷水中では細胞が必要とする酸素量も減少する。さらにここで補助的に働いているのが《低体温》だ。水の熱伝導は空気の約20倍で、これを活用した外科手術もあり患者の体温を30～20度以下にすることで細胞の代謝を抑えることができる。もともと身体も小さく、保温能力の備わっていない子供の場合、体の冷えるのが早く、冷水に晒されたことと冷水を飲み込むことでさらに低体温が促進される。最長で水没時間70分間から蘇生したという記録もある。18歳という高齢部類でも38分後に蘇生したという。

海水か淡水か

淡水溺死者は溺死者全体の90％を占めているという。つい最近まで海で溺れて救助された人のほうがプールや川、湖で溺れた人よりも生存率が高いなどといわれていたが、致死率、蘇生率の両方でたいした差はないというのが定説になっている。淡水であろうと海水であろうとガス交換が阻害されることには変わりはない。

1）淡水

淡水は血液よりも塩分濃度が低い。肺に進入した淡水はまず肺胞の界面活性物質を侵してしまう。これにより淡水は急速に血液に取り入れられ血液中の塩分濃度を0・7％以下に希釈しながら血液の量を増やす。赤血球は淡水の浸透により膨張し血圧が上昇する。膨張がさらに進

■体温低下と症状

体温が32℃を下回ると神経系統に障害が出始める。これは低体温によって脳への血流が極端に少なくなるからだ。体温が1度ずつ下がることで血流は6～7％減少してゆく。症状としてはまず痛覚が鈍り、やがて思考力が低下してゆく。ちょうどこのあたりから幻覚（軽い錯乱状態）を見始めるようになる。雪山で全裸になるなどはこの好例だ。体温30℃を切ると猛烈な睡魔に襲われ、他人の呼び掛けにも反応しなくなる。反射すら確認できなくなるのは26℃以下になった時でこれ以後は外気温と同じになるまで体温は下がり続ける。

むと赤血球は破壊してしまう。この状態を《溶血》という。溶血とは赤血球が破壊され、その成分が血漿中に出る現象のことだ。淡水では吸引した水の40％が血液中に溶けてしまう。

2）海水

海水はもともと塩分濃度が高い（3・5％食塩水に相当）ために赤血球を収斂させてしまう。収縮が進んだ赤血球は金平糖のようにギザギザとした形になる。これによって血液の濃縮が起きる。

血液よりも塩分濃度が高い海水により高カリウム症に似た症状で心臓に影響が出やすいようだが、動物実験の結果、淡水は2～3分で心停止を起こし、海水は8～10分でおきることがわかった。ただしこの結果をそのまま人間にはあてはめることはできない。

■溺死に至るプロセス

A）前駆期

1　水の中に落ちた！　一度沈む⇩冷水刺激を受ける。顔面から冷水に浸かればエベック反射により呼吸が一瞬詰まる。まれに反射的に心臓が停止することもある。水に落ちたという精神的なショックも大きい。泳ぎの達者な者はここで泳ごうとする。

2　岸までたどり着けない、足がつかない！⇩水の冷たさに死の恐怖が手伝ってパニック状態に陥る。

3　手足をばたつかせ浮上または泳ごうとする⇩水中で暴れることが疲労に繋がり、体内の

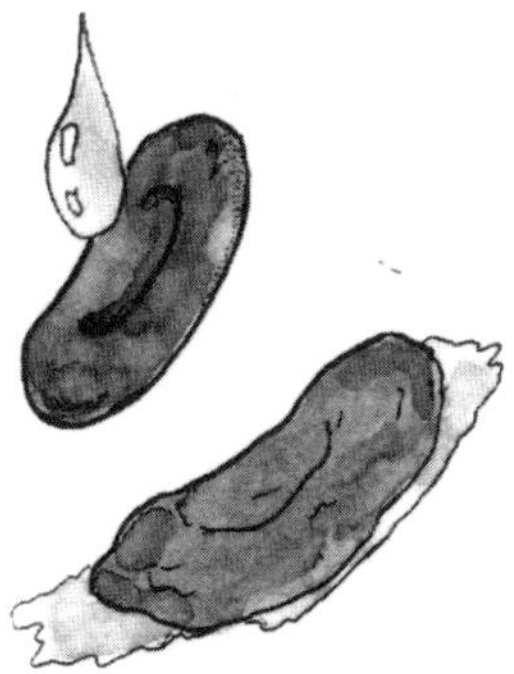

■淡水——溶解

■海水——収斂

酸素を消費することになる。浮力の助けになる衣類に残っていた空気が抜けてしまう。ついには絶望感と疲労で水没する。

B）呼吸停止期

水に沈む瞬間に大きな深呼吸をする。そのまま息をつめ水没してゆく⇩酸素はドンドンなくなり、二酸化炭素が蓄積される。

C）呼吸困難期

こらえ切れず水中で息をしてしまい、口鼻から水が一気に流れ込む⇩水中で咳き込みながら気管に水が入り喉頭が痙攣、水は胃にも達し嘔吐が起きる。低酸素症からほぼ無酸素の状態に。意識が薄れ、水の中でさらに《息》をする⇩この時まだ心臓は動いているので、水は血液中に吸収される。

D）痙攣期

意識喪失、体が痙攣する。

E）無呼吸期：終末呼吸期

頭を下にした状態で水中に没する⇩心臓停止

水没、溺死、浮上までのプロセス

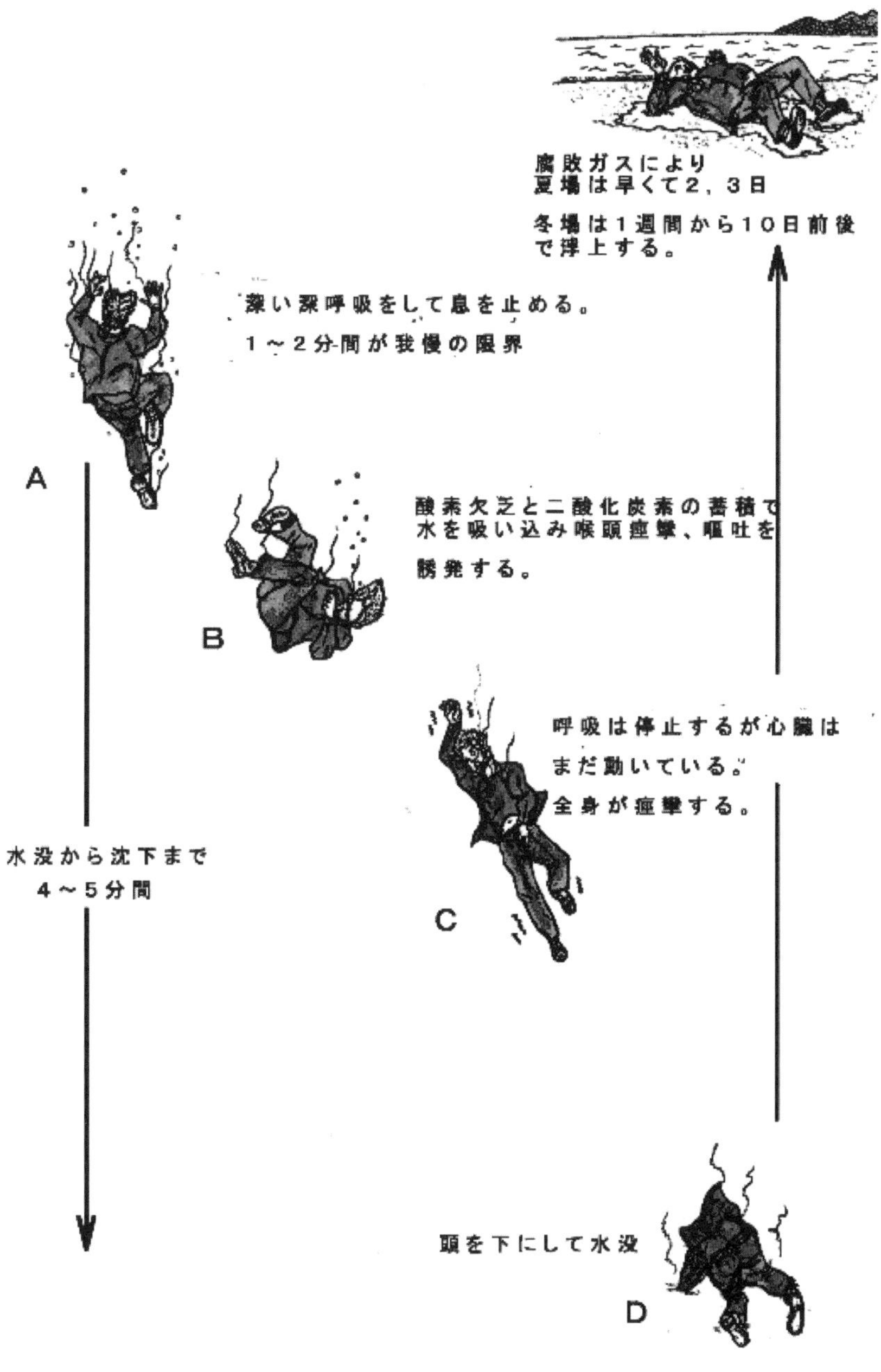
腐敗ガスにより
夏場は早くて2，3日
冬場は1週間から10日前後
で浮上する。
深い深呼吸をして息を止める。
1～2分間が我慢の限界
A
酸素欠乏と二酸化炭素の蓄積で
水を吸い込み喉頭痙攣、嘔吐を
誘発する。
B
呼吸は停止するが心臓は
まだ動いている。
全身が痙攣する。
C
水没から沈下まで
4～5分間
頭を下にして水没
D

■霊の仕業か

溺死寸前で救助された生還者が溺れた時の感想を訊かれ「誰かが足を引っ張り（もしくは胴を掴まれ）水中に引き擦り込まれそうになった」と答えることが多い。この後日談に尾ひれがつき、河童がいた、水面から無数の手が出ていた、水難者の霊が引き寄せたなどの怪談話にすり替わる。

溺れた恐怖がなせる錯覚と判断しても構わぬがここには別の原因があるようだ。まず誰かが足を引っ張っただが、こう話す人はこむら返りを起こしたか、着衣のまま溺れたのではないか。靴を含め衣類にはかなりの量の空気が溜まっている。着衣のまま溺れた時は衣類が浮き袋の代わりをするので暴れたりせず浮力に任せてじっとしていた方が得策だ。暴れれば暴れるほど空気は逃げていってしまう。溺れた人の体から発生する大量の泡の正体は衣類から抜けた空気だ。ズボンは足に沿って空気が溜まっているのでこれが一気に抜けると丁度、誰かに足を掴まれ引きずり込まれたかのように感じる。

胴体が（物凄い勢いで）引き込まれた話は、おそらく水流によるものだろう。川面は穏やかに見えても水面下では大きな水流が渦を巻いているということは渡渉経験者ならば誰でも知っている。泳いでいた人が強大な力で引き込まれるのは投げ込んだ丸太が突然垂直立ちになり川の中に飲み込まれてゆくのと同じ現象だ。

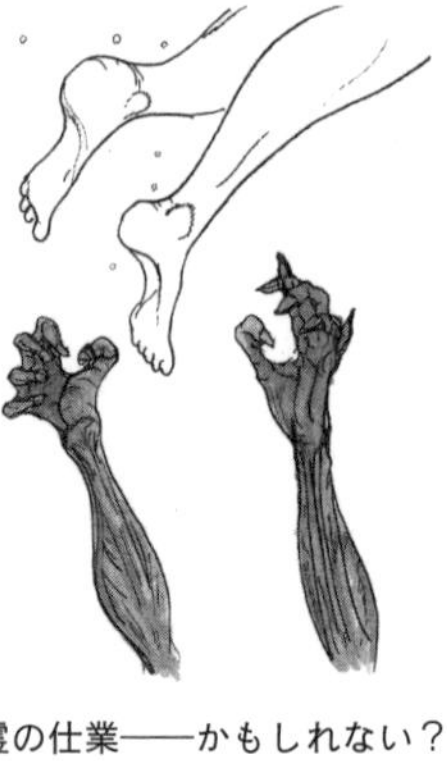

■霊の仕業——かもしれない？

偽装を見破る

アメリカの年間平均溺死者約6500名のうち15％にあたるおよそ1000名は《原因不明》で処理されている。つまり、事故なのか自殺なのか、どうして溺れ死んだかが判定できないということだ。同じくアメリカの2003年の殺人事件犠牲者14408名のうち17名が《溺殺》と判定された。

溺死体の多くは圧倒的に事故死で処理され、まれに遺書や身内に対するインタビューから自殺と判定される。もちろんこの中には巧みに仕組まれたものがあるだろう。

水難事故の1％は極めて他殺の可能性が濃厚だともいわれている。溺殺はどのようにおこなわれているのか。いくつかの事例を検証してみる――

■溺死捜査はどのようにおこなわれるのか

たとえばひき逃げ事件、この手の事件は25年前と比較すると捜査方法が格段に進歩した。これは警察関係者の間に犯人逮捕のノウハウが広く行き渡ったからだ。他の殺人事件にも同じようなことがいえる。しかし水がらみの事件、事故については25年前とそれほど変わりがないようだ。

1980年から1990年にかけて寄せられた水難事故報告の中にはどうしても事故死とは考えにくいものがいくつかあった。溺死捜査の専門家は警察関係者の多くが《溺死イコール事故死》という先入観にとらわれていると指摘する。自宅プールで子供が溺死すればまず両親のことを思う――可哀相に、と。この感情は自分に子供がいればなおさら強くなる。

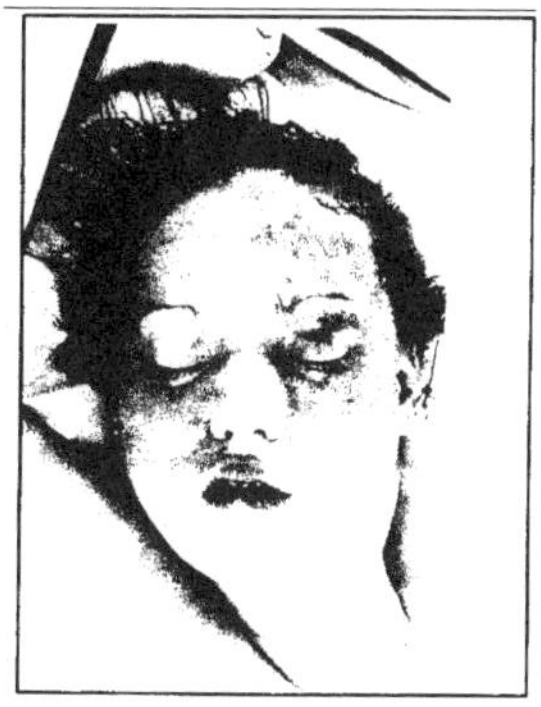

■Jane Doe
2003年、カリフォルニア州インペリアル郡で発見された身元不明の溺死体に関する情報提供の呼び掛け「人種：白人、身長：5フィート4インチ、体重：130ポンド、瞳：ブラウンアイ、ヘアカラー：赤茶……」。有力な情報を提供した者には1000ドルの報奨金が支払われる

溺殺は8番目に多い殺害方法といわれている。捜査側が先入観を抱かず冷静な捜査を心掛ければさらにランクアップするはずだ。溺死は交通事故についで2番目に多い子供の事故死原因となっている。しかし事故死と判定された後、再検証したところ腑に落ちない点が幾つも浮かび上がったというのは稀なことではない。専門家の間では事故死の20％は《仕組まれたもの》と考えてもおかしくはないといわれる。

溺死体発見の一報を受け現場に駆けつけた警察官は先入観を捨てて捜査にあたらなくてはならない。最初に遺体に接するのはダイバーだ。彼らの仕事は遺体の回収だけではない。周囲の状況、遺体の状態を正しく記憶しておかなければならない。遺体の現状維持にも気を配り、検死の妨げになるような障害をつくってはならない。溺死捜査では現場写真はあまり役に立たないといわれている。《水》という現場は常にその形を変えているからだ。現場と同じく真相をも「水に流そう」とする犯人を逃してはならない。

■子供の事故と幼児虐待

イギリスで1988年から翌年の1989年の2年間に浴室で起きた幼児の溺死事故についての調査がおこなわれた。報告のあった事故件数は溺水（＝溺死寸前）も含め全部で44件。このうち28件は生後9ヶ月以内の幼児が保護者の留守中にバスタブに落ちたというもので事件性はなかった。入浴中、誤って浴槽に落としたなど保護者の不注意によるものが2件。4件は子供自身の障害（癲癇発作など）が原因だった。親の言い分と事故当時の状況に不自然な点がある、虐待が日常的におこなわれていた、事故が起きてから適切な医療措置を受けるまでに相当の時間があったことなどから、故意に、または強制的に浴槽に落としたと見られるケースは10件であった。

■ユタ州ソルトレイクシティからの報告

2000年から2002年の間、ユタ州では30名の子供（14歳以下）が水の事故で命を落とした。15～19歳までの未成年は9名が犠牲になった。場所は湖、川、公営プール、自宅プール、バスタブということが判明した。ユタ州に限ったことではなく14歳以下の子供の死因第2位は溺死である。アメリカ国内では溺水状態（溺死寸前の状態）で毎年約2700名の子供が緊急治療室に運び込まれ、一命は取り留めたものの20％の患者に重い障害が残った。子供の水難事故防止策について専門家は、プールの場合はライフガード任せにするのではなく《保護者自身による監視》が最も大切であり、海や川で遊ばせる際は必ず救命着（浮輪や玩具のジャケットではない）を着用させれば、潮流にさらわれたり沖に流されたとしても未着用よりも格段に生存率が上がると、コメントしている。

ちょっと目を放した隙にプールで、浴槽で、洗い樽の中で溺れた――溺死者の多くは4歳以下の子供で占められている。《溺死＝アクシデント》という先入観から子供が犠牲者となった場合、ほとんどが事故死と判定されている。この中に溺殺が少なからずあるはずだ。溺殺に限ったことではなく保険金目当て、虐待の延長、邪魔になってという理由から子供が殺害されるケースが増えている。叩いたり蹴ったりといった暴力は必ず何らかの外傷を残す。しかし溺殺はどうであろう、無防備、非力な彼らは水に落とされたり、漬けられたりすれば外傷らしい外傷を残すことなく死んでしまうのだ。

■死んでから投げ込まれたか

犯罪に巻き込まれた可能性の高い溺死体の検死にあたって一番の関心事は、生きたまま投げ込まれたのか、殺されてから投げ込まれたのか、だ。肺を検査すればすぐに判明するようだが、投げ込まれた時にすでに死んでいたとしても水中に没したのだから口鼻から相当量の水が流れ込み肺胞にまで達していてもおかしくはない。このような場合は血液の濃度を調べる。血液中に海水、淡水が溶けていれば生きていた証になる。肺胞に達した水が血液中にあるということは心臓が機能していたということだ。

■《ボートから誤って落ちた》を検証する

カナダからの事例報告＃1

１９９９年６月19日、時刻は午後11時30分。友人３人が乗ったボートから28歳の男性が湖に転落した。当時、３人は飲酒をしており、飲酒運転をした操舵手に殺人容疑がかけられた。見

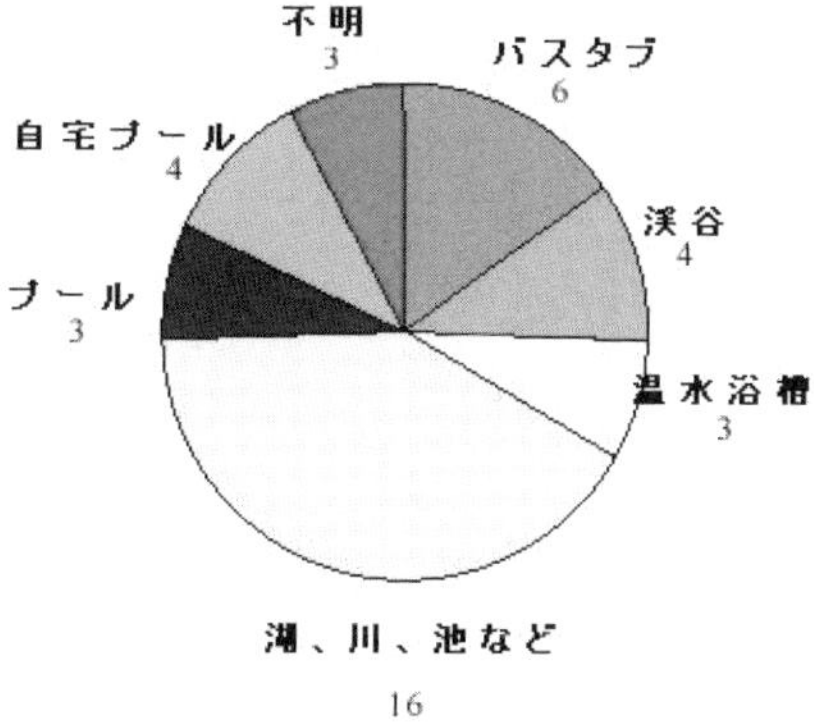

■溺死した39名（0歳から19歳まで）のロケーション

殺しにしたわけではなかった——船着場への帰路、友人が転落したことに気がつくとすぐさまボートを引き返し、救助にあたった。

転落した犠牲者は午後6時30分にボートに乗り込んだ。この時に持参していたビール6缶はすべて彼一人で飲みつくしていた。酒を飲んでいる最中、男性は相当泳ぎに自信があるようで自分は酔っていても泳げるといったような話をしていた。救助の際も、飛び込もうとした友人らに対し「自分は泳げるから大丈夫だ」といった。友人はとりあえずライフジャケットを放ったものの、男性はこの直後に水中に沈んでしまった。

通報で駆けつけた警察官は彼らが酒を飲んでいたことにすぐに気がついたという。後日引き上げられた遺体を解剖したところ血中アルコール濃度は0・28%と判明。これはカナダ政府が定める最低酒量基準0・1%の約3倍の数値である。一方の操舵手は0・18%であった。

事故か他殺か

6月のこの湖の水温がどれぐらいであるかはわからないが、アルコールの介在が悲劇に繋がった典型的な事例だ。おそらくボート転落から救助までに10～20分ぐらいはかかったはずだ。この間、犠牲者は泳いでいなくてはならない。いくら泳ぎに自信があったとはいえ体力の消耗は限界に来ていたはずだ。にもかかわらず仲間の救助を断った。アルコールが判断力を鈍らせたのだ。

もちろん計画殺人の可能性は100%は否定できない。検察側は証拠品として提出されたライフジャケットに破れなどの不備があったことを指摘している。真相を知るのは居合わせた者だけであり、当時の状況は彼らの供述を信じるより他はない。こうしたケースでは、現場に居合わせた者同士の関係を探ることが重要で、なぜ真夜中になるまでボートで酒を飲んでいたのかなど常識で考えて不自然な点はすべて検証しなければならない。いずれにしてもボートに乗

■イマージョンスーツ

溺れなくとも人は溺死する——ここでいう溺死とは洋上における衰弱死のことを意味している。体が濡れるということは溺れることと同じくらい危険なことである。濡れた衣類は体温を奪い、衰弱を早める。これが真冬の冷たい海ならばなおさらだ。衣類が濡れると衣類が本来持っている保温効果は90%も低下し、貴重な体温はどんどん奪われることになる。真冬の海に投げ出されても体温低下だけでも回避できれば精神的にも肉体的にも大きく違ってくる。浮輪や救命イカダに代わって船舶関係者の間に普及し始めているのがイマージョンスーツだ。イマージョンスーツは全身をすっぽり包み込むため水に直接触れることはなく、さらにフローティング（浮揚）効果も期待できる。泳いだり暴れたりせず、体温、体力を消費することなく救助されるまで洋上を漂っていればよいのだ。

ったらライフジャケットを着用し、飲酒は控える方が賢いようだ。

アルコールは実に都合のよい凶器になりうる。人殺しを企んでいる者にとっては有利に働く。アルコールを飲んでいると脳内の視床下部にある体温中枢が乱され体温の調節ができなくなり、寒中では低体温を起こしやすくなる。酩酊させれば相手の自由を奪い、意のままに動かすことも可能だ。また犯人が酒を一滴も飲めないことを主張しそれが証明されれば、殺人を犯しても不可抗力を理由に罪を逃れることもできる。

溺死しないための心得

これまで衣類は泳ぎの邪魔になるだけだと教えられてきた。泳ぎ達者な者に服を着たまま泳いでもらうと確かに能力が発揮できていない。泳ごうとするから問題があるのだ。

水難救助法には《着衣泳》という護身技術があり、泳ぐというよりも《背浮き》の姿勢で浮くことを強調している。浮力の強い靴（スニーカーなど）や服（コートなど）には繊維層の間に空気が蓄えられているのでむしろ着ていた方がよいというのだ。

水の中に落ちた人が手足をばたつかせると大量の泡が発生する。泡の正体は衣類の繊維層に隠れていた空気だ。着水後、《背浮き》の姿勢をとっていたならば濡れた衣類が浮力を逃がさず浮いていることができる。また肌が水と直接触れないので多少なりとも保温効果も期待できるはずだ。

■《浅いところで溺死》を検証する

1）なぜ浅いところで溺死するのか——三半規管と耳石器

溺死は詰まるところ《ガス交換の阻害による脳細胞の無酸素症》が原因だ。したがって全身

■イマージョンスーツ

が水に没しなくても溺死はおこりうる。溺れた経験のある人は、溺れている最中、自分の体が縦になっているのか、横になっているのかわからなくなったと話す。《死の恐怖》からさもありなんと思えるが、ここには別の理由がある。洗面器、排水溝、水溜りなど極端に水深の浅いところでも溺死したという事例はかなりある。なぜこのような浅いところで溺死してしまうのだろうか？

溺死者の死体を調べると、鼻と耳を繋ぐ細い耳管に水が詰まり、中耳に出血を確認することが多い。頭を押しつけられた、足をつかまれ浴槽に逆さまに浸けられたような状況ではパニックも手伝って水中で呼吸をしてしまう。こうしたケースでは往々にして水が鼻を経由し耳管に浸入してしまう。この時に起きる内出血が平衡感覚をつかさどる三半規管の働きを阻害し、平衡感覚が麻痺し、水面と水中の区別ができなくなる。その結果、大量の水を吸い込んで溺死してしまう。

三半規管の内部は内耳液（リンパ液）で満たされていて、体が動くことで内耳液の流れが変わり感覚毛が刺激されることで《頭がどの方向にあるか》を見極める。この他、前庭部には耳石器（じせきき）という器官があり、炭酸カルシウムでできた粒のズレによって体の傾きや重力、加速度をキャッチすることができる。三半規管と耳石器からの位置情報は前庭神経によって脳幹へ伝えられ、小脳がこれに対応する。つまり浅いところでの溺死はこれらの器官に障害が生じたことが原因で引き起こされていると考えられている。

2）20㎝で溺死

ニュージャージー州アトランティックシティで31歳の男性がプールの底に溜まった水に顔を浸け死んでいるのが発見された。残った水の水深は20㎝足らず。死亡した男性は友人宅にある室内プールの防水塗装をしていた最中、塗料に含まれているトルエンで中毒症状を起こしたよ

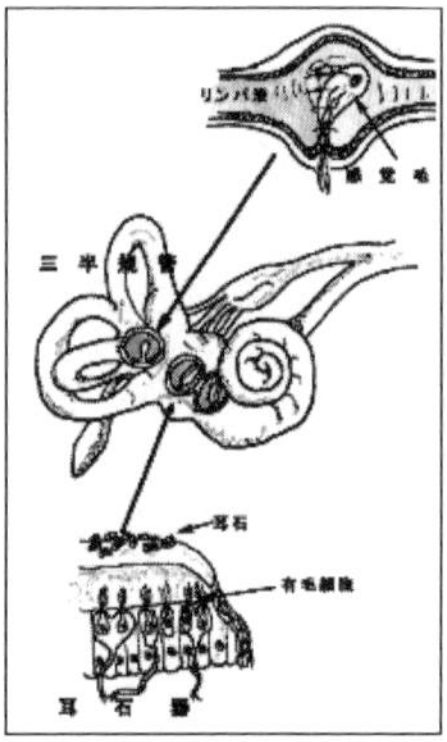

■三半規管は《頭がどの方向にあるか》を、耳石器は《体の傾き具合》を測定する

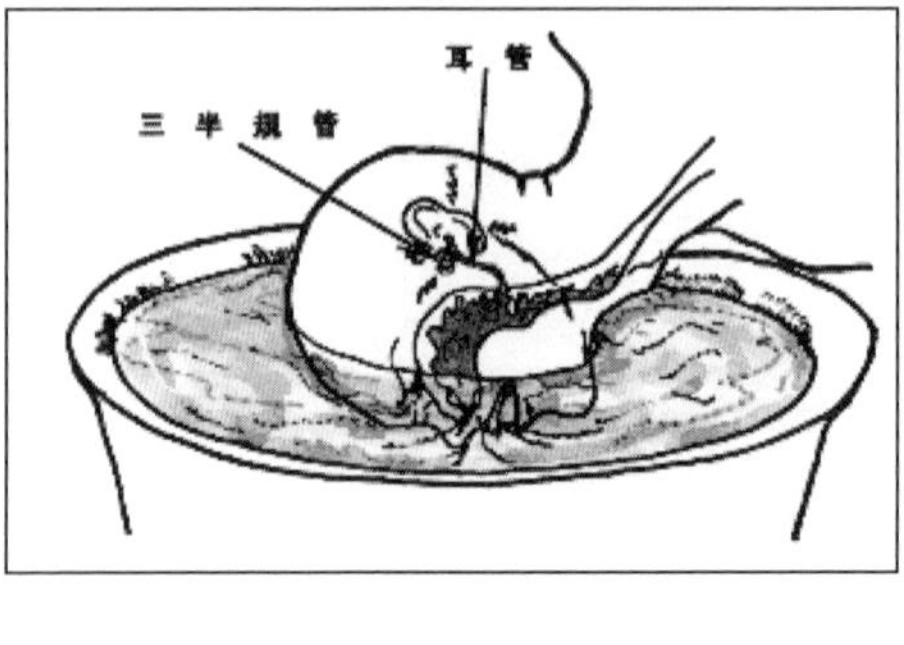

うだ。十分な水抜きをしないまま作業を開始したことが災いし意識を失うとそのまま溺死してしまった。第一通報者はこの家の持ち主で当初、溺殺も考えられたが最終的に換気不十分が原因の事故死と判定された。

■完全犯罪はありうるか#1——本当に入浴中の突然死か

入浴中の突然死に関する報告は海外からはほとんどなく（事例が見つからない！）、日本の事例で占められているのが現状だ。海外の入浴スタイルは心肺に水圧がかからない半身浴が主流で、日本人のように42～43度の熱い湯に肩まで浸かろうとはしない。海外の入浴中の突然死は電化製品を浴槽に落としたことによる感電死が多い。ここでいう電化製品とはドライヤーのことだが漏洩遮断回路が義務付けられてからこうした事故はほとんどなくなった（6章「ドライヤーとバスタブ殺人」参照）。

日本における入浴中の突然死は年間1万件近くもある。当たり前のようだが事故件数は冬期の方が夏期の約7倍もあり、暖かい地域よりも寒い地域に多い。たとえば東北の秋田県では冬期になると約100～120件も発生するが、このうちの10％は原因の特定ができていない。突然死は湯に浸かっている最中が85％と圧倒的に多いのだが脱衣中、体を洗っている最中にも起きている。

アルコールと入浴

入浴中の突然死の犠牲者は高齢者、高血圧気味の人、心臓疾患のある人、アルコール好きに多く、専門家の間で、彼らは《ハイリスク層》と呼ばれている。年配者が厳冬地の露天温泉に浸かり酒を飲んでいる姿をよく見かけるが、あれは《溺殺してくれ》といっているようなもの

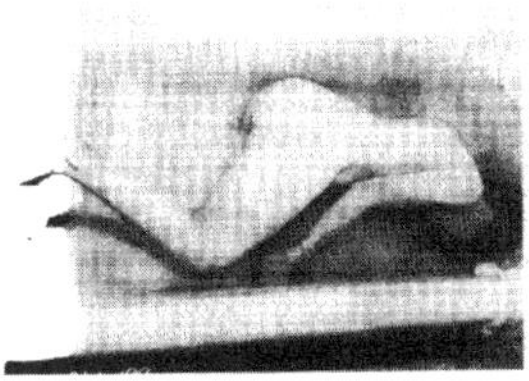

血中濃度と酩酊度

血中アルコール濃度（mg/ml）	酩酊度	症　状
0.5～1.0	弱度酩酊	軽い乱れ、皮膚紅潮、軽い血圧上昇、呼吸・脈拍の上昇
1.0～1.5	軽度酩酊	酔態状態、自制心の低下、陽気、多弁、興奮
1.5～2.5	中等度酩酊	会話やや不明瞭、判断力と認識力の低下、感覚鈍麻、歩行失調、嘔吐
2.5～3.5	強度酩酊	発語不明瞭、自発運動困難、意識混濁、傾眠
3.5～4.5	泥酔・昏睡	意識消失、反射消失、体温低下、瞳孔拡大このままの状態では致死的
4.5以上	致死	心臓機能停止、脳幹機能抑制、呼吸麻痺、死亡

だ。彼らは温泉飲酒を「酒のまわりが早くなり、体が温まる」という。酒のまわりが早くなるのは心拍数の上昇と血管拡張により酒の吸収率が上がったからだ。確かに血行は良くなるが、本来内臓に送られるべき血液は皮膚へと集まり血圧は下がっている。

アルコールには体内の温度調整機能を乱す作用がある。体を温める目的で酒を飲むことがあるが、温まったのではなく、《温まった気がする》だけだ。冬期に飲酒後、屋外に寝込んでそのまま凍死する者が多いのはこのためだ。同じように体温調節が効かなくなった飲酒常習者は湯上り後の温度変化を感知できず、突然死する。

血中アルコール濃度と酩酊度

体内に入ったアルコールの10～20%は胃から、残りの分は小腸から吸収される。アルコールは量に応じて脳に作用する。酩酊とは飲酒による人体への身体的、精神的影響のことだ。酩酊度は前ページの表のように血中濃度によって変化する。

泥酔者を風呂に入れて突然死もしくは強度酩酊による事故死を装い殺害する――誰でも思いつきそうだが「自発運動困難」、「意識混濁」に陥った者が湯を沸かし、服を脱ぐという手間をかけてまで入浴するであろうか？

カナダからの事例報告＃2

２００５年12月、オンタリオ州で母親殺しの罪に問われていた18歳と19歳の姉妹に対する有罪が確定した。事件は2年前の２００３年1月に起きた。当時15歳と16歳であった姉妹はアルコール依存症の母親に飲酒させた後、頭痛薬のタイレノールを飲ませ意識が朦朧となったところで入浴させそのまま溺死させた。事件当日自宅には姉妹と父親と6歳になる弟がいた。事件は当初、《入浴中の突然死》で処理されていたが、姉が身内にした告白によって事件が発覚し

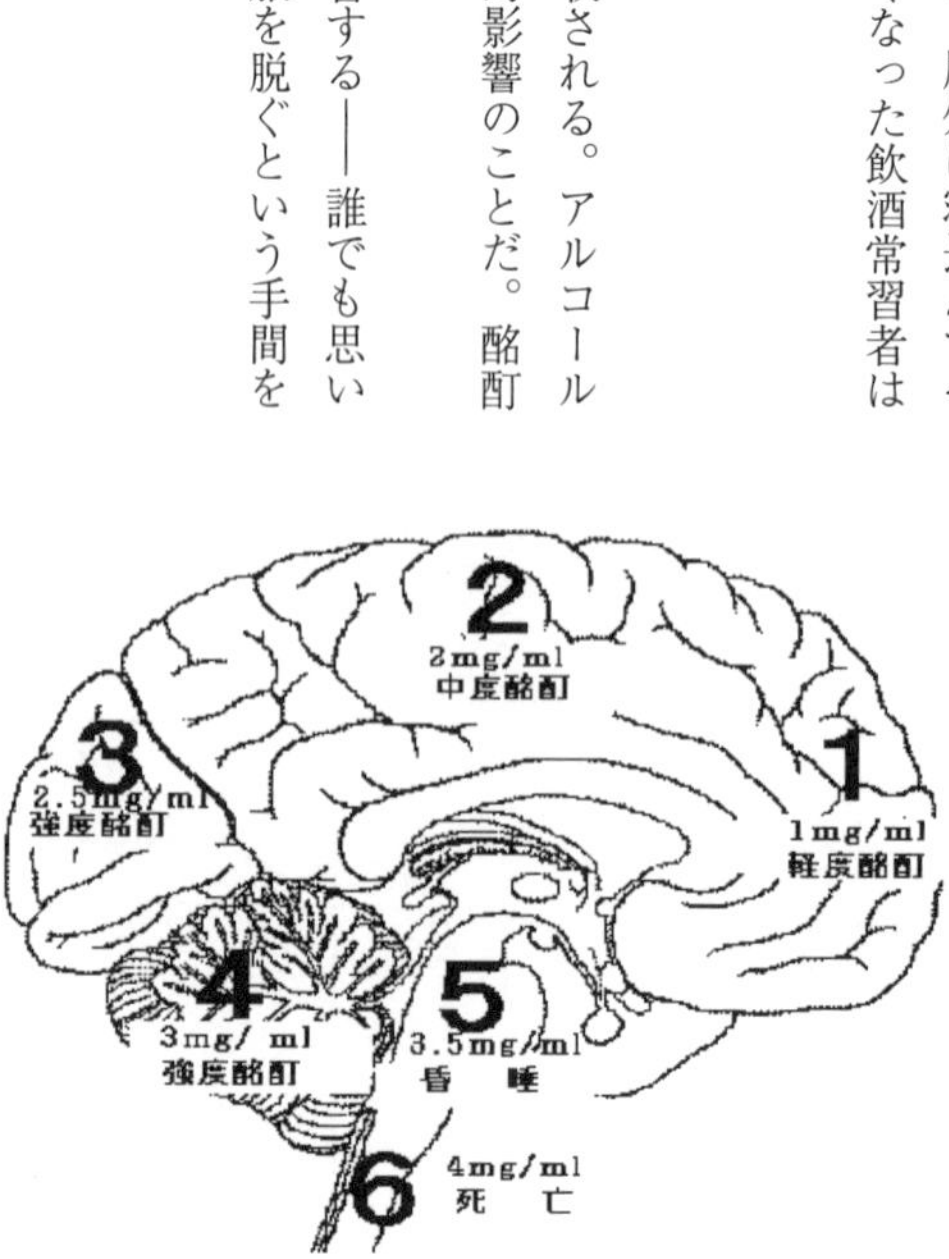

■番号に従って脳がアルコールに侵食されてゆく

た。姉妹は当時44歳であった母親の酒癖の悪さに悩まされており、母親と離れて暮らしている弟の境遇を妬んでいた。警察は、姉妹が事件前日、友人と殺害方法に関するチャットをしていたことを突き止めた。裁判では事件後、家族ぐるみの付き合いをしている友人に母親のことについて話す姉妹の様子を納めたビデオテープが提出された。姉妹は事件直後ファミリーレストランで友人に会うなどアリバイ工作もしていた。

■完全犯罪はありうるか#2――本当に《そこ》で溺れたのか？

珪藻とは

風呂場で溺殺した犠牲者を海に投げ込み自殺、事故死を装うことが可能であろうか。溺れた場所は川か海か？　死んでから？　それとも生きたまま突き落とされたのか？　こうした疑問は血液中に溶解した水のほかにプランクトンの種類を見極めることで解決できる。プランクトン検査――ここでの検出対象はもっぱら植物性プランクトンの珪藻（けいそう）だ。珪藻とは淡水や海水に生息する単細胞生物のことで全長はμm（マイクロメートル：1／1000㎜）単位と微小なため肉眼による確認はできない。その種類は10万種にも及ぶ。

肺胞に達した6～20μmという極小サイズの珪藻は呼吸によって血液中に取り込まれ心臓、肝臓、腎臓、骨髄、脳にまで運ばれる。珪藻がこれらの臓器から見つかると犠牲者は水に落ちた時には生きていた（心臓が動いていた）ということになる。

珪藻検出方法の落とし穴

珪藻は種類ではなく、その含有量が決め手になる。河口付近で遺体が見つかると上流から流れ着いたのか、海から漂着したものかの判断がつかない。このように淡水、海水両方の珪藻が

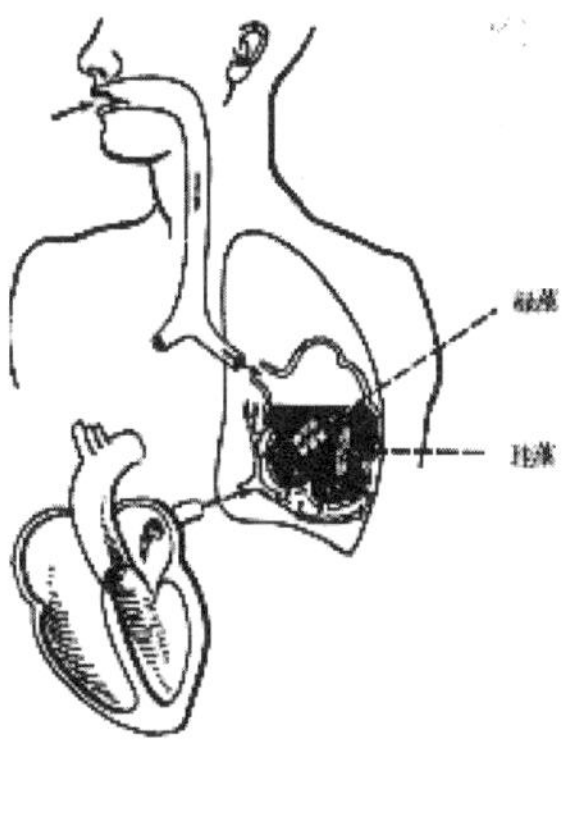

■肺から心臓、心臓から全身に

付着している場合、種類ではなく検出量で判断する。検出方法だが、珪藻は丈夫な被殻で保護されているため耐酸性があるので、摘出した臓器を酸で洗浄し有機物を溶かせば珪藻のみの検出が可能だ。検出された珪藻と遺体発見現場の水から採取した珪藻を照合し、合致すれば溺れた場所を特定することができる——実はそれほど単純な話ではないのだ。検出プロセスで最も厄介なのが《汚染》だ。μmという大きさしかない珪藻はいたるところに存在している。空気中、土にも存在し、さらには検査に使う水道水にも含まれている。もちろん生前の生活パターン（飲料水や環境）にも大きく左右される。検死官の間では《珪藻検出に頼りすぎるな》といわれているほどだ。死後でも珪藻は臓器に侵入する。水深120mから引き上げられた遺体の肺から各種の珪藻が検出された事例があり、この遺体は病死した船員を水葬にしたものだった。《汚染》が功を奏する場合もある。一昔前、汲み上げた川の水をバスタブに溜め、そこで実の娘を溺殺後、遺体を川に遺棄し保険金を騙し取ろうとした事件があった。犯人である母親は事故を装おうとしたのだ。この母親は推理小説からヒントを得ていた。前述のように珪藻はいたるところに存在する。川の水で溺死したはずの娘の遺体からその地域の水道水にしか存在し得ない珪藻が検出されたことが女の逮捕に繋がった。

実際、珪藻検出から逃れることは不可能だともいえる。湖に死体を遺棄した容疑者はスニーカーに付着していた泥からわずかな珪藻が検出され、遺棄と殺害を自供した。ほぼ白骨化した死体であっても骨髄を精査することで珪藻の検出は可能だ。検出にあたって先ほど酸による洗浄がおこなわれていると説明したが酸による動物プランクトンの溶解や検査官の負傷、環境への汚染が懸念されることから現在はＤＮＡ検出や超音波を使った洗浄に代わりつつある。

■バスタブ殺人　浴槽の花嫁殺人事件

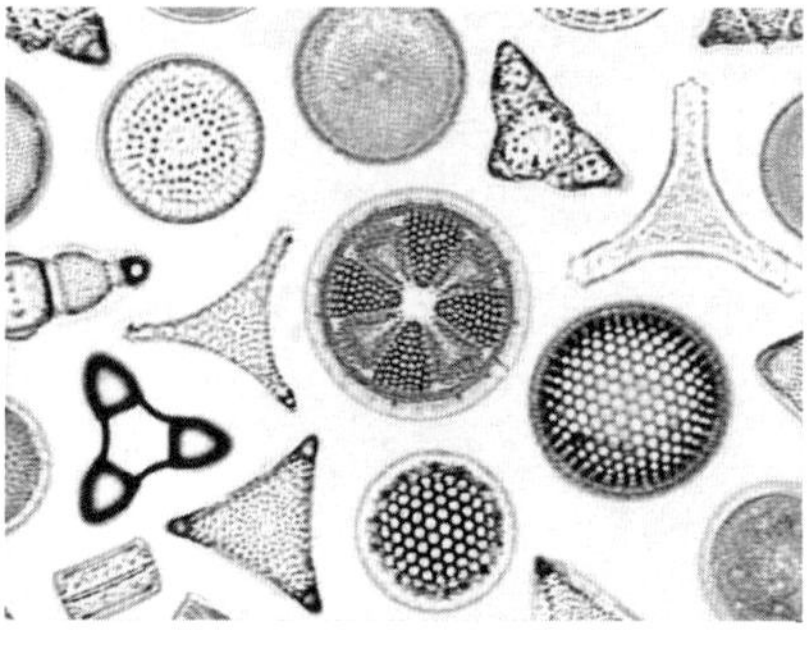

■珪藻：その存在はマイクロメートル単位だ

浴槽の花嫁

ジョージ・ジョセフ・スミスは1912年から2年間、三人の妻――1912年にベッシー・ウィリアム、1913年にアリス・バンハム、1914年にはマーガレット・エリザベス――を続けて亡くした不幸な男だった。三人には奇妙な共通点があった。三人とも入浴中のバスタブで死亡しているのだ。三人の人間が同じようなシチュエーションで溺死するなどということがあろうか、しかも毎年、続けて……当時の警察は夫であるジョージに疑いの目を向けた。なぜならば彼女らには多額の保険金がかけられていたからだ。しかし証拠がなかった。

1912年7月に死亡した最初の妻ベッシーは癲癇発作をよく起こし、それが原因で溺死したと考えられていた。遺体や現場に争った形跡はなかった。翌年12月に死亡した2番目の妻アリスの場合も同じくバスタブで溺死しており、頭は完全に浴槽に沈んでいた。この時ジョージは仕事中で家を留守にしていた。そのちょうど1年後1914年12月に3番目の妻エリザベスがやはり入浴中に不慮の死を遂げた。この時ジョージは妻の代わりに買出しに出掛けていた。

ジョージの当時の証言は、自宅に戻り声をかけても返事がないので浴室を見るとエリザベスが浴槽の中に沈んでいた、というものだった。1915年1月に出された最終判定は不慮の事故死であった。エリザベスの葬式が終わった後、葬儀屋はジョージが「ついている。これですべてが片付いた」とつぶやいたのを聞いていた。

ジョージの悪運が尽きたのは2番目に死亡したアリスのアパートメントの大家だったクロズリー夫妻が警察宛てに出した1通の手紙であった。夫妻はアリスの死亡記事の切抜きを同封し、エリザベスの状況と同じであることを指摘した。

1872年ロンドン東部のベスナルグリーンで生を受けたジョージはバスタブで最初に死亡したベッシーと結婚する以前に2回の結婚歴があった。この時の妻二人は健在であったと伝えられている。1915年2月ジョージはまず婚姻記録詐称の罪で逮捕。その後すぐに三人の妻

■ベッシーと結婚した当時のジョージ

の殺害容疑で身柄を拘束され、同年8月に死刑を宣告された。

殺害方法

入浴中の人の膝を両脇で抱え込み、足を上げさせ水の中に頭を沈める——これほど確実で、効果的な殺害方法はない。当初、このような方法で水中に沈められても肘を使えば容易に頭をもたげることができると信じられていた。当時の著名な医師にして検死官であったバーナード・ヘンリー・スピルスベリー卿はジョージの殺害方法を法廷で再現してみせた。スピルスベリー卿が被害者役の女性の膝を脇に挟み込み、足を持ち上げると湯の中に没した彼女はたちまちのうちに意識を失った。

20世紀初頭、自宅入浴の習慣は珍しく、ジョージは風呂付を条件に新居を探していた。条件に見合わない場合、浴槽だけを購入することもあった。2番目の犠牲者アリスは購入から4日目しか経っていない浴槽で死亡した。証拠品として提出された浴槽を実際に使ってみたいといい出したある女性に対しジョージは「御夫人は入浴中に心臓発作を起こしたり、気絶したりするそうですよ」とうそぶいた。

ジョージに殺されずに済んだ最初の妻は、彼には魔力があると証言した。ジョージに見つめられると催眠術にかかったようになるというのだ。事実、警察の間では殺害された三人の女性の遺体には抵抗した痕がないことから本当に魔法で操られたとする見方もあった。

■形状、滑りやすさが犯罪を完璧なものにした

浮かない水死体はありえるか

水中に沈んだ死体が水面に浮かび上がることを《浮揚》という。溺死体の80％は浮揚するといわれている。人間は沈むと、四肢を軽く曲げ、頭が重いことから水底に頭をつけるような格好になる。海水と淡水で沈下に差があるのだろうか。人体の比重は呼気で1・057、吸気で0・967だ。溺死体の比重を1とすれば海水の比重は1・03なので理屈からいえば海水の方が淡水に比べ水没しにくいことになる。

沈下から浮揚までに要する時間（浮揚時間）は夏期でおおよそ数日（4日まで）、冬期で10日～2ヶ月。浮揚条件は水深と水温によって決まる。浮揚限界は水深10mで水温が11度以下、20mで13度以下、30m以下で14度以下とされ、水深40m以上になると浮揚は起こりにくくなる。青森県の十和田湖に沈んだ水死体は二度と浮き上がらないといわれている。これは水温が低いことと、湖底をびっしりと覆う藻のせいだという。死体がこの藻を握りしめてしまうのだ（死後硬直）。もちろんこの現象は遺棄（死後）では起こりえず自殺、溺殺（生前）が条件だ。

■腐敗ガス　浮揚の正体

死体写真が現在のように公開されなかった頃、水死体というと青白く、藻や海草が巻きついている程度のもので、生前とさほど変わらないイメージがあった。確かに間違いではない。しかしこれは死後間もない姿であって、死体写真が出回る昨今、多くの人が水死体といえば容貌の著しい変化と、バンバンに膨れ上がった様を思い浮かべることだろう。浮揚の正体はこの《バンバンに膨れ上がった様》にあった。浮揚は腐敗ガスによるものだ。人間は死後、硬直、

■日本では享保9年6月深川八幡社の相撲に出場した成瀬川土左衛門の肥満体に類似していたことから「土左衛門」、海外ではフローター（floater）と呼ばれる

弛緩を経て腐敗という死体現象をたどる。腐敗はまず血液と内臓から始まる。つまるところ腐敗とは自家融解と生前に消化器系に巣くっていた無数の細菌（主に腸内細菌）の暴走によるものだ。バラバラ死体や内臓を抜かれた死体が腐乱しにくいのは血液や菌の巣窟がなくなっているからだ。

宿主が生きている間は大人しくジッとしていた細菌は宿主の死後、血管を通じて体中のあちこちに拡散し増殖する。血管が何かの力で妨げられていると菌の移動はそこでストップする。ロープなどで縛られ血流が遮断されていればその部分だけが腐敗を免れるといった具合だ。腐乱した死体が悪臭を放つのは腐敗ガスの成分がメタンガス、硫化水素、アンモニアなどで構成されているからだ。

腐敗の進行は環境によって左右され、地上における腐敗進行を1とすると水中では1／2に遅れる（土中で1／8）。しかし水中で腐敗進行が遅れようとも一度陸揚げされた水死体は倍以上の速度で腐敗してゆく。

腐敗の程度だが地上遺体に比べ溺死体の方が壮絶だ。これは水によって皮膚が軟らかくなり、腐敗に対する抵抗が低くなることが一番の原因だ。この他に水没している最中に水分と細菌が全身に拡散されること、死後の漂流で細菌の増殖が促進されることが挙げられる。

■重石と浮揚

都合の悪い遺体を隠すのに最も手っ取り早い方法が水中投棄だ。遺体に限らず海や川、湖、ダムには数多の《都合の悪いもの》が捨てられている。犯人が最も頭を悩ましているのは《どうすれば浮き上がらないか》だ。他のアイテムはともかく遺体に限っていえば、どうやら完璧というのはありえないようだ（実際は浮揚した遺体の倍以上の数が沈んでいるのかもしれない

■死体現象

体温低下⇒乾燥⇒死後硬直⇒硬直の緩和⇒自家融解・腐敗（動物損壊）

⇒ ミイラ化／屍ろう化
白骨化

⁉）。

浮揚は自殺者（入水自殺）にとっても関心事だ。彼らは未遂に終わることを最も恐れている。未遂防止としては自縛する、心中ならばお互いの手足を縛りつけるというのが典型だ。自殺と同じように溺殺にも四肢の拘束が見受けられることが多い。拘束された溺死体が発見されると、それが独力で再現可能かどうかで自殺、他殺の判定をおこなう。結び目や重りの重量なども目安になる。

２００３年９月、東京湾で発見されたフリーライターの遺体にはダイバー用の重りが８個（16kg）つけられていた。ちなみにダイバーが潜水に使用する際、重りの上限は体重の１割とされている。この重りの他にチェーンが右肩から股間をくぐらせ右腰にかけて巻かれていた。チェーンの重さも加えると総重量は二十数kgにもなる。遺体は死後１〜２週間経過していた。

通常夏場の遺体浮揚には２、３日〜数日はかかるといわれている。腐敗ガスは死後数日（夏場は２、３日）で発生し死体を浮揚させる。これを防ぐには少なくとも30kgは必要だ（ただし、これ以上の重石をつけたが浮揚したという事例は幾つもある）。成人男性ならば重石と合わせると総重量は１００kg近くなる。これほどの重量物を担ぎ上げ移動することは容易ではない。

水温に関係なく水深が40ｍを超えると重力により浮揚が難しくなるということは先ほど述べたとおりだ。水深が40ｍに満たない場合、腐敗ガスの浮力に軍配が上がる。たとえば体重50kgの男性を殺害後、コンクリートブロック４個を負荷（コンクリートブロック１個の重量は13kg）し水温15℃、水深10ｍの海中に投棄したところブロック１個がはずれ、21日後に浮揚したという事例がある。またこれは入水自殺だが、体重68kgの男性が30kgに近い鋼材を腹にくくりつけて水温26℃、水深５・５ｍの海中に身を投じたところ、６日後に浮揚したという例もある。これらのことから過去の遺体遺棄で使われたブロック数個やトレーニング用の鉄アレイというも

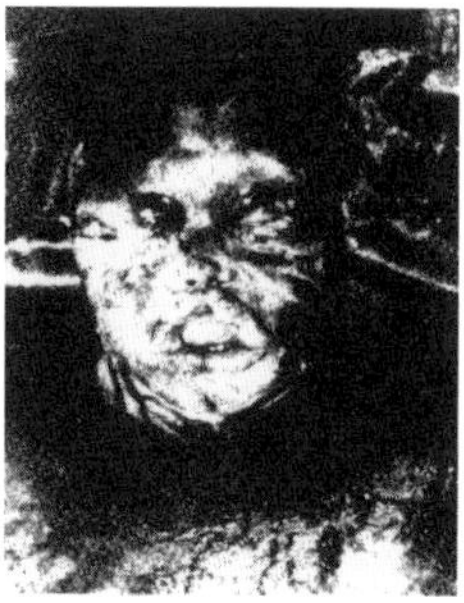

■女性（１週間経過）

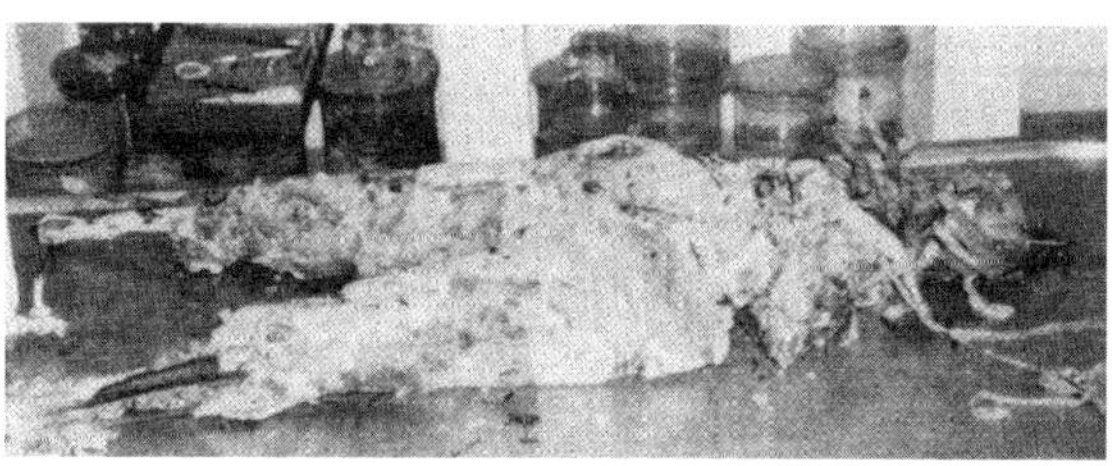

■漂着死体——部分的に損壊、屍ろう化している

のがいかに心もとないかがわかる。水深が浅い場合、浮揚しないように重りをつけるなら体重に相当した重量を課さないと浮揚を防ぐことはできないであろう。最も有効な浮揚対策は完全に失血させ、内臓を取り出すなど腐敗ガスの発生源をあらかじめ除去するしかない。

■浮かない死体のその後

浮かない死体はどうなるか——漂流しながら魚などの海中生物、微生物によって食い散らかされ（分解させられ）、最終的に白骨化する（海の藻屑と化す）。こうした損壊を免れた死体は《屍ろう化》し、永久保存となる。屍ろう化は通気性の悪い湿潤環境や水中に置かれた場合に起こりやすい死体現象で、淡水よりも海水の方がおこりやすいともいわれている。

１９９１年、アマチュアダイバーの通報で湖底から1台の乗用車が引き上げられた。運転席からこの車の所有者である女性の遺体が発見された。遺体は座ったままの姿勢を保ち、屍ろう化によって体のボリュームが増し生々しい下着の跡が残っていた。彼女（当時41歳）は9年前にあたる１９８２年から身内によって捜索願が出されていた。判定は自殺。

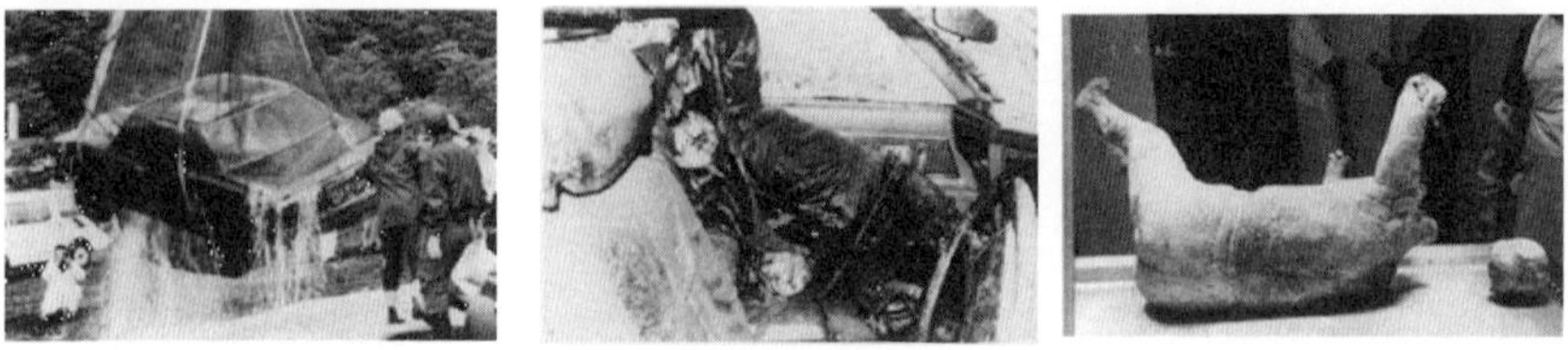

■屍ろう化は水中で1～2ヶ月、4ヶ月あたりで完全化する

4章

毒殺をめぐる現実

凶器としての毒

毒は、見ただけではそれが本物なのか否かの判断がつかない。差出人の表記がない封書で送られてきた白い粉が小麦粉なのか猛毒（もしくは細菌）なのか――この区別はラボの分析結果が出るまではケミカルのプロでさえもつかない。

毒殺は世界で最も歴史のある暗殺方法だ。古代エジプト、ギリシア時代にはじまりローマ皇帝ネロの時代から毒を使った暗殺が横行していた。世情が不安定な時代、宮廷や王室といった場所には必ず毒見役というものがいた。生涯に17回もの暗殺未遂を経験したフランスはブルボン王朝の始祖、アンリ4世は毒見役を配せず自ら食材を吟味し調理までしていたという。

流刑地セント・ヘレナで死亡したフランス皇帝ナポレオンの遺髪が最近になって再分析され、髪の毛からなんと常人の13倍もの砒素が検出された。これについては諸説あるが暗殺説が一番有力だ。体制や政治がらみの毒殺といえば2004年、ウクライナ共和国の大統領選挙で野党側候補であったユシチェンコ現大統領の毒殺未遂事件が記憶に新しい。

王室や統治者だけではなく古今東西、市井の人々も毒殺されていた。毒殺方法や毒薬製造のノウハウは口伝、書物で何代にも渡って受け継がれていったわけだが、それを実践する者は現代では圧倒的に少ない。アメリカの2003年の殺人犠牲者数は1万4408名。そのうち毒を盛られて殺された人の数は9名で麻薬などを強制的にオーバードースされた末に死亡した人の数は41名となっている。この数字は全体の0・3%に過ぎない。

■白い粉の脅威　炭素菌テロ

2001年、同時多発テロ発生から数ヵ月後、《白い粉》がアメリカ全土を恐怖に陥れた。白い粉の正体は家畜、人間の伝染病の原因の一つとされる炭疽菌で、致死性の高さ、乾燥や熱、消毒に対しかなりの耐性を示すことから世界中で生物兵器として研究が進められていた。炭疽菌という名称は感染した患部が炭のように黒ずむことからつけられた。今回の炭疽菌テロ事件では炭疽菌が手紙に入れられ特定の人物宛（議員、新聞社編集者など）に送りつけられた。事件そのものは未解決だが、これまでに政府の省庁舎、報道機関、郵便機関で働く5名が犠牲者となった。アメリカの騒動は炭疽菌を模した白い粉を使った悪質ないたずらから、同様の炭疽菌を送りつける細菌テロまで、世界中に飛び火した。

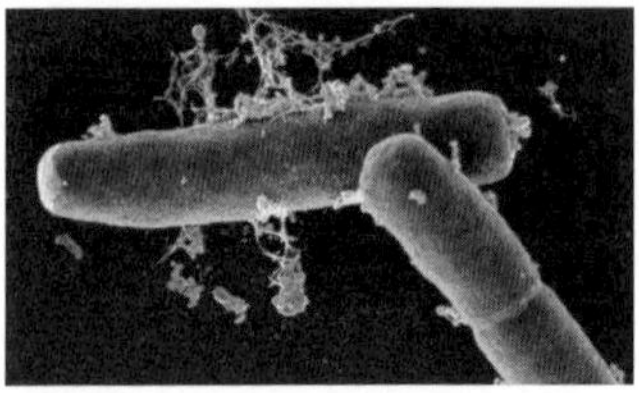

■検出された炭疽菌は生物兵器用のそれではなくアメリカ国内で培養されたものだという

毒にも、薬にも

毒物の定義は「人体侵入後、ケミカルリアクションによって健康を損ねたり死に至らしめる物質」となっている。「ケミカルリアクション」というのが重要で、すりつぶしたガラスの粉を飲ませるというのは毒殺とはいえない。従って炭素菌は毒物とは呼ばない。同じように生物兵器に使われる細菌（ウィルス）は毒物ではない。自分を複製するためのＤＮＡだけをもった生物と無生物の中間的存在――それが細菌だ。

ケミカルリアクションの観点からいえば人間の生体維持に不可欠な塩も立派な毒物である。つまるところすべての化学物質は毒であるといい切れる。16世紀の学者パラケルススは「あらゆる物質は毒である。ただその容量の違いだけが毒と薬の区別をもたらす」といった（次ページ参照）。問題は量である。化学物質というものは量さえ守れば薬にもなるし、度を越せば毒にもなる。サリドマイドがこの好例だ。

催奇性物質サリドマイド

毒（薬）は諸刃の剣になりうる。ドイツのグリュネンタール社で開発されたサリドマイドは１９６０年代には副作用の少ない非バルビツレート系催眠薬として世界中で広く使われていた。副作用が少ないというのがメーカーのうたい文句で妊娠初期のつわりの軽減にも効果があった。ところが妊娠中にサリドマイドを服用していたほとんどの女性の胎児に四肢が極端に短いアザラシ肢症などの奇形が生じた。アザラシ肢症は自然に発生することは１００％ありえない。奇形は四肢だけではなく内臓にも及び、いわゆる《サリドマイド児》と呼ばれる奇形児は全世界で７０００名も生まれ、日本だけでも１０００名の出生報告がある。

高い催奇形性を除けば、サリドマイドはある種の病気に対して非常に有効だ。少し前はハンセン氏病などの疼痛治療、現在では抗がん剤や臓器移植後の免疫抑制剤として高い評価を受け

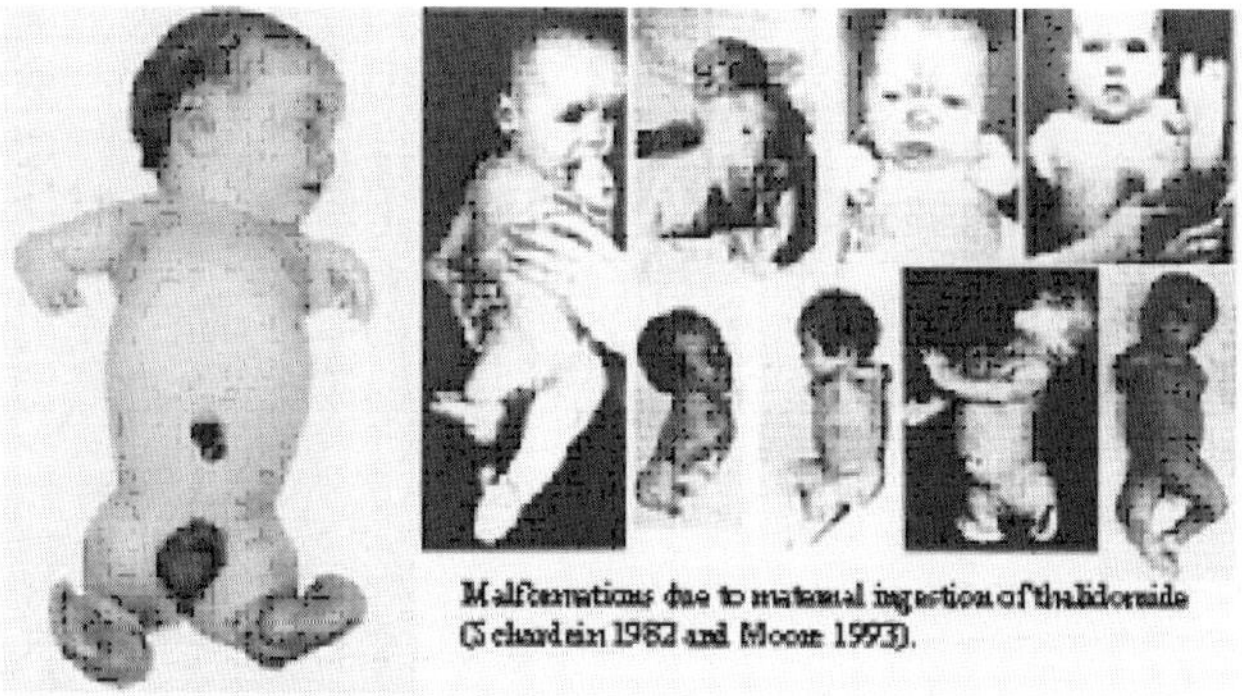
Malformations due to maternal ingestion of thalidomide
(Schardein 1982 and Moore 1993).

■サリドマイド奇形の特徴は四肢の異常が左右対称に表れるところだ

ている。つまり「良薬」ということだ。

毒の侵入

毒の侵入経路は、経口（口から）、皮膚（皮膚吸収、粘膜や傷口）から、呼吸（息を吸うことにより肺の中に入る）の三つで、当然、用量は大きく濃度は高い方が危険度が増す。生体に摂取されるいわゆる吸収速度は、気体が最も速く、液体、固体の順になる。口から摂取された少量の毒物は小腸で吸収されてから、血液によって全身に運ばれ、その毒が毒性を発揮しやすい特定の部位に蓄積される。

毒に対しては成人よりも代謝能力が劣っている幼児、高齢者の方が敏感で、一説によれば女性の方が命を落としやすいとされている。

致命的な思い違い

毒殺のメリットは1）物理的に自分の手を下すことがない、2）犯人の特定が難しい、3）量の加減によって短期的（暗殺）、長期的（病死、衰弱死の偽装）殺害が可能、といったところだろう。

一方のデメリットは――

1）意外に効果が薄いこと
2）対象以外の人間を巻き込んでしまうこと
3）入手経路が限られていること
4）知識がないこと

■毒の摂取と効力
固体⇒液体⇒気体
皮膚から⇒口から飲む⇒気体の吸入⇒注射
（※矢印の方向で強くなる）

固体や液体は胃や腸内での分解吸収という過程を経ないと人体に入り込めないが、気体は粘膜や肺胞から直接、血液中に侵入することができる。

■すべての物質は毒である
ルネッサンス初期に活躍したパラケルススは医師としてではなく当時は錬金術師として名を馳せた。真偽はともかくホムンクルスの実験に成功した唯一の錬金術師と伝えられている。従来の医術をことごとく否定したパラケルススは医学界から放逐され、異端者扱いされていた。「毒は薬なり」という彼の言葉からもそのことが推測できる。パラケルススという名前は偽名で古代ローマの名医ケルススを超えたという意味が込められている。

■パラケルスス（1493～1541年）。鎮痛剤としてのアヘンの効用にいち早く気づいていたのも彼だ

《意外に効果が薄いこと》、は《本人の予想以上に効果が高かった》という誤算にも繋がっている。１９９８年、４名が死亡し63名が中毒になった毒物カレー事件では近隣住民への私怨が最大原因といわれている。もしこれが本当の理由ならばその代償はあまりに大きすぎた。

専門書も含め書籍に掲載された致死量ほど怪しいものはない。これらの数値はあくまでも動物を対象とした参考値であって個体差、個人を取り巻く環境などをまったく考慮していない。致死量といわれるものの多くは後述のＬＤ50から導き出されている。実験動物から得られた数値を安易な体重換算で人間に適用することは暴挙といっていいだろう。その証拠に多くの自殺未遂者が記述にならった結果、死ぬことよりもつらい目にあっている。また後述する２０００年に起きたロシアの劇場占拠事件のように催眠ガスを使ってテロリストを昏睡させるつもりが１２０名近い人質を中毒死させるといった事態も起きている。

本当に知るべきこと

誰かに「毒を飲まされた時」の演技をさせてみると、必ずといっていいぐらい、ウグッと息を止め身体を硬直させてから、目をむきバタッと倒れる。演技の達者な者はここで軽く痙攣を見せたりする。おそらく今まで見聞きした（多くは映画やテレビドラマ）毒殺のシチュエーションを自分なりに再現しているのだろう――では、なぜこのような状態になるのか?

毒殺に関するウェブサイトは数多存在する。しかし送り手側の知識不足といった観は否めない。毒物に対して興味や畏怖の念を抱くことは大いに結構だが、《毒物がなぜ人体にそのような症状を起こさせるのか》を受け手側にきちんと説明するべきであろう。

知識の乏しさは記述からうかがえる。青酸カリなら「ほぼ瞬間的に麻痺し痙攣が始まり、呼吸が止まり死亡する云々」、筋弛緩剤では「投与後筋肉が動かなくなり心停止を起こす」、睡眠薬にいたっては「中枢神経が麻痺し挙句の果てに死ぬ」といった具合だ。この他、初期症状の

■日用品の致死量

項　目	致　死　量	備　　　考
醤油	200～1500ml	塩化ナトリウムの多量摂取によるもの：一升瓶は1.8リットル
酢	4リットル	酢酸：調味料としての酢は4％に希釈されている
ヘアダイ	10g	第一溶液に含まれる主成分パラフェニレンジアミンの毒性が高い
歯磨き粉	180g	毒性が確認されているプロピレングリコール含有
鼻炎薬	16～20錠	血圧上昇効果のある塩酸フェニルプロパノールアミンの大量摂取
咳止めシロップ	2～11本	抗ヒスタミン剤：マレイン酸カルビノキサミン含有
酔い止め	57～60錠	塩酸ジフェンヒドラミン単体の致死量は25～40mg防虫剤13～15個 樟脳（カンフル）・ナフタリンが2g、パラジクロロベンゼンで52g
風邪薬	85～90錠	鎮痛解熱剤アセトアミノフェン含有の風邪薬
乾燥剤	数十g	消石灰の発熱と水酸化ナトリウムの強アルカリによる腐食
鎮痛剤	480mg／kg	体重60kgで市販薬58～60錠
灯油	90～120ml	嘔吐時の肺への混入も危険
塩	0.5～5g／kg	体重60kg、個人差を考慮して大さじで4～40杯
水	10l	体内のナトリウム濃度の異常低下が原因

記述は大体が「吐き気、めまい、下痢、悪心など」となっているが、こんなことは醤油の一気飲みでも起こる症状だ。
われわれは知りたい――毒物が体内でどういったケミカルリアクションを起こし、人体にどのような影響を与え、痙攣、麻痺から呼吸停止に至るのかを。

■致死量のマジック

記述された致死量がそうであったようにヴィジュアルな致死量も怪しい。青酸カリの致死量は200～300mg（ミリグラムは1000分の1g）だが、これを多量と見るか、少量と見るかは、個人によって捉え方が違う。参考までに市販のサプリメントのカプセルの中味が300～350mg、スティックシュガーが6000mg（6g）――さぁ、多いか、少ないか。

毒物絡みの事件報道、最近では環境汚染物質の報道において特定の毒物の危険度を表す際に「○○は耳掻き1杯分で○○人を殺害することができる」という表現が使われる。この耳かき1杯分というのが普通で10～15mg程度だ。

自殺、他殺に限らず毒物は経口摂取というスタイルが多い。正確な服毒量の判定は容易ではないが、残された容器から大まかな服毒量を推測することができる。コップで一口が40ml、ビンからの一飲みが35ml、キャップ一杯が5～6ml、盃で17mlといわれている。

LD50（リーサル・ドース・フィフティ）

LD50（エルディー・フィフティ）は毒性の程度を測る単位のことだ。「50」は致死率が50％、LDはLethal Doseの頭文字をとったもので直訳すれば《致死薬量》ということになる。

この概念が持ち込まれたのは1927年になってからで、化学物質を投与された実験動物の半

■主な薬／毒物の致死量　あくまでも目安に過ぎない

薬／毒物	経口致死量	薬／毒物	経口致死量
精神安定剤		アンフェタミン	0.2g
ブロムワレル尿素	5～20g	アコニチン	3～4mg
バルビツール酸塩	1～5g	農　薬	
イミプラン	1g	マラソン	25～60g
揮発性物質		スミチオン	20g
青酸カリ	100～200mg	パラコート	30mg／kg
クロロフォルム	25～40g	金　属	
ベンゼン	80～100g	亜ヒ酸	0.1～0.3g
クレゾール	15～20ml	有機水銀	0.1g
アルカロイド		タリウム	0.5～1g
ジギタリス	2g	アルカリ／酸	
カフェイン	10g	酢酸	20～30g
ストリキニーネ	5～100mg	水酸化ナトリウム	5g

数が絶命する薬量を割り出すために用いられた。数値は低いほど毒性が高いということになる。表記は《mg／kg》で体重1kgあたりに換算して表す。たとえば平均体重20gのマウスでLD50値が5mgと判明すれば、kg換算で250mgになる。このほかに、ある毒物のLD50が100mg／kgだと判明すると、体重60kgの成人ならば6000mg（6g）で半数（50％）の人間が死亡することになる。

LD50はあてにならない？　動物実験にはいくつか問題点がある。まず動物と人間では化学物質に対する感受性がまったく違うということだ。たとえばサリドマイドの催奇形性は薬量が同じ場合、人間では高確率で発生するがウサギやサルではかなり低くなる。

犬なのか、モルモットなのか、サルなのか、動物の種類によってもLD50は違ってくる。実験動物にしても遺伝因子や体重などがなるべく均一なものが使われているらしい。とにかく人間の生活環境とラボの環境とでは違いが大き過ぎるのだ。実験動物では、短期間で大量の物質を投与した結果しかえられない。しかし人の場合はそうはいかない。特に環境汚染物質のLD50を見極めるなら長期間に渡って、極微量な投与という条件で経過を見なければ正しい数値はえられない。

致死量という数値がいかに頼りないかは次のような例からもわかる。砒素、特に猛毒といわれる亜ヒ酸の致死量は100～300mgといわれている。ところが11g（11000mg。これは致死量の約10倍だ！）近い量の亜ヒ酸を飲んだにもかかわらず死亡しなかったり、7g（7000mg）も飲んだ患者が1週間後に退院したという報告がある。服毒自殺を考えている者には薬量も含め、もう一度《思い直して》いただきたいものだ。

■麻痺・痙攣

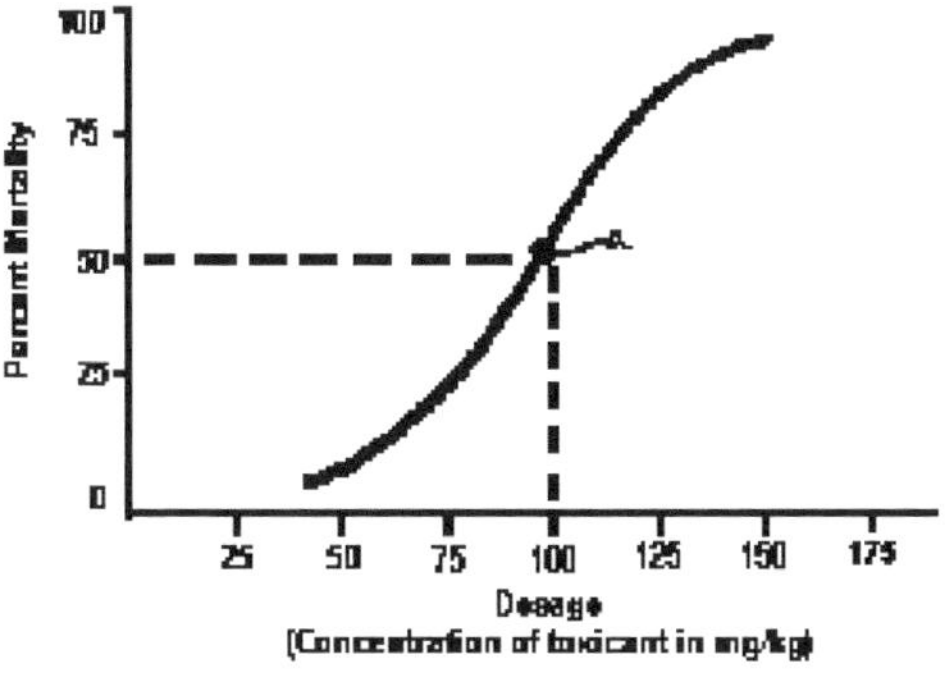

■縦軸が致死率（%）、横軸が量（mg/kg）

毒物の症状でよく耳にするのが麻痺と痙攣だ。麻痺は神経または筋肉の機能が停止する状態で、軽いものでは「痺れ」として現れる。フグ毒の症状は簡単にいえば《細胞の麻痺》で、手当てが遅れ呼吸筋にまで及べば確実に死に至る。

痙攣とは全身もしくは部分的な筋肉が発作的に収縮を繰り返す状態を指す。擬似痙攣を体験してみる――息をつめ、拳を握り締め腕の筋肉を硬くすると腕全体が小刻みに震えるだろう。これが脊髄を中心に全身に及ぶと強直性痙攣といって全身がそっくり返ってしまう。

身体を動かしたい時、たとえば手を動かしたい時、脳は「手を動かせ」のメッセージを電気信号に換え発信する。ニューロン（神経細胞）はこのメッセージを筋肉細胞までリレーするのだ。ところが脳が興奮状態になりメチャクチャなメッセージ（異常な電気信号――「手を動かせ」「手を動かせ」「手を動かせ」「手を……」、こうしたメッセージが送り続けられる状態）を発すると痙攣となって現れる。側頭葉の器質的障害が原因のてんかん発作がこれにあたる。次ページのイラストのような強直性痙攣では頭とかかとを支点に完全なブリッジ状態になる（後弓反張）。

毒物による痙攣は今述べた脳の異常とは別で、ニューロンと骨格筋細胞の暴走が原因だ。細胞の痙攣――詳細は後述に譲るとして細胞内外で発生した異常な電位差によって細胞そのものが痙攣するのだ。同じく次ページのイラストに見られる全身のこわばりと震えが特徴だ。

麻痺と同じく息をするために欠かせない呼吸筋にまで痙攣が及ぶと非常に危険な状態になる。気道確保の処置や人工呼吸器が取り付けられるのは兎にも角にも脳への酸素供給をストップさせないためだ。

強直痙攣誘発剤　ストリキニーネ

強直痙攣と深い関係を持っているのが硝酸ストリキニーネだ。硝酸ストリキニーネは動物病

■脳が発信する信号（シグナル）の伝達は速いもので100〜120m／sec

院などで犬猫の安楽死に使われている。ちなみに野犬の処分は二酸化炭素の吸入による窒息である。犬猫用だからといって侮ってはいけない。農薬や殺虫剤を飲んだ人が死ぬように量さえあれば人間にも確実に効く。ただ安楽かどうかは別だ。1995年、暴力団幹部、その運転手、愛犬家の男女の4名が犠牲者となった埼玉県愛犬家連続殺人事件ではこの硝酸ストリキニーネが使われた。4名は硝酸ストリキニーネ入りのドリンク剤もしくはカプセルを飲まされ次々と殺害された。犯人は知人の獣医から相当量の硝酸ストリキニーネを譲り受けており、これが使われた。

ストリキニーネの症状

ニューロン（神経細胞）には抑制型と興奮型とそれぞれの役割があり、両者が均衡を保っている。中枢神経興奮剤ストリキニーネは脊髄をターゲットにし激烈な中枢興奮を起こす。致死量は0・2～0・3㎎。ストリキニーネは吸収が早く、15分から30分以内に症状が現れる。ストリキニーネによって脊髄中枢の抑制作用はまったく機能しなくなり興奮作用が続くことで身体がエビ反るような強直痙攣が始まる。やがて呼吸筋も痙攣しそのまま窒息死する。この時心臓の筋肉や消化器系には何らダメージを与えない。この薬の恐ろしいところは痙攣中も意識がはっきりとしているというところだ。

抑制性神経伝達物質グリシンの阻害

グリシンは脳や脊髄の抑制性の神経伝達物質で安眠やリラックスした状態に導く効果を持つ。ストリキニーネはこのグリシンの働きを著しく阻害してしまうので、神経の興奮が蓄積し痙攣へと繋がる。ストリキニーネ中毒の治療薬としては《強直を解く》という逆の作用をする筋弛緩剤が投与される。

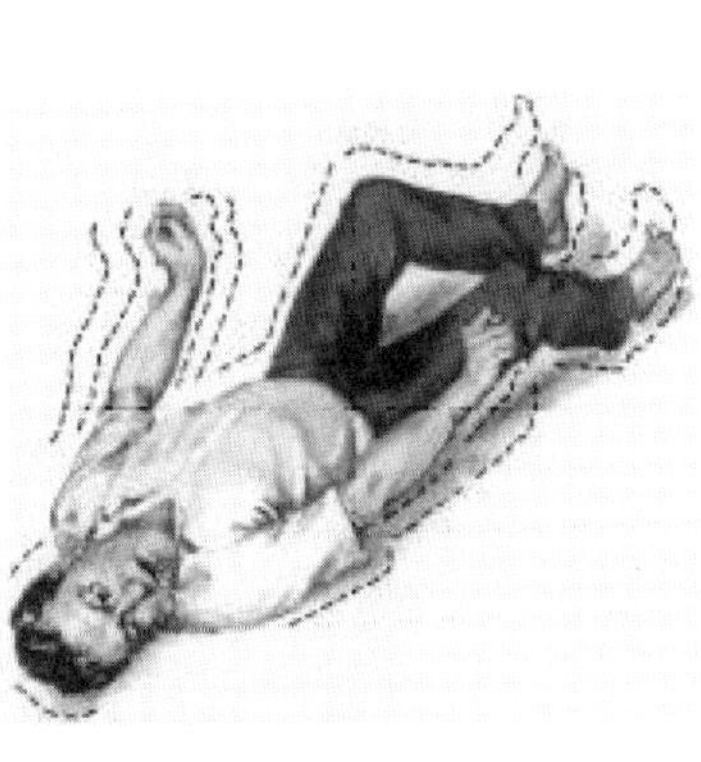

■痙攣

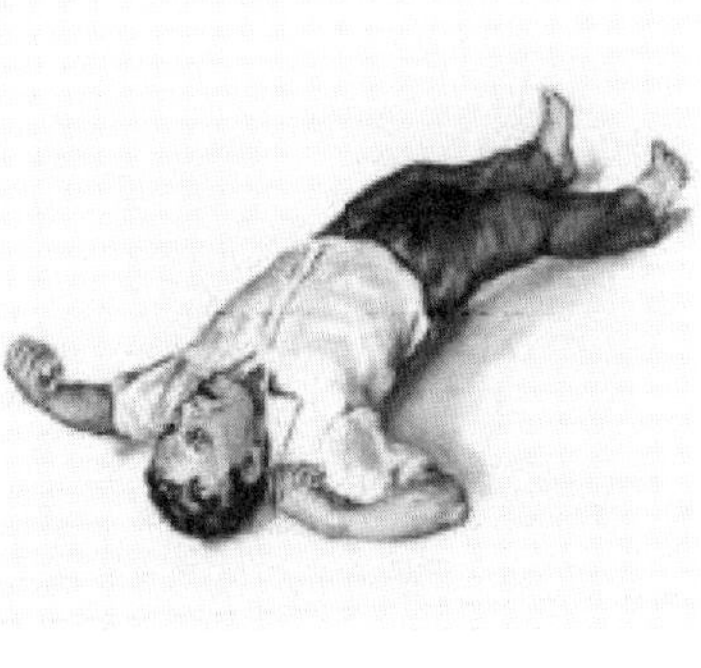

■硬直性痙攣いわゆる“エビ返り”だ

砒素（arsenic）エネルギー生産の阻害

これより毒殺史に登場してきたいくつかの毒物について詳述する。毒物について語るには広汎なケミカルの知識がないと難しいと思われがちだが、人体の生理や代謝、そして細胞という人体の最小構成単位を引き合いにすることでかなり理解し易くなる。本書はとりわけ「なぜ、その毒で人が死ぬのか」に着目した。

■砒素とは

砒素は鉱石として地殻の中で硫黄と結びついた形で産出される鉱物毒だ。木材防腐剤、工業薬品、農薬、殺虫剤として利用されてきた。青酸カリについでよく知られる毒物だが、毒殺史においては砒素の方がはるかに登場回数は多い。ヨーロッパでは中世以降から政治紛争、怨恨、の解消手段として盛んに使われだした。砒素は摂取量、期間、侵入経路でさまざまな症状を表す。また有機砒素化合物と無機砒素化合物によっても毒性がかなり違う。特に有機砒素化合物は人間にとっては極微量ならば必須ミネラルになっている。無機砒素化合物の中でもシロアリ駆除剤に使われている亜ヒ酸（三酸化二砒素）は最も毒性が強い。

■砒素中毒の症状

形状は無味無臭の白い粉。亜ヒ酸のＬＤ50は15mg／kgで人の致死量は１００～３００mgとされている。急性中毒ではあたかも食中毒のような症状を示す。口から摂取した場合、症状は

■ちん毒の正体

古来よりわが国で伝わる毒薬の中に《ちん毒》というものがある。これは《ちん》という毒蛇を食用とする鳥から抽出されると考えられていたが、正体は亜ヒ酸であった可能性が高い。

■砒素天ぷら

うどん粉と間違えて亜ヒ酸を使ってしまった天ぷらを食した中毒事例では、食後30分以内に腹痛、嘔吐、下痢を発症し、特に嘔吐が酷く、死亡直前に全身痙攣を起こした。天ぷら1個から致死量の約8倍にあたる２・４８ｇの亜ヒ酸を検出した。

■砒素・水銀と並び、不老長寿の薬「丹薬」として使われていたこともあった

30分以内に表れる。口にした者は、口内に独特の金属味を覚え、猛烈な渇きと嚥下困難を覚えるはずだ。異常発汗、嘔吐、下痢が始まり、吐息にガーリック臭がする。大量に呑み込んだ場合、発作、全身痙攣から数時間以内で死に至る。一命をとりとめたとしても腎臓が機能しなくなり数日のうちに死亡する。こうした症状は死者4名、中毒者63名を数えた毒入りカレー事件の犠牲者のものと一致していた。

慢性砒素中毒の症状は高濃度の砒素を含む地下水を利用している地域（バングラディッシュ、インドやタイなど）でよく見られる。こうした地域では症状の軽重に関わらず中毒患者は10万人を超えており、一種の風土病として捉えられている。症状は内臓疾患が最も多く、足の裏が著しく角質化しているのが特徴だ。これは砒素に長期間触れていた皮膚に局所的な血液循環の不良が起こり、その結果皮膚の腐食がおこったからだ。

砒素が人体を侵すメカニズム

生物は、酸素とブドウ糖の化学反応で生じたエネルギーをATP（アデノシン三燐酸）という化学物質に変換し、体内に蓄えておく。例えば筋肉はATPからエネルギーを得ることで動く。激しい運動の最中に呼吸が早くなるのはATP生成に必要な酸素を細胞が求めているからだ。

次々ページのイラストを参照していただきたい――ATPはアデノシンという物質に燐酸が3つ結合した状態をさす（イラストのAの状態）。

エネルギーは《燐酸2》と《燐酸3》の間に蓄えられており、《燐酸2》から《燐酸3》を切り離すことでエネルギーが放出される。この瞬間ATPはADP（アデノシン二燐酸）に姿を変える。イラストのBの状態を見ればわかるように燐酸の数はATPよりも一つ少なくなっ

■森永砒素ミルク事件
昭和30（1955）年に発覚した戦後第1号の食品公害事件。当初、患者が西日本地区の乳幼児に限定されていたことから奇病と診断されていたが、後に砒素中毒であることが判明した。砒素は森永乳業徳島工場で作られていたドライミルクから検出され、製造過程で混入した疑いがもたれた。中毒者数1万2000名以上、死者は130名を数えた。

■砒素中毒にかかった乳児。企業が全面的に責任を認めたのは1970年代になってからだ

ている。

つまりATPがADPに変わる際にエネルギーが発生し、これを筋肉細胞が受け取り、筋肉が動く。ATPからADPに変化するには酵素の働きが欠かせない。この酵素は《ATPアーゼ》と呼ばれ、《燐酸2》と《燐酸3》の結合を断ち切ることでエネルギーを開放している（イラストのCの状態）。

死後硬直は死後数時間が経過したあたりに見られる死体現象だが、これは筋肉内にあるATPの減少によって起きている。したがって筋肉量の少ない老人よりも青年の方が、安静時よりも運動時の急死の方が、死後硬直の始まるスピードは速くなる。

イラストのDのように砒素が体内に侵入するとATPアーゼの活動を阻害するために（正確には砒素がATPアーゼ内のSH基と勝手に結合してしまう）酵素反応が起きなくなり細胞はエネルギーを得ることができなくなる。

ここまでは理解しやすいように筋肉を例に挙げたが、砒素は人体の特定の部位を狙うのではなくATPそのものの活用を阻害するので、慢性中毒になれば消化器系、循環器系、中枢神経、皮膚、呼吸器系のすべてが確実に蝕まれてゆく。

■和歌山毒物カレー事件

1998年7月25日午後6時、和歌山県和歌山市で自治会恒例の夏祭りが催され会場で振舞われたカレーライスを食べた人々が次々と体調不良を訴えた。これが中毒者63名、死者4名を数えた和歌山毒物カレー事件の始まりだった。

食後、激しい吐き気と腹痛に襲われた67名は当初、食中毒と診断され、まったく見当違いな処置を受けていた。この翌日、自治会長と副会長、16歳の女子高生と10歳の少年が死亡した。

■死後硬直
死後、酸素の供給がストップしたことによりATPが生産されず、ATPの減少にあわせて筋肉の硬直が始まる。硬直はタンパク質分解や腐敗によって徐々に解かれてゆく（2～4日）

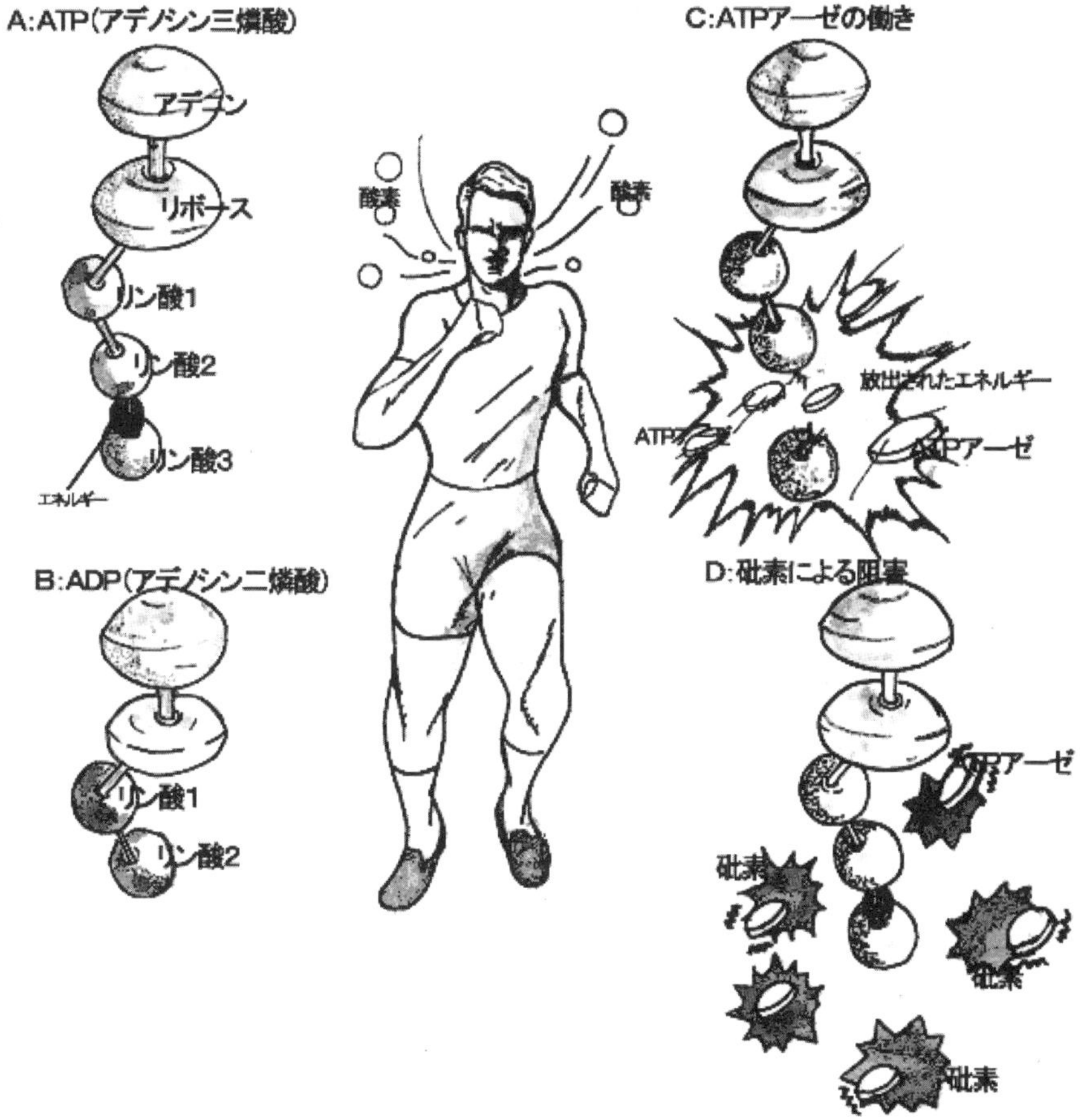

■ATP生成メカニズムと砒素の阻害

■毒カレーの入っていた鍋

4名の死因は砒素化合物による急性中毒と判定され、カレー鍋から1350人分の致死量に値する亜ヒ酸が検出された。

食中毒？　青酸中毒？

遺体やカレーから砒素化合物が検出されると、食中毒という夏場の典型的な出来事は毒物混入による無差別殺人事件へと一変した。和歌山県警はすぐさま捜査本部を設立した。

中毒者63名、死者4名が出た責任は病院側にもあった。自治会がカレーを選んだ理由は夏場の食中毒対策であり、それでなくともスパイスを使ったカレーから食中毒が発生するとは通常は考えられないことなのだ。かりに食中毒であったとしても症状が出るのは食後しばらく経ったあとで、この時のように食後すぐに体調を崩すことは考えられない。患者の症状、つまり嘔吐と激しい腹痛が医者の思い込みに繋がったのだろう。実は砒素化合物が検出される直前まで青酸中毒も疑われていたが、青酸中毒特有の呼吸器系のダメージは確認できなかった。患者は全員、腹部の激痛を訴えていたのだ。

Hという女

毒物カレー事件の捜査は思わぬ方向へ進んでいった。ここ数年地元では亜ヒ酸による中毒報告が続いており死者まで出ていた。中毒報告を検証してゆく中で元生命保険会社外務員のH（当時37歳）へ対する多額の保険金詐欺疑惑が浮上した。被害者はHの家に同居する無職の男性で体内から多量の砒素化合物が検出されていた。県警はHをこの男性に対する保険金目当ての殺人未遂と詐欺の容疑で逮捕した。同時に、元白蟻駆除業者の夫も詐欺容疑で逮捕した。

二人は一貫して黙秘と否認を続けた。毒物カレー事件の捜査本部には、事件当日亜ヒ酸がカレー鍋に入れられたとされる時間帯に、H一人が鍋の番をしていた、亜ヒ酸が入れられていた

■ナポレオン毒殺

1821年5月5日、南大西洋の孤島セントヘレナでひっそりと息を引き取ったナポレオン。彼の死因は病死とされているが、当時の手記を検証するとナポレオンの衰弱から死に至るまでの経過が砒素中毒の症状に酷似しており、歴史研究家や専門家の間では中毒死、しかも《殺された》という見方が一般的だ。最近になってさらに暗殺説が有力視されている。ナポレオンの遺髪を精査したところ高い含有量の砒素が検出されたのだ。

■晩年のナポレオン

と思われる紙コップを手に料理場のガレージに入り、周囲を窺うような素振りをしていたなどの目撃証言が寄せられていた。

亜ヒ酸の入手

１９８３年に結婚したＨの夫は以前、シロアリ駆除業を営んでおり、当時使用していた駆除剤が今回使われた亜ヒ酸だった。亜ヒ酸は駆除業界では隠語で「重（おも）」と呼ばれ、Ｈが『重』をちびちび入れて殺したろか」などと冗談っぽく話していたのを知人男性が何度も聞いていた。数件の保険金詐欺を遂行したＨは亜ヒ酸がどういった化学物質かということを知っていたようだ。

保険詐欺

Ｈは毒物カレー事件が起きるまでの10年間、４件の保険詐欺事件に絡む殺人および殺人未遂に関与していた。犠牲者の中には夫も含まれていた。

１９８５年に死亡した駆除会社の元社員は死亡時急性砒素中毒の所見があったが、見過ごされてしまった。この元社員に掛けられていた保険金の受取人はＨで５千万円を手にしている。また別の社員、夫に掛けていた高度障害保険金として２億円相当の金額を受け取っている。近隣の者は定職を持たぬわりには豪奢な生活を続けているＨ夫婦に疑問を抱いていた。事実、夫婦の生活は保険金収入のみでまかなわれていた。保険金の支払い金額は年間で２千万円近くになり、これを賄うために消費者金融に手を出していたほどだ。

毒物カレー事件の動機

Ｈは普段から自分が近所の者たちから疎まれていることに気がついていた。本人の思い過ご

■もうひとつの保険金殺人事件

毒入りカレー事件発生から1年後の１９９９年、同じ様に薬物が使われた別の連続保険金殺人事件が世間の注目を集めていた。事件が明るみになったのは新聞のスクープがきっかけであった。有料記者会見を開いた事件の首謀者Ｙ（50歳）は疑惑に対して自信たっぷりに「１００％毒は見つかりません」といいのけた。その通りこの事件で使われたのは毒ではなくアセトアミノフェンを含む風邪薬であったのだ（最初の犠牲者にはトリカブトも使われた）。

２０００年3月、埼玉県の金融業Ｙと彼と関係のあった30代の女３名が虚偽の婚姻届を提出した疑いで逮捕された。もちろんこれは別件逮捕であり警察の本当の狙いは数年前におきた３件の保険金殺人容疑にあった。警察は１９９４年、１９９７年、１９９８年に死亡もしくは重体に陥った３名の男性がＹの配下の女らと偽装結婚していたこと、男性らに掛けられていた保険の掛け金をＹ本人が支払っていたことを突き止めていた。男性３名に掛けられていた保険金額総額は10億円で、１９９４年に利根川で溺死体として見つかった45歳の元工員を除く、２名の男性は大量の風邪薬を栄養剤とだまされアルコールと一緒に飲まされていたことが判明した。

２００５年、共犯の女３名には懲役15年、12年、無期懲役が、首謀者Ｙには死刑がいい渡された。

この事件では風邪薬の恐ろしさがクローズアップされたが、実際はろくな食事も与えず連日大量のアルコールで衰弱させ、さらに風邪薬を大量に飲ませたことが複合的に作用したものと考えられている。

しかも知れぬが、地域におけるH夫婦は異質の存在であった。こうした猜疑心は敵意に変わり、ついに殺意へと繋がった。決定的だったのは事件当日の午前中のカレーの仕込みの時で、近所の主婦達から自分が疎まれていることを確信したHは仕返しを思いついた。果たして疎外感が一気に殺意にまで飛躍するのであろうか？　あくまでも推測の域を出ず突飛な印象を受けるが、当の本人が黙秘を決め込んでいる以上、本当の動機はわからずじまいだ。

こうした怨恨説とは別に特定の人物（例の無職男性）を殺害し保険金を騙し取るために、あたかも不特定多数の人間が狙われたかのように装ったとの説もある。無職男性はこれまでに何度となく食事に砒素を混入されていたにもかかわらず軽症で済んでいた。しかしこの男性が祭に参加し、間違いなくカレーを口にする保障はなかった。

一部報道ではHは亜ヒ酸に精通していたといわれているが、その逆であった。でなければ近所の日が冷たいからといって猛毒の亜砒酸を不特定多数の人が口にするカレー鍋にぶちまけるようなことはしないはずだ。

補遺

平成17年6月28日、大阪高裁はH被告の控訴を棄却して一審の死刑判決を支持した。これに対して、H被告は上告した。

■アセトアミノフェン

薬を飲む時はアルコールを控える――これは常識だ。理由は、成分の異なる薬物（アルコールも薬物である）の同時摂取による相乗効果と薬物の分解を司る肝臓への負担が著しく高くなるからだ。Yの逮捕が遅れたのは凶器となった薬物の特定、発見ができなかったためだ。まさか風邪薬が凶器だとは誰も思いつかなかった。

捜査が進む中で偽装結婚をした女の一人、T（32歳：無期懲役）の父親が以前風邪薬とアルコールの大量摂取で長期入院していたことが判明した。また検死の結果、犠牲者一人の毛髪から大量のアセトアミノフェンが検出されたのだ――これが大きな転機となった。

アセトアミノフェンは鎮痛解熱剤として使われ、風邪薬1包あたり多いもので480㎎、1錠で150㎎が含まれている。アセトアミノフェンを大量摂取すると肝臓、腎臓、心筋に深刻なダメージを与え、特に肝臓は薬物系の劇症肝炎を起こしやすい。Yの事件ではここに大量のアルコールが加わることになるのだから、臓器へのダメージの程度は想像に難くない。アセトアミノフェンは体重60㎏の人で9gあたりから中毒を起こし、致死量は12～60gとされている。アセトアミノフェン20・4gによる服毒自殺報告がある。

青酸化合物（cyanide）

19世紀中盤以降、ヨーロッパで毒殺といえば砒素やリンが使われていた。ところが産業革命が本格的になり、金属加工、冶金、メッキなどの技術が発達するにつれて青酸化合物がこれらに取って代わり、今では「○○の毒性は青酸カリの○○倍」といったような使われ方をされるぐらいポピュラーになった。

■シアン化カリウム・シアン化ナトリウム

青酸化合物には無毒のものを含め様々な種類がある。日本では毒性の強い青酸化合物はすべて「青酸カリ」と呼ばれる。毒性の強い青酸化合物といえばシアン化カリウムとシアン化ナトリウムだ。シアン化カリウムは銀、銅の電気メッキや冶金、金属製品の加工、フィルム現像などに用いられ、シアン化ナトリウムは鋼の焼入れ、金、銀の冶金、柑橘類の殺虫剤、化学工業製品の合成に用いられている。両者ともに粉状での致死量は150〜300㎎といわれている。長期保存が難しく、空気に晒しておくと二酸化炭素を吸収して重曹（炭酸水素ナトリウム）になってしまう。粉末が皮膚に付いても問題はないが（ただし粘膜や傷口に付着すると危険）、水に溶けたり胃酸などの酸と反応したりすると気体に変わり非常に危険な状態となる――これはシアン化水素の発生を意味する。自、他殺に用いられた場合、青酸カリは胃酸と混ざった時点で効果を発揮する。特に空腹時の即効性は高く、逆に満腹状態だと絶命するまで数分から一時間はかかるといわれている。

1982年9月22日から10月1日にかけて、アメリカのシカゴでは何者かが市販の頭痛薬タ

■ナチスの強制収容所では青酸ガスを使った処刑がおこなわれた

イレノールに青酸化合物を混入し7名が死亡するという無差別殺人事件が起きた。この事件がきっかけで世界中の市販薬の包装が厳重（タンパープルーフ）になった。事件そのものは未解決だ。

■シアン化水素とガス虐殺

以下は『アウシュビッツの記録』からの抜粋である……

――囚人には毒ガス実験もおこなわれた。去年のことである。9月5日から翌日の6日にかけて約1000人がオスヴィエチムの地下シェルターに連れて行かれた。ボルシェビキの連中が700、残りの300がポーランド人だった。シェルターが狭すぎたが、怪我人だろうが病人だろうがとにかくそこに詰め込んだ。満杯になったシェルターにガスを流し込む。夜のうちに全員が死んだ。その時、聞こえてきたうめき声や叫び声は収容所内に響き渡り、とても眠れるような状態ではなかった。翌日、1日がかりで囚人たちに後処理をさせた。積み込んだ死体の重さで手押し車がお釈迦になった――

1）青酸ガスの効果

シアン化水素は通称「青酸ガス」ともいわれ通常液体でアルカリ性を保っていれば危険度は低く倉庫や船舶の燻蒸剤、害虫駆除剤として用いられている。合成樹脂にも含まれており火災の際に気体となり、吸引した者は中毒死する。致死量は200～300ppm（空気中に0・02～0・03％存在するということ）。ナチスの強制収容所では《チクロンB》と呼ばれユダヤ人を大量虐殺した。一般に青酸ガスを吸引すると、ただちに昏睡、即死すると考えられているが、苦しみぬいた末に死ぬ《悶死》が正しいようだ。

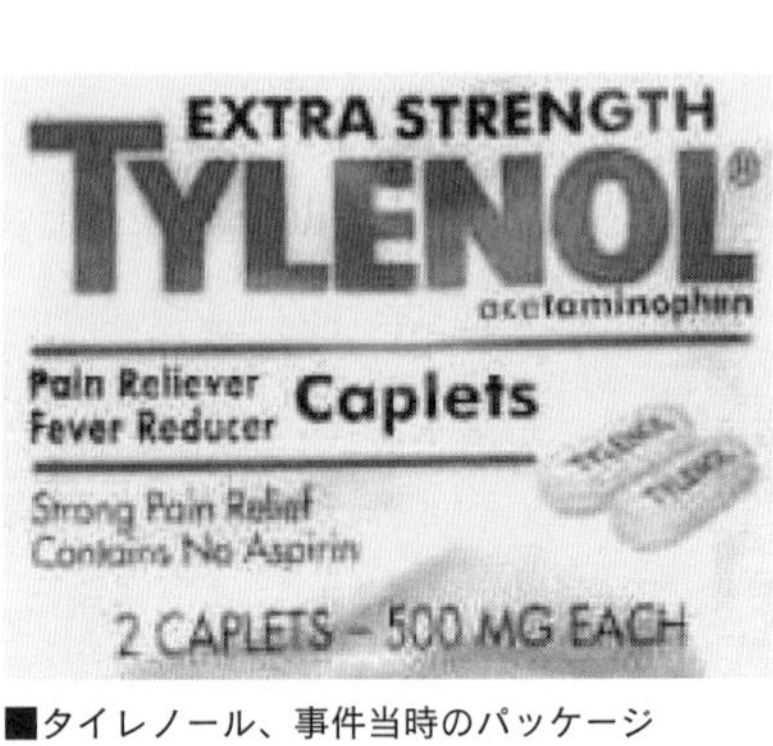

■タイレノール、事件当時のパッケージ

2）ガス虐殺の実際

アウシュビッツでジェノサイド（民族虐殺）がおこなわれたことは間違いない事実だ。しかしナチスがおこなったガス虐殺についてはいくつか疑問点が指摘されている――

ガス処刑がどのようにおこなわれたかを示す公式な記録はない。生き証人と称する何人かの話を聞くと、チクロンBがどこから投げ込まれたのか、小窓なのかドアの隙間なのか、こんなことでさえも食い違いを見せている。使われた青酸化合物の量にしてもそうだ。第一、生き証人の存在すら怪しい。専門家にいわせれば狭い室内で丸1日ガスを浴びていたにもかかわらず、そこから生還しましたという証言自体が馬鹿げた話なのだ。青酸ガスが空気1リットル中に0・3㎎（1立方メーター中に0・3g）存在すれば人間は数分で絶命する。60名が一度に処刑されたというアウシュビッツのブンカー第11区のシェルターを引き合いにすれば、そこには約11立方メートルの空気があったはずだ。ここで3gの青酸化合物を気化させれば数分以内に全員が息絶える計算になる。このまま時間が経過すれば囚人達の体から上がる熱で残ったチクロンBもすべて気化し、ガス濃度はさらに上昇する。

当時、青酸化合物は害虫駆除の用途では1立方メートルあたり10gが基準であった。人体への適用はこの数値から割り出されたといわれている。第11区のシェルターの空気量は11立方メーター。この基準を当てはめれば110gもの青酸化合物が使われたことになる。これはもう即死レベルだ。ところがアウシュビッツ博物館に保管されている記録を見ると「囚人はチクロンB投入後、15～20分後に死に絶えた」となっている――真相はいかに？

チクロンB

■ガスではなくペレット状になっている

■オリジナル、チクロンB

皮肉なことにチクロンBの生みの親はドイツ系ユダヤ人であった。ホロコーストでナチスがガス虐殺に使ったチクロンB（ZyklonB）はもともと害虫駆除剤の名称だった。表記が《Z》から《C》に代わったのは主成分がシアン（Cyanaide）だったからだ。製品にはシアン化水素の他に安定剤と臭気成分が含まれ、珪藻土や繊維質でできたペレット（球粒）に浸みこませていた。ペレットが空気に触れると酸化が始まりシアン化水素が発生する。

チクロンBは最初から処刑用途で使われていたわけではない。製薬メーカーの開発目的通り、収容所内で伝染病を媒介していたシラミの駆除剤として使われていた。虐殺用途で初めて使われたのは１９４０年1月のことで、この時２５０名のジプシーの子供が実験台となった。その後何度か実験が繰り返され、ナチスはチクロンBの製造元である民間の製薬会社２社に臭気成分を取り除くよう指示した。ドイツ敗戦後におこなわれた国際裁判で、製薬会社２社の最高責任者に対しても死刑が宣告された。終戦後も別の製薬会社によって殺虫剤「チクロン」の名称は使われ続け、ユダヤ人社会は猛烈な拒否反応を示していた。「チクロン」という名称使用の全面的禁止が決まったのは２００２年になってからだ。

■ガス処刑室の様子

青酸中毒　細胞の窒息

致死量に相当する青酸化合物が体内に侵入すると直ちに意識を失い、全身痙攣、呼吸困難などで数分のうちに死亡する。致死量に満たない場合は頭痛、めまい、嘔吐、痙攣、心臓、呼吸障害を起こす――これらの症状は案外知られていることだが、なぜこのような状態になるのかとの問いに答えられる人は少ない。

青酸中毒は《細胞の窒息》という表現が適当である。まず呼吸というものについて考えてみる。人間に限らず生物のおこなう呼吸は二つ――

・外呼吸

外呼吸とはわれわれが普段から何気なくおこなっている口鼻から息を吸い、吐くという行為だ。これは肺呼吸とも呼ばれる。呼吸によって肺に流れ込んだ新鮮な酸素は動脈を経由し全身の細胞に運ばれる。息を止めてもしばらく我慢できるのは肺の中にある程度の酸素が確保されているからだ。《我慢の限界》は蓄えられた酸素を使い果たし、二酸化炭素がどんどん蓄積された状態によって起きる。この限界を超えると窒息ということになる。

・内呼吸

口鼻で息ができないことが「窒息」だと思いがちだがこれは誤解である。体内では細胞単位の営みで呼吸がおこなわれている。これが内呼吸、別名〈組織呼吸〉だ。内呼吸は意識することはできない。外呼吸によって酸素取り込みながら二酸化炭素を排出するように、細胞でも不要な二酸化炭素を排出し、酸素を摂取しようとしている。青酸化合物など多くの毒物がこの大

■帝銀事件

1948年1月26日午後3時。「防毒消毒員」の腕章をした男が帝国銀行椎名町支店を訪れた。男は東京都衛生課の衛生部員の名刺を指し出し、居合わせた16名に近隣で集団赤痢が発生したのでGHQが派遣する消毒班が来る前に予防薬を飲むよう指示した。男の用意した第一薬、第二薬を飲まされた16名のうち12名が死亡した。男は銀行から現金16万円と額面1万円相当の小切手を持ち去った。事件は当初毒物に精通した旧日本陸軍関係者によるものの犯行と思われたが、毒物とは無縁な一人の春画画家が逮捕された(冤罪の可能性大)。この事件で使われた毒物は青酸カリだといわれているが、実際は青酸カリよりも毒性の低い遅効性の青酸ニトリールが使われたようだ(毒薬については諸説あり、現在でも特定されていない)。

■犯人と目された春画画家

事な営みを阻害してしまう――これを《細胞の窒息》という。

■細胞とは

青酸化合物に限らずすべての毒物中毒を理解するには細胞そのものがどういった働きをしているのかを理解しなければならない。

生物を生物たらしめる最大の定義は「細胞で構成されている」ことだ。このことはあらゆる動・植物に当てはまる。一口に細胞といっても多種多様で生殖に欠かせない精子、血液中の赤血球も細胞の仲間だ（ただし赤血球は核を持たない）。毒物が影響を及ぼすのは中枢および末端のニューロン（神経細胞）と骨格筋を構成する筋肉細胞である。

ニューロン（神経細胞）

ニューロンは核の収まっている細胞体と長い繊維状の軸索から成り立っている。無数のニューロンが連なって情報伝達処理を担う《神経系》が構成されている。

刺激（興奮）のリレー

ニューロンの末端と次のニューロンとは直接繋がっていない。この間隙をシナプスという。シナプス間のやり取り（刺激の伝達）は細胞の周囲にあるイオンや細胞自身が放出する化学物質によっておこなわれる。ニューロンは次ページ（下）のイラストのように刺激をリレーしている。ニューロン内部でおこなわれる刺激のリレーを《伝導》、ニューロン同士のそれは《伝達》という。

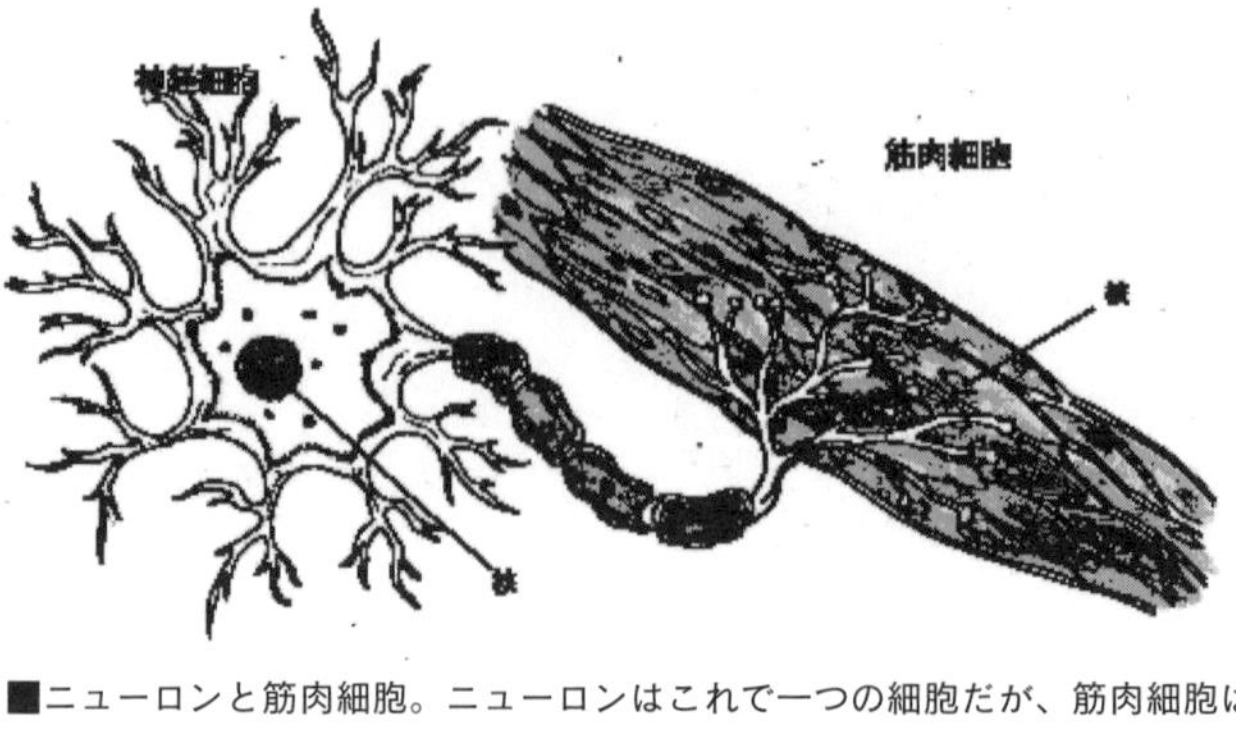

■ニューロンと筋肉細胞。ニューロンはこれで一つの細胞だが、筋肉細胞はイラストのようにそれぞれ核を持った無数の細胞の集合体である

■細胞の構造

人体の最小構成単位である細胞の構造はおおまかに以下の細胞小器官により成り立っている（左イラスト参照）。

細胞の中の細胞　ミトコンドリア

砒素の項で詳述したＡＴＰ（アデノシン三燐酸）はまさに生命エネルギーの源であり、ＡＴＰの生産ストップは細胞の死を意味する。砒素はＡＴＰアーゼの活動を邪魔することででき上がったＡＴＰの活用を妨げていたが、青酸化合物はこの一つ前のプロセス、ＡＴＰそのものの生産を阻害するのだ。ＡＴＰはミトコンドリア内で合成されている。ミトコンドリアの内部はイラストの通りで、内部にいくつもの隔壁を備えている。

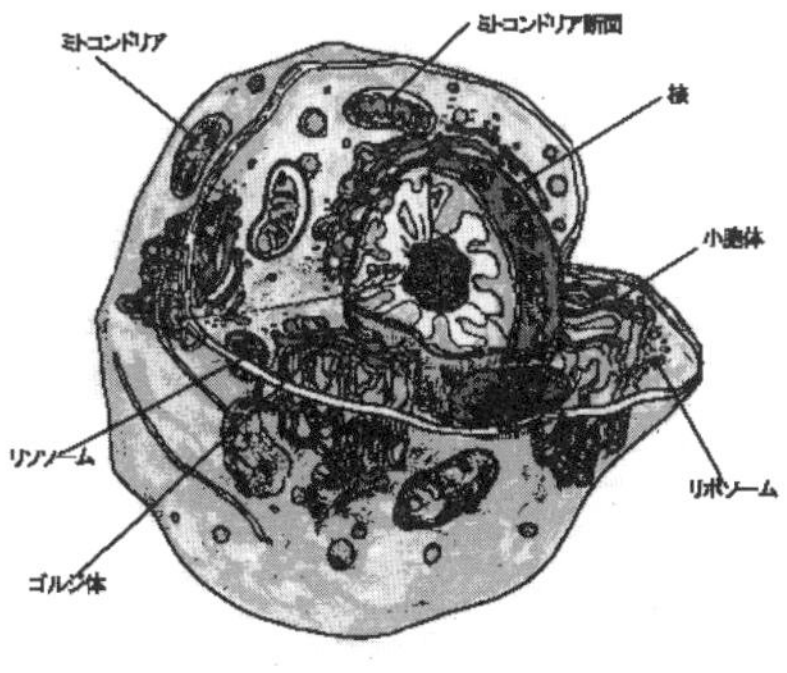

■細胞小器官

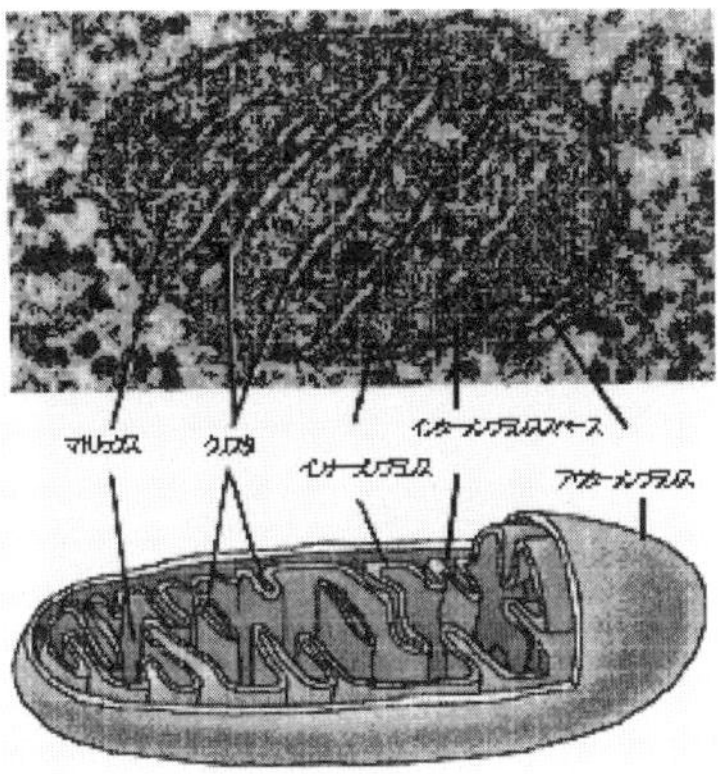

■ミトコンドリアの内部。クリスタという独特の柵状構造を持つ

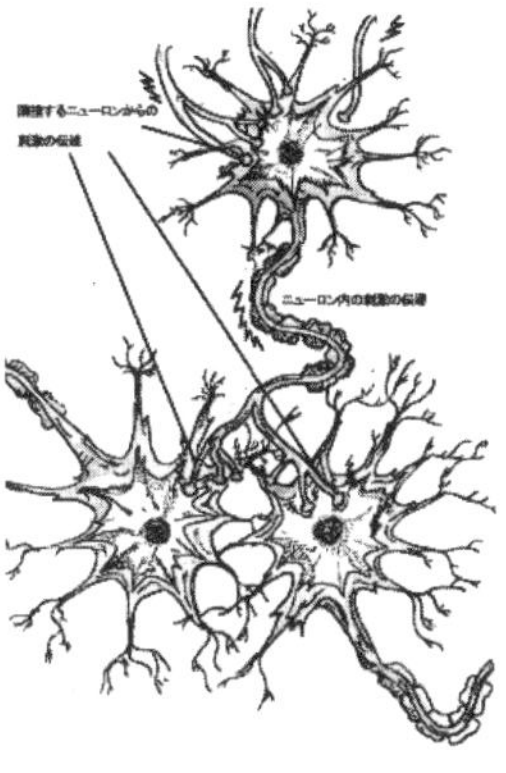

■ニューロン同士は直接繋がっていない

■青酸化合物が体内に入ると

・死に至るプロセス

飲み物に毒を盛られた場合、胃に送られたシアン化ナトリウム（もしくはカリウム）は胃酸によりシアン化水素を発生する。胃粘膜から吸収されたシアン化イオンは血液によって体内に送り込まれ細胞膜を突破し細胞内部に入ると、ミトコンドリア内のシトクロム酸化酵素（細胞内の酸化還元に重要な働きを示す酵素）の鉄イオンと結合し、ＡＴＰの合成をブロックする。これが《細胞の窒息》を引き起こす。

シアン化イオンに侵食されたすべての細胞はＡＴＰをつくることができなくなり、次々に窒息状態になる。こうした状態に最も弱いのが脳細胞で、頭痛や目眩に始まり、やがて血管運動神経が麻痺し昏睡状態に陥る。量が多ければ呼吸中枢にも麻痺が始まり救命処置を施さねば呼吸停止から死に至る。

・遺体所見

遺体の一番の特徴は皮膚の色だ。例えば青酸塩を飲んだ遺体の臓器粘膜や血液は真っ赤になる（鮮紅色）。シアン化水素を吸引した場合は血液、死斑がピンク色になる。これは動脈内の酸素を満たしたヘモグロビンが利用されず、そのまま静脈に流れ込んだためだ。またシアン化カリウム、ナトリウムを多量に飲み込んだ場合、口腔内や食道に局所粘膜に著しい出血、壊死、アルカリ性の腐蝕が確認できる。死体は独特なアーモンド臭を放つ。

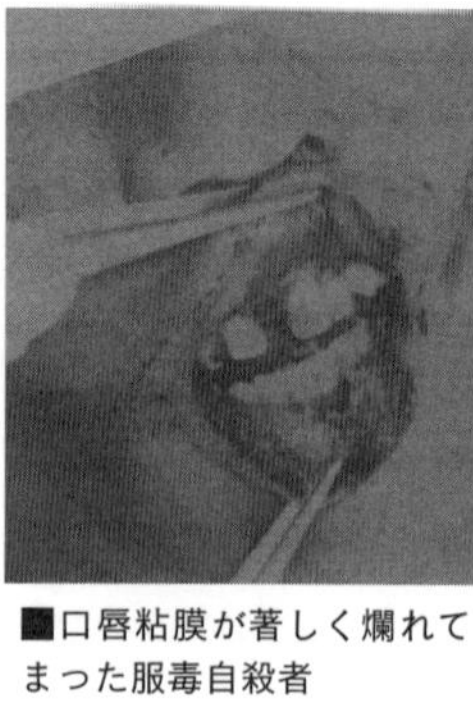

■口唇粘膜が著しく爛れてしまった服毒自殺者

■青酸は完全犯罪には向かない

青酸カリで殺害された場合、本文にあるように１）遺体の皮膚が鮮やかな赤色になること、２）飲まされた場合、口唇がただれること、３）独特のアーモンド臭がすること、で死因が特定しやすい。

金に困った男が愛人に青酸入りビールを飲ませ殺害するという事件が起きた。被告となった男の弁護側は、愛人の自宅にリンゴが一樽分も保管されていた、彼女は大のリンゴ好きだったと突飛な反論を申し立て検察側と真っ向から対立する姿勢を見せた。確かに杏、梅、リンゴ、桃の種子にはアミグダリンといって腸内の酵素（βグルコシダーゼ）と結合し青酸を発生させる成分が含まれている（もちろん量の問題だ！）。結局、弁護側の主張は退けられ男には死刑判決が言い渡された――19世紀中ごろのイギリスでの話だ。

検証　シアン化水素とガス処刑

毒ガスを使った処刑方法がアメリカで認められたのは1924年のこと。最初のころは不手際が目立ったが、手順の見直しや設備等の改良によって徐々に信頼性の高い処刑術とみなされるようになっていった。現在、もし不手際や失敗という事態になれば、その原因は法の執行者側にあるのではなく非協力的な死刑囚の方にあると考えられている。「非協力的」というのは、かたくななまでに息をこらえてしまうことを指す。

政府はこれまでに犯罪者を合法的に始末するために多額の税金をつぎ込んできた。ことガス処刑については完全密閉チャンバー、シアン化水素の除去装置の開発など莫大な設備投資を強いられていた。

■キャリル・チェスマン
「大学教授の頭脳と変質者の魂を持つ男」と呼ばれたキャリル・チェスマンは連続強盗殺人犯レッドライト・バンディット（赤色灯の盗賊）として1948年に逮捕されて以来、12年間に冤罪を晴らすために獄中から4冊の本を出版した。刑が執行されたのは1960年のことだ。

■実録　ガス処刑

1994年6月15日、ノースカロライナ州ローリーにある州立刑務所で死刑囚ディヴィッド・ローソンに対する刑が執行された。処刑方法はシアン化水素を使ったガス処刑だ。ローソンは抵抗するかのように息を止め、幾度か短い呼吸をした。その短い間隔に彼は叫んだ——オレは人間だ！

殺虫剤で（実際シアン化水素は防虫剤として使われている）虫けらのように殺されることに対し、死刑囚にも尊厳ある死をという絶望的な叫びだった。叫び声は10分が経過するとほとんど何をいっているのか聞き取れなくなっていた。刑の執行から18分後、医者によってローソンの死が確認された。法に基づいた完璧な処刑であったが、立会人、刑務所長にとっては非常に

■キャリル・チェスマンの処刑風景。ガスは足元から上がってくる

後味の悪いものとなり刑務所長はこの後辞職した。ローソンの処刑を機にガス処刑は廃れはじめ、これに代わって塩化カリウムによる薬物処刑がおこなわれるようになっていった。

5年後アリゾナ州フローレンスで再びガス処刑がおこなわれた。ドイツ国籍の死刑囚ウォルター・ルグランはドイツ政府の減刑嘆願もむなしくシアン化水素でガス処刑された。30人もの立会人が見守る中18分後に刑は完了した。

ガス処刑の心得

手段、方法が何であろうと、処刑というものは死刑囚に対しできる限り苦痛を与えることなく、かつ速やかに執行せねばならない。とりわけガス処刑に限っては死刑囚の協力が何よりも欠かせなくなる。執行直前の死刑囚にはできるだけ大きく息を吸い込むようにとのアドバイスが与えられるという。こうすることで比較的穏やかに死を迎えられるのだと。死刑囚が非協力的だと刑の不手際が際立つことになる。死刑囚の苦悶は刑の執行に立会った被害者側の遺族にも深い心の傷を残すことになる。

当然のことだが死刑囚が息を詰めれば詰めるだけ執行時間が長くなる。刑の執行は手段に関わらず平均で10～14分間かかっているという。従って前出のウォルター・ルグランの18分間というのは「失敗」の部類に入る。

ガス処刑はこうしておこなわれる

ガス処刑というとチャンバー内に引かれたダクトホースのような管から青酸ガスが直接流し込まれるといった情景を思い浮かべてしまうが実際は違う——まず死刑囚が来る前に刑吏によってシアン化カリウムの錠剤がチャンバー内の床に撒かれる（ナチスのガス処刑に似ている）。気密チャンバーに入った死刑囚は椅子に座らされ、ストラップで固定される。チャンバーの気

■ガスチャンバー

密扉が閉じられるとチャンバーの下に設置されたタンクに高濃度の硫酸が流し込まれる。ここでチャンバーの小窓を覆っていたカーテンが開けられ、立会人が中の様子を見れるようになる。刑務所長がマイクを通じて最期に何かいい残すことはないかと尋ねる。刑吏がレバーを下げると、床に撒いてあったシアン化カリウムの錠剤が濃硫酸を満たしたタンクに落ちる。ケミカルリアクションが始まり錠剤が気化しシアン化水素が発生する。ガスは目で見えるぐらい発生する。この時死刑囚は深く息をしろとアドバイスを受ける——余計な苦痛を与えることなく早く楽にさせるためだ。

執行後、チャンバー内のガスは濾過器を通じて強制排出され、無水アンモニアで中和処理がおこなわれる。もちろんこの間、ドアは閉じられたままだ。ガスの除去が確認された後に、死亡確認がおこなわれる。身内に遺体が引き渡されるのはこの後のことだ。

ガス処刑は一つ手順を間違えると死刑囚以外の人（立会人）の命を奪ってしまう危険性が高い。またチャンバー内のガスを中和した無水アンモニアは別の有毒物質に変化するので、後処理も気の抜けない作業になる。遺体を引き取った葬儀屋がガスの残渣で、死にかけたという話もある。

ガス残渣のリーサリティー

身体に残ったガスによる被害は葬儀屋だけのものではなかった。1998年10月10日、服毒自殺をした大学生の身体から発散し続けるシアン化水素によって9名が中毒症状を起こすという事故（?）が発生した。被害者は大学職員2名、学生3名、救急隊員4名で、幸いなことに全員一命を取り留めた。

事故の詳細はこうだ。シアン化カリウムの錠剤で服毒自殺を図ったカール・T・グリム（20歳）は服毒直後に寮内のルームメイトらに助けを求めた。この時カールの体内ではケミカルリ

■チャンバーの小窓から見た中の様子

アクションが既に始まっており口鼻から猛烈な勢いでシアン化水素が発生していたという。寮にいた全員が緊急避難をしたのはいうまでもない。遺体は病院に搬送後、完全隔離された。錠剤の入手先、自殺の理由は今もって不明だ。

ガスマスクはどれだけ有効なのであろうか？　シアン化水素に対しては全身防護で臨むのが無難かもしれない。１９９５年、フランスで起きた中毒事例を紹介する――

ＷＷＩ（第1次世界大戦）で使われた毒ガス兵器ヴィンセナイトによって9名が中毒死した。現場はモンテロリエの洞窟の中。犠牲者は子供3名、消防隊員4名、子供の父親、アマチュア探検家の計9名で、死因は当初考えられていた洞窟内での焚き火によって発生した一酸化炭素による中毒ではなく青酸中毒と判明した。事故から6日経過したというのに遺体の血中の青酸濃度は致死量といわれる数値の約2倍以上もあった。洞窟内で何が起こったのか――現在こう考えられている。まず子供三人で焚き火をしていた。たまたま誰かがヴィンセナイト弾を見つけ、それを火中に放ったところ爆発した――というものだ。爆発音で駆けつけた子供の父親とアマチュア探検家がその巻き添えを食った……。

消防隊員の一人がガスマスクを着用していたにも関わらず死亡したことについて専門家は、発汗によって皮膚に付着した青酸ガスの浸透が促進されたとの見解を出した。

■害虫駆除剤ならぬ生物駆除剤

シアン化水素は、もともとは害虫駆除剤として使われていた。悪名高いチクロンBも例外にもれず。シアン化水素は高い毒性の他に放散性にも優れており、建物のひび割れや多孔性のシーリング材を通過して害虫を追い詰め、完全駆除してしまう。こうした特性がそのまま他の生物の生命を脅かすことになる。次のような事例がある。

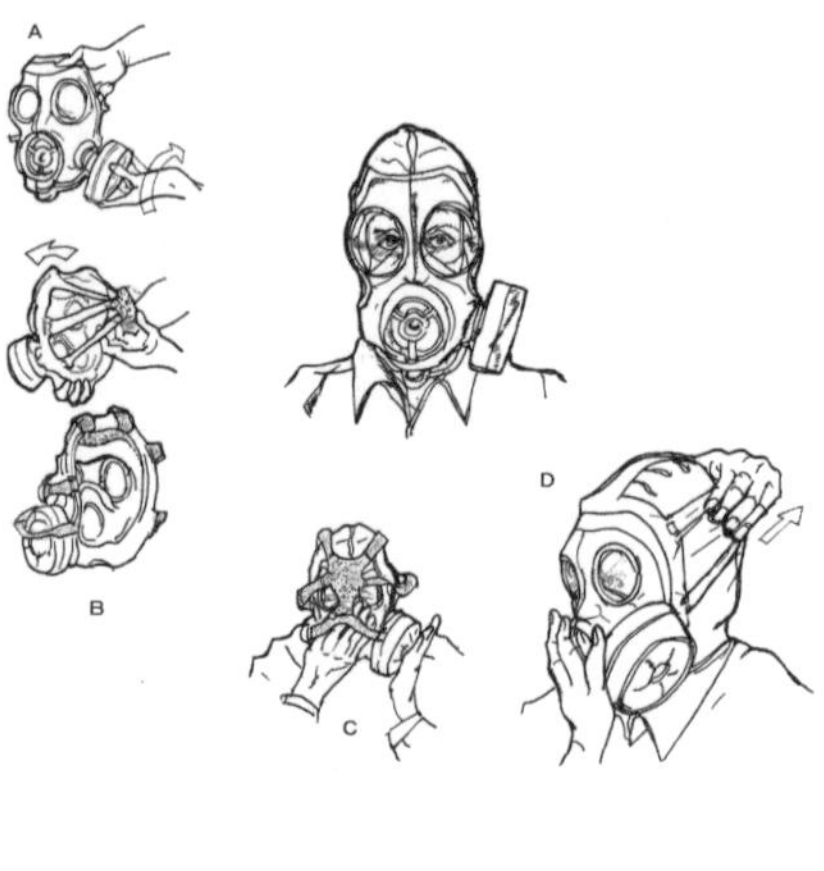

■ガスマスク装着方法。A：キャニスターをマスクに装着する。B：装着バンドを前面に向かって裏返す。C：装着にあたっては前方グリルとキャニスターの孔を塞ぐ。D：装着後のフィット調整は装着バンドを1本ずつではなくすべてを引っ張りながらおこなう

地下室で作業をしていたリホーム業者の女性従業員が同じ家の2階でおこなわれていた害虫駆除に使われたシアン化水素で中毒を起こした。原因は害虫駆除業者のお粗末な放散防止対策にあった。地下室にいた彼女は最初、喉の痛みを覚え、その後頭痛と吐き気に襲われた。一緒にいた作業員も同じ症状を訴えると全員がすぐに地下室から出て行った。30分後、彼女だけ地下室に戻り、そこで意識を失った。仲間によって救助された彼女は病院で意識を取り戻し青酸中毒と診断された。今回の騒動の元凶である駆除業者の男性だが、病院に到着した時には既に中毒死していた。

シアン化水素は高い毒性の他に条件さえ揃えば起爆性も発揮する。一昔前、シアン化水素を使った燻煙作業の最中に爆発が起こり、家1軒が丸ごと吹き飛ばされたという事例がある。

■スーサイドカプセル

アメリカのＯＳＳ（戦略事務局：ＣＩＡの前身）やイギリスのＳＯＥなどの諜報機関が活躍していたＷＷⅡ（第2次世界大戦）中、当時の最新技術を駆使したさまざまな特殊装備品（サイレンサー、小型無線機、小麦粉爆薬など）が開発されていた。

「司令官クラス、もしくはエリート諜報員は「敵に捕獲された後の身の処し方」について問われると、脱出よりも、機密を守るべく自害するという方法を望んでいた。もちろん即効性という条件つきだ。「いざとなったら自殺すればよい」という考えはこれから課せられる重要なミッション遂行の士気に悪い影響を与えそうだが、執拗な拷問や自白剤によって機密が漏洩するよりははるかにましだという考え方が一般的であった。そこで開発されたのがスーサイドカプセルで当時は《Ｌピル》、《Ｌタブレット》、《Ｌカプセル》などと呼ばれていた。《Ｌ》はLethal（致死性）の頭文字だ。

■OSS　戦略事務局

ＣＩＡ（アメリカ中央情報局）の前身にあたるＯＳＳ（Office of Strategies Services）は主にＷＷⅡに活動したアメリカの諜報機関である。ＯＳＳが設立される以前、有事の際、財務省や海軍、陸軍から選抜された特殊部員がそれぞれに諜報活動にあたっていた。32代合衆国大統領フランクリン・ルーズベルトは統一された組織がないことに懸念を示していた。ルーズベルトはＷＷⅠのヴェテラン（退役軍人）、ウィリアム・ドノバンに命じ１９４２年６月にＯＳＳ（戦略事務局）が創設された。軍部との役割分担を厳密にしたＯＳＳはサボタージュ活動よりも情報収集、情報操作に力を入れていた。中国における反日運動家グループやナチスドイツの転覆を狙う組織に武器やスキルを与えていた。

■OSSのエンブレム

LカプセルとLアンプル

イギリスの諜報期間、ＳＯＥ支給のスーサイドカプセルには二つあった。ひとつはガラス製のもので中には高濃度の青酸化合物の液体が入っていた。歯で噛み割ると15秒後には卒倒する仕組みになっている。もうひとつはシアン化カリウムの粉末をワックスで完全密封したもので、噛まない限り口の中にしばらく入れていても溶け出すことはなかった。噛み潰せば60秒後には卒倒し、そのまま絶命する。

Lタイプカプセルはハードワックス仕様で吸湿せず、湿気にもかなり強い。熱帯地方で任務にあたる諜報員にも支給されたが、隠匿したカプセル同士がくっつくようなことはなかった。また誤飲してもすぐに胃の中で溶け出すようなことはなく、嘔吐することで対処できた。カプセルの効果を１００％引き出すには歯で思い切り噛み千切ることだ。意識喪失から絶命までにかかる時間は約60秒といわれている。

Lアンプルはシェルがガラス製につき耐湿、耐熱対策は万全だった。唯一の欠点は隠匿目的で口に入れた際思わぬ衝撃で割れてしまうことだ。液体タイプは粉末よりも即効性があり、噛み砕けば15秒後には事切れる。支給にあたってカプセル、アンプルどちらを選ぶかは本人に任されていた。

ＯＳＳオリジナル　Lピル

ＯＳＳはＳＯＥが支給していたLカプセルの「なかなか死ねない、もしくは死に損なった」という不評を聞きつけていた。そこでＯＳＳはカプセルを大きくし、シアン化カリウムの量を致死量の２～４倍に増やした。この通称Lピルは全長１・１２インチ（約３㎝）、直径およそ１・２㎝、コーティングにはヘビーラバーを採用した。ピンク色もしくはクリーム色のアル

■Lピル：使用にあたっての注意書き
A：必要時はタブレットをよく噛み潰すこと。飲み込むだけでは効果は出ない
B：飲み込んだ場合は1時間後に効果を表す

ミニウムで包装され、《POISON》と書かれたセロファンの封筒に通常6個入りで支給された。

Lピルの支給は終戦までおこなわれた。本当にこのような禍々しいものが使われたのだろうか――OSSの記録によれば何人かの諜報員がアメリカのために自ら命を絶ったという。

■凶器としての可能性

ドラマやフィクションの世界でお目見えする毒殺方法は本当に可能なのか。サスペンスドラマでお馴染みのスープや食物への混入だが、青酸カリ自体がかなり苦いのでよほどの味覚音痴でない限り吐き出してしまうのが普通だ。ただし飲み物に混ぜられ、喉の渇きを癒そうと一気に流し込んだらどうであろうか。1977年に起きた青酸入りコーラ事件（未解決）がそれを教えてくれる。東京都で起きたこの事件では電話ボックスなどに置かれたビン入りコーラを飲んだ高校生と無職男性が死亡した。使われた青酸化合物はシアン化ナトリウムと判明。この事件を契機に不特定の相手を狙った動機なき無差別殺人「愉快犯」という言葉が生まれた。

この事件で特筆すべきは、犯人の青酸化合物に対する造詣の深さである。というのは青酸は胃酸と反応することで危険なシアン化水素を発生するのだ。同じ反応はコーラの炭酸でも十分起きうる。犯人はビンの王冠を一度外し、そこからシアン化ナトリウムを混入したのだが、この際、一気に混ぜようとすると反応が始まり発泡によってコーラの中身が半分ぐらい噴出してしまう。たとえ少量ずつ入れたとしても炭酸と反応して危険極まりないシアン化水素が発生する――いずれにせよ命を賭する危険作業だったはずだ。

ここまで読み進めば、気体であるシアン化水素が最も致死性が高いことはいうまでもないだろう。それではタバコに仕込まれたらどうなるであろうか？　タバコが燃焼すると炭酸ガスと

■兵器としての可能性

青酸カリ（シアン化水素）はホロコーストのような虐殺手段ではなく、兵器としても使われてきた。ただしシアン化水素は空気より軽く揮発性が高いため効果の持続時間が短かった。この問題を解消するべく開発されたのが塩化シアンだ。塩化シアンは空気よりも重い。シアン化水素を最初に化学兵器として採用したのはWWⅡのフランス軍とイギリス軍だ。新しいところでは1980年から1988年にかけておこなわれたイラン・イラク戦争でイラク軍がイラン軍の侵攻を妨げるためにシアン化水素系の化学兵器が使われた。テロ行為にシアン化水素を用いたのがオウム真理教だ。1995年5月、新宿駅地下街のトイレに別容器に入れられたシアン化ナトリウムと硫酸を混ぜ合わすことでシアン化水素を発生させようとしたが未遂に終わった。

水が発生。仕込んだ青酸カリが反応しシアン化水素が発生する——これは十分にありえることだ。サスペンスドラマで覚悟を決めた犯人が、この方法で自殺するのをよく見かける。

自殺幇助男が教えてくれた甘い毒劇物取締り

1998年、東京都杉並区の女性が札幌市内に住む塾講師から入手した青酸カリを飲んで自殺した。これが平成9年におきた俗にいう毒物宅配事件だ。「Dr.キリコ」と名乗る送り主の男は自殺サイトを運営し、そこを通じて自殺志願者と情報を交換していた。男はシアン化カリウム5グラム（5000㎎）を札幌市内の薬品会社から660円で購入し、同じ日に痙攣を抑える薬物も買っていた。毒物を受け取った杉並区の女性は男の口座に現金を振り込んでいた。口座開設にあたって男は偽名を使い、パソコンでつくった偽造保険証を提示していた。女性が服毒自殺を図ったことを報道で知った男は翌日、同じように自殺した。警察の調べで、男は自分のホームページ「Dr.キリコの診察室」にコンタクトしてきた自殺志願者7名にシアン化カリウムを一人につきカプセル6錠（3000㎎）、合計21000㎎を郵送していたことがわかった。

この男から青酸カリを手に入れたある主婦は死ねる薬を持っていることで安堵感を得たなどと話していたそうだが、青酸カリは早く消費しないと空気中の炭酸ガスを吸ってまったく無意味な物質に変質することを知っていたのであろうか。

毒劇物を会社として購入する場合、法規上、毒劇物取扱責任者を選任しなければならない。ところが個人の場合、この男のように運転免許証や健康保険証などの身分証明書を提示し、譲受書に住所、氏名を記入し、使用目的を販売会社に告げるだけで購入できるという。もちろん試薬としても入手可能だ。この事件では毒劇物購入時の審査の甘さと、爆発的に普及したインターネットの功罪が指摘された。

■Dr.キリコ

1999年12月12日午後4時、東京都杉並区。青酸中毒で担ぎ込まれた女性の治療にあたった医師は青酸カリのカプセルが入っていた封筒に書かれていた電話番号に連絡を入れた。番号は札幌市内のものだった。受話器から男の動揺ぶりが伝わる。

「6個全部を飲んだってことですか！　死ぬに決まっている！」

男はしばらく黙っていた。

「もし彼女が死んだらボクも死にます」

男はこういって——電話を切った。

テトロドトキシン（Tetrodotoxin）細胞の麻痺

フグ毒の正体はテトロドトキシン（ＴＴＸ）という毒素で、神経毒の一種である。フグの体内、特に肝臓や卵巣に多く含まれている。致死量はＬＤ50換算で２～３㎎／kg、３００度以上で加熱しても毒素の分解はおこらず毒性の高さという点では青酸化合物の１０００倍といわれている。肝臓や卵巣は20ｇも食べれば中毒から死に至るが、10ｇでも十分危険との説もある。わが国では１９７２年から１９８６年の15年間で９１７名の中毒者が出たが、そのうちの２５３名が命を落とした。このほかに１９８５年から１９９４年までの報告では４４３名が中毒となり、42名が死亡した。有効な解毒剤は存在せず、体内における分解、排出がすむまで待つしかない。呼吸筋も麻痺するような重症の場合は人工呼吸器による呼吸管理が必要になる。

ヴェノムとトキシン

英語圏の国では毒に対してポイズン（人工毒）、トキシン（毒素）とヴェノム（毒液）という三つの呼び方がある。フグ毒はトキシンで、毒素ゆえにフグ自身は自分が毒をもっていることを知らない（はずだ）。トキシン（毒素）の特徴は餌の捕獲や攻撃に対して使われないという点だ。一方、サソリや蛇の毒はヴェノム（毒液）で、毒を武器に捕獲と防御をおこなっている。彼らは毒腺という器官で毒を作り出し、いざという時のために毒嚢に溜めている。

症状

肝臓や卵巣といった特定の臓器を食べなければ安全であるとはいえず、毒をもったフグを食せば、身の部分でも危険だ。症状が出始めるのは食後20分ぐらいから３時間までの間で、この

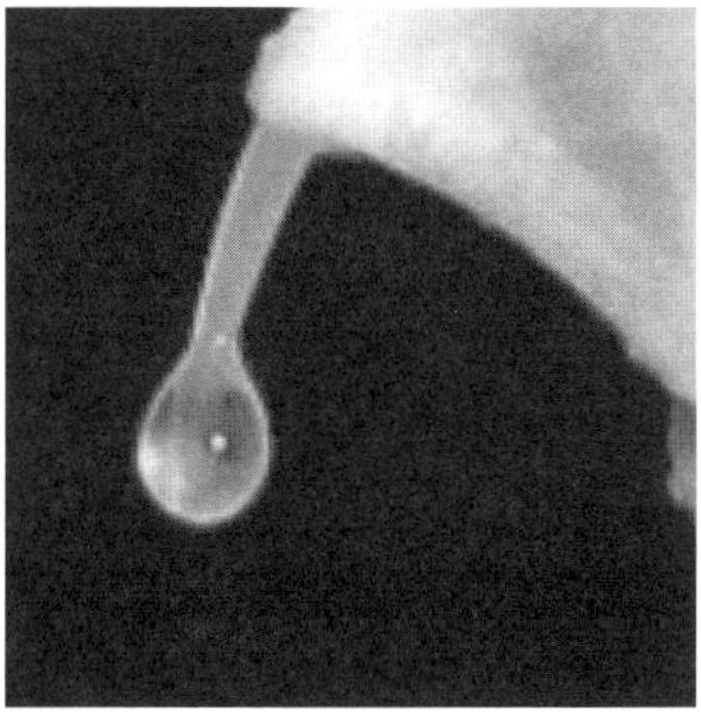

■毒嚢を通じて毒牙から滴るヴェノム

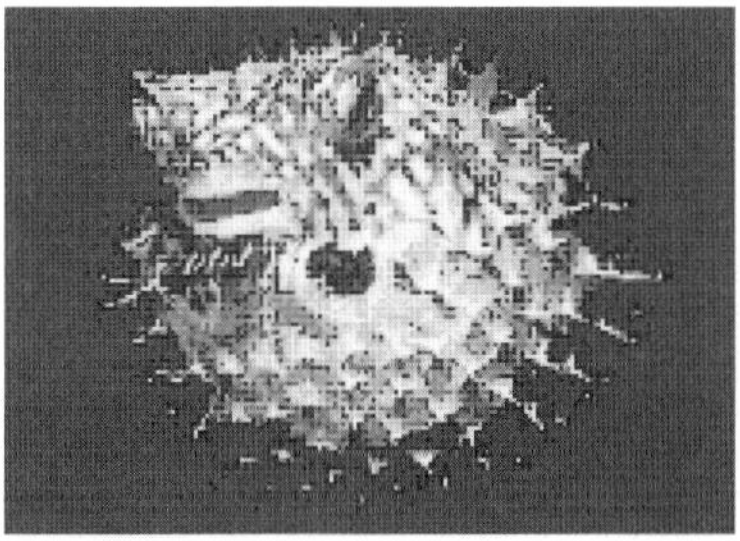

■フグ毒は《トキシン》である

ことが大量摂取の原因になっている。すべての毒にあてはまることだが毒の量は多ければ多いほど致死率が上がる。まず唇、舌、の末端部に痺れを感じる。ついで頭痛や腹痛を覚え、激しい嘔吐がはじまる。間もなく知覚麻痺、言語障害、呼吸困難に陥り、麻痺は全身に及び指さえも動かせなくなる。意識は死の直前まではっきりしており、胸の筋肉の麻痺が肺の拡張を妨げることで充分な酸素を取り入れることができぬまま結果脳が酸素不足になり意識を失う。やがて呼吸運動、心臓機能が停止し、そのまま息を引き取る。この間、およそ4～6時間。

■フグ毒テトロドトキシンの効果

フグは大丈夫なのか

フグ自身がテトロドトキシンにやられることはない。当たり前といえばそれまでだが人間とはカラダの構造が違うからだ。テトロドトキシンはフグだけのものではなく、ある種のカエルやタコからも同じような毒が検出されている。テトロドトキシンはフグ自身が作り出した毒ではなく、餌であるプランクトンや海洋細菌が腸内で合成された結果の産物なのだ。その証拠に養殖フグはテトロドトキシンを持っていない。

毒の有無や量は特定の地域、季節によって決まるのではなく、海洋細菌の発生などその時、その時でフグを取り巻く環境によって左右される。

テトロドトキシンは殺されて（食されて）から効果を発揮する毒ということになるが、攻撃を受け興奮したフグの体表から微量のＴＴＸが放出されていることがわかっている。その証拠に猫はフグには見向きもしないらしい。

■細胞膜とナトリウムチャンネル

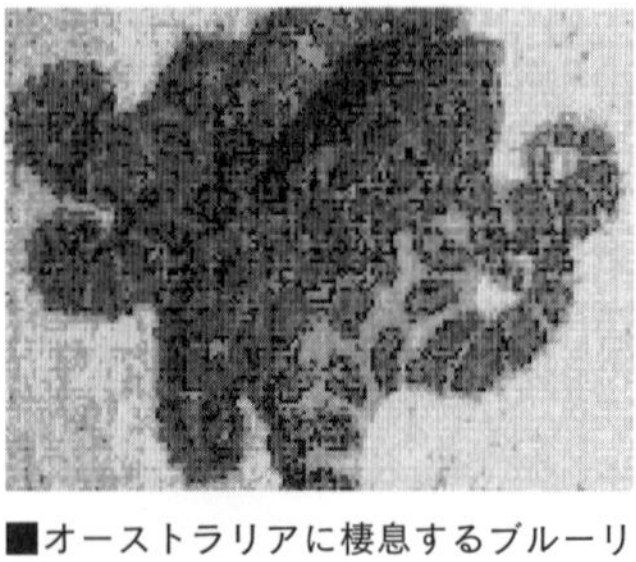

■オーストラリアに棲息するブルーリングオクトパス

■ハーレクイン・フロッグ

細胞は《細胞膜》という脂質の膜で覆われている。この膜は酸素や水分をよく通すが、ブドウ糖やイオンなどの溶質は膜を通過することができない。浸透圧とは細胞膜の外と内とに生じる圧力のことをいう。細胞膜には膜タンパク質という物質でできた《輸送路》が存在する。これはチャンネルと呼ばれ、イオンはここから細胞の内外を行き来する。ちなみにチャンネル（channel）とは「水路」や「経路」の意味を持っている。神経や筋肉に対する刺激の伝達はナトリウムイオンとカリウムイオンがここを通過することで生じる電位差によっておこなわれている。

ナトリウムイオンとカリウムイオン

細胞が興奮していない状態（刺激が伝わらない時）では細胞膜の外側は＋、内側は－に保たれている。ナトリウムイオンは外側に、カリウムイオンは内側に多く存在する。細胞膜の内側

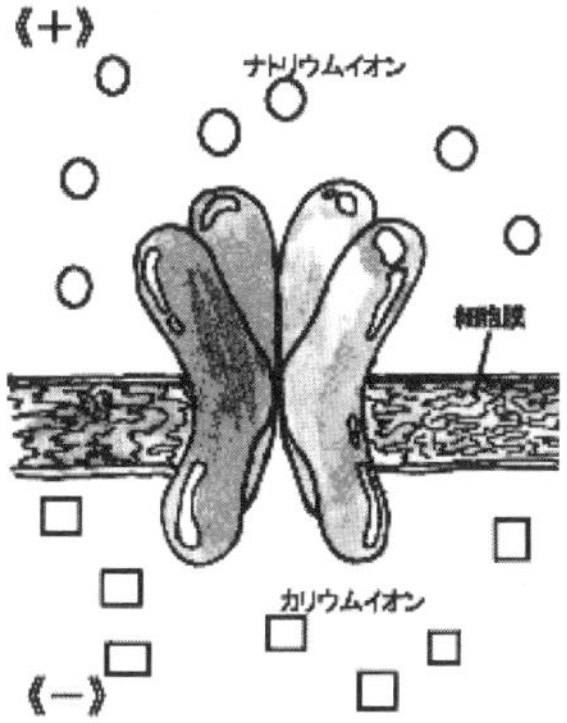

■1）ナトリウムイオンチャンネルが閉じている状態
細胞が興奮していない(刺激が伝わらない時)は細胞膜の外側は＋、内側は－に保たれている。ナトリウムイオンは外側に、カリウムイオンは内側に多く存在する

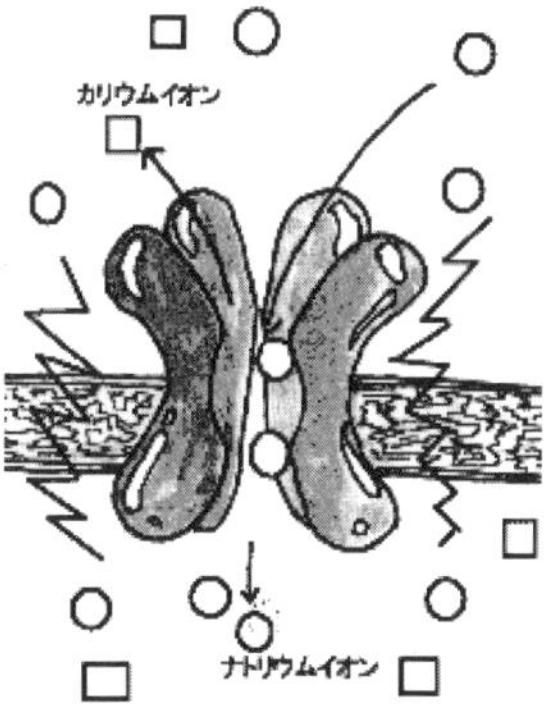

■2）ナトリウムイオンチャンネルが開いた状態
ナトリウムチャンネルが開きナトリウムイオンが細胞内に入り込むことで細胞膜の内と外で電位差が生じ細胞に興奮が伝わる

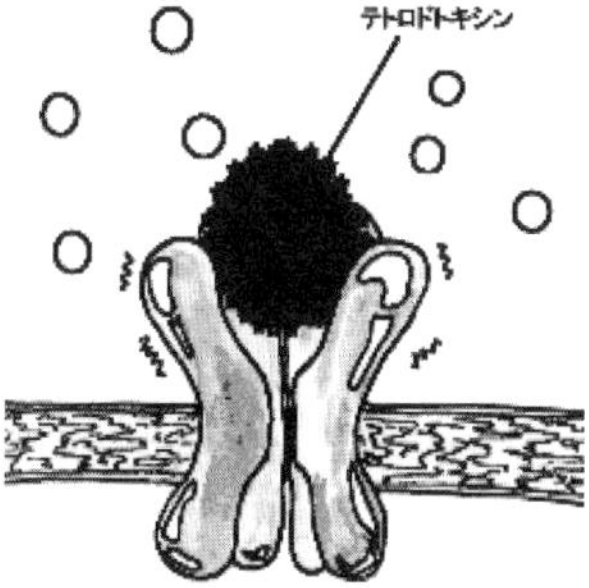

■3）ナトリウムイオンチャンネルが塞がれた状態
テトロドトキシンはナトリウムイオンチャンネルのゲートに詰まり、チャンネルを強制封鎖してしまう。こうなることで細胞への刺激伝達が絶たれる。カリウムイオンとナトリウムイオンの交換ができなくなった細胞は麻痺を起こす。全身麻痺はこの細胞単位の麻痺が体中で発生することで引き起こされる

ではカリウムイオンの濃度が外部に存在するカリウムイオンよりも数十倍も濃度が高い。同じように細胞膜の外側ではナトリウムイオンが内側に比べ高濃度に保たれている。内外の濃度均衡を保っているのがナトリウムチャンネルで、興奮状態になるとナトリウムチャンネルのゲートが開き、細胞の内側にナトリウムイオンを流入させる。

細胞の麻痺

ナトリウムイオンが通過するチャンネルはナトリウムイオンチャンネルと呼ばれ、フグ毒テトロドトキシンはこのチャンネルのゲートを塞ぎ、強制閉鎖してしまう。テトロドトキシンは主に筋肉細胞をターゲットにするので、結果、刺激の伝達がおこなわれず、この状態は《痺れ》として知覚される。痺れは舌や指の末端に始まり、手足に移りやがて身体の各所に現れ、ついには呼吸筋も麻痺させてしまう。テトロドトキシンが《細胞の麻痺》と呼ばれる所以はここにある。

凶器としての可能性

フグ専門店ではフグを捌いた後、肝臓や卵巣は誤食されぬよう、特殊な容器に入れられて専門業者が処理をしている。自宅でフグを養殖してもテトロドトキシンは手に入らない。毒は餌である海洋細菌がフグの体内で合成されてはじめて創り出される。仮に悪意を持った人物が内臓を入手したとしよう。加熱しても毒素は分解されないことからすり身にして他の食事に混ぜられたら非常に危険だ。食べてから20分以内は症状が出ない。食事というものはフルコースの料理でもない限り20分もあれば十分食べ終えてしまう。となると料理に混入された場合、かなりの量のテトロドトキシンを摂取することになる。

■フグ毒からの生還

トラフグの肝を食したある男性の記録――今からおよそ30年前、忘年会に出席したサラリーマンがトラフグの肝を食したところ30分後に、口唇、手足のしびれ、軽い言語障害に襲われた(専門書の記述どおりだ)。病院に運ばれた時には呼吸筋も冒され意識を失いかけていたのですぐに人工呼吸器につながれた。意識喪失と同時に瞳孔も拡散したことからこの男性は医師から脳死の判定を受けてしまった。

男性はこの後適切な処置のお陰で無事回復するわけだが、意識を失っていた最中に処置を施す医師、看護婦そして駆けつけた家族の様子をしっかり覚えていたというのだ。運動筋の麻痺により呼びかけや刺激に応えることができなかっただけで、意識はハッキリしていたのだ。これは30年も前の話だが現代であったらどうなっていたであろうか。この男性が臓器提供の意思を示すドナーカードを持っていたら、麻酔もかけられず生きたまま臓器を取り出され、解体されていただろう。切り刻まれ腑分けされる自分自身を気の狂いそうな痛覚とともに意識するのだ。

サソリ毒　細胞の痙攣

フグ毒が《細胞の麻痺》なのに対してサソリ毒は《細胞の痙攣》を引き起こす。今さら説明するまでもないが、サソリはアフリカ、中南米、中近東に生息する猛毒の節足動物だ。ティティウストキシン、カリブドトキシンと呼ばれるサソリ毒は体内で蓄積されたトキシンではなく、捕獲、防御、攻撃用に毒腺で作られるヴェノムだ。サソリ毒はナトリウムやカリウムなどの極小なタンパク質の集合体で構成されている。

すべてのサソリが猛毒を持っているのではない。多くは刺された箇所が痛くなったり腫れたりする程度だが、南米や中東のある種のサソリは猛毒を持っている。南米のメキシコではサソリに刺され年間２０００人近くが命を落としているという。犠牲者は抵抗力の弱い子供や年寄りに多く、数時間以内に死亡している。

■ナトリウムイオンチャンネルの強制開放

フグ毒テトロドトキシンはナトリウムイオンチャンネルを塞ぐことで《細胞の麻痺》をおこさせていたが、サソリ毒はナトリウムイオンチャンネルを強制開放させることでナトリウムイオンの流入を際限なくおこなう。通常はイオンの通過があるときだけチャンネルのゲートが開き、興奮が伝わるのだが、ゲートが開きっぱなしになるといつまでも細胞の興奮が続く。そのために筋肉の痙攣が起こり、やがて呼吸筋も痙攣し死亡する。

サソリ毒はナトリウムチャンネルを強制開放しナトリウムイオンをドンドン流入させ、電位が絶え間なく生じる結果、細胞が痙攣をおこす——と覚えるとよい。

■二つのヴェノム

昆虫学者によればサソリは2種類の毒を使い分けているという。外敵から攻撃を受けると、まず細胞のカリウムイオンチャンネルを狂わせるペプチドを含んだ無色透明のヴェノム（プレ・ヴェノム）を使う。さらに必要があれば神経毒性のペプチドを含むミルク色をした第2ヴェノムを使う、といった具合だ。第2ヴェノムはサソリにとっても貴重なもので滅多にこれを使うことはない。小動物ならばプレ・ヴェノムでも毒として十分効力を発揮する。第2ヴェノムは体内で生成するのに数日から数週間はかかるといわれている。

サソリ毒の中にはカリウムイオンを細胞膜の外に排出させてしまうものもある。細胞は安定している場合、細胞膜の外にナトリウムイオンを膜内にカリウムイオンを有している。カリウムイオンが際限なく膜外に流出すると、これは細胞の麻痺につながる。

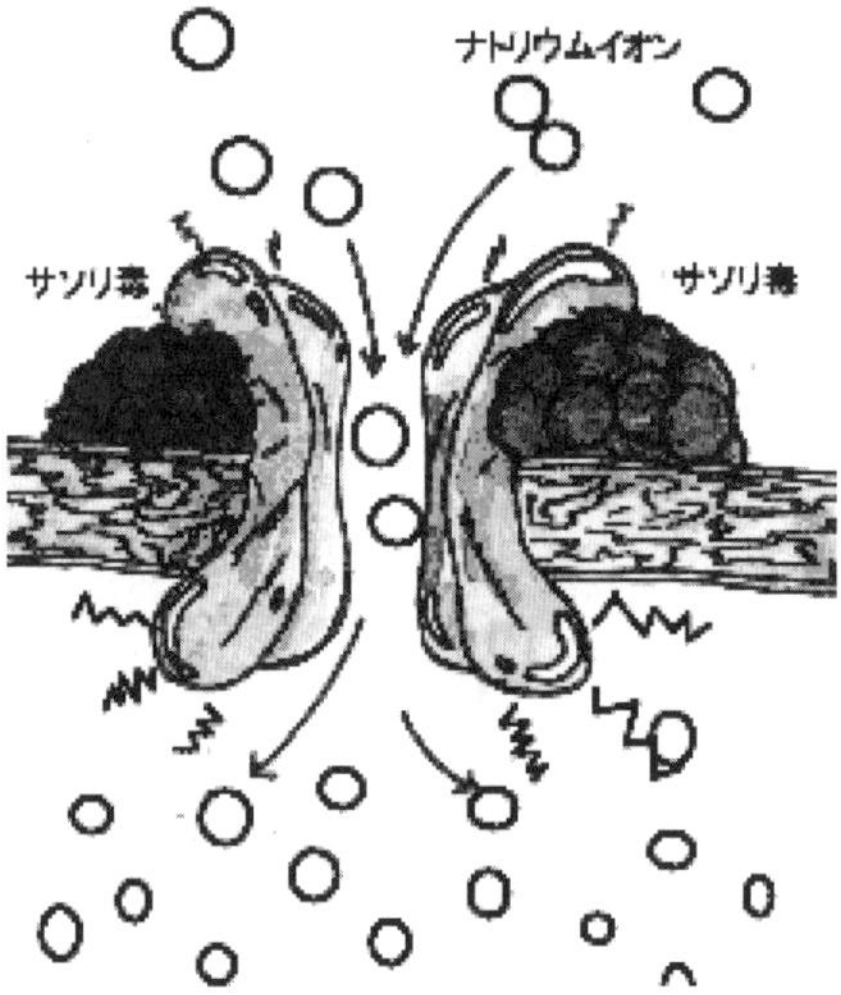

■ナトリウムチャンネルの強制開放
サソリ毒はナトリウムチャンネルを強制開放しナトリウムイオンをドンドン流入させ、電位が絶え間なく生じる結果、細胞が痙攣をおこす

■抗がん剤としての可能性あり

２００３年10月、28歳のキューバ人女性の闘病体験がＣＮＮに取り上げられた。彼女が膵臓がんに冒されたのは１９９２年のことだった。治療は2年間に渡り抗がん剤投与、化学療法、放射線療法など、ありとあらゆる治療法が試されたが一向に回復の兆しがなかった。ところが15歳の時に受けた新しい治療法により劇的な回復を見せた。妙薬はエスコザルと呼ばれ、主成分はサソリ毒だ。化学者いわく、エスコザルを投与すると免疫力のアップに加え悪性腫瘍だけが攻撃を受け、がん細胞は小さくなり消滅する、実験に使ったラットの85％に効果が表れた、と。この時にはまだ人間には試されていなかったが、父親は藁にもすがる思いで化学者に娘への投与を懇願した。化学者の指導のもと少女の家ではおよそ３０００匹ものサソリが飼育され自宅でヴェノムの抽出がおこなわれた。結果は良好で治療開始から10年以上が経ち、彼女は現在28歳になった。現在、この話を聞きつけたがん患者がキューバ国内のみならず海外からもエスコザルを求め彼女の家を訪れている。キューバ国内ではここ10年間で６万人ものがん患者にエスコザルが投与された。一家の目下の悩みは需要に供給が追いつけないことだ。確かに臨床データが乏しく、民間療法の域を出ないが80％の患者に著しい効果が表れ、病状が改善したり、余命が伸びたりしているのは事実だ。キューバの腫瘍学の専門家らはエスコザルの効果に懐疑的ではあるものの、研究対象としては非常に興味深いと話している。

植物毒　トリカブト（アコニチン）

トリカブトには根、茎、花のすべてに猛毒アコニチンが含まれている。トリカブトの名前の由来は花の形が舞楽の装束の「鳥兜」に似ているからだ。海外ではAconite、もしくはWolfsbane（狼殺しの花）ともいわれ、地獄の番犬ケルベロスが断末魔に噴きちらした唾液から生まれたと考えられている。世界各地の狩猟民族が根をすりつぶしたり、葉っぱを煎じたりして抽出した毒汁を矢に塗っていた。

アコニチンは神経毒で、経口はもとより汁が皮膚についただけでも危険で、特に皮膚に傷がある時は要注意だ。また数多あるトリカブトの種類すべてがアコニチンを持っているので観賞用に園芸店からハナトリカブトを購入した場合でも取り扱いには注意を要する。トリカブトの花粉が混ざった蜂蜜を食して死亡したという事例があるぐらいだ。

アコニチンの致死量は2～3㎎。根っこで親指大、葉で1枚（1g）を食せば致死量に相当する。当然、食事に混ぜられる恐れがあるがトリカブト自身はかなり苦く、普通はこの苦味で吐き出してしまう。しかしどういったわけかトリカブトを野草（ニリンソウ）と見間違い、煮浸しにして食べ中毒死したという報告がある。

■トリカブト保険金殺人事件

1986年5月20日の正午過ぎ、新婚旅行で訪れた石垣島のホテルで一人の女性が突然苦しみだし、約3時間後に搬送先の病院で死亡した。死因は心筋梗塞。ハネムーン先での新妻の突然の死。この時夫はなぜか妻のそばにいなかった——。

■根や茎の切り口を見て毒性の強度を調べる——変色速度、濃度が高いほど毒性が強い

■薄紫色の花が特徴のトリカブト。どこを食べても毒だ

後に妻には4件の保険会社の総額が1億8千万円という高額の保険金がかけられていたことが判明した。保険金の受取人はK（47歳）、死亡した女性の夫だった。

保険会社は支払いを拒んだ。というのは死因に不自然な点があることと、Kは今回が3回目の結婚であり、前妻二人も怪死していたからだ。最初の妻は心筋梗塞、2番目の妻は急性心不全で死亡していた。Kは支払を渋り続ける保険会社に対して訴訟を起こしたが、保険会社は頑として支払いを拒み続けた。根負けしたのかそのうち告訴は取り下げられた。

1991年、Kは勤め先の会社の金を横領した罪で逮捕された。これは別件逮捕であり、警察の関心は5年前の石垣島で起きた新妻の怪死の方にあった。前妻二人も心臓の病気で急死していることに加えてKの行動には不審な点が多かった。Kは当日、妻と妻の友人女性と搭乗するはずだった石垣島行きの飛行機に乗ることを急遽取りやめていた。Kによれば、東京に戻らなければならないほどの急用ができたとのことだった。

妻が死亡したのはKと別れてから数時間経ったあとのことだった。妻はこれまでに心臓を患ったことがないにもかかわらず突然心筋梗塞を起こしたのだ。幸いなことに、5年前の当時、検死にあたった琉球大学医学部では死因に不自然な点が多いとして、妻の心臓と血液を保管していた。精査の結果、心臓の組織からトリカブトの毒アコニチンと、フグ毒テトロドトキシンが検出された。マスコミは「トリカブト保険金殺人」と銘打ち、大衆の好奇心を存分に煽った。Kは殺人未遂容疑で逮捕された後、身の潔白を証明する手段として自著2冊を出版した。

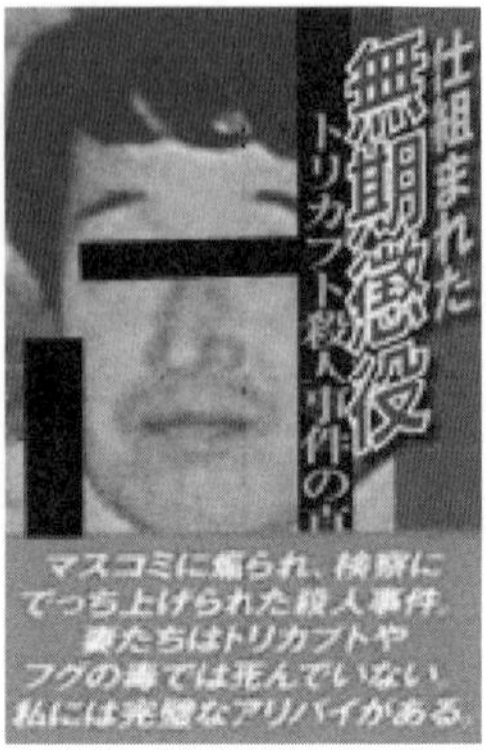

■無期懲役が確定してから2年後の2002年6月に刊行されたKの著作。第6章は「著作に明け暮れる日々」となっている

アコニチンとテトロドトキシン

アコニチンは前述のサソリ毒と同じくナトリウムイオンチャンネルのゲートの強制開放（細胞の痙攣）を促す。これに対してテトロドトキシンはこの逆にゲートの強制封鎖（細胞の麻痺）を誘発させる。この二大毒を同時に摂取するとどうなるのか——

生物に害を及ぼすような同じ作用を持つ二つの化学物質を同時に取り込むと相乗効果と拮抗効果があらわれる。相乗効果とは、たとえば化学物質A、Bを摂取すると、AもしくはBのどちらかが、またはA、Bの両方の効果が倍増されることをいう。一方、拮抗効果ではA、Bそれぞれがお互いの効果を相殺しあう。アコニチンは強制開放、テトロドトキシンは強制封鎖――どちらの影響が出ても人間にとっては致命的だが、両方の効果が同時に起きたらどうなるのか――お互いが干渉し合いプラスマイナスで0だ。ところが一定の期間を過ぎるとどちらかの効果が現れてくる。テトロドトキシンもアコニチンも猛毒だが、効果の持続という点ではテトロドトキシンに比べアコニチンの方が長い。したがってこの二つが人体に入ればしばらくは相殺しあって無症状。しかし次第にテトロドトキシンの効果が薄れ、ついにはアコニチンの症状、つまりナトリウムチャンネルの強制開放が始まることになる――つまり《細胞の痙攣》ということになる。

動かしがたい証拠の数々

その後の警察の調べで、Kはトリカブトとフグの両方を大量に購入し、毒を抽出するための器具を用意していたことが判明した。Kはテトロドトキシンとアコニチンの拮抗効果を知っていたのだ。警察からトリカブトによる毒殺を疑われたKはトリカブトの毒は即効性があるので数時間後に急死することはありえないと反論した。そのはずだ。彼はテトロドトキシンとアコニチンの両方を妻に飲ませていたのだ。ところで妻はどのようにして相当に苦いアコニチンとテトロドトキシンを自分の体内に入れたのか――これについてはカプセル服用説が有力視されている。もちろん飲むよう仕向けたのはKだ。２０００年2月、最高裁はKに無期懲役を言い渡した。

■トリカブト栽培について

毒は薬でもあるという定説どおり、トリカブトも漢方薬として利用され解毒処理をしてからリウマチ薬や育毛剤としても使われている。トリカブトの毒性は種類によってバラつきがあるが毒性の弱いものでも大量に摂取すれば必ず死に至る。毒の効果は量により発揮される――これは《毒の大原則》だ。どこもかしこも毒だらけのトリカブトだがこの葉を好んで食する虫がいる。毒にあたらないのであろうか？　トリカブトの毒アコニチンは神経毒だが、虫と人では神経伝達の仕組みが根本的に違うので虫には無害なのだ。

未成年者への売買禁止、あくまでも観賞用という注意書きつきでトリカブトの種子は２００0円、苗は５０００円ほどで売られている。悪意なき園芸マニアの栽培記録によればトリカブトは夏場の猛暑に弱いようだ。特に気温が30℃以上になると極端に衰弱しはじめる。衰弱の兆候は下の葉の変色（枯れ）というかたちで現れる。この園芸マニアは、夏場は冷房の利いた部屋で育てることを薦めている。独特な形状の薄紫色の花を付けるのは10月初旬頃になってからだ。

処刑に見るケミカル　薬物処刑

　薬物処刑（lethal injection：致死薬注入）は死刑囚の体内に致死薬を直接送り込む処刑方法だ。国家が合法的におこなう処刑方法はいくつかある――電気椅子、絞首刑、銃殺刑、ガス室、断首、薬物処刑など。この中で最も人道に配慮した方法といわれているのが薬物処刑だ。絞首刑のように無様な姿を晒すこともなく、銃殺、断首につきものの流血とも無縁。電気椅子やガス室のような大掛かりな装置も必要としない。薬物処刑が採用されてから不手際や必要以上に苦悶を与えることもなくなったといわれている。

　致死薬を体内に注入し刑を執行するというコンセプトは１８８８年にすでに確立されていた。ただ当時は採用には至らなかった。それから約90年後の１９７７年、オクラホマ州で最初の薬物処刑がおこなわれて以来、全米のほとんどの州がこの方法を採用するようになった。海外では１９９７年に中国、１９９８年にグァテマラ、１９９９年にフィリピンがこの方法を承認した。このほか承認はしたものの実行に至っていない国がいくつかある。処刑とはいえないが、ナチスがアウシュビッツでおこなった虐殺の手段として使っていたとの記録がある。

■処刑の手順

　死刑囚はまずベッドの上に寝かされてからストラップで固定される。つぎに2本の静脈カテーテルが腕に差し込まれる。このうちの一つから致死薬が送り込まれる。もう1本は予備で、何か不備が生じた際に機能するようになっている。倫理上、この作業は医者や看護士がおこなえないようになっている。医者とはいかなる理由があろうとも人命を奪うような行為に加担し

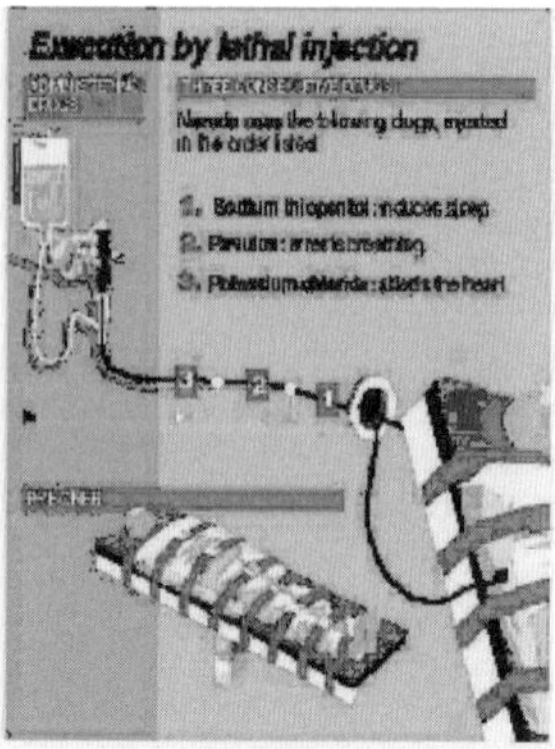

■処刑に当たっての処方箋。チオペンタールナトリウム⇓パンクロニウム⇓塩化カリウム⇓死

てはならないのだ。この仕事は基本的には刑務所職員がおこなうことになっているが、時には救急隊員などがボランティアで買って出ることがある。

処刑に限らず注射の直前には普通、アルコールで皮膚を拭うが、これには殺菌のほかに血管を浮かび上がらせる効果がある。処刑とはいえ使われる器具類はすべて消毒済みだ。致死薬となる薬品は3種類。まず、1）チオペンタールナトリウムだ。これは導入剤のようなもので、残りの二つの薬品がスムーズに送り込まれるよう死刑囚の意識を失わせるための、いわば麻酔剤の役目をする。つぎに2）パンクロニウムもしくは臭化パンクロニウムだ。どちらも筋弛緩剤で、筋肉を弛緩させる役目をする。ただし心筋には影響を与えない。筋弛緩剤だけでも横隔膜の動きが止まるので、放っておいても窒息死してしまう。最後に3）塩化カリウムとなる。この薬により心臓の脈動が完全に止まり、心不全が起こる——このレシピは安楽死請負人ことジャック・ケヴォーキアン博士のレシピとほとんど同じだ。

チューブはカーテンで仕切られた隣の部屋から引き込まれている。先ほども説明したように静脈チューブの挿入、チューブへの致死薬注入はすべて刑務所スタッフによっておこなわれる。3種類の致死薬の切り替えはすべて自動制御になっている。

すべての準備が整った後、カーテンが開けられ被害者の遺族は刑の執行の一部始終を見ることができる。この後に刑務所長が死刑囚に向かって「何か言い残すことは？」と尋ねる。刑務所長の合図でスイッチが入れられる。スイッチを入れる役目は州毎の自由裁量に任されており職員でも、遺族でも構わない。死亡確認は目視だけでおこなわれ心電図などの計器類は一切使われない。死刑囚が処刑室に連れてこられてから、ここまででおよそ45分。スイッチＯＮから死刑囚が事切れるまでの平均タイムは7分。アメリカの医療倫理協会は原則として医者の立会いを禁止しているが、死亡の最終確認は医者によっておこなわれる。

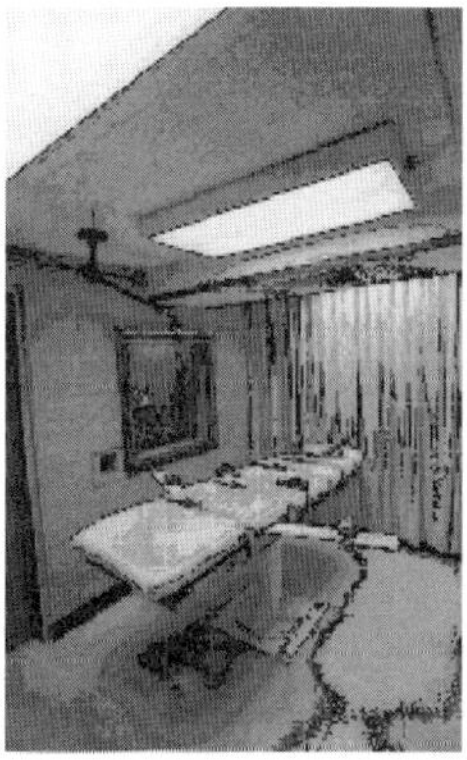

■処刑室の様子——確かに刑の執行は整然かつ粛々とおこなわれているようだ

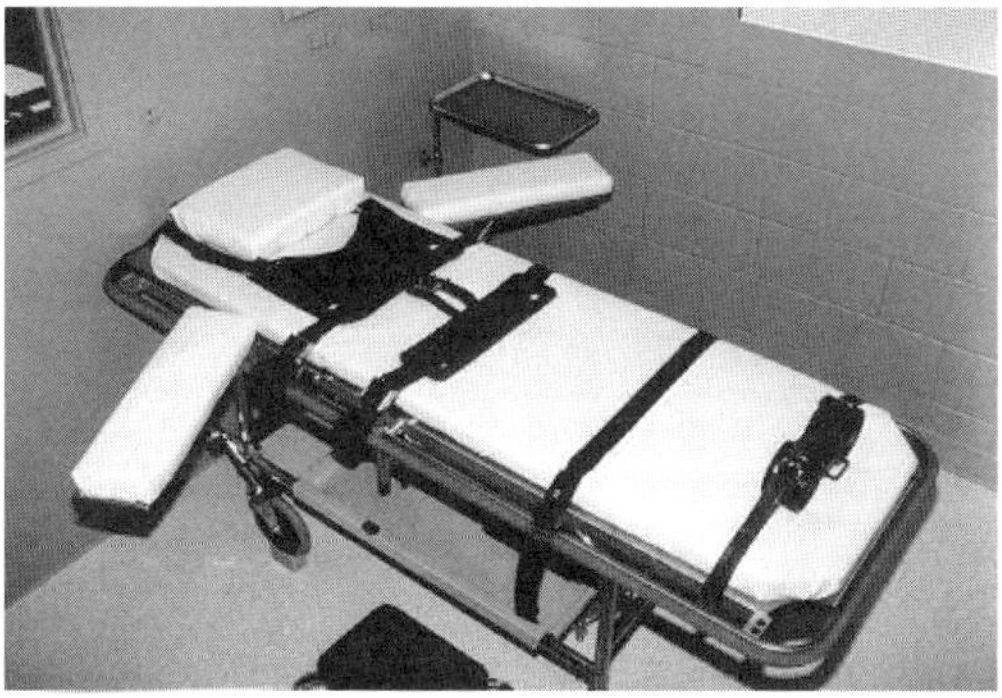

■ストラップ、アームレスト——処刑用ベッド

■本当のところは――

薬物処刑は、電気椅子と違って死刑囚を調理してしまうことはない。またガス処刑のように立会人の生命まで危険にさらす心配もない。法執行者の間では薬物処刑というものは苦痛、苦悶とは無縁で、死刑囚は眠るようにして現世の罪を償うことができると信じられている。人道的にも、確実性という点でも理想の処刑方法と評判はすこぶる高い。しかしケミカルの専門家の立場から見ると必ずしもそうではないらしい。

第1薬であるチオペンタールナトリウムについては、まず投薬量そのものが少なく、死刑囚は意識を失っているように見えるだけで、実際は大変な苦痛を味わっているとのことだ。つまり自分の身に今何が起こっているのかを理解することができるというのだ。彼らは麻酔が効いて苦痛を表現できないだけなのだ。そもそも専門家の間ではチオペンタールナトリウムは麻酔効果が低いことで知られている。

第2薬の筋弛緩剤臭化パンクロニウムについては第1薬の効果を殺いでいるとの指摘がある。さらには横隔膜を麻痺させても苦痛からの開放には繋がらず、故に動物の安楽死薬としての使用が禁止されているとのことだ。専門家いわく薬物処刑は《緩慢な窒息》と一緒だと。

致死薬の選択ミスとは別次元の問題も生じている。静脈を探し当てるのに45分もかかり死刑囚の手足が血だらけになったなど静脈カテーテルの挿入から手こずっているとの報告がある。このほか第1薬の注入から死亡確認まで24分を費やした、致死薬注入時、針が抜けて薬を遺族に撒き散らした、投薬量が少なすぎて（多すぎて）思いもよらぬ過剰反応を示したなどの報告も寄せられている。

死刑囚は眠るように死なせるべきなのか――1995年4月、オクラホマ州連邦政府ビルを

■アメリカと薬物処刑（リーサル・インジェクション）

最初の薬物処刑は1888年、ニューヨーク州でおこなわれる予定であったが結局当局は電気椅子処刑を採用した。本文中にあるように薬物処刑第1号になったのはオクラホマ州の死刑囚である。1977年のことだ。この5年後にテキサス州がこれに続いた。

現在アメリカで死刑制度を取り入れている州は38州で、このうち34州が薬物処刑をメインの処刑方法と定め、連邦政府や軍も薬物処刑を支持している。採用推移だが1989年は20州であったが2001年には36州になった。ただし36州のうち2州が別の方法と併用している。

司法省の発表によれば2000年には85名の死刑囚に刑が執行され、このうちの80名が薬物処刑であった。薬物以外にどのような方法が採られているのか――1999年の調査では死刑囚98名のうち4名が薬物以外の方法で処刑された。その内訳は3名が電気椅子に座らされ、1名がガス室に送られた。

■オクラホマ連邦ビル爆破事件

1995年4月19日、オクラホマ州の連邦ビルがミリシア（民兵組織）と関連を持つ過激派によって爆破された。メディアはANFO爆薬が使われたと報じたが実際は硝酸アンモニウムの肥料だった。実行犯のティモシー・マクベイは肥料を満載したトラックをビル内の駐車場で起爆させた。このテロによって168名が死亡し、百数名が負傷した。

爆破し死者168名、負傷者500名を数えた連邦ビル爆破事件の主犯、ティモシー・マクベイは2001年6月に薬物処刑されたが、罪の重さとは比較にならぬほど安楽に死んでいったという。本書は安楽死や死刑の是非を問うものではないが、執行者側にある程度の苦痛は与えてしかるべきという姿勢があればこれはしようがないことなのかもしれない。

■第3致死薬　塩化カリウム

塩化カリウムは血液中の濃度が高くなると心不全、不整脈を誘発する。通常見かけるのは溶液タイプだが、もとはアルカリ金属をイオン化したもので白い結晶性の粉末だ。静脈注射による致死量は成人（60kg）で約2～5g。薬物処刑では50ccの溶液中に約13gが溶けており、これは完全な致死量だ。塩化カリウムは低カリウム血症の治療に有効で、要するに少なくなったカリウムを補うというわけだ。基本的には《塩》だが、入手経路は制限されている。薬剤の取り間違えという医療ミスや安楽死報道でよく取り上げられる比較的知名度の高い薬剤だ。医者がこれをつかって自殺したという事例がある――45歳男性。静脈にティースプーン2杯分に相当する塩化カリウムを注入。100mlの点滴用バッグには40gもの塩化カリウムが入っていた。塩化カリウムは単体で使用すると人体が猛烈な拒否反応を示すのでアルコール、モルヒネを服用し、針を刺す部分には局所麻酔までおこなっていた。

洋の東西を問わず、塩化カリウムは安楽死事例で多く使われる薬剤だ。2章で登場したジャック・ケヴォーキアン博士のメルシトロンにも第3致死薬として使われた。ちなみにメルシトロンのオーダーは第1薬が生理食塩水、第2薬がペンタトールナトリウム、第3薬が塩化カリウムとなっている。

塩化カリウムは塩の仲間である。塩が致死薬になるのか？　ここでいう致死量とは普通われ

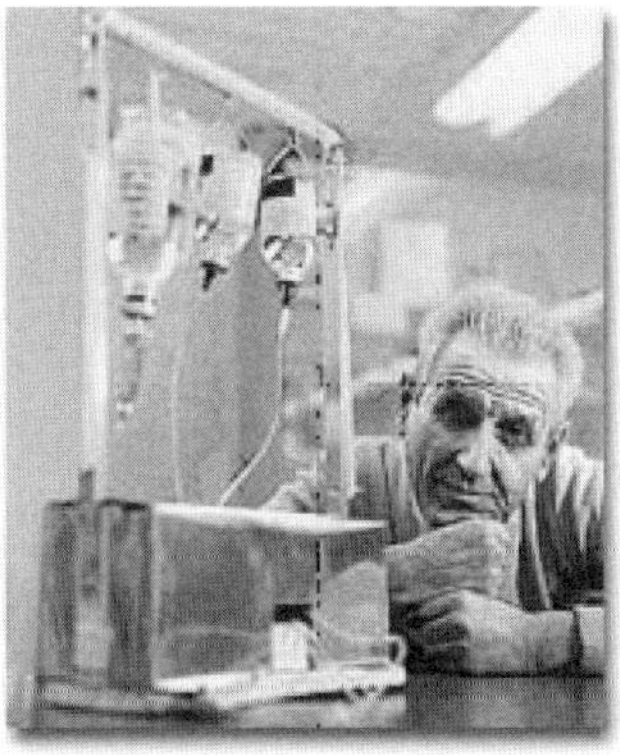

■メルシトロンと記念撮影をするケヴォーキアン博士

われが意識する食事による「塩分の取り過ぎ」とはまったく別のものだ。食事、つまり胃の中に入る塩分ではなく、血液中の塩分濃度が問題なのだ。

心筋、骨格筋はカリウムによって正常に機能している。人体におけるカリウムはカリウムイオンとして98％近くが細胞の中にある。残りの2％はほかの体液中に存在する。フグ毒の効果のところで説明したとおり、細胞の外側（細胞膜に隔てられた外部）にナトリウムイオンが、細胞内部にカリウムイオンが多くある。細胞はこの状態で均衡が保たれている。ところが静脈注射などによって細胞の外側のカリウムイオンが多くなると、内側にあるカリウムイオンとのバランスが崩れ、細胞の機能に重大な障害が起きる。そしてこの状態に最も敏感なのが心臓だ。心臓の動きを停める――薬物処刑、安楽死でこの薬が使われるのはこうした理由からだ。

■デッドマン・ウォーキング
ティム・ロビンソン監督の映画「デッドマン・ウォーキング（1995年）」ではシスターとの交流を通じて犯行を否認し続けた死刑囚が見せる心境の変化と薬物処刑の実際が描かれている。

■薬物処刑（Lethal injection）による投与プロセスとその効果

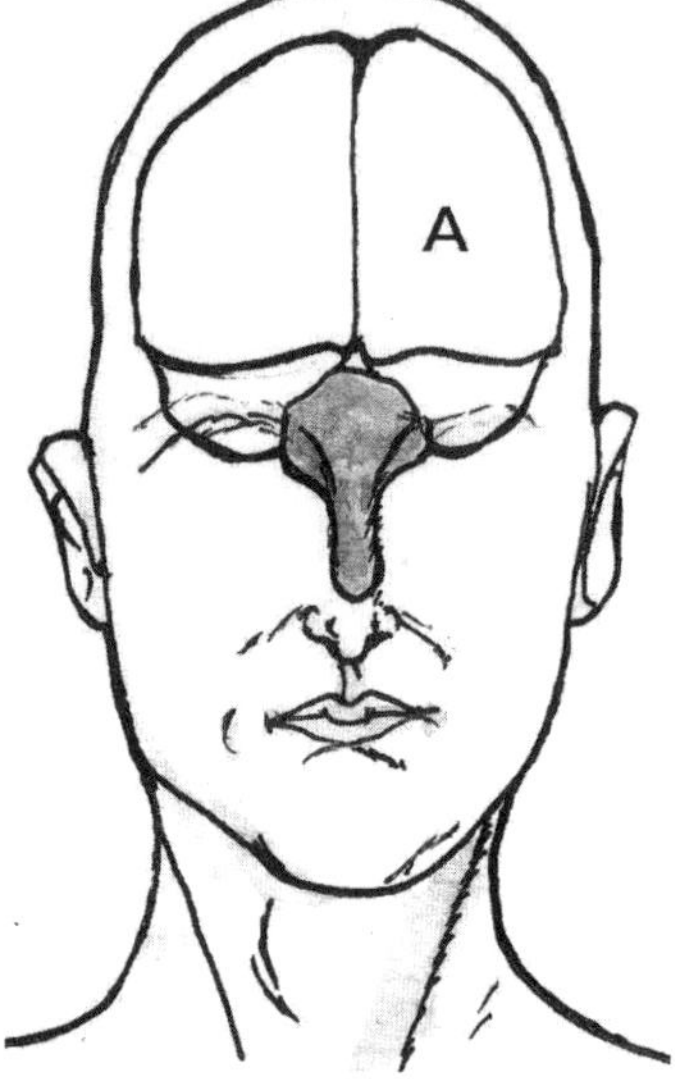

A：チオペンタールナトリウムで脳細胞の働きを麻痺させる（意識を奪う）
B：パンクロニウム（臭化パンクロニウム）で筋肉を弛緩させ、呼吸筋の動きを止める。これはアマゾンの原住民が狩猟に用いる猛毒クラーレと同じ原理だ。この時点で死刑囚の呼吸（ガス交換）はストップし、新しい酸素を得ることができなくなる（心臓はまだ動いている）
C：高濃度の塩化カリウムで心臓のイオンバランスを崩し、ポンプ機能をストップさせる
＊心臓が止まったことにより脳に血液が送り込まれなくなり大脳皮質、脳幹の順で脳細胞が死滅しやがて完全な死を迎える

睡眠薬　脳神経の昏睡

睡眠薬は骨格筋の細胞ではなく、脳細胞だけをターゲットにしている。脳は人体の動きを制御する司令塔だ。睡眠薬はその司令塔の指揮系統に直接作用するので、量や使い方を間違えると人間は一気に行動不能（昏睡）に陥ってしまう。

日本における睡眠薬を使った自殺は１９６０年の薬事法の改正により激減した。現在よほどの重症でない限り医者から処方される睡眠薬はベンゾジアゼピン系睡眠薬であり、この薬では自殺はできない。同じことは他殺にもあてはまる。自、他殺が難しくなった代わりに睡眠薬またはそれに準ずる薬剤を使った昏睡強盗や昏睡レイプという犯罪が増えてきている。

睡眠薬とはどういったメカニズムで昏睡状態に陥らせるのか――これについて考えてみる。

■脳のニューロン

睡眠薬は一種の精神安定剤であり、脳のニューロン（神経細胞）に働きかけ不安を取り除き眠らせるという特徴を持っている。脳のニューロンは二つに分けられる。

1）興奮性ニューロン

2）抑制性ニューロン

実のところ睡眠のメカニズムはすべて解明されたわけではない。ただ抑制性ニューロンが放出する《ＧＡＢＡ（ギャバ）》という物質と深い関係があることが判明している。ＧＡＢＡは

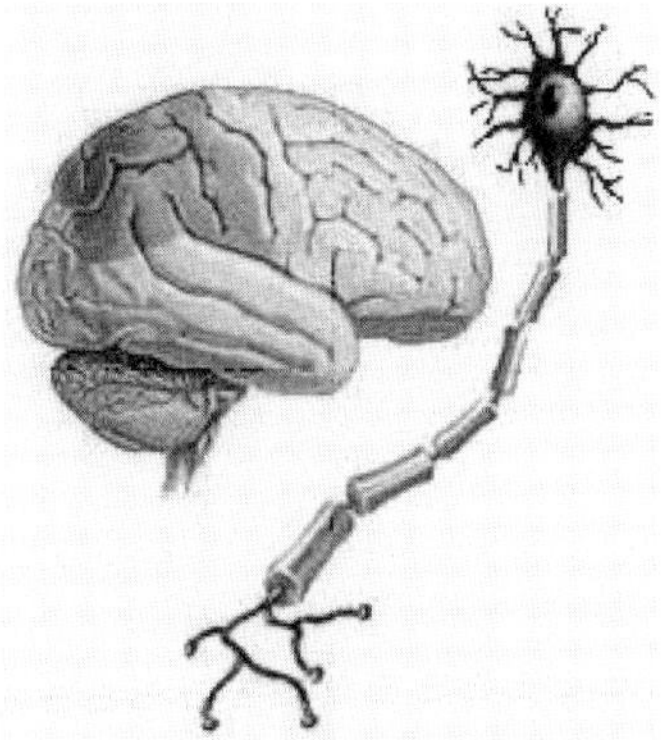

■ニューロンと脳

神経性のアミノ酸で正式名は《ガンマアミノ酪酸》と呼ばれ、脳内の抑制性（睡眠など）の情報伝達を担っている。チョコレートの原料であるカカオに多く含まれている。

睡眠状態

睡眠のメカニズムは次のようになる――抑制性ニューロンの末端からＧＡＢＡが放出され塩化物（Cl）イオンチャンネルにあるＧＡＢＡ受容体（ＧＡＢＡが収まるべきスペース）にセットされると塩化物イオンチャンネルのゲートが開く。するとゲートから細胞内部へ塩化物イオン（Cl）が流入し細胞内部が強いマイナスで保たれる。この時、興奮性ニューロンから刺激を受けても細胞内部には伝達されない。これが《眠っている状態》だ。

興奮や刺激がない場合、細胞内部はマイナス、細胞外部はプラスの状態にある。刺激が伝わるということは一時的に電位変化（細胞内部がプラス、外部がマイナス）が生じるということだが、Clイオンが細胞内部に沢山あることでマイナスが強くなり刺激が伝わらなくなる。

■不眠（眠れない）状態

不眠の原因はＧＡＢＡ不足であると考えられている。少なければＧＡＢＡは受容体にはまることがないので塩化物イオンチャンネルのゲートは閉じたままになる。イオンは細胞内部に進入できないので興奮性ニューロンの刺激がそのまま伝達する――だから眠れないのだ。伝達の瞬間、細胞内外の電位は逆転するので（興奮）が起きる。

不眠を解消するには

不眠症の患者がベンゾジアゼピン系睡眠薬を服用するとどうなるか――基本的にＧＡＢＡの

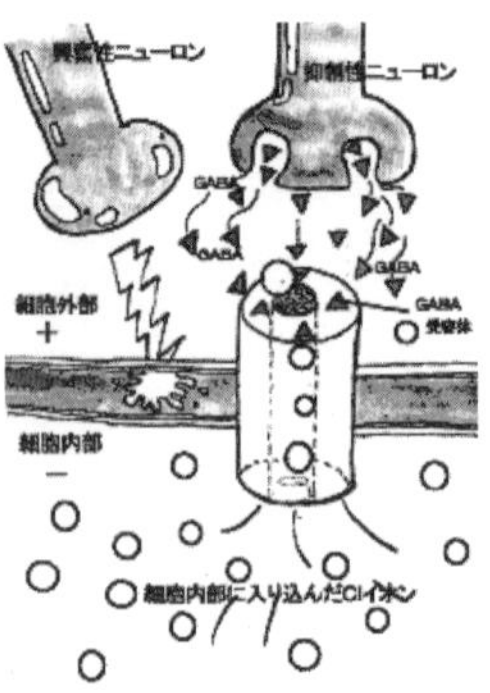

■睡眠中の脳細胞の状態。Clイオンが細胞内部に入り込んでいる

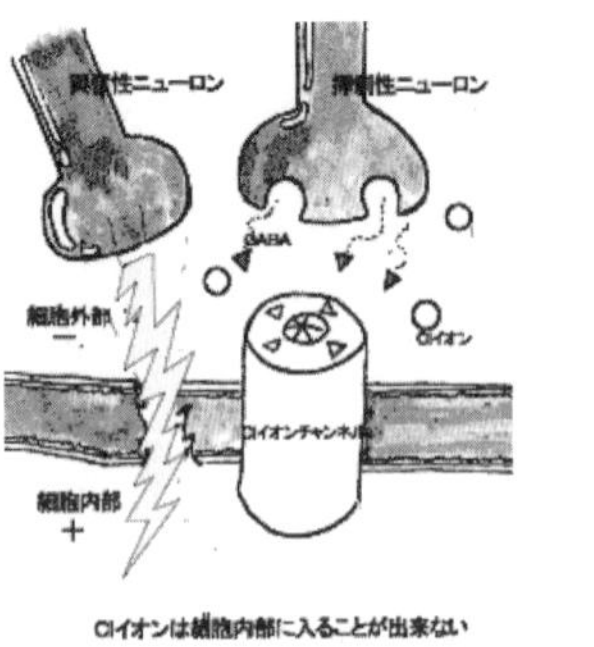

■不眠の脳細胞の状態。GABAの量が足りない

放出量は少ないままだ。ところがClイオンチャンネルにあるベンゾジアゼピン専用の受容体にベンゾジアゼピンがピタリと入り込む。これにより別の回路ができたことになり、ClイオンチャンネルのゲートがClイオンが細胞内部へ流入しはじめる。こうなることで細胞内部が強いマイナスを維持し先ほどと同じく興奮性ニューロン刺激は細胞内部に伝達されず睡眠が誘発される。

■睡眠薬の種類

一口に睡眠薬といわれているが現在医者から処方されるのはベンゾジアゼピン系睡眠薬だ。この睡眠薬は1）超短期型、2）短期型、3）中期型、4）長期型の4種類がある。ここでいうところの期間とは薬の効力が持続する時間のことだ。

ベンゾジアゼピン系は30年前に出回っていたバルビタール酸系のような依存性や副作用の心配がない。バルビタール酸系は大脳皮質や脳幹の自律神経に作用するために大量服用した場合、呼吸中枢のような生命維持に欠かせない部位までも冒してしまう。バルビタール酸系は睡眠薬というよりも麻酔薬に近い。ベンゾジアゼピン系は中脳の辺縁系にある感情中枢のみに働きかけ、バルビタール酸系と遜色ない効果を発揮しながら依存や副作用の心配がなくなっている。この他にブロムワレリル尿素製剤という睡眠薬もあるが、効果はあるものの依存性が高いことからほとんど使われなくなった。

参考までに各種睡眠薬を効力別に分類してみた――

超短時間型（3時間程度効果）：ハルシオン、アモバン、マイスリー

短時間型（6時間程度）：レンドルミン、デパス、ラボナ

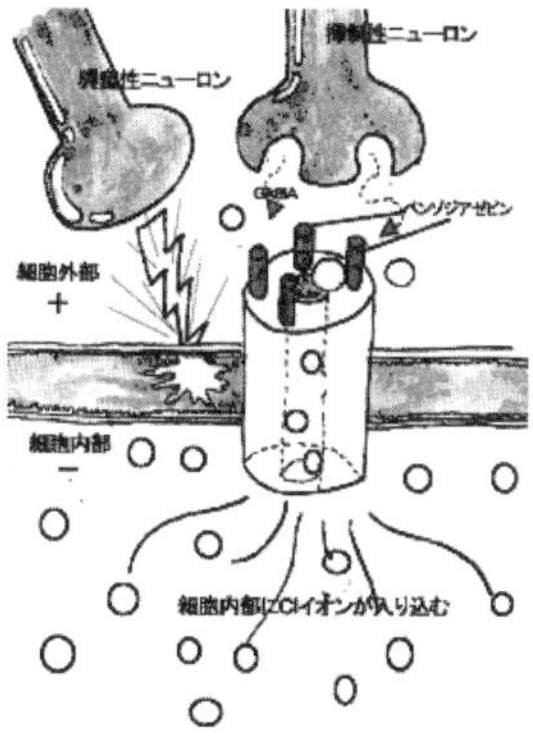

■ベンゾジアゼピン投与後の状態。GABAの代わりにベンゾジアゼピンがClイオンチャンネルを開ける

中時間型（12時間程度）：ベンザリン、ネルボン、エリミン、イソミタール
長時間型（24時間以上）：ソメリン、インスミン、バルビタール

超短時間型は服用後15分から30分で効果が現れるので、すぐに横にならないと突然倒れこむ恐れがある。長時間型は目覚めが悪い、目覚めても頭が活動しないなどの欠点があるが、昼間の緊張感や不安を軽減させる効果がある。

正確にいえばベンゾジアゼピン系も副作用はゼロではない。超短時間タイプは眠気の持続や疲労感、筋肉の弛緩が報告されている。また大量服用やアルコールとの併用によって一時的な記憶障害を起こすことがわかっている。

■モスクワ劇場占拠事件

・予想だにしなかった失態

２０００年10月23日、モスクワにある劇場ドブロフカミュージアムがロシアからの独立開放を訴えるチェチェン共和国の武装テロリスト24名によって占拠され、劇場にいた９２２名が人質となった。テロリストらは、ロシア軍に対して3日間の期限つきで母国からの撤退を要求した。彼らは自決を覚悟していた——要求が聞き入れられない場合、劇場を爆破し人質もろとも自分たちも死ぬとの声明を出した。

期限は刻々と迫っていた。ロシアの特殊部隊アルファは事件発生から3日目の26日午前6時過ぎに劇場内に突入すると銃撃戦の末にテロリスト全員を射殺した。

ところがロシア軍はこうした制圧劇が帳消しになるぐらいの大失態を犯した。アルファは突入に際して特殊なガスを劇場内に噴霧したのだが、この結果人質９２２名のうち１１７名が中

■ロシア政府とチェチェン共和国

国の面積は四国ほどの大きさ。チェチェン共和国は、国際法上は今でもロシア連邦の一部であるが１９９０年代初頭の旧ソビエト連邦の崩壊後、分離独立を宣言しロシア政府との間で武力紛争が続いている。１９９４年の第1次チェチェン紛争では死者は8万人を数え22万人もの難民が隣国に避難した。以後ロシアと和平条約を結ぶが、１９９９年に第2次チェチェン紛争が始まる。

チェチェン共和国はもともとイスラム教徒が多く、和平条約調印後の国内ではイスラム原理主義勢力が台頭していた。調印から2年後、隣国ダゲスタン共和国の独立を援助するとの大義を掲げ再びロシアと衝突する。真っ向勝負では勝ち目のない武装勢力はテロ行為に走り、次々と爆弾テロを実行しロシア国側の死者は３００名を数えた。

第2次チェチェン紛争は一連の爆弾テロに対する報復でもあった。この戦いでロシア側は勝利を収めるが武装勢力のテロ行為は一段と激しさを増した。２００2年の劇場占拠事件以後も爆弾テロや旅客機墜落、要人暗殺をおこなった。２００4年9月のベスランの学校占拠事件ではチェチェン人テロリストのほかに他国のテロリストもこれに加担した。

毒死してしまったのだ。このほか６４６名が中毒症状を訴え、１５０名が集中治療を受け、そのうち45名は重篤であった。銃撃戦に巻き込まれて命を落とした人質は２名だけだった。

・ジアゼパム系催眠剤か

突入を承認したプーチン大統領は非難の矢面に立たされた。ロシア国内はもちろん世界中の関心は使われた特殊ガスに集まった。ロシア内務省の発表では麻酔、鎮痛に使われるフェンタニールだったが、アメリカの軍事専門家はジアゼパムが噴霧されたと分析した。ジアゼパムはベンゾジアゼピン系精神安定剤で、普通に考えれば死亡することなどありえないはずなのだ。事件からしばらくすると催眠ガスというよりもミリタリー仕様の無力化ガスが使われたという見方が強まってきた。イギリスの軍事専門家は暴徒鎮圧用のＢＺガスが使われたと指摘した。

ＢＺガスは１９５０年代にアメリカ軍によって開発された幻覚誘発性の無色、無臭の活動不能化剤だ。通常は結晶体で水に溶けやすいことからエアゾール方式での噴霧が可能だ。体重70kgの成人の致死量は３５～２２５mgとなっている。効果は噴霧開始から1時間後に現れ、症状は4時間から48時間続く。主に中枢神経を侵し、対象を行動不能に陥らせる。このほかに記憶障害、卒倒、吐き気、幻覚、不整脈などを引き起こす。ＢＺガスはもっぱらデモ隊の鎮圧に使われていたが軍事目的で使われたのはベトナム戦争が初めてだった。

なぜ今回の人質事件で多くの死傷者が出てしまったのか。理由は二つある。まずひとつは準備不足。ＢＺガスに限らずこうした特殊ガスを使用する場合、特に人質がいるシチュエーションでは解毒剤の準備が最低限の条件となるはずなのだが今回はそれがおこなわれていなかった。つぎにガスに関する正確な情報を病院に公表しなかったこと。どのような化学物質で中毒になったのか――それがわからねば適切な救命処置などできるわけがない。医療現場の混乱が多くの死者を出した最大の原因であるともいえる。

■スペツナズ・αチームの内情

成果はどうあれ）劇場を占拠したテロリストを制圧したのはロシアの特殊部隊スペツナズだ。スペツナズ（Spetsnaz）という単語は広義には特殊任務にあたる警察もしくは軍隊の選抜部隊のことを指す。今回劇場に突入したのはα（アルファ）という部隊で、メンバーは１５００～２０００名いるとされ普段は主に諜報活動をおこなっている。今回の制圧作戦には２００名が参加した。

スペツナズの戦術は西洋の特殊部隊のそれと比べると遥かに即興的であるといわれている。つまり個々の兵士のタフさに重きを置いているということだ。勇敢さと《任務遂行のための冷徹さ》では他の追随を許さないスペツナズではあるが、唯一の弱点は光学機器に代表される装備品のお粗末さであると西側の軍事専門家は指摘する。これは人質に多数の犠牲者を出した今回の制圧劇の一因とも考えられている。テロリストの殺害が最優先で人質救出は二の次であったのだろうか。だとすれば《任務遂行のための冷徹さ》は本物だ。

ダイオキシン

■ユシチェンコ大統領とクロールアクネ

2004年におこなわれたウクライナ共和国の大統領選挙で野党側の候補だったユシチェンコ氏（現大統領）が見せた数ヶ月間の容貌の変化は尋常ではなかった。青黒く醜いニキビ痕がハンサムだった彼の顔面を覆ったのだ。

大統領の容態がおかしくなったのは同年9月。たった2、3ヶ月でこれほどまでに人相が変わるものだろうか。これはクロールアクネと呼ばれる皮膚障害で、ある種の化学物質の摂取が原因であることは専門家であれば誰でも知っていた。もちろん容貌の変化に加えて内臓にもダメージを与えることも。

ユシチェンコ大統領は選挙中にもかかわらず入院を余儀なくされ、検査によって体内から大量の環境汚染物質ダイオキシンが検出された。その量は致死量の1000〜6000倍といわれ、日常生活ではまず不可能な摂取量であることから何者かによってダイオキシンを盛られたに違いなかった。大統領候補暗殺未遂――この一件は全世界に配信され現政権を後押しするロシア、野党に加担するアメリカという二大大国を巻き込んだ国際的な謀殺疑惑が持ち上がった。人々は同時にこんな疑問も抱いた――内臓や顔面は酷い状態になったとはいえ、これほどの量のダイオキシンを身体に入れながら生命に別状はないなんて。もちろん当選後も現役の大統領として活躍している。これは一体どうしたことなんだ、と。

■本当に猛毒なのか

■毒を盛られてからハンサムな容貌は一変した

ユシチェンコ大統領の容態が悪化し始めたのは国家保安局との会食の直後だった。２００４年の9月のことだ。以後、10月、11月とクロールアクネ（塩素ざしょう疹：塩素ニキビ）のほかに内臓の疾患に苦しめられた。

一般にダイオキシンは発がん物質、免疫機能障害、生殖機能障害などを引き起こす有害物質として知られている。さらに長期にわたって汚染が進めば何世代にもわたって悪影響を及ぼすといわれている。そんな猛毒を致死量の数千倍も人体に入れたユシチェンコ大統領は不死身としかいいようがない。

実験動物の中でもモルモットが一番、ダイオキシンに対しては敏感だ。ダイオキシンのモルモットに対するＬＤ50は０・６㎍／kgで、60kgの人間にあてはめると致死量は36㎍ということになる。この㎍（マイクロ）という単位は１００万分の1グラム（！）を意味する。ちなみによく耳にするpg（ピコグラム）は1兆分の1グラムだ。

一説にはダイオキシン1gで１７０００人を、12kgあれば日本国民全員を毒殺することができるといわれている。ダイオキシンの致死性は青酸カリの1万倍、サリンの17倍といわれ、名称からもわかるようにまさに「die（死の） toxin（毒素）」なのだ。

このような裏づけからダイオキシンは人類最大の毒物ということになっているらしいが実際はどうなのだろうか。容貌や体調に変化は見られたがユシチェンコ大統領は現在大統領としての公務を支障なく果たしている。彼は推定で2㎎のダイオキシンを胃の中に入れたことになっているのだ。

似たような疑問は過去にも持ち上がった。１９７6年、イタリアのセベトにある化学工場で事故があり、周辺の町に約１３０kg（！）ものダイオキシンがばら撒かれた。当時ヨーロッパ中が大パニックになったこの事故から30年以上が経過したわけだが、ダイオキシンが原因で死

■親米派のユシチェンコ政権
ユシチェンコ大統領は親米派である。プーチン大統領の肝いりで成立した前政権は多分にロシア政府寄りであったため、今回の毒物混入はロシアの諜報機関の協力があったとも噂されている。対するユシチェンコ大統領が指揮する野党《われわれのウクライナ》はアメリカ政府からバックアップを得ていた。これはユシチェンコ大統領の妻がアメリカ人であることも少なからず貢献しているといえる。妻カテリーナは母国で政府機関の各種要職に就いた才媛であり、大統領とはまさに電撃結婚であった。大統領にとっては2度目の結婚となるが妻との間にはすでに三人の子供をもうけている。前政権やロシア政府は、カテリーナはＣＩＡのスパイと見なしている。

■ダイオキシンに関することども
・正式名称はポリクロロ・ジベンゾ・パラジオキシン。塩素、酸素、水素、炭素から構成されている。

亡した人はいない。これまでにダイオキシンが原因で死亡した人の公式な人数は全世界で4名ということになっている。一つは今から約半世紀前のオランダのダイオキシンを扱う施設でおきた労働災害で、清掃中の作業員が大量のダイオキシンと接触したというものだ。

■解析技術と金儲け

今回の大統領暗殺未遂事件は、クロールアクネは発症するものの死亡するようなことはないと見込んだ野党側の自作自演との説もある（猛毒とされるダイオキシンを口から入れる馬鹿がどこにいるだろうか）。もちろん当時の国家保安局の陰謀説は根強い。いずれにしてもダイオキシンは恐るるにたらずということを大統領が身を持って教えてくれたのだ。

ダイオキシンが騒がれるようになったのは１９７０年代からだ。これを第1次ダイオキシンフォビア（恐怖症）とすれば近年の騒ぎは第2次ダイオキシンフォビアといえるだろう。このような事態になった理由は1fg（フェムトグラム：１０００兆分の1グラム）まで検出できる解析テクノロジーの進歩とダイオキシン騒動を煽ることで何らかの利益を得る団体が世界中に存在するからだ。

・ポリ塩化ビニール、ポリ塩化ビニデリンを含む化学工業製品を燃やすことで発生する。
・98％は経口摂取といわれている。食物の中では魚が60％と圧倒的に多い。
・脂肪によく解ける上に蓄積されたダイオキシンはなかなか排出されない（半分以下になるのに5～10年を要する）。
・1日のダイオキシン摂取量は体重1kgあたり12・45pg（ピコグラム：1兆分の1グラム）。
・アメリカは単体で「発がん性あり」を認めているが、日本や欧州は他の物質と作用しあうことで発がん性を引き起こすとしている。
・アメリカはヴェトナム戦争でダイオキシンを主成分とした枯葉剤を使っていた。戦後現地での奇形児出生率と、帰還兵の発ガン率が高いことがダイオキシン規制に繋がっている。
・1gのダイオキシンで1万人を殺害することが可能。
・モルモットの致死量とハムスターのそれとは約３０００倍もの開きがある。
・神経毒、シアン化カリウムのような即効性はない。
・ダイオキシンは高い催奇性だけではなく生殖機能そのものに影響を与える。

リシン　タンパク質工場の破壊

ユシチェンコ大統領の毒殺未遂事件からおよそ30年前のイギリスでスパイ小説さながらの毒殺がおこなわれていた。犠牲者は共産圏からの亡命者2名。1978年におきたこの毒殺事件では犠牲者の体内から摘出された極小の金属球に猛毒リシンが仕込まれていた。事件そのものは未解決で旧ソ連の諜報機関KGBの関与が疑われている。

■リシン（lysine）ではない
猛毒リシン（ricin）は糖タンパク質だが、リシンは必須アミノ酸の一つである。人の1日あたりの必要量は1〜1・5g。

■リシンの正体

リシンは唐胡麻（トウゴマ）の種子に含まれている毒素で、その正体はタンパク質だ。致死量は体重1kgあたり0・03mg。現存する天然有機化合物のなかで強い毒性を誇り世界五大猛毒の一つとみなされている。トウゴマの活用は古代エジプト時代にまでさかのぼり、下剤で知られるヒマシ油はトウゴマの種子から作られている。もちろんヒマシ油そのものは無毒で、猛毒リシンはこの搾りかすの中から抽出される。搾り汁はこのほかに機械の潤滑油、石鹸や塗料の原材料として使われていた。

人為的にリシンの生成が可能になったのは19世紀になってからで、リシン（ricin）という名称もこの時につけられた。組成構造が非常に安定していることから化学兵器として研究が進められ「W」のコードネームでアメリカとイギリスが共同で軍事利用を目指していた。WWⅡではエアゾール方式の毒ガスとして使われていたとの記録がある。

■リボソームへの攻撃

■トウゴマ、漢名は〈ひま〉。トウゴマの実は世界中のどこでも入手可能でリシンの抽出も難しいものではない。したがってテロリストに悪用される恐れが高い

リシンはテトロドトキシンや他の神経毒と違い即効性はない。体内侵入から10時間ほどして毒性を発揮する。有効な解毒剤は存在しない。リシンの特徴は経口よりも吸入や注入など直接人体に侵入する方が毒としての効果が高いということだ。

侵入経路別に見たそれぞれの症状は——

吸引：呼吸困難⇩発熱⇩肺水腫
経口：胃腸管出血⇩肝臓⇩脾臓⇩腎臓の壊死
筋肉注射：インフルエンザに似た症状⇩筋肉組織⇩リンパ節の壊死⇩各種の内臓障害

——当然いずれの経路も致死量を超えれば死に至る。

リシンは人体をどのようにして蝕んでいくのか——死亡原因を簡単にいえば《細胞のタンパク質合成の阻害》に尽きる。タンパク質が生命維持に欠かせない物質であることは今さらいうまでもないだろう。このタンパク質の合成を司っているのが細胞内にあるリボソームだ（次ページのイラスト参照）。

前述のようにリシンの正体は特殊なタンパク質で、2種類のアミノ酸から構成されている。リシンは人体に侵入するとまず細胞膜にある受容体（レセプター）に取り付く。2種類のアミノ酸のうちひとつが受容体をこじ開けると、そこからもう一つが細胞内に侵入してタンパク質の製造工場であるリボソームを攻撃する。細胞内には大小のサイズのリボソームが存在する。小さいものは小胞体に寄り添うような格好で存在しmRNAという物質で数珠繋ぎになってタンパク質を合成している（次ページイラスト参照）。リシンはリボソーム同士を連結しているmRNAを切断してしまうのだ。これは事実上リボソームの破壊であり、タンパク質が合成でき

■レセプターとは

レセプター（受容体）は細胞の表面や内部に存在し、特定の物質（神経伝達物質アセチルコリン、ナトリウムイオンやＧＡＢＡなど）が収まるべき、いわば《受け皿》のようなものだ。特定の物質が受け皿に収まったことで細胞の個々の機能がＯＮになる。レセプターと特定物質との関係は《カギとカギ穴》であるともいえる。薬（胃薬のＨ2ブロッカー）や毒（筋弛緩剤）の中には人体で《偽カギ》を作り出すものがあり、カギ穴であるレセプターにこれを差込み細胞の働きをコントロールしようとしている。

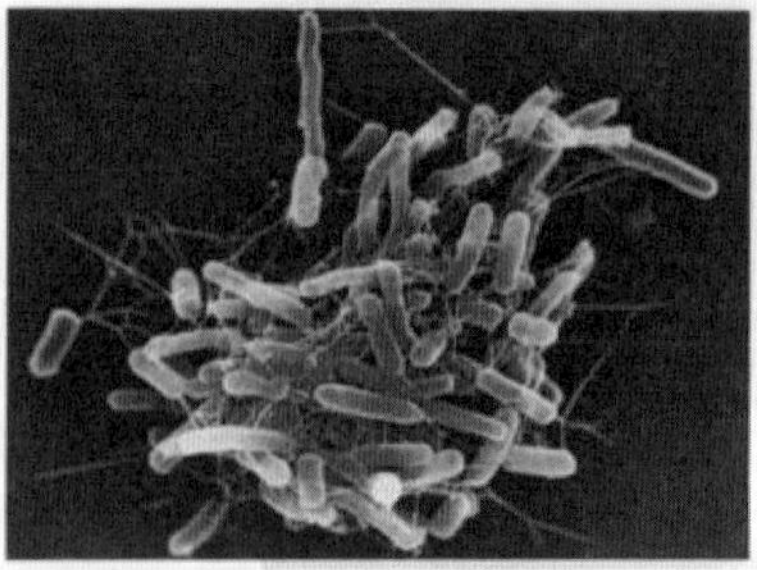

■O157

ないということはすなわち細胞全体の死を意味する。ひと頃騒がれた腸管出血性大腸菌O―157のベロ毒素もこれと似たようなダメージを腸内の細胞に与える。

■仕込み傘による暗殺

1978年9月7日、当時はソ連の衛星国家であったブルガリアからイギリスに亡命後、BBC放送局のジャーナリストとして活躍していたジョルジ・マルコフ（当時49歳）は帰宅途中のバス停で、突然右太ももに痛みを覚えた。驚いて振り返ると同じくバス待ちをしていた男性が傘をたたみながら失礼と謝ってきた。かなりの痛みだったが、それ以上事を荒立てる気になれなかった。男は慌てるようにしてタクシーに乗り込んだ。

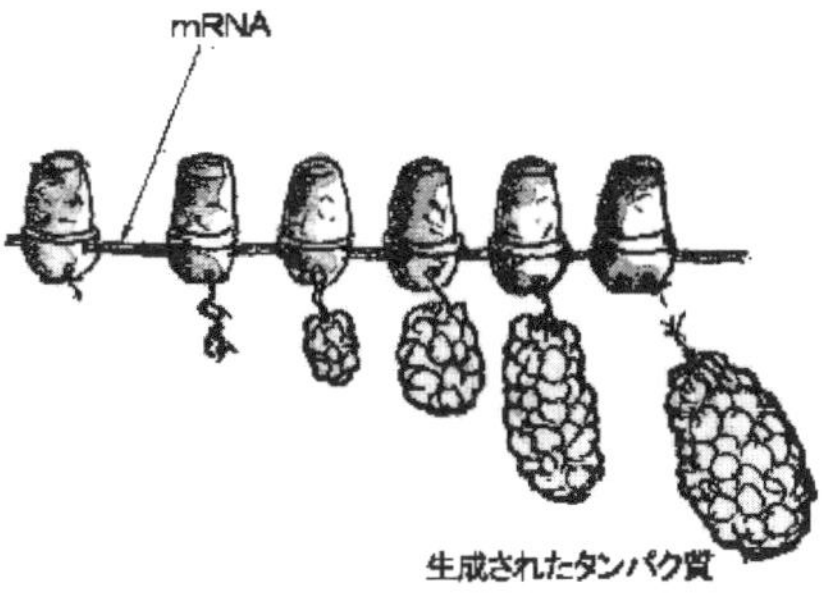

■mRNAによって繋がれたリボソームは生命維持に欠かせないタンパク質生成工場だ

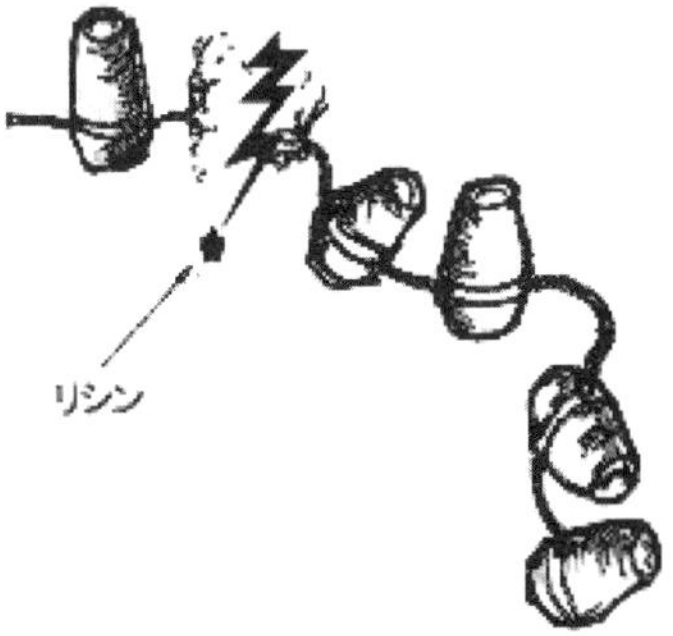

■リシンはmRNAを切断してしまう――がん治療薬として猛毒リシンのこうした特性を活かした研究がすすめられている

■ジョルジ・マルコフ

■マルコフに見る病状の変化
マルコフは遅効性、有効な治療手段なしという典型的なリシンの症状を見せた――
銃撃⇩高熱と吐き気（15～24時間経過）⇩刺された箇所が数センチに渡って炎症をおこす⇩入院（36時間経過）⇩高熱・低血圧・ショック状態（2日経過）⇩無尿・吐血・心不全（房室ブロック）⇩死亡（3日経過）

帰宅したマルコフは明日の仕事の準備に取り掛ったが、深夜に高熱と吐き気に襲われるとベッドに倒れこんでしまった。うなされるマルコフは朦朧とする意識の中でバス停での出来事を思い出していた。足が痛い。ジーンズには血痕がついていた——まさか！　暗殺！　1969年に西側に亡命する以前の彼は母国ブルガリアでは著名な小説家、脚本家として名を馳せ、政治にも深く関わっていた。国を捨てたマルコフに対する国民の評価は一転して《裏切り者》に成り下がっていた。

太ももに手をやると刺されたところが腫れ上がっていた。翌朝、気分が幾分楽になったので出社しようとしたが、家族はホームドクターの診察を受けるよう彼を説得した。ホームドクターは家族に即入院させるよう指示を出した。刺された箇所はさらに腫れあがり変色が酷くなっていた。入院した頃には熱がさらに上がり、血圧も急激に下がり始めた。敗血症と診断され、治療を受けるが病状は悪化するばかりであった。白血球の数値を見た医者は驚いた。通常では5000〜10000なのだが約3倍の33000を示していたのだ。入院から3日後、マルコフは死亡した。

■謎の金属球

ロンドン警察はマルコフの死因に不自然な点があるとして検死解剖をおこなったところ、傘で刺された直径2㎜ほどの傷口下の筋肉から直径1・52㎜の金属球が摘出された。金属球はプラチナ90％、イリジウム10％で構成されていて直径0・28㎜の小さな孔が穿たれており、この中に毒が仕込まれていたことは容易に想像できた。しかし毒の特定までには至らなかった。警察は金属球は9月7日、バス停でマルコフを刺した男が持っていたコウモリ傘から発射されたものと断定した。

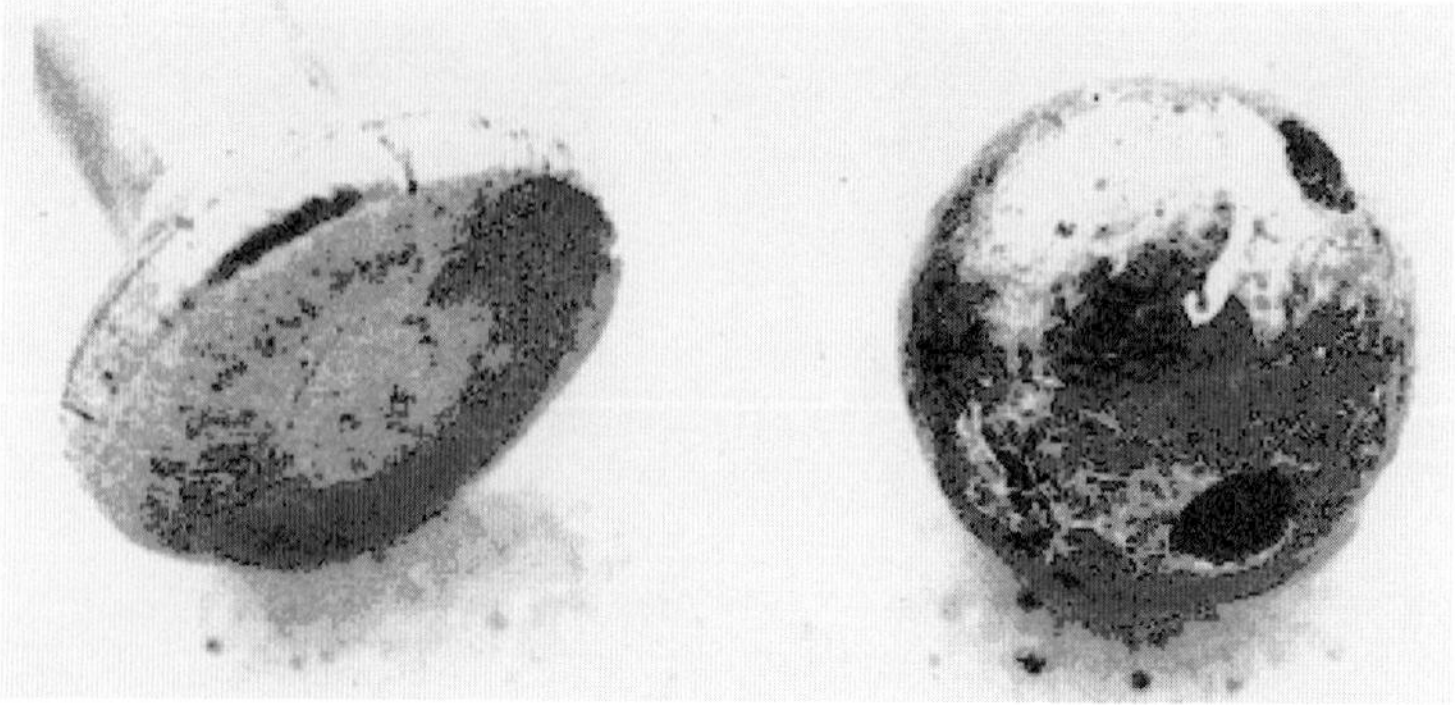

■釘の頭との比較

この一件を知ったパリ在住のウラジミール・コストフは「もしや」と青ざめた。彼もブルガリアからの亡命者で亡命後はラジオ局のパーソナリティーをしていた。彼も2週間ぐらい前に同じようなシチュエーションで背中を刺されていたのだ。案の定、外科医に診察してもらったところ背中の傷から金属球が摘出された。精査の結果、摘出された金属球はマルコフ毒殺に使われたものと同一品であることが判明した。金属球の中には猛毒リシンが入れられており、孔の部分はワックスで塞がれていた。暗殺者はリシンの特性――毒が遅効性であること、侵入後、容易に分解するので特定が難しいこと――を知っていたのだ。

■アンブレラガン

現在、マルコフは当時のブルガリア政府から裏切り者として処刑されたという見方が有力だ。コストフの場合、暗殺時の服装（かなりの厚着をしていた）が功を奏したようだ。仕込み傘は毒入り金属球を人体に打ち込むための発射装置であった（後にKGBのラボ、通称チャンバーが関与を認めた）。

実行犯はブルガリア政府が雇ったイタリア人のケチな犯罪者といわれている。一度デンマークで身柄を拘束されたものの彼がこの事件について直接何らかのコメントを残したかどうかは不明だ。この男は後にハンガリーもしくはチェコに逃亡したと見られているが現在の所在は杳として知れない。

アンブレラガンが使われたかどうかはわからぬが1970年代前半から1980年にかけてリシンを使った暗殺が数件報告されている。

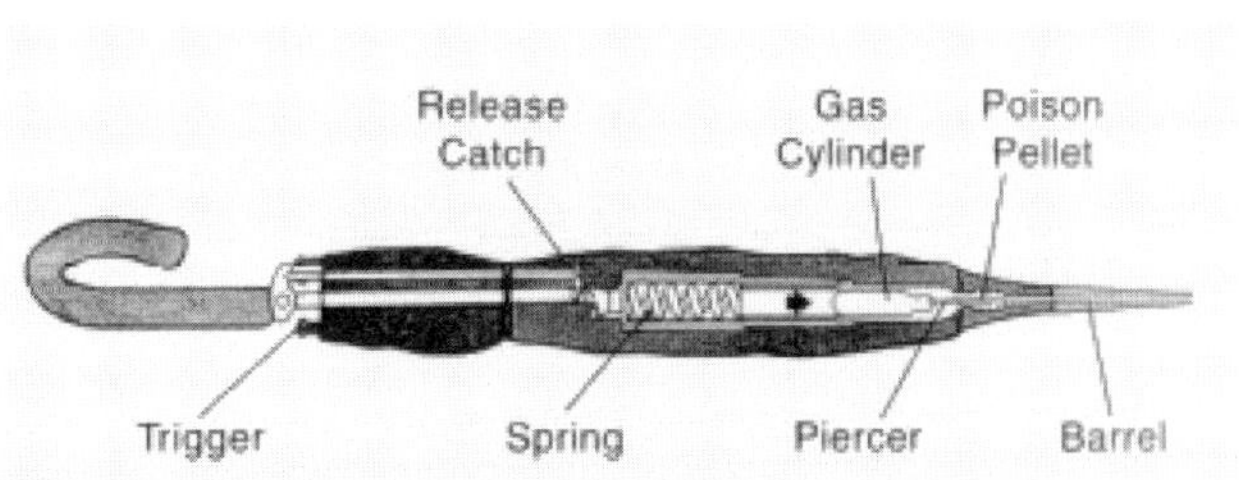

■仕込み傘は旧ソ連のスパイ組織KGBが開発したもので、当時のブルガリアの秘密警察が入手したものだった

パラコート　活性酸素による細胞への攻撃

野原でも草原でもいい。草の生えた一帯に除草剤パラコートを撒く。深夜に散布したとしたら翌朝にはすべて枯れている——パラコートはそれほど強力な除草剤だ。植物もつまるところ生物だ。植物に劇的に効くものは同じ生物である人間にも効く。

後述の殺虫剤と同じくパラコートは頻繁に自殺や他殺に用いられてきた。１９８５年以後、パラコートまたはそれに類する除草剤は主成分であるパラコートジクロライドなどの含有量が2桁から1桁に抑えられ（38％⇩7％）、さらに添加物として催吐剤が入れられるようになった。また誤飲防止のため薬剤には臭いや着色が義務付けられた。しかしパラコートが毒物であることには変わりなく、致死率は非常に高い。

■悶絶死、治療薬なし

パラコート中毒が厄介なのは、症状を緩和させる治療薬が存在しないところだ。つまり手の施しようがないということだ。パラコート中毒はしばしば悶絶死と表現される。致死量は盃1杯分に相当する10〜15ml。服用後しばらく症状が出ず、神経には影響を与えないため本人の意識ははっきりしている。意識についていえば症状が出てからも同じで、約1週間（それ以上）にわたたって苦しみ抜いた末に死んでゆくそうだ。

他殺は別としてこれを飲んで自殺した者はおそらく農薬と殺虫剤の区別がつかないほどケミカルに関する知識がなかったのだろう。パラコートは確実に《死ねる薬》だが、《なかなか死ねない薬》として憶えておく方が利口だ。

■理想の除草剤

パラコートは樹皮や根は枯らさず葉だけを枯らす。即効性があるが持続性がなく土壌に混ざると不活性化する（土壌汚染とは無縁）。だからこそ散布後すぐに別の作物を植えつけることが可能なのだ。

■パラコートポット

１９７０年代、南米のマリファナ農場にアメリカ政府が組織的にパラコートを散布したことがあった。国内に拡がるマリファナ汚染対策として考え出されたこのパラコートポット（マリファナ）プログラムは当時大論争を巻き起こした。パラコート浸しのマリファナを吸えば間違いなく健康を害するというのが政府の言い分だったが、ある独立機関が研究調査したところパラコートの典型的な症状である肺繊維症とマリファナ吸引は無縁であることが判明した。これは火と反応したパラコートの成分が熱分解してしまうからだ。

今から約20年前、自動販売機の上に置かれていたオロナミンCを飲んだトラック運転手が死亡し、飲み残しのオロナミンCから除草剤パラコートが検出された。この事件は１９８５年４月に広島県で起きたものだが、その後の1年間、パラコートを使った同様の無差別毒殺が全国で頻発した。被害者はいずれも呼吸困難におちいり、1週間から数週間後にほとんどの者が悶絶死した。この事件以後パラコートの濃度は段階を踏むように薄くなり、１９９９年には国内の生産に終止符が打たれた。

■活性酸素による細胞の破壊

パラコート中毒患者のほとんどが肺の機能が損なわれる肺繊維症（パラコート肺）が原因で死んでゆく。パラコートは肺をターゲットにする。その理由は昨今よく耳にするようになった活性酸素と大きく関係がある。活性酸素は酸素の中でも特に酸化力が強い酸素である。酸化とは腐食を意味し、これによって細胞は傷つき、ガンや老化の原因になる。実は環境、喫煙やストレスが活性酸素生成に一役買っている。

活性酸素をつくり出す薬剤として頻繁に引き合いにされるのが消毒剤オキシドールとパラコートだ。傷口からあふれ出るオキシドールの泡は殺菌完了と同時に近隣の細胞も殺したというサインであり、この時に活性酸素ができ上がっている。パラコートはオキシドールとは比べ物にならない量の活性酸素を産出する。植物の細胞はこの活性酸素によって一気に死滅するのだ。

活性酸素が細胞を侵すまでのプロセスはつぎのようになる（下イラスト参照）――

通常酸素は原子の周囲に8個の電子を携えている。電子は二つで一組になっている。活性酸素はこの電子が一つない状態で、電子は近くにある酸素から調達される。電子を1個盗まれた

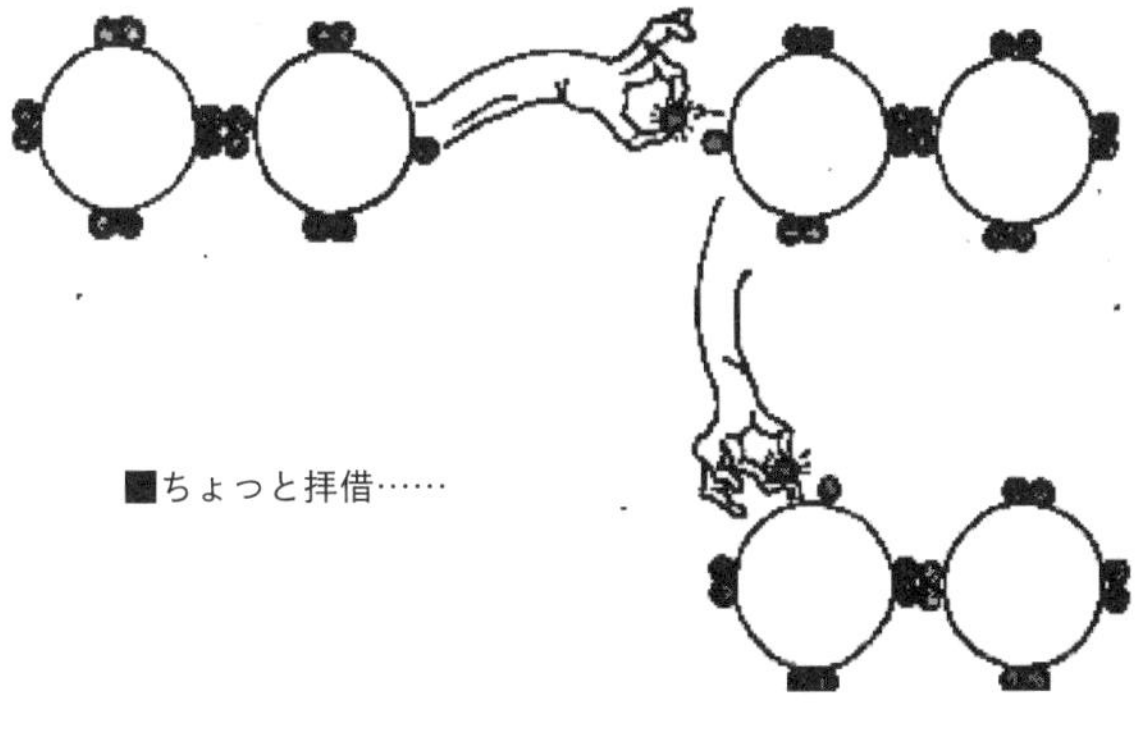

■ちょっと拝借……

別の酸素はまた別の酸素から電子を足りない1個を失敬する――この連鎖は活性酸素が消滅するまでずっと続くのだ。

鉄が錆び、バターや果物が変色するのも酸化によるものだ。すべての物質は酸素と接触すると酸化してしまう。生物も同じで、生命維持に酸素が不可欠である以上、酸化から逃げられない。活性酸素発生の原因は環境、ストレス、化学物質との接触、紫外線、喫煙などが挙げられる。

細胞は酸素を利用しエネルギーを生産、貯蔵、活用している生命の源だ。ある程度の活性酸素は体内にある抗酸化物質によって食い止められているが、それにも限界がある。細胞の酸化は細胞膜やＤＮＡを傷つけ、やがて細胞を死滅させる。パラコートが肺をターゲットにするのは、肺は酸素が最も多く存在する臓器だからだ。

■２００５年4月、製造が中止された《日農グラモキソン１００》がネットオークションに出品され、即刻取り消された――いわばこれは毒物の売買である。

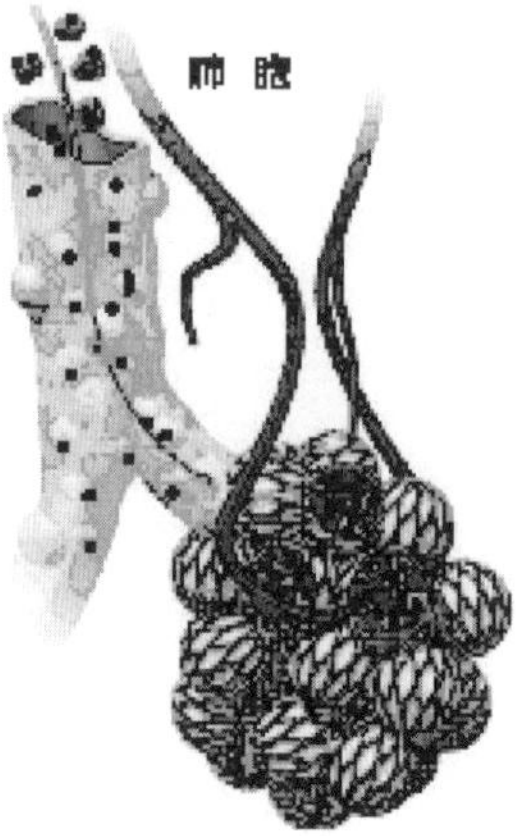

■肺胞を侵すパラコート

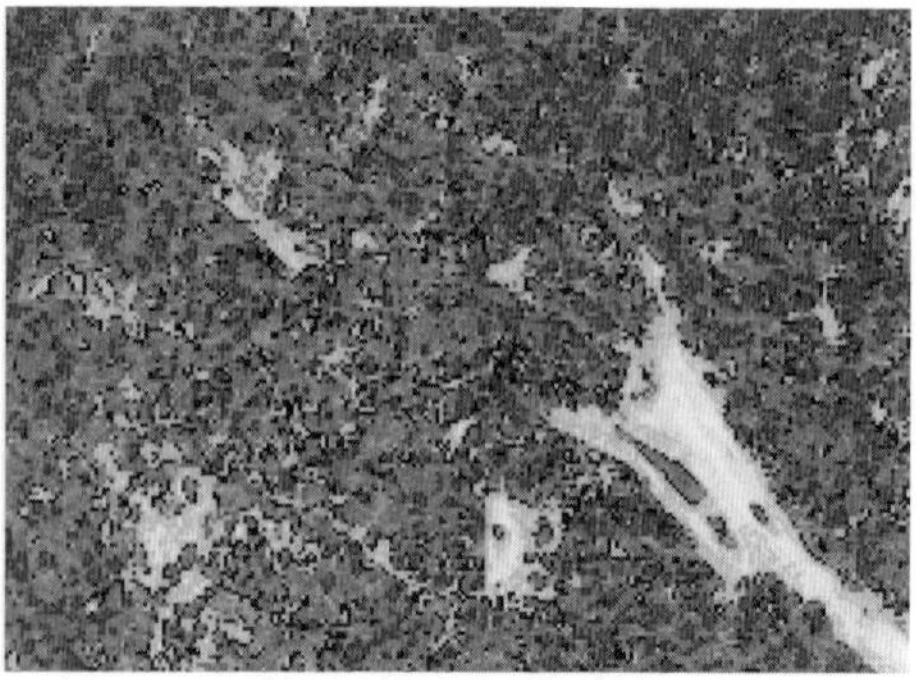
■パラコート中毒患者の肺。肺の組織がスカスカになっている

殺虫剤からサリンまで

1995年に起きた地下鉄サリン事件を知らぬ者はいないだろう。事件から10年が経過した今、サリンが猛毒であることは小学生でも知っている。しかしサリンが農薬の仲間であることは意外に知られていない。

一口に農薬といっても殺虫剤、殺菌剤、除草剤、成長調整剤、殺鼠剤、忌避剤、誘引剤など用途に応じた様々な薬剤がある。サリンの始祖は有機リン酸系殺虫剤だ。ドイツで作られた有機リン酸系の神経ガス・サリンはジャガイモにつく害虫駆除剤の合成中に偶然、生成されたものだ。殺虫剤が虫を殺すメカニズムは人間を殺すメカニズムと同じだ。人間であろうと植物であろうと生物を死に至らしめる原理は一緒である。

この章ではこれまでに砒素、青酸カリ、フグ毒、睡眠薬がどのようにして人体を蝕んでゆくのかを説明してきた。実はそれらの記述はこれから記す神経ガス類のメカニズムを理解するための伏線だったのだ。

地下鉄サリン事件

1995年3月20日午前8時すぎ、東京都内を走る営団地下鉄各線の車両内で無色の液体がぶちまけられた。実行犯である新興宗教団体オウム真理教の信者10名（二人一組で5班に分かれた）は新聞紙にくるんだ液体入りバッグを傘で刺すと、そのまま改札口へと走り去ろうとした。

液体が流れ出した直後、乗客が異変に気づいた。しかし気づいた時点で既に手遅れの状態だ

■サリンがまかれた直後

った。流れ出た液体が神経ガス・サリンだと誰がこの時想像できたであろうか。この事件では12名が死亡し、5510名が重軽傷を負った。生存者の一部は今でも後遺症に苦しめられている。

実は前年6月、長野県松本市で7名が中毒死した松本サリン事件の犠牲者の症状を思い出したある医者の機転がなかったら死者はさらに数百名増えていたといわれている。この事件は大都市で初めて化学兵器が使われたテロ事件として世界中に知れ渡った。

■昆虫になぜ効くのか

殺虫剤（insecticide）の開発の狙いは農作物や人間に被害を与えず害虫だけを死滅させることにあった。しかし昆虫であろうと人間であろうと生物の構造は基本的には一緒だ。なので、技術的ハードルはかなり高かった。

ガスで攻撃された場合、動物ならば体内への侵入口は口鼻ということになる。昆虫はどうか——人間のように口鼻というわけにはいかない。昆虫は口鼻のかわりに気門という器官がありそこで二酸化炭素の排出と、酸素の摂取（ガス交換）をおこなっている。

ボパールの大惨事

昆虫にだけに効いて人間に無害などという都合のよい化学物質は存在しない。1984年、インドのボパールで起きた毒ガス流出事故は大きな犠牲と引き換えにそのことを教えてくれた。

インドのボパールにあるユニオンカーバイド社の化学工場で深夜、施設内のタンクから殺虫剤の原料であるイソチアン酸メチルが2時間に渡って40ｔ近くも漏出した。ガスは周辺の貧民街に流れ込み一晩で3800人以上が死亡し、17万人が負傷した。別の報道によれば2日で8

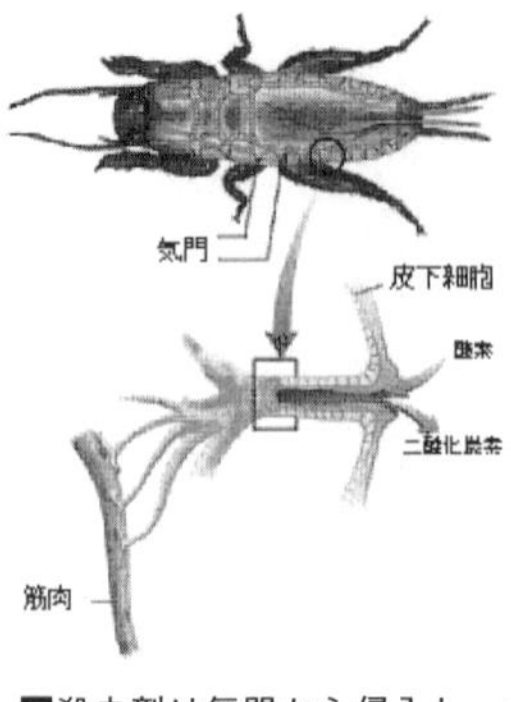

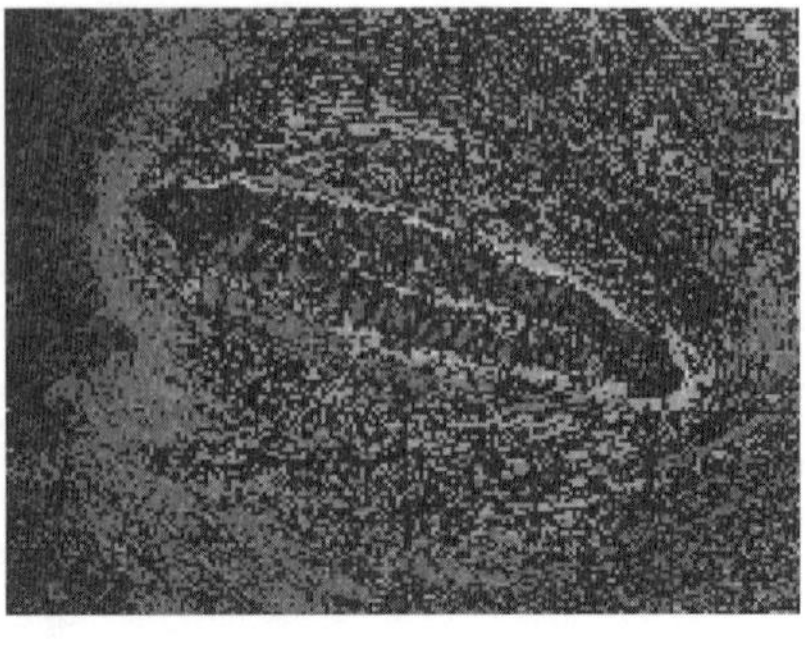

■殺虫剤は気門から侵入し、全身の細胞に届けられる。昆虫になったつもりでイメージして欲しい——追いつめられ、ジェット噴射で神経ガスを吹きつけられるのを

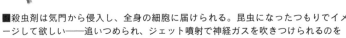

000人が死亡し、後に2万人あまりが中毒死、何らかの後遺症が出たのは50万人以上といわれている。アメリカの大手化学メーカー、ユニオンカーバイド社はこの事故の直後、別の化学メーカーに売却され、事故の補償は今でもおこなわれている。

人間と昆虫は体の構造が違うといわれているが、これは眉唾だ。ボパールの事故や自殺、他殺で多くの人間の命を奪ってきたではないか。殺虫剤は人間にも《効く》のだ。

■殺虫剤とは

殺虫剤は昆虫（生物）の神経系をターゲットにしている。種類としては大まかに三つに分けることができる。

- **ＤＤＴ類似有機塩素殺虫剤**
- **脂環式有機塩素系殺虫剤**
- **有機リン酸系殺虫剤**

細胞同士の興奮の伝達は細胞膜にあるナトリウムイオンチャンネルが開き、細胞の外側にあるナトリウムイオンが細胞内部に入り込むことでおこなわれる。まずＤＤＴ類似有機塩素殺虫剤（商品名スミスリン、バウダー）だが、これはサソリ毒と同じ作用をする。つまり細胞膜のナトリウムイオンチャンネルのゲートを開きっぱなしにしてニューロンを興奮した状態にさせ、《細胞の痙攣》を起こさせる。

次に脂環式有機塩素系殺虫剤（マリックス、チオダン）は睡眠薬のところで登場した神経反応を抑制するＧＡＢＡ受容体を攻撃し神経を過剰反応状態に導き、痙攣を引き起こす。

■1984年インドのボパールでは40tもの猛毒ガスが周囲の町に漏出した

■有機リン酸系殺虫剤　コリンエストラーゼの阻害

有機リン酸系殺虫剤は前二者に比べはるかにリーサルだ。

サリンの始祖、有機リン酸系殺虫剤といえばわが国ではパラチオンやマラチオンの名で流通していた。表現が過去形になっているのは、現在では製造中止になったからだ。これらの殺虫剤は農薬に対する規制がゆるかった一昔前の日本では自殺、他殺に頻繁に使われていた。わが国では、パラチオンは１９６８年に製造が中止、４年後に発売と使用の両方が禁止された。東南アジアの国々では今でもこれらを使った服毒自殺が絶えない。

有機リン酸系殺虫剤は、ドイツのバイエル社によって１９４０年代に開発された。生物の神経伝達機能を不能にさせるという画期的な薬剤であった。パラチオンに代表される初期の殺虫剤は、虫はもちろん人に対しての毒性が極めて高かった。致死量は１００～３００㎎。日本で起きた有機リン酸系農薬を使った殺人事件といえば２００５年４月に再審開始が決定した三重県で起きた名張毒ぶどう酒事件（１９６１年）が有名だ。この事件ではニッカリンという有機リン酸系農薬が使われ５名が死亡した。

コリンエストラーゼの阻害

有機リン酸系殺虫剤の殺虫メカニズムは《コリンエストラーゼの阻害》である。カーバイド系殺虫剤（デナポン、バッサ）も効果としては同じだ。同じ有機リン酸系の殺菌剤は砒素と同じくミトコンドリアをターゲットにしＡＴＰ（アデノシン三燐酸）の生産を阻害する。

有機リン酸系殺虫剤は以下のような作用を及ぼす。次ページイラストはニューロン末端と筋肉細胞の様子を表している。下イラストの通りニューロン末端と筋肉細胞は直接触れておらず、この間隙をシナプスと呼ぶ。興奮の伝達はイオンやその他の神経伝達物質質によっておこなわ

■タイ女学生集団自殺

タイでは救助もむなしくビルから飛び降りた女性の映像が連日放映されて以来、これに影響を受けたと見られる自殺が相次いだ――約１年後の１９９８年12月４日、13歳、14歳の女学生５名が給食の後、校内トイレで集団自殺を図った。第一発見者は担任教師で彼女らは有機リン酸系殺虫剤を飲んでいた。

全員病院に担ぎ込まれ一命は取り留めたようだが、生き延びたとしても神経系統のダメージは甚大なもので残りの人生はメチャクチャなものになるだろう。タイの医者らは口を揃えてこういう――殺虫剤自殺を図ったら助かるより死んだほうがマシだ、と。

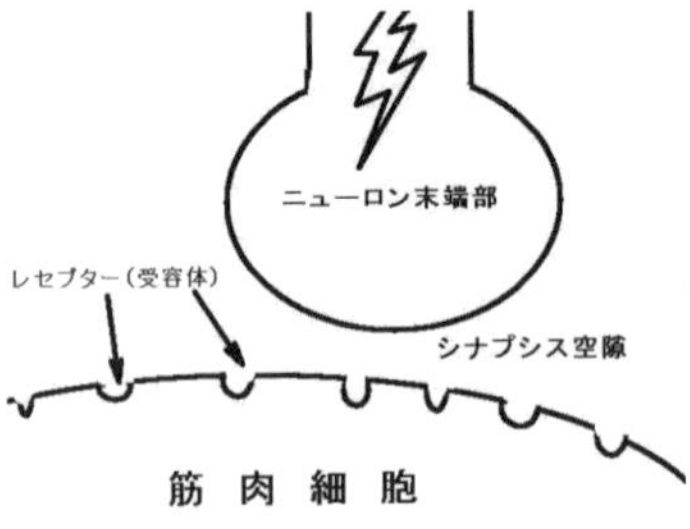

■ニューロン末端に脳からの信号が伝わってきた――

■ニューロンから筋肉細胞への通常の神経伝達

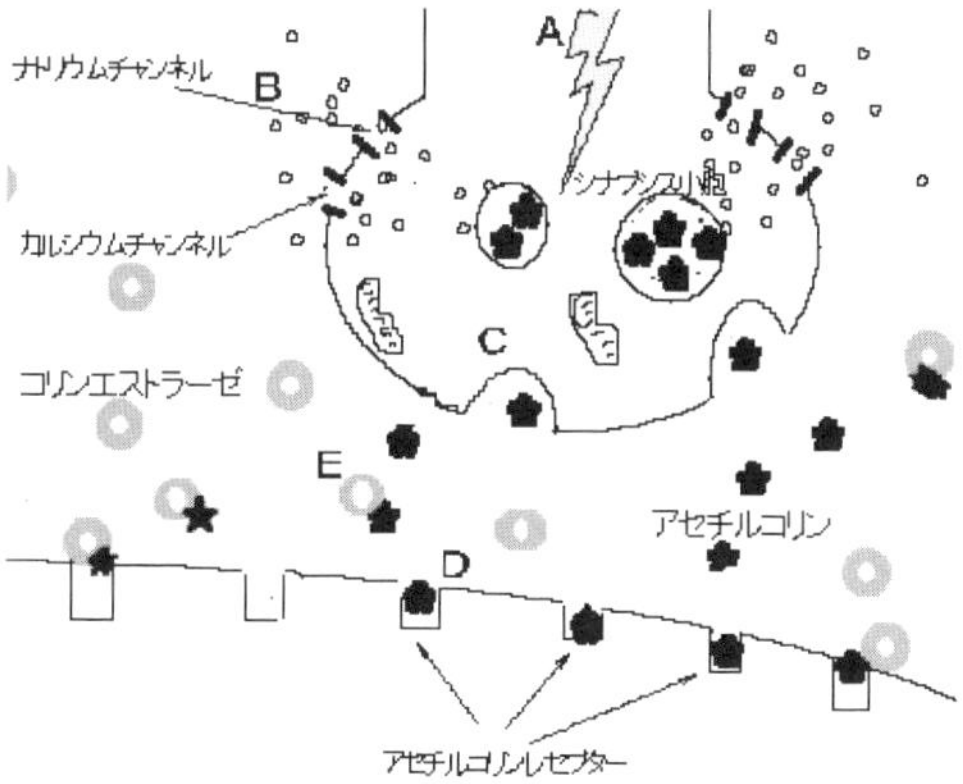

A：まず、ニューロンの軸索から末端に向かって興奮が伝わる。興奮は脳からのメッセージであり、ここでのメッセージは「足を動かせ」と仮定する

B：細胞膜のナトリウムチャンネルが開き、ナトリウムイオンが細胞内に流入する。この時同時にカルシウムチャンネルも開き、カルシウムイオンも流入し始める。カルシウムチャンネルは筋肉の収縮を制御する働きをする。カルシウムイオンの流入量はナトリウムイオンに比べれば少ない。
　細胞内にシナプス小胞が形成される。小胞内にあるのはアセチルコリンといって、これが神経伝達物質となる。

C：ニューロン末端から筋肉細胞に向かってアセチルコリンが放出される

D：アセチルコリンは自分が納まるべき場所である、筋肉細胞の細胞膜にあるアセチルコリンレセプターにピタリとはまる。これによって筋肉に興奮が伝わる。「足を動かせ」のメッセージが伝わった

E：アセチルコリン分解酵素であるコリンエストラーゼがレセプターにはまったアセチルコリンを剥がしにくる。アセチルコリンが分解されることで「足を動かせ」のメッセージが消去される。この後、メッセージを受けた筋肉細胞の細胞膜にあるナトリウムイオンチャンネルが開き、ナトリウムイオンが流入し電位が生じて筋肉が動く

■有機リン酸系物質によるコリンエストラーゼの阻害

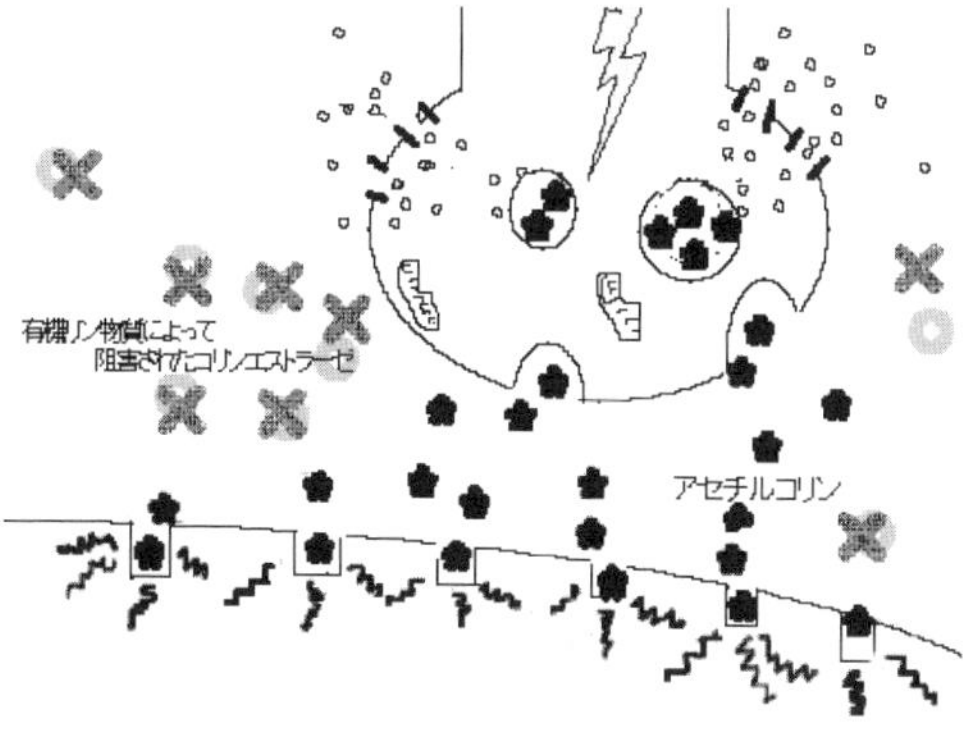

　以後の状態――
　レセプターに収まったアセチルコリンは脳からのメッセージ「足を動かせ」を筋肉細胞へ伝えた。ところが肝心のコリンエストラーゼが有機リン酸系物質に拘束されてしまった！　するとどうなるか――消去されない同じメッセージが次から次へと送り込まれることで《細胞の痙攣》が始まる。まず運動神経が、つぎに中枢神経が異常をきたす。痙攣は全身に及び、ついには呼吸筋も痙攣し酸素を取り込むことができず死亡する

れる。

■解毒剤PAM

有機リン酸系中毒の解毒剤は硝酸アストロピンかプラリドキシムヨウ化メチル（PAM）が有効だ。ご想像通りこれらの解毒剤にはコリンエストラーゼに獲りついた有機リン酸を引き剥がす効果がある。オウム真理教の実行犯もサリンを撒く直前に教団科学者からPAMを渡されていた。地下鉄サリン事件では、救助隊員や病院関係者は当初、どんな化学物質による中毒なのか判断しかねていた。患者の様態は悪化の一途をたどり、現場はパニック寸前であった。こうした中、松本サリン事件の犠牲者の治療にあたったある医者から助言があった――サリン中毒の可能性あり！　患者すべてに急遽、PAMが投与された結果、600人以上の命が救われた。

ケミカルウェポン

ケミカル（化学薬品）、バイオロジカル（生物細菌）、ニュークリア（核）の三つの大量破壊兵器の中で最もテロリストが手を出しやすいのがオウム真理教が手本を見せたケミカルウェポンだ。大掛かりな設備がなくとも薬品や製造、取扱い、貯蔵に関する情報さえ手に入れば容易に入手可能だといわれている。ケミカルウェポンが貧者の核兵器と蔑まれる所以はここにある。これまでに使用されたケミカルウェポンは5種類ある――

・無力化剤

・ホスゲン

■ガスマスク、アンチケミカルスーツで完全防護。デコンタミネイション（汚染除去）も容易ではない

■ミサイルの弾頭に収められた化学兵器のカプセル

・ブリスターガス
・青酸ガス
・神経ガス

無力化剤といえばモスクワの劇場占拠事件で使われたとされるＢＺガスがその代表だ。クロロアセトフェノンやＣＮもこの仲間に入る。軍用というよりも急激な咳き込みと嘔吐促進で暴徒鎮圧用として使用された。

塩化カルボニルやホスゲンは吸器系を狙う毒ガスだ。肺の粘膜を膨張させ液体を滲出させることで《肺胞を水浸し状態》にさせ窒息に導く（肺水腫）。一命を取り留めたとしても犠牲者は一生、肺に重い障害を抱えることになる。

ブリスターガスというのは皮膚に大きな水泡をつくり、それが破れることで真皮を剥き出しにさせ感染を起こしやすくさせるガスだ。眼球などの粘膜、赤血球、気管支にもダメージを与える。マスタードガスがこれにあたり、１９８０年代におこなわれたイラン・イラク戦争で使われた。

青酸ガスとはシアン化水素、塩化シアン（クロロシアン）のことを指す。肺から吸入し血液に送り込まれ細胞内のミトコンドリアを攻撃しアデノシン三燐酸の生産を阻害し、各種臓器の機能を停止させる。

神経ガスはG系剤、V系剤の2種類に分けられる。G系剤は一過性のもので人体の侵入経路は吸引だ。一方のV系剤は皮膚接触によって人体に侵入し効果が長く続くのが特徴だ。G系ではタブン、ソマン、サリンが有名だ。V系といえばＶＸガスだ。神経ガスが人体に侵入すると瞳孔が縮むので、視界が悪くなり、涙が止まらなくなる。吐き気、めまい、痙攣、昏睡、呼吸筋の痙攣によって酸素摂取ができなくなり絶命する。液体の状態ならば数滴が皮膚についただ

■イラン・イラク戦争
１９８０年9月から１９８８年8月まで続いた戦争で、当時のそれぞれの国の主導者はイランがホメイニ師、イラクがフセイン大統領だった。イラクによるイランへの侵攻が端緒で、両国が国連の停戦決議を受諾して一応の解決を見た。この戦争でイラク軍はイラン軍に対して化学兵器を使用した。

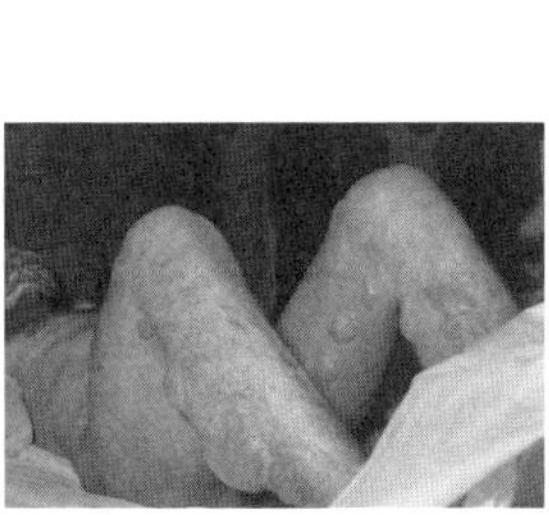
■マスタードガスの犠牲者。今にも破れそうなブリスター（水疱）

■1988年3月16日、フセイン政権から敵と見なされたクルド系イラク人5000名に対してケミカルウェポンが使用された

けで死亡する。ケミカルの知識があれば、G系剤を製造することは容易だ。タブンは青酸化合物のようなアーモンド臭を放つ無色透明の液体でジメチルアミン、シアン化ナトリウム、塩化ホスホリルの3つの比較的入手可能な薬剤から合成される。

テロリストが製造に成功すれば後はそれをどう使うかである。オウム真理教はプラスティックバッグに入れたサリンを傘の先で刺し、液体を気化させる方法を採ったが、もしエアゾールなどで噴霧拡散されたら死者の数は3桁になったはずだ。

検証　CBRウェポン

前掲のケミカルウェポンは別名CBRウェポンともいう。Cは化学（chemical）、Bは生物（biological）、Rは放射能（radiological）の頭文字をとったものだ。CBRウェポンの特徴は、目で見ることができない、現場で症状がなくとも曝露したかもしれないという二大恐怖を無差別に植えつけるところにある。

CBRウェポンのうちCウェポンは即効性があり、しかも拡散性が高いのが特徴だ。BRウェポンは遅効性といってジワジワと効果を表すものが多い。三者に共通しているのは1）拡散は目で確認できない、2）比較的少量でも甚大な被害を及ぼす、3）放って置くだけで広範囲に影響を与える、4）爆弾と違い一度放散すれば効果はしばらく続く（数時間から数ヶ月）、5）口鼻、皮膚、粘膜から人体に侵入する、という点だ。

100％とはいえないがCBRウェポンから身を守るには1）曝露時間、2）距離、3）隔離の三つを心掛けておくことが大切だ。不穏な臭気や蒸気や煙を見たらすぐにその場から逃げることだ。犠牲者を介抱することで自分が曝露してしまう恐れが高い。地下鉄や電車内などが攻撃されたら、開放するのではなく（乗客を避難させた後は）ドアを閉め空調などを停止させ危険エリアを隔絶させるほうがよい。

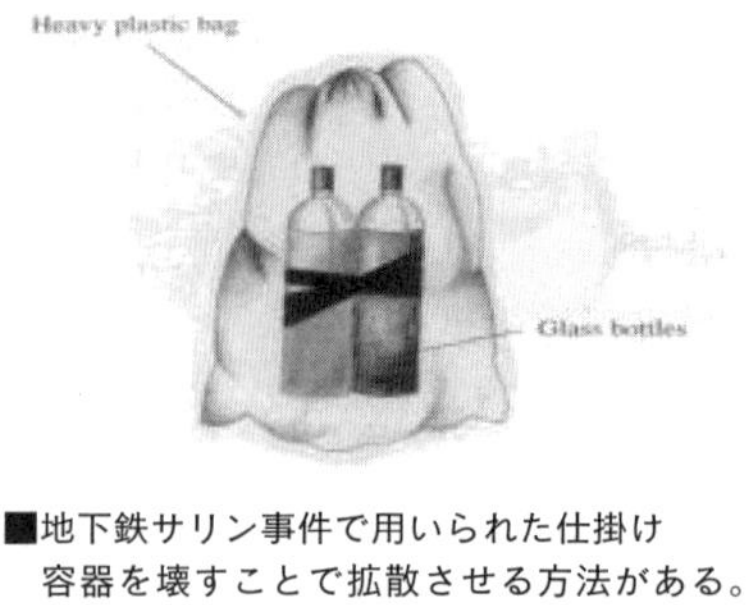

■地下鉄サリン事件で用いられた仕掛け
容器を壊すことで拡散させる方法がある。電球、風船、プラスティック容器、ペットボトルなど。CBRテロでは容器を対象に向かって直接投げつける、スイッチを入れた途端に電球が破裂する、などの方法が採られた。

■神経ガスに曝されるとまず息苦しさを覚え、つぎに猛烈な咳き込み、吐き気と目眩、そして瞳孔が狭まるので視界が暗くなる。サリン事件当日、別の車両に乗っていたあるサラリーマンは職場の照明が異常に《暗い》ことに気がついた——気づかぬうちにサリンに曝露していたのだ。

筋弛緩剤

筋肉（骨格筋）を弛緩させる筋弛緩剤は手術などの重大な医療行為の際に患者が動かないようにする目的で使われる。反射筋のちょっとした反応が手術を台無しにし、患者の生命をも脅かすかもしれないのだ。

筋弛緩剤は投薬量を間違えれば呼吸筋や横隔膜（腹腔と胸腔とを境とする筋肉性の膜）も弛緩させてしまうので人工呼吸器の併用が欠かせない。

２００１年1月宮城県仙台市にあるクリニックで筋弛緩剤投与による殺人・殺人未遂事件が起きた。1件の殺人事件と4件の殺人未遂で容疑者となった准看護士の男は犯行を否認しているが、彼が当直の時に限って入院患者の急変が目立ったことは間違いのない事実だった。クリニックでは男が関与したとされる事件とは別に、2年前から入院患者20名が急遽重体になり、うち10名が死亡するという異常な事態が続いていた。

筋弛緩剤は薬物処刑の第2薬としても採用されている致死薬だ（本章「処刑に見るケミカル薬物処刑」参照）。筋弛緩剤はまず指や眼球といった末端、細い筋肉に影響を及ぼし、つぎに手足の筋肉を不能にする。当然薬量が多ければ呼吸筋にも及び、放っておけば呼吸が止まり死亡（窒息死）する。

筋弛緩剤には2種類ある——

- **競合型筋弛緩剤**
- **脱分極型筋弛緩剤**

■矢毒クラーレ

南米アマゾンの狩猟民族が使っている矢毒クラーレは筋弛緩剤そのものである。レセプターが偽のアセチルコリンに乗っ取られることから競合型筋弛緩剤ということになる。クラーレはツヅラフジ科、フジウツギ科の植物の樹皮から抽出され、この矢で射られた獲物はじょじょに体が動かなくなり（骨格筋弛緩）、やがて呼吸も止まり（呼吸筋弛緩）絶命する。クラーレ（Curare）はラテン語で面倒を見る、世話をするという意味があり、英語のCure（手当てをする）はここから派生したものだ。

■クラーレは筒に入れられ、矢先に浸して使用される

競合型筋弛緩剤

競合型として有名なのが臭化ベクロニウム、臭化パンクロニウム、塩化ツボクラリンだ。何に対して競合するかというと——有機リン酸系殺虫剤のところで登場した神経伝達物質アセチルコリンだ。

臭化ベクロニウムは仙台のクリニック殺人事件にも使われた筋弛緩剤で、その作用は《アセチルコリンレセプターの乗っ取り》といえる。このタイプの筋弛緩剤はシナプス小胞から放出される神経伝達物質アセチルコリンによく似ている。この《偽アセチルコリン》は下イラストのように本物のアセチルコリンが本来収まるべき場所（レセプター）に先回りして、これを乗っ取ってしまう。本物のアセチルコリンは行き場をなくすというわけだ。こうなると筋肉細胞に興奮が伝達されず筋肉は弛緩してしまう。

脱分極型筋弛緩剤

脱分極型筋弛緩剤として有名なのが塩化スキサメトニウムだ。この種の筋弛緩剤は擬似アセチルコリンとなって本物と競合するのではなく、アセチルコリンがレセプターに格納された後の信号伝達を妨げてしまうのだ。アセチルコリンがレセプターに格納された後の状態を次ページ下のイラストで説明する。

A：アセチルコリンを受け取ったレセプターは同じく細胞膜にあるイオンチャンネルのゲートオープンのスイッチを入れる。

B：ナトリウムイオンチャンネルのゲートが開きナトリウムイオンが細胞内部に流入し、細胞

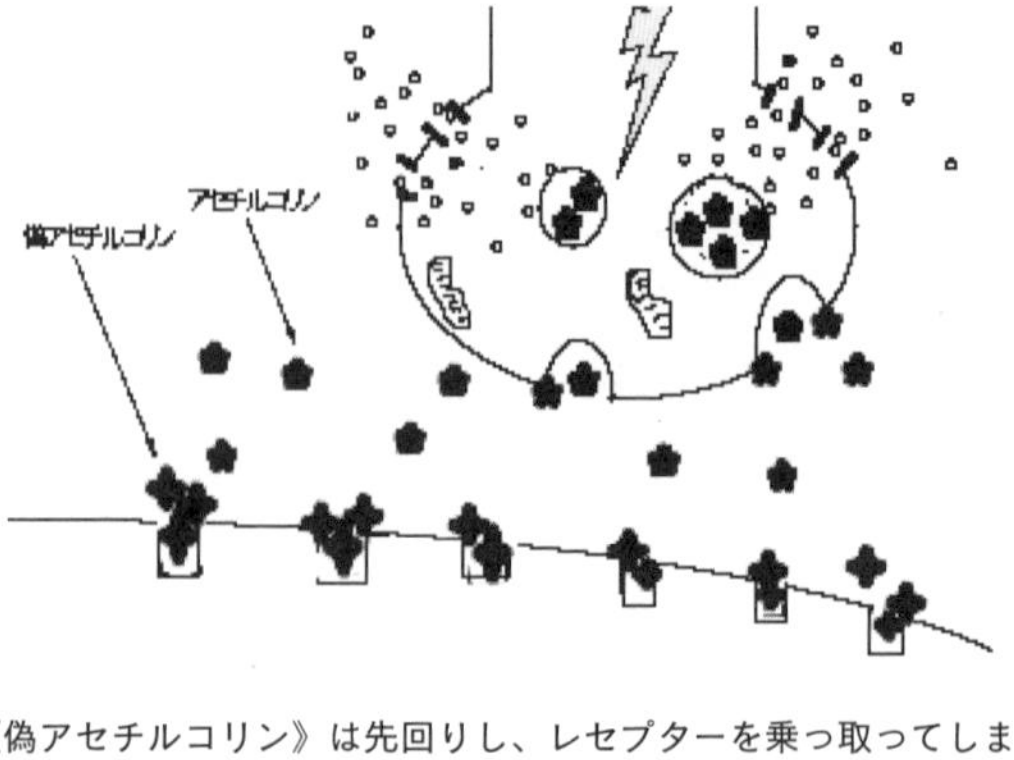

■《偽アセチルコリン》は先回りし、レセプターを乗っ取ってしまう

外部との間に電位差が生じ細胞が反応する。このときに発生する電流は終板電位と呼ばれ、これが筋肉を動かしている。

ここまでが正常な神経伝達のプロセスだ。ところが脱分極型筋弛緩剤スキサメトニウムを投与されるとイオンチャンネルがゲートオープンした後の活動電位発生の《閾値》が上がってしまうのだ。簡単にいえば通常は数値5でゲートオープンなのが数値12に設定変更されてしまうということだ。結果、信号は伝わらず筋肉は弛緩する。

■その他の筋弛緩剤

筋弛緩剤には競合型、脱分極型の他にA型ボツリヌス毒素剤というものがあり、これはニューロン末端からのアセチルコリンの放出を妨害してしまう作用がある。ボツリヌス毒素といえば食中毒を引き起こすことで悪名高いが、美容業界ではこんな使われ方をしている。皺ができる最大の原因は顔の筋肉が動くからである。ならば筋肉を弛緩させれば皺はできない――この理論から顔面へのA型ボツリヌスの局所注入がおこなわれている。この他に脳卒中後の機能回復、眼瞼痙攣の治療薬としても使われている。

■ボツリヌス毒素を直接額に注入する

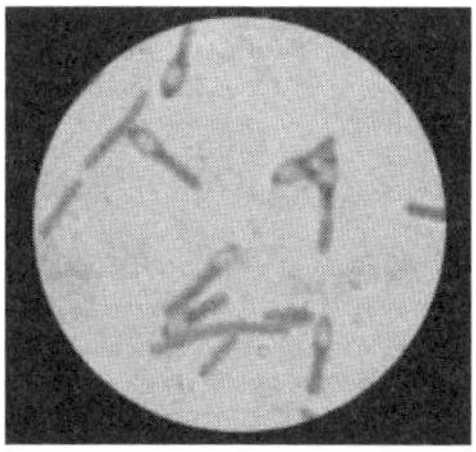

■ボツリヌス毒素

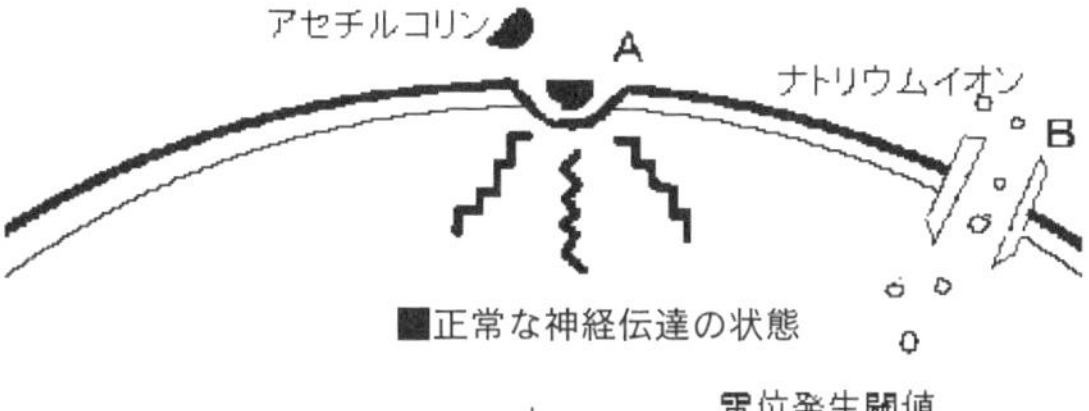

■正常な神経伝達の状態

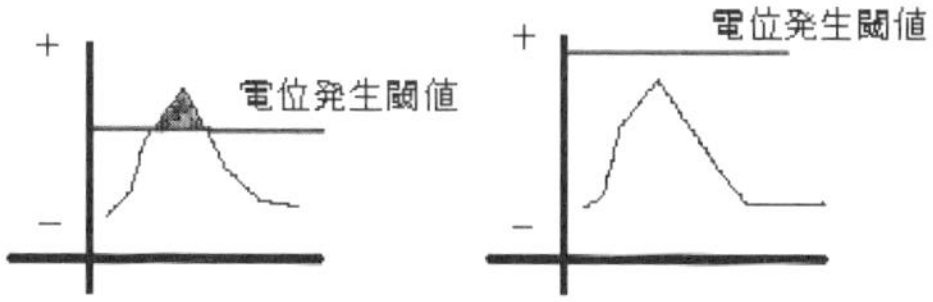

■閾値が上がれば筋肉は当然動かない

5章
焼死と焼殺

炎という凶器

２００３年度のアメリカの総殺人犠牲者数1万４４０８名のうち１６３名が火を放たれて殺された。この数字はパーセンテージで表すと約１・３％になる。事件の背景を検証すると直接人体に火を放ったのではなく家屋や車両に火を放つ行為、いわゆる放火（arson）によって人の命が奪われた。

明らかに生きている人間に対して火を放つ、または自殺手段として自ら火を放つ者（焼身自殺）の心境は理解しがたい。ガソリンやケロシンを頭から被るという動作（もしくは浴びさせるという動作）は根気と手間がかかる作業だ。この行為は衝動や突発によっておこされるものではない。ガソリンを購入する、容器に移し替える、場所を選定するという準備がいるのだ。したがって焼身自殺には自殺者の確固たる殺意と揺るぎない自殺意志を汲み取ることができる。

死んでいる人間に火を放つ――もちろん火葬のことではない。遺体焼却は証拠隠滅の手段として水中投棄と同じくらいにおこなわれている（ようだ）。多くは目的が遂行される前に阻止されている。人気のない山野とはいえ、場違いな煙や火の手は第三者の注意を引きつけてあまりある。焼けるまで我慢できない――焼く側の忍耐不足も大きな原因だ。ライターオイルをまんべんなくふりかけたのに思った以上に燃えなかったと、犯人は落胆しきりだ。彼は、着火と燃焼という化学反応に対してあまりに知識が乏しすぎた。ロケーションが孤島でもない限り燃焼の法則を知っていれば遺体焼却など端から思いつかないはずだ。

■炎と殺戮兵器

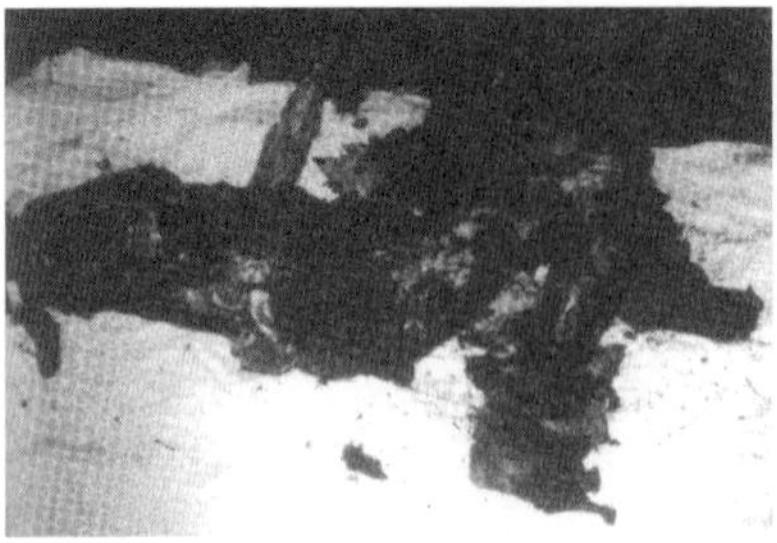

■燃え上がった車中から女性の焼死体が発見された。遺体は鎖に巻かれハッチバックの後部スペースに入れられていた。下着が下ろされていたことからレイプ殺人として捜査が進められた。現場から少し離れた場所で見つかった5ガロン入りポリタンクは女性が購入したもので、同じものを手にし、灯油を買う姿がガソリンスタンドのビデオに映っていた。最終判定は自殺

進化の途中で人間は火をコントロールできるようになった。しかし不意に発生する火焔に対しては多くの生き物がそうであるように本能的にこれを恐れ、忌避する。

燃え盛る炎や爆燃とともに上がる火球のイメージは戦場においても効果的に使われている。威力もさることながら火焔を使った兵器は敵兵の士気を挫くなど心理的なダメージを狙ったものが多い。ＷＷⅠ、ＷＷⅡ（第1、2次世界大戦）では火炎放射器が、ヴェトナム戦争ではナパーム爆弾が、湾岸戦争、イラク戦争では燃料気化爆弾やデイジーカッターが登場した。

■火炎放射器（flame thrower）

ビザンチン火薬（後述に詳細）以降、火焔を初めて兵器として採用したのはＷＷⅠのドイツ軍とイギリス軍だったが、本格的に兵器として実戦に投入されたのはＷＷⅡ以降になってからだ。

アメリカ陸軍と海軍は火炎放射器を三つのタイプ（バックパックタイプ、ポータブルタイプ、車両搭載タイプ）で開発した。このうち車両搭載タイプはもっぱらタンクに搭載された。バックパックタイプで有名な１９４２年に正式採用されたＭ１火炎放射器は、火焔飛距離が約45ｍ、18リットルガソリンタンクで2秒間隔に5回の噴出を可能にしていた。着火は電気着火方式であったが機能しないことが多くオペレーターはジッポーで着火していた。１９４３年に投入されたＭ１Ａ１はガソリンの代わりにナパーム（ガソリンをゼリー状にする濃化剤）燃料を採用した。オペレーターは予備タンクを携帯しなければならなかったが後継機にあたるＭ２－２ではタンクの入れ換えを自動でおこなうリボルビングシリンダー方式になった。

火炎放射器は対人ではなく障害物の燃焼に使われていた。ドキュメンタリー映像を見ると塹壕やトーチカに向かって火焔を浴びせかけているが、これは高温攻撃というよりも燃焼によっ

■火と人間
太古の人類は落雷がもたらす森林火災や火山の噴火に伴う溶岩に対して畏怖の念を抱いていた。人類が初めて手にした最初の火は火勢の弱まったこれらを持ち帰ったものであったはずだ。やがて乾いたもの同士をこすり合わせる摩擦という行為から火を得ることを学んだ。北京原人の遺跡から火を使って何か作業をしていたことが判明したことから、人類が火を利用したのは今から約50万年前だといわれている。

■火の正体
その昔、火は光素、燃素、熱素の三要素から構成されていると信じられていた。意外なことに酸素の存在と燃焼の謎が解明されたのは18世紀になってからだ。

■ＷＷⅡで実戦投入された火炎放射器。これを初めて有効に使いこなしたのはアメリカ軍だ

て周囲の酸素を奪い、中にいる人間を窒息死させる効果を狙っていた。

1）WWⅡにおける火炎放射器

当時アメリカ軍は兵器としての可能性は認めていたもののヨーロッパの戦線ではほとんど出番がなかった。終戦間近、沖縄に上陸したアメリカ軍は抵抗を続ける日本兵にてこずっていた。トーチカや洞窟に逃げ込んだ兵士を排除するのに火炎放射器はうってつけであった。前掲のM2－2は1部隊に1台があてがわれていたが、後にM4シャーマンタンクに搭載されるようになっていった。

2）ヴェトナム戦争における火炎放射器

火炎放射器はヴェトナム戦争でも活躍した。沖縄戦と同じくトンネルを使った攻撃を仕掛ける敵を炙り出したり、建物や森林を焼き払うのに使われた。しかしM202A1ロケットランチャー焼夷弾の普及で次第に姿を消していった。

3）火炎放射器の構成

WWⅠ時代の火炎放射器は据え置き型がほとんどであったがWWⅡになり機動力に優れたバックパック式がこれに取って代った。

バックパックは通常三つのタンクで構成されている。左右二つの燃料タンクには可燃性の液体（燃料）が納められている。燃料は上部にあるスクリューキャップから充填する。中央タンクにはブタンのような可燃性ガスが入っている。レギュレーターを経由し燃料タンクに繋がったコネクターチューブにこのガスが送り込まれる。チューブは二つあり、チューブAはガンの部分のイグニッションシステムに、チューブBは燃料タンクに繋がっている。圧縮されたガス

■タンク搭載型の火炎放射器。威力、容量はポータブルタイプの比ではない

■ヴェトナム戦争でも底力を発揮した

はタンクから燃料を送り出し銃の部分とタンクを繋いでいるメインホースに一時的に溜められる。

銃の部分のハウジング内部には長いロッドが一本通っており、その後端にバルブが取り付けられている。ハウジングの後部にあるスプリングがロッドを前方に押し込むと準備完了となる。着火システムは、初期のもので電熱コイル式を採用。コイルを熱して着火していた。

4）火炎放射器の原型

火炎放射器の原型は10世紀、ビザンチン（東ローマ）帝国時代に見つけることができる。門外不出の製法で作られた秘密兵器、ビザンチン火薬（別名ギリシャ火薬・ギリシャ火）はシリア系キリスト教徒が発明したと伝えられている。仕組みは現代の火炎放射器と同様、ホースから噴出した液体に着火し、火炎を発射するというものだ。軍艦に搭載された貯蔵槽から《魔法

■WWⅡで活躍した火炎放射器

■ビザンチン火薬。実害よりも《燃え盛る海》に恐れおののいた

の液体》をポンプアップし真鍮製のチューブに送り込んだとされる。着火は先細りになったチューブ先端でおこなわれ、火は海水に触れても消えることはなかった。察するに、この液体の正体は硫黄、酸化カルシウム、石油の混合液であったと考えられている。当時、ビザンチン海軍は敵軍であるイスラム海軍の猛攻によって存亡の危機にあったが、ビザンチン火薬のお陰で反撃を可能とした。燃え上がる海——当時の常識ではありえない現象にイスラム海軍は恐れおののいたという。

前述したようにビザンチン火薬に関する文献は一切残されていない。敵側にとってこのビザンチン火薬は大変な脅威であったことは想像に難くない。兵器としてのビザンチン火薬の座を奪っていったのは発見から1000年以上に渡りなおも使われ続けている黒色火薬だ。

■黒色火薬
主成分は硝酸カリウム、木炭、硫黄。火炎、打撃、摩擦に敏感ではあるが吸湿性が低く、自然分解の恐れがないため長期の貯蔵が可能である。硝酸カリウムが酸化剤の役目をする。

■ナパーム爆弾

ナパーム爆弾とはヴェトナム戦争で本格的に使われたゲル化したガソリンやジェット燃料を主成分としたゲル化油脂焼夷弾のこと。燃焼温度は900〜1300度。肌や衣服に粘着し容易に消火することができない。

1967年、ヴェトナムの市民病院でまとめられたナパーム火傷に関するデータ。当時の医療スタッフは治癒までのプロセスを4段階に分けた。第1段階が3〜4日、第2段階が30〜40日、第3段階が40日〜瘡蓋（かさぶた）ができるまでとし、第4段階が瘡蓋が治癒した状態（ケロイドになる）までだ。患者の60％が第3段階で死亡する。第4段階に移行するのは10〜15％程度だ。

犠牲者は即死を除き、1時間半以内に着弾地点付近で死亡するのが35％、感染症、熱傷性ショックから55％が死亡した。高度な医療処置を必要としたのは15％だ。

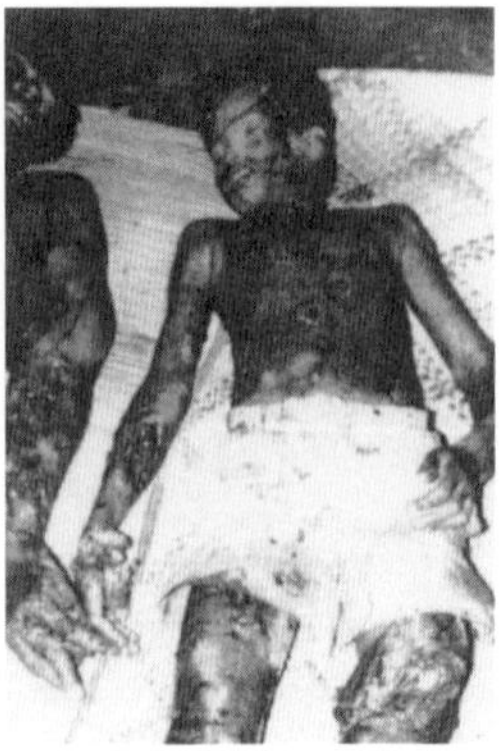
■ナパームの犠牲者

一説では犠牲者の生存率は5％を下回るといわれている。これはナパーム火傷以外の要因を想定してのことだ。ナパーム弾は炸裂すると高熱だけではなく、有毒物質を多量に含んだ黒煙とナパーム雲を生じさせ視神経や呼吸器系にも大きな障害を与える。火焔地獄が与える精神的ダメージも計り知れない。

＊＊＊＊＊

国際法に基づきナパーム弾の使用は禁止されているはずだった。しかしイラク戦争でもナパーム弾による攻撃がおこなわれた。この告発に対してペンタゴンは、２００１年4月4日付けですべてのナパーム兵器の在庫を廃棄したと反論した。しかし現地にいた兵士ならばナパームが放つ独特な臭気に気づかないわけがない。

ペンタゴンはナパーム弾が持つ心理的効果を見逃さなかった。１９８０年、国連はナパーム弾を使った民間攻撃を禁じたもののアメリカはこの条約にサインをしなかった。２００３年3、4月におこなわれたバグダット攻撃では従来のガソリンではなくケロシン（灯油）を主成分にした新型ナパームが使われた。

敵側に与える心理的なダメージが大きいことから軍の上層部にはナパーム信奉者が多く、先の告発に対しペンタゴンはバグダットで使用したのは、１９４２年に開発されたオリジナルナパームではなく《マーク77・ファイヤーボム》と言い張った。このナパーム弾と同等の破壊力を持つ新型爆弾はジェット燃料とポリエチレンジェルで作られており、《環境に優しい》らしい。

＊＊＊＊＊

■ナパーム臭
映画「地獄の黙示録」の中でベトコンが潜むジャングルを空爆するよう指示を出したキルゴア中佐はこういった。
おれは朝のナパームの匂いが好きだ――勝利の香りだ

■マーク77ファイヤーボムとイラクでの爆撃地点
重さ230㎏。キャニスター（容器）は初期のナパーム弾を髣髴とさせる薄型のものだ。ジェル状のポリスチレン混合剤が44ポンド、ジェット燃料63ガロンが収められている。イラクではF／A18ホーネットや、AV8ハリヤーに搭載された。爆弾にはフィン（尾翼）がなく、着地するとゴロゴロと転がることで焼夷剤を撒き散らす。

■燃料気化爆弾

8章に後述するが一般にいわれるところの爆弾、つまり榴弾は破片効果を狙ったものだ。破片ではなく爆弾に仕掛けられた燃料そのものが爆発的に燃焼する力（爆燃効果）を利用したのが燃料気化爆弾だ（ＦＡＥ：fuel/air explosives）だ。高温（サーモ）と高圧力（バロ）を生み出すことからサーモバリック爆弾ともいわれる。もともとの開発目的は地雷地帯の一掃や即席ヘリポートをつくるためだった。

燃料気化爆弾の仕組みは気化させた燃料を爆燃させるのだが、衝撃波を伴っているので正しくは爆轟である。生み出される火球の威力はこれまでの爆薬のそれを遥かに凌駕し、《放射能なき核爆弾》ともいわれている。燃料気化爆弾の基本型はヴェトナム戦争で開発され湾岸戦争では大々的に使われた。ロシアではアフガニスタン侵攻やチェチェン紛争で実績がある。

アメリカ軍が湾岸戦争で使用したのはＣＢＵ72と呼ばれるもので、本体ミサイルの中に、酸化エチレン、酸化プロピレン、ジメチルヒドラジン等の燃料が収められているサブ爆弾が収納されている。酸化エチレンは産業用では不凍液、現像液、ボールペンのインクなどに使われ、酸化エチレン単体でも心臓や腎臓、神経系統にダメージを与えることができる。

1）爆発過程

爆弾が投下されると地表9ｍの高さで内蔵ドラムの小起爆が始まる。これにより酸化エチレンの混合燃料が大気中に放出される。酸化エチレンは酸素と結びつき瞬時に気化し、サイズにして約18ｍ×２・４ｍのエアゾール雲を発生させる。気化拡散した酸化エチレンに本格的な起爆が起きると燃焼温度２７００度、爆速３０００ｍ／ｓｅｃの爆轟が発生する――文字通り地上は火炎地獄となる。燃料を気化することで従来の爆弾ではなし得なかった地下室や塹壕な

■チェチェン紛争とＦＡＥ

旧ソビエトでもＦＡＥの研究開発は進められていた。ソ連メイドのＦＡＥが最初に使用されたのはアフガニスタン侵攻（１９７９～１９８９）の時だ。ソ連邦崩壊後のロシアでもＦＡＥの開発は続けられ、新型のＦＡＥがロシアからの独立を目指すチェチェン共和国との間で起きたチェチェン紛争で使われた（１９９４年～）。特に１９９９年に勃発した第2次チェチェン紛争ではＦＡＥをはじめとする各種の新型爆弾が使われた。この紛争でのチェチェン側の死者は20万人ともいわれている。

■ビン・ラディンとＦＡＥ

燃料気化爆弾は従来と同サイズの爆弾と比較して5～10倍の破壊力を秘めている。気化した燃料が壁の隙間、窓やドアから入り込み、風通しの悪い箇所にそのまま滞留すれば爆発の威力は相当なものになる。対ＦＡＥの唯一の有効手段は完全密閉の掩蔽壕に隠れるしかない。ＦＡＥ、燃料気化爆弾の名前が広く知られるようになったのは同時多発テロに対する報復として２００１年10月に始まったアフガニスタン攻撃（対テロ戦争）からだ。アメリカ軍は国際テロ組織アルカイーダの主導者オサマ・ビン・ラディンを捕獲するため、彼をかくまおうとするタリバーンの地下シェルター目掛けてバンカーバスターや燃料気化爆弾を何発も撃ち込んだ。タリ

どの狭い場所にも攻撃が可能になった。

拡散濃度が低ければ当然、爆発は起こらないわけだが、エアゾール雲そのものが有害物質なので呼吸困難、頭痛、吐き気を催させる。最近では発がん性も確認されている。

2）焼死ではなく窒息死

燃料気化爆弾は、ミリタリー用の炸薬として広く使われるＴＮＴを採用した爆弾と比べると爆轟時間が長い。

気化燃料が洞窟、地下シェルターなどの閉ざされたスペースに入り込めば、大気に混ざっても希釈することがないので地表よりも大きな破壊力を生む。衝撃波も通常の爆弾に比べると2

バーンは壊滅したものの結局ビン・ラディンの捕獲はならず、その生死すら確認できなかった。ビン・ラディンはＦＡＥ攻撃を回避する方法を知っていたのか？　アルカイーダは第2次チェチェン紛争でチェチェン側のイスラム原理主義派のテロ行為に加担していた。この紛争でチェチェンの首都グロズヌイはロシア軍が放った地対地ＦＡＥで破壊し尽くされた。ビン・ラディンはこの時ＦＡＥから逃れる術を学んでいたのだ。

■地表9m地点で小起爆

■エアゾール雲の発生

■起爆――衝撃波を伴う火焔地獄

倍近くもある。これは一種の《ガス爆発》といえる。

湾岸戦争で核兵器が使われたとの誤報が流れたのは湧き上がった雲をキノコ雲と見誤ったためだ。これはある意味正しい。事実威力は小型の核兵器並みだからだ。爆轟によって周囲は真空状態になりすぐに《吹き戻し》現象が起きる。これによって粉塵や残骸が爆心部に集中しキノコ雲を形成する。付近にいた生物は当然、《蒸発》するわけだが隠れていたり、離れていたりしても爆発的な燃焼により大気中の酸素がなくなることで窒息死や大きな衝撃波による肺胞（3章「徹底検証　溺死」参照）の死滅、内臓破裂などを起こす。湾岸戦争では着弾地点から離れた場所で無数の外傷なき遺体が見つかった。

■デイジーカッター

デイジーカッター（BLU82）はヴェトナム戦争で最初に使われた。当時はジャングルの木々をなぎ倒し急ごしらえのヘリのランディングゾーンや軍用施設のスペースをつくるために用いられた。以後FAE（燃料気化爆弾）のように火球で地雷原の一掃や塹壕に隠れた敵兵の殲滅に使われるようになった。

湾岸戦争、アフガニスタン攻撃、イラク戦争でも使われ、核兵器に勝るとも劣らぬ威力を見せつけた。クウェート制圧がスムーズにおこなわれたのはデイジーカッターの威力を見せつけられたイラク軍兵士が戦意を失ったためだともいわれている。

デイジーカッターそのものには「地を這うような」「地面すれすれの」という意味があるが先端から突き出た長いプローブが《雛菊》を連想させる。本体には硝酸アンモニウムを主とする含水爆薬にポリスチレン、アルミニウムの微粉末を添加したものが収められている。長いプローブは爆薬のエネルギーが無駄なクレーター形成に使われないための工夫だ。

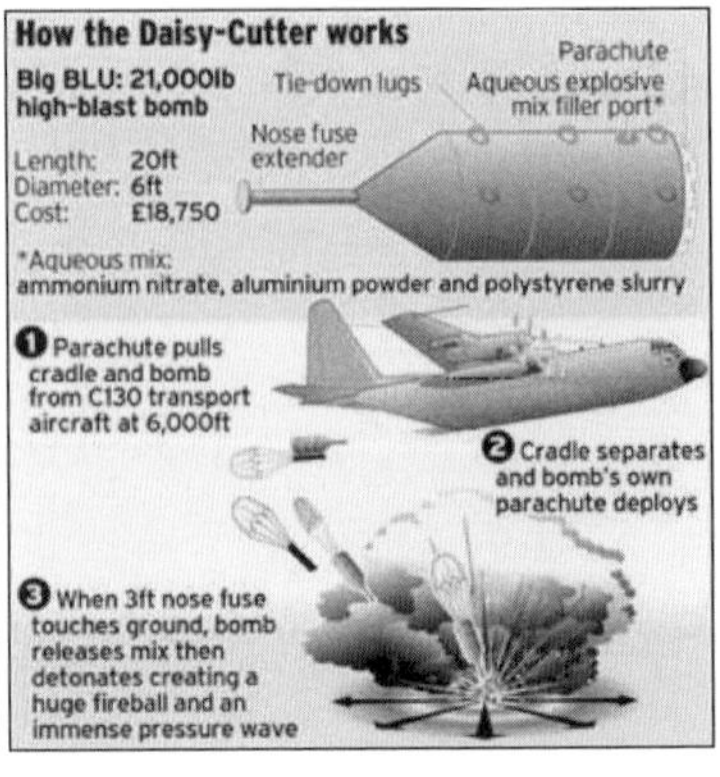
How the Daisy-Cutter works
Big BLU: 21,000lb high-blast bomb
Parachute
Tie-down lugs
Aqueous explosive mix filler port*
Nose fuse extender
Length: 20ft
Diameter: 6ft
Cost: £18,750
*Aqueous mix: ammonium nitrate, aluminium powder and polystyrene slurry
1 Parachute pulls cradle and bomb from C130 transport aircraft at 6,000ft
2 Cradle separates and bomb's own parachute deploys
3 When 3ft nose fuse touches ground, bomb releases mix then detonates creating a huge fireball and an immense pressure wave

■全長6m、直径1・8mの先細りした円筒形の先端に長いプローブが突き出ている。添装薬はアルミニウムを混ぜた含水爆薬。
・上空1800mから架台ごとパラシュートで投下する
・信管が地面と接触し起爆。巨大な火球が半径400mに被害を及ぼす

■火炎瓶（モロトフ・カクテル）

火炎瓶のことをボトル・オブ・ファイヤーといっても海外ではまず通じない。この手の即席火焔爆弾はモロトフ・カクテル（モロトフ・ボム）と呼ぶのが正しい。この名称はWWⅡ直前にフィンランドに侵攻（冬戦争）したソ連軍に対する対戦車攻撃法に由来している。兵力に乏しいフィンランドではビンにガソリンをつめて作る《即席爆弾》で応戦した。ターゲットはタンクのエンジン部で予想以上に効果があったといわれている。

1）なぜカクテルなのか

爆撃を非難するフィンランド政府に対して当時のソ連外相モロトフは「爆撃ではなく貧しいフィンランド国民に食料を投下している」といいのけた。以後ソ連の爆撃機は「モロトフのピックニックバスケット」と揶揄される。モロトフ・カクテルという名称にはモロトフに捧げる「特製カクテル」という皮肉が込められているのだ。

2）レシピ

モロトフ・カクテルといえばきちんとした武器を持たないゲリラや暴徒専用といったところだが、その威力は決して侮れない。通常、ガラス瓶の中身にはガソリンやアルコールが使われる。キューバ革命の英雄と目されるチェ・ゲバラはガソリン：モーターオイル＝3：1の混合を理想とした。

年代、地域に応じて添加剤にも様々な工夫が凝らされてきた。例えば、1）黄燐を混ぜることで爆燃を誘発させる、2）粘性を持たせるためパームオイル、タール、洗剤、砂糖などを混

■湾岸戦争で投下されたデイジーカッター（BLU82）の犠牲者

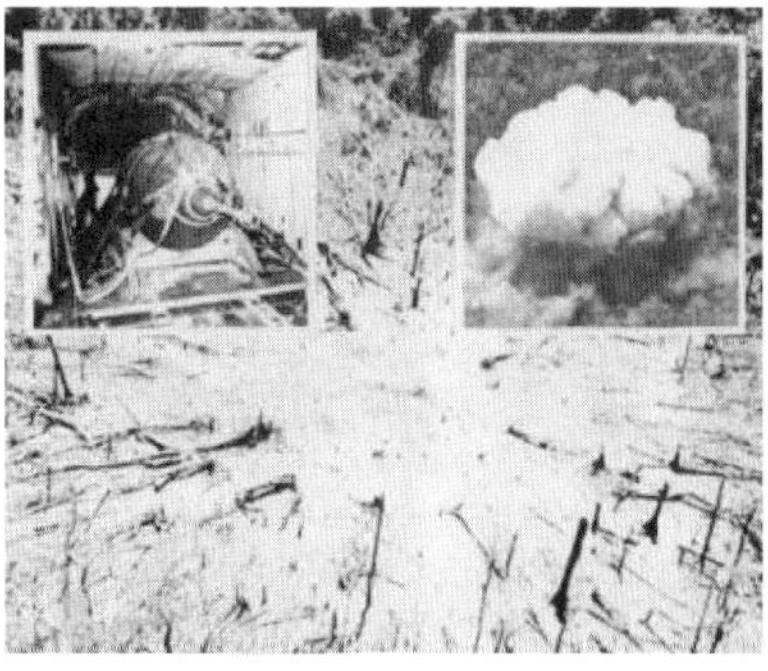

■オリジナル・デイジーカッター。クレーターを形成せず半径100mの木々をなぎ倒した

ぜる（冬戦争におけるフィンランド兵士は石鹸水を混ぜていた）、3）威力アップと消火を困難にさせるために酸を混ぜることもある、4）アルミニウムと酸化鉄の粉末を混ぜテルミット反応を起こさせ高温を発生させる（焼夷弾の効果）など。

3）使い方

構造が単純であるがゆえに使い方を間違えると効果を発揮しないばかりか、使用者自らが命を落としかねない。瓶一杯に液体を満たすと瓶が割れても着火までに時間がかかる。投擲、着地、即着火が理想だ。液体の量は1／2もしくは2／3が理想とされている。瓶についた液体もしっかりとふき取っておかなければならない。着火用の布切れで栓をするなどというのは愚の骨頂だ。大きすぎる、小さすぎる、割れやすい、割れにくい――瓶の選択も重要なのはいうまでもない。

栓が不十分だと放り投げる際に可燃性液体を頭から被ることになり、当然、投げる本人が火達磨になる。瓶口の栓に女性用止血栓のタンポンが採用されることもある。高い塞栓能力のほかに布切れと違い持ち運びに邪魔にならず、投擲の際の空気抵抗も少なくなる。使用直前タンポンにはセロファンを巻きつけそこに火をつけてから投げる。女性ゲリラならば酒瓶、タンポン、ライター、タバコ、スカーフを持っていても誰も怪しまないだろう。

液体を詰めたら布切れをビンの口から突っ込み、コルクやゴム、プラスティックでしっかりと栓をする。使用直前に布切れに可燃性液体を浸みこませ、ライターで火をつけてから対象に向かって投げつける。着地の衝撃で瓶が割れ、飛び散った液体に引火し炎上する。扱いに手馴れた者は自分の居場所をわからなくするためにまず火のついていない瓶を数本投げつけておいて、最後に火のついた瓶で着火させるといった方法を好む。

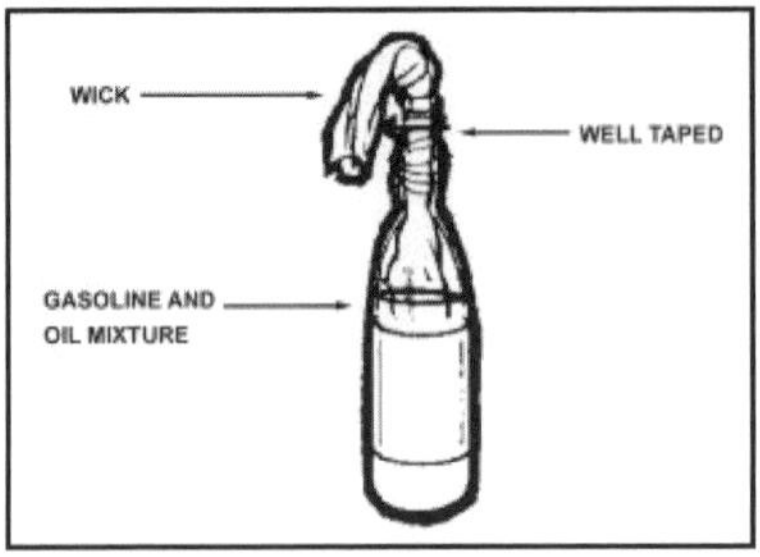

■典型的なモロトフ・カクテル

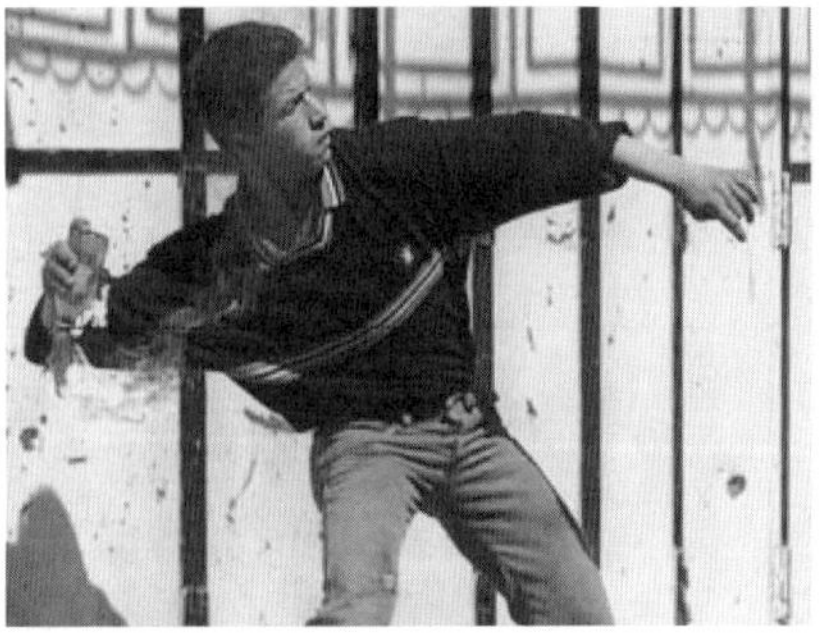
■イスラエル兵に向かって火炎瓶を投げつけるパレスチナ青年――瓶がさかさまになっているのに注目

人間を燃やすには

人間を焼くのに必要な条件とは何か。人体を構成している成分の2／3は水ということを考えると、火葬場のような設備でもないかぎり黒コゲはおろか遺骨状態には至らない。これは人間に限ったことではない。燃えるという現象に必要不可欠な条件が酸素供給だ。そこに酸素がなければ燃えるどころか火もつかない。

■燃えるための条件

燃焼とは「光と熱を伴う酸化反応」である。もう少し具体的にいうと《空気中の酸素と物質の急激な化学反応》ということになる。ものを燃やす条件として可燃物質（紙や木、燃料）、酸素供給源（空気中の酸素）、着火源（熱や火気、十分な温度があること）が絶対不可欠だ。この中のひとつでも不完全にすれば火はつかない。もちろん反応を継続させなければ燃焼には至らない――《化学反応の継続》も重要な要素だ。こうした条件を逆手に取ったのが消火器だ。消火器には、窒素ガスによって酸素供給源を奪う《窒素消火》と、冷却によって着火源を除去してしまう《冷却消火》がある。

燃焼に必要な条件は――

- **可燃物質があること**
- **酸素供給源があること**
- **着火源があること**

■材木を格子状に組めば火勢は弱まらない

・反応が継続していること

重力も燃焼に大きく貢献している。重力がないと燃焼で生じたガスが上昇せず熱源そのものを包み込んでしまい、新鮮な酸素の供給を妨げてしまう。

燃焼のプロセスは次のようになる――

熱の発生⇩熱による可燃物のガス化⇩空気との混合⇩燃焼の継続（化学／酸化反応の継続）

火焔を伴う火薬や爆薬、宇宙ロケットの推進用燃料は酸素供給を必要としない。なぜならばこれらには可燃体と酸素供給体が組成上、組み込まれているからだ。このほか、熱源がなくとも急激な酸化反応で燃焼する特殊な可燃物もある。

着火源の温度

燃焼には1）直接炎が触れ、炙り焦がされるもの（火災、火葬など）と、2）粉塵や気化したガソリンが一気に燃えるもの（粉塵爆発、ガス爆発など）とに分けられる。《髪の毛がチリチリに燃えた状態》は後者のケースで起きる。代表的な燃焼温度は、タバコ：850℃、練炭：1000℃、ろうそく：1400℃、ガスコンロ、バーナー：1700℃、マッチ発火直後：2500℃、アルミニウム粉末燃焼：3700℃、ニトログリセリン爆発：4000℃、太陽の表面：6000℃、となる。

■火葬について

■この方法ならば理論上、火勢は衰えることはない

水中投棄と同じく証拠隠滅のために死体を焼こうとする犯罪者は多い。そしてほとんどの実践者が徒労に帰している。紙や木を燃やすのではないのだからガソリンや灯油（ケロシン）、ライターオイルを振りかけただけでは人間は燃えない――正確には炙っているに過ぎない。《火を放つこと》と《炭化させること》との間には天と地ほどの差がある。

燃焼に必要な条件をおさらいしてみる。人間を燃やすには――

可燃物質があること⇩燃やす対象以外に薪や木材の供給
酸素供給源があること⇩適度な空気の流れを作る
着火源があること⇩熱源の維持、水気がないこと
反応が継続していること⇩熱源の維持、ガソリンや燃料の補給

茶毘（だび）について

これをパーフェクトに満たしたのが茶毘（火葬）だ。ヒンドゥー、ジャイナ、シーク、仏教では原則的に遺体は火葬にふされる。インドでは特定の火葬施設ではなく池や川岸に設けた石段や野原でおこなわれ燃焼促進に薪や石炭が使われている。薪は格子ブロック状（グリルのように）に積み上げられたことで常に空気の流れが良好になり、ガソリンや石炭が火力の維持に使われる。納骨といった《習わし》はなく遺灰や遺骨は川に流されたり野原にまかれたりしている。

火葬場にみる焼却プロセス

人間が効果的に焼かれてゆく経過は火葬場からの報告で知ることができる――

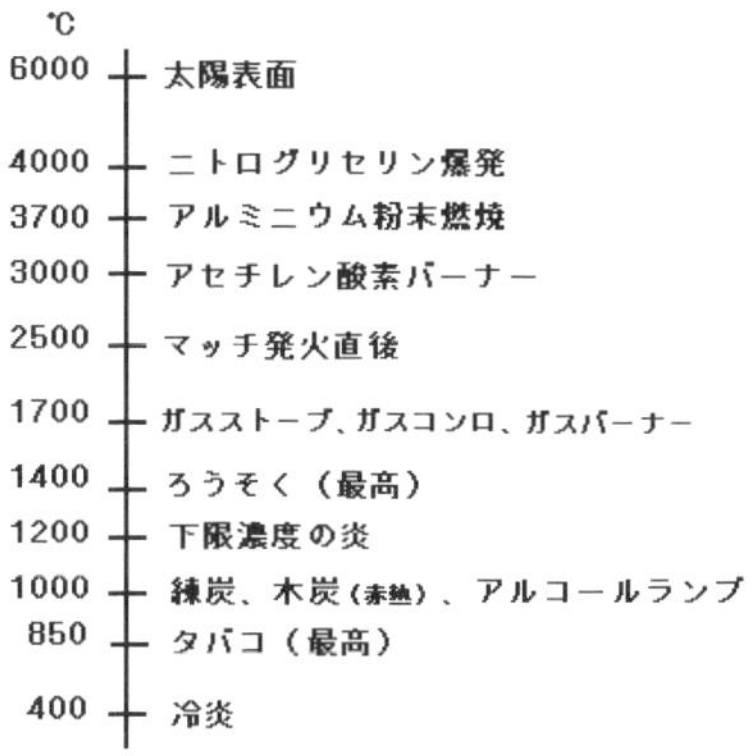

■4000℃近い高温を発生する爆薬で人間が真っ黒焦げにならないのは爆薬の反応（爆轟）が0・1msという瞬時の出来事なので高温に接する時間が短いからだ。四散したパーツに焦げ跡が残される程度だ。

＊＊＊＊＊

遺体は樫やモミからできた棺に入れられ、燃焼温度は６７０～８１０℃に設定される（通常は９００℃あたり。８５０℃以上になるとダイオキシンの発生を抑えられるらしい）。遺骨、遺灰状態と化すまでにかかった時間は2、3時間。早く感じるかもしれないがここは火葬場だ。まんべんなく火が通るよう様々な工夫が凝らされている。

まず頭部の様子を観てみる。開始から10分で頭皮が焼失し頭蓋骨が露出。顔面の皮膚が黒焦げになる。20分後、頭蓋骨に亀裂が入り、30分後には縫合線から破裂を起こす。この頃には高温に晒された顔面の筋肉はほとんどが焼失し、骨は石灰のようになる。40分経過。頭蓋骨のてっぺんも焼け崩れ、沸騰の後、黒っぽく凝塊した脳が露出する。この頃から顔面の骨も崩れだす。15体の遺体の半分がこの時期に首周りの筋肉が完全焼失した。50分後、頭蓋骨は底の部分を残し、顔面の骨は形をとどめない。60分後に残ったのは頭蓋骨のコアの部分だけだ。

胴体はどうであろうか。20分後には胸の皮膚が焼失し、焦げた筋肉が露出する。肋骨、胸骨が崩れ始める。30分後、胸郭、腹腔の黒く焦げ固まった状態の内臓が見える。ただし水分が多いせいか小腸だけ原形に近い状態を保っている。肋骨は完全露出し、背骨側の方まで真っ白くなる。内臓はさらに凝塊がすすみ表面がスポンジのようになる。肝臓が確認できるのは50分まで。灰と化すには60分かかる。

＊＊＊＊＊

どうやら皮膚の焼失は20分を経過したあたりで起こるようだ。四肢も同じで20分後に完全に皮膚が焼失し焦げた筋肉が露出した。その後筋肉や腱が焼失し、関節から先の部分は勝手に外れ落ちる。腕はとう骨、尺骨が確認できる。露出した手首の骨は焦げた筋肉や腱で繋がれた状態で白くなっている。ただしすぐに崩壊してしまうものもあった。一般に肘から先の前腕は30

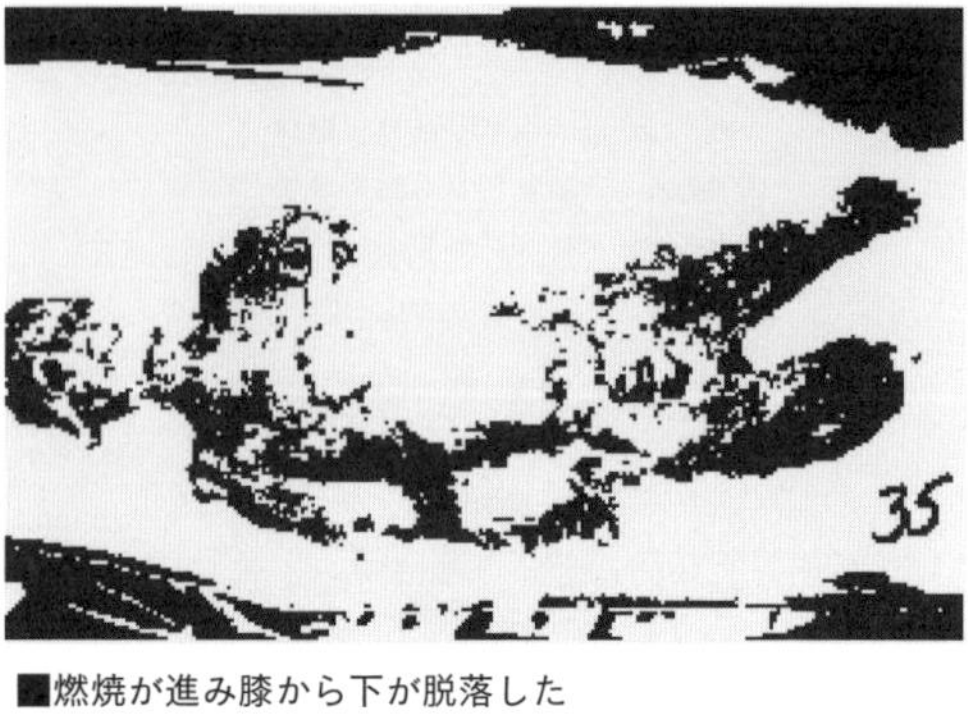

■燃焼が進み膝から下が脱落した

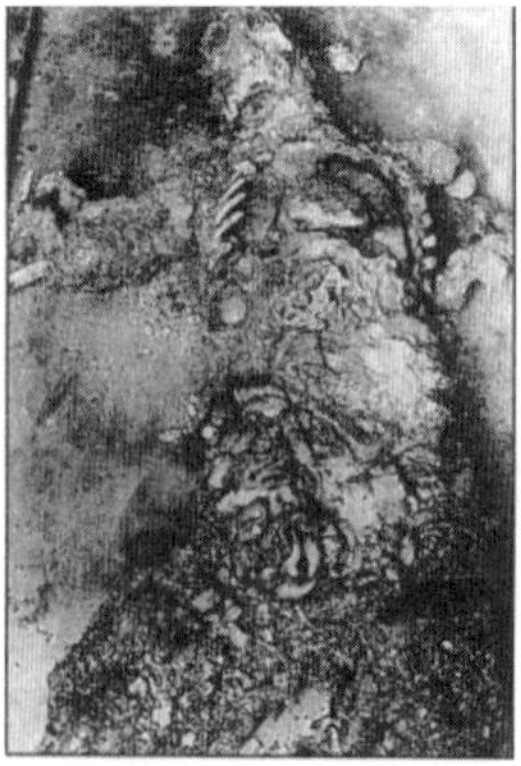

■火災現場から回収された遺体。内臓はそのままというケースは稀なことではない

分でコアの部分を残すのみとなり、40分経過すると完全になくなる。肘から肩にかけての上腕部は40分後には筋肉が真っ黒に凝塊してしまう。骨の先端が見え、真っ白くなり縦長に亀裂が生じる。足は30分もすれば大腿骨、脛骨の皮膚、筋肉がほとんど焼失し、関節から先が外れる。外れた骨には長い亀裂が確認できる。50分も経過すれば腕は崩れ落ち、大腿骨は石灰化する。

■《なぜ燃えないか》を検証する

荼毘、火葬場からの報告を読めば、なぜ証拠隠滅しようとしても死体が灰にならないかがわかっただろう。荼毘は真下から、火葬場では四方から炎が上がる。証拠隠滅のために死体を焼こうとした現場を検証すると、たいてい遺体は地べたに置かれ、そのまま火を放っている。水分を含んだ土壌ではさらに蒸発した水分が燃焼の妨げになっている。

失敗の最大の原因は不完全燃焼だ。地べたに置かれたことで地面と接した部分は当然燃えず、燃料を継ぎ足しても肝心の酸素が十分に供給されないので単なる《炙り焼き》に終わる。犯罪者へ知恵付けをするわけではないが、大きな誤算が生じることを付け加えておく――荼毘の煙は半端ではない。人気のない場所で狼煙が上がればすぐに通報されるだろう。

実際のところ、水分の塊ともいえる人間を完全に焼滅させることは不可能に近い。黒こげ、亀裂と手足の欠損というところまで燃焼が進んでも内臓はほとんど変わっていないということは多い。この原因は火力不足ではなく、背面からの炎がないからだ。肋骨はもともと格子状であり、腹部における唯一の障害は背骨だけだ。

薪をふんだんに用意し、ガソリン、ケロシンなどの燃料も予備を用意する。枕木を格子状に組み上げ遺体を上に載せる。服を脱がす必要はない。焼け落ちる脂肪によって火力が落ちないよう薪と燃料をつぎ足す。死体は燃えないのではなく、じっくりと時間をかければいずれは灰

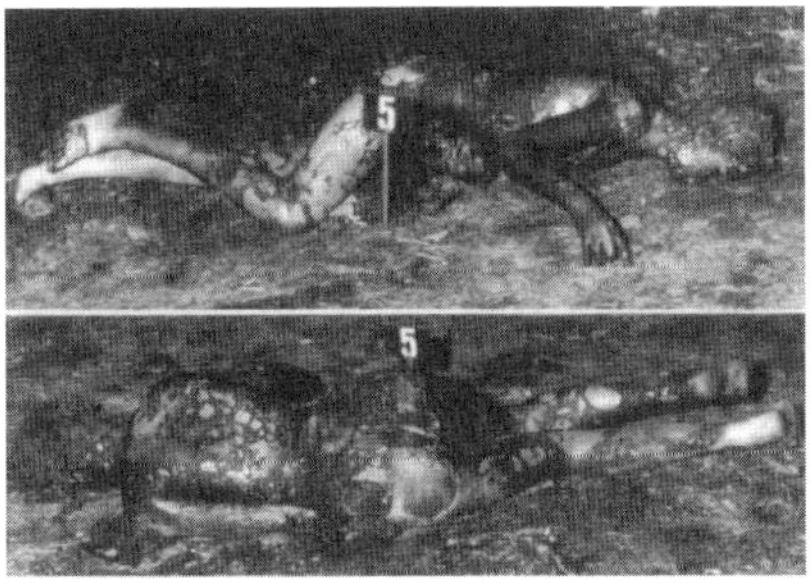

■証拠隠滅ではなくこれでは遺体損壊だ

■架台を利用して焼却を図った――なぜ見つかったか・狼煙が人目についたからだ

と化す。ある者はこれを遂行し、ある者は断念した……正確にいえば焼いている最中の現場に踏み込まれたということだ。

■ネックレシング

荼毘と同じ要領で人間を効果的に焼くネックレシング（necklacing）。ただし焼くのは遺体ではなく生きた人間だ。ネックレシングは文字通りアクセサリーのようにタイヤを首や胸、手足に掛け火を放つ処刑方法（私刑）だ。１９８０年代から１９９０年代にかけて南アフリカの各地で、反アパルトヘイト（有色人種差別政策）運動を妨害しようとする者に対してＡＮＣ（アフリカ民族会議）の承認の下におこなわれた。ネックレシングには裏切り者への《見せしめ》の意味も込められている。ガソリンをかけられ燃え盛るタイヤゴムが荼毘における薪と追加燃料の役目をしている。

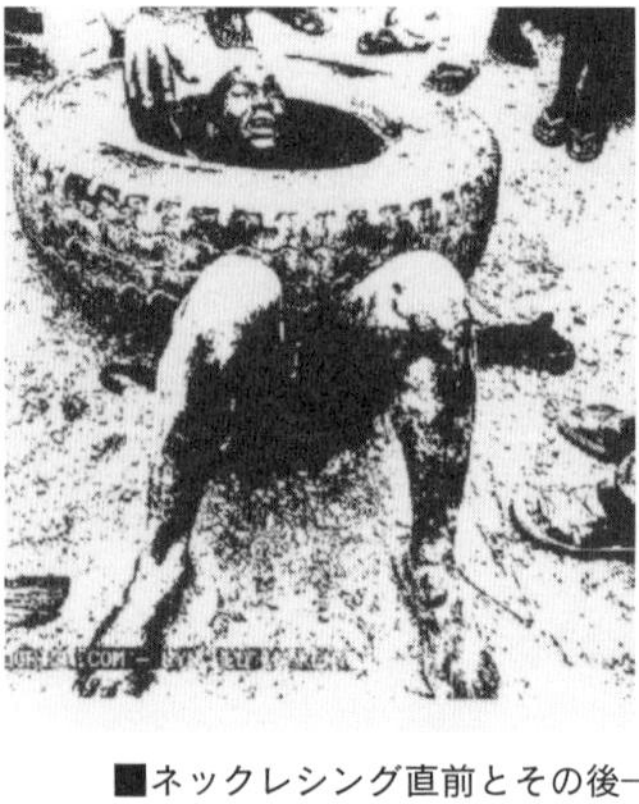

■ネックレシング直前とその後――タイヤワイヤーが確認できる

火傷について

これまでは死んだ人間に火を放つことを中心に詳述してきたが、ここからは生きた人間の話をする。火傷の痛みがどのようなものであるかはここで説明するまでもないだろう。火傷の程度は表皮からどの程度の深さまで達したかによって三つの等級に分類される。

第Ⅰ度火傷（紅斑）
第Ⅱ度火傷（水疱）
第Ⅲ度火傷（焼痂）

皮膚は0・1㎜の表皮、1・9㎜の真皮から構成されている。第Ⅰ度火傷は表皮まで、第Ⅱ度火傷は真皮まで達した火傷で、第Ⅲ度火傷は火傷が皮下組織（脂肪・筋肉）にまでおよんだ状態をさす。

度を超えた日焼けも第Ⅰ度火傷といえる。治癒期間は数日で瘢痕（火傷の痕）が残らないのが特徴。熱湯をかぶる、湯桶に落ちるなど虐待でよく見受けられる火傷だ。

第Ⅱ度火傷の特徴は、まず水疱を形成するところだ。軽症ならば1～2週間、重いものなら3～4週間で治癒し、瘢痕は残らないことの方が多い。

第Ⅲ度火傷は熱による血管、神経の破壊と解釈できる。潰瘍、壊死を伴い植皮（皮膚移植）が必要になる。加療期間は1～2ヶ月、場合によってはそれ以上になることも。第Ⅲ度火傷の厄介なところは受傷から1～3週間後に敗血症や肺炎などの感染症を起こしやすくなることだ。

第Ⅲ度火傷以上の火傷は炭化もしくは炭化に近い状態を指す。

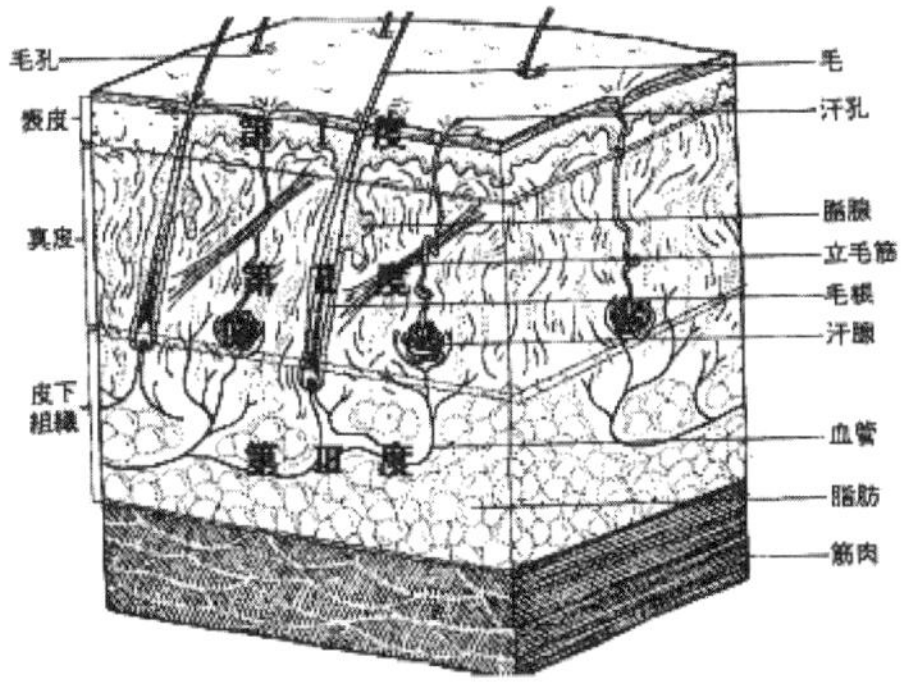

■皮膚の構造

侮れぬ低温火傷

火傷の程度（深さ）は熱源の温度とそれに接していた時間によって決まる。火焔の場合、温度は高いが接触時間が短いので第Ⅱ度程度で済むケースが多い（ただしダメージを受ける面積が大きい）。厄介なのは低温火傷で温度は低いものの接触時間が長いので火傷が深部まで及ぶことが多い。就寝中、抱きかかえていた電気式湯たんぽで大火傷を負うというケースは珍しいものではない。

深さか、面積か

火傷の程度を表す表現に何%という表現が使われるが、これは火傷を負った皮膚の面積（熱傷面積）のことを指す。火傷の死亡率は深さよりも面積によって大きく左右される。一般に成人では第Ⅱ度火傷で体表面積の1／2以上、第Ⅲ度火傷で1／3以上になると死亡するといわれている。

熱傷面積と致死率の関係を計るのに《ルール・オブ・ナイン》といわれる法則が使われる。熱傷面積は手のひらの面積を約1％とし、頭部が9％、上肢が左右それぞれ9％で合計すると18％、胴体前面が18％、同じく背中側が18％、会陰部が1％、下肢が左右それぞれ18％で、合計36％となる（この％の和が100％となる）。たとえば両足に火傷を負えば体表面積の約36％を火傷したことになる。成人と比較した場合、同じ熱傷面積ならば幼児や高齢者の致死率は高くなる。また犠牲者の《年齢（歳）と熱傷面積（％）の和が100よりも大きい数字》になると死の危険性はきわめて高くなるといわれている。

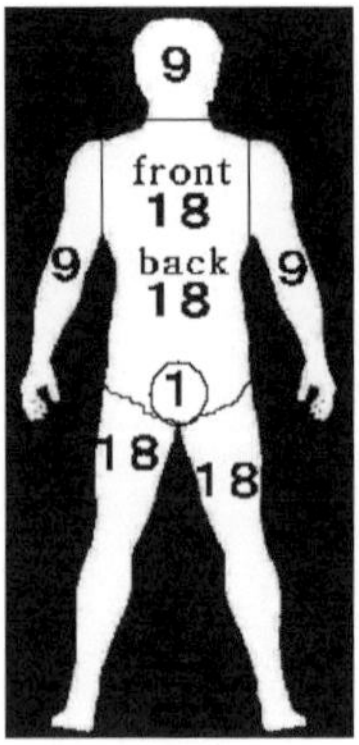

■9の法則

■重度の火傷治療

重度の火傷治療にはスキングラフト（皮膚移植）が最も有効だ。まずダーマトーム（次ページ写真）というカンナのような《削り器》で患者の尻や太ももの内側から若干の真皮を含む表皮を採取する。皮膚は血漿吸収液に浸してから患部に貼り付けられ36時間以内に新しい毛細血管が成長する。時として移植した皮膚の下に滲出液が溜まり癒着や毛細血管の再生を妨げることがある。これを防ぐためにメッシャーという器具で皮膚をメッシュ状にしてから移植がおこなわれる。メッシュにすることで皮膚に伸縮性も持たせ、滲出液の除去も容易になる。

このほか《ＡＲＴＺの基準》に則ると、１）第Ⅱ度火傷30％以上、第Ⅲ度火傷10％以上を重症とし、２）第Ⅱ度火傷15～30％、第Ⅲ度火傷10％以下を中等度、３）第Ⅱ度火傷15％以下、第Ⅲ度火傷２％以上を軽症と判定される。第Ⅱ度火傷50％以上、第Ⅲ度火傷30％以上では救命不可能とみなされる。

面積もさることながら部位で見れば首から上（ここでは呼吸器系）の熱傷が深刻だ。高温蒸気、煤や有毒ガスの吸引により喉頭、気管、果ては肺胞までが侵され、呼吸不全を招くことになる。

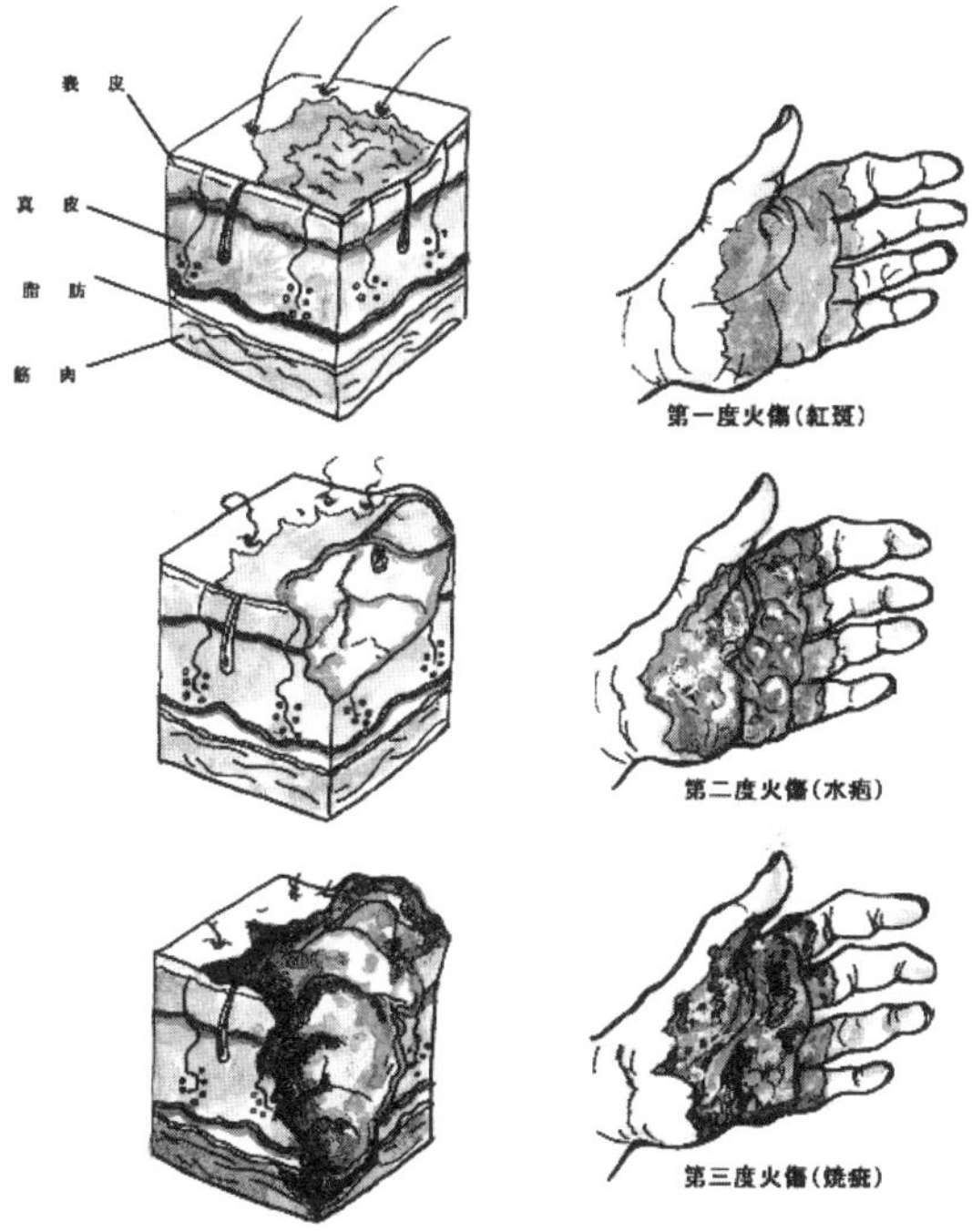

■熱傷部位の様子と等級

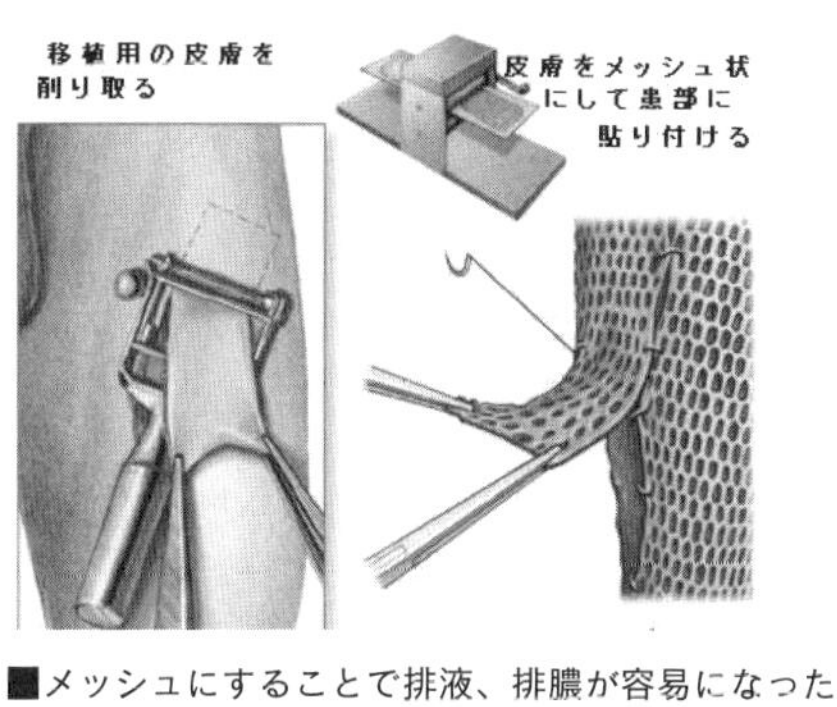

■メッシュにすることで排液、排膿が容易になった

■ダーマトーム

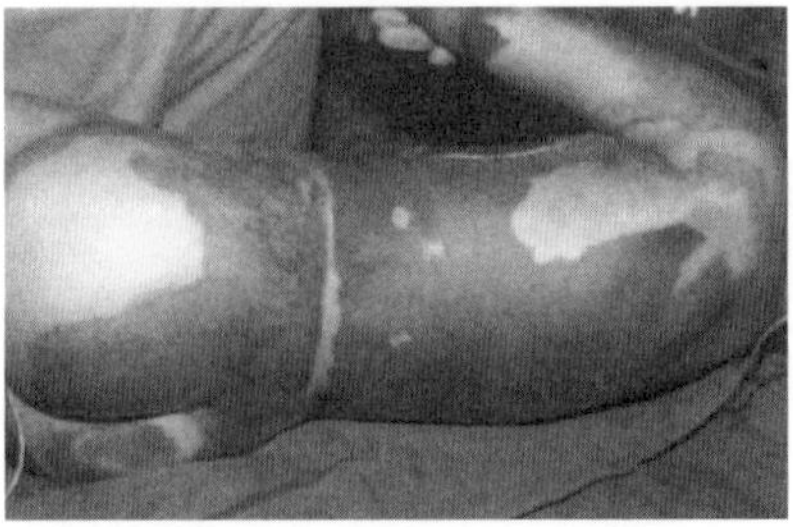

■第Ⅰ度火傷

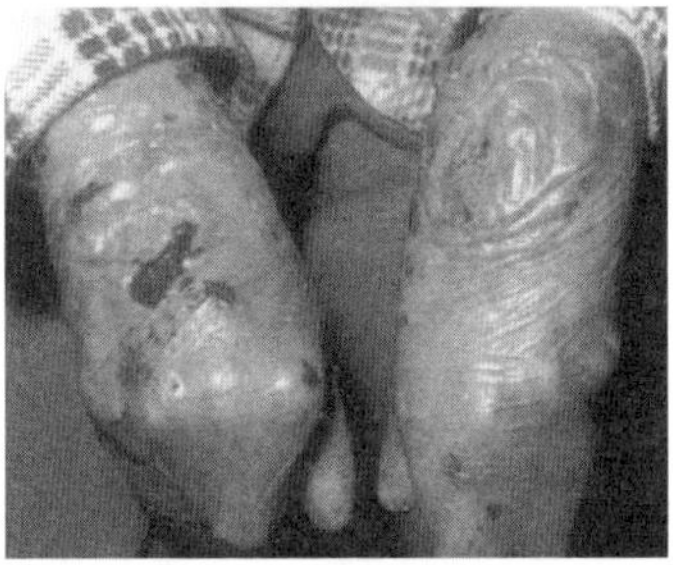

■第Ⅱ度火傷

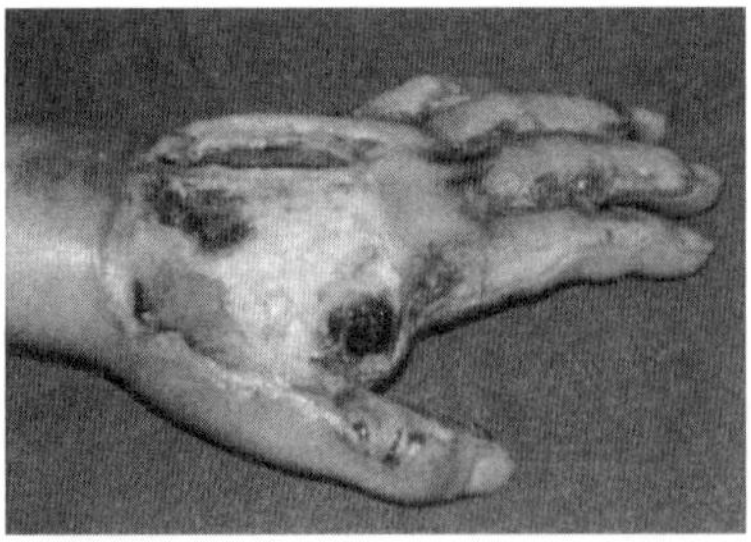

■第Ⅲ度火傷

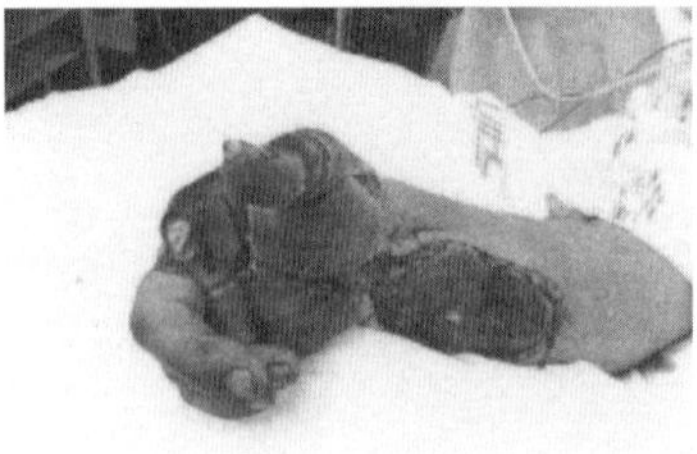

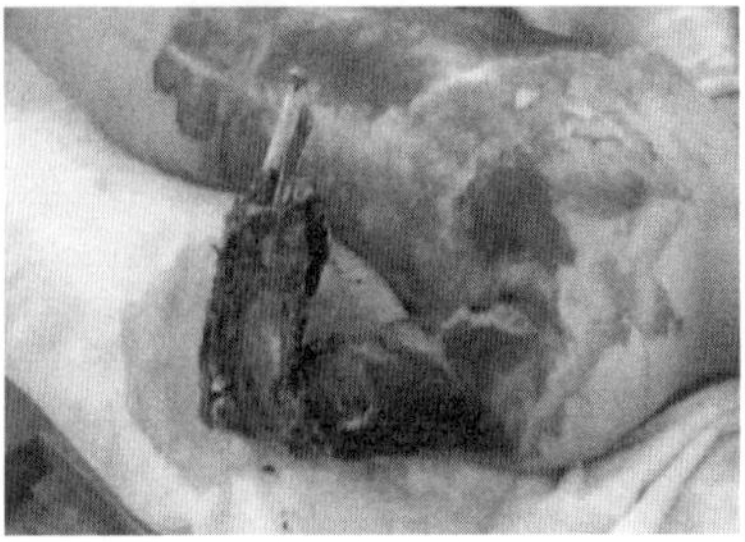

■第Ⅲ度火傷（もしくはそれ以上）

火に包まれて死ぬということ

《火に包まれて命を落とす》には二つの形態がある――

■1）熱傷死

《熱傷死（火傷死）》とは、ようするに現場ではなく、火傷を負って搬送中に、または病院到着後、入院から数日経過してから死亡するケースだ。前述のように火傷の死亡率は深さよりも面積によって決まる。受傷直後、病院に担ぎ込まれて数時間から数日経て死亡すると熱傷性ショックによるものと判定される。特に熱傷の状態が第Ⅲ度であると水分（細胞を維持する体液）の喪失と血液濃縮が顕著で、体を巡る血液量の減少に伴い体内の電解質にも異常があらわれ、これが原因で心臓などの機能低下を招き、多臓器不全で死亡する。

熱傷性ショック状態を回避したとしても安心はできない。今度は火傷で免疫能力が落ちたところに汗腺や毛嚢に巣くっていたブドウ球菌などが暴れだし、感染症にかかりやすくなる。同時に血液やリンパ管そのものに病原菌が侵入し、体中に毒素がまわり激烈な中毒症状を起こす敗血症を合併することもある。受傷から1～3週間後に死亡する犠牲者は感染症や敗血症が原因だ。

■2）焼死

《焼死》――火に包まれた現場で息絶えることをいう。焼死というと《真っ黒焦げ》をイメー

■火傷死傷者数は激減した

アメリカでは毎年100万人が火傷で負傷している。しかしこの数字は1957～1961年に集計した数字の200万人から激減したことを意味している。別の1990年代の初めの頃の調査では過去10000人につき10人だった火傷負傷者数が4・2人になった。火災による死亡者は年間4500名といわれ、火焔とコンタクトしたこと（火事）が原因で死亡した人は3750名で、残る750名は交通事故、飛行機事故、煙の吸引、化学薬品による火傷、感電などの二次的な火傷によって命を落としている。先にも述べた負傷者数と同じく死亡者数も1971年と1998年とでは半分も違う。この時期、国内の人口は25％も増加したが、死亡者数は60％も減ったのだ。

■患者の熱傷面積に関するデータ

専門病院で入院治療を受けた患者の平均熱傷面積は14％であった（熱傷面積については前述のルールオブナインを参照されたい）。熱傷面積が10％もしくはそれ以下の患者は全体の患者数の54％を占め、体表火傷面積が60％を超える患者は4％だった。入院患者の6％は死亡しており、《火を吸った》ことによる呼吸器系の重い火傷が原因だ。熱傷面積が10％以下で専門病院に入院した患者の数は1965年から2倍近くも増えた（26％から54％）。一方、熱傷面積60％以上の患者数は10％から4％以下に落ち込んでいった。これは大きな火傷を負う者の数が減ったことと、医療関係者の間に小さな火傷であっても侮ってはいけないということが周知されたからだ。

ジしがちだが生前の姿と変わらない状態で発見される場合が多い。焼痕がない場合、酸素欠乏、煙や一酸化炭素を吸い込んだことが原因だ。個人判別が不可能な黒焦げ死体も直接の死因は一酸化炭素中毒死であることが多い。《黒焦げ》というのはあくまでも遺体の状態に過ぎない。

黒焦げ死体は皆一様に《ボクサー・ポジッション》という独特の姿勢をとる。これは、人体の筋肉は伸びようとする筋肉、《伸筋群》よりも縮まろうとする筋肉、《屈筋群》の方が多いことに起因する。燃焼時間が長ければ長いほど反り返りが大きくなる。

ボクサー・ポジッションからさらに焼きが進むと、肘や膝といった関節から手足が焼け落ちギリシア彫刻、ミロのビーナスに近い状態の《トルソ（torso）》になる。

■焼死の死因を検証する

おさらいをする。燃焼とは「光と熱を伴う酸化反応」である。簡単にいうと《空気中の酸素と物質の急激な化学反応》だ。燃焼の条件は先にも触れた通りだ。何はともあれ酸素がなければものは燃えない。想像しにくいと思うが火を放たれた瞬間、その人物は酸素不足に陥っている。中国では新興宗教弾圧に抗議した男性がペットボトル入りのガソリンを被り焼身自殺をしたが、発表によれば死因は（酸素不足による）窒息死と判定された（次ページ写真上）。

火事などと違い焼身自殺では煙に巻かれることなく一気に炎に包まれてしまう。焼身自殺者が窒息死する理由は、1）燃焼によって犠牲者の周囲の酸素が消費されたこと、2）犠牲者が自ら息を止めたことによるものとが考えられる。また凍った池の中に落ちるなど、突然、冷水に浸かった際に起きる反射と同じように火炎から身を守ろうと体が反応し無呼吸状態になるのかもしれない。

息を詰めたとしても、我慢の限界が来れば《炎を吸う》ことになる。炎を吸うことによって

酸素濃度の変化に伴う症状

酸素濃度（%）	症　　状
20	空気中の正常な濃度
20～16	静止状態では無症状：ローソクの火が消える
15	呼吸が深くなり脈拍が上がる：労働は困難
10	呼吸困難：多幸感：動くことは出来ない
7	呼吸困難：知覚麻痺：放置すれば数分で死亡
5～	瞬間的に卒倒：死亡

口鼻、舌、喉頭、気管に熱傷を負うことになる。高温気体の吸引だが動物を使った実験で肺や肺胞にはほとんど影響がないことが証明されている。肺に達する前に乾燥した高温の空気は冷却され適度な湿り気を与えられるようだ。気管に熱傷や煤の付着を確認すれば燃焼時、生きていたことになる。しかし煤がなければ犠牲者は死んでから火を放たれたということになるかというと、それほど単純ではない。このような犠牲者は煤を吸い込む前に一酸化炭素中毒死していたのだ。死因の判断は一酸化炭素の血中濃度を調べれば、すぐに判明する。

■一酸化炭素中毒、有毒ガスの吸引

火災現場では犠牲者が生前と変わらぬ姿のまま発見されることがある。これも焼死と呼ばれ

■ボクサー・ポジッション。死因は窒息死

■自動車の中から回収されたトルソ

■ヒューマントーチ

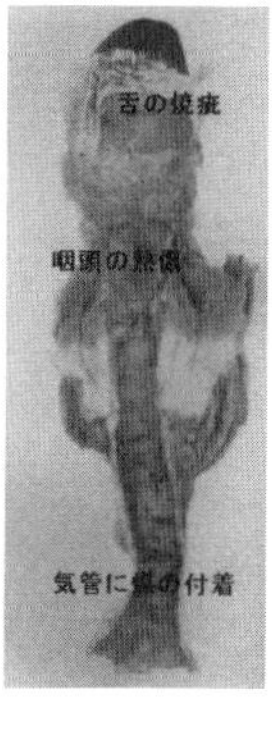

■生きていたまま火を放たれた証

る。焼死はあくまでもmode of deathであってcause of deathは一酸化炭素中毒死、もしくは有毒ガスによる中毒死となるケースが多い。火災現場で黒焦げ死体の回収が少ない一番の理由は迅速な消火活動に他ならない。

一酸化炭素は、家屋の燃焼などで酸素不足に陥った環境下において炭素化合物が不完全燃焼したことで発生する。一酸化炭素中毒が人体にどのような影響を及ぼすかは下表の通りだ（詳細は2章「一酸化炭素中毒死」参照）。

法医学専門書に掲載されていた32名の焼身自殺に関する報告。現場で息を引き取ったのは32名のうち18名で、彼らの血中一酸化炭素濃度は10％前後と数値としてはかなり低かった。10％前後といえば、無症状もしくはめまいや頭痛がする程度だ。

18名のうち11名は車内で火を放った。この11名それぞれの血中一酸化炭素濃度は28～80％に及び、平均すると58％で、症状としては重い部類に入る。ちなみに自宅で焼身自殺を図った者の血中一酸化炭素濃度は平均で21％。屋外で火を放った2名のそれは17％と25％だった。このデータから車内のような狭いスペースでは酸素の消費が早く、内装の不完全燃焼に伴い一酸化炭素発生レベルが高くなることがわかる。

火災の犠牲者の血中濃度はさぞや高い一酸化炭素レベルを計測すると思いがちだが実際はそれほどでもないようだ。一酸化炭素中毒死のところで詳細した排ガス自殺とくらべると20％近くも低いのだ。排ガス自殺の平均レベルは70％以上となる場合が多いのに対して、火災の場合、大体が40～50％あたりなのだ。

それでは火災の犠牲者は何が原因で死亡したのか——血中一酸化炭素濃度が低い場合は有毒ガスによる中毒と燃焼による酸素不足の複合原因が考えられる。特に屋内の火災では建材や調度品が燃えることでホスゲン、アンモニア、塩素、シアン化水素などの有毒ガスが発生しそれを吸引したことが直接の死因に繋がる（シアン化水素については前章「青酸化合物」参照）。

血中一酸化炭素ヘモグロビン濃度（%）	症　状
10	無症状
20	軽症：頭痛を覚える
30	中症：脈動性の頭痛、判断力低下
40	重症：激しい頭痛、嘔吐、歩行障害、視力低下、判断力鈍麻
50	重篤：呼吸困難、頻脈、意識障害
65	危険：昏睡、痙攣、時に死亡
70	致死：卒倒、呼吸停止、死亡

人体自然発火現象

火の気のない場所で突然《人間だけ》が燃え上がる怪現象に関する最初の報告は18世紀のイタリアから寄せられた――犠牲者は年配の婦人で、寝室で膝下だけを残しすべてが灰になっていたのをメイドが発見した。当時寝室に火の気はまったくなく、さらに不思議なことに調度品の一切が焼損を免れていた。

以後、こうした人体自然発火現象（ＳＨＣ：spontaneous human combustion）は世界中（特にイギリス、アメリカに集中する）で発生し、その件数は１９５０年代には11件、１９６０年代には7件、１９７０年代に13件、１９８０年代では22件を記録した。人命が失われなくとも不可解な自然発火現象に関する報告はイギリスだけでも毎年１００件以上もあるという。

■ＳＨＣ（人体自然発火現象）事例

実のところＳＨＣ（人体自然発火現象）に関する扱いはサブカルチャーの閾を出ていない。事例報告がかなり寄せられているにもかかわらずＳＨＣをまともに取り上げる法医学者はほとんどいない。理由は簡単だ。現象をラボで再現できないからである。科学という学問の世界では再現できない現象はすべて非科学的で片付けられてしまう。その好例が超常現象や心霊現象といわれるものだ。

ＳＨＣの大きな特徴は三つ――火の気がまったくないところで高温が発生すること、燃焼が短時間であること、そして人間以外の家具や調度品にはほとんど延焼が見られないことだ。文字通り人体だけが発火、燃焼しているのだ。事例を検証すると幾つかの共通点を見出せる。た

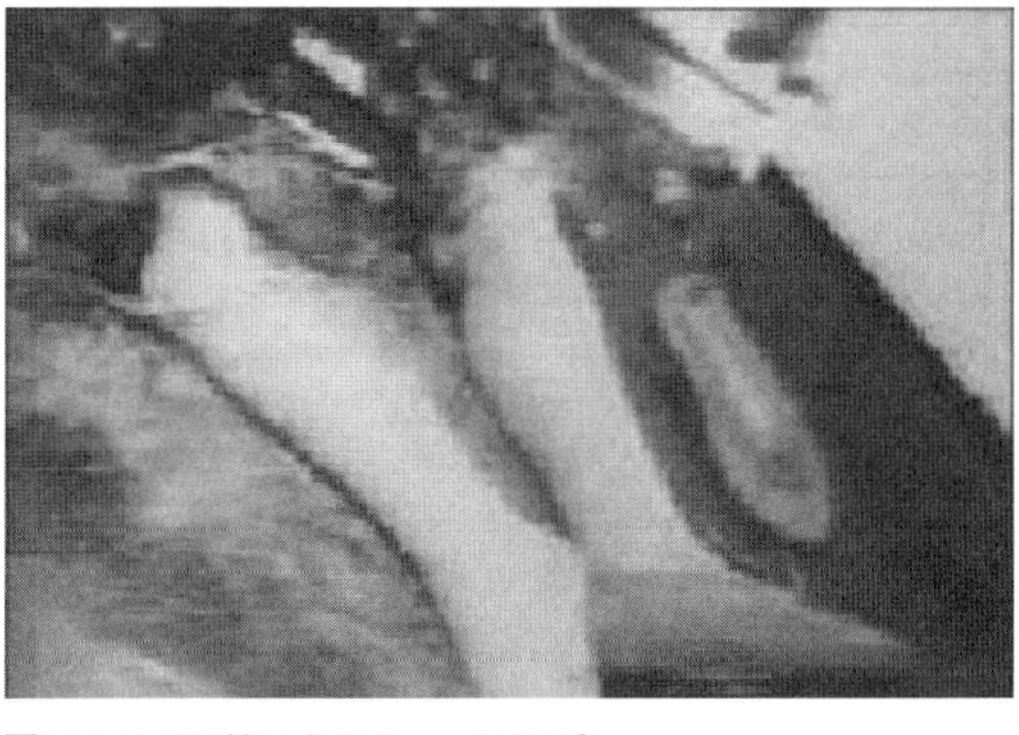

■足だけが延焼を免れる――WHY？

とえば特定の地域で一時期に連続して起きている、遺体の状況として頭蓋骨、背骨の著しい炭化、足だけが延焼を免れること、などだ。

アメリカからの事例報告を2例紹介する（下段写真参照）――

・1951年7月、フロリダ州ではメアリー・リーサー夫人（67歳）が寝室で片足と骨の一部を残し焼失してしまった。現場で回収された夫人の頭蓋骨はオレンジほどの大きさに縮んでいた。警察と消防は事故と同時に他殺の線で捜査をおこなったが最終判定は「原因不明」となった。

・1966年12月、ペンシルバニア州でSHCの犠牲者になったジョン・ベントレー博士は片足だけを残して燃え尽きてしまった。不思議なことに延焼したのは床の部分だけで、現場にあったトイレや浴槽には火の手が及んだ形跡がなかった。

■徹底検証　人体自然発火現象

これまでSHCは三つの発火説――アルコール発火説、細胞内のバクテリア発火説、体内のリンによる発火説――が考えられていた。アルコール発火説は当時の大酒飲みに対する警鐘のようなもので、イギリスの文豪チャールズ・ディケンスも小説の題材に取り上げたほどだ。

他殺説も根強く、武器はメーザー（分子増幅器）が使われたとされている。発火原理は電子レンジと同じ要領だ。いずれにせよどれも的外れであることを付記しておく。

現在、SHCの原因として、1）人体ロウソク化現象説と、2）大気プラズマ説の二つが考えられているが、犠牲者が短時間のうちに高温で焼き尽くされている点を考慮し大気プラズマ説の方が有力視されている。大気プラズマの影響で雷球（球状の雷）が発生し、落雷と同等の

■メアリー・リーサー・ケース。《犯行現場》を検証する捜査官

■ドクター・J・ベントレー・ケース。サンダルを履いた片足だけが残された

エネルギーによって人体が焼き尽くされるというものだ。

SHCの正体

1）先入観

実のところSHCは、解像度の悪い写真や又聞きによってイマジネーションだけが勝手に膨らんでいっただけというきらいがある。この現象についてコメントしているのが似非科学者やオカルト信奉者だけというのもうなずける。たとえば下の写真だが見る限りでは《椅子に座った婦人が足だけを残し焼失した》といったまさにSHCの典型のような印象を受けるが、実は撮影した時点で彼女の焼け落ちた上半身は片付けられていたのだ。

2）奇妙な符合

犠牲者の多くはいわゆる健康体ではなく、身体面、健康面、生活習慣などに問題があった――

・**太っている**
・**心臓疾患者**（高血圧である）
・**喫煙者**
・**大酒のみ**（飲酒中）
・**高齢者**
・**神経系統を病み筋肉が制御できない**（パーキンソン病など）

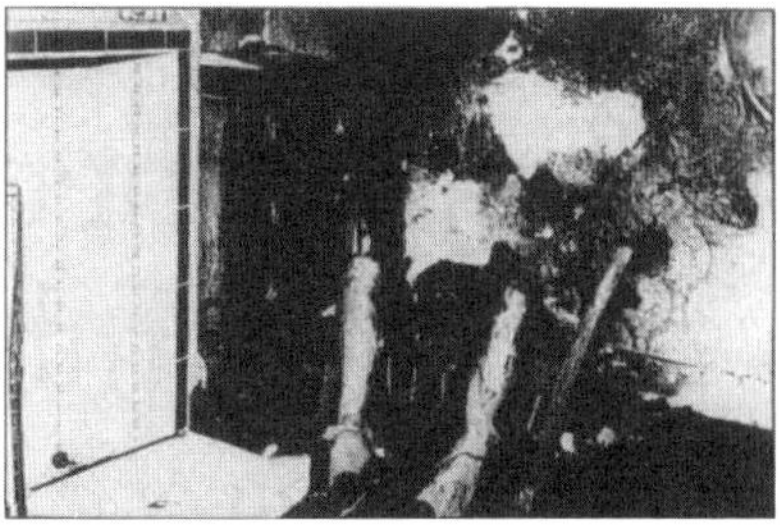

■おぞましいSHC現場（？）

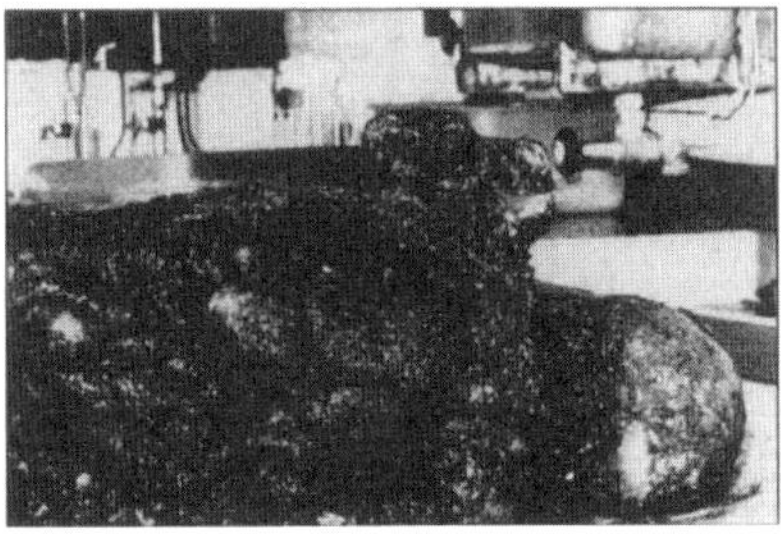

■焼損具合から上半身から燃えたことがわかる――SHCか？

いずれも突然死を起こしやすい人物ばかりだ。また現場となったロケーションにもいくつか共通点が見られる――

・密室であること

・火に強い材質は延焼を免れるが、火に弱い材質には延焼が及ぶ

・人体と接していた部分（椅子、床）**は延焼し、油脂のような残渣が付着する**

・当時一人きりであった

・近くに何かしら熱源となるものがある（暖炉、ヒーター、タバコなど）

体に火がつけばどんなに鈍感な人間でもいずれは気がつくはずだ。それができないということは火がついた時点でその人物は死んでいたか、体の自由がまったく利かない状態であったに違いない。前掲の身体的、精神的特徴を考慮すれば火の手が上がった時に心臓発作、脳溢血で倒れたということは十分考えられる。

事実、上半身が焼失した前ページ写真の女性はパーキンソン病を患っており、手元から落ちたタバコの火が出火の原因であった。

■本当の原因は

実のところＳＨＣの正体として現在最も有力視されているのは大気プラズマ説ではなく《人体ロウソク化現象説》の方なのだ。この説を裏付けるには大前提として、犠牲者は着火時、心臓発作もしくは脳溢血を起こし死亡もしくは体の自由が利かない状態であったと仮定せねばならない。

■心臓発作で暖炉の中に倒れ込んだ

服を着た人体とロウソクは、非常によく似た構造になっている。ロウソクの芯にあたる部分が衣服で白い油脂が脂肪というわけだ（犠牲者に肥満者が多いことからも合点がゆく）。火がついた衣服は脂肪分をゆっくりと溶かし、それがジワジワと燃焼するというわけだ。

燃焼範囲が人体だけに限られているのはどうしてであろうか――これは《低温火災》で説明できる。SHCは冬場に多く、締め切った寝室など一人きりの部屋で発生している。密閉に近い状態の部屋で火災が発生すると部屋全体の酸素量が低下し、火勢が弱まることは科学的にも証明されており、これが低温火災の原因と考えられている。燃焼の様子は低温で燻ったようになり、火元から離れて延焼することはほとんどないので周囲を燃やさず人体だけが焼失する。また文字通り炎の温度が低温（500℃以下）なので人体をゆっくりと燃え尽くし油脂状の残渣が発生する。足首に近い部分だけが焼け残るのは1）着火源が上半身であることと、2）足を覆うような衣類を着ていなかったこと、が原因と考えられる。マッチの燃えガラと同じで端の部分が焼け残ったともいえる。

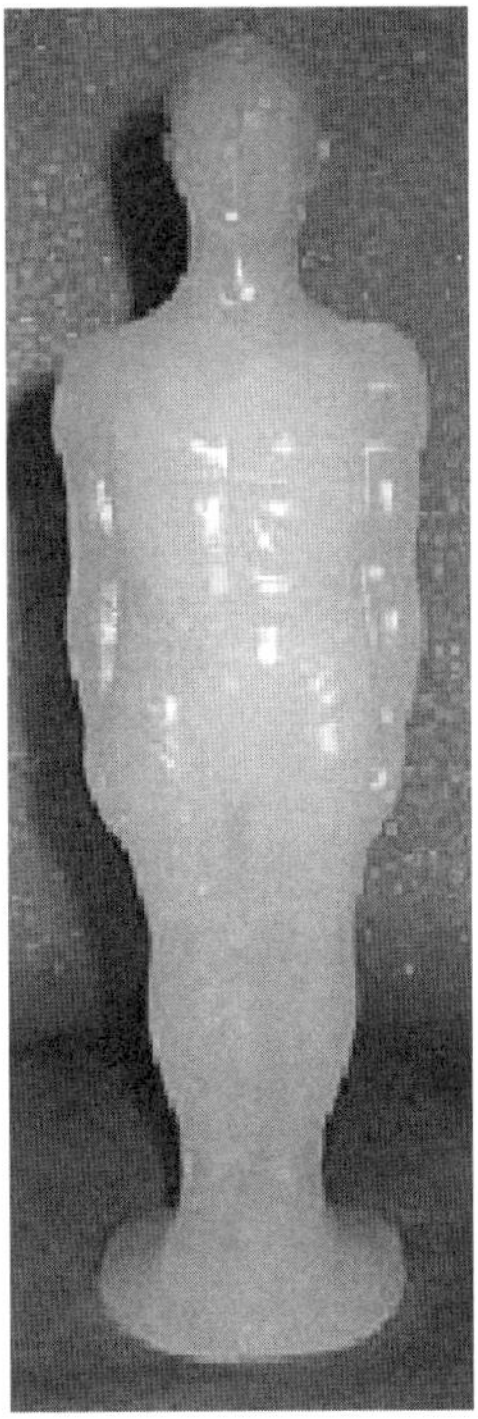

■これは人型ロウソク

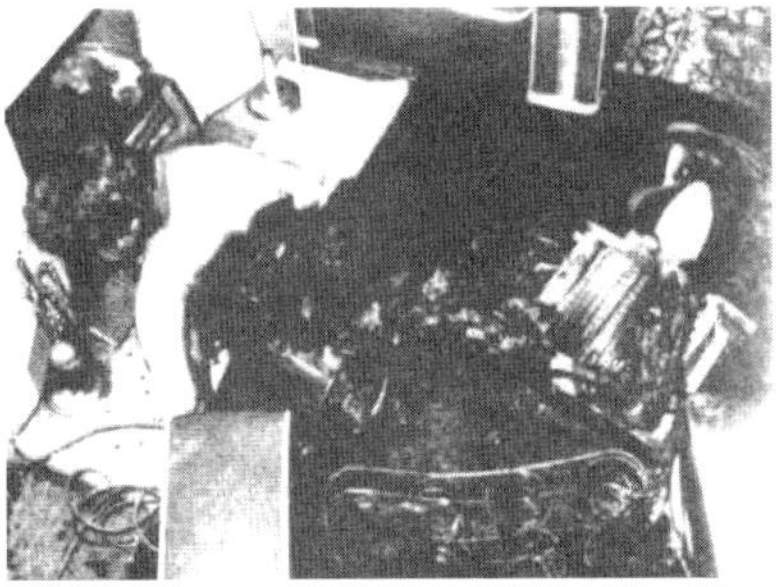

■SHC？　電気温熱器の火が燃え移り、火を消そうとしている最中に意識を失い焼死した

■人間ロウソクの仕組み
ロウソクの油脂＝脂肪分、ロウソクの芯＝衣類

6章

感電による処刑・殺人

凶器としての電気

感電（electrocution）といえば事故が圧倒的に多い。毎年報告される全労働災害の20％、もしくは5件の労働災害のうち1件は感電事故といわれている。

事故についで多いのが自殺だ。といってもまれな出来事である。アメリカの年間自殺者数は3万人といわれ、感電自殺はこのうちのおよそ0・06％に過ぎない。自殺と事故の発生比率は、自殺者は人口10万人につき12人、電気技術者や建設業のアクシデント的な感電死は10万人につき33・4人の割合で起きている。感電事故がいかに多いかがわかるだろう。

電気は凶器にもなりうる。見えない凶器だ。電気を使った殺害方法といえば入浴中のバスタブの中にドライヤーなどの電化製品を投げ込む、だ。ドラマなどのフィクションの世界ではお馴染みだがこれについても諸説あり、ドラマのようにはいかないようだ。

■電流？　電圧？　電力、周波数？

電気は目に見えない。目で見て実感できる電気といえばプラグの閃光、または雷光ぐらいのものであろう。電気そのものについての知識がなくともコンセントにプラグを差し込めば電化製品がONになることからそこに何らかの力（電気）が存在していることはわかる。しかしこれは何ボルトでこれだけのアンペアが流れているから何ワットで云々となると実にややこしくなる。このように一般人、なかんずく女性にとって電気は不可解な存在に違いない。現に感電自殺を試みたのは圧倒的に男性で、しかも実践者は電気に精通している者もしくは電気関係の仕事に従事していた者が多い。

■アメリカ発　労働災害に見る感電統計

アメリカでは1980年代、平均すると毎年約6360名が労働災害で死亡していた。このうち感電事故死が約7％を占めていた。感電死は激減する傾向にある。1980年から1989年にかけて労働災害全体の死亡者数は23％の減少となったが、感電死犠牲者だけで見てみると1980年から1992年の間でほぼ半減となった。

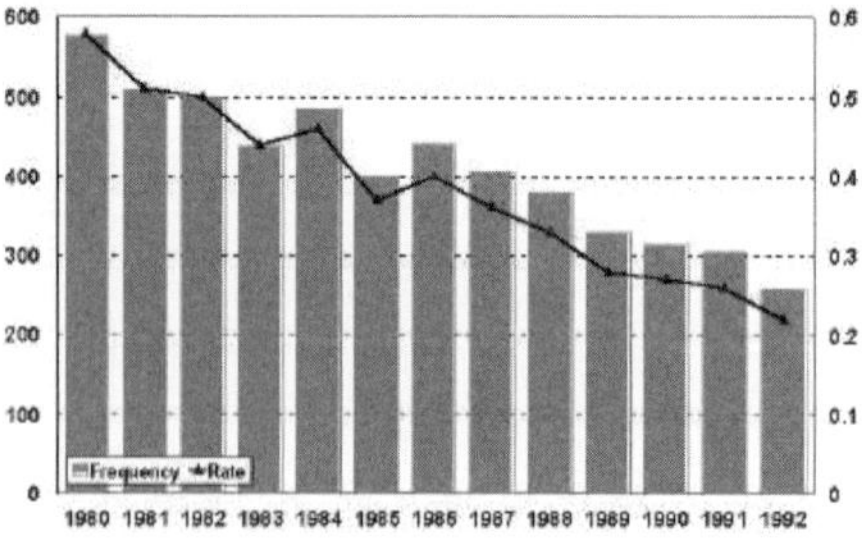

■1980年から1992年までの感電死者数の推移——ほぼ半減していることがわかる

電気は水にたとえるとわかりやすい。たとえば滝だ。滝の高さ、つまり落差が「電圧」、ここでは水圧になる。電圧はボルト（volt）と呼びＶで表記される。周知のとおり家庭用電源の電圧は１００Ｖ、乾電池圧は１・５Ｖ、自動車のバッテリーは12Ｖとなる。工場設備に使われる工業用の電圧が４００～７０００Ｖ、50ｍを越すような鉄塔の送電線には数万～数十万Ｖの電流が流れている。このほかに珍しいところでは電気ウナギが８００Ｖと意外に高い。冬場に発生する静電気は驚くほど電圧が高い。上着を脱いだ時にパチパチと生じる静電気が７１０Ｖ、車から降りた際に生じるバチンといった静電気は１４４００Ｖにもなる。高電圧の部類に入るが20万分の1秒というほんの瞬間なので大事に至らない。日本では６００Ｖ以下を低圧、６００～７０００Ｖを高圧、７０００Ｖ以上を特別高圧と定めている。

電圧の話はこれぐらいにしよう――

滝から落ちる水の量を「電流」と解釈する。電流はアンペア（ampere）と呼ばれ表記はＡとなる。電流にはＤＣ電流（direct current）とＡＣ電流（alternating current）がある。乾電池やカーバッテリーがＤＣ電流（直流）で家庭用電源はＡＣ電流（交流）だ。ＤＣはトーマス・エジソン、ＡＣはジョージ・ウェスティングハウスが開発し標準電流の選定にしのぎを削った。ＡＣが採用されたのは安全性という点からだ。

滝に打たれる荒行をイメージしていただきたい。いくら高い滝であっても落ちてくる水が白糸程度のものなら、どうだろう――滝に打たれているという感覚すらないはずだ。この逆にそれほど大きくない滝から瀑布の表現がぴったりとくる水量が落ちていたら、立っていることすらできないだろう。同じ高さ（電圧）の滝でも落下する水量（電流）が違えば同じことがいえる。別のたとえ話をする。今ここに大きさの違う二つのコンテナがあり、両方とも中には水が満たされている。大きいコンテナＡには蛇口、小さいコンテナＢにはマンホールほどの径の排水口が取り付けられていると想定する。コンテナのサイズは「電圧」、蛇口、排水口から流れ

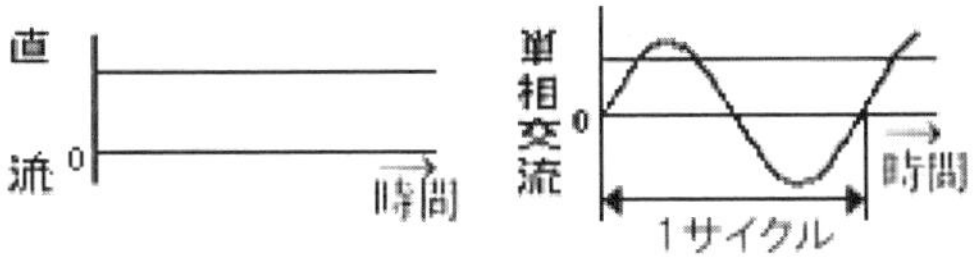

■直流と交流：直流は一定方向にだけ流れ、交流は電流の流れや強さが一定周期で変化する

出る水量は「電流」にたとえることができる。それぞれのコックを開く。容器A（高電圧）は蛇口なので流れる水の量は少ない。一方、容器B（低電圧）の排水口からの水流は激しいものとなる——ざっと説明すると電圧、電流の関係はこのようになる。

水流の激しさは「電力」にもたとえられる。「電力」とは電気の1秒間の仕事量、つまりエネルギーのことでワット（watt）と呼ばれWで表記される。電力は次の公式で求めることができる。

電力（W）＝電圧（V）×電流（A）

1ワットの1000倍が1KWと表現される。家庭用電源の電圧は100ボルト。これに60ワットの電球をつなぐと、この時に流れる電気の量、電流は0・6アンペア（600mA）ということになる。1KWの電熱器であれば10アンペアの電流が流れていることになる。

電流にはDCとACがあることを説明した。DC電流は一定方向だけに、ACは一定の周期で電流の流れや強さが変化する。AC電流が1秒間に変化する波を周波数（frequency）と呼ぶ。周波数はヘルツと呼ばれHzで表される。感電した時のビリビリはこの周波数と関係がある。わが国では周波数は関東50Hz（1秒間に周期が50回）、関西60Hz（1秒間に周期が60回）に設定されている。こうした違いは明治初期に導入した工業用機械がヨーロッパ系か、アメリカ系かで生じた。

感電という点で見るとDC電流（直流）はAC電流に比べると3、4倍は危険率が下がる。周波数ではこの数値幅（40～150Hz）が一番危険な値とされている。逆に高周波、5000Hz以上の周波数になると無害といわれている。電流は強く、電圧は高いほど危険なのだが、周波数は逆に高いほど安全なのだ。

■1982年から1994年までの月別発生数——感電死は夏場に多いことが判る。電力需要がピークを迎えるのと夏の軽装が災いしている。夏場に事故が多いのはすべての労働災害に共通している。

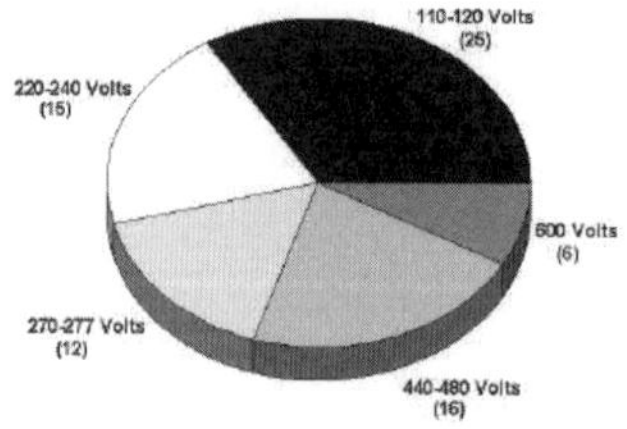

■660V以上の電圧による感電死者数

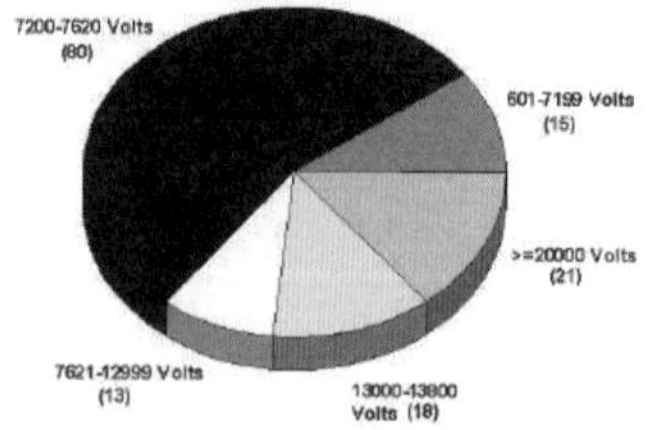

■660V以下の電圧による感電死者数

徹底検証　感電

明言する。感電の危険性は電圧ではなく電流で決まる。電圧は低電圧よりも高電圧、電圧が同じならば電流は大きいほうが危険だ。感電の恐ろしいところは凶器（電気）が見えないところだ。もちろん無味無臭。電気は一酸化炭素のような毒性の強い気体のようなものだ。目に見えない分、倒れた人を助けようと近づいた善意の第三者が感電する。

生死もしくは致死率は三つの条件で決まる——

- **人体にどれだけの電圧でどれだけの電流が流れたか**
- **電流は人体をどのような経路で流れたか**
- **電流が流れた時間はどのくらいか**

■感電と電流の関係

極端なことをいえば電圧が何万ボルトあろうとも電流の値が小さければ感電しない。下表から人体が感ずる最小電流は1mA（0・001A）ということがわかる。15～25mAになると筋肉の随意運動が不能になり、たとえば握りこぶしを開くことができないなどの障害が現れる。これを専門用語で把握電流（離脱電流）と呼ぶ。最も危険な状態である心室細動を生じるのが80～100mAとされ家庭用電源による感電死因の第1位がこれだ。

諸説あるが皮膚がチクチクと感じる程度の最小感知電流はDCで4～5mA、ACで1mAとなる。後述する筋肉のコントロールが不可能となる「把握電流」はDCで50～70mA、ACで15mA

電流と人体への影響

電流の強さ（mA）	症　　状
0.01～1	無反応：触れるとチクッとする
1.5	ピリッという電撃を感じる：前腕の屈曲
5～15	相当な苦痛を感じる：筋肉はかろうじてコントロールできる
15～25	ビリビリという電撃：筋肉の制御不能⇒把握電流
25～80	筋肉収縮：呼吸困難：継続すれば死亡の可能性
80～100	5秒以上の通電で心室細動がおきる
100～	1秒で心室細動：即心臓停止⇒死亡

（50～60Hzで10～26mA）、もっとも危険な状態の心室細動を引き起こす電流がDCで500mA、ACで100mAといわれている。

電気抵抗

導体に電流が流れようとしている時、これを妨げようとする力が生じる。これを電気抵抗（抵抗）と呼びΩ（オーム）という単位が使われる。皮膚は思った以上に抵抗値が高い。抵抗は皮膚の状態（厚さ、乾燥、湿潤）と関係があり、脇の下のような薄い皮膚よりもかかとのような固い皮膚の方が抵抗値は高い。ちなみに粘膜や傷口は無抵抗に近い。乾燥皮膚で4000Ωといわれ、湿潤皮膚では2000Ωと乾燥時に比べ半分になってしまう。たとえば100Vの電流が乾燥皮膚で25mA（100V÷4000Ω）だとすると、湿潤皮膚では50mA（100V÷2000Ω）になる。汗をかいたり、肌の露出が多い夏場に感電が多いのはこうした理由からだ。

人体を流れる電流の強さは下段の公式で求められる。

把握電流とは

別名離脱電流（let go current）。電源部に素手で触ってしまった――電流が低くければ（5～15mA）触れた瞬間に手を離すことができるが、筋肉のコントロールを凌ぐような大きい電流（15～25mA）では反射的に手が握り締めた状態でロックされる。マンガで見かける「電源部をしっかりと握りしめビリビリビリ！」という描写がまさにこれだ。

人間の体を構成する筋肉は屈筋が多い。手指がその好例で、自然な状態では（就寝中など）

$$i = \frac{e}{We+Wa+Wg}$$

i	電流（A）
e	電圧（V）
We	流入部の抵抗
Wa	流出部の抵抗
Wg	体内の抵抗

※これはオームの法則を用いたものでI=V/Rと同じことだ

ものを掴むような形になっている。言い換えれば開いた状態の方が自然ではないのだ。熟練電気工は感電の恐れがある時には、手指ではなく手の甲側で触るという。

こうした現象は当然、他の部位の筋肉にも見られる。たとえば呼吸という生命維持に欠かせない動作に関連する筋肉だ。この呼吸筋は比較的低い電流でも容易に麻痺してしまう。電流が離脱電流値を超えると（25～80mA）横隔膜内の筋肉にも痙攣が起きる。この状態から5～10分経過すると呼吸筋が停止し窒息死を招く。実は触った瞬間に吹き飛ばされる高電圧よりも低電圧の方が危険なのだ。

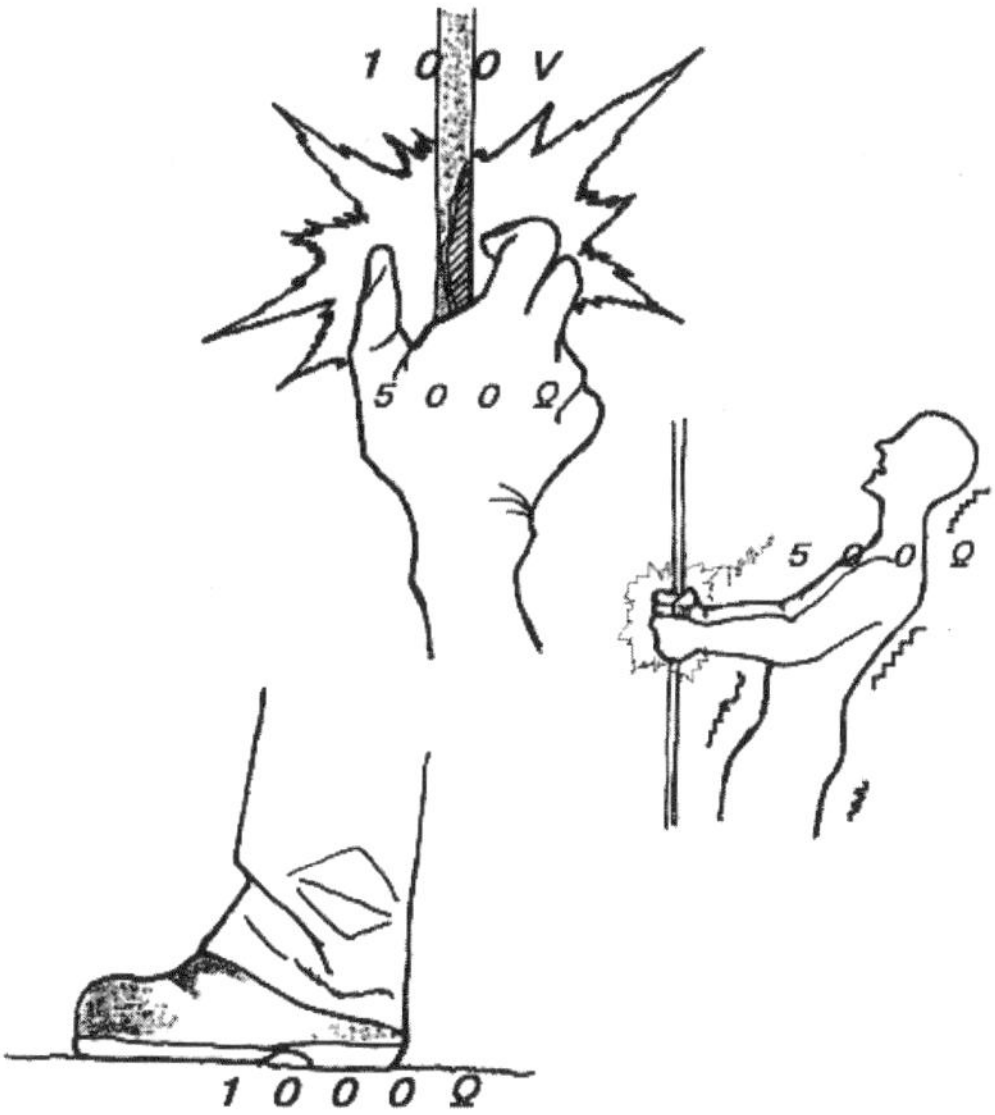

■100Vの電源露出部（むき出しのコード）に触れ重篤な状態に陥った男性に関する考察

We（流入部の抵抗：電源と接触した手に流れた時の電気抵抗）500Ω
Wa（流出部の抵抗：電流が足から地面へと抜けていった時の電気抵抗）1000Ω
Wg（体内の抵抗）500Ω

合計抵抗値：We+Wa+Wg=2000Ω
電圧：100V

$$i = \frac{100\ (V)}{2000(\Omega)}$$
$$=0.05A$$
$$=50mA$$

この男性の体に流れた電流は50mA。通電時間が5秒を越えたため把握電流が生じた。周囲にいた人が異変に気づいたのはその直後であった

■心室細動について

心室細動――心筋が無秩序に収縮するだけとなり心臓が血液をポンピングすることができなくなった状態。前述のように、家庭用電源による感電死因第1位は心室細動である。80～100mAでは通電が3秒を超えると、100mA以上では1秒で心室細動が始まる（即心臓停止の場合もある）。

心室細動が起こった場合、CPRや電気除細動器（0・02秒でDC1700V・20Aの電気ショックを与え心臓の動きを強制リセットする装置：AEDとも呼ばれる）を使って約5分間以内に心臓の働きを元の状態に戻さなければ脳がダメージを受け、死に至る。

心室細動が始まると心臓は鼓動しなくなり、意味もなくのたうった状態になる。当然血液のポンピングなど不可能だ。こうした状態は心電図を見れば明らかで心臓が機能していればリズミカルなシグナルの起伏を確認できるが、心室細動を起こした心臓は連続した小さな波形しか見られない。

■感電経路

感電の致死率は電気が人体のどこに流れたかによっても左右される。感電自殺を実践した者は一般人よりも電気に精通していることが多い。造詣が深いゆえに思いを遂げている。平成6年の総自殺者数2万9923人のうち感電自殺をしたものは188人、これは1%にも満たない数字だ。188人の自殺者それぞれの電気に関する知識の程度は定かではないが、通常、家庭用電源が用いられ半数がタイマーを使っている。1997年4月。28歳になる男性が宿泊先のホテルのベッドの上で死亡しているところを発見された。男性の左胸（ひとつは肋骨の下あた

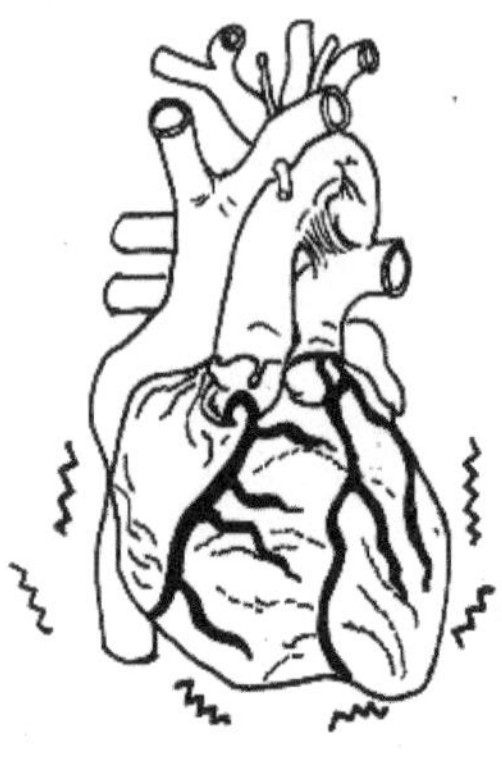
■心室細動のイメージ

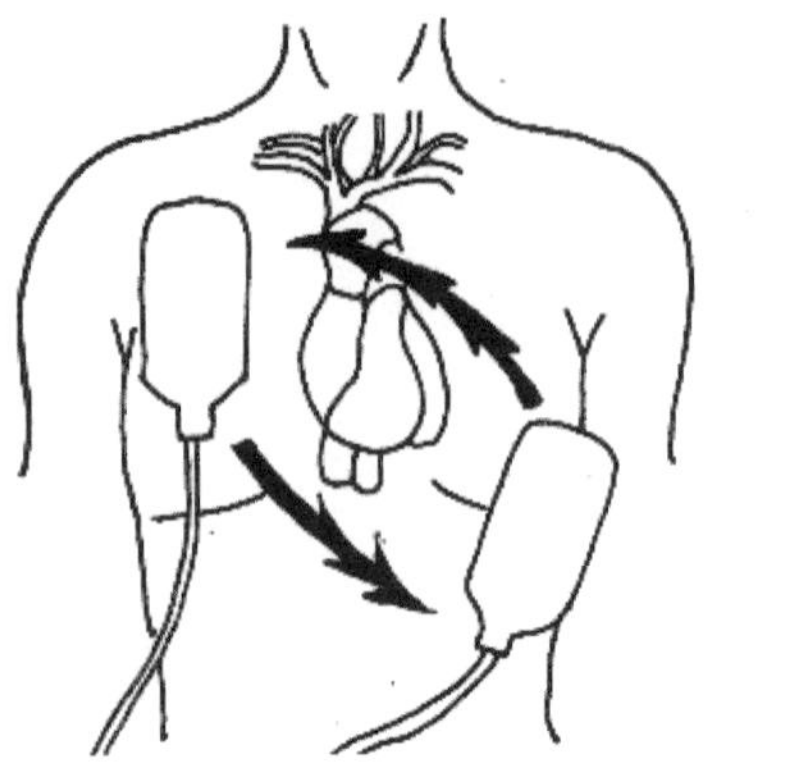
■AEDの電極パッドと心臓のレイアウト

り、もうひとつは側面）には電気コードに結んだ50円硬貨と100円硬貨がつけられていた。電気コードはタイマースイッチを経由しコンセント（100V・60Hz）につながれていた。部屋から市販の睡眠薬の空き箱と遺書、そして「自殺マニュアル」が見つかった。検死の結果、睡眠薬は致死量に達していなかったことが判明。直接の死因は感電死。なぜこの男性は硬貨を左胸につけたのか――心臓は左側に位置するからだ。電流は抵抗値が4000Ωであったと想定すると50mA程度だが発見されるまでずっと流れていたことになる。

電気の影響を受けやすい臓器は脳、脊髄、心臓、そして横隔膜内の呼吸筋だ。電流は「脳から心臓を経由して足」へと流れるのが最も危険とされている。ゆえに死刑囚の頭に金属キャップが被せられる。つぎに「手から手」または「左手から右足」といった具合に「心臓を横切る」ように流れると危ない。この意味からすると「右手から右足」に流れた場合、致死率は低くなるはずだ。感電の致死率は電流が心臓に流れるかどうかにかかっている。

フランスのパリで1994～1998年の5年間のうち低電圧電流を使った感電自殺は3件あった。女性が1名（72歳）で、男性が2名（38歳、41歳）だった。男性2名は電気コードの被覆をはがし腕や指に着けて「手から手」に心臓を経由して電気を流した。女性も同じく電気コードを用いたものの「口から足」へ電流を流した。フランスの家庭用電源の電圧は220Vだ。

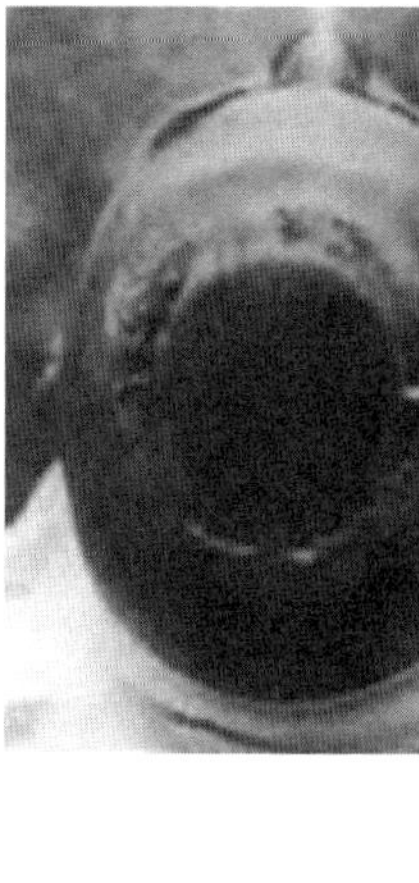

■感電処刑では死刑囚の頭に金属製のボールが被せられる。これこそが電流を頭（脳）⇩心臓⇩足に流すための工夫なのだ。写真は処刑後の頭部の様子

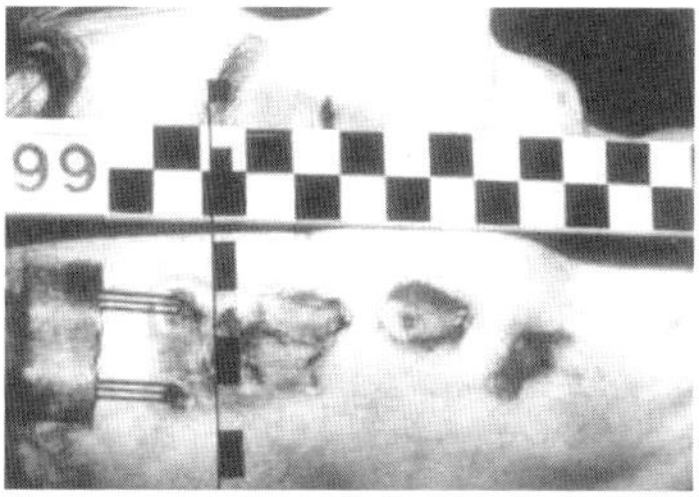

■ドイツで起きた感電殺人。犯人の夫は妻（48歳）が寝入ったところ顔や首にプラグ（60Hz、220V）を何度も押し付け感電死させた。プラグの形状と流入部の電流痕が一致した

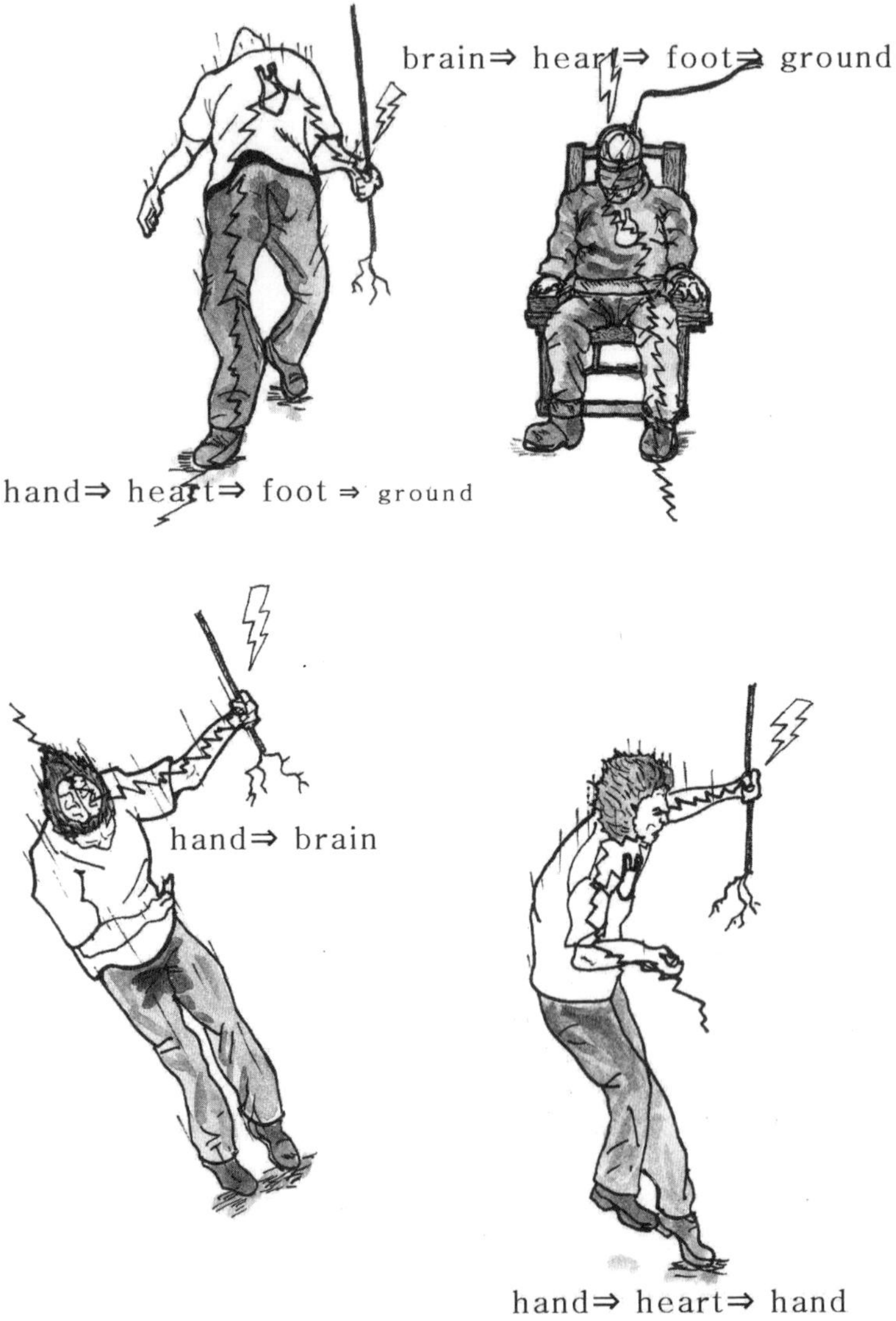
brain⇒ heart⇒ foot⇒ ground
hand⇒ heart⇒ foot ⇒ ground
hand⇒ brain
hand⇒ heart⇒ hand

■致命的な電流経路

家庭用電源で感電すると

■電流痕

感電死の死因の一つとされる火傷は、家庭用電源に代表される低電圧では「黒焦げ状態」にはならない。これは高電圧の話だ。とはいうものの電源と接触した部分が小さかったり電流が大きかったりすると特徴的な電流痕（電流斑）が残る。電流痕はジュール熱によって形成される。つまり電流と人間の体の電気抵抗との摩擦で生じた火傷なのだ。電流痕は二つあり電気が体内に侵入した「流入部」と体外に抜けていった「流出部」では痕の状態が違う。

浴槽の中で感電すると、電気の流入が広範囲にわたるため電流痕は残らない。水中で電流が拡散されたことと、上昇熱に対して水がヒートシンク（吸放熱材）の役目をするからである。

家庭用電源による感電から死に至るまでのプロセスは二つ——

A）80～100mA

感電⇩心室細動⇩心臓が機能せず血流がストップ⇩低酸素症⇩大脳皮質の死滅⇩脳幹の死滅

B）100mA以上

感電⇩心臓停止・呼吸停止⇩心臓機能が即座にストップ・酸素を摂取できない⇩低酸素症⇩大脳皮質の死滅⇩脳幹の死滅

家庭用電源コンセントを自殺に用いた場合、タイマーを介在させているケースが多いことか

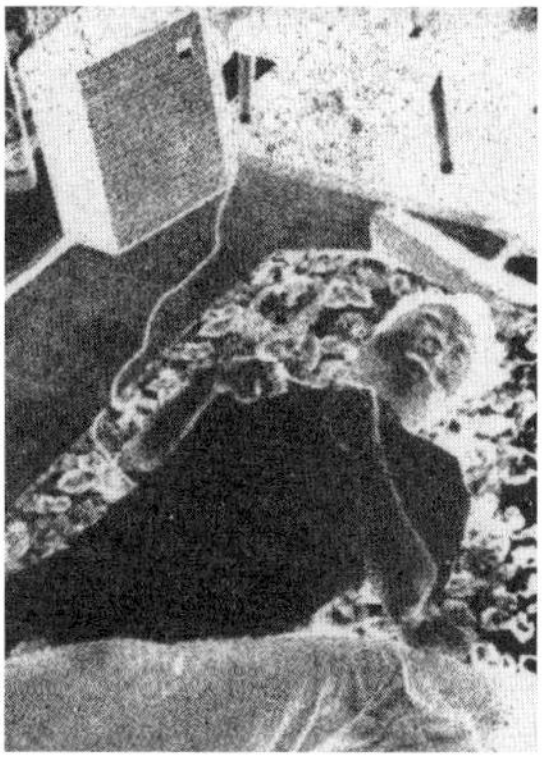

■睡眠薬と電気を併用した感電自殺

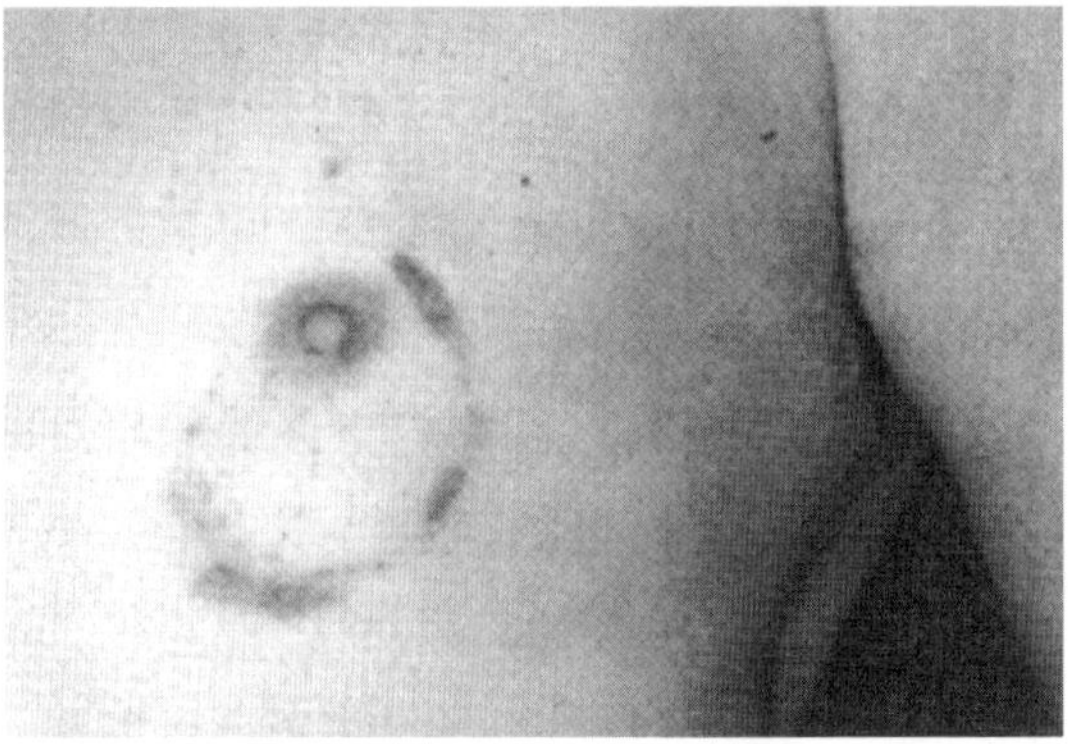

■感電自殺：胸部と直腸に電極を取り付けていた

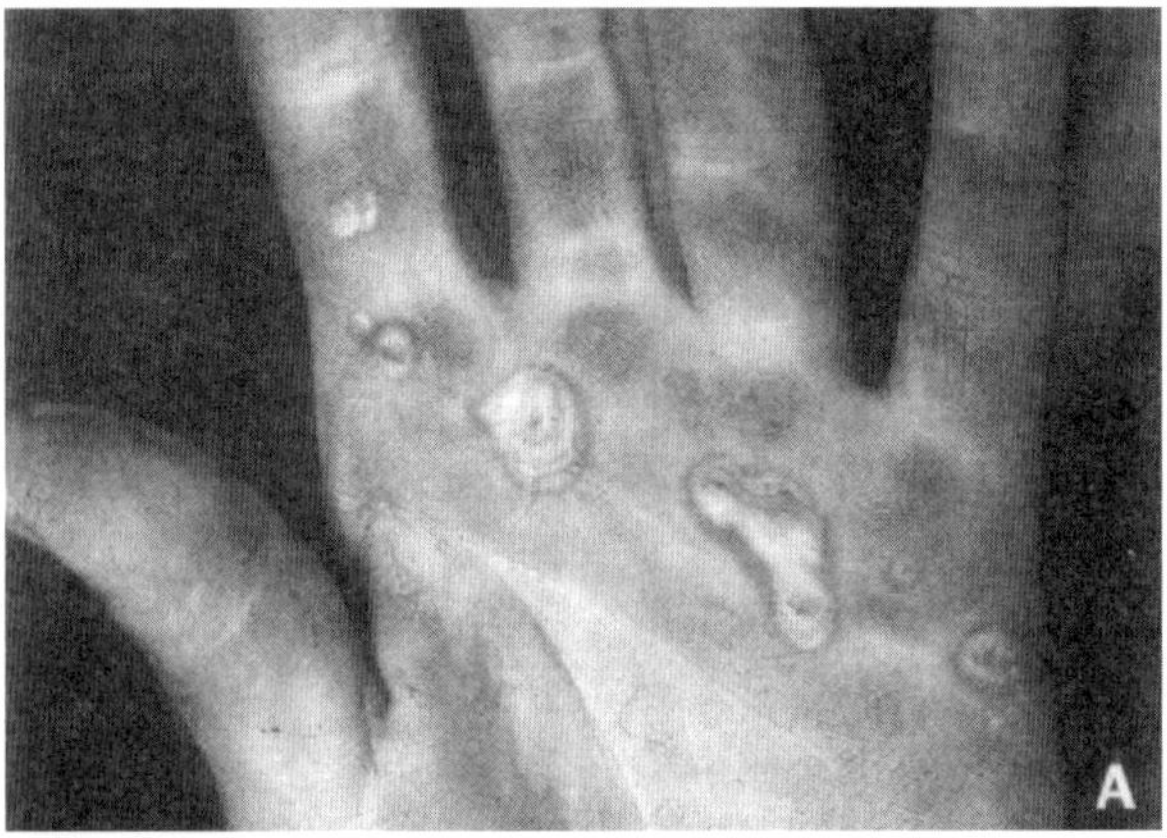

■流入部の電流痕

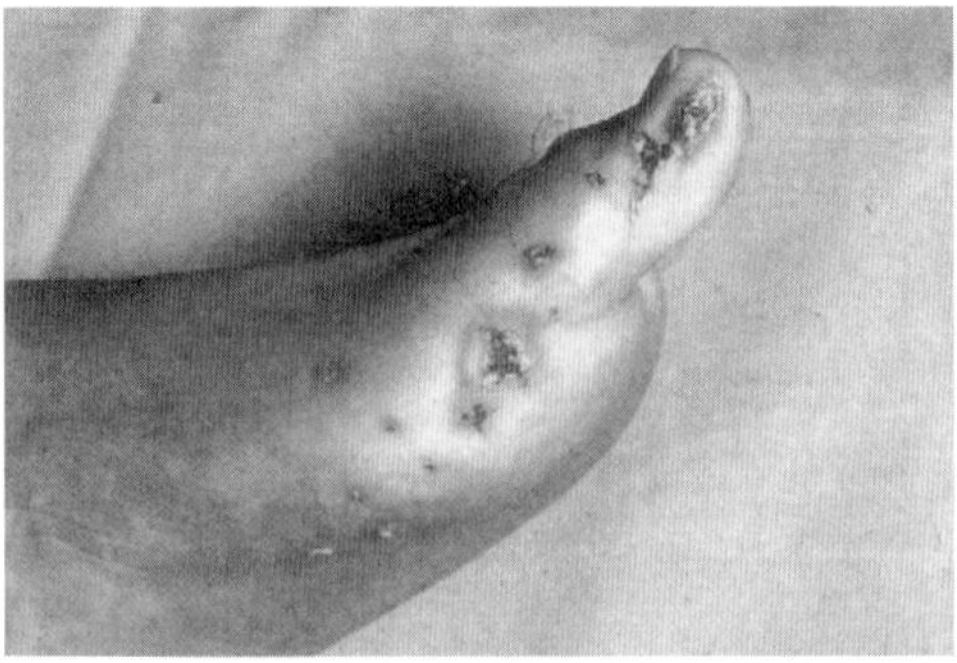

■流出部の電流痕

ら、この間に第三者に中断させられたり、自殺者自身が考え直したりする可能性が高い。低電圧感電の特徴は、心臓が気絶状態（心室細動）になっても完全に息絶えるまでに数分はかかるので、タイミングさえよければ蘇生術が功を奏すところだ。

■奇妙な感電

2章で触れたようにセックスの快感と死は密接な関係にあり、性行為の最中に首を吊りながら（絞めながら）命を落とした者はかなりの数いる。こうした事故死は特に自慰行為中に多く自慰死（autoerotic fatalities）と定義づけされている。エレクトリックオナニーも同じことで、単純にピリピリという電気刺激を楽しむという者もいるが、「感電死するかもしれない」というスリルが性的興奮を高めている。

下の写真のような状況を見てまず何がおこなわれたかを推測する。手首が軽く縛られているからレイプ殺人である。いや、遺体や室内に争った形跡もなく部屋は鍵がかけてあり誰かが侵入した形跡も見当たらない。よってこれは感電自殺だ。もう一度遺体の状況をよく見ると自殺にしては、不自然な点が幾つもある。1）なぜヌードに近い姿なのか、2）ヘッドフォンをしている、3）電極のつけられた部位が不自然、4）レイプの形跡がない、など。（おそらく）彼女は家庭用電源を使ってオナニーをしている最中、アクシデント的に感電死したのだ。

36歳の電気技師が自宅で全裸のまま感電死していた（次ページ写真参照）。彼はホモセクシャルで以前から電気を使ったオナニーを実践していた。電極ワイヤーはテレビの内蔵スピーカーを介して陰嚢と直腸に差し込まれていた。2・2V、0・6Aの電流が流れる仕組みになっていた。

電流痕（2・5㎝長の三角形）は顔面右側に出来ていた。状況を再現すると、常習者である

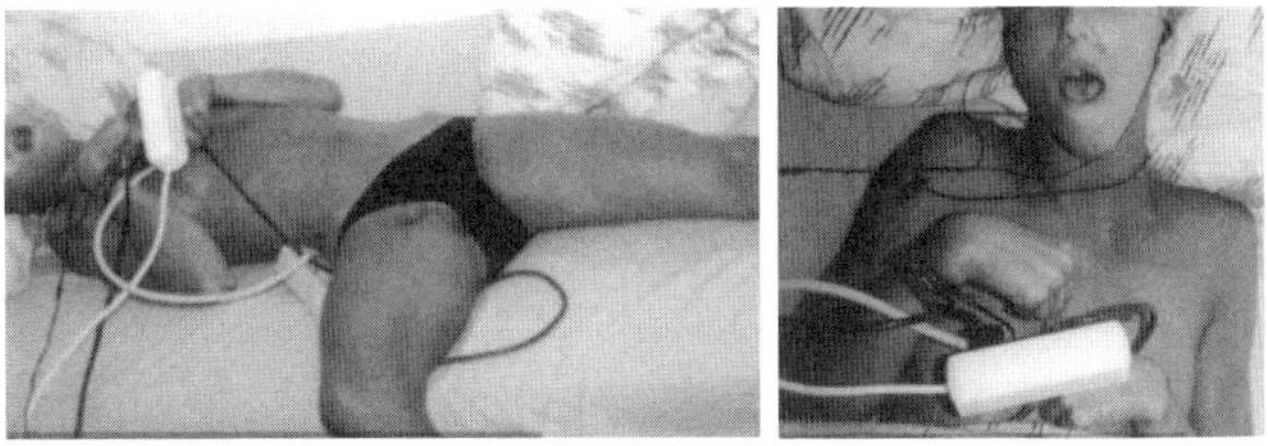

■軽い緊縛も確認できる

彼はいつものようにエレクトリックオナニーに耽っていた。断線でもしたのか、それとも刺激を強めようとしたのか――とにかく内部がむき出しになったテレビの方に体を近づけ、中を覗き込んだ。その時に何かの拍子で２５００Ｖの電圧が生じているバルブ（保護用シールドは外されていた）と顔が接触し感電死したのだ。

■DC（直流）について

先にも説明したようにＤＣ（直流）は電気の流れが一定方向である。感電した場合、ＤＣはＡＣよりも危険度が低いとみなされている。その理由は１）強直痙攣がおこりにくいこと、２）心室細胞がおこりにくいこと、だ。強直痙攣がおきにくいということは、手が「握りっぱなしの状態」いわゆる把握電流状態にはならないということだ。ただし高電圧であった場合はこの限りではない。衝撃で筋肉が一瞬にして収縮し、骨を砕いたり、火傷を負ったり、心臓停止、呼吸停止は免れない。落雷がその好例だ。雷は別として死に至る恐れがある電圧は24Ｖ以上で、これは自動車のバッテリーを二つ合わせた電圧に等しい。

■カーバッテリーで感電するか

電気に詳しい人、感電経験者はこの項を飛ばしていただいても結構。しかし漠然と電気に畏怖の念を抱いているような人、特に女性には是非目を通してもらいたい。

カーバッテリーの電源は12Ｖ、電流はＤＣであることはこれまでに何回も述べたのでもう覚えているだろう。バッテリーのあがった車を再始動させる時、別の車のバッテリーと繋いだケーブルを引っ張ってくる。この時ケーブル先端をショートさせると恐ろしいほどのスパークが

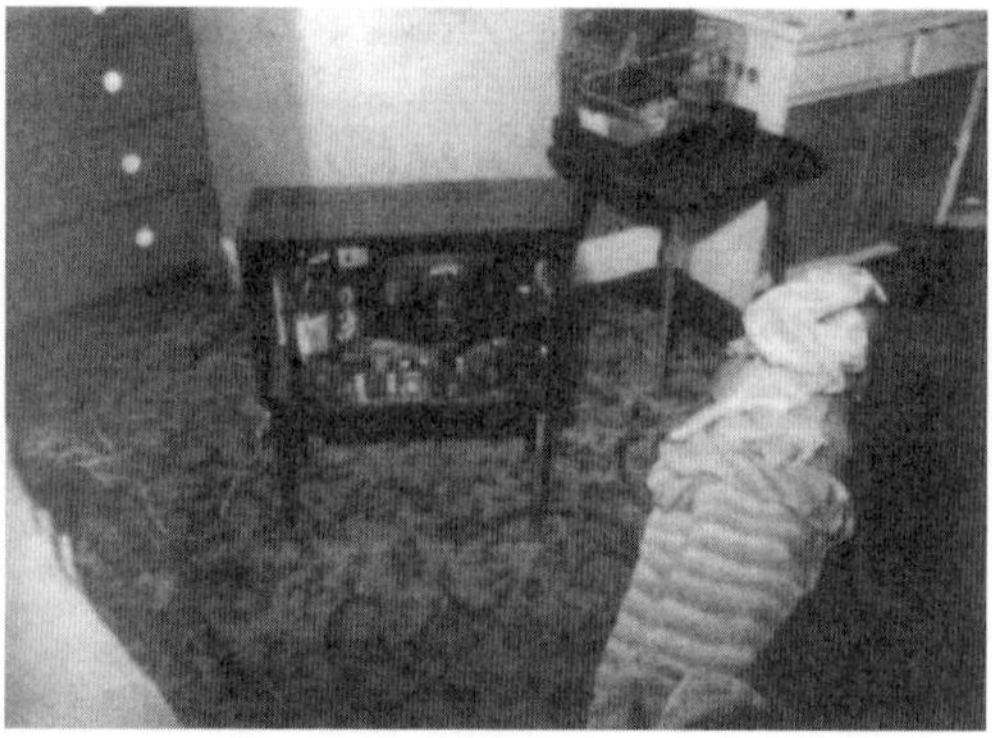

■テレビの背面カバーが外されている

発生する。それでなくともいかにも丈夫そうなケーブルを見るにつけ相当の電流が流れていると思いがちだ。その通りそこには240A（mAにあらず）もの電流が流れている。前出の電力計算式にあてはめれば2880W（12V×240A）になる。25mAで生命の安全が保証されないのだから（319ページ表参照）このクラスの電流が一定の時間流れればどうなるかは想像がつくというものだ。

その240Aもの電流が流れるケーブルに触れてエンジンをかけるとどうなるであろうか？何も起こらない。先ほど電気抵抗のところで説明したように人体の抵抗値は2000Ω（一説には2000〜5000Ω）あるので実際の電流を求めると――

I＝V／R

の計算式から電流は0・006A（12V÷2000Ω）になる。0・006Aとは6mAのことなので同表から「相当な苦痛を感じる：筋肉コントロールすることはできる」程度となる。感電許容といった個人差もあるがカーバッテリーで感電死することはありえないということがこれでわかる。

WARNING!

右記の記述はあくまでも安全率を考慮した上での話なので実際にエンジンをかけたカーバッテリーに触れることは非常に危険だ。

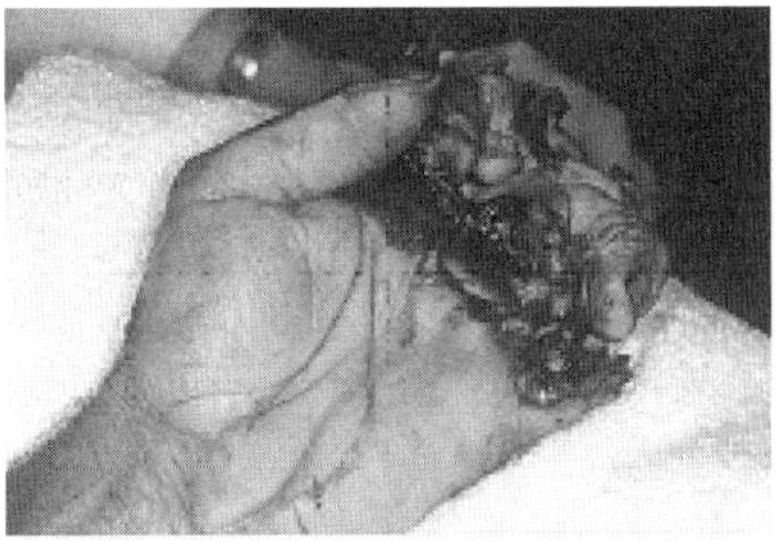

■感電により生じた火傷

高電圧で感電すると

高電圧・高電流といえば電線や発電所だ。日本では電圧を600〜7000Vで高圧、7000V以上を特別高圧と定めている。これらに接触すれば人間の電気抵抗などまったく役に立たない。前述したように電流が流れた時間は感電の致死率を決める要因のひとつだ。雷や高圧電線などの高電圧が流れた場合、ほとんどが瞬時のうちに即死している。死因として考えられるのは以下——

1　重度の火傷

2　脳や神経系統の損傷

3　呼吸停止による脳へのダメージ

犠牲者のほとんどは体内に高電圧の電流が流れたことが直接の死因となっているが、これとは別に二次的なものとして電撃のショックで心臓麻痺を起こしたり、身体の自由を失って高所から墜落したりして死傷している。重度の火傷は高電圧電流が体内に流れた際に生じるものだが（ジュール熱）、高電圧は通常、電線や工場設備にしかなく一般家庭にある家庭用電源の電圧ではよほどのことがない限り「黒焦げ状態」にはならない。犠牲者が黒焦げ状態になっていたら一定の時間継続して電流が流れたことを意味する。通常高電圧に触れると衝撃で弾き飛ばされるという。この際、瞬時にして意識を失うか最悪の場合心停止、呼吸停止になる。

高電圧感電は家庭用電源による感電特有の把握電流や心室細動、電流痕とは無縁で、その代わりに際立った火傷が生じる。火傷の程度は家庭用電源のそれとは比べものにならないほど酷

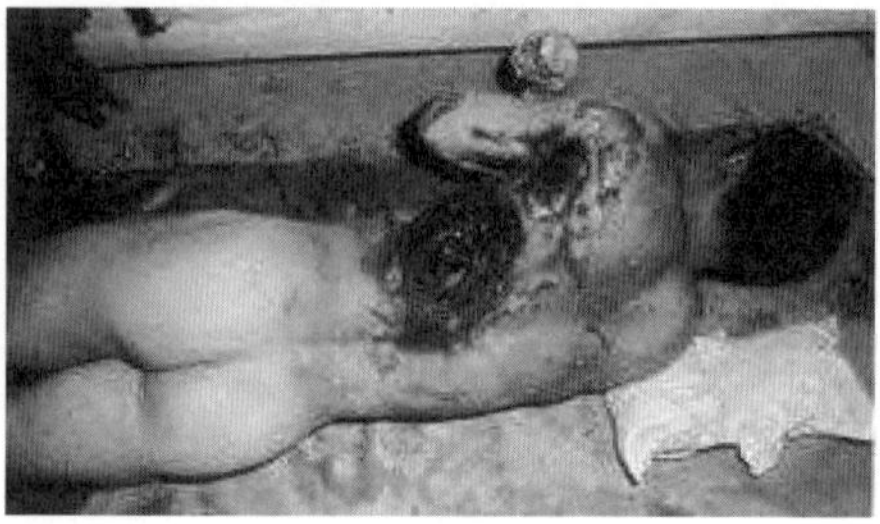

■この作業員は3300Vで感電死した

■変電所

い。時として接触部は直火で炙られたようになる。これが頭部なら頭蓋骨は破砕し、ボイルされた脳味噌で眼窩から眼球が飛び出す。DC電流なら激しい硬直により筋肉が収縮し裂け、骨から剥がれてしまうだろう。もちろん腕の骨は折れてしまう。こうした肉体的な所見とは裏腹に、死因は呼吸停止や心停止となる。

■脳や神経系統へのダメージ

火傷による組織ダメージは高電圧のみならず低電圧でも一定の期間接触していると充分起こりうる。特に動脈は電気が流れたことでもろくなり、突然、大量の出血を招く恐れがある。感電は目に見える火傷だけではなく脳や神経系統にも大きなダメージを与える。たとえば角膜や視神経が冒されれば視神経萎縮など重度の後遺症となる。一命は取り留めたとしても頭部に高電圧が流れた場合、感電によって発生したジュール熱で後になって白内障に苦しめられる。興味深いのは、電気的火傷は普通の火傷と違って治りやすいことと、神経に与えるダメージが大きいので、あまり痛みを感じないことだ。しかし現実は高電圧による感電犠牲者の18～45％が腕もしくは足を切断している。また高電圧感電の犠牲者の2／3が、低電圧感電の1／3が電源と接触したと同時に意識を失っている。意識が戻るまでに数日間もかかったという事例もある。

脳へのダメージ、つまり直接的な中枢神経系へのダメージは当然ながら頭部に電流が流れた時が最も起こりやすいのだが、間接的な神経ダメージとして頭部に電流が流れなくともその場で、もしくは数日後に症状が出ることもある。ダメージの種類として記憶障害、神経症、人格変容、難聴が挙げられる。脊髄も損傷を受ければ麻痺にも繋がる。こうした症状は1年以上続くのが普通だが、ある調査によれば低電圧感電の患者22名のうち約半分にこのような症状が発

■温泉掘削中、地下に埋設された電線に気づかず感電死した

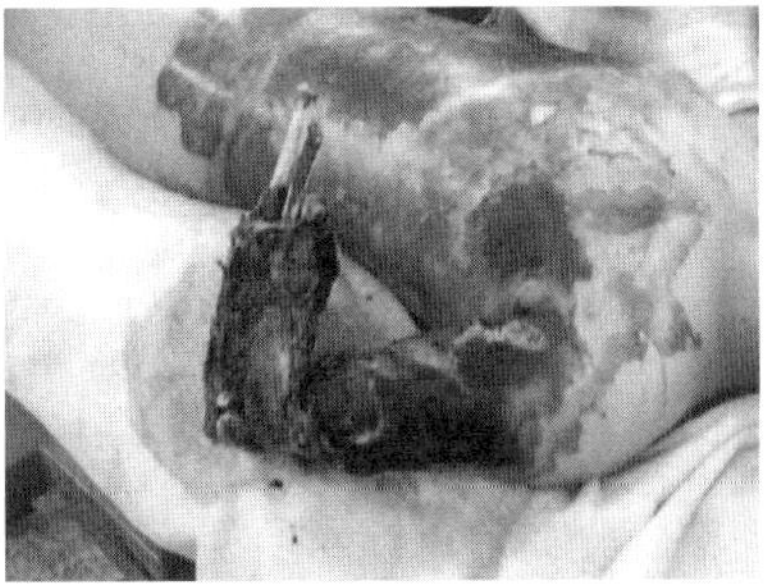

■腕の切断を余儀なくされた

現したが、一時的なものであったという。しかし別の報告では16名のうち12名が1年以上の神経系のダメージを訴えている。一方、高電圧感電の場合、64名の患者のうち、完全回復したのは20名だけだった。

感電によって心臓の動きや呼吸が止まれば、当然のことながら酸素が脳に運ばれなくなる。2章に詳しいが、大脳皮質は5分以内に酸素供給が再開されなければ死滅する。仮に5分以内に回復しても脳に後遺症が残る。フランスにおける高圧電線作業者の事故事例に関するデータによれば、生存者の21%が回復見込みのない後遺症に苦しめられているとのことだ。程度は定かではないが火傷を負う確率は93%という高確率である。しかし致死率は0・9～2・4%と意外に低かった。

自殺事例では高圧電線の鉄塔やポールによじ登り、電線を掴むことが多い。実は高圧電線に接触して死亡した者のほとんどが、自殺願望とは無縁の電線泥棒や単なる目立ちたがり屋だった。ドラッグでハイになり電柱に登り最後に感電死したという事例もある。

次ページ写真（右）の男性はメンテナンス作業に使うステージを移動中に誤って電線に接触させ衆人環視の中で感電死した。男性の体から煙が上がっているのが確認できた。

■落雷

落雷（lightning）はこれまでの感電とは別物と考えるべきだ。毎年夏になると落雷による被害が出るが死亡者数は負傷者数に比べるとはるかに少ない。落雷に関してはよく「雷に打たれて」という表現が使われるがこれは直撃を意味するものであって、ほとんどが「近くに落ちた雷の電流が流れて」という状況だ。

落雷による生存率は2割といわれているが問答無用、直撃を受ければ即死だ。電圧：1億ボ

■高圧電線などに触れ自殺を図った場合、即、死に至る。高電圧感電の場合、心臓は瞬時に停止する。一命を取り留めても大火傷や四肢切断を含む身体の著しい損傷は避けられず、精神的障害も深刻だ

ルト、電流：数千～20万A、放電時間：100万分の1～2秒、放電距離最大で5km――この想像を絶するエネルギーの前ではどんな絶縁もないに等しい。

1億ボルト、20万アンペア――通常ならば人間の体は炭化または蒸発するところだが電流が流れた部位と経路が黒焦げになる程度といわれている。これは放電時間が1／100万秒と極めて短いからだ。マンガでは雷で打たれた人物を「ガイコツが透けて見えた状態」で描写する。これはあながちウソとはいえず高電圧感電の経験者からも似たような報告が寄せられている。

雷に関しては昔から「べからず」というものがあり、われわれはそれを信じてきた。しかし最近になってその中のいくつかは間違いであることが判明した。電力会社が発表した最新の「雷べからず集」のいくつかを紹介する――金属を身につけている場合、それらは取り外せといわれたものだが、傘をさすなど金属が体の上に突出していない限り落雷とは無関係である。絶縁効果を期待しラバーブーツやラバースーツを着ていると落雷しにくいというのも眉唾のようだ。体の位置を低くしようと地面にひれ伏すのも危ない。接地面積が増えるとそれだけ電流が流れるので、しゃがむ程度がよい。落雷の直撃を受けても犠牲者の20％は生存している（ただし重度の後遺症が残るはずだ）。高い木の下は安全といわれたが、幹はもちろん葉や枝からも最低でも2mは離れなければならない、など。

■○で囲んだ箇所が接触したところ

■落雷

電気椅子の真実

感電処刑を最初に取り入れたのはアメリカのニューヨーク州で開発コンセプトは「苦痛の少ない洗練された処刑」であった。電気椅子を使った処刑は現在、ネブラスカ、アラバマ、アーカンソー、イリノイ、オハイオ、ケンタッキー、テネシー、バージニア、サウスカロライナ、フロリダ、オクラホマの11州が正式に採用している。

19世紀初頭、アメリカでは英国式絞首刑が採用されていた。この別名ドロップ式絞首刑の手際の悪さ、お粗末さは2章で触れた通りだ。死刑囚は絞首ではなく頚椎骨折によって絶命しているのだ。しかも息を引き取るまでにかなりの時間がかかり、下手をすれば首と胴体が切断という事態にもなった。アメリカに限らず他の国でも死刑の執行に際しては人道的観点からなるべく苦痛のない方法を採用することと法律で定められている。

電気椅子はエレクトリックの黎明期といえる19世紀後半に誕生した。1886年、ニューヨーク州知事ディヴィッド・B・ヒルは絞首刑を廃止しこれに代わるものとして電気処刑を州の処刑方法と定めた。電気椅子第1号は1888年9月に完成した。当時、エジソンとウェスティンハウスはそれぞれが開発した電流特性の標準規格化でしのぎを削っていた。結局安全性の面からウェスティンハウスのAC電流が国内標準になるわけだが、皮肉なことに電気処刑にも最適との評価をもらうことになった。

電気椅子第1号は電気技師ハロルド・ブラウンによって製作された。頑丈な樫のフレームで構成された椅子には背もたれの頭と背中があたる部分に電極が設けられた。州の役人は当時最新のテクノロジーを駆使し出来上がった電気椅子を目の前にして、絞首刑、銃殺刑、首切り刑と数ある処刑方法の中でこれこそ唯一無二の人道的な処刑方法だと自賛した。感電処刑第1号

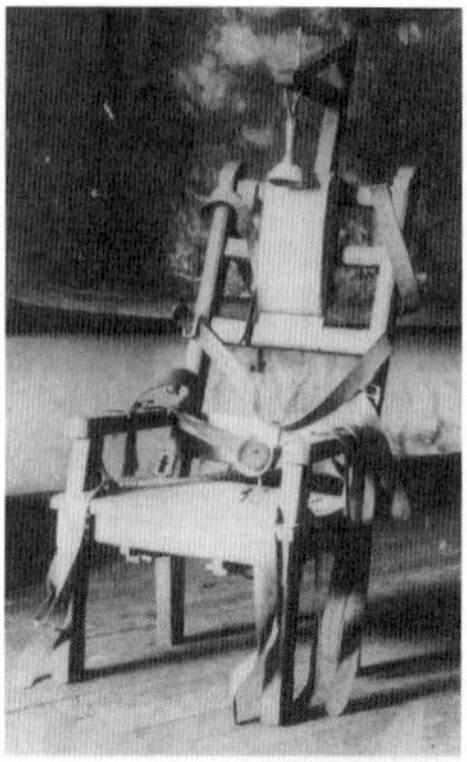
■電気椅子第1号

はウィリアム・ケメラーという男で、恋人を殺した罪で死刑を言い渡されていた。執行日は１８９０年8月。処刑の様子はこのように伝えられている。電極部のスポンジには導電性を高める為に塩水が浸み込まされた。腕、足、腰はレザーストラップで、頭は電極と接触するようレザーハーネスでしっかりと固定された。黒い布が口鼻にかけられ、刑務所長の合図でスイッチが入れられた。ケメラーの体は強直し、この状態は17秒続いた。スイッチがオフになると強直は収まった。検死官が死亡を確認した直後にケメラーの胸のあたりが上下に動いた。驚いた刑務所長が2度目の通電を命じる。約70秒。背中の電極から蒸気と煙が上がるとともに肉の焦げる匂いが処刑室に充満した。ケメラーは文字通りバーベキューにされたのだ。

■女性の感電処刑

20世紀になって25人の女性が感電処刑された。１８９９年3月に処刑されたマーサ・プレイスが女性第1号の感電処刑者だ。電極は頭と足首につけられ１７６０Ｖの電流が流された。１９２８年1月に刑が執行されたラス・シュナイダー（当時33歳）の処刑模様はニューヨークデイリーニュースのカメラマン、トム・ハワードによって隠し撮りされた。この貴重な写真（下段右）を撮るにあたり、彼は足首に仕掛けた16㎜カメラのシャッターをポケットから延長したワイヤーで操作した。ブレた画像から現場にいたハワードの緊張感と２０００Ｖ近い電撃がどういったものかが伝わってくる。

フロリダ「ブッラクウィドウ」ケース

１９９８年3月に親族3人を殺害した罪で処刑されたジュディ・ブエノアーノ、別名《フロリダの黒い未亡人（当時54歳）》はフロリダ州で初めて電気椅子に座らされた女性死刑囚だ。

■ラス・シュナイダーは夫を殺した。２０５０Ｖの電流が20秒間流され気を失わせた後に、２５０Ｖの電流が１００秒間流された

■ジュディ・ブエノアーノ

彼女の幼少期は決して幸福とはいえないものだった。四人兄弟のうち彼女ともう一人の弟は幼くして養子に出された。継母から激しい虐待を受けていた彼女は14歳で刑務所に入り、出所後は看護助手の仕事に就いた。職場の仲間には自分の生い立ちについては嘘をついていた。１９７１年、ヴェトナムから帰還した元空軍の軍曹だった夫を、砒素を使って毒殺した。真相が明らかになったのは夫の死から12年後のことでこれを機に別の二つの殺人事件の関与が指摘された。そのひとつが当時19歳だった息子の殺害である。息子のマイケルは生まれついて半身が不自由で歩行すらままならない状態であった。１９８０年、マイケルはカヌーの転覆事故で溺死した。この時一緒にいたジュディとマイケルの弟ジェームスは無事であった。マイケルの死から3年後、ジュディの恋人が自動車爆弾で大怪我を負った。黒幕はジュディで、当時彼女はこの男性に対し妊娠したと嘘をつき、男性が祝福のシャンペンを買いに行こうとした矢先にビタミン剤のカプセルを渡していた。後にこれは砒素入りのカプセルであることが判明する。夫、息子、恋人には保険金がかけられており受取人はすべてジョディだった。この3件で手にした金額は総額で24万ドルと伝えられている。

１９２３年以来フロリダ州に1台しかない電気椅子は75年間休むことなく使われ、二百四十人の男性死刑囚、一人の女性死刑囚（ジュディ・ブエノアーノのこと）がこれに座った。リニューアルされたのは１９９９年になってからだ。電気椅子を新造したのは巨漢の死刑囚アレン・リー・ディヴィスの体重を支えきれないというのも理由のひとつだった。

ジュディの刑執行は１９９８年3月30日午前7時におこなわれた。午前4時半、シャワーの後、頭の毛をすべて剃られた。これは通電性を良くするためと髪の毛を燃やさないためだ。7時2分、ジュディが処刑室に入ってきた。椅子に座ると8つのレザーストラップで手首、足首、ウェスト、胸を固定される。頭に被せられた電極キャップの内張りスポンジに水が浸み込まされた。「何か言い残すことは」との問いかけに「NO,sir」と応える。看守がレザーマスクで顔

ジュディ・ブエノアーノのおこなわれた処刑レシピ

サイクル	電圧（V）	電流（A）	通電時間（sec）	電気抵抗（Ω）
1	2000	9・4	8	212.8
2	650	2・9	22	224.1
3	190	9・4	8	202.1

を覆うと執行人はスイッチを入れた。時刻は7時8分。この後、電流は三つのサイクルで自動的に流れる仕組みになっている（前ページ表）。通電時間38秒。この間、足元から白煙とも蒸気ともつかぬ気体が上がった。午前7時13分、死亡を確認。

■アレン・リー・ディヴィスの場合

ジュディ・ブエノアーノの処刑から約1年後の１９９９年7月8日、アレン・リー・ディヴィス（白人男性・54歳）が感電処刑に処せられた。アレンは15年前に仕出かした強盗殺人で死刑が確定していた。約80年ぶりにリニューアルされた電気椅子に最初に腰掛けたこの死刑囚は電気処刑がいかに惨たらしいものかを世に知らしめた。

オールドスパーキー――以前から乱調気味の電気椅子をフロリダ刑務所の看守たちは侮蔑を込めてこう呼んでいた。プロセスはどうあれオールドスパーキーは１９２３年以来二百数十人もの死刑囚を感電死させてきた実績があった。オールドスパーキーはお釈迦寸前だ――１９９７年あたりから看守たちは真顔でいい合うようになった。スイッチＯＮと同時に死刑囚の体から炎と煙が上がったからだ。アレンの弁護人は巨漢の男を苦しめることなく処刑するのにオールドスパーキーは役不足であると裁判所に申し立て、新造するにあたって椅子だけではなくブレーカーや回路もすべて新しいものと交換するよう要求した。

アレンに対する故障寸前の電気椅子による感電処刑は当然の裁きともいえた。１９８２年５月11日に起きた強盗事件で犠牲者となったのは何の落ち度もない母と娘の三人だった。アレンは妊娠3ヶ月の身重のナンシー・ウェイラーと二人の娘クリスティーナ・ウェイラー、キャサリン・ウェイラーを残忍な方法で殺害した。母親であるナンシー・ウェイラー（当時37歳）は銃撃後、ピストルのグリップで本人の見分けがつかないほど殴りつけられ殺された。数日前に

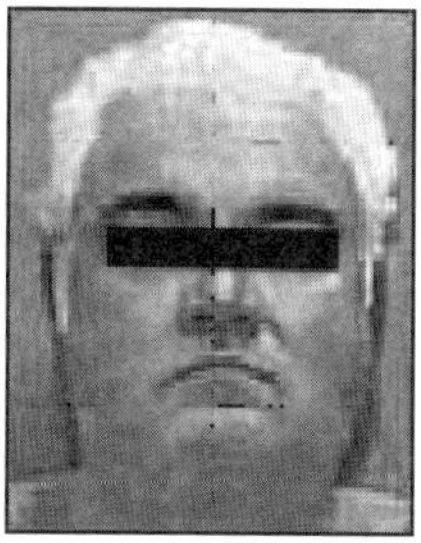

■アレン・リー・ディヴィス

誕生日を迎えた10歳の娘のクリスティーナは後ろ手に縛られた後2発撃たれた。次女の5歳になるキャサリンは逃げようとしたところ背中を撃たれた。

結局、オールドスパーキーは現役を退きアレンは急遽新造された電気椅子に座ることになった。材質は同じく樫材が使われ、椅子、電気回路、電極すべて込みで26万ドルが費やされた。処刑開始は午前7時5分。頭に被せられたメタルキャップから2300ボルトもの電流が流されると、アレンはそっくり返って、樫の木でできた椅子の背もたれに全体重を押し付けた。2回のうめき声を発した直後、下顎を固定するマスクの隙間から血が垂れてきた。血液はシャツに滴り落ち、やがて大きなシミを作っていった（次ページ写真）。黒いフードを被った処刑人は2分後にスイッチを切った。電撃後の痙攣は午前7時15分に死が宣告されるまで続いた。

■処刑にあたって

処刑室に連れて行かれた囚人は椅子に座らされると、胸、足首、腕、太ももをレザーストラップで固定される。銅でできた電極が足首につけられ、頭には同じく銅の電極のついたヘルメットが被せられる。導電性を高めるため体毛や髪の毛はすでに剃られており、電極には通電性の向上と焼け付き防止の目的で塩水が塗られる。囚人の顔は、レザーマスクもしくは黒い布で覆われ、失禁が予想されるのでオムツがあてがわれる。スイッチON――まずは電圧1700～2400V、6mAの電流が30秒、つぎに60秒間流される。6mA以上の電流を流さないのは死刑囚を「調理」しないためだ。

執行中、多かれ少なかれ電極と接している足首と頭から煙が上がる。生死の確認は医者がおこない、まだ息があれば3回、4回と電気が流される。電撃のシークエンスは人の手を煩わす

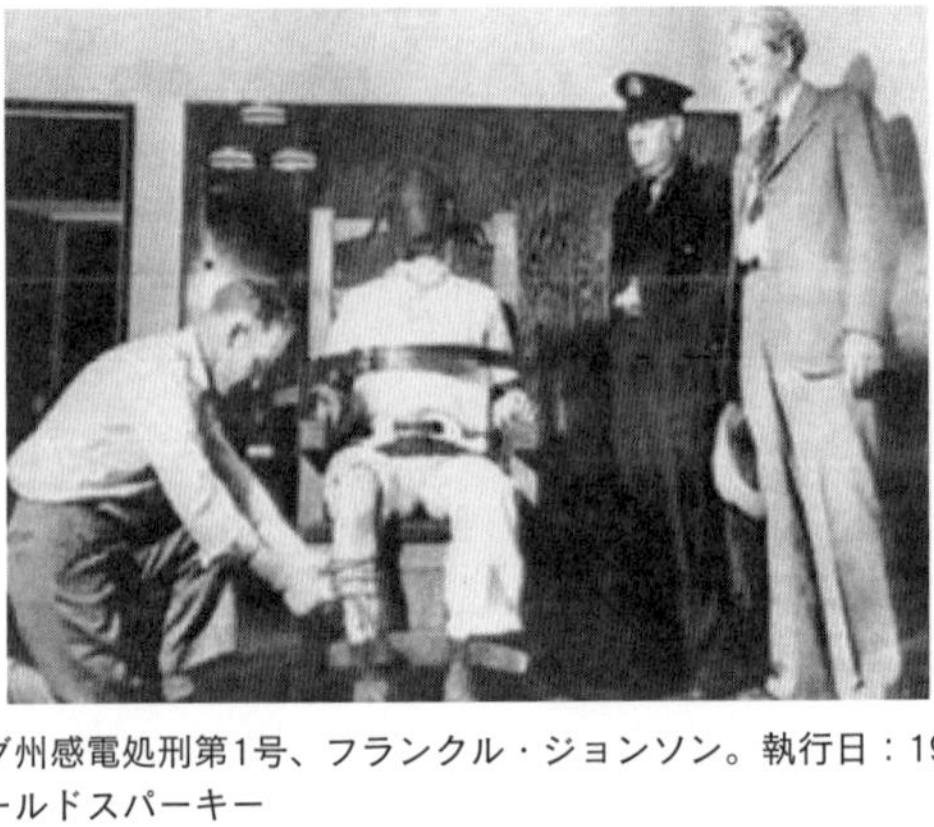

■フロリダ州感電処刑第1号、フランクル・ジョンソン。執行日：1924年10月7日
写真はオールドスパーキー

ことなくすべて自動制御されている。

平均絶命時間は2分10秒で、電撃は2回で十分というケースがほとんどだ。通常第1回目の電撃が1分間も続けば脳や中枢神経は破壊されているはずだ。電流が流れている間筋肉が強直するので全身は完全な麻痺状態に陥る。当然麻痺は呼吸筋や心筋にも及ぶ。2回目の電撃で心臓機能は完全停止となる。

処刑直後、囚人の体温は60℃近くになる。この温度に達しているということはタンパク質は破壊され、内臓は文字通りcookingされたことになる。熱さで触ることもできず検死はしばらく冷却した後におこなわれる。脳はまさにベイキング（baking）された状態だという。

電撃の最中、死刑囚は胸を上下させながら、ゴボゴボという音を発し、口から泡を吹く。血や汗が沸き立ち皮膚や髪の毛が焦げる。この時に失禁、脱糞をする。すべてではないが眼球が眼窩より飛び出し頬に垂れ下がっているケースもある。体温上昇により皮膚が赤くなり、張り裂けんばかりに膨張する。処刑の時に汗をかきすぎていると着火する恐れがある。立会人の証言によればスイッチが入れられた直後に「ジュッ」とベーコンが焼けるような音がし、胸糞悪い甘ったるいような匂いが部屋中に充満するらしい。

果たして死刑囚は「焼き殺される」前に絶命しているのだろうか——電圧２４００V、電流６mAの電撃を頭から受ければ、普通は１／２４０秒で意識を失うはずだ。これについては多くの医者が否定的で、死刑囚は焼かれる苦しみを味わいながら窒息死しているとの見解を出している。窒息は呼吸筋の麻痺から起こるものだ。感電処刑を中世の煮えたぎった油壺の中に落とす拷問にたとえる者もいる。ショックで全身の筋肉が麻痺し、悲鳴も上げられないからだ。専門家は意識を失うだけでも15～30秒はかかり、死に至るまでにはすくなくとも数分は要するはずだという。

やめろ！　呼吸ぐらいさせろ!!　１９４６年、ルイジアナでおこなわれた電気処刑で絶命に

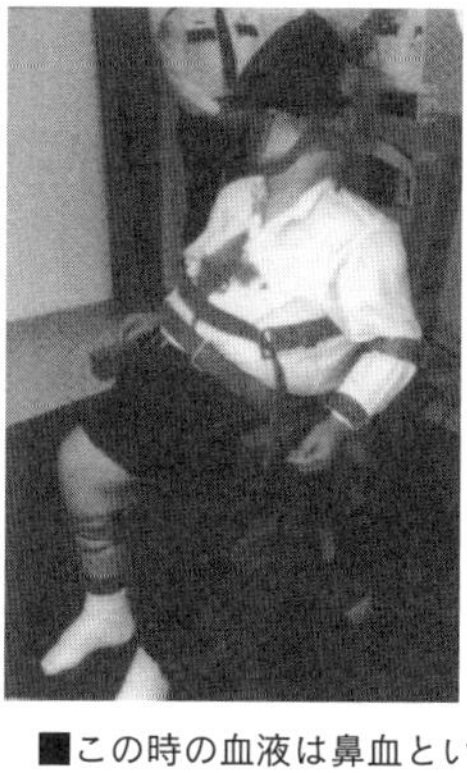

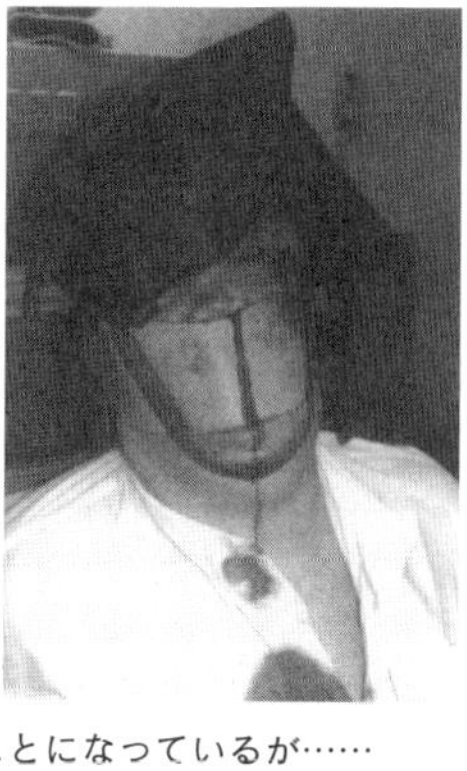

■この時の血液は鼻血ということになっているが……

至らなかったウィリー・フランシス（当時17歳）は電撃の感想をこう語った。

「冷たいピーナッツバターを流し込まれたようさ。頭と足が焼かれているようで、ストラップなんかお構いなしで飛び上がっちまったぜ」

フランシスはこの1年後再び電気椅子に座らされた。


フロリダ州の感電処刑の不手際は椅子自体が古すぎて修理がきかないことが主な原因だ。1983年以降だけで少なくとも5件は成功とはいえなかった。中でも1990年5月4日におこなわれたジェシー・ジョセフ・タフェエロの処刑は酷かった。立会人は、スイッチが入れられた瞬間にタフェエロの頭から煙と炎が上がったと証言している。ヘルメットとマスクの間の隙間から青とオレンジの炎が30㎝近くも吹き上がったのだ。1分経過、タフェエロは数回深い呼吸をした。これを見た看守長は執行人に何度も電撃を命じた。炎と煙はヘルメットと頭の間に敷かれた塩水を含んだスポンジから発生していた。おそらく電圧は100Vぐらいまでにしかならなかったはずだ。タフェエロは処刑ではなく拷問の末に殺されたも同然だった。同じようなことは7年後にも起きた。電源が入れられたと同時に死刑囚ペドロ・メディーナの頭から炎が上がった。燃焼は10秒ほど続き、処刑室に酸っぱいような煙が立ち込めた。ヘルメットの内張りに使われている真鍮部分の腐食と、ドライスポンジと塩水で浸したスポンジを一緒に使ったことが原因だった。

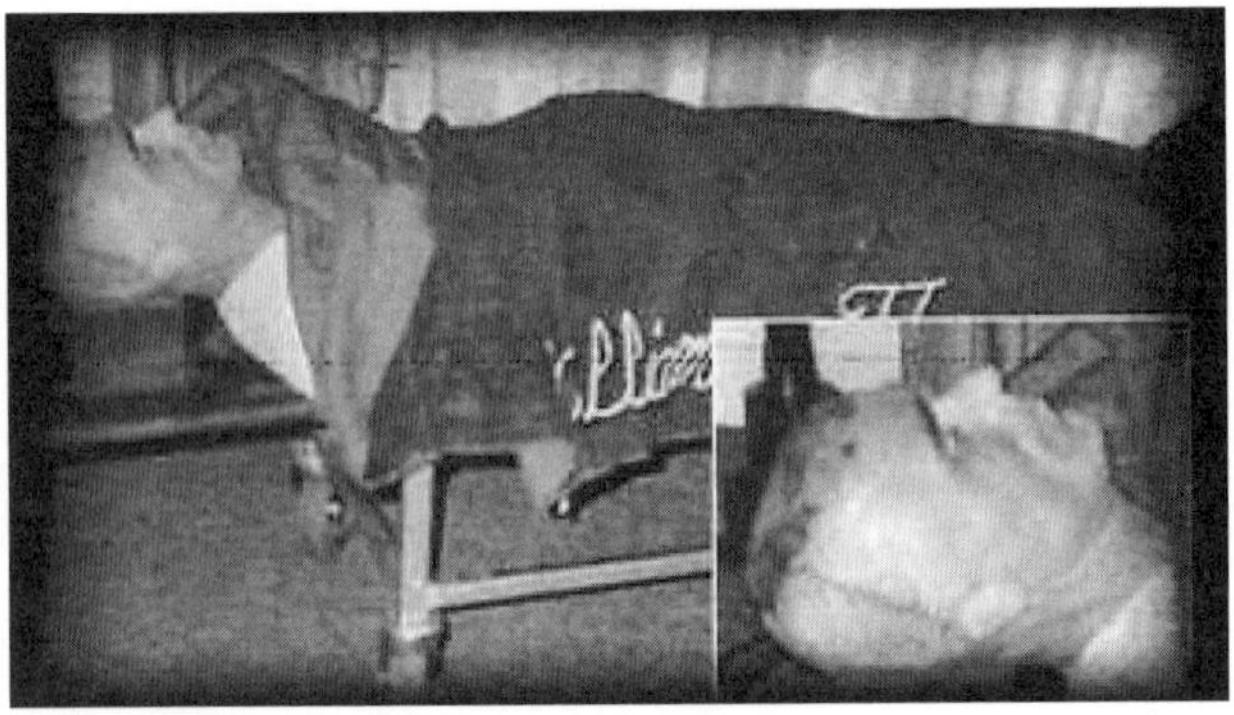

■テッド・バンディ。1989年1月24日、フロリダ州スターク刑務所にて感電処刑

ドライヤーとバスタブ殺人

１９７０年代前半、アメリカではバスタブに浸かりながらドライヤーをかけ、誤ってそれを湯の中に落としてしまい感電死するという事故が頻繁に起きていた。時同じくしてフィクションの世界でも、主にサスペンスドラマで入浴中にドライヤーなどの電化製品を投げ込まれて感電死させられるシーンが登場するようになった。

■ドライヤーは大丈夫か

現在、ほとんどの家庭に漏電遮断器が配備され、ドライヤー本体にも同じような回路が組み込まれているので、家電感電はおこりにくい。アメリカではＣＰＳＣ（消費者製品安全委員会）の指導により１９８０年代前半に感電の危険性を示すタグがコードに貼り付けられ、中盤には漏電遮断器が組み込まれるようになった。１９９０年代になると水中に落としてもＯＮ、ＯＦＦに関わらず感電しないような措置が講ぜられた。現在こうした機能のないドライヤーは原則的に市場に出回ることはない。ただしＣＰＳＣに従わないメーカーではこの限りではない。つい最近でも感電防止機能のないイタリア製の輸入ドライヤー約36万台が回収されたばかりだ。

■バスタブ殺人を検証する

乾燥皮膚の電気抵抗は数千Ω。かかとや手のひらの電気抵抗は皮膚が厚いゆえに1万Ωもある。水分や発汗で湿潤した皮膚の場合、抵抗値は約半分ぐらいにまで落ちてしまう。湿潤皮膚

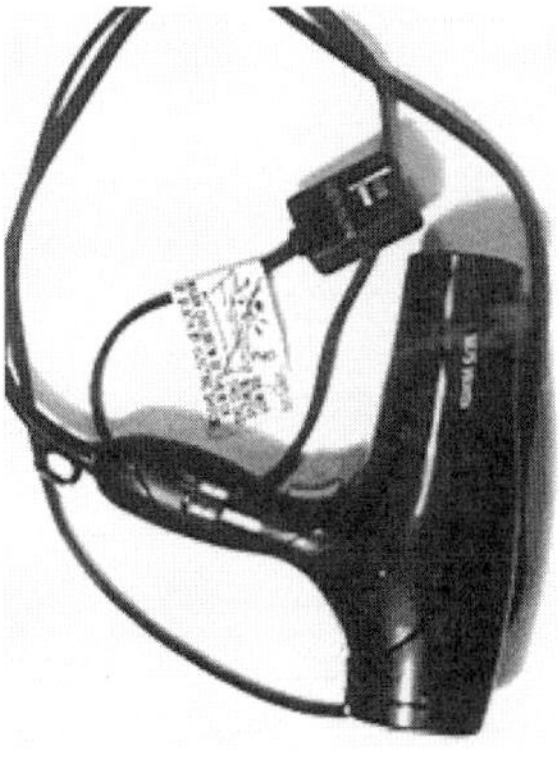

■欧米では浅い浴槽の中で半身浴をしながら、髪をかわかしたりする人が多い――習慣の違いだ

に関してはバスタブに浸かっている状態では体の周囲が水に覆われているため抵抗値はさらに下がると考えられている（５００〜４００Ω）。

１００Vの電化製品がバスタブに落ちた場合を検証する——

下段の式から犠牲者の体には２５０mAの電流が流れることになる。３１９ページ表「電流と人体への影響」と見比べると致死的なレベルであることがわかる。バスタブ感電は通常の接触感電と違い全身にまんべんなく電流が流れるのでどうしても通電時間も長くなる。また感電の瞬間に金属製の蛇口や排水口に触れているとさらに危険な状態になる。

仮に電流値が15〜25mAであったとしても電化製品を放り出すことも、バスタブから出ることもできず結局は感電死だ。底が浅く縦に長いタイプのバスタブでは体が滑り沈んでしまうことから溺死も死因の一つになる。バスタブの中に犠牲者と一緒にドライヤーやラジオが沈んでいれば通常は、事故死と判定される。しかし電化製品が見つからないと厄介なことになる——水中では水そのものがヒートシンクとなり感電特有の電流痕が発生しないため、遺体を詳しく調べない限り心臓発作や溺死で片付けられてしまう。完全犯罪？　現在、漏電遮断器はどこの家庭にも備え付けられている。これは異常な電流を感知すると０・１秒以下の速さで回路を強制中断させてしまう装置で、感知電流は15〜30mAあたりに設定されている。もし２５０mAもの電流が流れたら即座に電流はストップしてしまう。

■実録　バスタブ殺人

２００4年5月、バブルバスの中でくつろいでいる妻を感電死させようとした男が殺人未遂の容疑で逮捕された。事件当日、ウィリアム・ウルフ（34歳）は妻テレサに事件数ヶ月前に購

$$i = \frac{100}{400(\Omega)}$$

$$= 0.25\text{A}$$

$$= 250\text{mA}$$

入したバブルバスに入浴するようしきりに勧めた。バスルームの照明は消され、ロマンティックな雰囲気を演出するために数本のキャンドルが灯された。突然、妻がくつろいでいるバスタブの中に延長コードで繋がれたラジオが投げ込まれた――妻はすんでのところでこれをキャッチし、感電を免れた。アクシデントだったのか？　テレサは、夫はこの時（ラジオがキャッチされた時）、《信じられない》といったリアクションをしたと話している。ウィリアムのコンピューターを調べると、バスタブ感電に関する情報がファイリングされており、さらに妻には最近になって多額の保険金がかけられていたことが判明した。有罪となれば夫には懲役20年がいい渡されるはずだ。

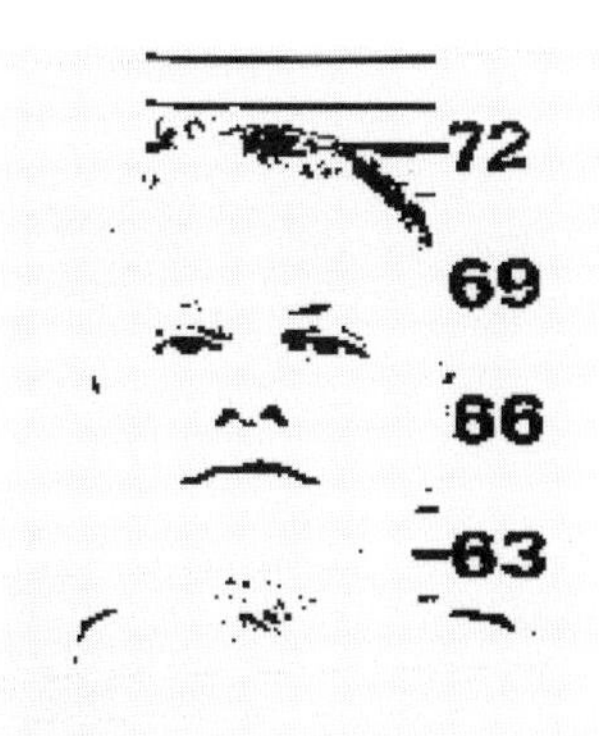

■ウィリアム・ウルフ

検証　電撃技術の変遷

電撃の強弱、感電するか否かは電圧ではなく電流、そして周波数によるところが大きい。家庭用電源の50～60Hzが最も危険であることは先に説明したとおりだ。電圧はともかく電流さえコントロールすれば電撃は有効に使いこなすことができる。

電撃系セルフディフェンスグッズといえばスタンガンだ。市販のスタンガンの電圧はミニマムで数万V、マキシマムになると数十万Vにもなる（最近になって100万Vの超高電圧を謳う機種が発売された）。10万ボルトといえば発電所のそれに匹敵し、「黒焦げ」は必至だ。しかしスタンガンで「黒焦げ」はもちろん死亡したという報告はない。

スタンガンが登場する100年近く以前に電気は処刑手段として採用され、非人道的な尋問や拷問にも使われていた。スタンガンは今でこそ立派なセルフディフェンスグッズだがもともとはトーチャーツールから派生したものだ。牛追い棒ことアメリカのキャトルプロッドもしかりだ。

電撃拷問といえばアクション映画ではお馴染みだ。スクリーンの中でナチス、ゲシュタポ、元KGBの工作員、南米の過激派などが尋問（拷問）手段として使っている。こうしたトーチャーテクニックはどのように世界中に広まっていったのか？　その変遷はまさに人間の普遍的な残虐性と日々進歩するエレクトリックの融合であったといえる。

■電撃拷問の歴史

19世紀初頭——時代はまさに電気技術の黎明期にあり、電気の普及は市民生活の質の向上を

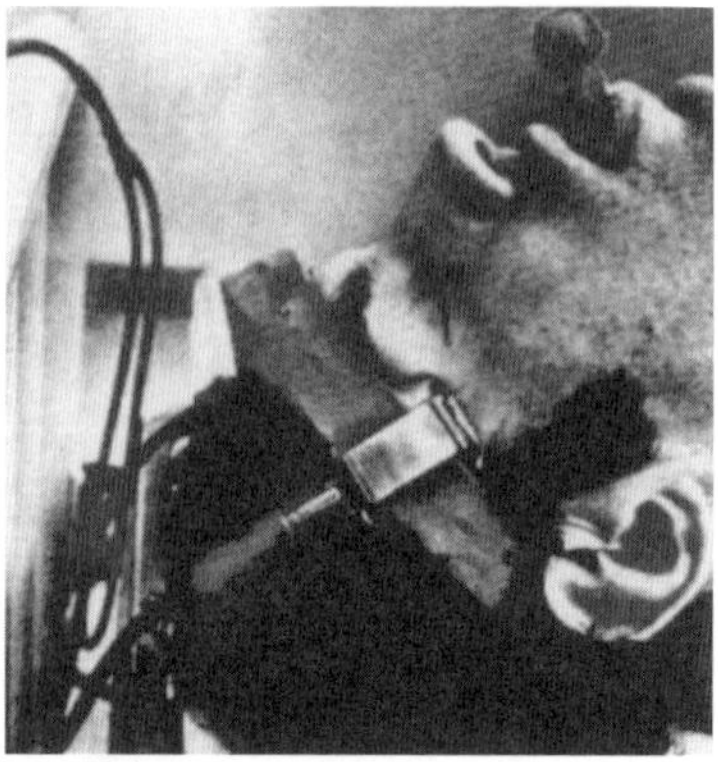

■ECT施術中。1930～50年代に大流行した

もたらした。こうした恩恵とは別に、この頃すでに電気は処刑や拷問にも使われていた。感電処刑、いわゆる電気椅子はニューヨークで、「不必要な苦痛を与えることなく刑を執行する」という目的の下、世界で初めて採用された。

電気を使った拷問方法は、今のような電撃ではなく光や熱を利用したものだった。照明を長時間囚人の目に照射したり、電熱器を押し当てるなどの使われ方が刑務所でおこなわれていた。電撃が使われるようになったのはしばらくたってからのことだ。しかし当時はまだどれだけの電流が流れると人が死なずに済むかという明確な基準が確立されていなかった。初期の拷問道具には、ポータブルであること、任意の部位に電流を流せることが求められた。1930年代に開発された拷問とは無縁の二つの機器によって拷問技術は新たな局面を向かえることになる。ひとつはＥＣＴ（electro convulsive therapy）こと電気ショック療法に用いられる医療器具、もうひとつはアルゼンチン式牛追い棒ピカーナだ。

■ＥＣＴ　電気ショック療法

ＥＣＴ（電気痙攣療法）は別名電気ショック療法とも呼ばれている。1930年代にイタリアの精神医学者ツェルレッティとビニによって考え出された医療行為で、100～150Ｖの電撃で人工的にてんかん発作を起こさせ、精神障害を治すという実に強引な理論に基づいている。実のところ最初、ツェルレッティらは人間に使うことを躊躇していた。実験で犬が何匹も死んでいるからだ。ところが首都ローマでは豚の屠殺にすでに電気ショックが使われていた。豚は心臓に電撃を加えると絶命するが、頭部ではすぐには死なず失神してから数分もすると息を吹き返した。これが「電気ショック療法は安全である！」との確信に繋がった。早速、重度の精神障害を持つ男性患者の頭に電流を流したところ症状が劇的に改善した。

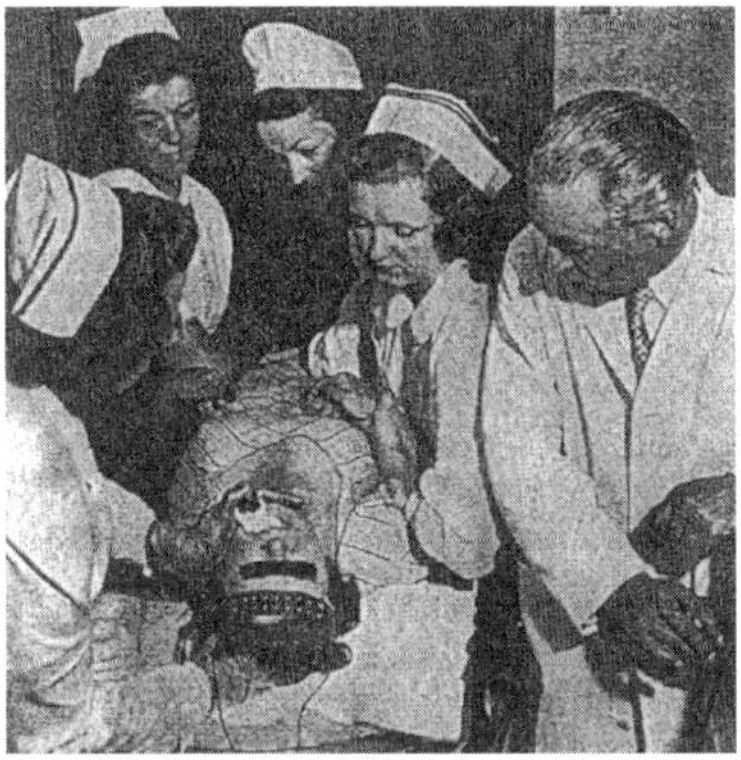

■ＥＣＴが盛んにおこなわれていた当時の様子。ナースの目が〝凄い〟

爆発的に広まった電気ショック療法は多分に拷問、虐待的な側面を持っていたため世間の風あたりは強かった。一時期学会内においてもロボトミー同様暗愚な医療行為とみなされていたが、近年ＥＣＴは再評価されつつある。うつ病、特に自殺企図を繰り返す患者には最も有効な手段であるといわれている。現在麻酔剤や筋弛緩剤との併用により、昔のように患者が「歯を食いしばり、全身がそっくり返る」ようなことにはならない。電極は認知を司る側頭葉部を避け、もっぱら前頭葉部に装着されている。

電気ショック療法は未知の部分が多い。実際どういった理論で効果があるのか解明されておらず電撃が脳神経を一時的にリセットしているものと推測されている。

アメリカでは第2次世界大戦後、ＣＡＩが12歳以上のドイツ人に対してナチスの記憶（思想教育）を忘れさせるという名目で電気ショック療法を奨励していた。１９５０年代には尋問やブレインウォッシング（洗脳）にも使われるようになり、多額の研究開発費がつぎ込まれた。１９６０年代にはＣＩＡの専従班がサイゴンに出向き、精神病患者の治療やベトコンの洗脳に使ったとされている。

■アルゼンチン式牛追い棒ピカーナ

ピカーナはもともと家畜をコントロールする目的で発明された、いわば農耕具の一種だ。初期の電気式ピカーナはまさに槍といった感じで、棒の先端に鉄製の棘が巻き付けられていた。１９２０年代のアルゼンチンの牧場が発祥の地とされ、１９３０年代には首都ブエノスアイレスの警察で尋問の手段として採用されていた。ピカーナはやがてヨーロッパ全土に普及し、１９３０年代には先端部が三叉フォークになったタイプや豚の屠殺専用のピカーナが市場に出回り、やがて牛、羊、山羊などすべての家畜の屠殺に対応できるようになった。

ピカーナが公然と尋問に使われ始めたのもこの頃だった。手順は次のようになる——犠牲者は木製の椅子にくくりつけられ、通電性を高めるため水をかけられる。電圧12000〜16000V、DC電流がミリアンペアの単位で流される。犠牲者には舌を噛まないようゴムか鉛製のハミがくわえさせられる。拷問は通常二人がかりでおこなわれていた。一人が先端の細い電極を犠牲者のこめかめ、口、陰部、乳首といった敏感な部位に押し当てる。残る一人が電圧を調整するといった具合だ。「電撃中止」「続行」の指示を仰ぐため医者も同席することがあった。

ECTの特徴は大型、低電圧、大電流、通電時間が比較的長い、電流は体内（脳内）に流れる。一方、ピカーナは小型、高電圧、極小電流、通電時間は短い、電流は局所のみ——ピカーナはスタンガンの原型であるといえよう。

■キャトルプロッド

アメリカに渡ったピカーナはキャトルプロッドと呼ばれるようになった。キャトル（cattle）とは家畜のことだ。

通常のスタンガンが四足動物には効かないといわれているのは使っている周波数が違うためだ。しかしこの逆はありえる。2001年、ネブラスカ州でキャトルプロッドを使って5歳の娘と8歳の養子を躾と称して虐待した男が逮捕された。

アルゼンチンでピカーナが発売された10年後、1940年アメリカでキャトルプロッドの小型化のパテントが受理され、軽量小型になると同時に懐中電灯などのアクセサリーが付属するようになった。1950年代には非殺傷性武器としての登録がおこなわれた後、警察がモブ・コントロールスティックの名で暴徒鎮圧・暴動制圧目的に採用し、黒人や公民権運動の活動家

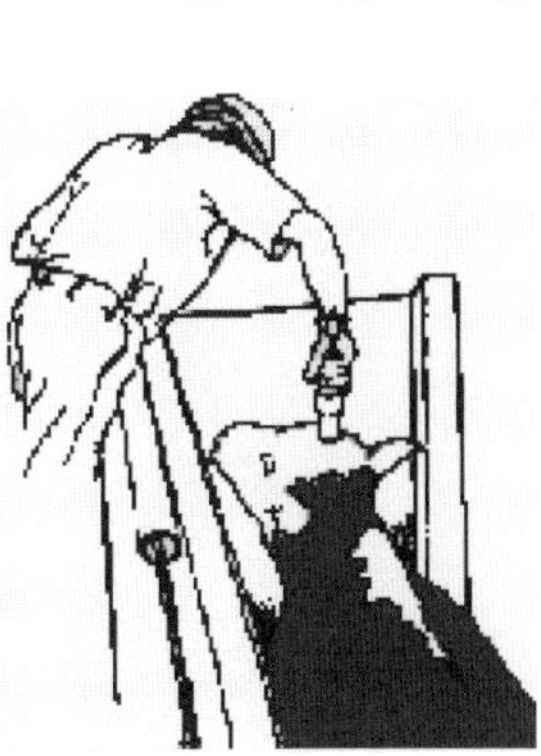

■屠殺用キャトルプロッド。電撃によって肉の質がよくなる、この逆に狂牛病の原因だ、ともいわれている。根拠はまったくなし

■キャトルプロッド

を取り押さえるために使われた。1964年には特殊警棒が郵便局員の自衛手段として採り入れられ刑務所や精神病院では拘束手段としても使われだした。特殊警棒はその形状が家畜用のキャトルプロッドを連想させたことから市民から猛烈な反発が出た。

今あるスタンガンのプロトタイプというべきモデルが開発されたのは1960年代のことだ。もともとハイジャック対策の有効手段となるべきものが民間マーケットで大成功を収め、現在に至った。セルフディフェンスグッズとして本格的に使われ始めたのは1970年代になってからだ。

■手回し式発電機ダイナモ

先にも述べたようにECTはWWⅡ（第2次世界大戦）後、CIAがナチスの思想払拭に、ベトナム戦争ではベトコンの洗脳に使われていた。ECTはアフガニスタン、モロッコ当局が尋問目的で採用していた1980年代以後公式な記録から姿を消した。この理由としては1）予想以上に洗脳効果が薄いこと、2）拷問目的のみで使用されることが多くなったこと、3）機材が嵩張ること、4）設定された電圧が100V程度と低いことが挙げられる。

20世紀初頭ECTやピカーナに代わって登場したのが野戦電話や車のスターターに使う手回し式の発電機ダイナモだった。世界の紛争地帯では今でもダイナモや小型バッテリーを使った拷問がおこなわれている。

ダイナモにワイヤーを繋ぎワイヤー先端を人体の敏感な部位に当てる。両耳に巻きつける、手足に繋げる、陰部に押しつけるなどの方法が採られた。このノウハウはフランスの旧植民地アルジェリアで培われたもので、これを世界中にあまねく知れ渡らせたのがベトナムやアルジェリアを植民地にしていたフランス軍だといわれている。電撃拷問の利点は目立った外傷が残

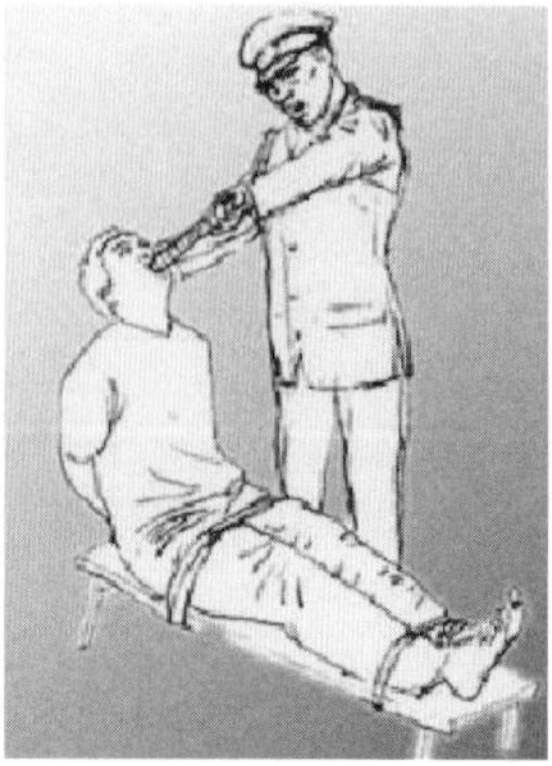

■中国ではスタンバトンが警官や強制収容所の監視員が好んで使う拷問道具だ。口、陰部、乳首にあてがわれ3万ボルトの電流が流される

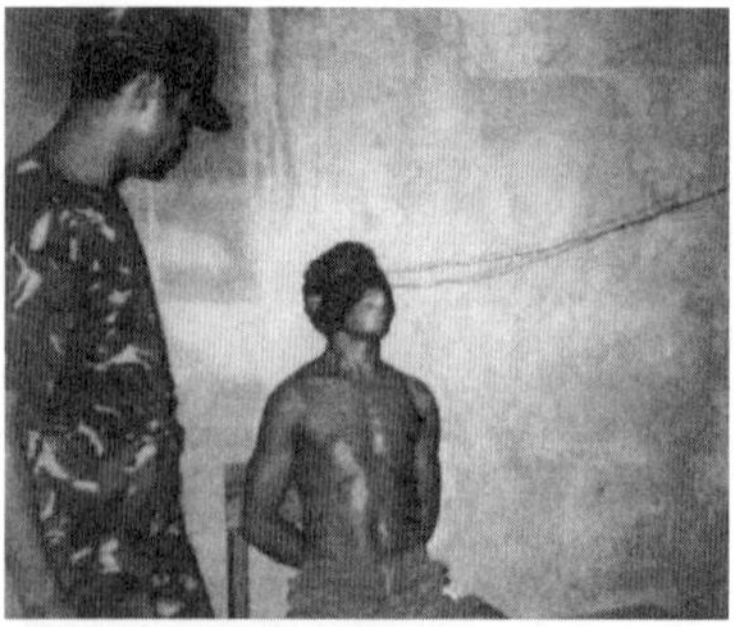

■ダイナモを使った典型的な電気拷問。歯、耳、指、かかと、乳首や陰部に電極がつけられる。接触した皮膚は感電特有の変化を見せる

らないところだ。

■スタンガン

1960年代にアメリカのジョン・カバーによって開発された電撃系セルフディフェンスグッズ。銃でいうブレットのような飛翔物がないにもかかわらず〈ガン〉と呼ばれるのは、オリジナルスタンガンは後で説明するテイザーのことを指しているからだ。現在日本では数万から数十万ボルトの超高電圧スタンガンがディスカウントショップでも売られている。賢明な読者なら数十万ボルト（数万ボルトでも十分）ものスタンガンでなぜ人が黒焦げにならないかはおわかりのことと思う。冬場に発生する静電気。車から降りた拍子にバチッとくるあの電撃は2万ボルトともいわれている。これでも超高電圧といえるが死亡報告はまったくない。特別高圧でさえも7000ボルトだ。

電撃の危険度は周波数と電流によって決まる。周波数ならば50～60Hz、電流ならば5mA以上が分岐点になる。市販のスタンガンの周波数は60Hzよりもかなり下に設定されており、電流も3mA前後になっている。しかも電撃は一瞬だ（悪意を持って長い間電撃を繰り返すことを拷問と呼ぶ）。

カーバッテリーの12ボルトならば人間の持つ電気抵抗でさして問題にならないが、数百ボルトあたりになると電流の量や電気抵抗はまったく障害にならなくなる。スタンガンはミニマムでも電圧は万単位だ。マキシマムの50万ボルトとは尋常ではない。スタンガンと超高圧電線の違いは何か？　もちろん電流だ。高圧電線の電源は発電所という施設、一方、スタンガンの発電源は9Vの乾電池が二つ。たかが知れているのだ。

章の初めに電流と電圧の関係を説明する際に滝の話を引き合いにしたが、ここでも滝の話を

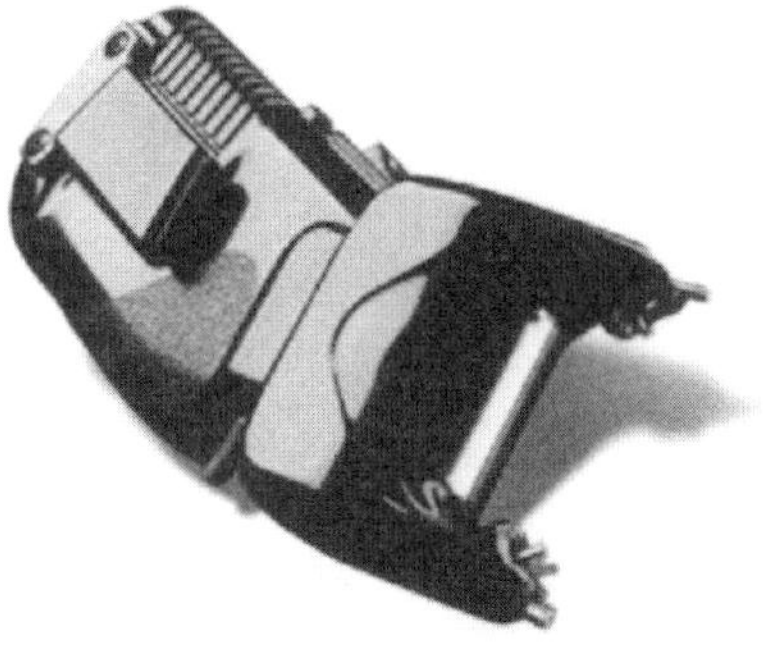

■スタンガン

引き合いに出そう――１００ｍ級の滝が二つある。落下する水量を見る。一方は「白糸」程度で滝上部の貯水量も枯れる寸前、もう一方は瀑布の表現が相応しい水量で上流には広大な河川が流れている。前者がスタンガン、後者が高圧電線といったところだ。

対象に発射したプローブで電撃するテイザーこそ本当の意味でのスタンガン（電撃銃）であるといえよう。事実、スタンガンのパテントをとったジョン・カバーのオリジナルスタンガンはこのテイザーだった。テイザーは１９７０年代後半にロスアンゼルス市警で採用されて以来、全米のほとんどの警察機関が官給品のリストに加えている。

■テイザー

スタンガンの唯一の欠点は犯人に極力接近しなければならないことだ。超高電圧を誇るスタンガンでさえもこのことは変わらない。テイザーはプローブ（電極部）を発射させることでこれを解決した。官給品のテイザーのプローブ到着距離は最大で６ｍ。対象がかなりの厚着をしていても何の支障もなくこれを貫き、皮膚に突き刺さる程の威力を持っている。民間向けモデルはCO_2ガスがエネルギーだが、官給品は火薬の力でプローブを飛ばす。

スタンガンとしての機能だが電圧は５万ボルト、電流は０・５mAに設定されている。市販の高電圧スタンガンの電圧と比べると10倍近くも低いが、テイザーは持続的に電流が流れるようプログラムされているので犯人はプローブを引き抜くことができない。理論上心拍停止や後遺症の心配はなく、刺さった箇所に電流痕のような火傷の痕が残るだけだ。ただし数丁のテイザーで攻撃を受けた場合はこの限りではないようだ。

レーザーポインターやフラッシュライトを搭載できることからテイザーはハンドガン感覚で取り扱うことができる。しかもノンリーサルだ。テイザーが採用される以前は、犯人を捕獲す

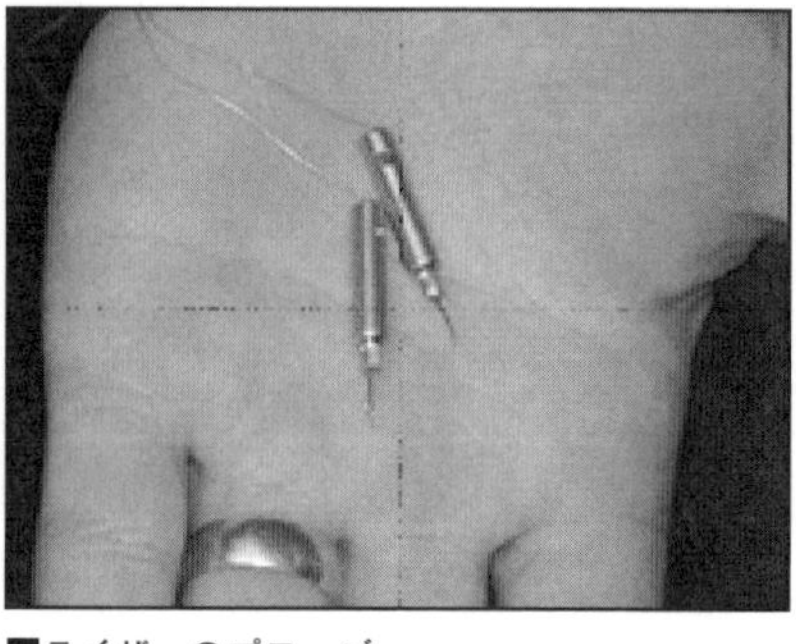

■テイザーのプローブ

■レーザーポインター付きテイザー

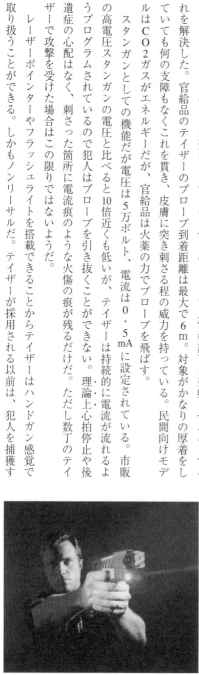

る際にはバトンで殴る、メイスを吹き付ける、ハンドガンで撃つ、といったバイオレントな方法をとらざるを得なかった。テイザーはこれらとは違い（特にハンドガン）深刻な後遺症を残さない点で評価されている。

誤用、濫用防止の手段としてどのテイザーが使われたのかを特定するために発射と同時に無数のチップが周囲にばら撒かれるなどの工夫がなされている。現在テイザーは刑務所や精神病院でも採用されている。

テイザーは本当にノンリーサルなのか

テイザーはリーサルウェポンの行使を躊躇せざるを得ないシチュエーションや、外傷を残すことなく相手を不能する場合に積極的に用いられてきた。テイザーの一番の売りはノンリーサル（非致死性）であることだが、驚いたことに２０００年から２００４年にかけてテイザー攻撃後に78名が死亡しているのだ（アメリカで69名、カナダで9名が犠牲になった）。死亡者数を州別に見たところ7名以上の死亡者をカウントしたのはカリフォルニア州（11名）とフロリダ州（14名）であることが判明した。犠牲者数の伸びは２００３年に21名であったのが翌年の２００４年には約2倍の39名を数えた。犠牲者79名の年齢構成を見ると30代が26名と最も多く、次いで40代の23名が続く。統計をまとめたリサーチャーはテイザー攻撃による犠牲者数はこれからも増え続けるに違いないと話している。

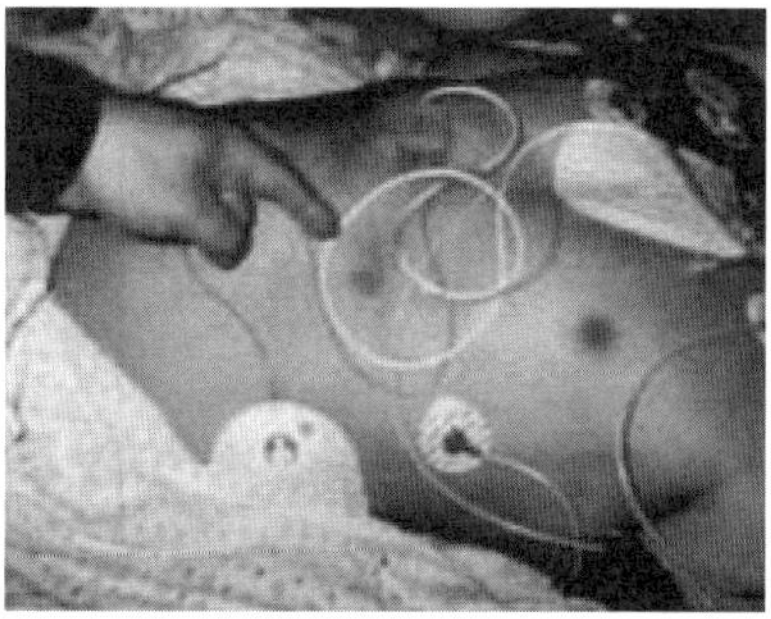

■テイザーの電撃痕――男性の死因は当初テイザー電撃によるものと考えられたが後にコカインのオーバードースであることが判明した

7章

銃器と銃撃事件

銃社会の現実

銃器メーカーと聞いてまず頭に思い浮かべるのは、アメリカ製なら老舗といわれるコルトやスミス&ウェッソンそしてスタームルガー、他ならベレッタ、ヘッケラー&コッホ、グロックといったところだろう。これらのメーカーに共通しているのはかなりの従業員数を抱えた「大手メーカー」であることだ。大手ゆえに自社製品に課す安全基準も高いものになる。

現在、アメリカ国内には2億5千万丁もの銃が出回っており、今挙げたメーカーの製品が犯罪に使われていると考えるだろう。銃に興味があればなおさらこう思うはずだ。これは間違いである。数字の1／3もしくは半分は無名に近い中小のメーカー品によって占められているのだ。たとえばブライコアームズ（倒産）。銃器業界において1991年はある意味で驚嘆すべき年だった。1991年のアメリカ国産ピストル製造数で老舗スミス&ウェッソンやスタームルガーを抑えブライコアームズが第1位を獲得したのだ。

断っておくが銃社会とはいえアメリカ人のすべてが銃に関心があるわけではない（むしろ忌み嫌っている人の方が多い）。興味のない人にとってはハンマーなどのツール（道具）と同じ程度の価値しかない。取扱いについてもそうだ。同じことは犯罪者にもあてはまる。彼らのすべてが銃に詳しいなどというのは幻想もいいところだ。押し込み強盗や精神異常者にとっては、弾が出れば何でもよい、人が殺せれば何でもよい、手に入れば何でもよい――といったところだろう。

繰り返しになるが模範市民であれ、犯罪者であれ銃は無頓着な人にとってはツールに過ぎないのだ。であればブランドにこだわらず安価なものを購入するというのは当然のことだ。引き金を引いて弾が出るならOK。だったら数百ドル出すよりも百ドル以下のもので十分なはずだ。

■憲法修正第2条とセルフディフェンス

憲法修正第2条――規律あるミリシア（民兵）の結成は自由な国家の安全にとって不可欠であるがゆえに、国民が武器を保有し、これを携帯する権利は何人も犯してはならない。米最高裁が、武器を所有する権利を認めた憲法修正第2条を見直そうとしたことはいまだかつてない。

2億5千万丁の銃器のうち6000万～6500万丁がハンドガンである。銃器オーナーは6000万～6500万人、このうちハンドガンのオーナーは3000万～3500万人と推測される。銃器オーナー全体の11％、ハンドガンオーナーの13％がセルフディフェンスで銃を使用した。強盗、家宅侵入、レイピスト、暴漢、殺人者から身を守るため毎年およそ65万人がハンドガンを使用している。

■警察は市民を守れない？

警察はすべての市民を保護する必要はない――これは米国の裁判所も認めたことだ。市民も心得たもので、たとえば犯罪が多いことで知られるマイアミ州デイド郡の警察が70万件の通報に対し対応できたのは20万件だけであった。デイド郡の銃器購買率は高い。これこそ市民のセルフディフェンス意識が高い証拠だ。司法省の発表では1989年、凶悪犯罪発生の通報から警官到着までの時間が1時間以上といったケースは16万8881件もあった。2億5千万人の市民の安全を守る警官の数はおよそ15万人、これは実質一人の警官が1700人を護らねばならないことになる。

安価な銃はサタデーナイトスペッシャルまたはジャンクガンと呼ばれ安価ゆえに作りが粗雑であることが多く、誤射や暴発の報告が相次いでいる。銃に限っては「安かろう悪かろう」で納得するにはあまりに代償が大きい。

■銃社会の真実

ディヴェートを進めるにあたってはPro and Con（賛否意見）が大切だ。銃規制に関していえばＰｒｏが規制賛成、Ｃｏｎが規制反対ということになる。銃社会の現実を探ってみる。

・マクドナルドとガンディーラーの数を比べると圧倒的にディーラーの方が多い。その数12万5千軒。

・銃が政府から最も規制を受けている製品であるというのは間違い。１９７２年に制定された連邦法を厳格に実施する消費者製品安全委員会の対象にすらなっていない。

・連邦法では犯罪者や未成年の銃の入手を厳しく制限しているが実際はそうではないようだ。１９９６年、逮捕者に対する聞き取り調査で「銃が入手できなかった」、「入手ルートがない」と答えた者は全体の７％足らず。およそ１／３が１週間あれば調達可能だと答えた。また１９９３年におこなわれた６年生から12年生までの生徒に対する調査では２／３が24時間以内に入手可能だと答えた。

・疾病管理センターによればアメリカでは15分に一人のペースで誰かが銃によって死傷している。これは地球上で地雷によって死傷する割合に近い。

■銃撃による犠牲者数の推移

ヘッケラー&コッホ社　USPシリーズプライスリスト　2000年5月

銃本体	仕上げ	口径	付属品	プライス
Mark23	B	45ACP	CNC/2MAG	$2,169
USP45	B	45ACP	2MAG	$759
USP45	SS	45ACP	2MAG	$799
USP9	B	9mm	2MAG	$689
USP40	B	40S&W	2MAG	$689

B：ブルー処理、SS：ステンレススライド、CNC：カモフラージュナイロンケース、2MAG：マガジン2本
値段もさることながら信頼性においてもジャンクガンとは比較にならない

銃によって命を落とした人の数は他殺、自殺、事故を問わず年間で3万人から4万人になる。銃器殺人の犠牲者数だけを見てみると1978年から1997年の20年間で平均すると1万4871人になり、他殺、自殺、事故を問わず銃によって命を落とした人の総数の約半分を占めていることがわかる。

殺人には銃殺のほかに絞殺、刺殺などさまざまなモード・オブ・デスがある。これを1995年のデータで検証すると銃撃殺人の犠牲者数（1万3673人）は「すべての他殺犠牲者数（2万43人）」の70％をしめていた。銃社会アメリカならではの数字といえる。凶器を銃器別に見るとハンドガン（1万1198人）、その他の銃器（921人）、ショットガン（917人）、ライフル（637人）という順になる。

現在アメリカ国内では違法合法を問わず2億5千万丁近い銃が存在している。1990年代後半から銃を使った犯罪は減少傾向にあることは事実だが、9・11同時多発テロ以降アメリカ人の銃に対する意識や関心は変化してきた。銃器メーカーはこうした趨勢を絶好の好機とみなし、新しいマーケットの開拓に躍起になっている。こうした動きに対し市民、特に銃規制反対派はおおむね歓迎の意を示している。一方、銃規制団体は、銃器業界の隆盛がアメリカ国民の安全と健康を脅かす最大原因のひとつであると分析している。彼らはメーカーの金儲け主義を非難しているのだ。

団体の懸念するところは次のようなものだ――

2000〜2004年までの銃器別による殺人犠牲者数

	2000	2001	2002	2003	2004
銃器全般合計	**8,661**	**8,890**	**9,528**	**9,659**	**9,326**
ハンドガン	6,778	6,931	7,294	7,745	7,265
ライフル	411	386	488	392	393
ショットガン	485	511	486	454	507
その他	53	59	75	76	117
銃器らしきもの	934	1,003	1,185	992	1,044

＊）出典：アメリカ連邦調査局

1978年から1997年までの銃器犠牲者数

年	殺人	自殺	アクシデント等	判断不明	合計
1978	13,645	15,387	1,806	797	31,635
1979	14,832	15,543	2,004	640	33,019
1980	15,803	15,396	1,955	626	33,780
1981	15,3611	6,139	1,871	679	34,050
1982	14,106	16,560	1,756	535	32,957
1983	12,297	16,600	1,695	507	31,099
1984	12,068	17,113	1,668	482	31,331
1985	12,078	17,363	1,649	476	31,566
1986	13,276	18,153	1,452	492	33,373
1987	12,914	18,136	1,440	405	32,895
1988	13,877	18,169	1,501	442	33,989
1989	14,769	18,178	1,489	340	34,776
1990	16,507	18,885	1,416	347	37,155
1991	17,986	18,526	1,441	364	38,317
1992	17,790	18,169	1,409	408	37,776
1993	18,571	18,940	1,521	563	39,595
1994	17,866	18,765	1,356	518	38,505
1995	15,835	18,50	31,225	394	35,957
1996	14,327	18,166	1,134	413	34,040
1997	13,522	17,566	981	367	32,436
Total	297,430	350,257	30,769	9,795	688,251

※出典『american firearms』

・50口径スナイパーライフル

50口径カートリッジ（50BMG）はミリタリー専用でWWⅡ（第2次世界大戦）に登場したブローニングM2マシンガンに採用されたものだ。有効射程約1800m（最大射程6800m！）、200m先に置いた5cm厚のソリッドコンクリートを完全破壊させる威力を持っている。

1990年の湾岸戦争でバレット社のM82A1がミサイル発射台、レーダーやヘリコプター、車両を狙うスナイパーライフルとして採用され多くの実績を残したあたりから銃器愛好家の間で50口径スナイパーライフルブームが起きた。先駆的な存在だったバレット社の成功以後、銃の構造が比較的単純なことから中小メーカー（個人までも）がこのマーケットに参入してきた。購入にあたってはハンドガンよりもハードルが低く、18歳以上であれば購入可能なのだ（ハンドガンは21歳以上）。今ではメーカー間の競争も激しくなり安値傾向が続いている。

ミリタリースナイパーライフルが飛ぶように売れているという現状に空恐ろしさを覚えるが本当の脅威はアサシンやテロリスト、チャーリー・ホイットマンのようなスナイパーの手に渡った時だ。要人暗殺はもちろんのことインフラ、航空機を含む輸送機関、発電所、パイプライン、化学工場などへの攻撃――死を覚悟の無差別狙撃に使われればまさに「狙われたら最後」という状況になる。

・無知ゆえの予期せぬ結末

昨今の銃器業界は、2001年の同時多発テロ以降の国民感情、ここでは極端な自衛意識を煽ることによって自分たちの利益に結び付けているといわれている。メーカーはセルフディフェンスにはハンドガンこそが一番と奨励しながら、実はその効果に懐疑的だという。銃をセルフディフェンスに使うリスクは、銃自体の安全性が保障されていない（特にジャンクガンは暴

■ユア・ホーム・セキュリティシステム――レーザーマックス社の銃埋め込み型レーザーポインター

発の危険性が高い）、自衛という目的を果たすまではそれなりのトレーニングが必要であるということ、一瞬の判断を間違えば本来被害者である側が裁かれる側にまわる恐れが大きいこと、が挙げられる。

・大口径化（ポケットロケット）

80年代になるまで一般向け、主にセルフディフェンス用のハンドガンの口径は、22口径、25口径、32口径、380ACP、38口径あたりが主流であった。ところが近年、これまでもっぱらミリタリー、ローエンフォースメント用であった9㎜、45口径、357マグナムなどの大口径に取って代わってきた。これにあわせメーカーの製造ラインもリボルバーからピストルにシフトしていった。つまり装弾数が増えたということだ。

メーカーは今こぞってピストルの製造に力を入れている。銃器製造における技術革新（主にダウンサイジング、ポリマー樹脂の開発）と市民の自衛意識、コンシールドキャリー（隠匿携帯）への関心がこうした傾向に拍車をかけている。

次ページ表のピストルの口径別製造数から次のことがわかる――

1）22口径は手軽さと撃ち易さからスポーツ、レジャーに古くから用いられているので大きな推移は見られない。

2）25口径、32口径といえば以前は緊急時のバックアップ用として使われていたが、製造技術の進歩により大口径であってもダウンサイジングが可能になったため廃れる傾向にある。25口径は1980年と1995年を比べると約6割減で32口径は約3割増に過ぎない。さらに製造数は減ってゆくと思われる。

3）380ACPは、撃ち易さとそこそこのストッピングパワーを兼ねていたことから人気が

■人口をしのぐ数の銃

2004年の時点でアメリカ合衆国の人口は2億9千3百万人。対する銃器の数は推定で2億5千万丁。10秒ごとに新しい銃が1丁製造され、9秒ごとに1丁が国外から輸入されている。1年で約60万丁の銃が新たに増えていることから、あと半世紀もすればこの数字は逆転する。

■銃の口径について

銃の口径はその国が採用する単位にならってメートル、インチで表される。たとえば45ACPならば0・452インチということなので正確には・45ACPと表記する。このほかに357マグナムは0・357インチ、44マグナムは0・429インチとなる。ちなみに口径45ACPをメートル変換すれば11・4㎜に、ヨーロッパで一般的な口径9㎜をインチ変換すれば0・355インチになる。口径は銃にとって世界で通ずる名称のようなもので、安直な変換はおこなわない方が無難だろう。

ピストル口径別製造数

Year	.22	.25	.32	.380	9mm	.45	Total
1980	255,772	299,083	6,542	60,991	72,725	88,367	783,480
1981	256,877	332,766	4,979	90,199	77,812	95,199	857,832
1982	226,877	328,459	4,968	66,723	91,137	98,192	815,960
1983	242,620	248,182	6,210	52,184	42,513	56,52	3648,232
1984	283,973	293,460	36,684	71,065	71,209	62,823	819,214
1985	284,072	198,719	22,527	61,660	55,252	84,312	706,542
1986	278,611	167,314	28,670	62,338	64,361	91,683	692,977
1987	353,257	228,834	88,549	57,198	108,238	127,486	963,562
1988	456,287	225,829	133,466	74,131	183,449	138,629	1,211,791
1989	396,478	260,222	67,775	106,620	407,873	163,692	1,402,660
1990	357,711	238,062	56,297	172,051	348,679	203,599	1,376,399
1991	306,092	252,314	55,043	213,599	361,455	192,822	1,381,325
1992	353,141	253,741	50,304	365,846	353,941	172,687	1,549,660
1993	451,677	277,279	52,219	694,287	584,971	211,568	2,272,001
1994	456,490	110,732	29,818	313,915	752,801	350,580	2,014,336
1995	260,059	51,0251	9,220	182,802	398,467	283,693	1,195,266

※出典『american firearms』

あったが、ダウンサイジングと大口径化の影響を受け約3割増に留まった。32口径同様、製造数は下降線をたどるだろう。

4）9㎜は1995年で製造数が1980年から約5・5倍の増となった。1994年では10倍増（！）である。欧州でポピュラーな口径9㎜のピストルは技術革新の恩恵を最も受けたはずだ。1985年にベレッタ社の9㎜ピストルが米軍で正式採用されたことも大きな後押しとなった。

5）1970年代、45口径といえばこれまではミリタリー専用のイメージが強かった。口径別製造数では「アメリカ＝コルトガバメントモデル（45ACP）」といわれるだけあって大きな変動は見られない。1980年代前半、9㎜口径が米軍に正式採用され、欧州からのインポートガンが人気を博すと人気に翳りが出始めた。しかし1980年代終盤から45口径のストッピングパワーとコルトガバメントモデルの優秀性を再認識しようという動きが高まり、復権を果たした。

新しい市場の開拓

2001年9月11日以降市民の間で急速に自衛意識が高まったといわれているがメーカーは減少傾向にある販売出荷数を食い止めようと策を練っている。これまで有力な購買層と目されていた白人男性マーケットはすでに飽和状態。メーカーが次なるターゲットに選んだのが子供たちだった。子供でも扱いが簡単な22口径を使ったスポーツシューティングの奨励、彼らの体格に合わせたユースモデルの開発など、こうすることで（成人してから起こるであろう）銃に対する拒絶反応の芽を幼いうちから摘んでしまおうとしている。そしてNRA（全米ライフル協会）などを巻き込み、銃を正しく使えるかどうかが良き市民のノーム（基準）であると教え込んでいる。銃規制団体はこう主張する――メーカーにとって子供は将来の有望な購買層だ。

■ベレッタM9ピストル
M1911A1ピストルに代わる次期サイドアームズの選定は1979年からおこなわれていた。軍が要求したスペックは以下――
・機構：ダブルアクション
・口径：9㎜×19㎜
・装弾数：13発以上
世界中からトライアルに参加した銃は9丁。イタリアのベレッタ社からエントリーしたM92ピストルは作動不良率が1／2000と他の銃に比べ圧倒的に低く、命中精度、堅牢さでも秀でていた。

しかし銃に接する機会が増えるほど成人するまでに死傷する機会も増えるのだ、と。

＊＊＊＊＊

あなたはガンロビー（銃規制反対の急進的圧力団体）ですかと尋ねられたら――

市民権運動家団体ですと答える。

銃を所持するということは危険極まりないことです、といわれたら――

みんなが取り扱いに関する安全講習を受講すればいいのです、と答える。

銃は人殺しの道具でといわれたら――

いいえ、自衛のための道具です、と答える。

「銃規制反対派のための問答集」

＊＊＊＊＊

■NPO団体　ヴァイオレンス・ポリシー・センター

毎年、平均して2万8000人あまりのアメリカ国民が銃によって自殺、他殺、暴発などのアクシデントで命を落としている。もはや銃器絡みの犯罪（事件、事故）は単なる現象の域を越え、国民の健康を脅かす疾病と位置づけることができる――こう主張するのはワシントンDCを拠点に銃規制を促進するNPO団体、ヴァイオレンス・ポリシー・センター（通称VPC）だ。

VPCはメディアや政治家の有志たちとタイアップし国民はもとよりメーカーに対しても銃

■銃規制がいつでも犯罪抑止に効果ありとはいえない

ここ数年、CDC（疾病予防センター）はガンバイオレンスに起因する社会の損失コストを算出、発表していた。ただしこの調査は犯罪者によるものか市民のセルフディフェンスによるものかの線引きはおこなわれていない。司法省やその他の行政機関の調査結果と同じく銃のオーナーシップに関する法律の強化とガンバイオレンスとの因果関係は明確にされていない。この手の調査はおおかた逆の結果が出てしまうようだ――たとえばオーナーシップを厳格にしたワシントンDCでは、逆にさまざまなタイプのバイオレントクライムが増えてしまった。

■ウォールマート、銃の販売から撤退

米国最大のディスカウントストアー、ウォールマートは2006年4月をもって全米全店の1／4の店舗における銃器販売から撤退することを発表した。同社スポークスマンによれば顧客ニーズの変化から判断したとのこと。銃器撤退を決めた店舗はおよそ1000店で、所在する地域の銃器売上が落ち込んでいたという。

器問題を公共の福祉の障害、健康問題と捉えるよう積極的な啓蒙活動に努めている。

数多の銃規制促進団体がある中、ＮＲＡ（全米ライフル協会）をして最も「脅威的」な存在といわしめたほどだ。

ＶＰＣでは、自分たちの活動はタバコの害が広く知れ渡り、嫌煙・禁煙運動が結実しメーカー自身が規制に乗り出したように銃器メーカーを唱導する立場にあることを自認している。

足掛け10年以上、連邦、州、郡規模の運動を展開し、各地で開催される銃器・兵器のエキジビション（ＳＨＯＴショウなどのガンショウ）の危険性を指摘し、ガソリンスタンドの数ほどあるといわれるガンディーラーの数を減らし、ＤＶ（ドメスティック・ヴァイオレンス）犯歴者への銃所持規制を働きかけたり、女性や子供を狙ったマーケット戦略を阻止するなどの活動をしてきた。

■ガンショウとは

ガンショウとはいわば銃の展示即売会や《蚤の市》のことだ。ここでの譲渡売買は基本的にフリーで、購入者のバックグランドチェックは当然おこなわれていない。銃器全体の約4割がこうしたフリーマーケットで売り買いされているという。

■GUN　SHOW。銃の「蚤の市」

■ガンバイオレンスを訴えるポスター
日本では年間で39名が、アメリカでは11,127名が銃で命を落とした――

■銃規制反対派が語る銃規制の真実（2004年版：ガンオーナー・ファンディションより）

その1
模範市民による銃を使った自己防衛は年間で250万件あり、これは1日あたりおよそ6850件という計算になる。この結果から銃で命を奪われるよりも、銃によって命を護られる方が80倍も高いということがわかる。

その2
模範市民によるコンシールドキャリー（ハンドガンの隠匿携帯）は確実に犯罪発生率を引き下げている。1977年から1992年までの犯罪統計で、コンシールドキャリーを認可した州における殺人発生率は8・5%、レイプ発生率は5%、加重暴行は7%、強盗略奪は3%、それぞれ減った。

その3
ＢＡＴＦ（アルコール・タバコ・銃器取締り局）によれば1990年代だけで4000万丁もの銃が新規に売買された。しかし殺人犠牲者数は1990年に9・4人／10万人であったのが1999年で5・7人／10万人と約40%も減った。

その4
ガンショウはガンバイオレンスの温床ではない――二つの独立した政府機関によれば1997年に全米のガンショウで購入された銃が犯罪に使われたケースは2%にも満たない。2001年の調査では1%未満だった。

アサルトウェポン

アサルトウェポンのアサルト（assault）とは「襲撃、急襲」という意味で、戦場においては「突撃」を指す。したがってアサルトという冠詞がついた銃にスポーツシューティングやハンティングといった概念はあてはまらない。つまりアサルトウェポンとはミリタリーユースに限定される「大量殺戮用の銃」ということだ。

アサルトウェポンにはアサルトピストルとアサルトライフルの二つがある。

■アサルトピストル

アサルトピストル（突撃拳銃）という言葉は銃規制団体がキャンペーン用にこしらえた造語であり、正式なカテゴリー名ではない。１９８０年代、アメリカではハンドガンともマシンガンとも区別がつかない特異な銃器が大量に出まわり多くの犯罪に使われてきた。外見では、普通のハンドガンよりも大きく、老舗メーカーがこだわってきた審美的な部分をまったく排除した不細工な実用一点張りのデザインや本体から突き出たロングマガジンが特徴だ。ＵＺＩやイングラム、ＴＥＣ９などがその典型だ。こうしたアグレッシブかつアグリーなルックスは人間のエモーショナルな部分に強く働きかける。犯罪者ならば暴力衝動、闘争心を掻き立てられ、銃を向けられた人は（特に銃に詳しくない人はデザインからマシンガンを連想する）とてつもない恐怖感を覚える。

一見するとマシンガンのようだが下の写真の2丁は基本的にはセミオートオンリー。フルオート仕様のものもある。もちろん初期生産のものや改造を施したものを除けばの話である。１

■アサルトピストルの雄　TEC9とイングラム

■ブッシュマスター社のカーボン15 21sピストル。223口径のアサルトピストル

980年代、フルオートにするコンバージョンキットや改造を指南するマニュアルが発売され誰でも入手可能だった。

■アサルトライフル

アサルトライフルという名称は本来、戦場で使われているM16やAK47のような突撃銃に使われるべきものだ。当然、これらはフルオート射撃が可能で一般市民は所持することができない。一般向けに売られているのはフルオート機能がオミットされたセミオートモデルだ。セミオートモデルに対してもアサルトライフルという呼び方を定着させたのは銃規制団体の策略といえなくもない。

メーカーはこうしたセミオートライフルをスポーツシューティング、ホームディフェンス用に売り出した。彼らは自社製品を宣伝するにあたって「ミリタリー仕様（ミルスペック）」という言葉をよく使う。この言葉には不思議な魅力がある。広告に書かれた「○○軍正式採用」、「実戦で証明された云々」という表現の効果は高い。メーカーはこのあたりのツボを十二分に心得え、購買欲を刺激しているのだ。

フルオート機能だけを廃し外見上はミリタリーライフルを模した銃はクローンガンとも呼ばれている。

次々ページの写真は223口径のM16スタイルのライフルだが、軍用はセミ／フル切り替え可能、民間用はセミオートオンリーというファンクション上の大きな違いがある。銃規制団体にとって写真の3丁はすべて「アサルトライフル」になる。確かにセレクティブレバーやレシーバーに打刻されたメーカー名を確認しなければ皆同じに見える。

銃規制団体のこだわりに「なぜ、民間向けの銃にミリタリールックスが必要なのか」という

■暗視スコープ、ドラムマガジン、レーザーサイト……

ことがある。確かにアサルトウェポンのデザインは「戦場」、「殺戮」を連想させる。彼らの「よし」とするライフルのイメージは「凹凸の少ない女性的な流れるようなデザイン」、「木製ストック」、「できれば手動で装填するボルトアクション」なのだ（少し言い過ぎたか）。実は団体の最も危惧するところは一般向けアサルトライフル（クローンガン）には、前ページ写真のように数多の軍用アクセサリーの装着が可能だということだ。

■アサルトライフルの源流

１９４９年ドイツ軍が開発したＳＴＧ44こそがすべてのアサルトライフルの源流である。これまでの軍用ライフルのように肩付けで撃つのではなく、腰の高さから殺傷力の大きいライフルブレットをフルオートで発射する。ハイキャパシティー（多弾発）マガジンと撃ち易さを追求したピストルグリップの採用でデザインも一新された。ＳＴＧ44から始まったアサルトライフルは１９４７年ソ連で開発されたＡＫ47でほぼ完成したといわれている。

M16、ＡＫ47といえば世界の誰もが認める二大アサルトライフルだ。一般向けのアサルトライフル（クローンガン）もこの二つを模したものが多い。

M16タイプ

２００２年に分社化したコルツ・マニュファクチャリング、通称コルト社は民間向けの銃器を製造している。ＡＲ15シリーズが米軍のアサルトウェポンM16（２２３口径）のコマーシャルモデルだ。いうまでもなくＡＲ15のセレクティブレバーはセーフ／セミオートの切り替えしかできない。ＡＲ15Ａ２は固定ストックだがＡＲ15Ａ２ガバメントカービンはテレスコピック（伸縮式）ストックとなっている。

■STG44　STGとは英訳するとアサルトライフル“突撃銃”という意味になる

２００４年９月14日、アサルトウェポン禁止令が無効になってからコズメティックな点ではミリタリータイプとの区別がつかなくなった。

この他、Ｍ16の意匠を模したクローンガンはブッシュマスター社やヴァルカン・アーマメント社でも製造している。ブッシュマスター社はＸＭシリーズとして精力的な商品展開をしている。２００２年、ワシントンＤＣ周辺で10名の犠牲者を出したベルトウェイ狙撃事件（詳しくは後述）では同社のクローンガンが使われた。

■Colt社純正　M4A1カービン（いわゆる“軍用銃”：セミ／フル切り替え）

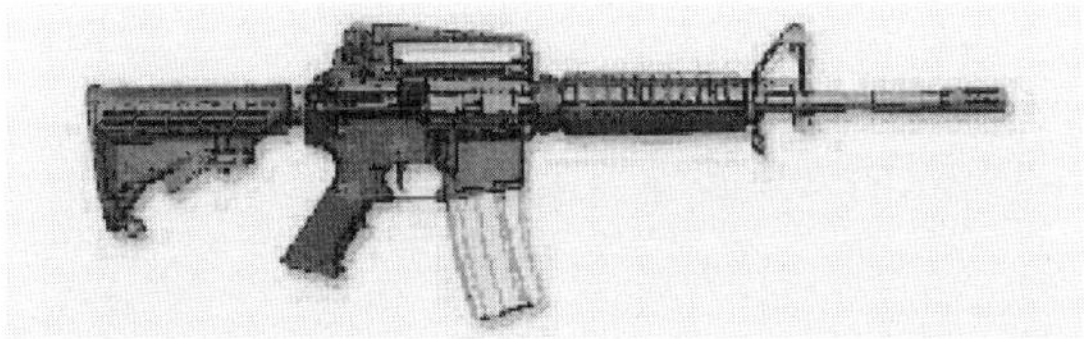

■ブッシュマスター社ブッシュマスター16　M4タイプカービン（クローンガン：セミオート）

■ヴァルカンアーマメント社　V15（クローンガン：セミオート）

AK47タイプ

ＡＫ47、モデル56、56Ｓ、ＡＫＭ、ＡＫＳと名称は様々だが基本的な構造は１９４７年に開発されたオリジナルＡＫ47に同じ。メイドインチャイナのモデル56のように輸入品が多い。たとえばポリ・テクノロジーズ社は中国で生産し、ＰＴＫインターナショナル社が国内にディストリビューとしているといった具合だ。中国のほかエジプトからの輸入品もありＭＡＤＩ・ＡＫ47と呼ばれている。

クローンガン

クローンガンメーカーといえばブッシュマスター社やヴァルカン・アーマメント社が有名だ。ヴァルカン・アーマメント社について少し記そう。社名のヴァルカンとは火と鍛冶の神ヴァルカンのことだ。

ヴァルカン社は過去10年にわたって世界各地の名銃といわれるアサルトライフル、サブマシンガンをセミオートマティックオンリーという機能で提供してきた。銃を構成するマテリアルには一切の妥協がなくすべてミルスペック（ミリタリー仕様）。M16、ＡＫ47、Ｍａｃ10、ＭＰ5、ガリル（イスラエル軍正式採用アサルトライフル）をシリーズ展開している。もちろん随所にオリジナルにはないメーカー独自の工夫を凝らしている。

Ｍａｃ10ならぬＶ10シリーズ。見た目はサブマシンガンだがピストルに分類される。銃規制団体にいわせればアサルトピストルになる。写真右のＶ10―45―２５０はカービンスタイルになっている。Ｖ10のマガジンはステンやグリースガンといったＷＷⅡで活躍したオールドモデルの放出品を代用できる。

Ｖ94シリーズはヘッケラー＆コッホ社のＭＰ5を模した口径９㎜のカービンである。オリジナルＭＰ5はサブマシンガンだがＶ94はフルオート機能もなくイミテーションのサプレッサ

■中国産AK47タイプの広告

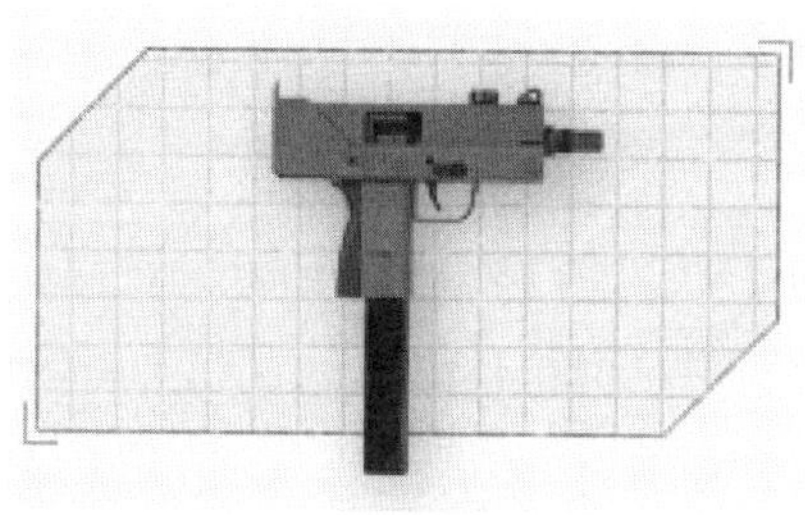

■V10－45－100

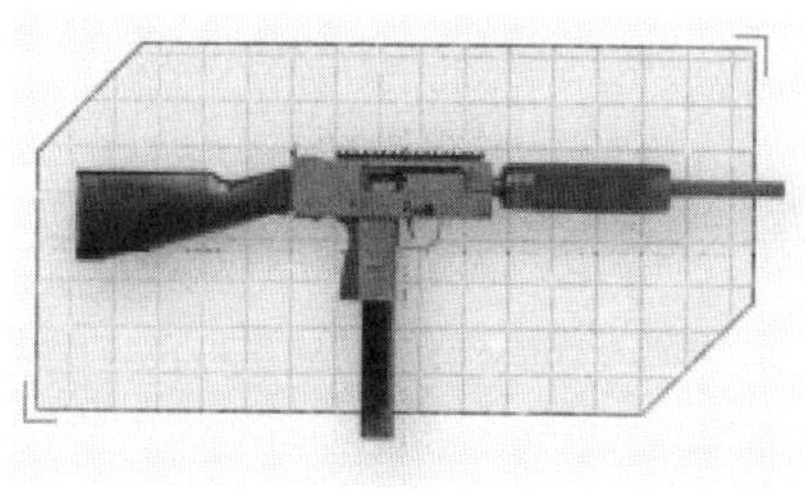

■V10－45－250（45とは45口径という意味）

■V94－101

■V94－202

■サプレッサーはもちろんフェイクで脱着不可能

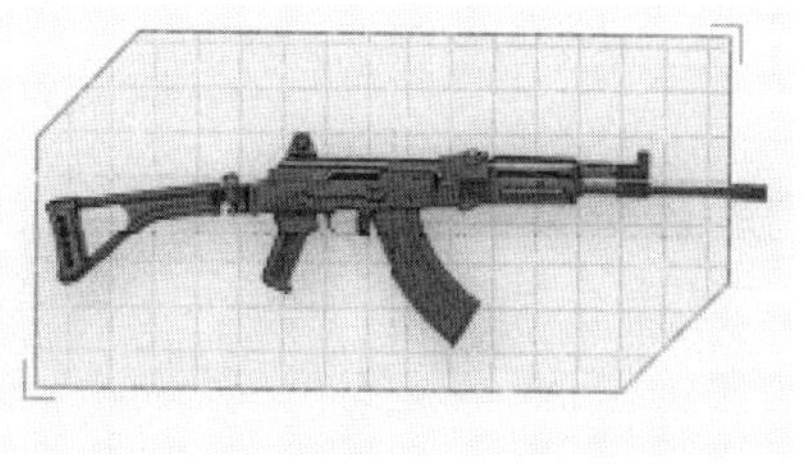

■V47－200シリーズ

ーで銃身長をかせぎ法規制に適合させている。繰り返す――V94はサブマシンガンではない。カービンだ。リアサイト周辺にドットポイントなどのアクセサリーを装着するレイルを標準装備している点ではオリジナルより優れている。マガジンはMP5オリジナルのものが使える。

ストックやグリップなどにポリマーを多用したV47。オリジナルはいうまでもなくAK47だ。ヴァルカン社では銃本体だけではなく豊富なアクセサリーも用意している。

その他のアサルトライフル

早い話がクローンガンはミリタリーウェポンのコピーということになるが、独自のデザインで勝負するメーカーもある。ケルテックCNCインダストリーもそうしたメーカーの一つだ。フロリダ州ココアで1995年から銃器製造を始めた新参メーカーで、もともとはピストルメーカーだった。

口径9㎜、40S&Wの中折れ式カービン（同社のカタログではセミオートライフル）。サブ2000の特徴は銃本体の真中から二つに畳み込める点だ。もうひとつ特筆すべきは、マガジンはグロックピストルのマガジンを使っている。グロックの10発入りマガジンに心もとなさを感じればカスタムショップのつくるグロック用ロングマガジンもしくはドラムマガジンを購入すればよい。

■アサルトウェポンと犯罪

80年代になってギャング、ドラッグディーラー、民間人までもがこぞってアサルトウェポンを購入するようになり、それに合わせ凶悪犯罪も増えていった。警察関係者はアサルトウェポンをこう評す――どう見てもスポーツ目的の銃ではない。あれは人を殺すために作られた銃だ。

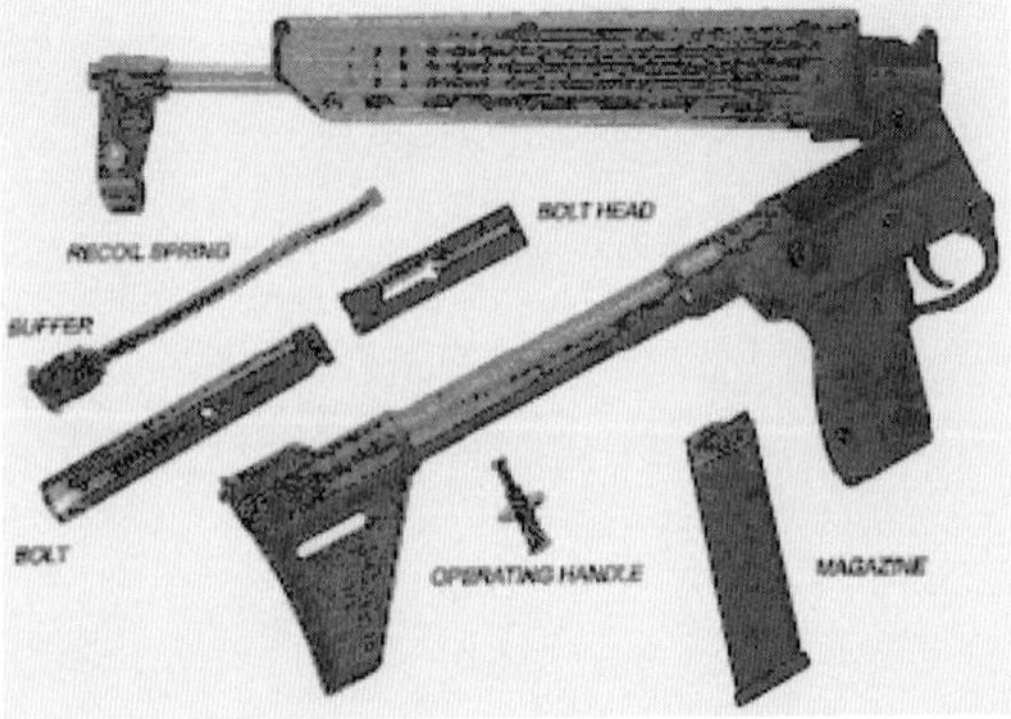

■サブ2000
重量1・8㎏、全長75㎝だが折り畳み時は40㎝になる。これはノートパソコンのキャリングケースにすっぽりと入ってしまう大きさだ

ＢＡＴＦ（アルコール・タバコ・銃器取締り局）は銃規制団体からハンティングやスポーツシューティングに用いられるいわゆる「ライフル」の定義からM16を模したＡＲ15やＡＫ47などの「アサルトウェポン」を切り離すよう迫られていた。

アサルトウェポンの人気の秘密はその価格設定にある。ある闇ディーラーがこういった——余裕がなければＭａc10、ＴＥＣ9あたり（２００～２５０ドル）。そこそこの金があればＡＫ47、もしくはＵＺＩ（３００～５００ドル）。もう少し出せるというならＡＲ15といったところだ（７００ドル～それ以上）。アサルトウェポンは低価格以外に人間のエモーショナルな部分に働きかけるという点においても他の銃器よりも秀でている。すべてのアサルトウェポンにはデザイン上の共通点がある。銃の表面に施されるマットブラック処理、ロングマガジン、ピストルグリップ、豊富なアクセサリーに対応可能（武器としての発展性）などがそうだ。これらが闘争本能という暴力的情動を大いに駆り立てるのだ。

犯罪者、特にギャングやドラッグディーラーはアサルトウェポンが好きだ。こんな事例からもわかる。１９８８年1月、18ヶ月の間にヴァージニアで70丁近いアサルトウェポンを違法に購入した男がワシントンＤＣで逮捕された。男はこれらの銃を現地の麻薬ディーラーに売り渡そうとしていた。当時のワシントンポストは、押収された銃のほとんどがセミオートマティックのＴＥＣ9で、男の供述によればドラッグディーラーから引き合いが絶えなかった、とのことだ。

アサルトウェポンを使った法の執行者に対する銃撃といえば１９８６年4月、フロリダ州マイアミで起きたマイアミ銃撃事件が有名だ。この事件で2名のＦＢＩ捜査官がルガーミニ14（２２３口径）で殺害され、ＦＢＩの装備のあり方に一石を投じた。

■ケルテック社は中折れライフルにこだわっておりM16／AR15のクローンガンSU16も同じくだ

アサルトウェポンが凶器となった重大事件を三つ紹介する――

・ラジオ局ＤＪ暗殺事件

1984年1月18日、コロラド州デンバーで地元ラジオ局ＫＯＡ850ＡＭの名物ＤＪアラン・バーグが極右団体のメンバーにＭａｃ10で銃撃され死亡した。アラン・バーグはユダヤ人で、歯に衣を着せぬ語り口で人種問題、銃規制や同性愛問題などに鋭く切り込んでいった。帰宅途中のバーグを襲ったのは白人至上主義団体The Orderのメンバー三人で、実行犯のほか十人が逮捕された。この事件は後にオリバー・ストーン監督によって映画化されている。

アメリカ・ネオナチズム、白人至上主義を標榜するロバート・ジェイ・マッソーズに率いられたThe Orderの信条は近未来の北アメリカが舞台の人種間戦争を描いたウィリアム・ピアースの小説『ターナー・ダイアリーズ』に基づいているといわれている。団体の教義はアメリカ政府への反逆と黒人、ユダヤ人の抹殺だ。Ｔｈｅ Ｏｒｄｅｒはこれまでにユダヤ教会爆破や銀行強盗などの重大犯罪を重ねていた。逃亡中だったリーダーのマッソーズは1984年12月8日、元メンバーの密告からＦＢＩに居場所を突き止められ、銃撃戦の末、焼死した。

・マクドナルド・マサカー（アメリカ史上最悪の〝ワンデー・マサカー〟）

1984年7月18日、41歳になるジェームズ・ハバーティはカリフォルニア州サンディエゴ郊外にある一軒のマクドナルドに入っていった。大量の銃器（ＵＺＩサブマシンガン、ショットガン、ハンドガン）を持ち込んで――。ハバーティはＳＷＡＴに射殺されるまでの77分間に合計257発を発射し21名の命を奪い、19名を負傷させた。犠牲者の年齢は生後8ヶ月の赤ん坊から74歳にまで及んだ。

オハイオ州で溶接工をしていたハバーティは失職後、妻子を連れてカリフォルニアに引っ越

■アラン・バーグの武勇伝

自ら《エアウェーブのワイルドマン》を名乗るアラン・バーグは数々の武勇伝を残している。1979年、オンエア中の放送局に乗り込んだ地元のＫＫＫリーダーと名乗る男から「殺すぞ」と脅されたアランは「男が今、私に向かって銃を突きつけているぞ」と実況した。逮捕された男は「ヤツ（アラン）は売名野郎だ」といった。

■スコープサイトに映るアラン・バーグのイラスト。＄30でオークションに出品されていた

してきた。しばらくはサンディエゴでセキュリティガードをしていたが、その職も失うことになった。事件を起こす1週間前に精神科の診察予約をとっていたことが判明。事件後、ハバーティの妻は、夫が凶行に走った原因はファーストフードに含まれている添加物とオハイオ時代に勤めていた溶接会社の職場環境にあるとし数百万ドルの訴訟を起こした。虐殺の舞台となったマクドナルドは取り壊され土地は市に寄付され公園になった。

・ＦＢＩマイアミシュートアウト（マイアミ銃撃事件）

１９８６年4月11日午前9時45分。メトロデイド警察の警官とＦＢＩの捜査官らは1台の車に停車を求めた。その車は盗難車で、車種やボディーカラーが頻発していた武装強盗で使用されたものと一致していた。車中の男2名（32歳、34歳）が突然、発砲を始め捜査官もこれに応戦した。激しい銃撃戦の末、ＦＢＩは犯人2名を射殺したが53歳と30歳の捜査官が頭を撃たれ死亡した――これが捜査官2名が死亡し5名が負傷した《ＦＢＩマイアミシュートアウト》だ。

この事件が貧弱だったＦＢＩ官給品を大きく見直すきっかけとなった。犯人の凶器はピストルグリップの付いた12ゲージショットガンと30連マガジンを装着した口径２２３ルガーミニ14、３５７マグナムリボルバーだった。対するＦＢＩはハンドガンとショットガンで応戦した。最も憂慮すべきは、犯人らは数発撃たれていたにもかかわらず攻撃を続けていたことだ。検死の結果、犯人らは犯行時痛覚を麻痺させるようなアルコールやドラッグを摂取していなかったことが判明した。

■マクドナルド・マサカー2

サンディエゴの大虐殺から8年後の１９９２年5月7日、カナダのシドニーリバーにあるマックで再び惨劇が起きた。元従業員のデレク・ウッド（19歳）は共犯二人とともに閉店後の店に押し入り金庫にある20万ドルを奪おうとした。三人は居合わせた20代の従業員3名を殺害、1名に重傷を負わせた。凶器は22口径ピストル、ナイフと鈍器。実際に奪われた金額は20万ドルならぬ２０００ドルであった。事件のあったマックは2週間後に営業を再開したが１９９９年、取り壊された。

クライムビル（アサルトウェポン禁止令）

アサルトウェポンがどういった目的で開発された銃で、どのように使われてきたかがだいたい理解できたろう。銃規制賛成派にはどうして「大量殺戮用の銃器」が民間向けに売られているのか？　という疑問が当然生じるところだ。その通り。今から約10年前の１９９４年にアサルトウェポンを規制するアサルトウェポン禁止令が施行された。ところがこの話には大きなオチがある。禁止令は２００４年９月をもって撤回されアサルトウェポンは復活したのだ。以下はそれまでの経緯だ――

■名ばかりの禁止令

１９９４年９月13日、ビル・クリントン大統領は同年５月25日に成立した「包括的犯罪防止法」の一環として通称クライムビル（アサルトウェポン禁止令）を発令した。規制対象となったアサルトウェポン（アサルトライフル）は19種で、その製造、販売、所持を禁ずるというものだった。しかし実際は銃の「凶暴さ」を取り繕うというおかしな規制であった。そもそも政府が示したアサルトウェポンの定義そのものがとんちんかんだった――

アサルトライフルとはフルオート、バースト（３連射）、セミ・フル切り替えが可能な肩付けで撃つ銃器（ライフル）をさす

定義はフルオートガンについて言及しているだけだ。一般向けのフルオートガン（マシンガ

■クリントン大統領と民主党と銃規制

アメリカ合衆国第42代大統領ビル・クリントン（在任期間：１９９３〜２００３）は12年ぶりの民主党代表の大統領であった。民主党は基本的に銃規制推進派が多く、共和党はどちらかというと銃規制に反対という姿勢で臨んでおり、むしろ暴力を煽るようなメディア・バイオレンスの規制や刑罰強化に主眼を置いている。民主党であっても銃そのものを違法とすることはまずありえない。銃を否定することは「アメリカンスピリッツの否定」に相当するからだ――憲法修正第２条はアメリカ国民の心のよりどころといえよう。よって民主党の方針も《一部を規制する》というかたちに落ち着いている。

クリントン大統領は最終的には銃所持にも自動車と同じ免許制を導入したかったようだ。クリントン政権はまずアサルトライフル禁止法を制定する前年にブレディ法を発動させた。この法案名は１９８１年におきたレーガン大統領暗殺未遂事件で犯人の銃弾を頭部に受け重い後遺症が残ったブレディ元報道官の名前にちなんでいる。規制内容だが、１）購入希望者に５日間の待機期間を設ける、２）その間に身元や犯歴の調査をする、というものだ。しかし州や都市によって待機期間がまちまちで、調査対象が軽い罪を犯した者には該当しない、データそのものの不備など不手際が目立った。ブレディ法によって銃器犯罪が減ったか――近年、この法案の効果に懐疑的な声が上がっている。

ンなど）の製造、販売、所持は1934年にすでに禁止されているというのに。
正しい定義は銃器専門誌ガン・ダイジェストによれば次のようになる――

アサルトライフルとはフルオート、セミ・フル切り替え機能を持ち、ミリタリー、ローエンフォースメントの各種ミッション遂行に適応したデザインの銃器をさす

■フルオートガン所持規制と全米銃器法

アメリカでは憲法修正第2条によって市民の武装が権利として保証されているが「すべての銃器」の所持が認められているわけではない。フルオートガンも規制対象のひとつだ。銃器所持を制限している法律にNFA（全米銃器法）というのがある。NFAとはNational Firearms Actの頭文字をとったものだ。1934年に制定施行されマシンガン、サイレンサー、ショートバレルライフル、ソウドオフショットガン、ペンガンなどのガジェットガン（仕掛け銃）は特別な登録（クラスⅢ申請）と課税（200ドル）が義務付けられている。1920～1930年代は別名「ローリング'20（ジャズと狂騒の20年代）」といわれ、禁酒法に端を発した銃器犯罪が非常に多かった。こうした時代背景を考慮すれば当時の政府がNFAを発令した理由がわかる。

BATF（アルコール・タバコ・銃器取締り局）ではガジェットガンを「AOW（Any other weapon：その他の銃）」と定義している。ちなみに別項の「スナイパーライフル」のところで触れているメーカー責任者逮捕という事態にまで至ったマーディ・グリフィン・50口径スナイパーライフルのキットガンは「AOW」ではないとされていたので現金を振り込めば購入できたのだ（後にBTAFはAOWと判断した）。

■NFAが求める審査基準

1934年にNFA（全米銃器法）が施行されてから連邦政府の承認なしでは一般市民のマシンガン所持が禁止された。製造に対しても1丁に付き200ドルが課税され所持に関しても同じだ。銃の製造番号はアルコール・タバコ・銃器取締り局への登録が必要になった。NFA規制対象銃器の購入希望者は以下の要求事項を満たさなければならない――

指紋の採取
最近の顔写真
宣誓供述書（譲渡、購入理由が正当であること、売買所持が公共の安全に反しないことの証明など）
身元調査
所轄の署長、保安官からの承認印
――申請者の多くはコレクターだといわれている。

NFAは市民が所持できるショットガンの銃身を18インチ（45・72㎝）以上、全長は26インチ（66・04㎝）以上と定めている。ライフルについては全長はショットガンと同じだが銃身長が16インチに規定されている。サイレンサーや仕掛け銃の所持も許認可制となっている。爆弾、手榴弾、ロケット、ミサイル、地雷などの《破壊兵器》についても同じだ。

もしＮＦＡ対象品（ここではマシンガンとしよう）を購入しようとしたら、まず自分が住んでいる州がマシンガンそのものを違法としていないかを確認することからはじまる。つぎに地域のクラスⅢ（もしくはクラスⅡ）ディーラーに購入の旨を伝える。ここからが面倒だ——ＢＴＡＦ発行の申請書類に必要事項を書き込み、添付書類の購入同意書に地元の保安官のサインをもらう。申請書を提出したらディーラーに仲介料を支払い、待つこと約2ヵ月といった具合だ。もちろん申請が却下されればこの限りではない。

マシンガンを自由に所持、売買したいと思うのならディーラーになるしかない。マシンガンディーラーになるにはクラスⅢライセンスを取得しなければならない。これまでに厳しい書類審査、身元の確認など難関を通り抜けたオートマティックガンのコレクター、警察機関向けに銃器を納入する業者など全米で２０００件ほどが受理されている。金銭的、時間的余裕があることはもちろんだが保管場所にも厳しい制限が設けられている。

クラスⅢライセンス保持者に犯罪者はいない——こう言い切れるのはこれまでに何らかの犯罪に関与したのは二人だけだったからだ。一人は法執行者でありながらドラッグディーラーだった男で、これは例外中の例外といえよう。また、正規に登録されたマシンガンによる射殺事件の報告はない。

■検証　アサルトウェポン禁止令

前述したとおりアサルトウェポン禁止令はメーカーにコズメティックな部分（外観）の変更を命じたに過ぎなかった。主な変更箇所は次の通り——

1　フラッシュハイダーやバヨネットラグの除去

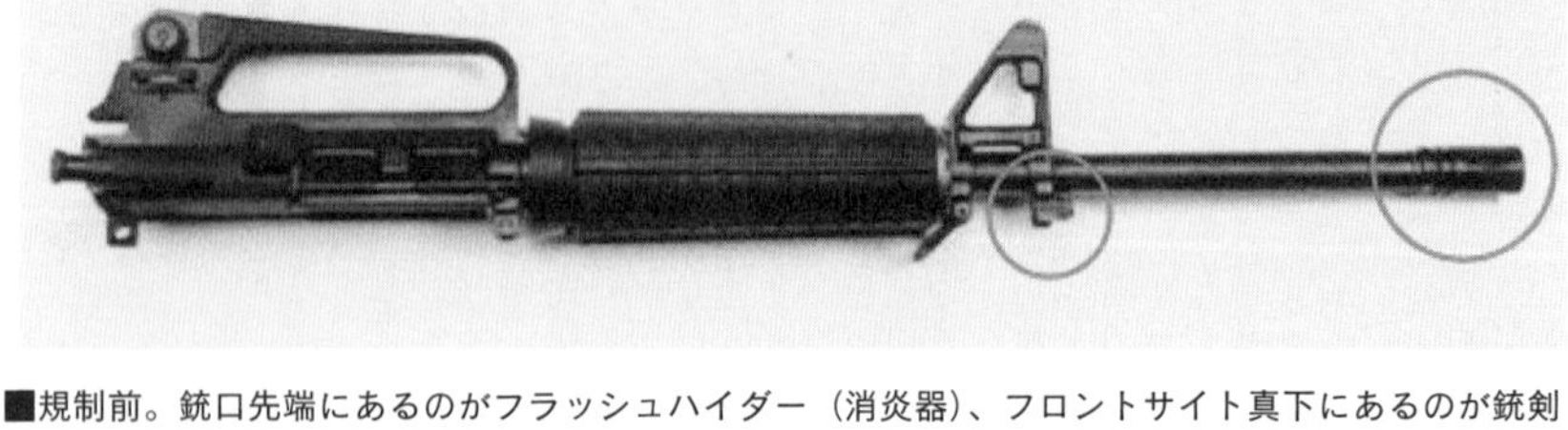

■規制前。銃口先端にあるのがフラッシュハイダー（消炎器）、フロントサイト真下にあるのが銃剣を固定させるためのパーツ、バヨネットラグだ

2　伸縮式ストックの禁止
3　装弾数の制限（10発まで）
4　ピストルグリップの禁止

下の写真からわかるように、伸縮式ストックやカーブした形状が特徴のハイキャパシティーマガジンはミリタリーウェポン（殺戮兵器）を髣髴とさせるので（せめて外観だけでも）スポーツシューティング風に見せる――要するに見た目を「大人しくさせる」ことが目的だった。これを受けメーカーでは名称にも工夫をこらした。AR15など軍用兵器を連想させるアルファベットは「スポーツモデル」や「スポーター」に変更させられた。

次ページの写真を見ていただきたい。上の写真は何か特殊なミッションに使われるライフルに見える。ロングマガジン、ピストルグリップ、折畳式ストック、カーボンプラスティック製のボディーはいかにも「アサルトライフル」といったイメージだ（つまりセミ／フル切り替え可能なAC556のこと）。下の写真はどうだろうか。木目のきれいなストック、完全内蔵式のマガジン、流れるような洗練されたスタイル。いかにもハンティングやスポーツシューティングで使われていそうな――いわゆるライフルと聞いて万人が思い浮かべる典型だ。

実は写真のライフルはどちらも同じスタームルガー社のセミオートライフル、ルガーミニ14だ。外観が違うだけで口径223であることには変わらない。どちらのライフルで撃たれても銃創の程度は同じだ。コズメティックの変更というのがいかに意味のないことかこれでわかるだろう。

銃規制団体にとってもアサルトウェポン禁止令は評価に値しなかった。外見を「大人しく」させてもアサルトウェポン（突撃銃）の本質は少しも変わらないのだ。彼らはAK47やAR15のようなセミオートマティック・アサルトウェポンは「軍用銃の民間用モデル」であると断言

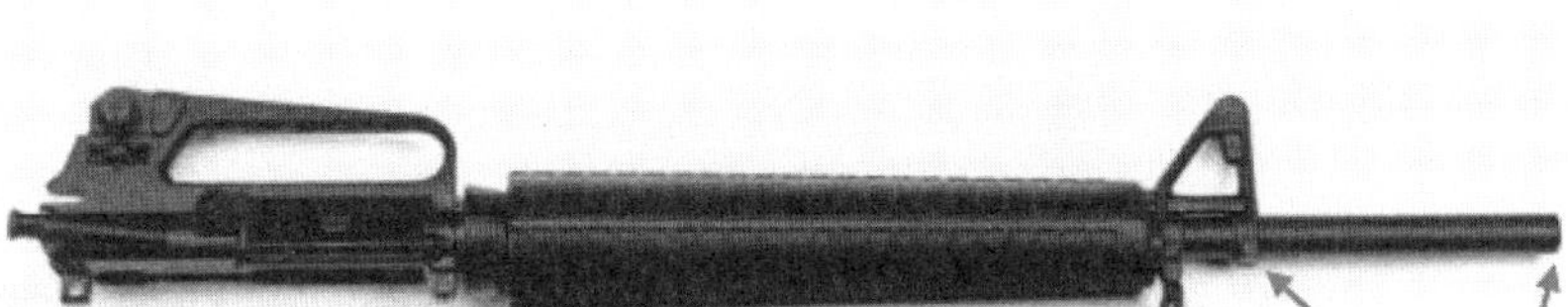

■規制後　――ただ“それだけ”のことだ

する。悪いことに民間向けのアサルトライフルはフルオート機能がオミットされた分、アキュラシー（命中精度）が軍用モデルよりも向上しているのだ。支給品よりコマーシャルモデルの方が仕上げや精度が優れているというのは何も銃に限ったことではない。

民間用モデルといえどもオートローディング（自動装填）、ロングマガジン、ピストルグリップの効用で軍用モデルと同じキリングパワーを引き出すことは容易である。ここがハンティング、スポーツシューティングライフルとの大きな違いだ。スリングで吊ったライフルを腰だめで撃ちまくる――こうした戦場で見かけるシューティングスタイルが相応しいのがアサルトライフルである。民間用アサルトライフルの存在価値はどこにあるのか？　今のところ「アサルトライフルはセルフディフェンス、ホームディフェンスに最適だ」というしかなさそうだ。

■大統領選挙と銃規制

１９９４年にクリントン政権が打ち出したこのおかしな禁止令後、ＮＲＡを母体とする銃器愛好家たちは結束を強め猛烈なロビー運動が各地でおこなわれ後の大統領選に大きな影響を与えることになった。儲かったのは銃器メーカーや各種アクセサリーメーカーで9月13日をもって製造販売が禁止となる対象銃（通称プレバン：Pre-Ban）の値段は駆け込み需要で2倍近くに跳ね上がった。

実はこの禁止令の効力は10年間という限定付きであった――発令から8年後、２００１年9月11日に未曾有のテロリズム、同時多発テロが起きた。これをきっかけにアメリカ国民の間にかつてないほどの自衛意識が芽生えた。連邦政府もことあるごとに反目しあっていた過激なミリシアも共通の敵を見つけたのだ。２００４年9月14日、ジョージ・ブッシュ大統領の署名によってアサルトウェポン禁止令のすべての条項が白紙に戻された。

■どちらもルガーミニ14。撃たれれば同じことだ

■同型のルガーミニ14がFBIエージェント2名の命を奪った〈マイアミシュートアウト〉で使われた

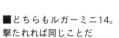

２０００年の大統領選で民主党のゴア氏が大統領に選出されていれば禁止令継続の可能性はあったかもしれない。禁止令は本当に効果があったのか？　発令以後、銃規制団体が期待していたような銃器犯罪の減少はなかった。アサルトピストルは別として、そもそもアサルトライフルを使った犯罪はほとんどなかったといってよい状況だった。市街地でアサルトライフルをぶっ放すなどというのはハリウッド映画だけの世界なのだ。前出のマイアミ銃撃事件（ＦＢＩ捜査官２名死亡）やマクドナルド・マサカー（市民21名死亡、19名が負傷）は例外中の例外といえよう。フロリダ・アサルトライフル・コミッションが禁止令以前の１９８６年から１９８９年の３年間の銃器犯罪を検証したところアサルトライフルが使われたのは７５００件のうち17件で、全体の０・００２３％しかなかった。

つまり一時的に銃の値段が高騰したこととＮＲＡの後押しを受けた共和党が躍進した以外、何も変わらなかったのだ。

■全米ライフル協会と銃規制

今でこそ名実ともに全米最大の圧力団体となったＮＲＡ（全米ライフル協会）だが、もともとは南北戦争退役軍人らによって１８７１年に設立された単なる「射撃技術を指南する団体」だった。ＮＲＡが大きく方向転換をし始めたのは都市部における銃器犯罪が社会問題になった１９６０年代以降からだ。会員数３６０万人（２０００年大統領選挙当時）を誇るＮＲＡは、銃器犯罪を防ぐには、場当たり的な銃規制ではなく、現行規制法の徹底執行と犯罪者への処罰強化に重きをおくべきだと主張している。会員、資金力ともに全米最強であるＮＲＡは上院、下院に限らず積極的なロビー活動を展開し、ＣＭ、ダイレクトメールなどのメディアを駆使した方法で新しい銃規制法案はもちろん、大統領選挙の行方にまで大きな影響を与えている。

■ミリシアと連邦政府

アメリカでは憲法修正第２条により武装した市民が、国家、政府と完全に独立した私設軍隊を構成することが認められている。ミリシア（民兵）は有事の際に軍隊として機能する州兵（シビリアンガード）と、市民ミリシアに分類される。市民ミリシアの敵は連邦政府であるといえる。彼らは政府と同じ武力を持つことで政府の暴走を抑え、力の均衡を保とうとしている。

１９９５年４月19日、オクラホマシティの連邦政府ビルが爆破され、死者１６８名、負傷者６００名以上を数える大惨事となった。当初、イスラム系過激派による犯行と考えられていたが、実行犯として逮捕された男、ティモシー・マクベイは歴としたアメリカ国民で湾岸戦争にも従軍していた生粋の愛国者であった。彼はミシガン・ミリシアと親密な関係にあり、２年前に起きたカルト教団制圧事件、ブランチ・デヴィディアンズ事件（後述）で連邦政府がとった行動に激しい憤りを感じていた。もちろん全米のミリシアも同じく抗議の声を上げた。なぜか――カルト教団とはいえ一般市民に対して連邦政府が戦車や装甲車で攻撃を仕掛けたというのは南北戦争以来の出来事だったからだ。もちろんティモシーのとった行動は多くのミリシアを困惑させた。

凶銃　アサルトピストル

アサルトライフルの台頭によって戦場におけるサブマシンガンの役目は一部の特殊任務を除いてほとんど終わったといえよう。軍隊という大口需要先を失ったメーカーはサブマシンガンをセミオートオンリーモデルに変えローエンフォースメントや民間向けに売り出すようになっていった。そしてこれらはピストルと似て非なるもの《アサルトピストル》と呼ばれるようになった。

アサルトピストルの特徴は通常のピストルよりもサイズが大きく、ハイキャパシティーマガジンを採用している点だ。またピストルと違い銃自体の発展性も高く、銃身に刻まれたスレッド（ネジ切り）によってサプレッサーやフォアグリップなどが容易に脱着できる。フォアグリップ、ストックなどのアクセサリーも豊富でサブマシンガンやカービンスタイルにすることもできる。次ページ写真はまさにその真骨頂だ。

アサルトピストルの特徴を一言でいうと「大きくて嵩張るピストル」といったところだろう。この手のデザインに暴力的本能を刺激されるユーザー（特に犯罪者）は多い。グリップの形状や本体から「突き出た」ロングマガジンのせいで見た目はまったく「サブマシンガン」だ。銃の魅力のひとつに車がそうであるようにデザインというのが大きな要素になっている。これまでの銃のデザインは「銃はツール（道具）なり」といいながら美的センスが求められてきた。愛好家やコレクターといわれる人は銃のトータルな美醜にこだわる。好事家にとってアサルトピストルは魅力に乏しい銃なのだ。

アサルトピストルは一時期爆発的に売れた。見た目の「力強さ」から逆にあまり銃に関心のない購買層から支持を得たのだ（この中には当然犯罪者も含まれる）。どの業界でも同じこと

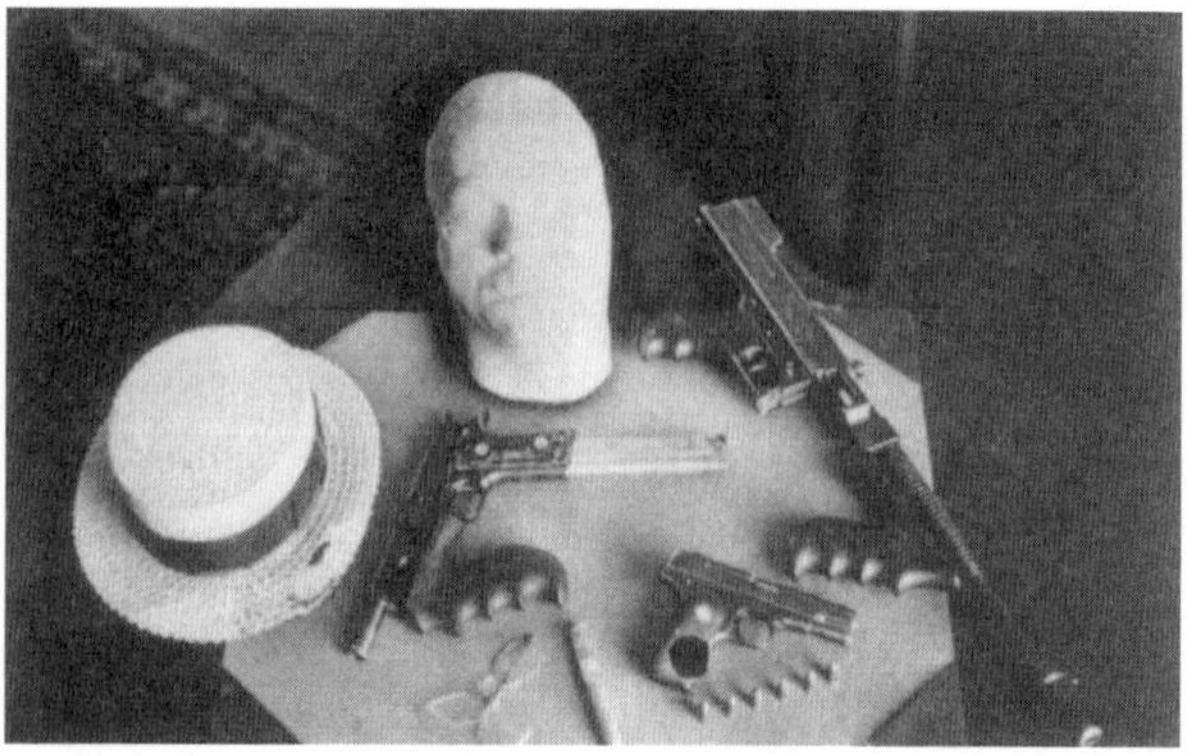

■ＦＢＩが押収したジョン・デリンジャーのデスマスクと元祖アサルトピストル。写真中央にあるガバメントモデルに注目。ロングマガジン、フォアグリップ、マズルブレーキ――フルオート切り替えが可能だった

だが、通常何かヒット商品がでると亜流、２匹目のドジョウ的な商品が出るものだが銃器メーカーに限ってはそれがなかった——老舗の意地といったところか。

銃器評論家ダンカン・ロングはＵＺＩ、イングラム、ＴＥＣ９の三つのアサルトピストルを総称して「The Terrifying Three（恐怖の三人衆）」と名づけた。このタイトルは著者が、アサルトピストルのハイキャパシティー、フルオート（もちろんクラスⅢライセンス保持者に限り）、豊富なアクセサリーという特徴から連想したということは想像に難くない。

ロングはヘッケラー＆コッホ社のＭＰ５シリーズ（写真下）を引き合いにし優秀だがイントリケイト（複雑）な発射機構、サイズや重量、そして値段の点で「恐怖の三人衆」に遠く及ばないとしている。このドイツ製高性能サブマシンガンを凌いでいる点として——

・ブレットの発射ガスの反動を利用しボルトを動かし排きょうと装填を繰り返す

■コブレイ社のM16タイプのテレスコピックストックとフォアグリップを装着したMAC11

■MP5Kスタイルのフォアグリップ、サイト、ストック、そしてドラムマガジンを奢ったMAC10——このオフビートさがまさにアサルトピストルだ

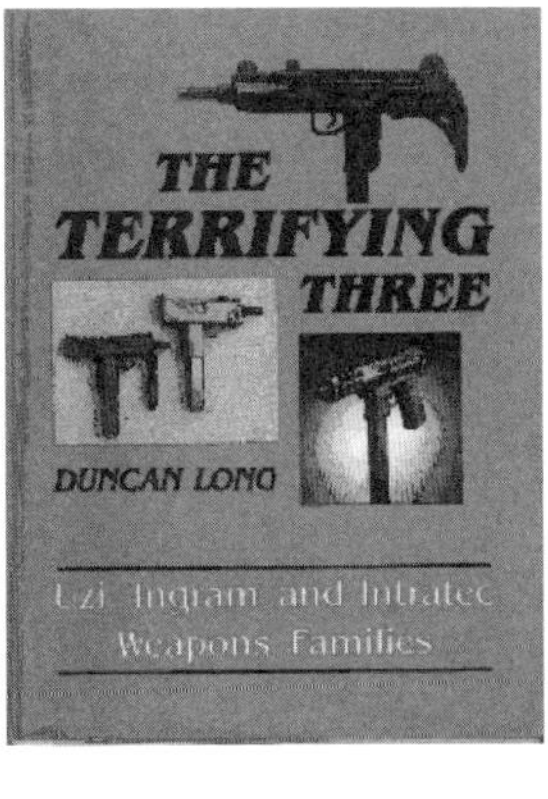

■ダンカン・ロング著「ザ・テェリファイング・スリー」（パラディンプレス：１９８９年）

■ヘッケラー＆コッホ社　ＭＰ５クルツ

・構成パーツ点数が少ないこと。シートメタルの折り曲げ、プレス加工で形成可能。鋳造、断裁、型削り、仕上げなど本体形成に至るまでの複雑なプロセスがいらない
・マガジンの形状が単純。ミルサープラス（軍放出品）との互換性がある
・直線的かつ単純なデザインが功を奏し、アクセサリーが充実している

――などが挙げられる。

ダンカンは、イングラムをはじめとするサブマシンガンは排きょう・装填を確実なものにするためフルメタルジャケット弾専用に作られているがチャンバー（薬室）を改良すれば後に別項で詳述するハイテック・ハローポイント弾の使用も可能だと述べている。ハイテクブレットをフルオートで発射する――ダンカン曰く、ミリタリーマーケットでサブマシンガンが復権する日は近いと。

■MAC10／11

45口径オリジナルイングラム、通称M10がMAC（Military Armaments Corporation）の開発者ゴードン・イングラムによって開発されたのが1964年。最初のデザインから最終的にこのデザインに至るまで約20年を要した。でき上がったサブマシンガンはMAC10と呼ばれ、すぐに380ACPモデルのMAC11が開発された。1978年、MAC社が倒産した後はテキサスのステファンズビルが製造権を継承した（MACステファンズビル）。これ以後のイングラムはすべてクローンガンといえよう。

MACシリーズは現在RPBやSWD（シルヴィア&ウェイン・ダニエル）、ジャージーアームズなど数社が製造している。この中でRPB社のMAC10のみがセミオートピストルにな

■サブマシンガンとマシンガン

サブマシンガンとマシンガンは別物である。マシンガンが《機関銃》である。フルオートマティック射撃専用の銃器の総称で、口径や用途、サイズに応じてヘビーマシンガン、サブマシンガンに分類される。

サブマシンガンとはsubが表すように準・機関銃という位置づけになっている。いわゆる《短機関銃》のことでハンドガンブレットを使い、セミ／フルの切り替えが可能で近距離専用の携帯性に優れた銃器のことを指す。装弾数20～30発のロングマガジンを採用しアクセサリーの装着によって高い発展性を持っている。WWⅡ以降アサルトライフルの台頭で戦場では特殊任務や緊急時用のサバイバルガンを除いて使われることがなくなった。

■M60マシンガン

■オリジナルイングラム　前々ページ写真のMACと比較すると、いかにシンプル（発展性の高いデザイン）であるかがわかる

オリジナルMac10（口径・45／9mm）
全長26・7cm（ストック折り畳み時）
重量2・8kg（銃本体）
発射サイクル　1000発／分（16発／秒）
＊9mmは1100発／分

オリジナルMac11（口径・380）
全長24・7cm
重量1・5kg（銃本体）
発射サイクル1200発／分（20発／秒）

■70年代のガンマガジンの広告
「M-11：ちっちゃなダイナマイト」と読める

っている。ちなみにSWDメイドのMAC10はステファンズビルからフレーム、その他のパーツをRPBやコブレイ社から調達しアッセンブリーされている。

■TEC9

イングラム（MAC10）は比較的日本でもなじみが深い銃だがTEC9についてはほとんど知られていないのが実状ではないか（20年近く前にエアソフトガンでモデルアップされていた）。銃身を覆うチューブ状のレシーバー、ピストルグリップ、全長とほぼ同じ長さのハイキャパシティーマガジン。銃に詳しくない人が小型サブマシンガンと聞いて連想するイメージをそのまま製品化したようなデザイン――それがTEC9だ（TEC‐DC9、DC9などとも呼ばれている）。

銃とハリウッド映画の関係は深く、主人公の使った銃がヒット商品に結びつくというのも珍しいことではない。TEC9のスクリーンデビューは1986年ジョン・カーペンター監督作品の「Big Troubles in Little China（邦題ゴーストハンターズ）」でカート・ラッセル演じる主人公の手に握られていたのが最初だった。以後は刑事ドラマ、マイアミ・ヴァイスに登場するドラッグディーラーによく使われるようになった。それにあわせるかのように現実の世界でも犯罪者に好まれる銃になっていった。

TEC9はギャング抗争、大量殺人などアメリカで最も犯罪に使用された銃とも評されている。ハンドガンと比べ大きく嵩張るので銃に精通している者には敬遠されている。初期のものは使用するカートリッジによっては装填不良を起こした。サイトも急造で溶接したような簡易タイプなので、狙って撃つというシューティングには向いていない。もっとも最初からスリングを取り付けるためのフックが付いているので、腰の位置から撃てということだろう。

上：スタンダードTEC9
全長31cm：重量1.4kg
右：TEC9M（ミニ）
全長24cm：重量1.2kg

■ウォータガン？　電動ドリル？　実に明快なデザイン――

■KG9誕生秘話

ＴＥＣ９は一昔前にはＫＧ９と呼ばれていた――ＴＥＣ９の故郷はアメリカではなく北欧のスウェーデンであった。首都ストックフォルムにある銃器弾薬メーカー、インターダイナミクスＡＢはコンパクトマシンガン、ＭＰＴサブマシンガンを製造していたが本国ではほとんど需要がなかった。本国での製造に見切りをつけたインターダイナミクス社はフロリダ州マイアミにある系列会社でＭＰＴの生産を開始した。アメリカメイドのこのモデルはＫＧ９と名づけられた。

口径９㎜、32連マガジンを標準装備したＫＧ９は本体にプラスティックを多用したことからイングラムやＵＺＩよりも軽量になった。重量は大型リボルバー並みでイングラムの半分しかない。重量もさることながら銃身部を覆うシュラウド（保護チューブ）のお陰で射撃時の安全性も格段にアップした。オリジナルイングラムは親指程の長さの銃身がむき出しになっているので、銃の持ち方が悪いと指を吹き飛ばしてしまう恐れがあった。また銃身に刻まれたスレッドはイングラムのそれと同規格なのでサイレンサーなどのアクセサリーがそのまま使えた。本国スウェーデンではぱっとしなかったＭＰＴサブマシンガンはアメリカでＫＧ９として再デビューしたことで大成功を収めた。発売当時３００ドルだった価格は好調な売れ行きから１００ドルアップの４００ドルになったが売り上げに影響することはなかった。

ＫＧ９は当然セミオートオンリーモデルとして販売された。しかしセミオートガンをフルオートモデルに改造するコンバージョンキットやマニュアルが売り出されフルオート仕様のＫＧ９が公然と売買されていた。ＢＡＴＦ（アルコール・タバコ・銃器取締り局）は１９８２年１月19日をもってＫＧ９を含むオープンボルトタイプの製造を禁じた。オープンボルトシステム

■インターダイナミクスＫＧ９。斜線部分がプラスティック

は多くのサブマシンガンが採用しているシンプルかつ堅牢な発射構造だ。このシンプルさゆえに改造は容易にできた。

インターダイナミクス社の反応も早かった。すぐにクローストボルトモデルのKG99とシュラウドのない銃身がむき出しになったKG99Kを製造した。同時期にカービンスタイルのKG99カービンが商品開発リストに加わったがプロトタイプのみでマーケットに出ることはなかった。理由は簡単。従来のピストルスタイルモデルで十分利益が上がっていたからだ。

■KG9改めTEC9

1986年、香港の会社がインターダイナミックスABからライセンスを購入するとイントラテックUSAが製造にあたった。これを機に名称もKG9からTEC9に変わった。前述の通りオリジナルKG9とTEC9は外観こそ同じセミオートピストルだがメカニズムで大きく違っている。KG9はオープンボルトモデルでファイヤリングピン（撃針）がボルトに固定されている。TEC9はクローストボルトでファイヤリングピンは分離し、シアというパーツでストライカーを仲介してカートリッジの雷管を叩くという仕組みになっている。

2年後、イントラテックUSAは本国の会社に買収され社名はイントラテックになった。銃自体もスペックに変更が生じこれ以後のニューモデルはTEC9シリーズAと呼ぶのが正しいそうだ。イントラテックは同時期に22口径のTEC22の製造も始めた。

イントラテック社は、低価格（リテイルプライスは約250ドル）、軽量、サブマシンガンのようなデザインという「三つの強み」で新しい購買層を開拓していった。新しい購買層とは「銃に関心はないが撃つことは好き」といった類の人々を指している。残念なことにこの中にはギャングやドラッグディーラーなどの犯罪者も含まれていた。

■22口径：TEC22。マガジンの形状からスコーピオンとも呼ばれている

車の種類ではなくドライブそのものが趣味という人が多いように銃器マニアといえども、銃を撃つことが好きという人が大半なのだ。プリンキング（Plinking）といって砂漠や草原に缶を並べて、それを撃つというのは楽しいことだ。こうしたファンに支えられイントラテック社は新参メーカーとしては異例の大成功を収めた。

伝統的なスピリッツを持つ銃器愛好家や銃器ライターらは醜悪なデザイン（？）とプラスティックを多用したＴＥＣ９に拒絶反応を起こしていた。老舗といわれるライバルメーカーはイントラテック社の成功を横目で見つつこれに倣おうとはしなかった。

■ＴＥＣ９からＡＢ10へ

１９９４年９月アサルトウェポン禁止令が施行されてからイントラテックのＴＥＣ９は製造中止に追い込まれた（発令以前のものを所持するのは違法ではない）。事業再建に腐心したメーカーはＴＥＣ９をＴＥＣ９たらしめていたバッドフィーチャーをオミットしたＡＢ10を発表した。ＡＢ10のＡＢは「ＡＦＴＥＲ　ＢＡＮ（規制後）」という意味。大きな変更としてマガジンを10発装填までとし、銃身を覆っていたシュラウドを除去。さらにむき出しになった銃身からもアクセサリーを取り付けるためのスレッドが消えた。しかしマガジンに関してはこれまでのハイキャパシティーマガジンが問題なく使えた（32連マガジンが標準付属品となった）。

ＴＥＣ９にはピストルのようなマニュアルセーフティはなく、ボルトの操作でおこなう。製品にはモデルによって22発か32発入りマガジンが付属していたが１９９４年以降、10発入りマガジンしか使用できなくなる（はずだったが）。ケースには付属品として32連マガジンが同封されていた。

■After Banという意味深げな名称のＡＢ10。○で囲んだ部分にスレッドがなくなっている。

■イントラテック・ファイヤーアームズという会社——銃規制団体の評価

銃規制団体はイントラテック社の経営方針をこう糾弾する——同社はＴＥＣ９のような安価で殺傷力のある銃がどういった目的で使われるか（つまり犯罪に使われること）を承知の上で製造し続けてきたと。確かに同社製品は１９９９年のコロンバイン・ハイスクール銃撃事件や１９９３年のサンフランシスコのローファーム（法律事務所）で起きた銃撃事件をはじめとする数々の重大犯罪に使われてきた。１９９４年のアサルトウェポン禁止令直後、ＴＥＣ－ＤＣ９のデザインを「大人しく」させたＡＢ10を売り出すものの従来どおり32連マガジンを付属させるなど反骨的態度が物議を醸し出していた。

イントラテック社はＡＢ10発売の告知と同時にニューモデル（ピストル）のラインナップ発表もおこなっていた。広告には「伝説は語り継がれる——」と謳っているが銃規制団体や愛好家にいわせるとこれらはジャンクガン（クズ銃）に毛が生えた程度だという。

たとえばPro'TEC'tor（プロテクター）シリーズ。口径は22と25ＡＣＰがありそれぞれプロテック22、プロテック25と名づけられた。構造はダブルアクションだがガンテストマガジン１９９５年６月号にセフティ機能の欠落、度重なる作動不良から「まさしく悪夢」と酷評された。このほかハリケーンフォースというキャッチコピーで始まった'Cat'egory（カテゴリー）シリーズでは３８０ＡＣＰ、９㎜、40ＳＷ、45ＡＣＰなどの大口径ピストルも手がけるようになった。９㎜口径のＣＡＴ９を紹介したディーラーのカタログには「あなたの手に初めてフィットする９㎜ピストル」と書かれていたそうだ。

イントラテックは銃規制推進のスケープゴートにされたとの見解もあるが同社の製品は本当に犯罪者から好まれた。ＴＥＣ９はタフな貴方にふさわしいタフな銃です——このような犯罪マーケットにおもねるようなコピーも問題視された。１９９４年の別のコピーは「アサルトピ

■アメリカンプライド……

ストルはセルフディフェンスにレクリエーションに最適です。マーケットにあるどのガンよりも実用性と信頼性では負けません」と読める。男性購買層を多分に意識していることはコピー以外の戦略からもわかる。1994年と1995年版のカレンダーにはセミヌードや扇情的なポーズでアサルトピストルを構える女性の写真を起用した。

TEC22の広告では燃え盛る炎のイメージの前をスコーピオン（TEC22の別称）が他の銃に挑むようなデザインになっている――30連マガジンはあたりまえ。ジャングルクリップでマガジンを使えば60発のファイヤーパワー――安くて、ホット。使えるガン。それがTEC22だ。別のコピーには「楽しみ方は無限」と書かれている。

実は1991年、NRA刊行のアメリカンライフルマン・マガジンはパーツ不良から予期せぬフルオートになる恐れがあるとTEC22のオーナーにリコールの告知をおこなったが、当のメーカー側は知らん振りを決め込んだという。1995年、前述の大口径ハンドガン、カテゴリーシリーズにスライドが破損し重大な事故を招く恐れがあるとし自主回収がおこなわれた。

■イントラテック社のその後

1999年9月30日、凶悪犯罪の責任の一端が銃器メーカーにありとする画期的な判決が言い渡された。このメーカーというのがイントラテック社だった。

1993年7月1日、ギアン・ルイギ・フェリはカリフォルニア州サンフランシスコにあるローファームに押し入ると、持参した銃を乱射した。フェリは凶行に及んだ後、自らの命を絶った。この銃撃によって8名が死亡し6名が負傷した。凶器は2丁のTEC‐DC9だった。犠牲者の遺族はメーカーを告訴した。銃のメーカーが裁かれるという事態はアメリカでは初めてのことだった。

■銃器と女性――どちらもフェティッシュな組み合わせだ

■TEC9を手にしたビキニ女性

犯罪を誘発させるようなスペックの銃を製造し、それが犯罪に使われることを予見しながら対策を講じなかった――地方裁判所の判決を不服としたメーカーはすぐに上告するが、訴えは却下された。メーカーは自社製品が犯罪に使われることを予想できていた――この最終判決が言い渡される5ヶ月前にコロンバインのスクールランページが起きており、ここでもTEC-DC9が使われていた。

検察は、TEC9の特徴であるハイキャパシティーマガジン、サイレンサーなどを装着するためのスレッド、指紋の残りにくい表面仕上げなどを犯罪助長の要因であると指摘した。さらにイントラテックはメディアやBATFのまとめた報告（ロープライス、ファイヤーパワー、隠し持てるという隠匿性などが犯罪者にとって好都合である）を知りながら製造を続けていたと厳しく非難した。

凶器を製造したメーカーにも責任ありとするサンフランシスコでの判決は画期的な出来事となり、これ以後多くの市が同じような条例を定めようとしている。条例の内容の多くは遺族が起こした裁判の費用援助や警察の捜査の経費賛助などをメーカーに負担させるというものだ。

この判決に対して銃器メーカー各社は、「われわれは欠陥品を造っているのではない。きちんとした製品を作り合法的にユーザーの手に渡る――それが結果的に犯罪に使われたからといってメーカーが裁きを受けるというのは理不尽極まりない」とのコメントを出した。自動車メーカーが交通事故の責任を負わされるようなものだとの意見もある。

イントラテック社は本書執筆中の現在も会社として機能していないが、一時代を築いたTEC9はプレミアムがつき高額で売買されている。構造自体が単純であることからパーツの再販やチューニングがしやすく手入れさえ怠らなければ数十年の使用に耐えられるといわれている。

■20歳以下の子供が毎日15名、銃によって命を落としている。カギっ子と呼ばれるおよそ120万人もの子供が自宅のどこに銃があるかを知っている。小児科の医師や警察は自宅から銃を追放することこそが最善の防止策だと保護者に話している――。

■ガンバイオレンスが子供の健全な育成に重大な害を及ぼす

■ニューヨークにあるNon-Violenceのシンボルスタチュー。リボルバーの銃身が結わいてあることから《Knotted Gun》とも呼ばれている

コロンバイン・シューティング・マサカー（コロンバイン銃撃虐殺）

1999年4月20日、コロラド州リトルトンにて未曾有の大虐殺がおこなわれた。地元の名門コロンバイン・ハイスクールに通うディラン・クレボールド17歳とエリック・ハリス18歳が以前からユダヤ人、黒人、ヒスパニックに対してあからさまな差別的発言を繰り返していたことは周知のことだった。しかし、本当の怒りの対象は〝何でも自分の思い通りになる〟とおごり高ぶる校内のスポーツ代表（彼らがいうところのジョックス）にあったようだ。

死者13名、負傷者23名。4月20日に起きた全米史上最悪のスクールランページの最中に二人はこう叫んでいた。「ジョックス野郎！　全員立ちやがれ！」「一人残らずブッ殺してやる」。スティーブ・アーロンはカフェテリア襲撃の最中、床に腹這いになると体を縮み込ませた。彼の頭にショットガンの銃口が突きつけられた。しかし危うく処刑を免れた。銃が向けられる寸前一人の女子生徒が彼の背中に覆い被さって、背中のシャツに誇らしげに書かれたベースボールのスローガンを隠したからだ。

実のところ銃口はランダムに向けられていたようだ。教会活動に熱心だったある女子生徒は銃を突きつけられるとこう尋ねられた。「オマエ、神様を信じるか？」「ハ、ハイ」「教えろ、何でよ？」。答えるまもなく彼女は頭を撃ちぬかれた。

黒いトレンチコートを羽織り、TEC‐DC9とハイポイント9㎜カービン、ソウドオフショットガン（1丁はポンプアクション、もう1丁はサイドバイサイド）で武装した二人の殺し屋は校舎の外に逃げた女子生徒の脚に狙いをつけた。もんどりうって倒れた彼女を助けようと駆け寄った男子生徒は背中をポイントブランク（至近距離）で撃ち抜かれた。数学の得意なある男子生徒は脚を撃たれカフェテリア内を這って逃げる途中に頭を撃ち抜かれている。彼らは

■ディラン・クレボールド

■エリック・ハリス

教師1名、生徒12名を射殺すると自らも顔面を撃ちぬいた……。これが学校を舞台とした最悪の惨事コロンバイン・シューティング・マサカーだ。

その後の調査で二人はトレンチコートマフィア（TCM）と呼ばれるグループに属し、これまでにもスポーツ代表選手らとのいざこざが絶えなかったことが判明した。トレンチコートマフィア――名前こそ恐ろしそうだがメンバーは校内の記念アルバムに掲載するスナップ写真でそろってポーズをつけるような、いわば校内の一風変わった仲良しグループといったところだった。周りの生徒らは彼らをドギツイ白塗りメークと、黒尽くめの衣装で知られるゴスミュージックのファン〝ゴシックス〟のようだと評している。黒いトレンチコートが連想させているのだろう。しかし当の本人たちは〝寒さをしのぐためさ〟とゴシックスとの関連を否定していた。

彼らはカフェテリアの階段に近い一角にたむろし季節に関係なく夏であろうとも黒のトレンチコートを羽織っていた。ハーケンクロイツをつけたベレーを被る者もいた。ハーケンクロイツ――彼らはアドルフ・ヒトラーに心酔していた。話題といえばいつも戦争や銃のこと。カタコトのドイツ語で会話をしているのを聞いた生徒もいる。彼らがヒトラーと第2次世界大戦に異常な興味を示しサバイバルゲームに興じ、銃を賛美しているのを見聞きしている生徒は多い。事件当日の4月20日は崇拝するヒトラーの誕生日であった。

確かに凶行に至るまでには前兆があった。しかし周りの生徒、教師、警察にとってみれば「どこにでもあるような反抗期にありがちな行為」、「落ちこぼれ集団のありふれた悪ふざけ」で片付けていたとしてもしようがないことだった。しかもコロンバイン・ハイスクールはこんな惨事とは最も程遠い名門校なのだから。

エリック・ハリスとディラン・クレボールドは1年前に他人の車の中に忍び込んだとして逮捕され1999年1月に保護観察期間が満了したばかりだった。エリック・ハリス（18歳）は

■監視カメラが捉えた2人の姿。○で囲まれた銃がTEC－DC9

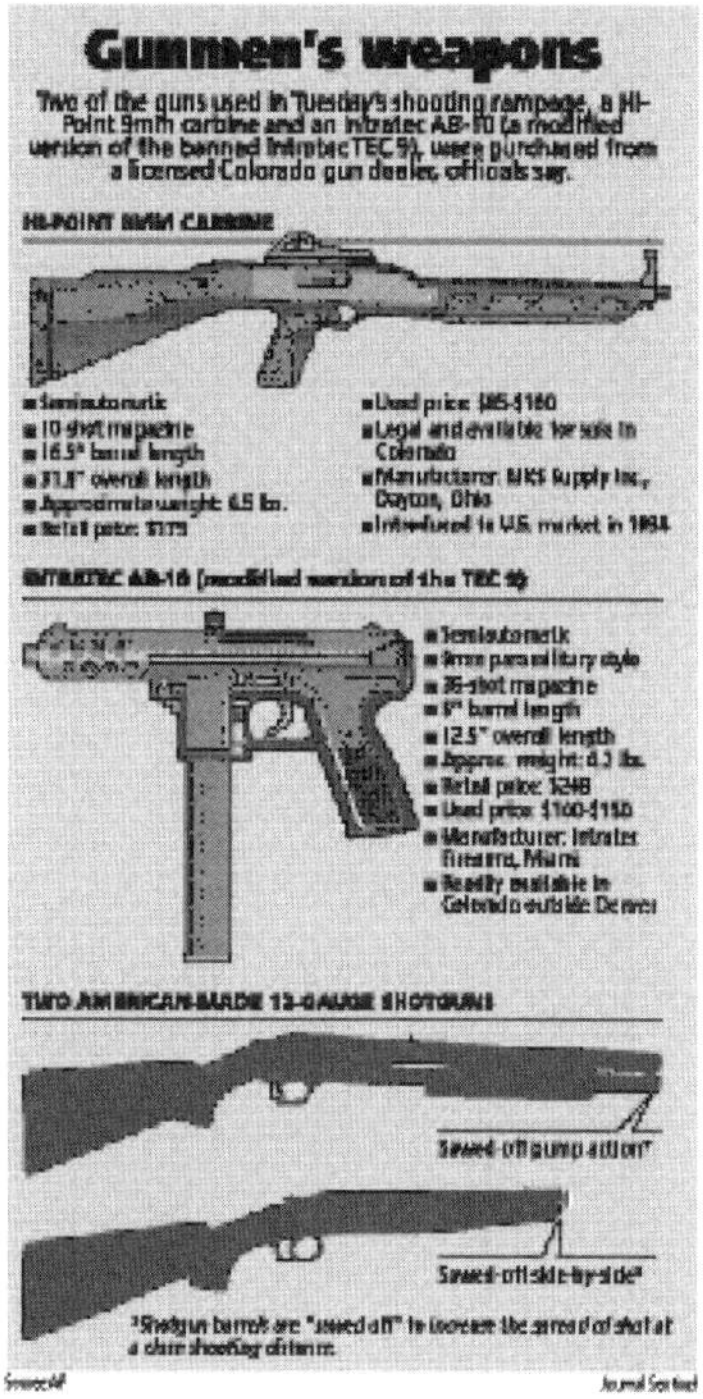

■コロンバイン・シューティング・マサカーでの凶器は以下の銃器4丁

・ハイポイント9mmカービン
　MKSサプライ社
　マガジン　10発装填
　ユーズドプライス　＄85

・TEC－DC9（AB10モデルとの情報もある）
　イントラテック社
　口径9mm
　マガジン　36発装填

・12ゲージショットガン（ソウドオフ）
　A：ポンプアクションショットガン
　B：サイドバイサイド（水平二連）ショットガン

■ハイポイント社の9mmカービン

■ディラン・クレボールドが実際に使用したイントラテック社のTEC－DC9。彼はこの銃で5人の命を奪った

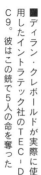

近所では物静かな少年として知られていた。父親が退役軍人であることを除けば家族のことを詳しく知るものは少ない。一方のディラン・クレボールド（17歳）は、TCM内でコンピューターに明るい頭の切れるヤツで通っていた。それは教師も知るところで、一昨年の校内のミュージカルでは音響係を任されていた。

その時の教師はこう述懐する——確かに彼らは賢い生徒でしたが、良い生徒ではなかった。警察を嫌っていて、とにかく「オイ、何をしているんだ」って聞かれるのが嫌でたまらなかったようだ。

事件が起きた日の週末にジェファーソン郡保安官ジョン・ストーンによって1冊の日記の内容が明らかにされた。ただしこれがエリックのものなのか、ディランのものなのかは語らずじまいだった。それによれば、ヒトラーの誕生日でもある4月20日の事件はおそらく1年前から計画されていたようだ。虐殺の動機として考えられるくだりにはこう書かれていた。

「オレらは他の連中とは違う。違うんだ。ジョックスどもにバカにされてたまるか……。アイツらに思い知らせてやるぜ」

自宅のドレッサーから挽き切ったショットガンの銃身、即席爆弾の材料が発見された。保安官はいう。二人の両親にも責任はあると。押収した校舎見取り図には爆弾を仕掛ける位置が記入されていた。カフェテリアを襲撃したのは生徒が多く集まる場所だからに他ならない。

その他に凶行の前兆を匂わせるさまざまな証拠が家中から見つかったことから保護者の監督不行き届きを咎める世論が高まった。両親らは代理人を通じて書面で遺族への哀悼の意を表した。

このスクールランページでは4丁の銃から百発もの銃弾が放たれたわけだが、この殺人デュオの本当の狙いは学校の完全破壊にあったのではないかといわれている。というのは事件直後の検証でパイプ爆弾からプロパンタンク爆弾までおよそ30個もの爆弾が二人が乗りつけた車

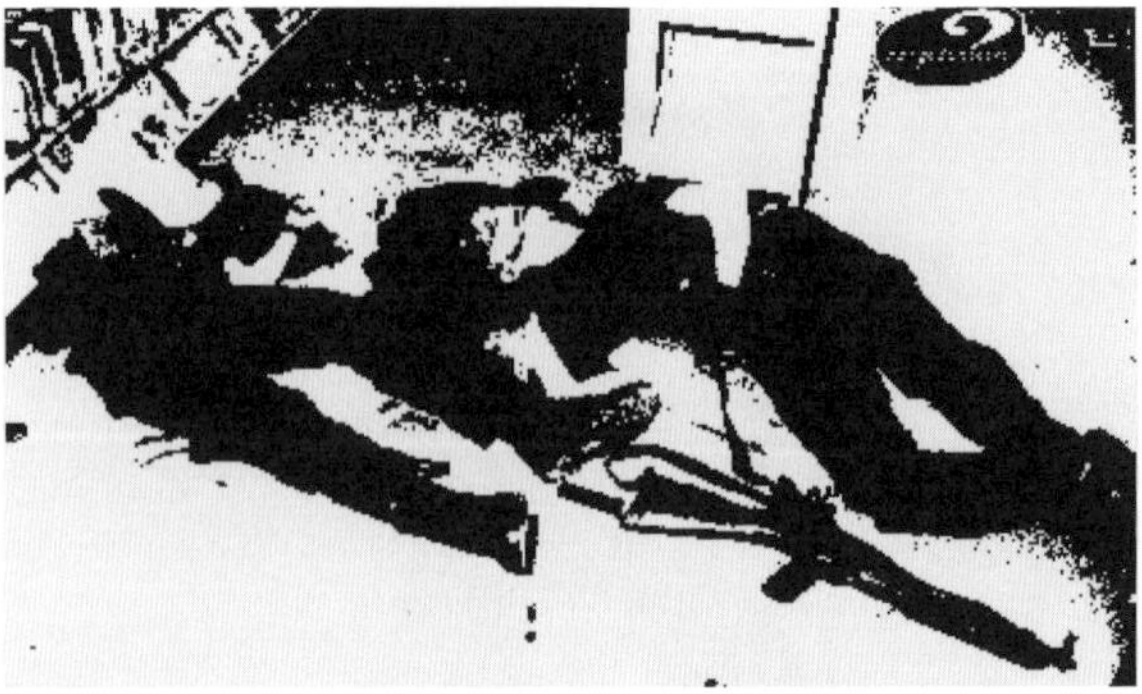

■横たわるディラン・クレボールドの足元にハイポイント9mmカービンが確認できる

の中、校舎内から発見されたのだ。車の中に仕掛けられた爆弾は捜査官らを殺傷するためのブービートラップであったと考えられる。

■銃以外の凶器

校内とその周辺には殺傷力を増すために釘やガラス片を詰め込んだパイプ爆弾、グレネード、バーベキューグリルのボンベを使ったプロパンタンク爆弾など30個以上の即席爆弾が仕掛けられていた。このうちプロパンタンク爆弾は砂時計とマッチ、モデルロケットに使われる導火線を組み合わせた時限式であった。仕組みは、砂時計が破裂するとマッチが着火し導火線に火をつける。導火線の火はプロパンタンクに取り付けたガス缶をまず起爆させそれによってプロパンタンクを爆発させるというものだった。プロパンタンク爆弾は結局、不爆に終わった。爆弾処理にあたったBATFのエージェントはなぜ、爆発しなかったのか不思議だと話していた。爆弾爆発物のエキスパートによれば「なかなか手の込んだつくり」で、もし爆発していれば校舎への被害は避けられなかったという。

この事件の後、全米各地の学校で模倣事件が多発したが多くは未遂のうちに終わった。たとえばカリフォルニア州では銃と30人の名前が載った殺人リストを持っていた13歳の少年が逮捕された。この少年は、40S&W口径ハンドガンを携帯しリュックサックには教師や生徒の名前を書いた30枚の紙切れを入れていた。殺されて当然さ――そこにはこう書かれていた。銃の保管管理を怠ったとして少年の父親も逮捕された。

■その他のスクールランページ

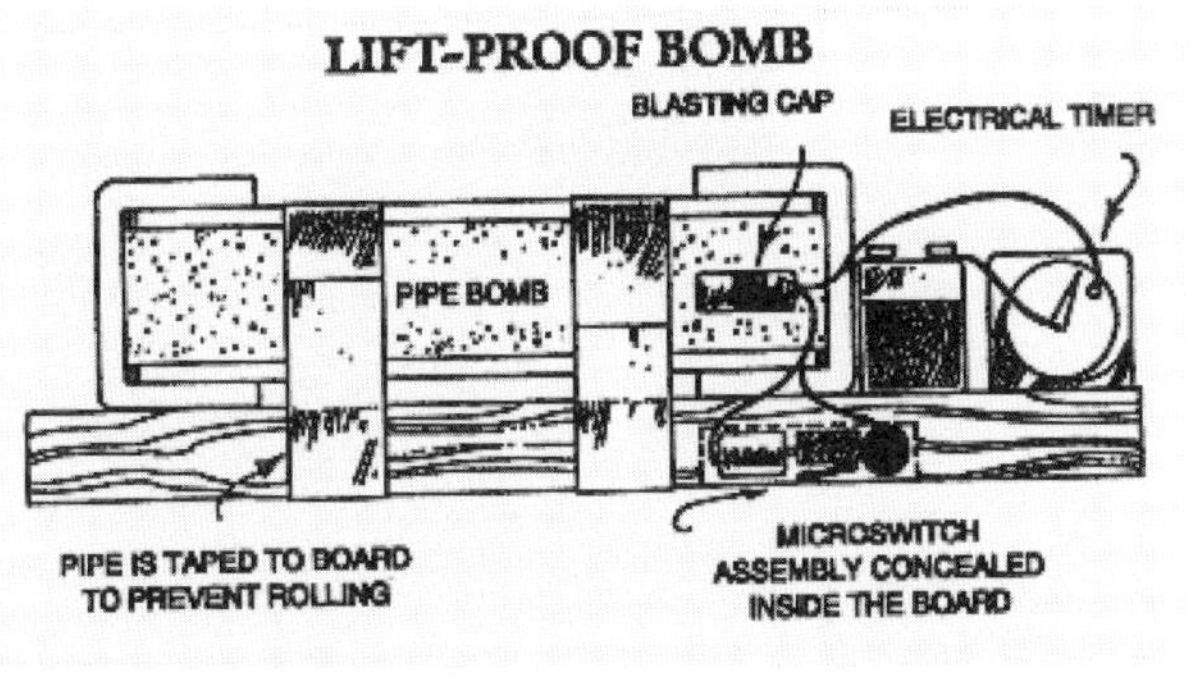

■床に仕掛けるタイプの爆弾。持ち上げようとすると爆発する仕組みになっている（出典：パラディンプレス）

スクールシューティングというとコロンバインの事件ばかりがクローズアップされるが学校を舞台にした銃撃事件は以前からあった。コロンバインの1、2年前に起きた事件をいくつかピックアップする——

事例1：1998年6月、ヴァージニア州リッチモンド。男性教師と教員補助の女性はクラスメートと言い争いをしていた生徒クィンショウン・ブッカー（14歳）にやめるよう注意すると、この生徒が持っていた32口径の銃で撃たれた。別の男性教師は腹部を撃たれたものの命に別状はなかった。教員補助も軽傷ですんだ。

事例2：同年5月、オレゴン州スプリングフィールドでは、事件前日、校内に銃を持ち込んだとして退学を言い渡された15歳のキップ・キンケルが校内のカフェテリアで銃を乱射し二人の生徒を死亡させた。キンケルの自宅では両親も殺されていた。凶器となった22口径ルガーライフル、同じく22口径ルガーピストル、9㎜グロックピストルの3丁すべてが自宅から持ち出されたもので、このうちルガーライフルの登録はキンケル自身の名義になっていた。

事例3：《**時刻**：**12**：**40 pm**　**通報先**：**ウェストサイド・ミドルスクール**》

どうなさいました？　緊急事態ですか？

ウェストサイド・ミドルスクールよ！　誰かが銃を撃ってるわ！

何ですって？

ウェストサイド・ミドルスクールで銃を乱射しているやつがいるの！

OK、落ち着いて

救急車を早く呼んで！

AIMING TO RESTORE GUN BAN

Gov. Gray Davis reaffirmed support for a bill to restore California's assault weapons ban during a news conference yesterday in Los Angeles. He was holding semiautomatic handguns similar to those used in last week's Colorado school shooting.

■コロンバイン高校銃撃事件から1週間後、TEC9を手にアサルトウェポン禁止令の延長を訴える当時のカリフォルニア州知事

OK、しっかりして——誰が撃っているかわかりますか？

わからないわ！

OK
どこから撃っているかわからないの！

《わからない》って？

警報アラームがなって、外に出ようと——

他の生徒は？

わからない。わからない。救急車を早く！

わかりました。すでに1台、そちらへ向かってます。撃たれたのは一人？

何人も——！

OK、それでは——

血が——血がすごいわ！

落ち着いて、すぐに警官を送りますから！

こちらウェストサイド・ミドルスクール！　生徒が何人も撃たれた！　救急車をもっとよこして——

救急車は全車、向かってます
——警官もよこして！　まだ撃ってくる——

OK、まだ撃ってくるのですね、どこから撃ってくるかわかりますか？

森の方から——とにかくもっと人をよこして！

わかりました

1998年3月、アーカンソー州ジョーンズボロ。火災警報が鳴る中、ミッシェル・ジョンソン13歳とアンドリュー・ゴードン11歳は自分たちの通うウェストサイド・ミドルスクール近くの建設現場から教室めがけて銃を乱射した。この銃撃によって校舎内にいた教師一人と四人の女学生が死亡し、十人が負傷した。警報はまったくのデタラメでトイレに行くといって教室を出たゴードンが作動させたのだった。その後、彼は建設現場でジョンソンと落ち合いそこから銃撃を開始した。全弾撃ち尽くした後、二人は警察に自首した。

犯行に使われた銃は全部で9丁。レミントン・30-06ライフル、M1カービンレプリカモデル、S&W38リボルバー、22デリンジャー、スタァ・380ピストル、FIE380ピストル、ルガー357マグナム・セキュリティーシックス、38デリンジャー、チャーターアームズ38リボルバー。

銃はすべてゴードンの祖父、父親が（合法的に）所有する銃でガンロッカーに保管されず壁にディスプレーされていたものを盗んだものだった。祖父はガンコレクターであると同時にディーラーでもあり何百丁もの銃を所有していた。

事例4：1997年2月、アラスカ州ベテル。16歳のエヴァン・ラムジーが地元ベテルのハイスクール校内でモスバーグの12ゲージポンプアクション・ショットガンを乱射し、校長と生徒一人が死亡した。負傷者は2名。犯行後ラムジーは逮捕され、彼が凶行に及ぶことを前もって知っていたとして二人の生徒が起訴された。銃はラムジーの養父のもので日頃からきちんと保管されていなかったことが判明した。エヴァン・ラムジーには禁固刑99年がダブルで言い渡された。

■ミッシェル・ジョンソン（左）とアンドリュー・ゴードン（右）

サタデーナイトスペッシャル

ブライコ、AA、アメリカン、フェニックス、デェイヴィスそしてレイヴン——これらの名称が銃のメーカーだということにどれだけの人が気づくだろうか。銃のメーカーはコルトやスミス&ウェッソン、スタームルガーだけではない。

雑なつくり、安全性も低い、ただし値段が安い——このような銃は(侮蔑を込めて)サタデーナイトスペッシャルもしくはジャンクガンと呼ばれている。サタデーナイトスペッシャルとは蔑称で「土曜の夜の外出時に携帯し、面倒なことが起きたらぶっ放す銃」のことをさす。このようなガラクタ銃がアメリカ本国へ輸入されることはまずありえない。国産ゆえに存在するのだ。安価なことから貧しい犯罪者が好み、安全性が乏しいがために暴発事故が絶えない。

サタデーナイトスペッシャルの魅力はその価格設定にある。アメリカは銃社会といわれているが国民のすべてが銃に詳しいというわけではない。銃に興味はあっても銃そのものではなく撃つことに重きを置いているユーザーの方が多い。自動車でいうところのドライブと同じ感覚だ。ところで安価とはどのくらいの範囲のものなのか？　資料によれば製造コストおよそ13ドル前後でディーラーの卸価格は35ドルあたりになるという。安いということは押し込み強盗などの犯罪者や闇ディーラーが手を出しやすいということだ。事実一時期、警察が押収した銃のリストはサタデーナイトスペッシャルで一杯になったという。

粗製濫造

銃器業界において1991年はある意味で驚嘆すべき年だった。この年の国産ピストル製造

■グレンデルP10。マガジンはなくカートリッジは上から装填する

数で老舗スミス&ウェッソンやスタームルガーを抑えブライコアームズが第1位を獲得したのだ。ちなみに第2位もジャンクガンメーカー、デェイヴィスだった。ただし十数年前のデータであることとベレッタやグロック、ヘッケラー&コッホといった欧州のメーカーの数字が反映されていないことを考慮すれば当然といえば当然ともいえるが。

ピストル、リボルバーすべてのハンドガンの製造数で見てみるとS&W（42万5164丁）、スタームルガー（25万5641丁）についでブライコ（20万2510丁）は第3位だった。それ以降はデェイヴィス（17万1076丁）、レイヴン（11万7300丁）といったジャンクガンメーカーが占めた。

ジャンクガンの供給元は西海岸に集中していた。ロサンゼルスのダウンタウンから50マイル離れたところにサンダンス、AMT（アルカディアマシーン&ツール）、フェニックス、デヴィス、ローシン、ブライコ、レイヴンといったサタデーナイトスペッシャルメーカーが環状に所在しており「リング・オブ・ファイヤー」と呼ばれていた。

1980年代以前ハンドガンといえば市民もローエンフォーサーも犯罪者も38口径リボルバーだった。1980年の国産ハンドガン製造数230万丁のうちピストルは32%、これが10年後の1991年で大きく逆転することになる。国産ハンドガン総製造数180万丁のうちピストルが75%も占めるようになったのだ。

1980年代、ジャンクガンメーカーといえばもっぱら安価なリボルバーを製造していた。もちろんピストルもつくられてはいた。この頃のサタデーナイトスペッシャルは22、25ACP、380口径といった小中口径がほとんどであった。90年代に入って大口径といわれる45ACPや9㎜に人気が集まるとサタデーナイトスペッシャルの大口径化が始まった。

■リボルバーとピストルの違い

・リボルバー
銃身の後ろに回転式の弾倉（シリンダー）を有し、発射機構はシングルアクションとダブルアクションに分かれる。

・ピストル
発射と同時に排きょうと装填を自動的に行う、いわゆる〝オートマティック〟のこと。リボルバーに比べ装弾数が多い。

■元祖サタデーナイトスペッシャル

サタデーナイトスペッシャル、通称ジャンクガンの元祖というべきメーカーがレイヴンアームズだ。レイヴンのピストルに共通しているのは小型、小口径、低価格それでいて安全性が低いということだ。クオリティーの低さとアキュラシーの悪さは当然ながら比例しスポーツシューティング用にはまったく向いていなかった。サタデーナイトスペッシャルの使い方は「至近距離から突然撃ち込む」がふさわしく、まさに犯罪者好みの銃だった（もちろんセルフディフェンス向けとも解釈できる）。1970年代にはすでに、大手資本ジェニングスファミリーが創設したレイヴンアームズでは25口径ピストル、レイヴンP25を製造していた。

1980年代の同社のカタログには「P25は世界で最も人気のある25口径ピストル——すでに180万丁以上売り上げた」と書かれていた。

レイヴンをはじめとするジャンクガンメーカーのピストルとS&Wやコルトといった大手メーカー品との一番の違いは銃を構成しているマテリアルだ。大手であればスライドやフレームといった主要部分にはステンレススティールなどが使われるのに亜鉛ダイキャストが使われていた。BATF（アルコール・タバコ・銃器取締り局）がおこなったレイヴンP25を使った実験で、装填された銃を床に落としたところ暴発したという。レイヴンは1989年、国産ピストル製造数で第3位になったが、1991年11月に発生した火災で実質、工場は稼動停止に追い込まれた。この後レイヴンの所有していた製造ラインはフェニックスアームズに引き継がれた。

■ブライコアームズ倒産

■レイヴンP25（スライドに比較してグリップが異常に小さい）

2003年7月。約十年前の1994年に起きた暴発事故が原因でメーカーとしての責任を問われていたブライコアームズが倒産という窮地に追い込まれた。暴発事故は装填された銃弾を取り出そうとした際に突然起きた。この時発射された38口径のブレットが7歳の少年ブランドン・マックスフィールドの顔面を直撃した。少年は一命を取り留めたものの全身麻痺という重い後遺症が残った。

2003年の4月、陪審員は安全への配慮を怠り欠陥品を出荷したとして製造元であるブライコに10%、欠陥品を流通させたディーラー、銃を売った質屋、ジャンクガンを買った少年の両親、そして直接の加害者となった両親の友人のそれぞれに責任を分担させた。この判決は他のジャンクガンメーカーへの警告になった。

先にも述べたようにジャンクガンの輸入はまずありえない。連邦法は安全性が低く、サイズが小さい、隠しやすい銃の輸入を一切禁止しているからだ。しかしこの条件に相当する自国のジャンクガンは適用除外となっている——皮肉なことに連邦法がサタデーナイトスペッシャルメーカーを守ってきたのだ。近年、輸入銃に対する規制を自国の製品にも適用しようとする動きが出てきた。しかしすでにアメリカ国内には300万丁近いジャンクガンが出回っているといわれている。

■暴発事故を起こしたブライコ　J38

アクセサリーとDIY

バイクや車のチューニングショップがあるように銃のチューニングを生業としている者がいる。彼らはガンスミスと呼ばれそれぞれの得意分野で（メカニズムの微調整から彫刻などのコズメティックな変更まで）ユーザーのニーズに応えている。当然、パーツやアクセサリー専門店もありメーカー純正品とは一味違う製品（法律スレスレの商品）を製造販売している。別項で触れる50ＢＭＧスナイパーライフルのキットガンを製造販売していたマーディ・グリフィンなどはその最たる例だ。

■憲法修正第2条の名において

メーカーは自社製品の広告の中で「ホームディフェンスに」、「スポーツシューティングに」という表現をよく使う。しかしどう考えてもこの表現が相応しいとは思えない銃が存在する。アサルトピストルがその典型だ。ハイキャパシティーマガジン、短い銃身、高い隠匿携帯性――こうしたデザインを見るにつけ別のコンセプトでつくられたとしか思えない。前掲のダンカン・ロング著「The Terrifying Three」ではつぎのようなマシンガンが紹介されていた。

下の写真は折り畳み式サブマシンガンとして有名なアレース社のＦＭＧ（フォールディング・マシンガン）だ。ナチスが作ったバックルピストルのような特殊なミッション遂行のために開発されたものかどうかはわからぬが「隠匿携帯ここに極まれり」といった感じだ。ここまでくるとサブマシンガンではなくガジェットガン（仕掛け銃）だ。

仕様は以下のようになる――

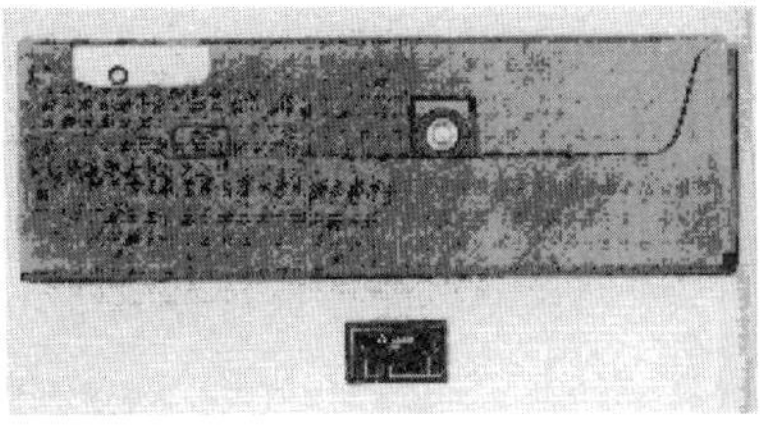

■折り畳んだ状態

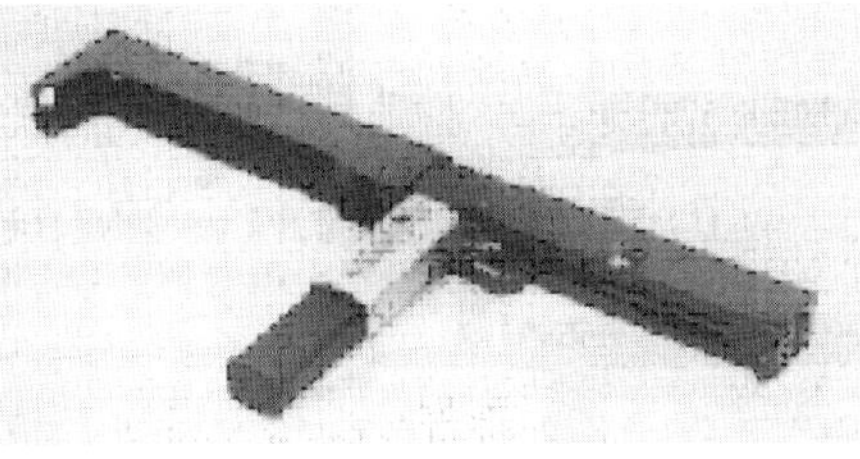

■アレース「FMG（フォールディング・マシンガン）。“展開”状態

展開時「下箱」がストックになり「上箱」からグリップ、20連マガジン、トリガーがせり出す。折り畳んだ時はただの「金属ブロック」だ。この時の寸法は縦8・3㎝、横26・2㎝。写真の金属モデルは重量が2・3㎏だが、ポリマー樹脂を採用すればさらなる軽量化が望める。コツさえ掴めば3〜4秒でこの「箱」をサブマシンガンとして機能させることができるという。FMGはついぞフル生産ということにはならず、数丁のみが現存するだけだ。

銃でさえこのような状況なのでアクセサリーにいたっては法に抵触しない限りは何でもありといった感じだ。発想は子供の頃に遊んだトイガンの延長なのかもしれないが一部の悪意をもった人間の手に渡ったときに必ず悲劇が生まれるはずだ。

銃、アクセサリーとなぜこうした製品が流通しているのか？　これは「憲法修正第2条に対しいかなる侵害も許すまじ」という強い決意の表れなのだ。アメリカ国民の敵は誰か？　敵は三人いる。まず自分や愛する家族の財産生命を脅かそうとする犯罪者、つぎに海外からのテロリスト（アメリカ国民ほどパトリオット〈愛国心者〉はいない）、そして連邦政府だ。アメリカ国民は自分たちが武装することで基本的に政府と対等であろうとする。その意味でミリシアは政府の暴走を食い止める最後の砦だともいわれている。

リバティー（自由）を何よりも重んじるアメリカ人。銃を奪われることはそのリバティーを奪われることに等しいのだ。

■I LOVE AMERICAN PRODUCTS

アメリカンプライド――アメリカ人は自国の工業製品に並々ならぬ愛着を持っている。工業製品が永久にその姿を保つということはありえずリペア、チューニングなどの「手間」をかけてあげなくてはならない。アメリカを代表する工業製品といえば自動車だ。燃費のよい海外メ

■全米ライフル協会。トレードマークはご存知、アメリカンイーグル

ーカーの小型車が市場を席捲しているといわれながらも60、70年代の国産大型スポーツカーが現役で走っている。純正パーツなどとうの昔に在庫がなくなっているのに。カスタムカーというジャンルもアメリカでは盛んだ。同じ話をバイクでたとえればハーレーダヴィッドソンということになる。

銃におけるアメリカンプライドは45ＡＣＰ。45ＡＣＰ＝コルトガバメントだ。一時期欧州の9㎜ピストル人気に押され、国産メーカーもこれに倣ったが現在45ＡＣＰは復権を果たした。今や欧州のメーカーがこぞって45ＡＣＰ（ＧＡＰ）モデルを発表しているといった具合だ。

このことはこんな動きからもわかる――

アメリカ海兵隊に属する選抜ユニット通称ＭＥＵ（Marine Corps Expeditionary Unit）はサイドアームを選定するにあたってセミチューニングのガバメントモデル（Ｍ１９１１Ａ１）を選んだ。公開された銃は、スライドは別としてフレームは何とリタイアしたＭ１９１１Ａ１のものをそのまま流用しチューニングやパーツもカスタムとはいえぬ程度のものだった。外部から「たいしたスペックじゃない」と酷評された際に海兵隊員はこういった――It's not a fancy pistol. It's a wepon you give a Marine to go to kill people.（われわれが求めているのは人を殺すためのツールでファンシーガンに用はない）。

支給品の9㎜ではなく45ＡＣＰを選んだのはＭ１９１１Ａ１の信頼性とブレットの殺傷力だという。

対人用として理想の口径、単純かつ堅牢なメカニズム――本来銃に求められる姿がガバメントモデルにある。同じ動きはＬＡＰＤのＳＷＡＴにも見られた。ロサンゼルス市警の装備品調達部は2002年にクローンガンメーカー5社のＭ１９１１Ａ１モデルをトライアルに参加させ、キンバー社の銃を選定した。正式採用の栄誉を浴したメーカーはこのモデルを「ＬＡＰＤ　ＳＷＡＴ　ＣＳＵＴＯＭⅡ」と命名した。

■リアルアメリカンプライド、コルトM1911A1

早くから45ACPのストッピングパワーを評価していたSWATの隊員らにとっても、この出来事はまさに快挙であった。というのはそれまでは押収またはリタイヤしたM1911A1で我慢していたからだ。もちろんそれをそのまま使っていたわけではなくチューニングを施しカスタムパーツを取り付けていた。信じがたい話だ――1965年のワッツ暴動から2年後に結成されたLAPD・SWATだが1967年からおよそ35年の長きにわたってセカンドハンドのM1911A1をだましだまし使っていたというのだ。2002年、それもいよいよ限界というところで市警より購入承諾が降りたというわけだ。

アメリカ人にとって45ACPと同様コルトM1911A1もアメリカンプライドなのだ（これ以外ではM16、イングラムなどがアメリカンプライドといったところか）。そしてカスタムカーやカスタムバイクがあるようにこれらをカスタムすることが大好きだ。

■即席フルオート

どのジャンルでも共通していえることだがショップが専売するカスタムパーツやアクセサリーといったものの中には「法律スレスレ」といったものがある――特に銃の場合は。マガジンを例に挙げるとユーザーは、ハイキャパシティーには連続して撃てる、マガジンを入れ替える手間が省けるという利点があるからこそこれを購入する。しかしこれが犯罪者や精神錯乱者の手に渡ったらどうなるだろうか。

クラスⅡライセンス保持者以外のユーザーはマシンガンを手にすることができない。一般ユーザーはこう考える。法に抵触することなくセミオートガンをフルオートにできないものか？そこで考案されたのがBMFアクティベーターだ。これを使えばセミオートウェポンをフルオートにコンバージョンさせることができるのだ。コストはたったの35ドル。しかもトリガーガ

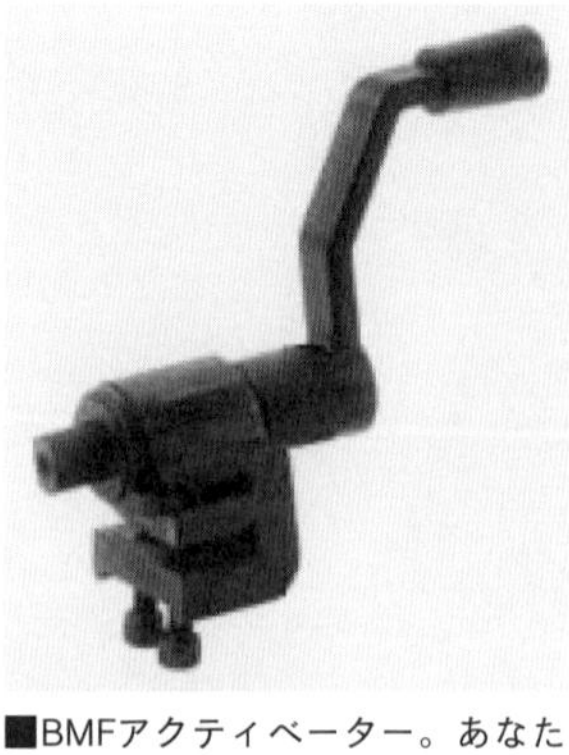

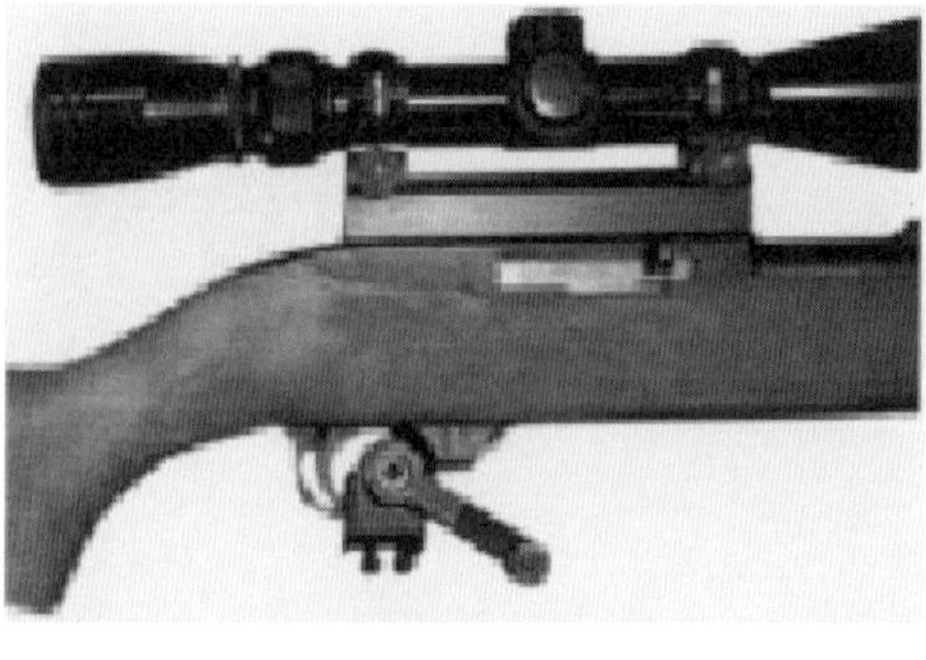

■BMFアクティベーター。あなたがお持ちのルガー10／22をガトリングガンに――しかも合法！（カタログより）

ードに外付けするだけという手軽さだ。

アサルトウェポンが一般向けに発売された当初にオートシアという組み込み式のコンバージョンキットが売り出された。セミオートをフルオートに変換させるというのは思った以上に難しいのだが、このオートシアを使えば組み込むだけでOKなのだ。もちろん取り外しも容易にできた。BMFアクティベーターはこれをさらに簡単にしたものだ。もともと22口径ライフル、スタームルガー10／22用に開発されたものだがルガーミニ14やAR15といった銃にも取り付け可能だ。

トリガーを引く代わりにクランクを回すといったもので要領はガトリングガンに似ている。1回転につき4発が発射される。ピストルやバレル（銃身長）の短いライフルには使えず、カリフォルニア、マサチューセッツ、ミネソタ州以外の州ならば合法である。

■アサルトピストルアクセサリー

〝ジェフ――M10／9㎜用のアッパーレシーバー、本日届きました。ワァオ！　すばらしいとは聞いていたがこれほどまでとは思わなかった。明日早速45口径用のやつを注文するよ〟

銃器製造で有名なコネティカット州ウォリングフォードにあるストーニークリーク・アーモリーはグロックピストルやTEC9、イングラム（MAC10／11）などのドラムマガジンのメーカーとして知られている。同社はマガジン以外のパーツ、アクセサリー類にも力を入れており、特にイングラムシリーズでは他メーカーの追随を許さない。これらを組み込んだイングラムはオリジナルとは似て非なるものといった印象を受ける。ただゴテゴテとデコレーションを加えただけではない。このことはドイツメイドのMP5KやPDWと比較すればよくわかる。

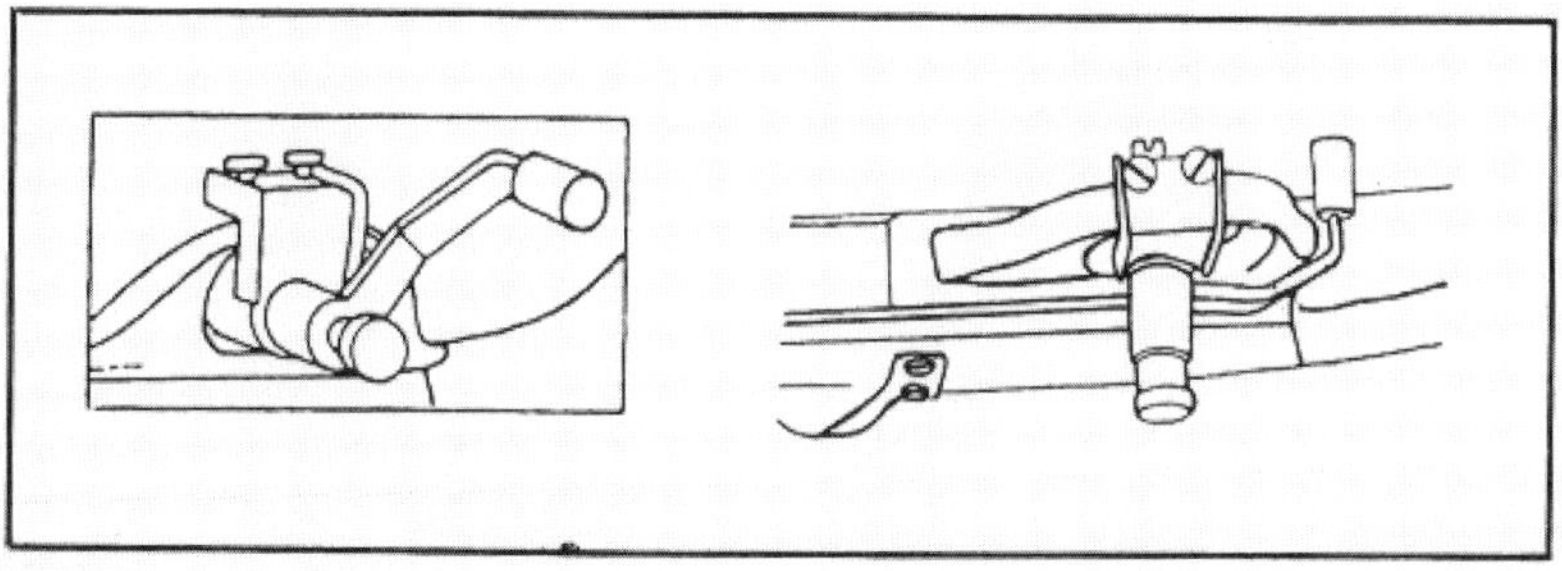

■BMFアクティベーター。スクリュー2本で取り付けOK

性能、デザイン、値段という要素がいかに殺傷力とは無縁のものであるかを思い知らされる。

同社はマシニング技術や仕上げのよさで定評があり72連ドラムマガジンを購入したあるユーザーは「スイスメイドのウォッチの精度に匹敵する」と褒めちぎっている。

1）イングラム・TEC9アクセサリー

ここでいうイングラムとはオリジナルMAC10やMAC11、コブレイ社などのクローンガンなどをさす。イングラム関係のアクセサリーはアッパーレシーバー、ストック、サプレッサーなど商品展開の多さでは一番多い。これは銃自体の発展性の高さを証明するものであり、あらためて開発者ゴードン・イングラムの力量に感服するところだ。

ストーニークリークのつくるアッパーレシーバーの「売り」のひとつはコッキングノブの位置変更で、オリジナルモデルではレシーバー上部にあったものをサイドに移したことで様々なオプティカルアクセサリーの装着が可能になった。またMP5タイプのサイトが標準装備してあるのでエイミングが格段に向上した。

サイトの他、フォアグリップなどにもメーカーのセンスをうかがわせる。もちろんバレルに刻まれたスレッド（ネジ切り）によってサプレッサーの装着も可能になっている。

オリジナルのストックは鋼材をベンディング加工した使い勝手の悪いものだったが、次ページ写真のようにM16カービンのテレスコピックタイプやMP5PDWのフォールディングタイプが用意されている。アクセサリーはコズメティックなものばかりではない。たとえば同社のM1900アクセルレイターをビルトインすれば1800～1900発／分という脅威の発射サイクルになる。

イントラテック社はすでに製造を中止したがオリジナルTEC9はマニアの間では根強い人気を保っている。同社ではイングラム同様に発展性の高いTEC9用のアッパーレシーバーも

■グロック用のロングマガジン。コンシールドキャリー用のグロックにロングマガジン。一見矛盾しているようにも見えるが——。右はドラムマガジンの内部

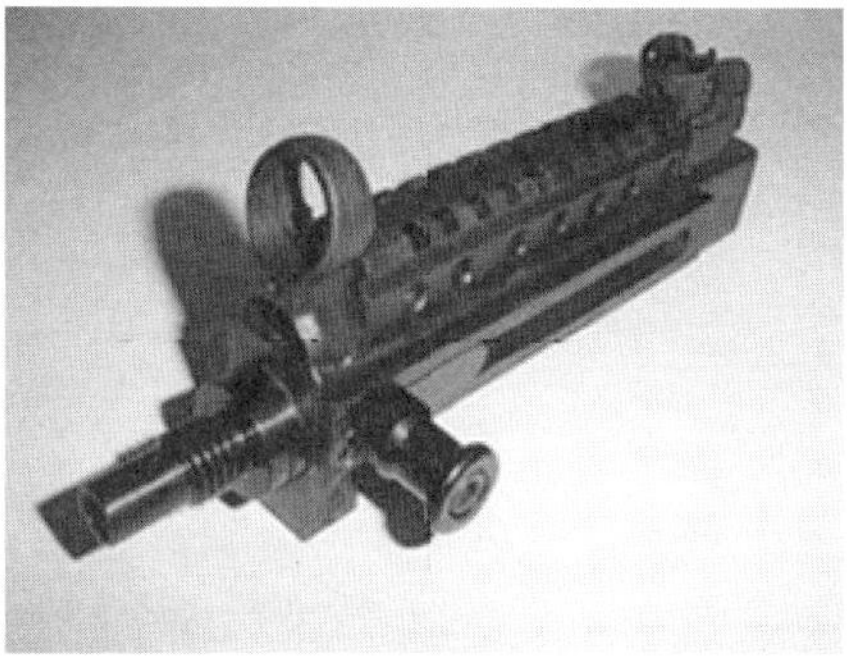
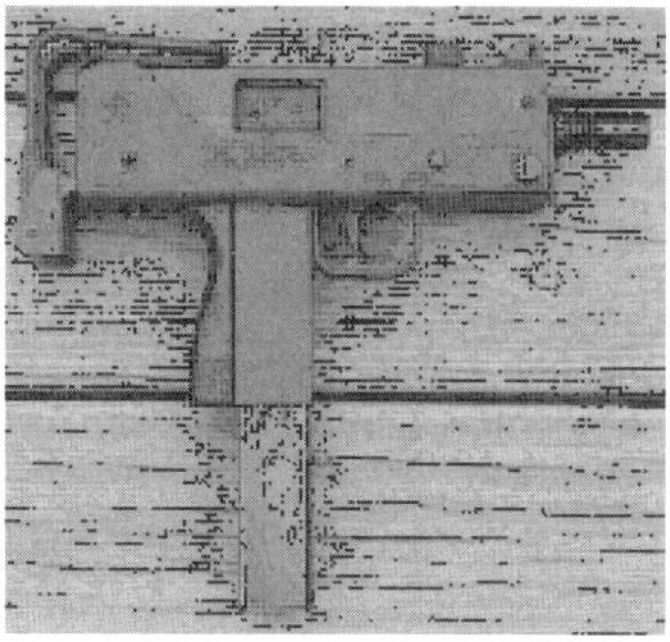

■写真左はイングラム系のアッパーレシーバー。ボルトノブがサイドに変更され、フロントサイトとリアサイトはヘッケラー＆コッホMP5のものとなっている。右の写真はオリジナルイングラム

■左はレール、フォアグリップ、M16のテレスコピックストックをつけた。右はドラムマガジン、PDW折畳みストックをつけた

■サプレッサー、レーザーポインター、ドラムマガジン――日本製のエアガンではない。このTEC9がフルオートモデルであったらこれほどの脅威はないはずだ。72連マガジンをダブル装備したTEC9。連邦政府の捜査官を震え上がらすには十分な火力だ

製造している。72連マガジンはTEC9の後継機AB10にも当然、使える。

2）72連ドラムマガジン

マガジンの製造や調整には銃のどのパーツよりも熟練した技術を要するといわれている。どんなにすばらしいピストル（マシンガン）でもフィーディング（弾の送り込み）が上手くいかなければ単発銃と一緒だ。多くのDIYガンやクローンガンはマガジンだけは既製品のマガジンを流用している。マガジンの構成部品は基本的にはスプリングとスチールシートだけだ。コスト的にもそれほどの費用はかからないはずだが微調整に相当な手間がかかる。装弾数が多くなればそれだけスプリングにテンションがかかることとなり、フィーディング不良を起こしやすいのだ。マガジンはまさに卓越したマシニング技術と微調整が求められるべきデリケートな部分なのだ。

アサルトショットガン

ストライカー12のような通称、ストリートスィーパーと呼ばれる多弾発ショットガンは1980年代から製品としてあった。アサルトショットガンというカテゴリーがあれば、こういったショットガンのことをいうのであろう。

ノックス・インダストリーズではショットガン用のドラムマガジンを製造販売している。多弾発ショットガンは決して珍しいものではないが、すでにある手持ちのショットガン（ここではモスバーグ社製のポンプアクションショットガン）に取り付けることで多弾発ショットガンに変身させるのがノックス社の「サイドワインダー」だ。装弾数は10発で6発入りのボックスマガジンも使用可能となっている。

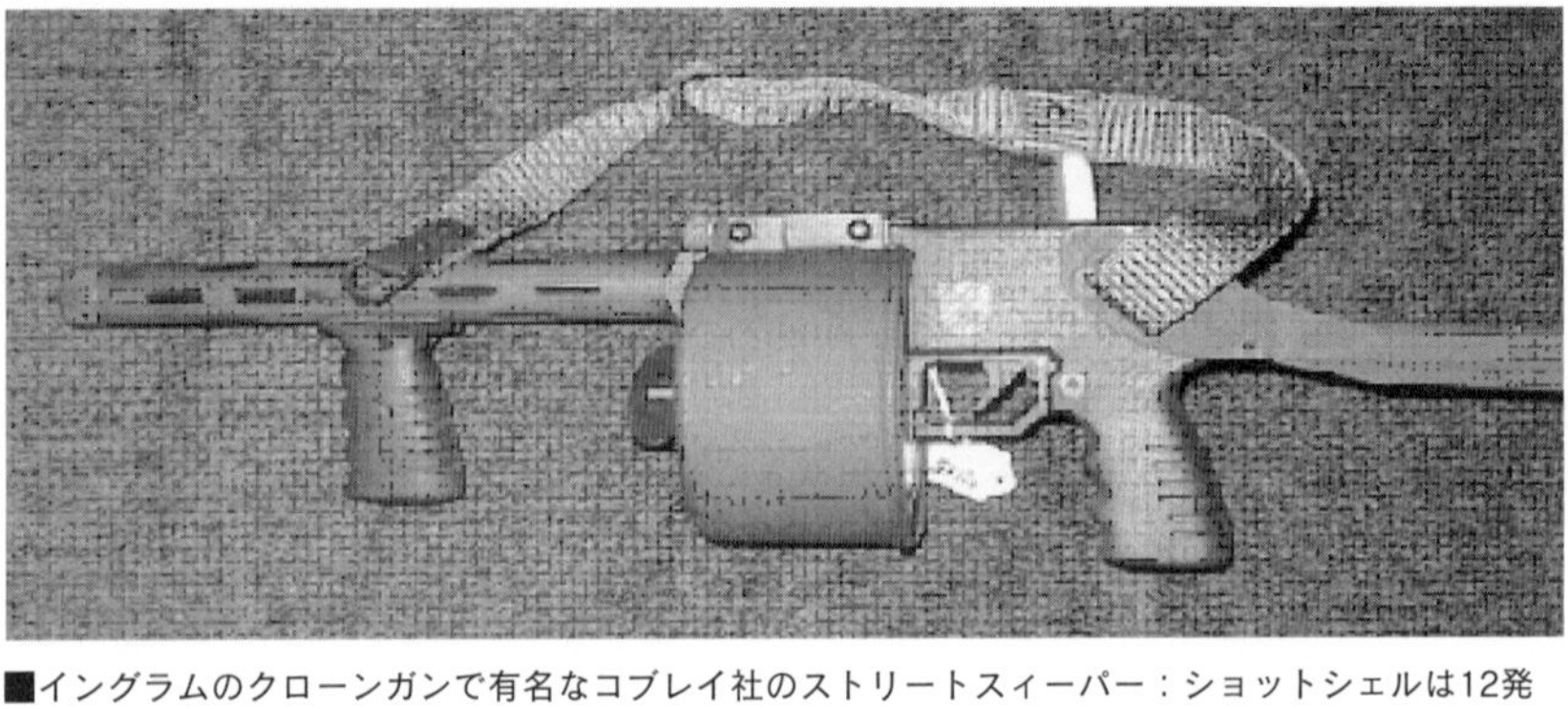

■イングラムのクローンガンで有名なコブレイ社のストリートスィーパー：ショットシェルは12発

創意と工夫次第で

米国では違法合法は問わずマシニング加工に長けたガンマニアで、われこそは憲法修正第2条の守護神であるという ガッツと自負があれば銃器メーカー（クラスⅡ免許必須）になれる。従業員が10人にも満たないプロフェッショナル揃いの小メーカーはジェニングスのような大きな資本が参加したジャンクガン専門のメーカーとは違いマテリアルやデザイン、仕上げにこだわりを見せる。そこには銃器に対する狂信的な愛情すら感じられる。たとえばフロリダ州タンパにあるサーブファイヤーアームズがそうだ。

同社製品のいくつかを取り上げてみた。下段の写真を参考にされたい——

スーパーショーティー（下段写真・番号3）

モスバーグ社のマーヴェリックモデルの銃身を詰めた装弾数3発のポンプアクションショットガン。ソウドオフショットガンではなくＡＯＷ（その他の銃器）に分類されている。メーカーは合法的に入手できる世界最小のポンプアクションショットガンと豪語する。もっぱらローエンフォースメント、ミリタリー向けに納入されているが、ＮＦＡ（全米銃器条例）の申請が許可されれば一般市民でも購入可能だ。

ＲＯＦサブマシンガン（番号4）

Rate of Fire——発射サイクルという意味のサブマシンガン。発射速度は１２００発／分。グリップと銃身先端に装着されたフラッシュハイダーはＡＲ15のものを流用。それ以外はすべてサーブ社オリジナルメイドだ。マガジンはミルサープラス品のものが使える。

バットマスター（番号5）

22口径のガジェットガン（仕掛け銃）。サーブ社の中では異色のジョークガンだが非常に人気のあるモデル。ＢＡＴＦで定めるところのＡＯＷ（その他の銃）ということになる。バットマスターのオリジナルはＣＩＡの前身ＯＳＳ（戦略事務局）が開発したフォンテインペンガン（万年筆ガン）、スティンガーと推測できる。ちなみにスティンガーは弾が込められたまま支給され、発射後のリロードはできなかった。

■写真のスーパーショーティーは20ゲージモデル

■ROFサブマシンガン

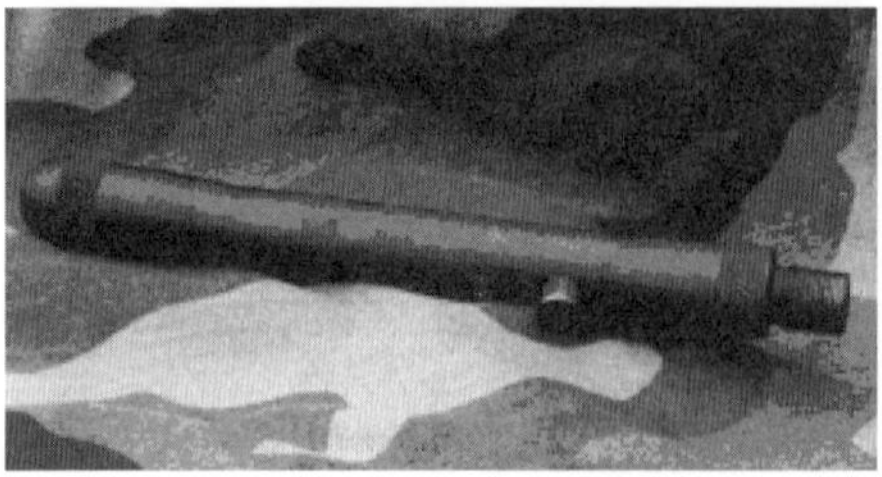

■バットマスター

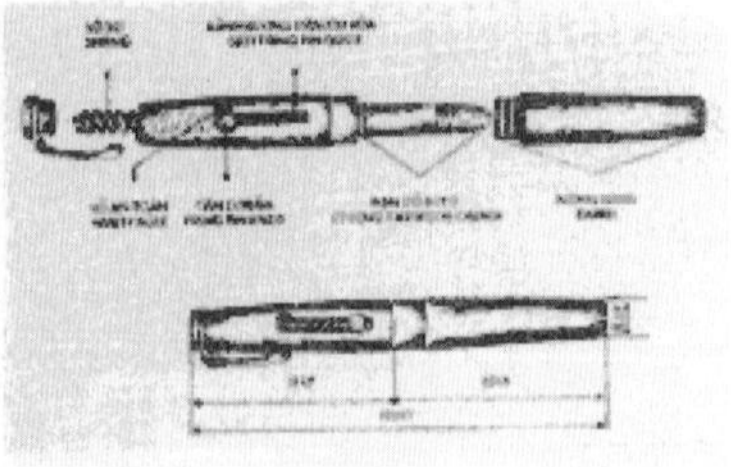

■万年筆ガン

サイレンサー

映画で描写されるサイレンサーの効果は眉唾だというのはよく知られたことだ。発射時の減音は可能でも消音は不可能である。よってサイレンサー（silencer）ではなく正確にはサプレッサー（suprssor）ということになる。先にも述べたようにサイレンサーの所持売買は許可がない限りＮＦＡで禁止されている。

サイレンサーの関心事はなんといっても音だ。銃を撃つにあたってイヤープロテクターがなければ必ず耳が痛くなる。室内ならばなおさらことで鼓膜が破れる恐れがある（もちろん音源からどれだけ離れているかによって違うが）。実射の様子を映した映像を見ることがあるだろう。銃声はバンもしくはパン、パーン。それほど大きいものとは思えないがレコーダーは実音の持つ特定の周波数を拾いきれていない。

音のレベル、音圧はdB（デシベル）という単位で表される。20dBが「ささやき声」、30dBで「柱時計の振り子の音」、40dBで郊外の深夜、葉の擦れあう音――いわゆる「静か」という状況。60dBで「人の話し声、通常のオフィスの音」――これが「日常の範囲」にあたる。80dBになると「電話のベル、電気掃除機の音、大声の会話」となり誰もが「うるさい」と感じ出す。１００dBでステレオや電車の中といった「極めてうるさい」状況になる。１１０～１２０dB以上になると「２m地点からの自動車の警笛」に等しく聴力障害を起こすレベルといわれている。

前述のサーブ社では22口径用ＳＩＲＳサプレッサーを作っている（前々ページ写真・番号１の銃）。先にも述べたようにサイレンサーはＮＦＡ（全米銃器法）で厳しく規制されている。このサーブタイプのサイレンサーに関する所持、売買は州によって異なっておりカリフォルニア、ハワイ、カンザス、ミズーリ、アイオワ、ミシガン、ニュージャージー、ニューヨーク、

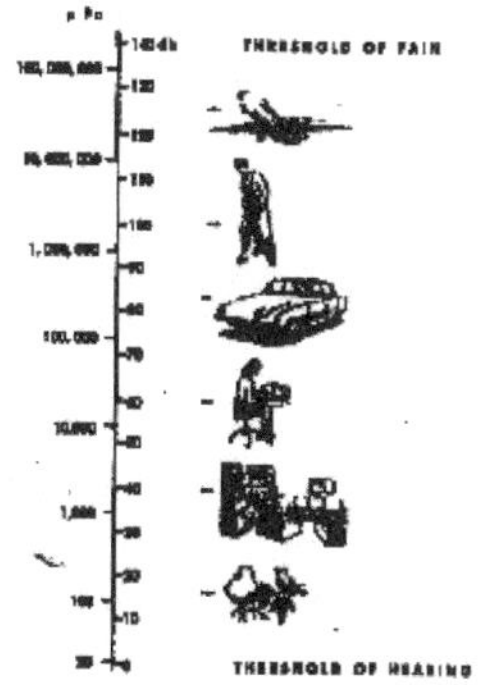

■音圧レベル。１４０dbを超えると音は《痛み》となる

マサチューセッツ、ロードアイランドでは違法であり25万ドルの罰金もしくは10年の禁固刑に処せされる。

　気になる減音効果だがサーブ社の発表によれば音圧レベルは１１８㏈とのこと。測定状況が定かではないがこの値では減音効果に疑問ありということになってしまう。サイレンサーの目的はその性質から百歩譲っても「第三者に気づかれることなく人を殺すこと」だ。これよりミリタリーオペレーションではなくヒットマンという想定で話を進める。静かな住宅街の真夜中に音楽を大音量で鳴らしたり掃除機をかけたりする非常識な人間が少ないように、この状況で銃を発射すればどういった結果になるかを予想できないようではヒットマン落第だ。プロならば繁華街に近い自動車がかなりの台数往来するシチュエーションを選び、さらにテレビやオーディオの音量を上げるなどの工夫をするはずだ。

■ミリタリー用サイレンサー

　１９４３年、ＯＳＳ（戦略事務局：ＣＩＡの前身）が発注したサイレンサーの要求事項は１）音のレベルを約９ｍレンジ内で射手を特定できない程度にまで抑える、２）発射時の火炎も極力抑える、だった。試作品の出来はとても満足いくものではなかった。

　この他に、銃身に開けられた孔から発射ガスが逃げ銃自体の作動に支障が生じたが、これは使用するカートリッジを変えることで解決した。開発途中で、カートリッジはサブソニック（音速以下）といってブレットの初速が比較的遅いものがよいということ、「銃声」といわれる音には銃口から出る発射音の他にブレットの飛翔音、ガスの吹き戻し音、地面など周囲の環境によって起きる反響音、銃そのものの作動音が密接に関係していることが判明した。

　その後改良を重ね支給された約２５００丁のサイレンサーピストルは歩哨や衛兵の排除、暗

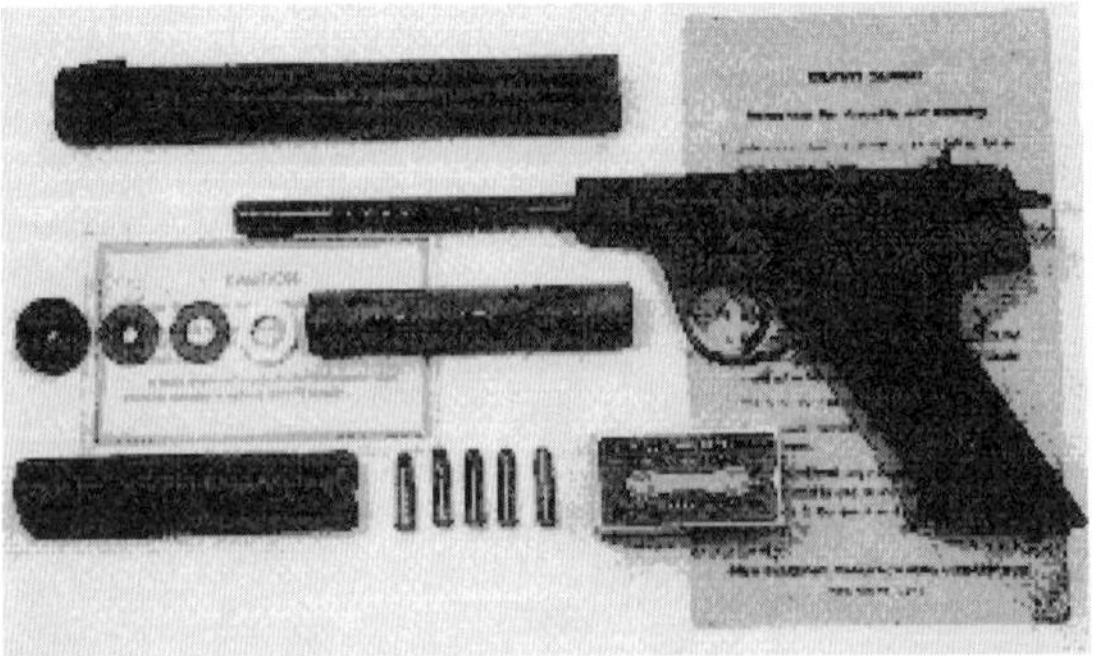

■OSS工作員に支給されたハイスタンダード社サイレンサーピストル

殺用途で使われ、おおむね好評であった。ただ当時はレッドブレットを使用していたため鉛カスで消音用スクリーンが目詰まりを起こし消音効果が著しく落ちたという。局では定期的な清掃、フルメタルジャケット弾の使用、250発ごとのスクリーン交換を奨励した。OSSの配給品の中で成功した部類に入るこのサイレンサーピストルは後のCIAでも継続して使われた。

■DIYサイレンサー

パラディンプレス刊行の「Hidden Threat：隠れた脅威」には即席サイレンサーについての記述がいくつかある。まず一つ。1970〜80年代の話であろうかウェストコーストの警察関係者がヘロイン中毒者の自宅から押収したサイレンサー付きのスタームルガー10／22の話だ。サイレンサーの長さは約23cm。銅でできていた。中にスチールウールが詰め込まれチューブにはベンチレーション用の孔が約2cm間隔で開けられていた。サイレンサーは本人の手製と思われるが、驚くべきことに発射音がサイレンサーなしで130〜145dBなのに対し15〜20dB（!）というのだ。

別のタイプのサイレンサーは塩化ビニールとブレーキチューブ、スチールウールを使ったものだ。これと同じものは同社の別の書籍で作り方が詳述されている。このDIYサイレンサーの消音効果だが、発射音は映画の銃撃シーンの効果音程度しかなくBBガン（口径0・18インチの空気銃）並みだという。作り方はいたって簡単。DIYショップでドリルマシンを購入し、材料費の十数ドルの出費さえ惜しまねば効果大の廉価版サイレンサーが手に入るというわけだ。ブレーキチューブに孔を開け、それをレジンで銃身と一体化し、型を取る。つぎにサイレンサーのボディーとなる塩ビパイプに発射口となる孔を開け、さきほどのチューブを挿入し空隙をスチールウールで塞ぐ——これで完成と相成るわけだが耐久性や何発撃てるかまでの記

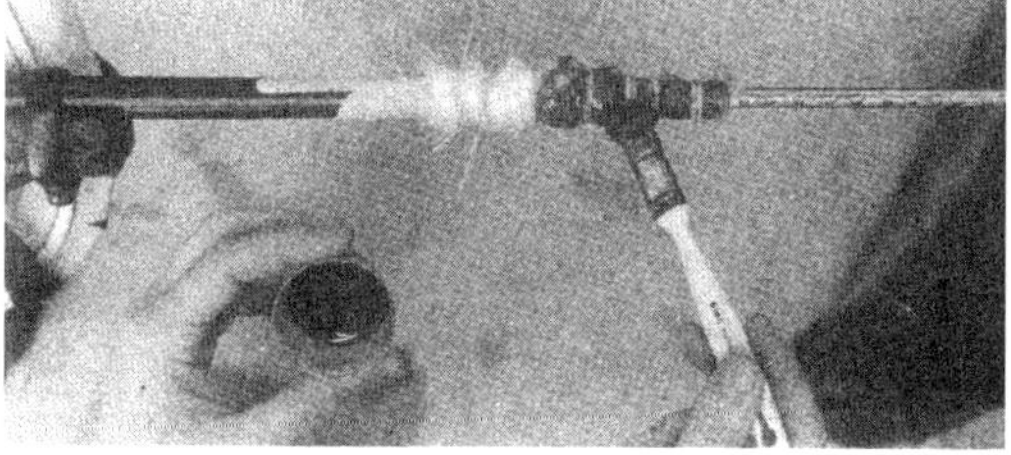

■DIYサイレンサー製作の様子

述はない。もちろん使い捨てだ。

スタームルガーマークⅡとサブソニックブレット

メーカーの意図するものとは断じて違うが通常サイレンサーは22口径の銃、特にスタームルガー社のピストルがよく使われる。これは映画や押収された銃に関する資料などからも裏付けられている。サイレンサーを使った銃撃は単発よりも2発、3発と連射する方がよい。これは続けて撃つことで前発の音を後発の音で打ち消してしまうからだ。

DIYではなくファクトリーメイドのサプレッサーの性能はどうであろうか？　前出のサーブファイヤーアームズのSIRSサプレッサーもスタームルガーマークⅡ用に作られたものだ。6インチバレルをすっぽりと包み込んだサプレッサーの効果は、メーカーいわく発射音はBBガン並みとのこと。先にも述べたとおり実測で118dBを計測した。ちなみに価格は新品のライフルが1丁買える775ドルだ。

22口径ほど親しまれているカートリッジはない。通常のカートリッジはセンターファイヤーだが22カートリッジはリムファイヤーといってカートリッジのリム（縁）を叩いて中の火薬を起爆させている。22口径といえばワールドスタンダードで、アメリカ国内だけでも年間22億発が製造されている。リムファイヤーには22ショート、ロング、ロングライフル、22マグナムの4種類があり、記述順に威力が強くなってゆく。ロングライフル仕様のハンドガン、ライフルはショートも撃てるが、火薬の威力が少ないことから銃が作動不良を起こしやすい。基本的にレッドブレットが多いのが特徴だ。またロングライフルの普及でショートとロングはほとんど廃れたといわれている。

22口径で撃たれると（自殺の場合が多いが）口径が小さいことから精査しないと「遠くから撃たれた銃創」いわゆる「遠射」と間違えられやすい。明確な他殺（自殺）意志があると銃撃

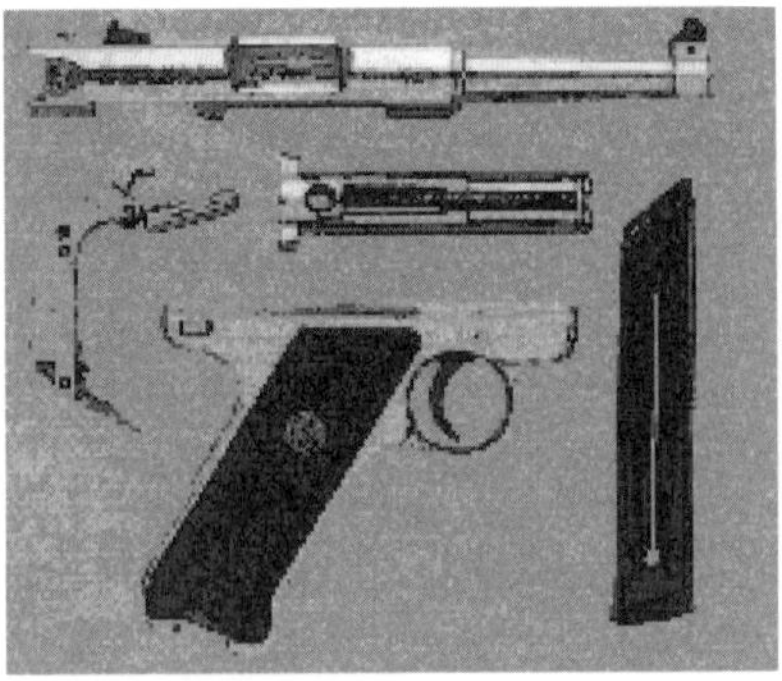

■スタームルガーマークⅡ

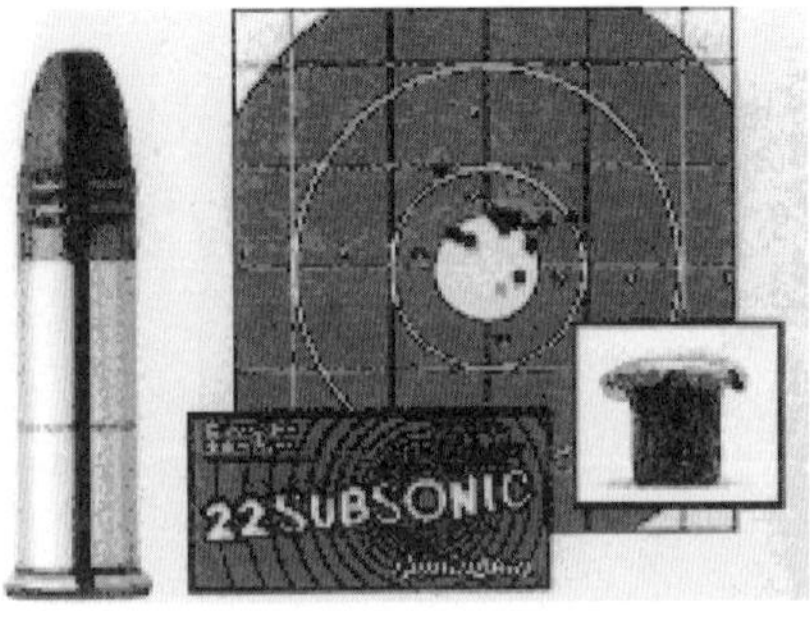

■レミントン　サブソニック22口径ロングライフル　ホローポイント

部位は必然的に頭部になる。威力が弱いといえども頭部に撃ち込まれた物体は、「密閉された場所（チャンバー）で十分に燃焼させられた火薬（パウダー）が発生するガスにより撃ち出された金属弾（ブレット）」であることには変わりないので命を落とすことはなくとも深刻な障害を残すことになる。至近距離から頭部に命中したブレットは、射入孔を形成するものの射出孔をつくるほどの威力がない（盲管銃創）。多くは頭蓋骨内で跳弾もしくは回旋することで脳そのものを破壊する。脳の破壊がイコール死ではないことについては後に詳述するが、要は生命機能、運動機能を司る脳幹を破壊しなければならない。頭蓋骨でも厚さのある額が狙われた場合、頭蓋貫通でエネルギーが消費され前頭葉の破壊に留まることがある。

映画で、かなり接近してからサイレンサー付きの銃で頭目掛けて数発を発射するシーンがあるがこれは理にかなったものだ。撃つ場所が後頭部、側頭部にせよ数発撃ち込めばそれだけ脳の破壊が大きくなるからだ。

■The sound of silence

サイレンサー専門メーカー、SRTアームズのスタームルガーマークⅡ“プロフェッショナル”はサイレンサー銃身とアッパーフレームが完全一体化したモデルで、一見すると競技用のブルバレルだ。カートリッジの種類を選ばず命中率、減音効果が最大限に引き出されるよう工夫がなされている。値段は＄935。厳しい審査があるとはいえこういった武器が好事家のコレクションとして購入可能というところが実に《アメリカ》だ。

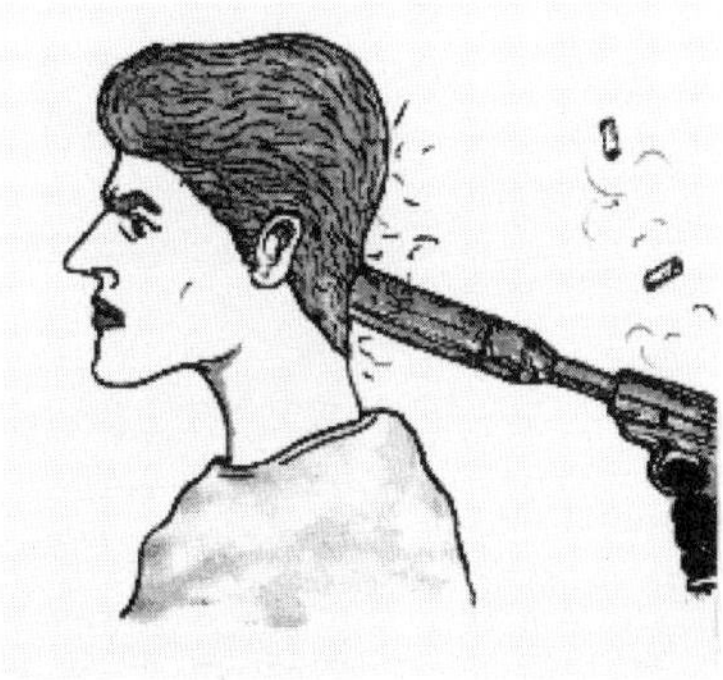

■脳幹ではなくプラグケーブルである延髄を狙った銃撃

■脳は痛みを感じない

体中に張り巡らされた末梢神経のおかげでわれわれは体の痛みを感じることができる。この末梢神経を支配しているのが脳である。指を切られて痛い、と感じるのは脳が末梢神経の信号を感知したからだ。脳自身は末梢神経を必要としないため痛みを感じることができない。脳といえば硬い頭蓋骨に守られ、いかにも《神経の凝縮》といったイメージを持つが脳自体は外傷や熱にはまったく無感なのだ。つまり剥き出しの脳を刺しても、斬っても痛みを感じないということだ。

スナイパーライフル

ハンドガンに比べ銃撃事件にライフルが使われる頻度は極めて少ない。２００３年の殺人統計を見ると、銃器殺人犠牲者９６３８人のうちライフルで殺された人数は３９０名となっている。つまり全体の約４％ということだ。

銃器犯罪にライフルが使われない理由として、まず銃自体の大きさが挙げられる。ストックが折り畳み、もしくは伸縮式であってもハンドガンのようなコンシールドキャリー（隠匿携帯）というわけにはいかない。銃撃の確実性という点においても、よほどの射撃の名手でない限り、ワンショット・ワンキルは望めない。

遠方のターゲットに対し、強大なキネティックエネルギーを伝えることができるのがライフルブレットだ。ハンドガンブレットならば有効射程距離はせいぜい１００ｍといったところだが、ライフルブレットなら３００～１０００ｍとなる。ライフルブレットは主に二つの目的を達成するために研究開発された。まず、一つは猛獣を撃つために開発されたもの――いわゆるハンティング用だ。目的は一つ――遠方から1発で確実に獲物を仕留める、だ。この目的はそのまま犯罪者や敵兵の排除、掃討にも使うことができる。もう一つは完全ミリタリー仕様のもので、目的はインフラやヘリ、装甲車を狙い撃ちするためのものだ。ミリタリーユースの大口径ライフルブレットになると最早ターゲットが「生物」であることはありえない。

ライフルブレットでは撃たれたところが四肢のいずれかであっても、まず軽傷で済むことはありえない。銃撃の衝撃が周辺の筋肉、腱、骨はもとよりかなり離れた組織にまで影響を与えるからだ。尻を撃たれた人物が背骨を伝った衝撃で脳内出血を起こしたという報告がある。治癒したとしても重い機能障害が残るのがライフルブレットだ。

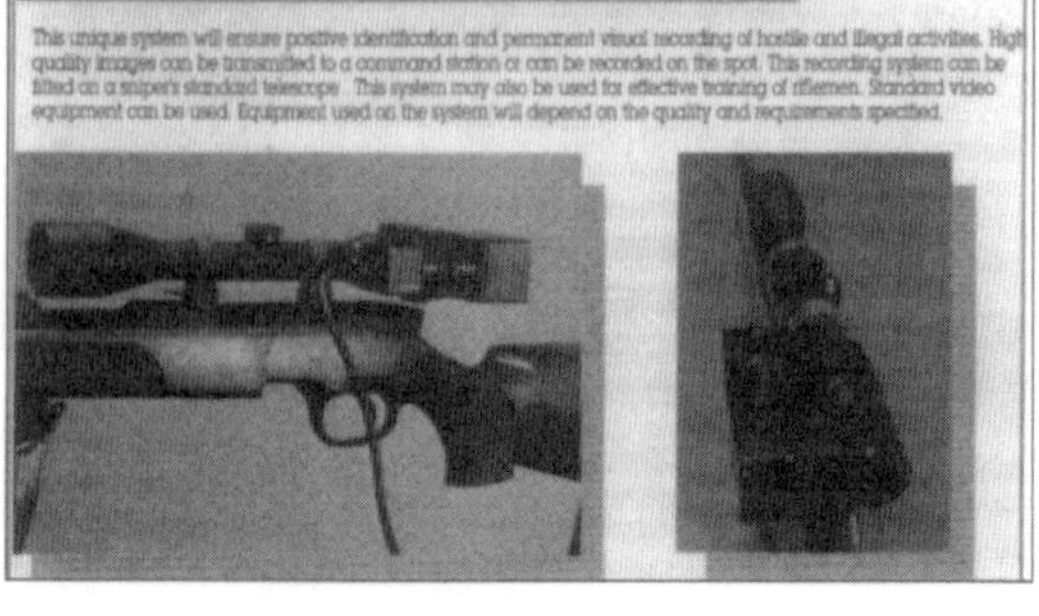

■スナイパーイベントレコーディングシステム：違法行為を撮影、録画するビデオシステム。敵の行動を監視することも可能。映像は司令部のモニターに転送される。こんな使い方もできるということだ――ヒットマンがライフルのスコープに取り付ければ「仕事の出来具合」を雇い主に報告することもできる。

ライフルを凶器に選んだ犯罪者はプロフェッショナルもしくはマッドマンのどちらかだ。共通しているのは明確かつ強固な殺意があることだ。

■テキサスタワー無差別狙撃事件

マッドマンタイプの典型といえば無差別狙撃事件を起こしたチャールズ・ホイットマンだ。チャールズ・ホイットマンがおかしくなったのは25歳になってからだった。１９６６年3月、フロリダに住んでいたチャールズの母親は暴力夫の元から逃げ出すことを決心した。家を出た彼女は息子を頼って息子夫妻が住むテキサスのオースティンに引っ越してきた。

チャールズの常軌を逸した行動がエスカレートし始めたのはちょうどこの時期だった。海兵隊を除隊したチャールズはテキサス州の大学で建築学を専攻していた。

頭がヘンになりそうだ——彼は数ヶ月前からキャンパスドクターのところに通っていた。3月29日。この日、チャールズは、自分は最近、妻のキャスリーンを痛めつけたいという激しい衝動にかられていると打ち明けた。そしてこうもいった——大学構内にあるタワーから通行人を狙い撃ちしたいと。

並々ならぬ攻撃性と敵対心を感じ取ったキャンパスドクターが、もう一度診察に来るよう促すと、チャールズは、自分一人で解決しますといった。そして二度と医者の前に姿を現さなくなった。約4ヵ月後にあたる7月31日。チャールズはタイプライターで数通の手紙を書いた。これはいわば遺言状のようなものだった。手紙には、どうしても暴力衝動を抑えることができない。妻を殺すと書かれていた。

■8・1の凶行

■チャールズ・ホイットマン

実はこの遺言状を書いている最中、友人二人がチャールズの家に遊びに来ていた。後の彼らの証言によれば、この時チャールズはいたってノーマルであったという。日付が変わって8月1日の深夜。母親の元を訪れたチャールズはゴムホースを使って母親の首を絞めた後、ハンティングナイフで刺し殺した。そして現場に「最愛なる母さんへ」という書き出しで始まる手紙を残した。翌日の早朝、自宅に戻ったチャールズはベッドで寝ている妻キャスリーンに向かってナイフを振り下ろした。彼女は胸部を5回刺されており、おそらく何が起きたかわからぬままに死亡したと思われる。遺体のそばで手紙が発見された。手紙は、父親を憎んでいる、生きてゆく価値のない人生だといった内容でしめくくられていた。

その日の早朝。はじめから長期戦を覚悟していたようだ――自宅から持ち出したのは食料、ラジオ、約12リットル分の水、ガソリン、筆記用具、コンパス、斧、ハンマー、ナイフ、懐中電灯、電池、スコープ付きのレミントンライフル2丁、357マグナムリボルバー、9㎜ルガーピストル。そしてこの日の午前中、さらにM1ガーランドとショットガンと、弾薬をしこたま買い込むと一旦自宅に戻った。そこでチャールズはショットガンのストックとバレルを切断し、いわゆるソウドオフタイプに改造した。

海兵隊時代に愛用していた小型トランクと手押しカートに様々な銃器、弾薬を詰め込んだチャールズは構内にある展望タワーに向かった。28階まで上がると、展望台の受付嬢、エドナ・タウンズリーの頭部をライフルのストックで叩き潰した。遺体を片付けようと、床を引きずっている最中に、一組のカップルが28階に来た。彼らは床の血溜りに気づくものの、それ以上の関心は払わなかった。二人はチャールズに向かって微笑むと、彼も微笑み返した。それから何事も起きずカップルは展望台を後にした。

その後からは違った。この時すでに展望台下の27階はチャールズによってバリケードが築か

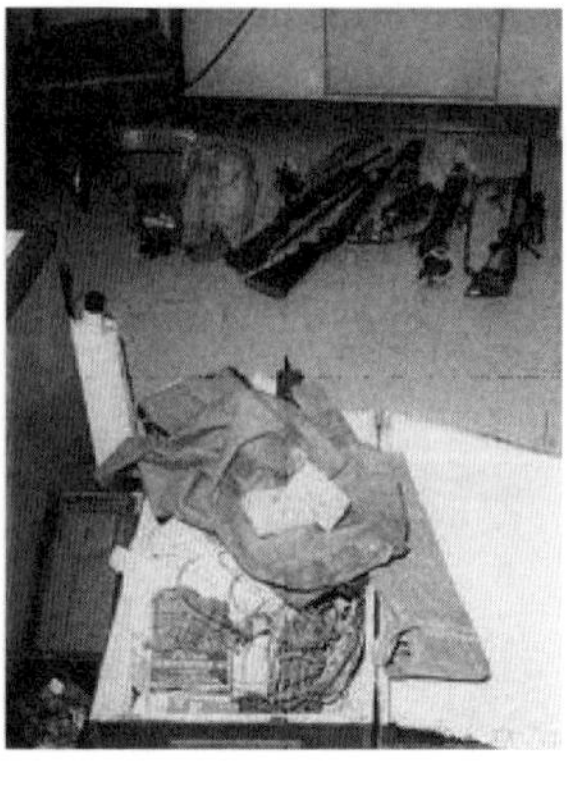

■チャールズがタワーに持ち込んだ銃器

れ、中に入れないようになっていた。バリケードを壊し中に入ろうとした19歳になるマイク・ゲイバーに向かってショットガンが放たれた。チャールズはさらにゲイバーの背後にいた二人の女性に向かって発砲した。この銃撃で、女性の一人、ゲイバーの叔母にあたるマーガレット・ランポートが即死、もうひとりの女性、ゲイバーの母親も重傷を負った。同行していた夫らは「銃を持ったキチガイ」から何とか二人を救出することに成功した。

展望タワーからの狙撃は午前11時48分に始まった。まず歩道を歩いていた妊娠中の女性クレア・ウィルソンが撃たれた。当時18歳だった彼女は胃を撃たれたものの一命は取り留めたが、お腹の中の赤ん坊は死亡した。倒れこむクレアに駆け寄った19歳の男性、トーマス・エックマンはその場で銃撃され死亡した。無差別狙撃は20分間続き、9名が死亡し、8名が負傷した。タワーは警官らによって完全包囲された。軽飛行機による空からの狙撃もおこなわれたが、チャールズの正確なスナイピングによって近づくこともできなかった。それもそのはず海兵隊時代のチャールズは上官からグッドスナイパーと評されており、ロングディスタンス（長距離）、ムービングスナイピング（移動狙撃）を得意としていた。

銃撃から1時間半が経過。チャールズは屋上階にたどり着いた3名の警官によって射殺された――時刻は午後1時24分。チャールズは8月1日の深夜から昼間にかけて21名を殺害し、28名に重傷を負わせた。

チャールズの遺体は検死解剖された。検死の結果、脳にクルミ大の腫瘍を確認。真偽の程は定かではないが、この腫瘍は人間の攻撃性を制御する大脳側頭葉の扁桃核を刺激しており、チャールズの理由なき怒りはここから生まれ、無差別狙撃へと繋がったとの見方もある。

■その後のテキサスタワーについて

■銃撃直後のチャールズ

虐殺の舞台になったテキサスタワーについても触れておこう。1937年、テキサス州オースティンにオープンしたテキサスタワー。地上27階。事件のあった1966年までに年間2万人がここからの眺望を楽しんだ。事件では、無差別狙撃によって21名の命が奪われたが、もともと不吉なタワーだった。最初の死亡事故は建設中に起きた。建設作業員が12階から転落したのだ。2回目の事故は1950年に起きた。1945年、49年、61年に数件の飛び降り自殺が相次いだ。こうした忌々しい過去はあるもののタワーはテキサス州民の誇りの象徴として親しまれてきた。

この事件の後、5000ドルの改修費をかけて展望台の修復工事がおこなわれた。改装オープンした2年間に4件の自殺があり、ホイットマンの幽霊が出るという噂も流れた。1976年に展望台の封鎖が決まった。以後20年間誰も展望台に入ることはできなくなった。

1999年になって封鎖は解かれたものの、展望台には転落、身投げ防止のための柵が設けられた。現在、ビジターは受付で金属探知機を使った身体検査を受けることになっている。

■テキサスタワーとそこからの眺望

JFK暗殺とマジックブレット

1963年11月22日、午後12時20分、遊説先であるテキサス州ダラスを訪れたアメリカ合衆国第35代大統領J・F・ケネディは沿道に集まった市民から熱烈な歓迎を受けていた。

人々は米ソ対立の象徴ともいえる一大クライシス、キューバ危機を乗り越えた「若き大統領」に心から声援を贈った。こうした歓迎ムードに応えるかのように時速30kmで走っていたケネディ、ファーストレディのジャクリーン、テキサス州知事ジョン・コナリー夫妻を乗せたパレード用のリンカーン・コンチネンタル（通称X―100）はデアレイプラザに差し掛かり、カーブを曲がるあたりで速度を時速17kmにまで減速した。

午後12時30分10秒過ぎ。パン！　カーブを曲がり終えたあたりで知事婦人が銃声らしき音を聞いた。後をふりかえると後部座席に座るケネディが喉の辺りを両手で押えていた。パン！次の瞬間、隣に座る夫、ジョン・コナリー知事が背中の痛みに悲鳴を上げた。

この銃声らしき音についてケネディ夫人のジャクリーンは沿道の市民がクラッカーを鳴らしたのだと思った。パン――激痛にうめいた知事が3発目の銃声を聞いた。その瞬間、ジャクリーンは隣に座る夫の頭が吹き飛ぶのを見た――これがケネディにとって致命傷となった。

大統領はすぐさま6キロ先にあるパークランド病院に搬送されたが、約30分後に死亡が確認された。大統領暗殺のニュースは世界中に発信された――

JFK狙撃から45分後。J・D・ティピット巡査殺人の容疑でリー・ハーベイ・オズワルド（当時24歳）という男が逮捕された。警察署では（通常の手順を踏んでいない）取調べがおこなわれ、数時間後、巡査殺害容疑者オズワルドはJFK狙撃事件の実行犯になっていた。

オズワルドは2日後の11月24日、連邦刑務所に護送されることが決まり、数名の警官に取り

■狙撃当日のパレード風景

■3発目――これが致命傷となった

囲まれるようにして署を出た直後に多数の報道陣と何百万という視聴者の目の前で射殺された。オズワルドを撃った犯人はナイトクラブのオーナーでマフィアとの関係もあるジャック・ルビーという52歳の男性だった。

ＪＦＫ狙撃事件を検証するべく結成された特別調査団ウォーレン・コミッションは数ヵ月後次のような結論を出した——

1：実行犯はオズワルド1名
2：狙撃は大統領が乗ったＸ—１００が通過した教科書保管ビルの6階から
3：凶器はイタリア製のカルカーノ・ボルトアクションライフル
4：犯行直前、オズワルドはティピット巡査も殺害している
5：銃弾はＸ—１００の後方から3発が発射された

しかしパレードに集まっていた目撃者の証言はウォーレン・コミッションの発表とは大きく食い違っていた——

1：狙撃は教科書保管ビルではなく道路端の小高い芝生のあたりからおこなわれた
2：同じくそこから発射煙が確認できた
3：パレードが始まる前にダラス周辺でライフル（らしきもの）を持った男たちの姿が目撃されている
4：デアレイプラザでは怪しげなシークレットサービスに関する情報が寄せられていた

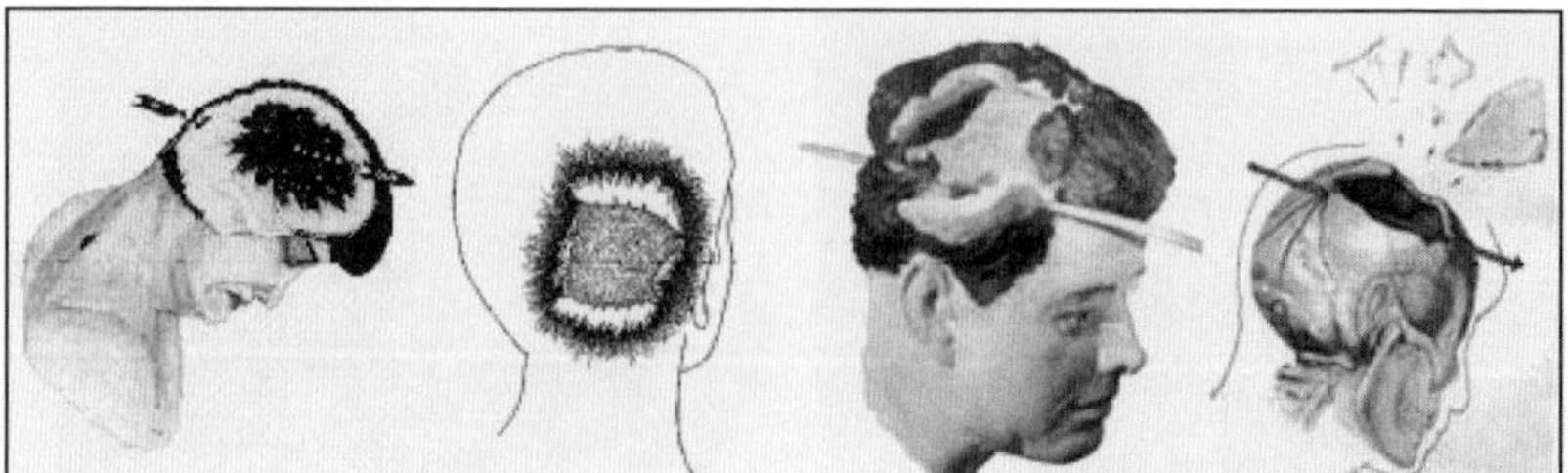

■検死後に描かれた頭部銃創のスケッチ

数年後、当時のダラス警察署長ジェシー・カリーは凶器が本当にオズワルドのものであるかの証明はきちんとおこなわれていなかったと話している。さらに、銃を持ったオズワルドが教科書保管ビルにいたことさえもはっきりとしていないとまでいった。また1発目の銃声からシークレットサービスの対応が非常に遅かったことが指摘された。

単独犯と目されたオズワルドも非常に謎の多い人物だった。除隊後、共産主義に傾倒し、マルクス主義の信奉者にして熱心な活動家でもあった。事実、彼は狙撃のあった時刻に保管ビルにはいたものの、6階の狙撃地点ではなく1階のドミノルームと呼ばれる場所でランチを食べていたという証言が寄せられていた。もちろん本人の主張も同じだ。

■カルカーノライフル

凶器となったのは口径6・5㎜×52㎜イタリア製ボルトアクションライフル・カルカーノだった。ウォーレン・コミッションによれば、オズワルドはこの約13ドルのオンボロライフルをシカゴのスポーツショップから軍放出品ショップのメールオーダーで購入したことになっている。オズワルドは元海兵隊員ではあったが「射撃の名手」との評価はついぞ聞かれなかった。そもそも手動で装塡、排きょうをおこなうボルトアクションライフルで短時間（6秒）の間に3発を発射できるかどうかが疑問だ。

背中を撃たれたコナリー知事も後にこう証言している――絶対に単独犯の仕業ではない。二、三人、それ以上の人間が関わっている……（ボルトアクションではなく）オートマティックライフルが使われたに違いない。

■ザップルーダーフィルムと赤いコートの女

■粗末なスコープが取り付けられたカルカーノライフル

道路に面した小高い芝生からパレードの様子を撮影していたアブラハム・ザップルーダーは狙撃の一部始終を8㎜カメラに収めていた。この映像は通称〈ザップルーダーフィルム〉と呼ばれ真相究明の唯一無比の証拠品としてオリジナルフィルムとカメラは博物館に保管されている。映像を見ると快晴にもかかわらず黒い雨傘をさしている男の姿が確認できた。このほかライフルらしきものを携えた者もおぼろげながら映っておりこのような「不可解な人物」は“Black Dog Man”、“Badge Man”と呼ばれていたがウォーレン・コミッションが彼らについて言及したことは一度もなかった。

致命傷となった頭部銃撃の瞬間、2名の女性の姿が写っていた。二人は銃撃現場に最も近い場所にいたのだ。名前はジーン・ヒルとメアリー・ムーアマン。ジーンとメアリーは友人同士で、ジーンは真っ赤なロングコートを着ていたことから「Lady in red」と呼ばれるようになった。

下の写真はケネディの頭部が吹き飛んだ瞬間だが、ジーンの視線は対面にある小高い芝生の方に向けられている。そう。彼女は狙撃の瞬間、閃光と硝煙を見たのだ。ジーンは狙撃から1時間後におこなわれたTV局のインタビューで自分は銃声しか聞いていないと証言したが、1978年にこれを撤回している。芝生の木立の中にいた狙撃者を目撃していたと証言したのだ。なぜジーンは事件から15年も経ってからこのような証言をしたのか？　実はJFK狙撃事件から3年が経過した時点で有力な目撃者18名が相次いで死亡していた。死亡した目撃者の幾人かは彼女と同じように硝煙らしきものも確認していた。目撃者の死亡状況だが6名が銃撃で、3名は交通事故に巻き込まれ、2名が自殺、一人は頸部切創、一人は頸部打撃、3名が心臓発作、2名が自然死した。

ちょうどこの頃オズワルド単独犯行説から連邦政府による謀殺疑惑が持ち上がり、真相究明

■○で囲まれた部分は狙撃された夫をかばうジャクリーン夫人。ジーンの視線に注目

を求める世論が盛り上がりを見せていた。そしてついに（不可思議な連続死が発端になったのか）70年代後半に新しいコミッション（調査団）が編成された。しかし事件の真相はもちろん連続死と事件との因果関係を暴くことはできなかった。

もし目撃者の連続死を連邦政府による「口封じ」とするなら、ジーンほどの邪魔者はいなかったはずだ。（おそらく）当時教師をしていたジーンに対し政府（ＣＩＡやＦＢＩ）から圧力がかけられたに違いない。しかしこの一方で狙撃の瞬間最もＪＦＫに近い場所にいた目撃者として世界中に知られた彼女にはうかつに手を出せなかったはずだ。ジーンは２０００年11月に死亡した。享年69歳だった。

■疑惑の写真

次ページのカルカーノライフルと一緒に写ったオズワルドの写真はＬＩＦＥの表紙に使われ、オズワルド犯行説を決定付ける有力な証拠となったものだ。１９６３年3月にオズワルドの妻マリーナが撮ったものとされるが専門家から二つの疑問点が指摘された。

１９６３年11月23日に写真を見せられたオズワルドはこういった――ここに写っているのは僕じゃない。顔は自分だが首から下は別の人間のものだ！

1）オズワルドの体とライフルの比率

検死報告によればオズワルドの身長は約１７５cmということになっている。写真のオズワルドは靴を履いていることから１７８cmぐらいであろう。ウォーレン・コミッションによればライフルの全長は約１０２cmであることから、オズワルドの体の約57％をしめるはずである。しかしこの写真から割り出されたオズワルドの身長は１６２cmで、本人との身長差は13cmもあ

■ＪＦＫ謀殺説

ケネディ謀殺説の裏付けとして、共産化するキューバのカストロ政権転覆を狙ったピッグズ湾攻撃作戦で失態を演じ更迭されたＣＩＡ長官をはじめとする軍部高官らの私怨、第3次世界大戦の端緒となりえたキューバ危機の回避、それ以後の軍縮政策とヴェトナムからの米軍撤退を弱腰と非難する議会強硬派の巻き返し（軍需産業からの後押しもあった）、人種差別撤廃、公民権運動への反発などが挙げられる。プロットを練ったのは政府高官、ＣＩＡ、ＦＢＩ、テキサス州警察そしてマフィアまでもこれに加担した。ケネディ自身が高潔であったかどうかも疑わしい。ニクソンと争った大統領選挙では不正疑惑が明らかになり、マリリン・モンローをはじめとするハリウッド女優とのスキャンダルはあまりにも有名だ。

る。また同型のカルカーノライフルの全長を測ったところ108cmであったが、これもコミッションの発表と比べて6cmも長い。

確かに写真はあくまでも虚像であって実像ではない。写真には「歪み」や遠近による錯覚が生じることは否定できない。しかし余程のバカでないかぎり、自分の写真を見せられて（まして正面を向いた写真）これは自分ではないと言い切るだろうか。

2）陰影の違い

写真の中のオズワルドの足元から伸びた影を見ると撮影当時、陽光は左側からあたっていたことがわかる。であるならば鼻梁がつくる影もそうでなくてはならない。ところが写真では上唇に向かって真下にかかっている。

この指摘に対してFBIは後日、同じ場所でオズワルドと背格好の近い職員を使って同条件の元で写真を撮った。確かに人物右側に影ができたが、肝心の鼻下のそれは確認することができなかった。なぜならばその人物の頭にはスッポリと黒いフードが被されていたからだ。これについてのFBIのコメントは、写真の職員は事件とは無関係につき、だった。

果たして本当に首の挿げ替えという単純な図画工作がおこなわれたのか？ 70年代後半の再調査の結果、写真は本物であるとの判定が出された。

■**マジックブレット**

ウォーレン・コミッションの見解は「第3の負傷者」の存在と矛盾していた。「第3の負傷者」とはパレードを見ている最中に流れ弾にあたって負傷した男、ジェームズ・テェイグのことだ。

■オリジナル・オズワルドピクチャー（左）と再現された写真（右）

狙撃を検証してみる。ライフルブレットは大統領の喉、知事の背中、そして大統領の頭部をそれぞれ銃撃している――つまり合計3発だ。それではジェームズ・テェイグを負傷させた流れ弾は？

この謎に対してコミッションは次のような説明をした――銃弾は1発。しかもかなりのキネティックエネルギー（運動エネルギー）を有していた。まず、大統領の鎖骨付近から体内に侵入したライフルブレットは体内で骨と衝突し偏向。喉元から抜け、前に座っていたコナリー知事の右腕の脇下あたりにあたった。その後ブレットは知事の第5肋骨を砕き、胸から飛び出て右手首を貫通すると〝劇的なUターン〟を見せ、左太ももでやっとエネルギーを使い果たした。

？？――これが有名なマジックブレット（魔法の弾）説だ。1発のブレットが合計7つの銃創をつくったということになる。となればブレットの変形はかなり著しいものでなくてはならないはずで、かなり変形が著しいと思われたブレットだが、後日回収されたそれにはほとんど損傷らしきものはなかった。

ウォーレン・コミッションが下した結論はこうだ――

ソ連に亡命した過去をもち共産主義に傾倒していたカストロの信奉者、リー・ハーヴェイ・オズワルドによる単独犯行。この発表に合点が行かないアメリカ国民の間では政府の陰謀説が取り沙汰されたことから、1970年代後半に再び調査委員会が結成された。複数犯行説や発射された銃弾の数の見直しなどが検討されたが、結局オズワルドの単独犯行説は覆らなかった。

ウォーレン・コミッションの全調査内容は2039年、70年代後半の再調査の全内容は2029年にすべて開示されることになっている。なぜ60～70年も必要なのか？　ケネディの死によって何らかの利益を得た人物のすべてがこの世から姿を消しているからである。

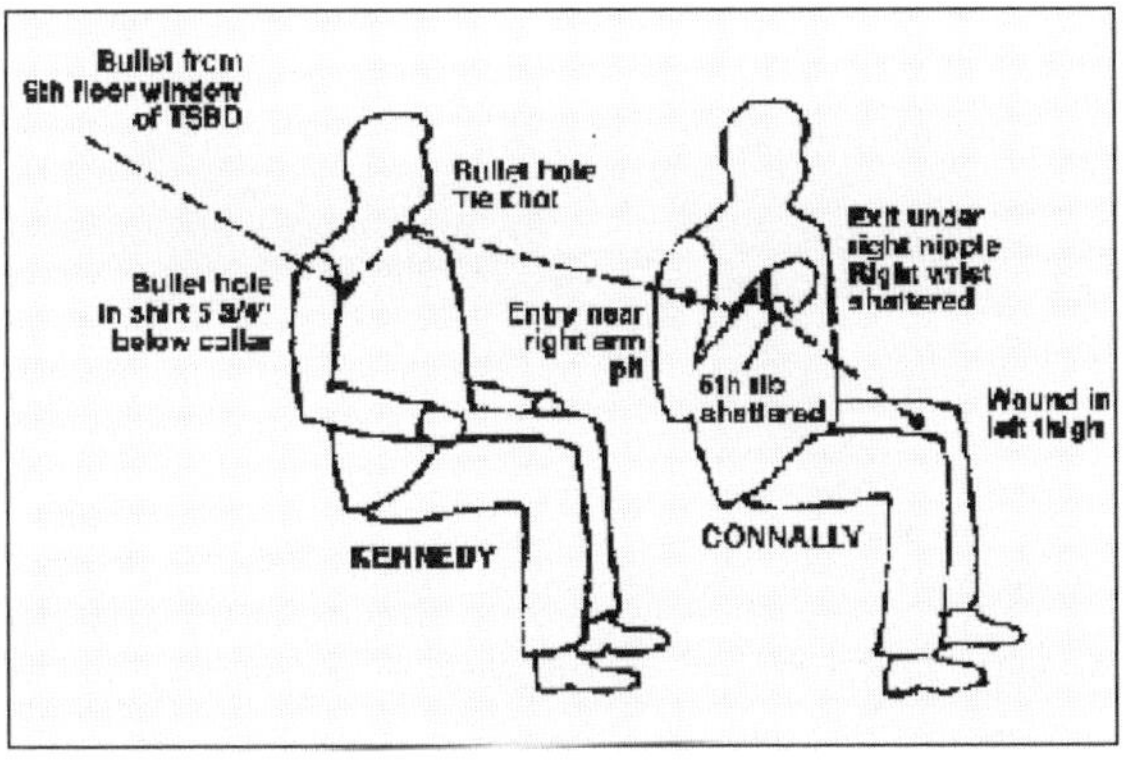

■1979年の再調査では狙撃者は2名、X－100の後方と前方から合計4発が発射されたとの発表がなされた

ワシントンを震撼させたベルトウェイ・スナイパー

9・11同時多発テロ、その後に続いた炭素菌を使った細菌テロと2001年、この年のアメリカは二つのテロリズムに見舞われた。その翌年第3のテロリズムがアメリカを襲った——ベルトウェイ・スナイパー事件。ベルトウェイとはワシントンDCおよびメリーランド州、ヴァージニア州の一部を囲い込む1周約100㎞の環状道路のことで、首都の中心的機能はほぼすべてこの中にあるといわれている。ベルトウェイ周辺の他に、ワシントンDC周辺、ヴァージニア近郊にあるインターステイト（州間高速道路）95号線沿線でも狙撃がおこなわれた。

スナイパーは2002年10月2日から約3週間にわたってアメリカ東部に住む市民を無差別に狙撃していった。メリーランド州モントゴメリーでは15時間の間に5名の死者が出た。結局、犯人逮捕に至るまでに10名が死亡し、3名が重傷を負った。

この事件は炭素菌事件と違い犯人が逮捕された。犯人はデュオ（二人組）だった。後に判明したことだが狙撃事件が起きる1ヶ月前に別の州で3名が殺された強盗殺人事件が起きており、彼らはこの事件にも関与していた。

一連の狙撃事件の共通点はロケーションがワシントン周辺であるということ以外、何一つなかった。大半の犠牲者がガソリンスタンド、スーパーマーケットの駐車場、レストラン、学校にいたところを狙撃された。特定のタイプの人が狙われたわけではない。見事なまでに「無差別」で、性別、人種、貧富や所属する社会階級に関係なく襲われた。

凶器は、米軍採用のM16アサルトライフルのクローンガンメーカーで知られるブッシュマスター社のXM15セミオートマチックライフルでフルオート機能をはぶいたスポーツシューティ

■ブッシュマスターXM15　M4タイプカービン　口径223

ングモデルと解釈してよい。有効射程距離は600m。狙撃はすべて45～90mの距離からおこなわれていた。

意外な実行犯

怪しい車が停まっている——実行犯は一人目の犠牲者が出てから約3週間後、市民からの通報がきっかけで逮捕された。場所はメリーランド州にある高速道路のサービスエリア内。10月24日のことだった。

ジョン・アレン・ムハンマド（42歳）とリー・ボイド・マルヴォ（17歳）。二人の関係は？　親子ほどの齢の差からわかるように不可解なデュオに全米中の関心が集まった。二人は血の繋がった親子ではなくムハンマドはマルヴォとは養子と養父（のような）の関係であった。

逮捕後の供述で、狙撃は政府から1億ドルを脅し取るための示威行為だったことが判明している。なぜ1億ドルが必要だったのか？　ムハンマドの供述では入信するイスラム分離主義教団がカナダに自分たちの理想郷を建設するための資金を工面しようとしていたことになっている。

狙撃事件が起こる以前の話だが、当時二人は法的に銃器を手に入れることはできない立場にあった。それでは、どのようにして銃を入手できたのか。マルヴォは取調べでワシントンのタコマにあるガンショップ（ブルズアイシューターサプライ）から盗んだことを認めた。銃が（トラックや重機で突っ込まれない限り）盗まれること自体、店側の落ち度なのだが、悪いことに店は盗難の事実を警察に報告していなかった。同店はこれまでにも銃取引に絡む違法行為で何度も摘発を受けていた。

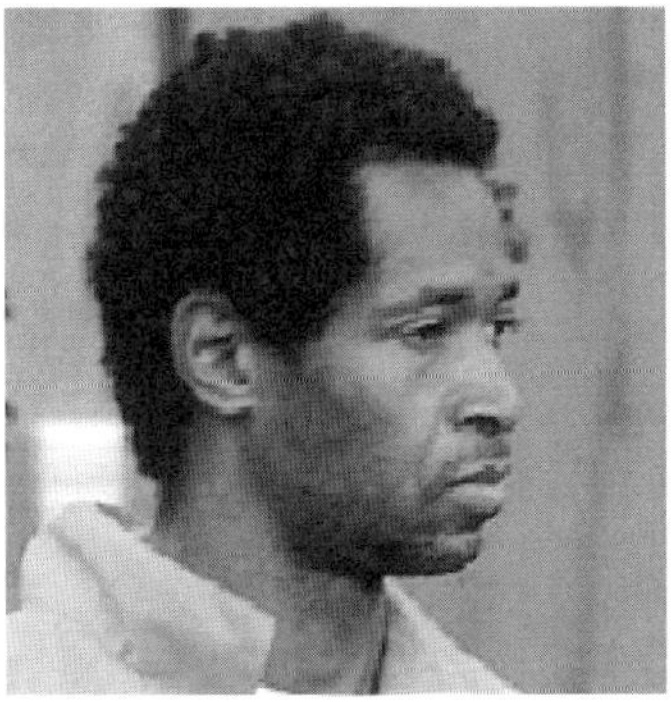

■ジョン・アレン・ムハンマド（左）とリー・ボイド・マルヴォ（右）。ムハンマドは湾岸戦争時、陸軍に所属していた。マルヴォがムハンマドと出会ったのは1999年のこと。実母も健在だがマルヴォがハイスクールに通えたのはムハンマドの援助のお陰だった

犠牲者が次から次へと出ているのに犯人逮捕までにかなりの期間を要した。捜査上の思い込みが原因だった。警察は、狙撃が「短期間のうちに連続して発生した」ことから犯人をシリアルキラーに分類し、それにそった捜査をおこなった。これまでシリアルキラーの犯人像といえば「30代の白人男性、精神的に不安定云々」というのが常であったが、今回の事件はこのステレオタイプを打ち破ったといえよう。

誤った目撃証言（目撃者の思い込みに近い）も大きな障害となった。この目撃証言というのは「白いバンに乗った白人男性で犯行に使われた銃はAK47」というものだ。実際はどうであったか――黒人2名、銃はAKとは似ても似つかないM16を模したもので、車は青色のシボレーのセダンであった。

公判中、マルヴォは、自分は過激なイスラム分離主義者である養父ムハンマドに洗脳されていたと主張した。2004年の公判でムハンマドに死刑、マルヴォに終身刑が言い渡された。ムハンマドの刑執行は2005年4月に決まり、マルヴォはウェストヴァージニアの刑務所で厳重な監視下の元、収監されている。

盗難を届け出なかったブルズアイシューターサプライとXM15を製造したブッシュマスター社は犠牲者に対し250万ドルの和解金の支払いに応じた。

無差別狙撃再び

事件解決から約1年後の2003年8月に新たな狙撃事件が発生した。場所はヴァージニア州。連続狙撃は数日間にわたり犠牲者は3名を数えた。犯人はいまだに捕まっていない。狙撃は夜間に行なわれ犯行現場は店先やガソリンスタンドで凶器の銃もXM15と同じ口径223であることが判明した。

■セダンの後部座席とトランクはこのように改造されていた

目撃証言から犯人は大柄な白人男性で、ダークカラーのピックアップトラックに乗っていたという。警察は当初、ドラッグ取引に絡んだ連続殺人事件との見解を示したが、最初の犠牲者に限ってはドラッグとのいかなる繋がりも見出すことができなかった。事件から2ヵ月後、政府は報奨金5万ドルで情報提供を呼びかけた。

■便乗商売ここに極まれり　サイレントストライク

事件が解決した直後の2002年11月、ゲームソフトメーカー・ピクセルアーツは自社のシューティングゲームソフト「ベルトウェイスナイパー・サイレントストライク」の発売を《犠牲者の遺族の心情に配慮して》、翌年の春までに延期すると発表した。

ゲームは、事件の舞台となったワシントンDC近郊の様子を3Dで再現し、プレイヤーは警官の登場に注意を払いながらショッピングモールから出てくる一般市民を狙撃する、といった内容だ。スコープサイトの画像によりプレイヤーはムハンマドとマルヴォになりきれるという設定だ。同社ディヴィス・コンウェイ社長は売り上げの一部を遺族に寄付すると話した。

■画面右下に警官の接近を知らせる警告が見える

■シボレーキャプライスの車内を捜索する警官：ムハンマドとマルヴォは逮捕時、トラック駐車場にとめたこのセダンの中で就寝中であった

50ＢＭＧスナイパーライフル

■50ＢＭＧとＭ２ヘビーマシンガン

１９８０年代後半からコマーシャルタイプのハンドガンの大口径化が始まった。時期を同じくしてライフル市場ではこれまでのスポーツやハンティングとは無縁のミリタリースナイパーライフルというカテゴリーが定着しつつあった。口径はこれまでミリタリーユースだった50口径（50ＢＭＧ）で、有効射程距離は１８００ｍにも及ぶ。専門家はその威力をこう評した――１㎞先で撃った弾の威力は至近距離から撃った44マグナムに等しい。

ミリタリーマニアならば50ＢＭＧといえばＷＷⅡで米軍のマシンガンとして採用されていたブローニングＭ２マシンガンを思い浮かべるに違いない。50ＢＭＧの「ＢＭＧ」はブローニングマシンガンの頭文字をとったもので、もともとこの銃のために開発されたカートリッジだ。マシンガンといっても一人が携えて撃てるようなものではなく、トライポッド（三脚）で固定しなければならないヘビーマシンガン（重機関銃）だ。

■バレットＭ８２Ａ１

50ＢＭＧはＷＷⅡでは対空、対戦車用として採用されたが１９９０年代初頭に勃発した湾岸戦争からその使われ方が変わってきた。現代のアメリカ軍はマシンガンではなくスナイパーライフル（バレットＭ８２Ａ１）として採用した。バレットＭ８２Ａ１の有効射程は市販のハンティングライフルのおよそ10倍。放たれたモンスターブレットはイラク軍のレーダーやミサイ

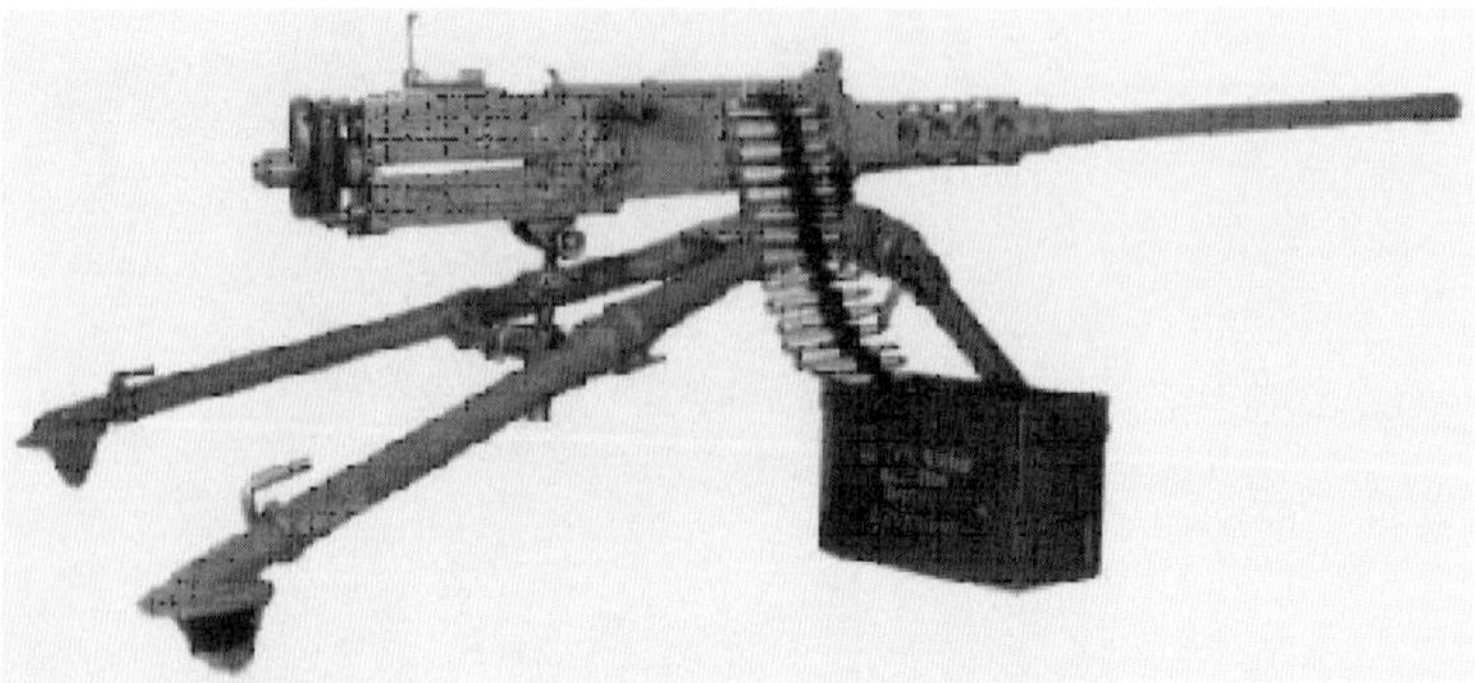

■ブローニングM2

ル発射台などを的確に不能にしていったという。軍事ミッションにおける50ＢＭＧの果たす役割は60㎜迫撃砲に匹敵するとまでいわれている。

バレットＭ８２Ａ１の開発コンセプトは２㎞先にあるターゲットの破壊だった。湾岸戦争の実戦報告によればバレットＭ８２Ａ１はおよそ１６００ｍ先のターゲットを狙って使われたようだ。

50ＢＭＧの威力だがブレットエネルギーは約１９００㎏／ｍ（２トン近い重量を１ｍ動かす力）に相当する。ちなみにＭ16に使われる２２３ブレットは約１７５㎏／ｍだ。その差はおよそ10倍。50ＢＭＧがとんでもない破壊力を秘めているのがわかるだろう。政府要人の乗ったヘリコプター、航空機、装甲仕様のＶＩＰカーなどひとたまりもない。

ターゲットは何も車両や設備だけに限定することはない。遠距離から司令部や軍部の中枢を狙い撃ちすることができる――対人で使用すれば（どこに命中しようとも）まず即死だ。ブレット重量約45ｇ。Ｍ16ライフルの２２３ブレットの重量が３・６～４ｇであるから重量だけでも10倍以上だ。45ｇのブレットが生み出すキネティックエネルギーは甚大なもの。50口径は基本的にワンショット・ワンキル（１発必殺）だ。

この危険すぎるミリタリースナイパーライフル（イコール口径50ＢＭＧ）は一般市場でもじわじわと愛好者を増やし、ロングレンジのスナイピングを競うコンペティッションも各地で開催されるようになった。隠匿性を大きく損なう「図体の大きさ」に目をつむれば、これほど理想のスナイパーライフルはない。最悪のシナリオはテロリストや前述のチャールズ・ホイットマンのような男の手に渡った時だ。

メーカーは自分たちの製造した銃が誤った使い方をされればとんでもない悲劇を生み出すことに気がついているようだ。

実戦で証明されたパワーを宣伝文句にしたカタログを見れば一目瞭然だ――

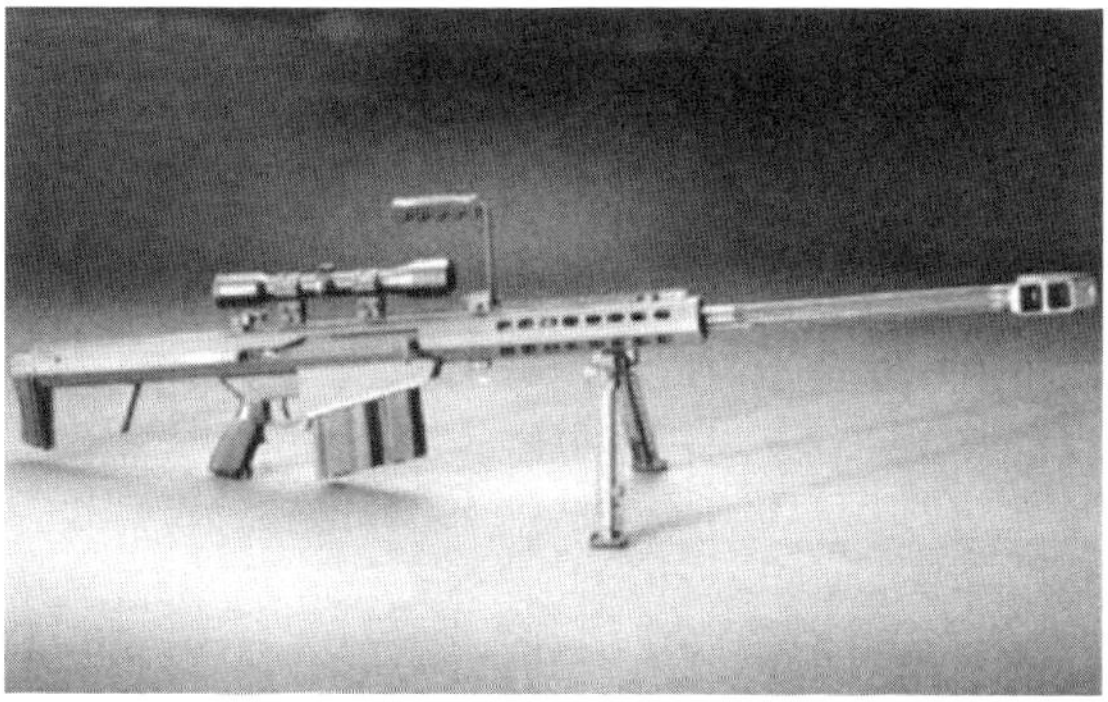
■バレットM82A1

M82A1があれば兵士一人で最新鋭の設備を破壊してしまうことができる。装甲車両、レーダー機器、通信車両、航空機などなど――M82A1の射程範囲に入れば無防備状態と同じだ。

50BMGスナイパーライフルのメーカーといえばバレット社が有名だが、数多くの小規模メーカーがこのマーケットに参入し始めている。フロリダ州タンパにあるサーブファイヤーアームズもそうしたメーカーの一つだ。下の写真を見ての通りスチールパイプとプレス加工によって作られており、ハンドガンのようなマシニング技術はほとんど必要としない。金属加工技術にある程度精通し町工場並みの設備があれば誰でも作れそうなシロモノだ。銃器としての構造もシンプルそのものの単発式ボルトアクションだ。このことは後述するマーディ・グリフィンのようなキットガンが発売されることからもうなずける。

■スナイパーカルチャー

口径50BMGに限らずアメリカにはあらゆる口径のスナイパーライフルがある。ラインナップの充実に合わせ使用方法を伝授する書籍やビデオの需要も高まってきている。ワンショット・ワンキルを信条とし、1km先のターゲットを狙う海兵隊所属のスナイパーたちの秘伝が明らかにされているのだ。ハウツーのどこまでがオープンにされているのか定かではないが高性能スコープでターゲットを捉え、1発で即死させるという殺人ファンタジーは殺し屋かマッドマンだけのものかと思われていたが、一般人にも共有できる感覚になりつつある。これがスナイパーカルチャーだ。

■サーブファイヤーアームズ　BFG50■

＊＊＊＊＊

見えるか？　あいつだ。あのグレーのスーツ野郎。今日のターゲットは議員らしい。《らしい》というのは、ターゲットの素性なんて端から興味がないからだ。安心してくれ。オレはチャーリー・ホイットマンのようなワックじゃないからな。いわば、そう。ビジネスマンだ。とにかくだ。やつがどんな政策を持っているかとか、民主党か共和党かなんてことは一切このオレには関係ない。午前11時25分。やつが政府専用機から降りたところを狙撃すればいいだけのこと。ずいぶんデカいライフルだって？　AR50だ。決まってるだろ、50BMGさ。

Shit!　シークレットサービスがさっきから（ターゲットに）被ったままだ。身を挺して議員を守るつもりか。議員に命を捧げる？　くだらねぇ！　警護たってしょせん仕事だろが。

I'm sorry――この距離ならボディーアーマーを着た人間二人分が盾になっても、ターゲットまで貫通しちまうぜ。

そろそろか――おっと、知っているか？　超遠距離スナイピングだとターゲットは撃たれた後で銃声を聞くことになるんだ。聞こえるのはヒューンという空気を切る音だけで、バーンという死の合図を聞く前に即死するというわけだ。

＊＊＊＊＊

絶命したターゲットの周囲で右往左往するシークレットサービスを見て、悠然とその場を立ち去るスナイパー。スナイパーカルチャーを扱ったウェブサイトではマニアがお互いの暗殺願望を共有し、より高度なスナイピング技術に関する情報を交換し合っている。アメリカの要人セキュリティの根幹を揺るがしかねない脅威にならないと誰がいえようか。

スナイパーの目指すものといえばまさに「ワンショット・ワンキル」という言葉に集約される。SWATのようなローエンフォースメントのスナイパーは犯人の頭部を狙う。頭部といってもここでは脳幹を指す。ここを瞬時に破壊すれば撃たれたことで無意識の反射を引き起こす

■ガンアクションを売り物にしたビデオゲームはスナイパーカルチャーの隆盛に大きな役割を果たしている

ことなく犯人は完全停止する。数十メートルも離れた地点からハンドガンブレットでこれを遂行しようとしても不可能だが、ライフルブレットならば数百メートル地点からの狙撃でも十分だ。これは223や308など一般的なライフルの口径を前提とした話だが1発でミリタリービークルを機能停止に陥らせるほどのパワーを持つ口径50BMGのスナイパーライフルならばどうなるか――頭を狙う必要もないだろう。人間ならば着弾の衝撃で完全停止だ。

オリーブドラブに塗られた50口径のライフルを担いでハンティングに行く者はいない。キャリングハンドルとバイポッド、ブロックのようなマズルブレーキを装備した50口径ライフルで仕留める動物は地球上に存在しない。

以前あるウェブサイトで50口径ライフルを使ったハンティングの様子を撮影した映像を見たが、とてもハンティングとはいえない内容だった。撃たれたプレイリードッグの体は着弾の衝撃で高く舞い上がると同時に四散していた。この光景はもはやハンティングと呼べるものではない。単なるデストラクション（破壊）であった。

■新しい脅威

アメリカ国内に留まらずアキュラシー、ロングレンジ、パワーのすべてを《満たしすぎる》50口径スナイパーライフルは世界中のセキュリティを脅かす存在になりつつある。テロリストはもちろん、過激な思想を持ったミリシア、ビデオゲームや映画に触発されやすいティーンエイジャーや現実と仮想世界との境界がわからなくなったマッドマンの手に渡ればどれほどの脅威になるかは想像に難くない。

しかもそれはすでに現実のものになっていた。50BMG絡みの事例をいくつか紹介する――

■アーマーライト社　AR50。全長150mm、重量15kg

■バレットを構える兵士。自重とマズルブレーキのおかげでリコイルが少ない

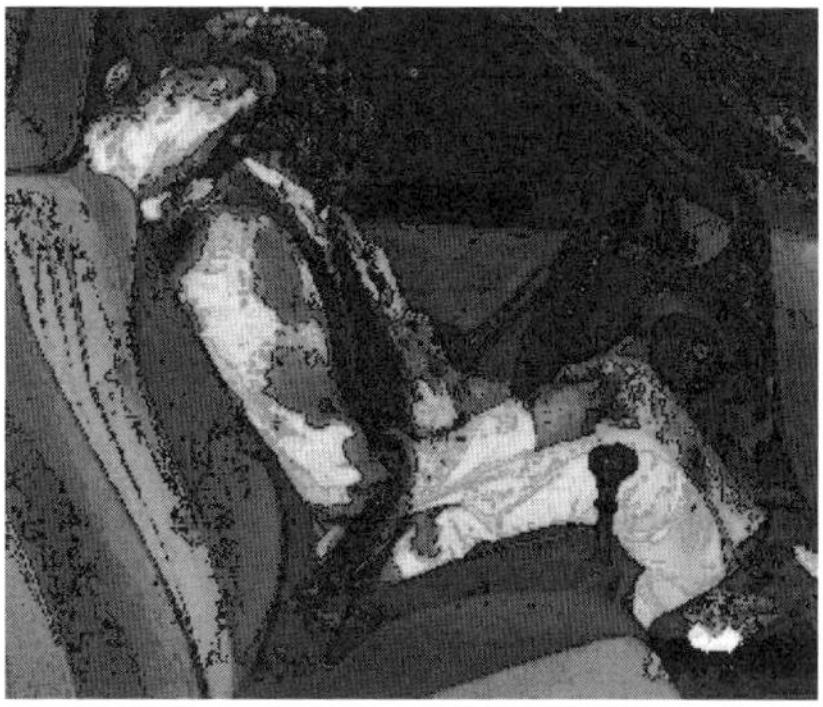

■50キャリバーはイラク戦争でも活躍した――砲弾を満載した車両ごと突っ込んでくるスーサイドボマーを一発で行動不能に陥らせた

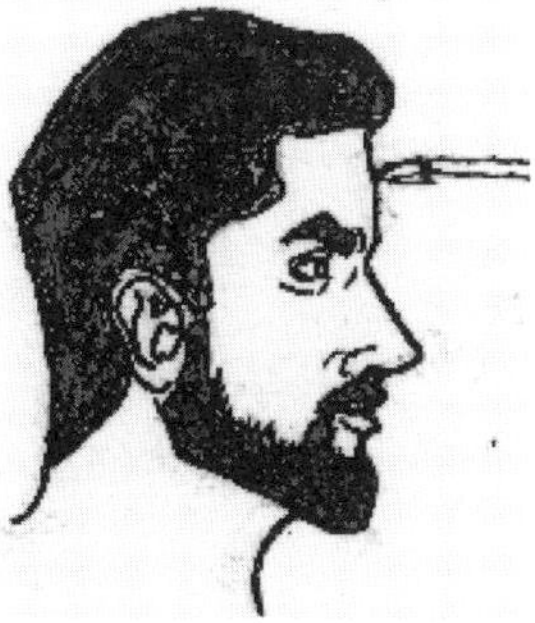

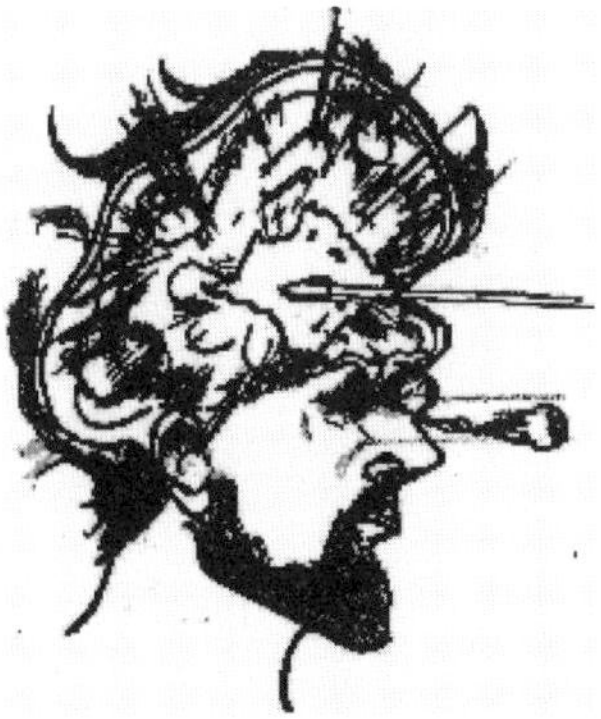

■頭部は“ありあまるブレッドエネルギー”で“爆発する”しかなくなる

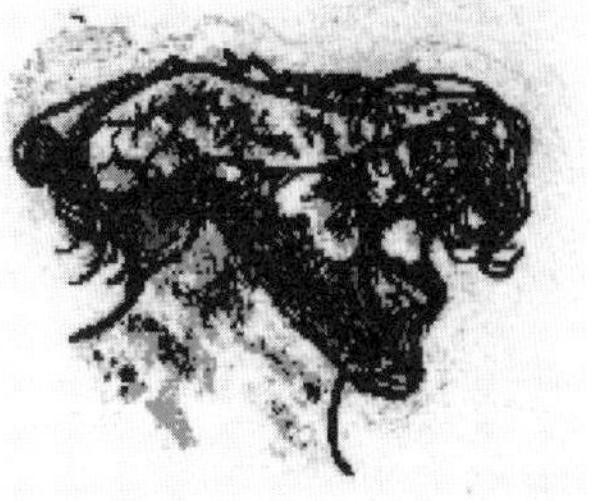

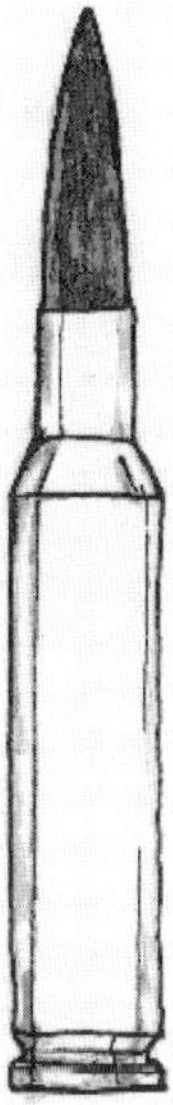

■12．7mm×99mm
全長：約140mm

1）ブランチ・デヴィディアンズ

1993年4月19日。テキサス州ウェイコにあるカルト教団の本拠地を舞台としたFBI、BATFのローエンフォーサーと80人近い教団信者の攻防は51日間も続いた。最悪の結末だった——銃撃の最中（政府側は催涙ガス弾のみと主張している）火災が発生した。信者やその家族らが篭城していた教団施設はついに焼け落ち20人の子供を含め75人が死亡した。

教団が結成されたのは1950年代のことで、当時は穏健な宗教団体で知られていた。1959年テキサス州ヒューストンで生まれたデヴィッド・コレッシュは1990年代に教祖になった。このころからメディアは安息日再臨派から派生したブランチ・デヴィディアンズをカルト教団と見ていた。フリーセックス、麻薬ビジネス、ペドフィリア、自殺カルトなど悪い評判が常に付きまとっていた。

自身をメシアと妄信していたリーダーのデヴィッド・コレッシュ33歳は銃器マニアとしても知られていた。当然、50BMGスナイパーライフルも所持していた。テキサス州ウェイコに設けた武器庫には50丁近い50BMGスナイパーライフルがストックされていた。

「最後の審判」に名を借りた政府転覆を企てた容疑で1993年2月28日、教団施設に対する最初の捜索がおこなわれた。この際、ブランチ・デヴィディアンズの信徒はBATF職員が乗り込んだ装甲車両を50口径スナイパーライフルで狙い撃ちしていった。BATFの後に突入する予定であったFBIはこの話を聞くと急遽ミリタリー仕様の特殊装甲車両の用意と、個人装備の防弾能力を高めることにした。

2）50キャリバーのアル

1995年4月28日。コロラド州デンバーにあるアルバートソン百貨店に重武装した男が乱入し、自分の妻と百貨店の店長を撃ち殺した。男は自宅から持ち出した50BMG・LARグリ

■デヴィッド・コレッシュ

■燃え上がる教団施設。火を放ったのは教団側なのか、政府側なのか。いまだに不明

ズリースナイパーライフル、ＳＫＳセミオートマティックライフル、32口径リボルバー、９㎜ピストルを使いショッピングセンターの駐車場で地元警察、ＦＢＩと銃撃を交えた。男の名前はアルバート・ペトロスキー。彼は周囲から銃器マニアで知られ、仲間内から「50キャリバーのアル」と呼ばれていた。

右記の事例のように直接銃撃事件に至らなくとも危険な兆候はいくらでもある。アメリカ会計検査院によればカリフォルニア、ミズーリ、インディアナのドラッグディーラーの武器貯蔵庫に50口径スナイパーライフルが保管してあったという。この他メキシコのドラッグカルテルがすでに入手したとの報告もある。

■50キャリバー・キットガン

作れるものは自分の手で作ってしまう――ＤＩＹ精神に富むアメリカでは銃器もその例外ではない。50口径スナイパーライフルのキットガンを違法に製作、販売していた男が逮捕された。キットガンを販売していたのはアリゾナ州メサのマーディ・グリフィンの代表ロバート・Ｗ・スチュアート。キットガンは密売されていたわけではない。広告を出し当初、少数限定だったキットガンは大成功を収め過去10年間全米で約３０００名が購入したといわれている。これに目をつけたＢＡＴＦは銃器の違法製造、販売、譲渡の罪でロバートの逮捕に踏み切った。

後日判明したことだが代表のロバート・スチュアートには犯罪歴があった。年齢60歳を超えるロバートは筋金入りの銃器マニアや50口径ファンから伝説的なヒーローと崇められている人物だ。彼は（州の民兵を維持する必要上）市民が武器を保持・携行することを権利として保証する条項である「憲法修正第２条」の守護神を標榜し、政府が企てるいかなる銃規制も違法

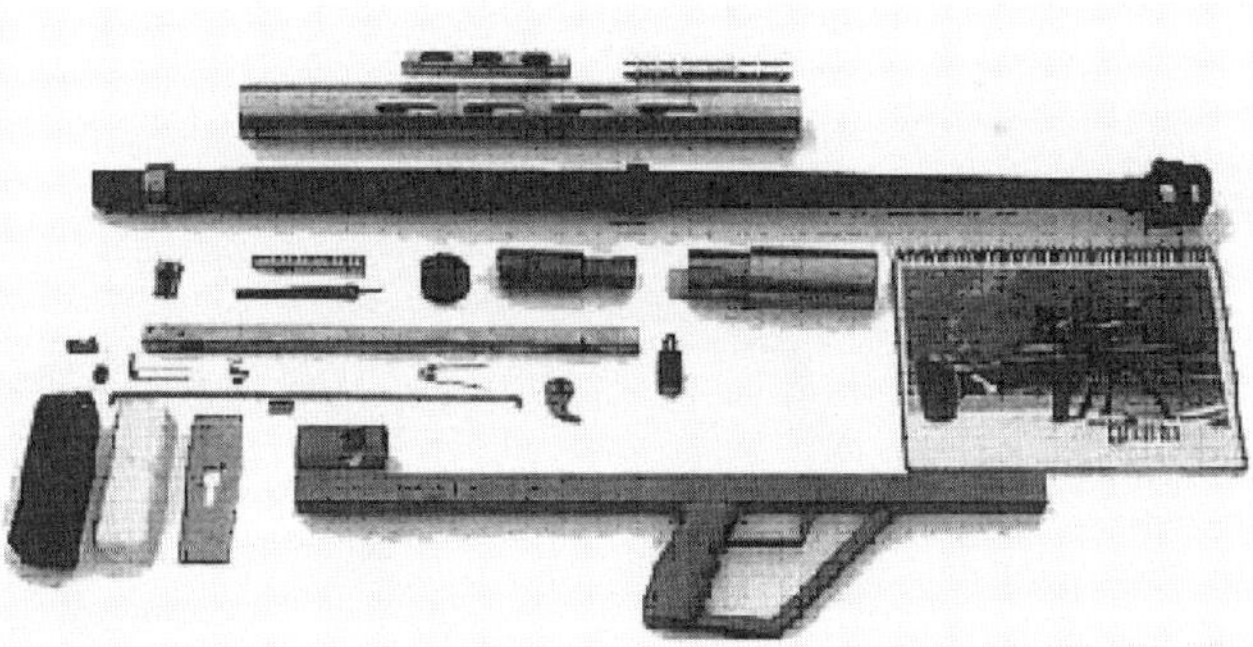

■マーディ・グリフィンのキットガン

であるとうそぶく。
ロバート・スチュアートはこう主張する——

重い罪を犯した人間にも銃を所持する権利がある！　たとえ5万人を殺した大量殺人鬼であっても銃を持つ権利はある。銃はツール（道具）に過ぎないのだ！

ワシントンDCを拠点に銃規制を促進するNPO団体、ヴァイオレンス・ポリシー・センター（通称VPC）が2001年10月に発表した「いかにして銃器業界はオサマ・ビンラディンをはじめとする国内外のテロリスト、犯罪者に50口径スナイパーライフルを供給してきたか」というタイトルの報告書の中で、ヘリを撃ち落とし、装甲車の鋼板を貫通させ湾岸戦争で業績を上げたミルスペックウェポンがハンドガンよりも簡単に買えるという現実が暴かれていた。その後VPCは、アルカイダと繋がりのある組織が少なくとも25丁の50口径スナイパーライフルを購入したことを突き止めた。この記事はニューヨークタイムズにも掲載され2002年の早い時期に国務省は軍事目的以外の輸出を一切差し止めた。

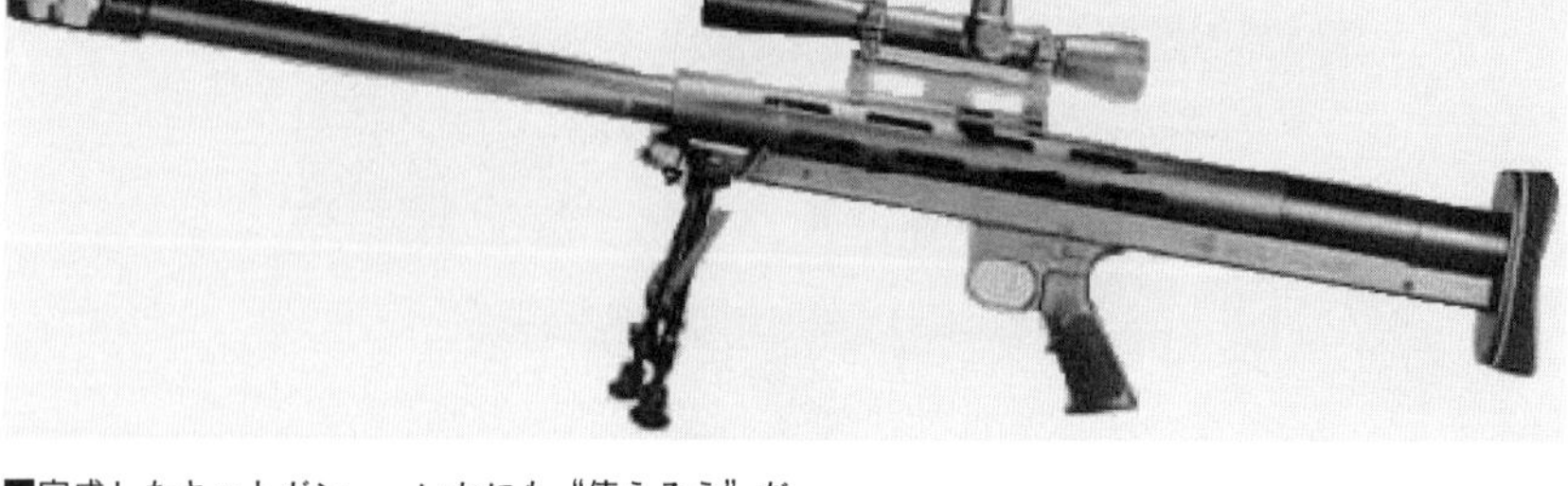

■完成したキットガン——いかにも“使えそう”だ

銃撃というシチュエーション――本当の凶器は何か？

オレが殺したんじゃない。撃った弾が殺した――ハリウッド映画「コラテラル」の中で殺しを咎められたトム・クルーズ演じるヒットマン、ヴィンセントはこういってのけた。

銃を使った殺人でこれ以上の真実はない。よく考えてみれば、銃は刃物と違って銃自身が人間の体にコンタクトすることはまずない（鈍器代わりに殴りつけるというのなら別だが）。銃は発射装置にすぎない。したがって戦争中に多くの人間を殺してきた銃を目の前に「凶銃」、「呪われた銃」という表現ほど的外れなものはない。

銃の威力とはGunという発射装置ではなくブレット（口径・種類）によって決まる。Gunの種類によって優劣が決まることもあるだろうがそれは本稿の目的とは違う。リボルバーよりも弾数が多いオートマティック、9㎜よりも45ACP――どうしても「ここ」にこだわりたいという向きは銃図鑑の類と《にらめっこ》するがいい。いいたいことはブレットが一緒ならば現代銃だろうと100年前の銃だろうと撃たれれば同じなのだ。ハンドガンに限定すれば16世紀のホイールロックピストルからはじまり現在に至るまで数多の「発射装置」が存在する。しかし銃の威力云々を語るにあたって目を向けるべき対象は「実際に人を殺す飛行体＝ブレット」なのだ。

■撃たれるということ――ガンショットウーンズ

銃で撃たれた形成された創傷を「銃創（gun shot wounds：GSW）」と呼ぶ。GSWは銃の種類ではなくブレットによって決まる。繰り返す――銃は発射装置に過ぎない。第2次世界大

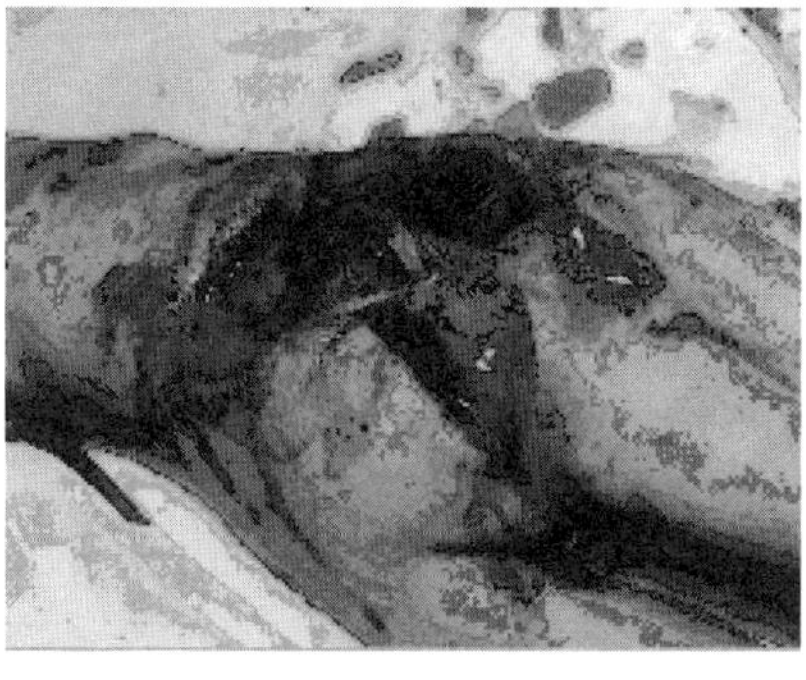

■銃撃で軽傷はありえない――45ACPが暴発した

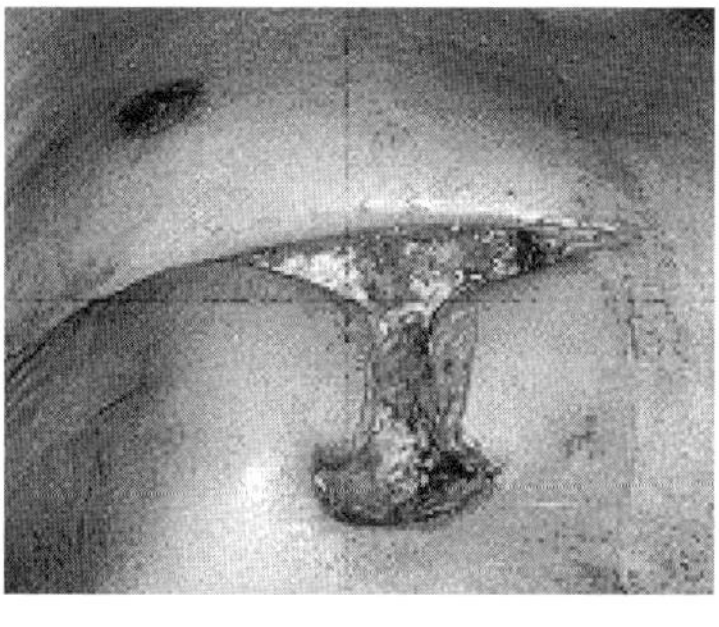

■腹部銃撃の治療後

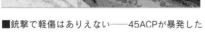

戦、朝鮮戦争に従軍し近代のタクティカルシューティングの開祖と呼ばれるジェフ・クーパーも「問題は銃ではない。銃は発射装置に過ぎない。要はブレットである。どんな効果を最終目標に与えるかだ」と語っている。

ここではフルメタルジャケットブレットとハローポイントブレットという2大ブレットデザインをGSW形成という観点から取り上げ検証してゆく。

■FMJ（フルメタルジャケット）からHP（ハローポイント）へ

別項で説明した通り70年代後半からハンドガンの製造数はリボルバーからピストルにシフトしていった。ポリマー樹脂の採用などピストルメーカーがマテリアルや機構をリファインするのにあわせブレットメーカーもブレットのデザインに意匠を凝らすようになっていった。そして民間、ローエンフォースメントの需要はリードブレット、フルメタルジャケットブレットからハローポイントブレット（正確にはジャッケティドハローポイント）に移っていった。

銃器ともっとも関係が深いシチュエーション、戦場ではジュネーブ条約に則りブレットのコアを金属で被覆したフルメタルジャケットしか使えないことになっている。人体にヒットするとブレットの持つエネルギーのすべてがペネトレーション（貫通）に費やされるフルメタルジャケットは一般には「銃創の程度が軽い」と考えられている。その逆にハローポイントは「銃創の程度が重い」ということになっている。ハローポイントは人体を貫通しないよう工夫されている。ペネトレーションではなく人体にヒットするとエキスパンション（膨張）し体内にとどまることを要求されているのだ。よってブレットの持つエネルギー（キネティックエネルギー）はほとんどエキスパンションに費やされる。

戦場で使われるブレットの目的は敵兵を不必要に傷つけることではなく、不能にすることだ。

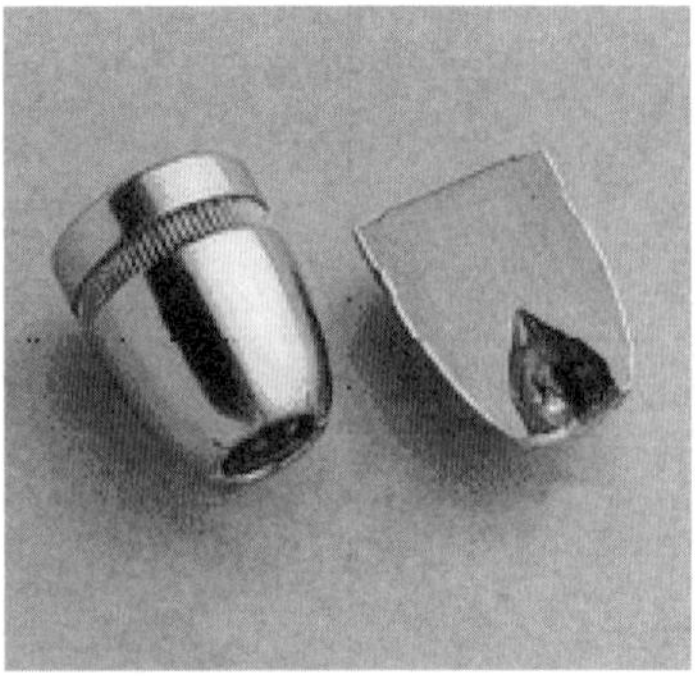

■ジャケッティドハローポイント

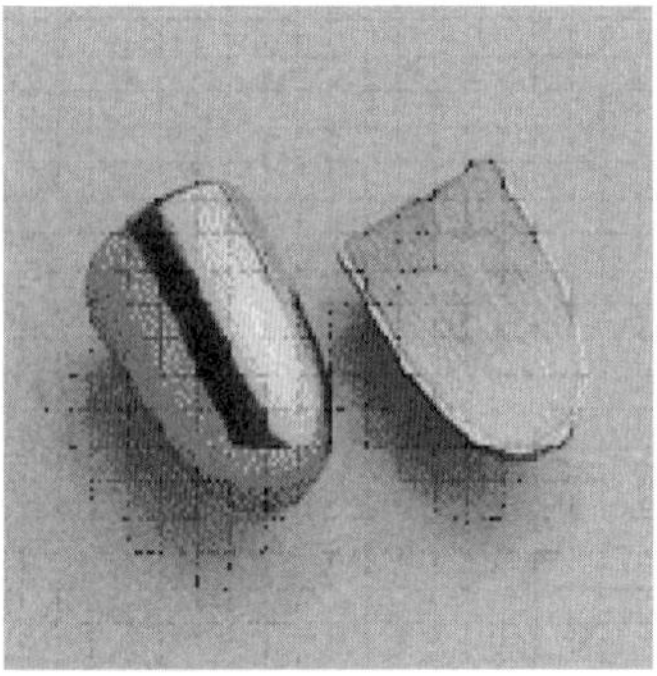

■フルメタルジャケット

フルメタルジャケットは道義的観点に立って採用されている。しかしこの「道義的観点」というのがかなり疑わしいのだ。

そもそもペネトレーション＝軽傷、エキスパンション＝重傷というのはあまりに短絡的過ぎる。掠ったただけならまだしも基本的に銃撃において軽傷などありえないと考えたい。腹部、胸部を撃たれた場合、貫通力が高いと大動脈、大静脈など主要な血管をも傷つけるためフルメタルジャケットの方がかえって致命傷に繋がりやすい。また米軍採用アサルトライフルのM16に使われている223ブレットのような軽量高速ブレットはフルメタルジャケットではあるが人体にヒットすると体内でラプチャー（破裂）するよう意図的にデザインされている。

リコシェ（ricochet）とは「跳弾」のことで、硬い物質にヒットしたブレットがあらぬ方向へ跳んでいったり跳ね返ったりする現象をさす。フルメタルジャケットはこのリコシェになりやすい。同じ現象は人体でも起きる。肋骨や大腿骨、長骨にヒットしたブレットは思いも寄らぬ方向にペネトレーションしてゆく。真偽はともかく前述したJFK暗殺事件の「マジックブレット」はその最たる例だ。

本来は真っ直ぐ進むはずのブレットだが骨などの硬いものと衝突すれば迷走、もしくはキネティックエネルギーが殺がれてしまう。エネルギーが人体の抵抗に勝っていれば文字通り「人体貫通」ということになる。

先ほどM16に使われる223ライフルブレットはペネトレーションの著しいフルメタルジャケットなのにラプチャーすると述べたが、これはブレットの重量と速度が大きく関係している。ブレット重量3・6～4gといえば22や25ACPのハンドガンブレットと同等の重さである。速度を比べるとハンドガンブレットが250m／secなのに対してライフルブレットは900m／sec以上と約4倍も違う。軽いブレットを高速で飛ばすためヒットした際に発生した衝撃にブレット自身が耐え切れずラプチャーを起こすのだ。

■危険なリコシェ

リコシェ（跳弾）とは、ブレットのような飛行体が何かにぶつかり本来狙ったものとは別の方向に向かって飛んでゆく現象のことをいう。リコシェは口径、ブレットのシェイプ、ブレットの材質、衝突体の材質、入射角などの条件でどのようにでも変化する。予測不可能なリコシェによってバイスタンダー（傍らにいた人）やシューター自身が被害を負ったという事例は枚挙に暇がない。どんなブレットでもリコシェになるが、とりわけ22口径のような威力の小さいブレットにその傾向が強いようだ。スチールパイプにあたったブレットがシューターのところに戻ってきたなどという話もある。

リコシェを生じさせる条件というとどうしてもコンクリートやスチールに代表される硬い表面を思い浮かべがちだが、芝生を撃っても起こり得る。軟らかい表面といえば水面だ。水面に向かって台座に据え付けたサブマシンガンで9㎜フルメタルジャケットを撃ったところブレットが水面に没した深さは平均22㎜で、水面から飛び出すまで平均66㎜も轍（わだち）をつくったという。

人体に進入したブレットが射入孔からまったく想像もできないような位置で摘出されることがある。これは珍しいことではなく、ブレットが骨にあたって体内リコシェを起こしたからだ。体内リコシェが人体に及ぼすダメージは相当なものであることはいうまでもない。

■ペネトレーション

ペネトレーションといえばフルメタルジャケットである。しかしオーバーペネトレーション（過剰貫通）を懸念してセルフディフェンス目的でフルメタルジャケットを使うという人は少ない。

人体の組織に対して12インチ（30・48cm）のペネトレーションを要する――これはFBIがブレットに求めたミニマムなペネトレーション長だ。大男ならば胸部の厚みは35～40cmはあるはずだ。肥満であろうと痩身であろうとブレットは胸部を撃ちぬき背骨までペネトレーションしなければならないのだ。ターゲットはいつも正面を向いているわけではない。ターゲットが半身になった状態ならばまず腕を貫通してから心臓にまで達しなければならない。

■ハローポイントの銃創

左のイラストはハローポイントの銃創形成の様子を図化したものだ。

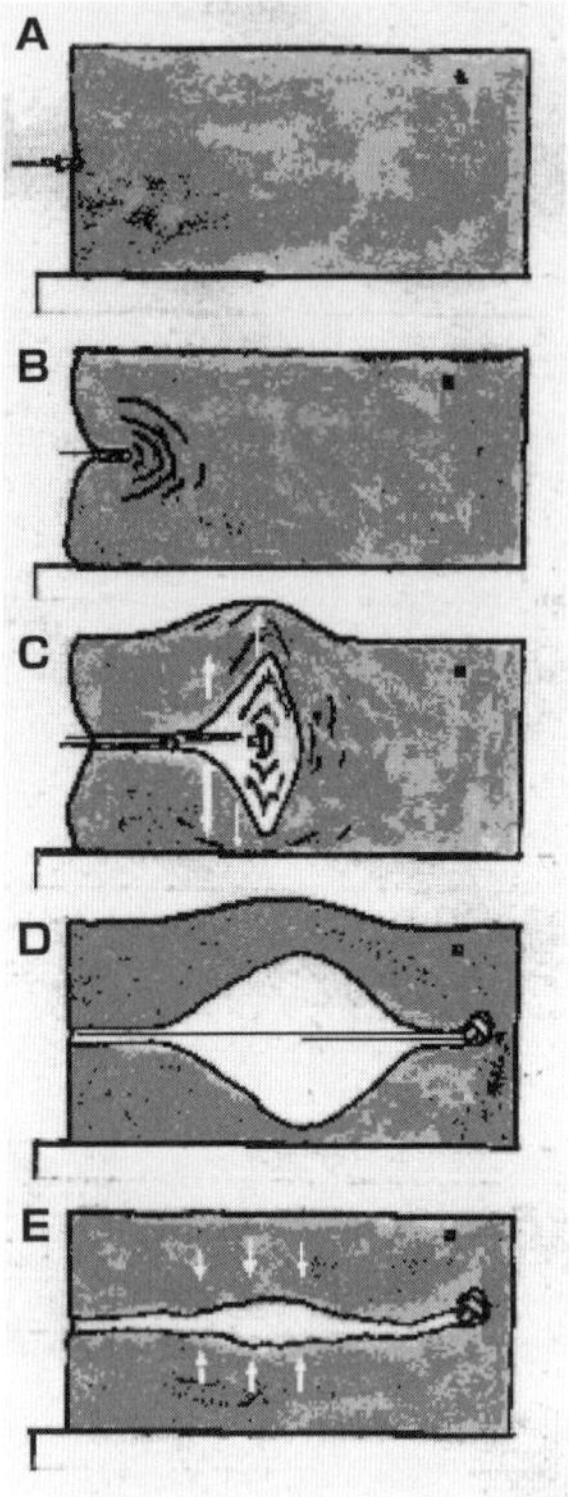

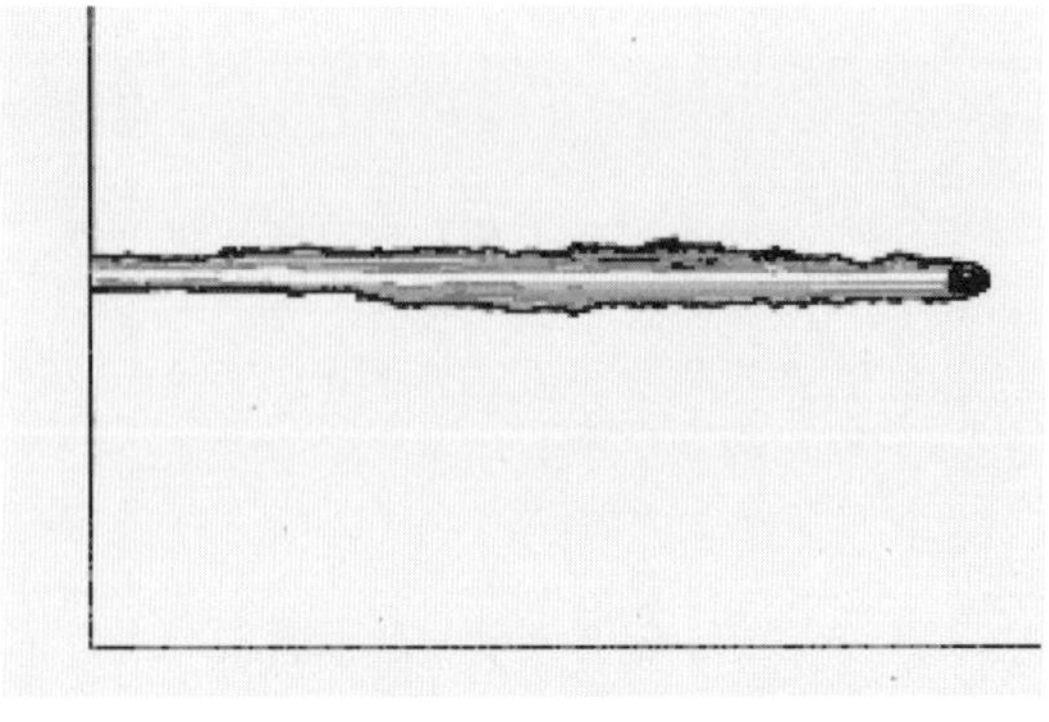

■フルメタルジャケットの永久空洞。GSWの直径はブレットのそれにほぼ等しい

Aは左側からブレットがヒットする瞬間だ。

Bを見るとブレットはこの時点ではエキスパンドしていない。ハローポイントはヒット直後にエキスパンディングするのではなく、ある程度のペネトレーションが求められている。ターゲットはTシャツ1枚でいるとはかぎらない。太っていたり、厚着をしていたりと、あらゆる抵抗を想定しなくてはならない。ペネトレーションをどこまで持続させるか——このタイミングはブレットのデザイン、ブレットのどの部分にどのようなマテリアルを採用するかによってコントロールすることができる。

ある程度、つまり内臓に達したあたりでエキスパンションしているのがCの状態だ。上下の方向に力が生じブレットと直接コンタクトしていない離れた組織にダメージを与える。形成されつつある大きな空洞を「瞬間空洞（temporal cavity）」と呼び、この時点でキネティックエネルギーが大きく消費される。

Dはブレットがフルブラウン（満開）後、余力で突き進んでいる状態で瞬間空洞は最大直径に達している。

Eは完全にブレットがエネルギーを使い切った状態を表している。Cとは逆向きの内側に向かう矢印は瞬間空洞の収束を表現した。瞬間空洞は文字通り瞬間でしか生じず、最後は永久空洞を残す。

■瞬間空洞とペネトレーション

瞬間空洞の大きさはブレットのエキスパンション具合によって左右される。実はここがカートリッジメーカーの腕の見せ所なのだ。メーカーによっては銃撃後のダメージにもこだわっている。たとえばウィンチェスター社のブラックタロンはまるで摘出手術を妨げるようなエキス

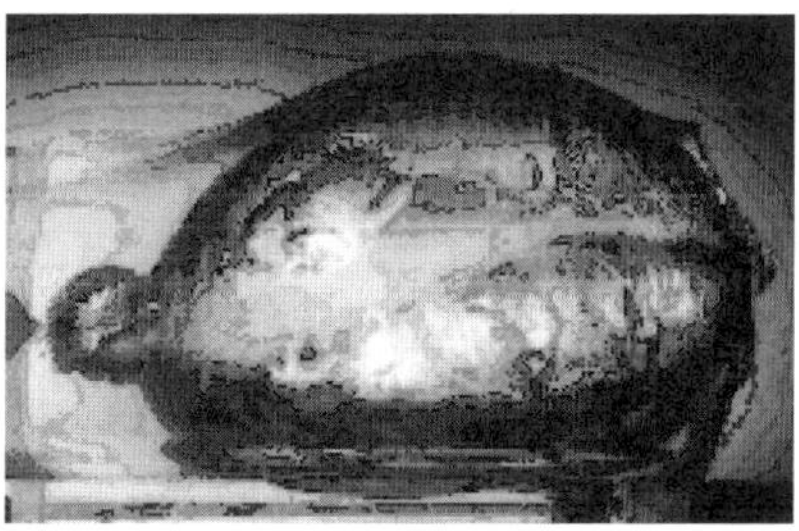
■FBIはバリスティックゼラチンに対してペネトレーション長12インチ（30.48cm）を基準としている

■ブラックタロン。猛禽類の爪のように反り返っている

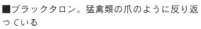

パンションを見せる。

瞬間空洞の大きさもさることながらエキスパンションに至るまでのタイミングも重要になってくる。ヒットと同時にブレットがエキスパンドしてしまうと人体の急所にまで届かせることができなくなる。当然、肥満体型や厚着というケースも想定しなければならない。ハローポイントは適度なペネトレーションが維持できるようデザインされている。十分な進行（人体侵入）を稼いでからエキスパンションに導かなければならないのだ。

エキスパンションとペネトレーション――両者を兼ね備えたジャケッティドハローポイントが〈ハイテクブレット〉と呼ばれる所以はここにあるのだ。

1発よりも2発

平均初速700～950m／secを誇るライフルブレットの威力に比べれば初速が340～400m／secのハンドガンブレットなど非力の部類に入ってしまう。ストッピングパワーとキリングパワーは別物である。前者は人間を行動不能に陥らせる力、後者は死に至らしめる力だ。キリングパワーはショットガンやライフルの（至）近距離銃撃によって得られるものだ。たとえば頭部銃撃ならば、頭部まるごとを吹き飛ばしてしまう力だ。

キリングパワーには程遠いハンドガンでは「1発で仕留める」よりも「短い間に何発も撃ち込む」の方が理にかなっている。人体に対するダメージはヒット数の2乗に等しいとの説がある。たとえば2発ヒットすればダメージは1発のそれよりも4倍高くなるというわけだ。3発ならば9倍だ。

しかし実際の銃撃では公式通りにことが運ぶとは限らない。ただこれだけははっきりしている――複数のブレットがもたらすダメージは1発の比ではない。1発の50AEよりも数発の3

■リアル・キリングパワー――自殺

80ACPともいえる。マルチプルヒット（複数銃撃）をおこなうにあたって最も重要なのは次のブレットがヒットするまでのインターバルだ。インターバルは短ければ短いほどよく、痛覚を増幅させる効果がある。もしこれが数秒間隔で撃たれたとしたら同じようにはいかない。勘が鋭い読者はここでサブマシンガンを思い描いたことだろう。

実のところこの1発目から2発目、そして3発目へのインターバルはどのぐらいが効果的なのかという研究はおこなわれていない。また人間は何発撃てば確実に倒れるか、というのも同じくだ。とにかくブレット1発のストッピングパワーに頭を悩ます暇があったら迷わず2発、3発と撃てばよい。

ショットガンのバックショットはハンドガンブレットに近い大きさのペレットが同時に複数発射されるので、数丁のハンドガンで一斉に撃たれたのと同じ効果がある。このマルチプルヒットの発想でこれまでにユニークなブレットが開発されてきた。ブレットが3発タンデムになったマルチプルブレットローディングや、ブレットのかわりにプラスティックカプセルに収められたペレットを撃ち出すバードショット、スネークショットがその好例だ。しかしこれらは最近になってJHP（ジャケッティド・ハローポイント）ブレットに敵わないことがわかってきた。

マルチプルヒットばかり強調しすぎるとバリスティックゼラチンを使ったブレット1発のストッピングパワー計測は意味がないということになるが1発の有効性は変わらないのだから連射すればいいだけのことだ。

ストッピングパワーは口径、種類、ヒット数である程度は予測可能だが過信は命取りになる。ストッピングパワーが低いと目されている22口径の1発で行動不能になる者もいればUZIサブマシンガンの掃射をくらっても反撃する者もいるからだ。正確なストッピングパワーを計測しようとするならばターゲットの体型、着衣の状況、精神状態そしてターゲットとの距離など

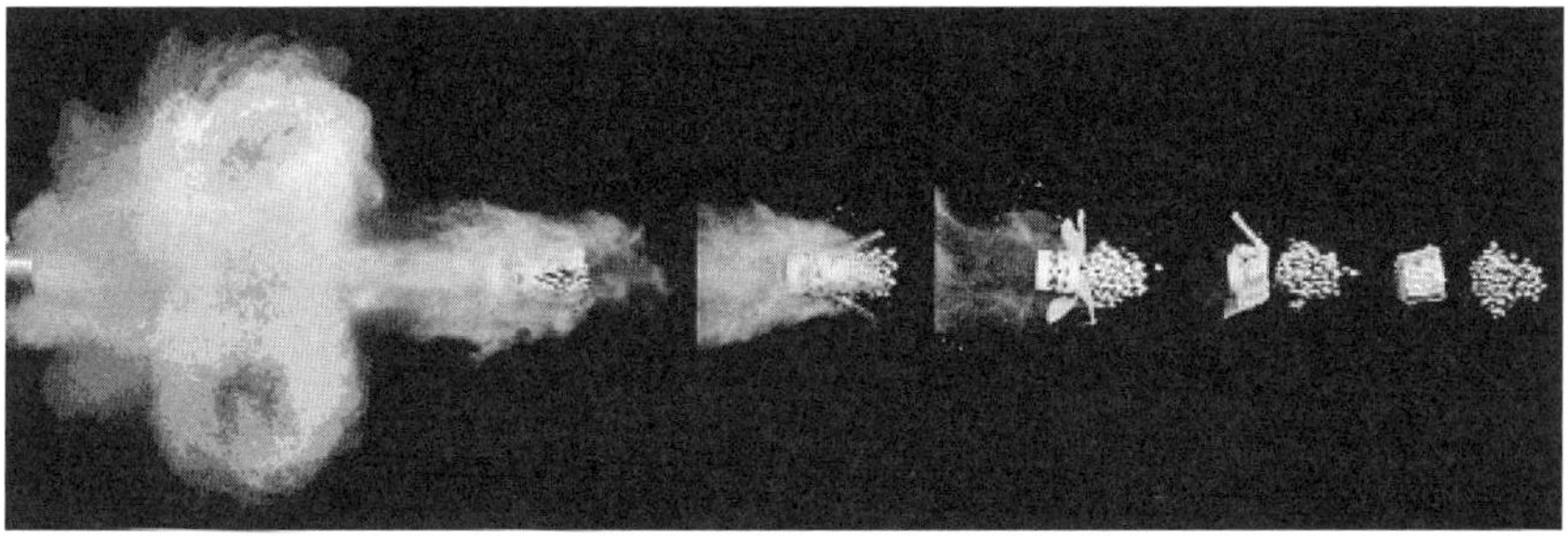

■ペレット散開の様子。ショットガン銃撃は言い換えればマルチプルヒットである

も考慮しなければならないはずだ。このような事例がある――

1999年2月。ブロンクスで23歳の移民アマドゥ・ディアロは四人の警官に撃たれ、41発の銃弾が体内から摘出された。警官の姿を見て逃げようとした際に黒いナイロン製の財布を引き抜いた。それをピストルと見間違えたというわけだ。警官四人は無罪放免となった。

つまるところ、どんな銃を使おうとも相手が倒れて完全に動かなくなるまで銃撃を止めるなということだ。だからこそアメリカの警官は犯人に向かって何発も撃つ。この場合警官は一人ではない。犯人を囲むように何人もいる。相手が倒れただけで安心してはいけない。倒れたのを見て銃撃を止める――しばらくして意識を取り戻した敵に反撃を食らうというのは映画やテレビドラマでよく見かけるではないか!

マルチプルヒットとはいえども、ライフルブレットに比べると段違いに威力の低いハンドガンブレットではヴァイタルエリア(急所)にあたらなければ意味がない。心臓を正確に狙えということではない。心臓を撃たれたターゲットが行動停止になるまで30秒間、それ以上反撃もしくは動き回ったという報告はよく聞く話だ。

大事なことはマルチプルヒットによって痛覚を増幅させながら、神経伝達を司る脊椎や大量の血液を循環させている大動脈を破壊することだ。四肢など致死率の低い部位ではヒット数が多くとも、反撃される可能性は高い(もちろん放置しておけばいずれは死に至るが)。

今わの際にある敵の心理は「一矢を報いたい」、「道連れ」など死を覚悟した諦観の境地にある。こういったアグレッシブな心理状態がスーパーホルモン、アドレナリンを放出させるのだ。アドレナリンが痛覚を麻痺させることは知られている――これが思いもよらぬ反撃の正体だ。

ブレット口径 (inch/mm)	ブレット重量 (g)	銃口速度 (m/sec)
22LR	2.54	337
9mm	8.00	343
45ACP	14.60	267
357magnum	8.10	372
44magnum	15.60	360
50AE	21.00	427
500S&W	28.00	495
223 (5.56mm)	3.60	960
308 (7.62mm)	9.70	838

■ブレットの運動エネルギー
飛行体のキネティックエネルギーは次式で算出することができる――

$K.E=WV^2/2g$

Wはブレット重量でVはブレット速度を表している。gは重力加速度だ。キネティックエネルギーはブレット重量(W)よりも速度(V)によって大きく変わる。速度は2乗でエネルギーに貢献する。

エキスパンションを科学する

一昔前までは最大限のエキスパンションを望むならば、高速、大口径でかつ軟らかいレッド（鉛）のようなマテリアルが露出している方が好ましいとされてきた。インパクトの衝撃でブレットを変形（エキスパンド）させようとしているからに他ならない。先端部を除いてジャケットが被さったブレットはソフトポイントと呼ばれている。ライフルブレットではこのスタイルを踏襲しているものがあるが、ハンドガンブレットではあまり見かけない。特に先端露出したレッドは装填不良に繋がることからピストルでは使われない。もっぱらリボルバー専用だ。

ソフトポイントブレットのエキスパンションは衝撃から得るものだがハイテクブレットと呼ばれるジャケッティドハローポイントのそれはデザインとマテリアルから得られる。

エキスパンションには下の写真の通り1）マッシュルーミング（mushrooming）と2）バナナピーリング（banana-peeling）がある。マッシュルーミングはキノコのようにカサが開く状態を指し、バナナピーリングは文字通りバナナの皮を剥いた状態を表す。バナナの皮はしな垂れているが、ブレットのそれは鋭く反り返る。バナナの皮はペタル（petal：花弁）とも呼ばれ、シンメトリーに反り返った状態はフルブラウン（full-blown：満開状態）にたとえられている。

■エキスパンションとマテリアル

エキスパンディングといえば1985年にフェデラル社が発表したヒュドラショックが有名だ。反り返ったペタルもさることながらダメ押しのように倒立したポストが強烈なイメージを残した。最近になってHST（ヒュドラショック2）という新しいブレットが発表されたばか

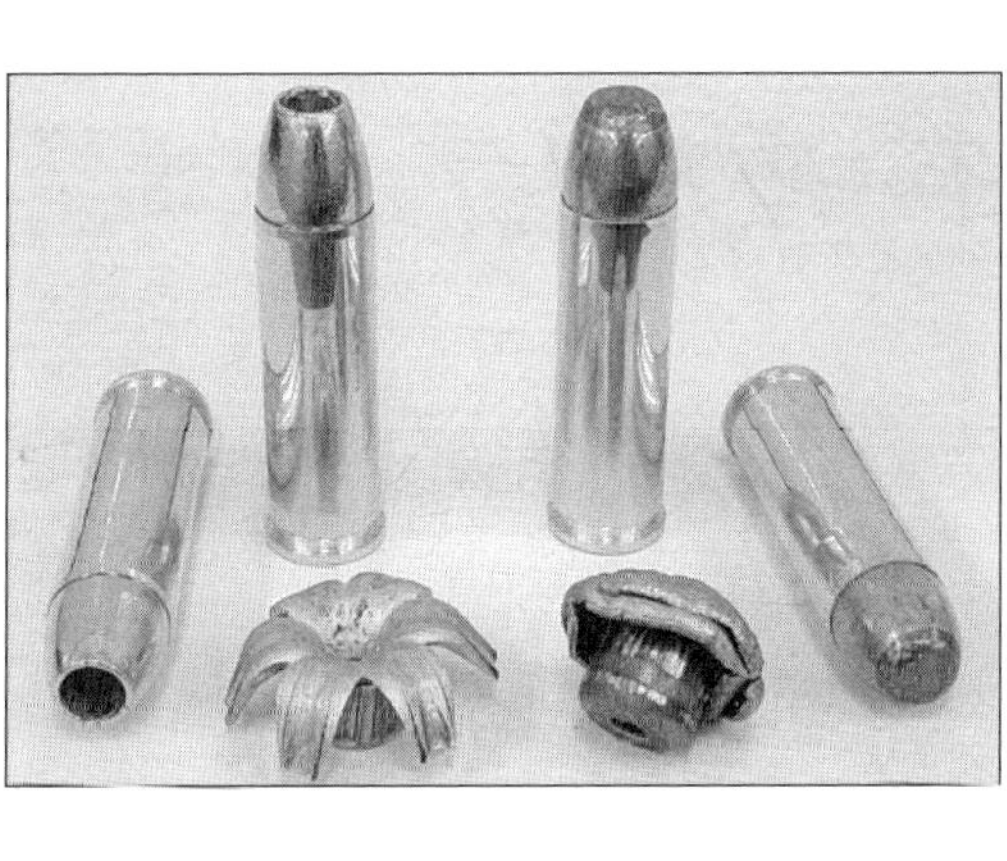

■ソリッドカッパーブレットとジャケッティド・ソフトポイントのエキスパンディング。鋭いペタル（花弁）が内臓や血管を傷つける。マッシュルーミング（右）、バナナピーリング（左）

りだがポストの倒立はなくＰＭＣ社のスターファイヤーのようなフルブラウン（満開）が特徴だ。

エキスパンディングの状態だが窄み気味も悪いが満開になればいいというわけではない。要するにタイミングだ。フルブラウンが早ければ必要なペネトレーション（貫通力）がその分削がれたことを意味する。

ハローポイントブレットはバリスティックゼラチンや人体組織のような適度な弾力を持ったマテリアルとコンタクトしてはじめてエキスパンドが始まる。これらがブレット先端に穿たれたキャビティー（逆円錐の孔）を塞ぎ、エキスパンションが始まる。マテリアルは硬いものはもちろん、軟らかすぎるのもよくない。たとえば水だ。ジャケットとコアの分離や、ジャケットはそっくり返ったもののコアがエキスパンドしないといったことが起きる。コアとジャケットの分離は極まれに報告されている。ペネトレーションが犠牲になるがジャケットが第２ブレットとなり、これがＧＳＷのレベルを上げるとの説もある。

それでは硬いマテリアル、石膏ボードや合板パネルを撃つとどうなるか――まったくエキスパンションしないのだ。アメリカの銃器専門誌のライターに、レヴューを信じてハローポイントを購入したが電柱を撃ってもエキスパンションしなかったとクレームを申し立てた読者がいたという。

エキスパンションは軟らかいマテリアルの塞栓によって得られる――この事実を知らずして、室内で発砲すると貫通力が高いフルメタルジャケットを撃ったのと同じことになる。

前述したようにエキスパンションはキャビティ（ブレット先端の孔）を塞栓したマテリアルによって得られる。次々ページのイラストのようにブレットが直進することでマテリアルが押し込められ、それがペタルを押し広げフルブラウンに導く。専門家によればエキスパンションの成否はジャケットではなくコアにつかわれているレッドの硬さで決まるという。レッドがな

■ヒュドラショック（左）とヒュドラショック2（右）。ヒュドラショックは数あるJHPの中でもエキスパンディングが早いといわれている

まくらならオーバーエキスパンションで貫通力が犠牲になり、逆に堅固すぎればオーバーペネトレーションになりエキスパンションが貧弱になるといった具合だ。

■エキスパンションと銃身長

エキスパンションはバレル（銃身）長によって左右されるか——水槽を使った興味深い実験がおこなわれた。一般にショートバレル（銃身の短い銃）は初速が落ちる傾向にあると考えられており（十分な燃焼が得られる前にブレットが発射されるということ）、その結果ブレットの威力が発揮されない（ハローポイントならばエキスパンション不足）ということになっている。

280ガロン入りの水槽タンクに向かって三つの異なるバレル長の45口径ピストル（1911A1モデル）を発射したブレットを回収、計測した結果は次の通り——

フルサイズと呼ばれる通常モデルのバレル長5インチ⇩エキスパンション径0・62インチ
コンバットコマンダーサイズのバレル長4・25インチ⇩エキスパンション径0・62インチ
最小モデルのバレル長3・16インチ⇩エキスパンション径0・59インチ

右の数値からエキスパンションはバレル長にほとんど左右されないことがわかる。通常このような実験はバリスティックゼラチンを使うのが一般的だがコストの面から断念せざるを得なかったようだ。

■理想のホームディフェンスブレット

■水中に向かって発射されたハローポイントブレット

フルメタルジャケットであろうと、ハローポイントであろうと、室内で銃を撃つとパーティションや断熱ボードなどを撃ち抜き、離れた場所に避難していた家族に危害を与える恐れがある。理由は先に述べた通りだ。ホームディフェンスで採用するならば硬いものにヒットすると破砕しやすいフランジブルブレット、もしくは（信じられないかもしれないが）M16で使う223口径ライフルブレットを撃った方がはるかにましだ。家族に被害が及ぶ前に侵入者の体内で勝手にラプチャー（破裂）してしまうからだ。

ハローポイントがホームディフェンスで使われると思わぬ悲劇を生むことがある。2×4（ツーバイフォー）やシートロックと呼ばれる住宅建材はフランジブルブレットを除いてほとんどのブレットが突き抜けてしまう。これらのマテリアルはキャビティーに詰まるとハローポイントをフルメタルジャケットに変えてしまい壁の向こうにいる人間に危害を与えることになるのだ。事実、警察関係者からの報告によれば塞栓したハローポイントは驚くべき貫通力を発揮するという。たとえばゼラチンを使った実験で40S&Wハローポイントは障害物なしの貫通長が14・2インチであるのに対しシートロック建材をゼラチンの前に置いて計測したところ貫通長は25・2インチにもなった。壁などの遮蔽物に隠れた犯人を倒すならハローポイントではなくフルメタルジャケットを使えといわれていたが、本当のところはどちらでもよいのだ。

ラプチャー効果を証明するために、M16に装填される223ライフルブレットでゼラチンを撃ったところ貫通長は14インチであったのに対し、シートロックを介在させると11インチに落ちたのだ（!）。このことを裏付ける結果がバリスティックゼラチンを使った実験で証明された。結果は1998年7―8月号のローエンフォースメント専門誌で掲載された。

・コルトガバメント（45口径ハローポイント：ブレット重量14・9g）

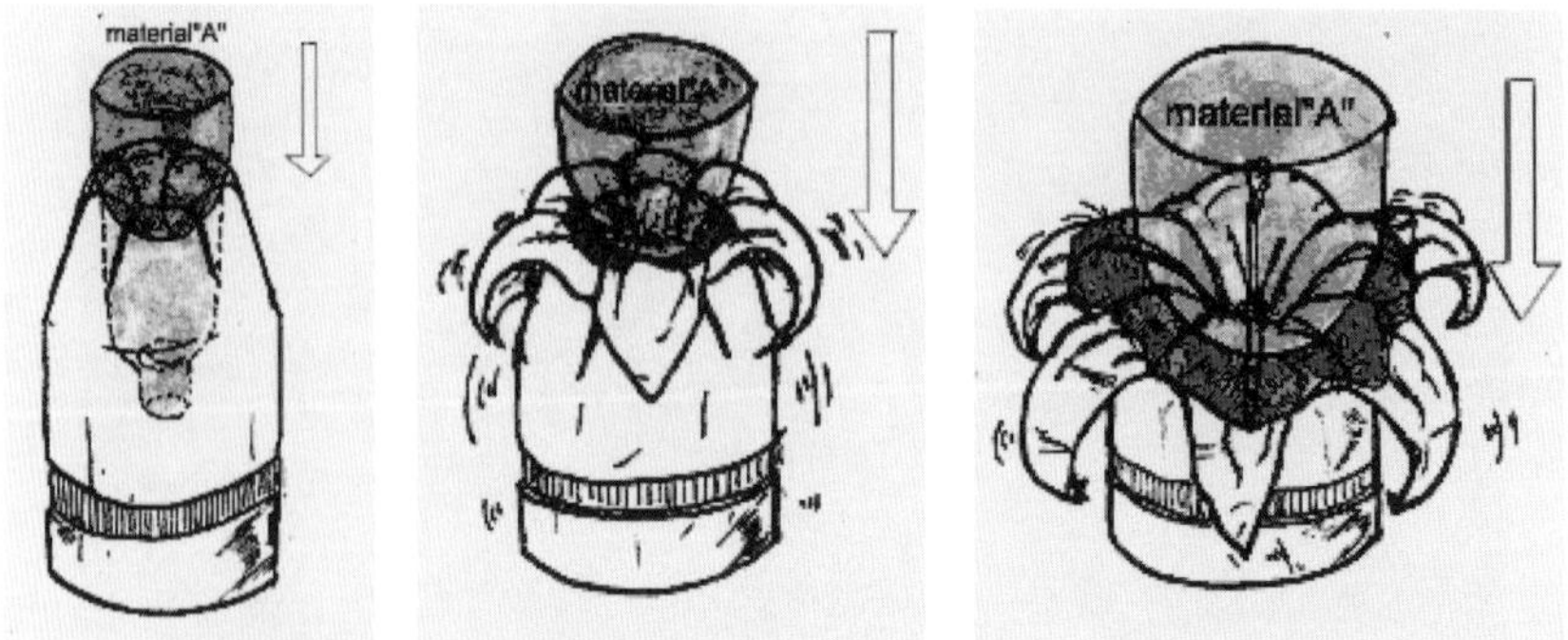

■エキスパンディングの経過。MaterialAは《軟らかい物質》であること。これが石膏ボードのような《硬い物質》であると、この現象は起きない

貫通長：14・2インチ（平均エキスパンション径は0・71インチ）

・レミントン870ショットガン（OOバックショット＝直径8・38㎜の真球：ハンドガンの32口径に相当）

貫通長：22・8インチ（変形なし）

・コルトM16A2（223口径ライフルブレット：ブレット重量2・6g）

貫通長：6・7インチ（ブレットの87％が破砕した）

室内でアサルトライフルM16を発砲する――信じられないシチュエーションだがこの実験結果から223ブレットが成人男性の胴体を貫通することはないということがわかる。おそらく撃たれた侵入者はラプチャーしたブレットの破片によって生み出される強烈な痛覚によって瞬時に倒れてしまうはずだ。

■新型ブレット　エキスパンドフルメタルジャケット

前出のジャケッティドハローポイントブレット――ヒュドラショック（フェデラル社）、スターファイヤー（PMC社）、クイックショック（トリトン社）――はすべて同じブレットデザイナーの作品なのだ。デザイナーの名前はトム・バークジンスキー。ブレット界のジョン・M・ブローニング（不世出の天才銃器デザイナー）と賞される彼が新しいコンセプトのブレットを開発した。フルメタルジャケットのペネトレーションとハローポイントのエキスパンションを兼ね備えたこのブレットは「エキスパンドフルメタルジャケット」と呼ばれている。

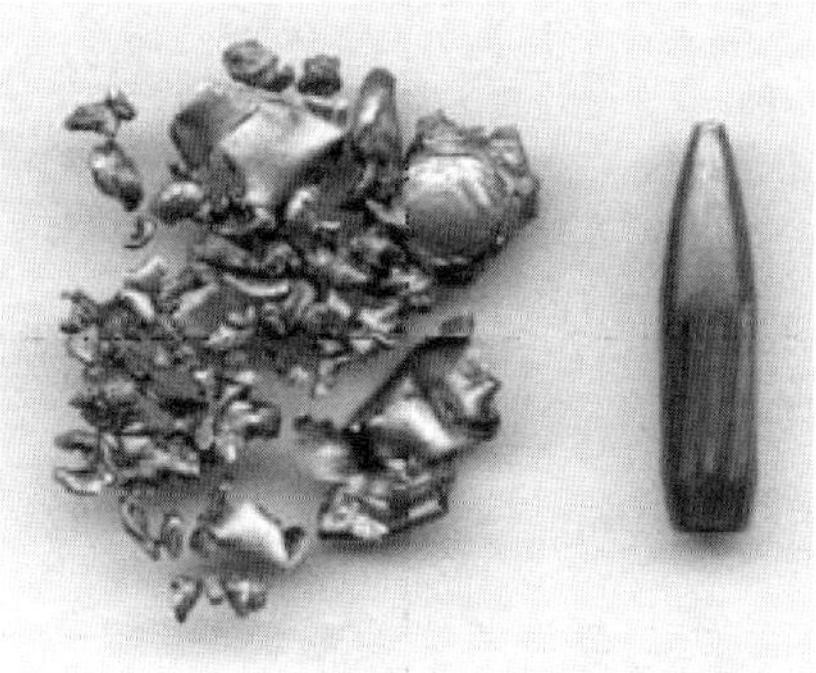

■ラプチャー（破裂）したブレット

ハローポイント（正確にはジャケッティッドハローポイント）が一般に知られるようになったのは1960年代になってからだ。以後約20年間、バークジンスキーがハイテクブレットを開発するまではどれも似たようなものばかりであった。ブレークスルーのきっかけは1985年、フェデラル社から発売されたヒュドラショックだった。これを機にフェデラルは一躍ウィンチェスターやレミントンと並びアメリカを代表するカートリッジメーカーとして世界的に知られるようになった。バークジンスキーはこれ以後も精力的に新型ブレットを考案し1990年代になってPMCからスターファイヤー、トリトンからクイックショックが発売された。

古巣であるフィラデルフィアに戻ったバークジンスキーはまったく新しいコンセプトのブレットを発表した。カテゴリーはフルメタルジャケット。だが、このブレットはエキスパンションするのだ。繰り返しになるがフルメタルジャケットはペネトレーションに長け、ハローポイントはエキスパンションで人体にダメージを与えるという特徴を持っている。前掲のバークジンスキー3部作はハローポイントをベースにしたブレットであったが4作目はフルメタルジャケットがベースになっている。これがエキスパンドフルメタルジャケットでフェデラルのラボでは「キャプティブ・ソフトポイント」の名称で研究が進められていた。

次ページ上の写真は45ACPのエキスパンドフルメタルジャケットで1・9cm幅の合板（ベニヤ板）を撃ったところだ。先にも説明したとおりハローポイントは人体組織などの軟らかいマテリアルがキャビティーを塞がないとエキスパンションしないはずなのだが、エキスパンドフルメタルジャケットは見事にこれを成し得ている。なぜか？　このブレットにはキャビティーすらないのだ。答えはブレットの構造にある。

第4作目にもバークジンスキーらしいユニークなアイディアが盛り込まれていた。簡単に説明すれば、鉛のコアの先端にラバーを詰め、それを比較的柔らかな銅合金のジャケットで覆うというものだ。ジャケット先端にはエキスパンションのためのノッチ（刻み目）が入れられて

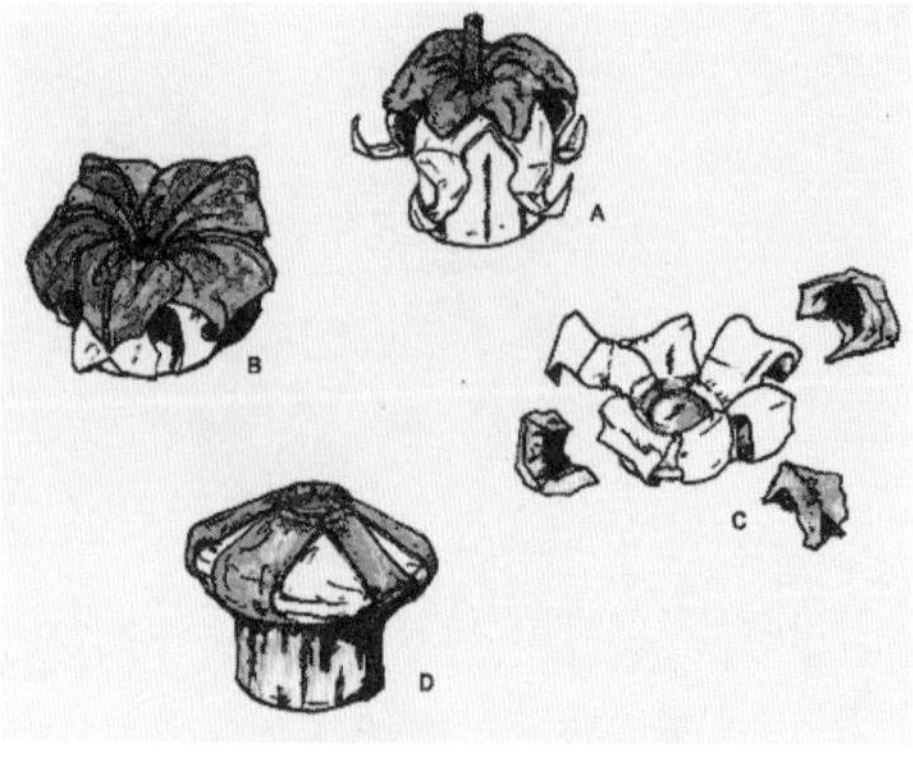

■トム・バークジンスキー4部作
A：ヒュドラショック　反り返った花弁と倒立するポールが特徴
B：スターファイヤー　大きな花弁が星状に開花
C：クイックショック　めくれ上がったジャケットから3つの金属ブロックが飛び出す
D：エキスパンドフルメタルジャケット　コアとジャケットの間にラバーを介在

おり、この部分のジャケットの硬度は土台の部分よりも若干軟らかく設定されている。ラバー、ジャケットの硬軟――この絶妙な組み合わせによってペネトレーションとエキスパンションが実現した。ヒットするとまずはペネトレーション。ノッチが裂け、中のラバーが圧縮されエキスパンションが始まる。ラバーはつまりキャビテイーを塞栓する軟らかいマテリアルの代役をしているのだ。

このブレットの売りは何といってもシートボードや合板を撃ってもエキスパンションするというところだ。これならば安心してホームディフェンスに使える。

■合板が動いていない点に注目

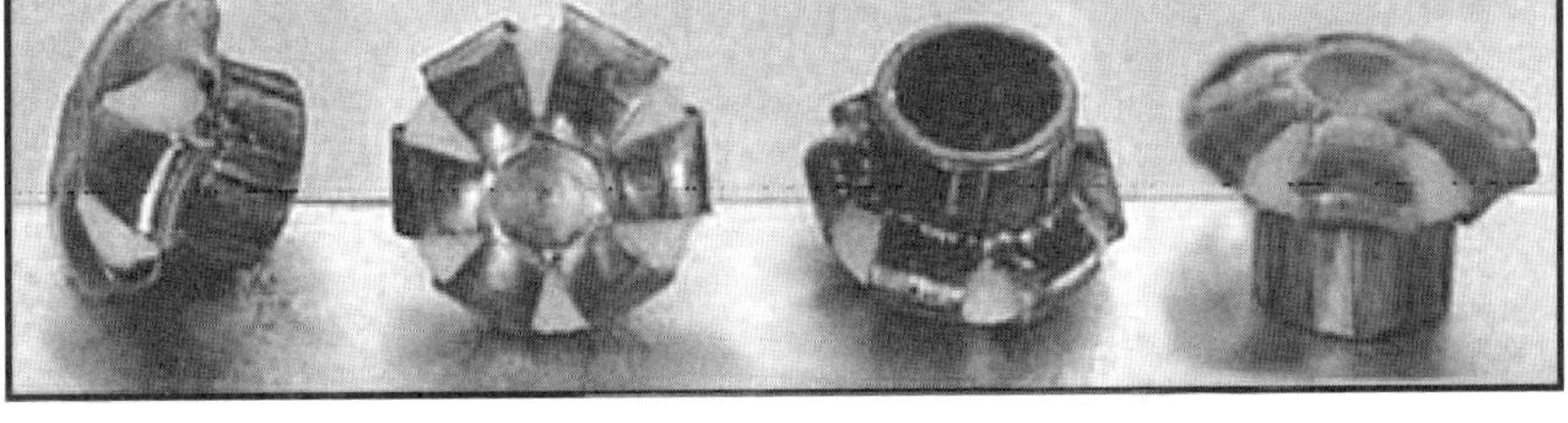

■エキスパンドフルメタルジャケット

タクティカルアナトミー（効果的な銃撃部位）

頭もしくは心臓を撃たれれば人間は必ず死ぬものと思われている。果たしてそうであろうか？　ストッピングパワーとキリングパワーが違うことは先に述べたとおりだ。非力なハンドガンブレットに求めていいのはストッピングパワーである。人間を不能にさせる有効な銃撃部位について考えてみる。

■ダブルタップと胸部銃撃

映画監督マイケル・マンは冷徹な銃撃描写で定評がある。「コラテラル」の中でヒットマン・ヴィンセント役のトム・クルーズに、「ＨＥＡＴ」の中ではロバート・デ・ニーロが演じるプロのバンクロバリー、ニック・マッコーリーに見事なダブルタップを披露させた。二人のアクターがおこなったダブルタップは銃撃の効果という点では非常に理にかなったものだ。映画ではダブルタップで胸部に2発、そしてフィニシングブロウ（とどめ）に頭部に1発だった。胸部の2発は縦長の扁平骨、胸骨（sternum）を狙ったものだ。写真で見ての通り胸骨は心臓を保護している。

ダブルタップの目的は、酸素を取り込む臓器である肺と、酸素が満たされた血液を全身の細胞に送り込むポンプの役目をしている心臓の破壊にある。即死ではないが、致死率は非常に高い。ここでさらに上行大動脈、上大静脈が損傷を受ければ救命は１００％不可能だ。

仮にブレットの直撃を受けなくとも（心臓の心筋は思った以上に強靭にできている）冠状動脈が傷つけば心臓の動きはかなり鈍くなる。肺が傷つけば肺葉の膨張を著しく妨げる血胸や気

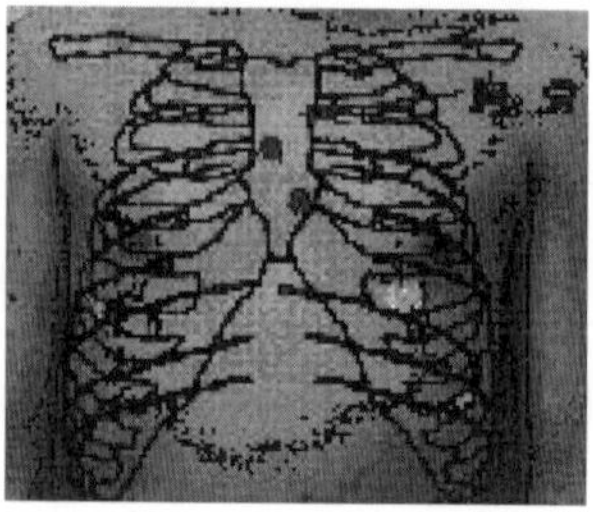

■破砕させた胸骨に第2ブレットの役目をさせる。●が銃撃部

胸になり、酸素の取り込みは不可能となる。

肥満体型や衣類の厚みに邪魔されペネトレーションが得られない場合どうするか。特にレザーやデニム素材で顕著になる。ターゲットとの距離も考慮しなければならない。こういったケースはつぎのように回避される――ペネトレーションが12インチ以上の9㎜や45ACPを採用し、胸骨や肋骨に第2ブレットの役目をさせ心臓や肺を破壊する。

胸部へのダブルタップの目的は、1発でも十分だが銃撃の効果をさらに確実にするためのものだ。そしてとどめの頭部銃撃は保険ともいえる。どこを撃つかは別として1発よりも2発、2発よりも3発。マルチプルヒットは衰弱を促進させる目的としても理にかなったものだ。

■頭部銃撃

正面にいる人間の頭を撃つということの難しさは体における比率を考慮すれば容易に理解できるはずだ。銃口を顔に向けられれば誰だって無意識に手で覆うか、頭を大きく反らすものだ。よってほとんどがヒットしない。ヒットしたとしても正面から撃っているので破壊する部位は前頭葉になる。前頭葉付近の頭蓋骨はヘッドバットという荒技があるように丈夫にできている。それに独特の形状によってブレットはあらぬ方向へ弾き飛ばされやすい。前頭葉は状況判断や情動を司る部位で、直接生命の維持に支障をきたすことはない。

頭を吹き飛ばされた人間が数時間生きている（生存している）という報告は枚挙に暇がない。狙うべき部位は脳幹だ。脳幹は運動神経、知覚神経の大幹線、姿勢、歩行、呼吸、血管収縮、心臓ポンプ機能促進など各種機能結合のコネクターで、ここを破壊する力こそがキリングパワーである。ライフルブレットならまだしもハンドガンブレットでここを破壊しようとするならば後頭部からのポイントブランクショット、大口を開けた人間の口に銃身を突っ込み、口蓋を

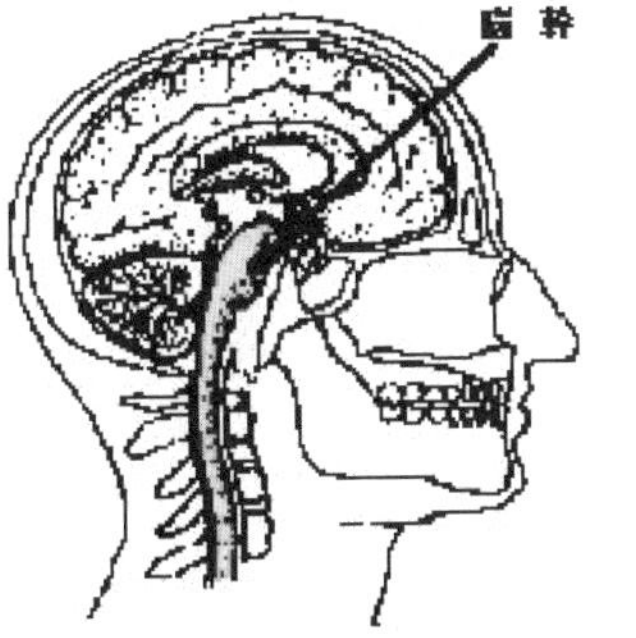

■脳幹：ハンドガンブレットでは届かないことがわかる

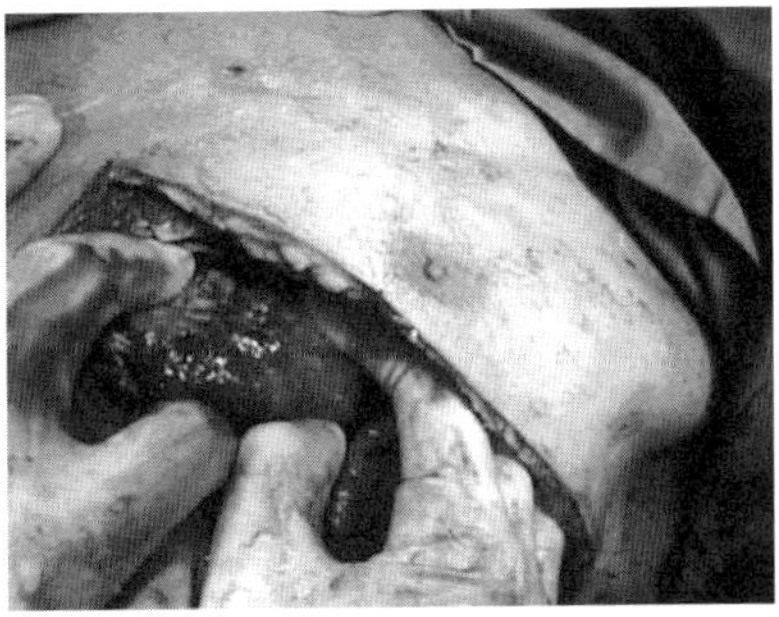

■胸部銃撃で、特に胸郭をペネトレーションされた場合、生存率は18～33%。いうまでもなく刃物を使った刺傷の方が生存率は高い。

撃ち抜くしかない。自殺で銃身を咥えるのはこのためだ。

頭部銃撃で最も悲惨な結末はショットガンを使った自殺で起きる。自殺者は下のイラストのように銃身を下顎につけるが、角度が不十分であること、引き金を引くときに銃自体が長いのでどうしても頭が反り気味になってしまうことから失敗に終わるケースが多い。失敗すればこれ以上の悲劇はない――命に別状はないが文字通り「顔」がなくなってしまう。失うのは顔面だけではない。前頭葉も相当なダメージを受けているので状況判断や情動を司る部位がなくなり「感情」もなくなってしまう。残りの人生を顔と感情がないまま過ごすことになるのだ。

■脊髄破壊

脊髄は脳幹から送られる電気シグナルを支線に分岐する幹線の役目をしている。脳とともに中枢神経系を構成するこの部位を破壊すれば動物は不能になる。背骨に守られている大ケーブル、脊髄の径は小指ほどしかない。ブレットに課せられた使命がストッピングパワーであるならば脊髄を破壊すれば、撃たれた人間は一瞬に崩れ落ちるはずだ。ペネトレーションが十分ならば衣服⇩皮膚⇩脂肪⇩筋肉⇩臓器という順で貫通し、最後に背骨を穿ちケーブルを切断させることは可能だ。この場合、胸骨や肋骨に護られた胸部よりも腹部の方がよいというのはいうまでもない。

ペネトレーションを論じる時に、どうしてもターゲットは正面ばかりを向いていると想定しがちだ。しかし実際は撃たれる瞬間に体が斜めになったり、腕がバリアの役目をしたりする。こうなるとペネトレーション長は、2インチ分は余計に欲しくなる。ペネトレーション長10インチ（25・4㎝）あたりでは心もとないというのはこうしたことからだ。

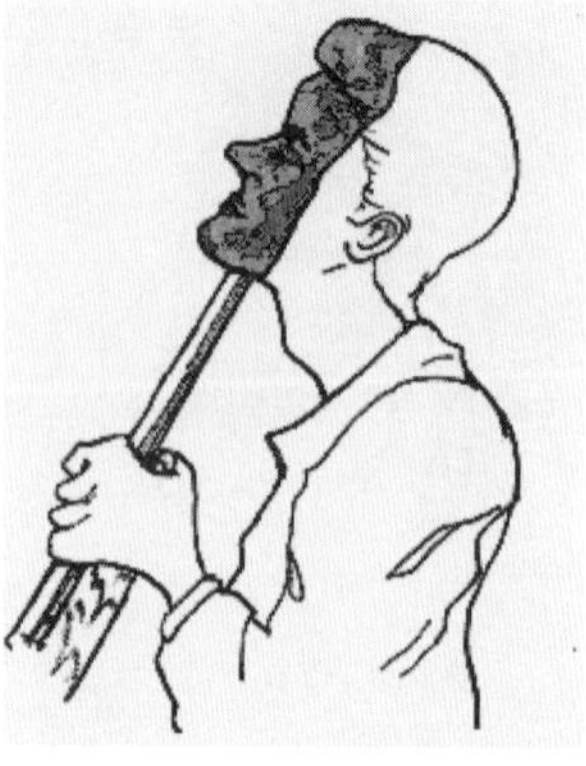

■黒い部分がなくなる

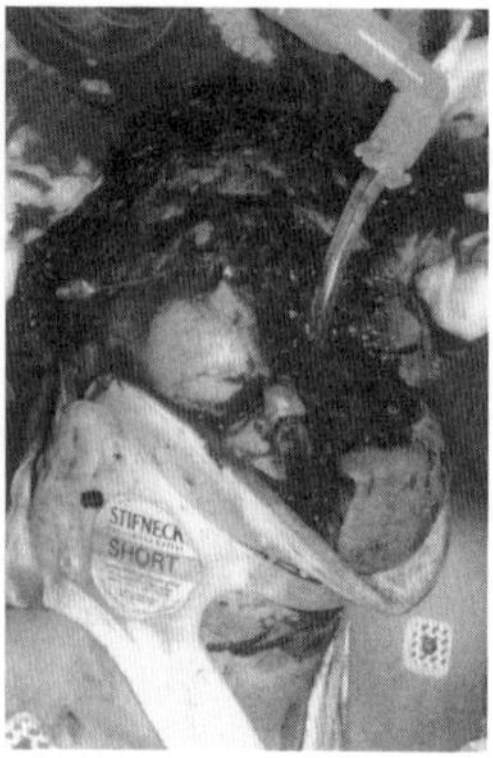

■〈顔面〉がないので、酸素吸入のため気管に直接チューブが差し込まれる

骨盤銃撃の有効性

２００２年ニューヨーク。ヘラルドスクエアのショッピングモールでナイフを持った狂人に向かって女性警官メアリー・ベス・ディアス23歳は９㎜ジャケッティドハローポイントを１発放った。彼女が放ったブレットは腰部（仙骨、腸骨）を粉砕し、男は一瞬にして崩れ落ちた。男はスーサイドバイコップ（Suicide by cop）の志願者と見られている。スーサイドバイコップとは自殺手段のひとつだ。警官などの法の執行者に射殺されることで命を絶とうとする。

少し前までディアスの所属するＮＹＰＤ（ＮＹ市警）では、９㎜のフルメタルジャケットを支給していた。しかし犯人を突き抜けたブレットが仲間の警官や市民にまで被害を及ぼすオーバーペネトレーションが大きな問題になっていた。フルメタルジャケットのストッピングパワーに疑問を抱く警官は多い。是非はともかく１９９９年、同じくニューヨーク州のブロンクスで警官４名が一人の男に向かって合計41発の銃弾を放ったケースでは男が倒れるまでに19発のブレットがすでに命中していたのだ。この時のブレットがフルメタルジャケットであった。

今回のヘラルドスクエアケースで、ディアスとブッチャーナイフを振りかざした男との距離は約６ｍ。このケースは骨盤銃撃の有効性を証明した。特に犯人がナイフなどを手にしている時には。彼女が胸部銃撃をおこなっていたらどうであったか。人間は心臓を破壊されてからもおよそ14秒間は意識的な行動を取れる。これは撃たれる直前に酸素を満たした新鮮な血液が脳に流れているからだ。従って刃物を振り下ろそうとしている人間の心臓を撃ってもどうにもならないのだ。それでは頭部銃撃はどうか？　頭部のサイズもさることながら、構えた銃が自分の頭を狙っていることを悟った攻撃者は反射的に目と脳をかばおうとダッキングするので、ヒットさせること自体が非常に難しい。しかも頭部銃撃で有効なのは体を制御するすべての電気信号の発信源である脳幹銃撃だけだ。

銃創などという物騒な外傷とは無縁であっても医者ならみんな知っている。骨盤を破壊され

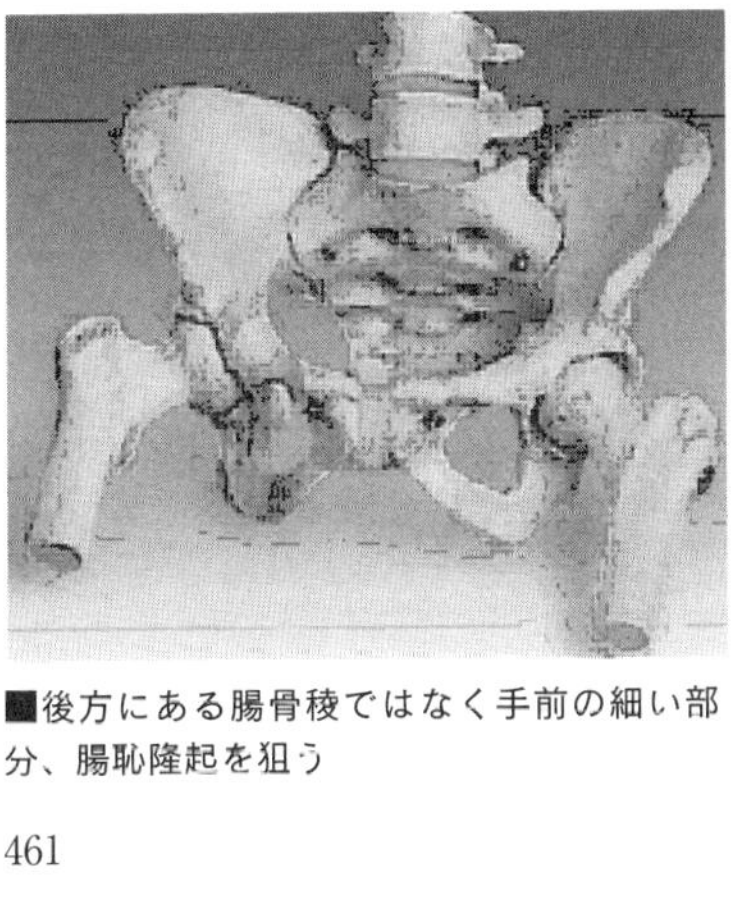

■後方にある腸骨稜ではなく手前の細い部分、腸恥隆起を狙う

■スーサイドバイコップと心のケア

タフであろうとなかろうとスーサイドバイコップに巻き込まれた警官の心理は次のように変化してゆく――

・市民を射殺したという罪の意識
・もう少し待てばよかった、発砲以外の手段がなかったのか、など自問自答を繰り返す
・悪夢、フラッシュバック、鬱状態
・警察を糾弾するような世論、遺族による訴訟により症状はさらに悪化する

専門家は、射殺願望に自分が利用されたことを知った警官は罪の意識に苛まれるのが普通で、上司や同僚の励ましや心のケアが不可欠だと力説する。

れば人間は瞬間に崩れ落ちるということを。転んで腰を強打した老人が寝たきりになる――骨盤こそ直立姿勢の要だ。骨盤は建築物の中柱、土台といってもよいだろう。

銃創学専門書「Gun shot wounds」の著者Vincent diMaioの父親はニューヨークの元検死官チーフだった。ＮＹＰＤステイクアウトスクワッド（監視ユニット）のオフィサーらに「一撃不能にするなら、どこを狙えばいいのか」と尋ねられた彼は「骨盤を狙え」と答えたそうだ。

タクティカル・アナトミーから見た骨盤銃撃

ジェームス・ウィルソン博士はタクティカル・アナトミー（直訳すれば戦術的解剖学とでもいうべきか）を唱道し、警察官らにレクチャーをおこなっている。頭や心臓に比べると腰の占める面積は大きい。博士もいう――刃物や鈍器を持って立ち向かってくる犯人に対しては骨盤銃撃がもっとも効果的であると。しかし頭部、心臓銃撃がそうであるように骨盤銃撃も不確実であるとの報告がある。伝説のスナイパー、カルロス・ヘイズコックは頭部銃撃後、敵兵は銃を撃ちながら30歩ほど歩いたところで崩れ落ちたと述懐している。ニューヨークでナイフを持った犯人は胴体を何発も撃たれたにもかかわらず警官一人を道連れにした。

実は骨盤銃撃では標的が大きい分、骨盤のどこにヒットしたかが鍵になる。もちろん、その時のブレットの威力（口径、種類、距離）によっても左右される。ある警官が放った38口径のラウンドノーズブレット（ジャケットなしの鉛ブレット）はそのジェントルな先端構造から骨盤（腸骨の形状）の中でリコシェ（跳弾）となり致命傷に至らず、逆上した犯人に斬殺された。9㎜フルメタルジャケットも骨盤をペネトレーションするだけでデストラクション（破壊）には至らない。骨盤の粉砕はＨＰ（ハローポイント）もしくはＪＨＰ（ジャケティッドハローポイント）しかなしえないだろう。

事件後、ディアズ警官に対して「今回はラッキーだった。1発で止めるべきではない。もう

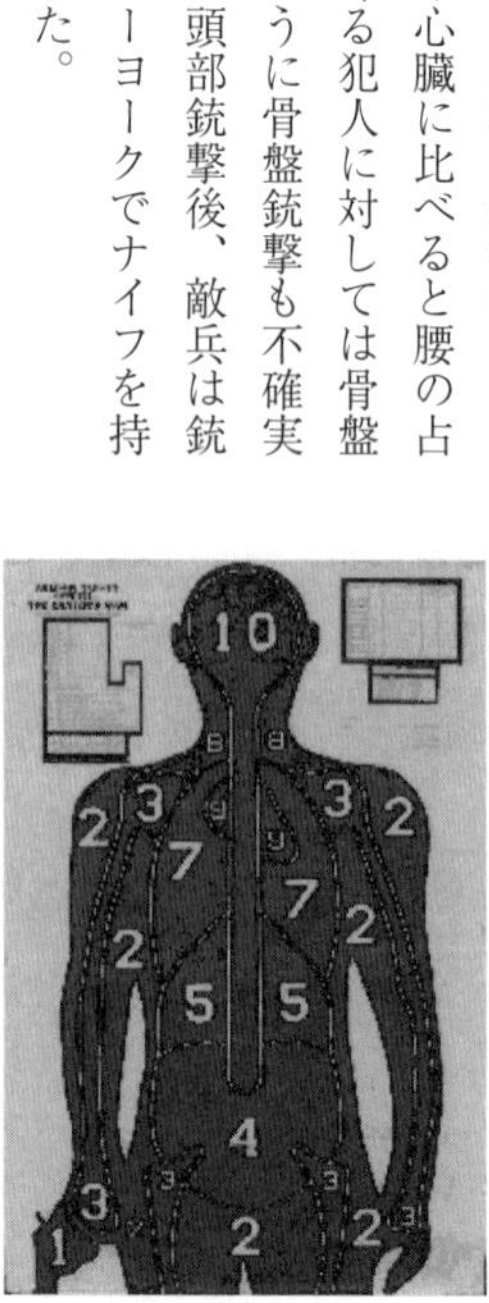

■10点、9点、8点、7点、5点――骨盤銃撃4点。銃器ではない「刃物や鈍器を持った犯人」に限り有効なのだ

数発撃て」だとか、その逆に「銃撃が早すぎたのでは」との非難の声も上がった。犯人と彼女との距離は約6m。骨盤銃撃はこの距離でこそ活きてくるのだ。彼女によれば、ミスヒットをおこさぬためと、ブレットの威力が十分発揮されるようかなり下向きに銃を撃ったとのことだ。これが結果として効果的な銃撃へと繋がった。また仮にオーバーペネトレーションをおこしていたとしてもブレットはフロアに向かうだけで周囲にいた買い物客に被害が及ぶことはなかったはずだ。

■銃撃の現実

銃撃された男性がエマージェンシールームに担ぎこまれた。かなり危険な状態だ。この男性はカージャックされた後、車から引きずり出され何度も撃たれたようだ。救急車では間に合わないと判断した救急隊員はヘリコプターの出動を要請した。

体の右側面に残された射入孔の様子を見れば近接射で撃たれたことは明らかだった。このほかに左側面、背中に複数の射入孔を確認した。X線撮影の後直ちに開腹手術が施された。複数の盲管銃創（貫通していない銃創）、貫通銃創、そしてエキスパンションしたブレットが腹部に留まっているのが確認された。

腹部大静脈の損傷、胃、胃の左後に位置する脾臓、大腸にブレットによる穿孔を確認。肝臓は放射状に大きく切断されていた。これはハローポイントブレットのエキスパンションによるものだ。血液循環を確保するため肝臓から右心房に血液が流れるよう開胸手術をおこなった。最新の医療技術を駆使した2時間あまりに及ぶオペは徒労に終わった。結局男性は死亡してしまった。マルチプルヒット（複数銃撃）による失血が酷く、死因は失血死だった。

男性の体からブレットが摘出された。摘出にあっては一切の金属器具が使えなかった。銃の

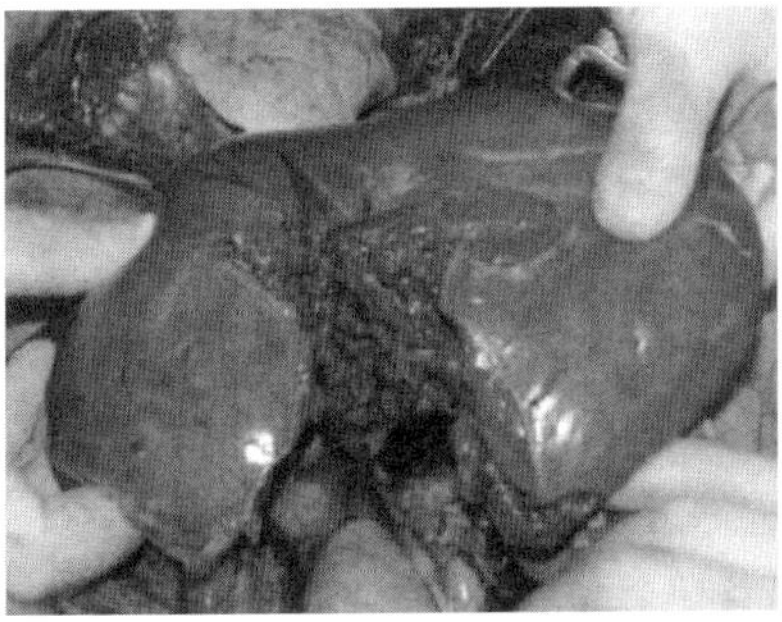

■せん断された肝臓。筋肉と違い肝臓のような弾力性の乏しい臓器は瞬間空洞の影響をまともに受けやすい

種類を特定するマーキングを損なわないためだ。ブレットはウィンチェスター社の9㎜ジャケッティドハローポイントで、エキスパンションによって肝臓や脾臓、腎臓のような弾力の乏しい組織を絶望的に破壊していた。

■四肢銃撃の現実

四肢銃撃は《軽傷》扱いされることが多い。これはアクションドラマの影響だと考えられる。介抱する方も撃たれた本人もなぜか四肢でよかったと胸をなでおろす。現実の世界では、いつまでも出血が止まらずやがて出血性ショックのような状態になり失血死する。

四肢を撃たれると射入孔からとんでもなく離れた場所からブレットが摘出されることがある。この状態を表したのが次ページ左、脚部のイラストだ。侵入時にエネルギーのほとんどを使い果たしたブレットは大腿骨に阻まれこれに沿って進むことになる。これは小口径フルメタルジャケットでよく起きる現象だ

脚部では大腿動脈を損傷すると止血はほぼ不可能となる。特に足の付け根に近い箇所を負傷するとゴムチューブで縛ることすらできない。リドリー・スコット監督の「ブラックホークダウン」の後半シーンで、足を撃たれた兵士はちょうどこのあたりを撃たれた。衛生兵は傷口に指を突っ込み、動脈を引っ張り出しクランプで止血処理を施そうとした――が無駄であった。傷口から見えた白いゴムチューブの正体が大腿動脈だ。

上肢、腕でも同じ状態になる。腕の場合、アクションドラマでは上腕や肩を撃たれるシチュエーションが多い。しかし現実の世界では右イラストAのあたり鎖骨の付近を銃撃されると深刻な事態を招くことになる。ブレットと衝突した鎖骨が砕け散り鎖骨下動脈を損傷することになるからだ。大腿動脈と同様にこの部分の止血は難しい。ある映画の1シーン。大口径リボル

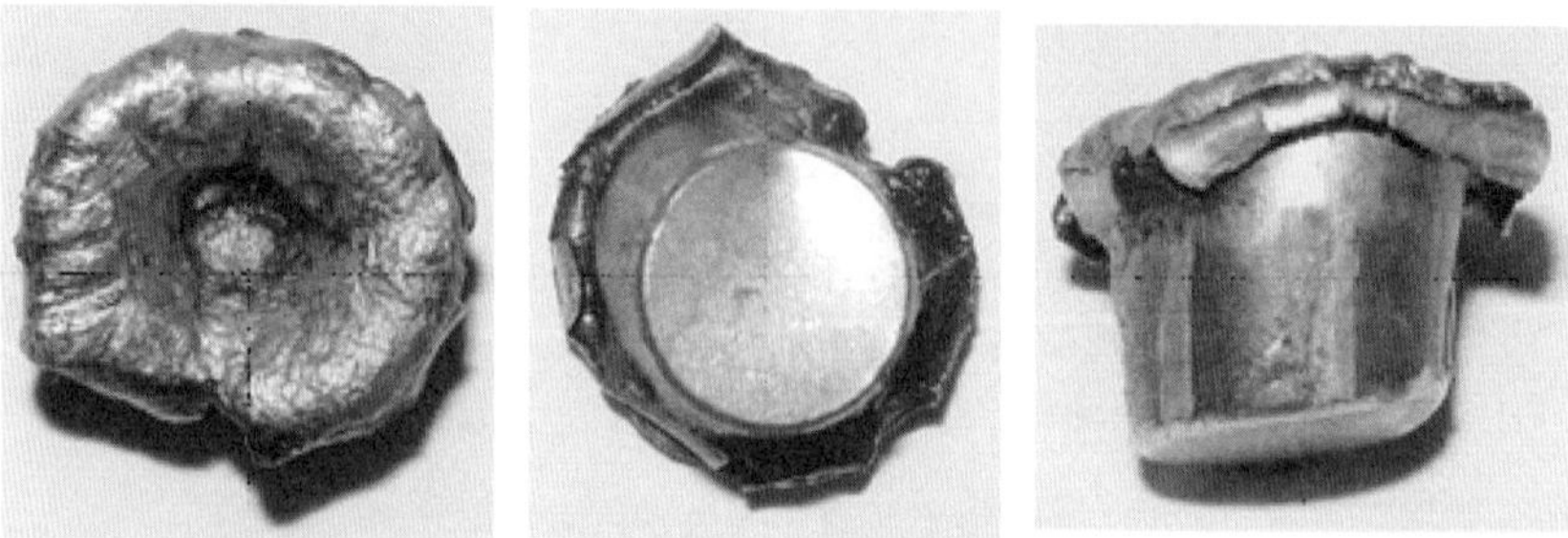

■摘出されたハローポイントブレット――血液、組織がこびりついている

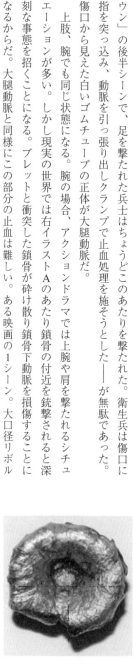

バーで腕を2回撃たれた主人公がその後大活躍をするわけだが、現実に照らすと無事を祈らずにはいられなかった。

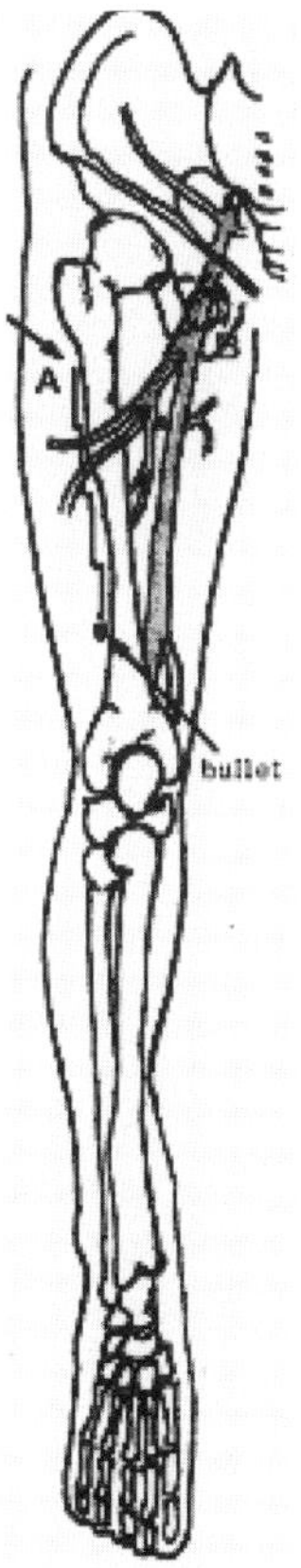

《下肢銃撃》
Aが射入孔。ブレットはひざから抽出さえた

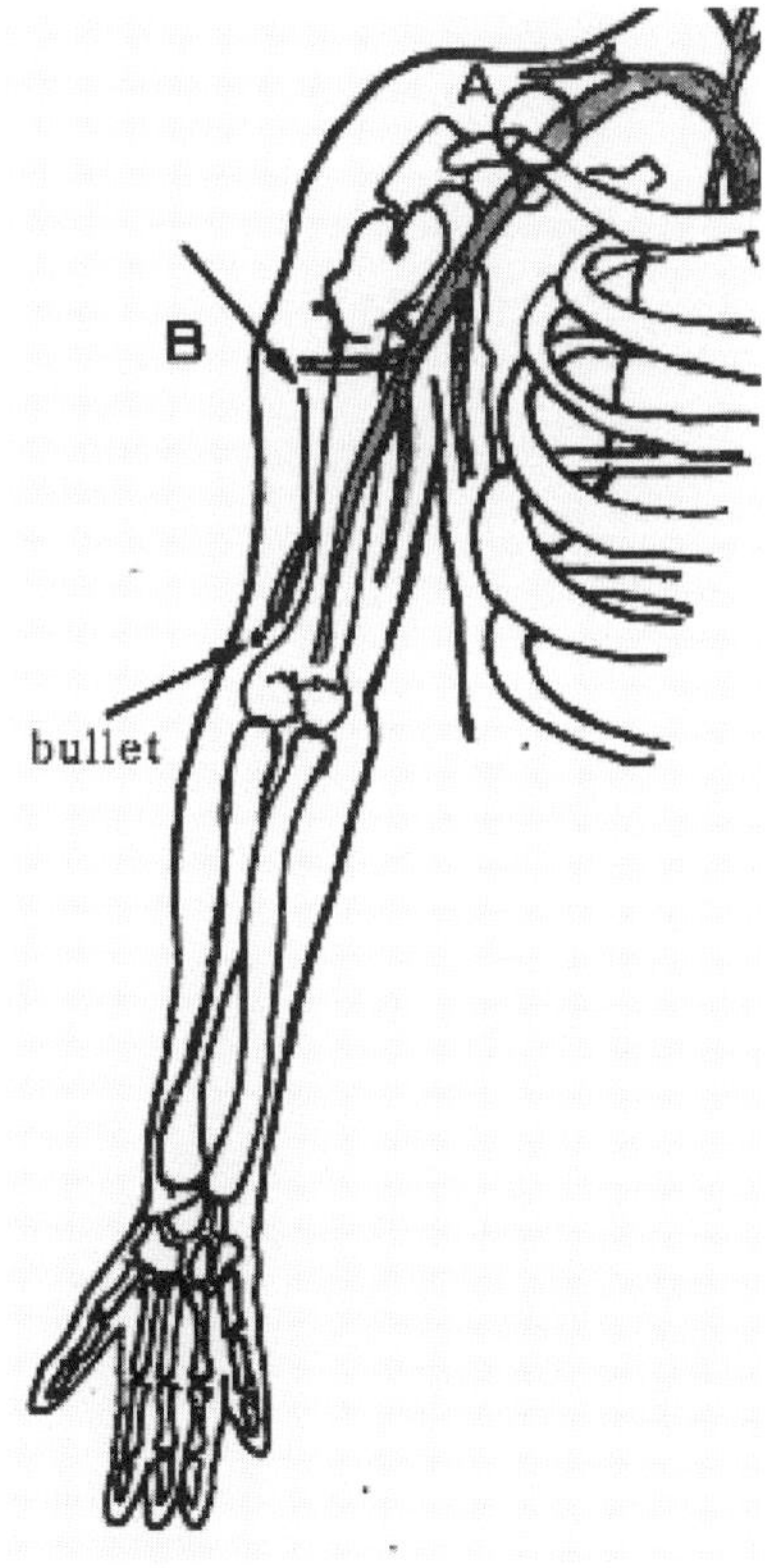

《上肢銃撃》
Aの位置では止血は不可能。B～太腿骨と同じ現象は上腕骨でも起きうる

8章

爆弾と爆発物

爆弾という凶器

■爆発とは

《爆発》とは実に便利な言い回しだ。粉塵、気体、火薬も爆薬もドカンと大きな音を立てれば（時には火炎を伴うような化学反応を起こせば）、《爆発した》ということになる。爆発と似たような言い回しで爆破というのがあるが、これは爆薬が何かの対象に対して破壊的効果をうかがわせた時だけに使うべき表現だ。爆発するものには四つある。

・粉体
・気体
・火薬
・爆薬

1）粉体

坑内に溜まった粉塵が爆発することは炭鉱災害の主原因として知られている。これは炭塵爆発と呼ばれ、かつての日本でも炭鉱産業が華やかなりし頃は頻繁に起きていた。中国などの大規模な炭鉱では大きな災害が年に数件報告され、数百人単位で死者が出ている。２００５年12月にもアメリカのウェストバージニア州で13人が死亡する炭鉱災害が発生したが原因はこの炭塵爆発だった。粉塵ならば砂糖でも小麦粉でも爆発する。この意味からすればアルミニウムの粉末が最も恐ろしい。粉塵の大きさは微粉末であればあるほど爆発の危険性が高くなる。

■ ガス爆発の再現実験。火球が周囲の酸素をゼロにする——これを兵器に転用したのが燃料気化爆弾（FAE）だ

でんぷんを多く含む小麦粉は炭水化物である。砂糖、水あめ、ゼラチン、香料にコーンスターチを混ぜ合わせて作る菓子、マシュマロがよく燃えることは知られている。これは炭水化物である砂糖とスターチが燃えやすいからだ。小麦粉や砂糖は微粉末であれば炭塵と同じように粉塵爆発を起こす。砂糖、小麦粉、おがくず、アルミニウムの種類に限らず微粉末が1立方cmに50g存在すればスパークなどで着火、爆発する恐れがある。

2）気体

ここでいう気体とは爆発性ガスのことを意味し、最も身近なものでいえば都市ガス（天然ガス）がこれにあたる。一世代前のガス、石炭ガスが使われていた時代にはガス自殺が流行した。別に爆死していたわけではなく中毒死をしていた――つまり一酸化炭素中毒だ。石炭ガスには多量の一酸化炭素が含まれている（2章「一酸化炭素中毒死」参照）。一昔前には石炭ガスと勘違いした自殺者がなかなか死ねないことに業を煮やし、ついには自殺意志も失せたところ、気分転換にタバコを一服しようとしてドカン！　というコメディめいた話がいくつもあった。都市ガスに切り替わり一酸化炭素中毒死をおこす危険性がなくなった代わりに爆発する可能性が増えたということだ。ガソリンが気化し、それに何かの火が引火して爆発するのもこの部類に入れられる。

3）火薬

火薬というと花火用の黒色火薬（打ち上げ用途）、ブレットを発射する無煙火薬、そして玩具用の火薬（玩具花火）が思い浮かぶ。手製のお粗末な即席発火物に用いられているのが玩具用花火の火薬だ。お粗末とはいえ殺傷力は十分だ。この殺傷力は火薬本来の力、いわゆる爆発に由来するものではなく火薬をつめたビン、缶、パイプなどの容器の飛散によるものだ。火薬

■2004年9月オハイオ州、口にM100クラッカー（産業用爆薬の一種）を咥え着火――右手にはライターが握られていた。この写真の背景については諸説あり、一説によれば彼は教師で子供らに喫煙の恐ろしさを教えようとしてタバコ代わりにクラッカーに火をつけたところ導火線の燃焼スピードが速く投げ捨てる間もなく爆発した――らしい

の爆発で飛散した破片の速度は少なく見積もっても数百ｍ／ｓｅｃはありブレットの発射速度に等しい。容器は頑丈で、その密閉度合いが強ければ強いほど破片の飛散エネルギーは増す。数年前魔法瓶を使った手製爆弾をＲＶの助手席に乗せ上京してきた男性が半身を吹き飛ばすという事件があった。

4）爆薬

右記三つの爆発はこれから説明する爆薬の爆発とはまったくの別物だ。火薬の反応は正確には《爆燃》といい、爆発的な勢いで燃焼した状態でしかない。一方爆薬の反応は《爆轟》と呼ばれ必ずそこには数千度の高温と衝撃波がともなう。火薬を充填した容器が飛散するのは爆燃で生じたガス圧が逃げ場を失った結果容器を壊したに過ぎない。爆燃速度が数百ｍ／ｓｅｃなのに対して爆轟速度は３０００〜８０００ｍ／ｓｅｃとゼロが一桁違う。威力の違いは歴然だ。爆薬を鋼鉄製の容器にいれて爆轟させるとどうなるか――手榴弾をイメージすればよい。手榴弾の中にある炸薬は爆薬である。爆轟によって鋼製の外殻が衝撃波によって散り散りに吹き飛ぶ。ここに爆薬の代わりに火薬をつめたらどうなるか。外殻の抵抗の方が勝っているので発生ガスの多くはキャップなどの弱い部分から逃げてしまうか、外殻にヒビを生じさせる程度にしかならない。

わが国では小包に代表されるパッケージ状の物体がドカンと爆発すればすべて爆弾という呼称になってしまうようだが《爆弾騒ぎ》のほとんどは爆薬ではなく火薬が使われている。もし前掲の魔法瓶爆弾の中味が爆薬であったとしたらＲＶのボディー全体がひしゃげ、ガラスなどの飛散物で多くの負傷者が出たはずだ。２００３年アメリカで首輪爆弾を仕掛けられた男性が衆人環視の中爆死したが、装置を構成していた部品がほとんど回収できたこと、男性は即死ではなかったところを見ると火薬が使われた可能性が高い。

■火薬を甘く見た代償

火薬は怖くない？　これは間違いなくテレビや映画の影響だ。《爆発》というと、顔が真っ黒になって髪の毛がチリチリになる、炎が出て人がトランポリンで跳ね上がったように飛び上がる、ではないだろうか。断言する――こんなことは絶対にありえない。廃業した砕石場跡地などでおこなわれるアクションシーンの撮影。バイクや車が仕掛けられた爆薬（？）の脇をすり抜ける瞬間にドカンという効果音とともに粉塵、黒煙そして炎が上がる。粉塵の正体はセメント、真っ黒い煙はガソリンだ。もしこれが本物の爆薬であったとすると炎はほとんど確認できない。その代わりに高温と衝撃波、破砕した岩石でズタボロになったスタントマンの残骸が散らばる。

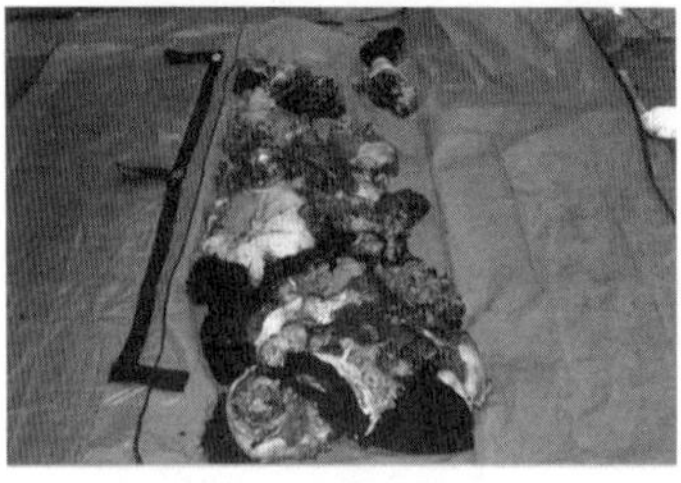

■手製のパイプ爆弾を誤って爆発させてしまった――掻き集められた遺体

カラーボマー　首輪爆弾事件

■ピザデリバリーマン

2003年8月23日、ペンシルベニア州イーリーの銀行での出来事。一人の小柄な男が窓口の女性行員にメモを渡した。数分後、札束を受け取った男は駐車場に停めてあった車に乗り込んだところで警官らに包囲された。犯人の名前はブライアン・ウェルズ、職業はピザデリバリーマン。手錠をかけられたブライアンは奇妙なことを口にした——今から1時間前に届け出先で男たちに拉致され銀行強盗をするよう指示された、と。警官たちは半信半疑であったが、実のところ彼がしている首輪のようなものが気になってしようがなかった。これは爆弾です——ブライアンは首輪を指差した。

警官は、とりあえず手錠をかけたブライアンを車から降ろし、爆弾処理班が到着するまで路上に座らせた。ブライアンの怯えようは尋常ではなかった。

「もうすぐ爆発する。首輪を外してくれ！　時間がないんだ！」

強盗を強要した男たちはブライアンに数ページに渡る手書きの指示書を渡していた。そこには銀行強盗の手順、逃走経路などが書かれており、最後に首尾よく行った際に首輪を外すキーのありかを教えるというものだった。

〝無理に外そうとすると爆発する。指示通りに動けば最後に首輪の外し方の書かれたメモのありかを教える。今すぐ動け！　考えている余裕はない！　さもなければお前は死ぬ！〟

午後3時18分——警官に包囲されてから40分が経過。処理班が到着した4分後に爆弾が爆発した。白煙とともに首の辺りから血煙が上がる。ブライアンの親族によれば彼は即死ではなか

■カラーボム（首輪爆弾）が爆発直前の様子。首が千切れたと言われていたが、実際は胸部（肺と心臓）を損傷した

ったとのことだ。

■愉快犯、自作自演？

当初警察はもちろんメディアも46歳になるピザデリバリーマン、ブライアンを運の悪い犠牲者と見ていた。しかし真相が明らかになるに連れいくつかの疑問が浮上してきた。真犯人と思われる数人の男らは本当に代理銀行強盗をさせようとしたのか？　単なる愉快犯ではなかったのか。ちょうどこの頃、イーリーの地方局では「グレートキーハント」という参加者がキュー（指示）を探しながら賞金を獲得するというテレビプログラムが人気を博していた。今回の一件はそれを地で行くようなシナリオだった。

捜査は真犯人逮捕とは別にブライアンが自作自演した狂言強盗の可能性も視野に入れておこなわれた。ブライアンという男は母親とビデオを鑑賞することが唯一の楽しみという実に孤独な男であった。ピザ店の店長も身内も彼については多くを語りたがらなかった。ただ構造は稚拙ではあるが今回の首輪爆弾のような機械工作物を組み上げるような才覚はないことだけははっきりしているようだ。

ブライアンは真犯人（？）から杖を改造した改造銃を持たされていた。首輪爆弾の構造（下写真参照）、なによりも起爆方法に関する詳細、本人が作動させたのか、時限式であったのか、無線式であったのか、キルスイッチがあったのか等についての情報は公開されていない。

狂言強盗説の中で共犯者の存在も考えられた。実は事件から数日後、ピザ店の同僚がドラッグのオーバードースで死亡しているのだ。この偶然とは別に真犯人として捜査線上に浮かんだのが事件当日ピザの届け出先であったＴＶ塔の近隣に住んでいる男だった。この男性は元高校の教師で自宅に作業所を有しいわゆる《何でも屋》のような仕事をしていた。この手の機械工

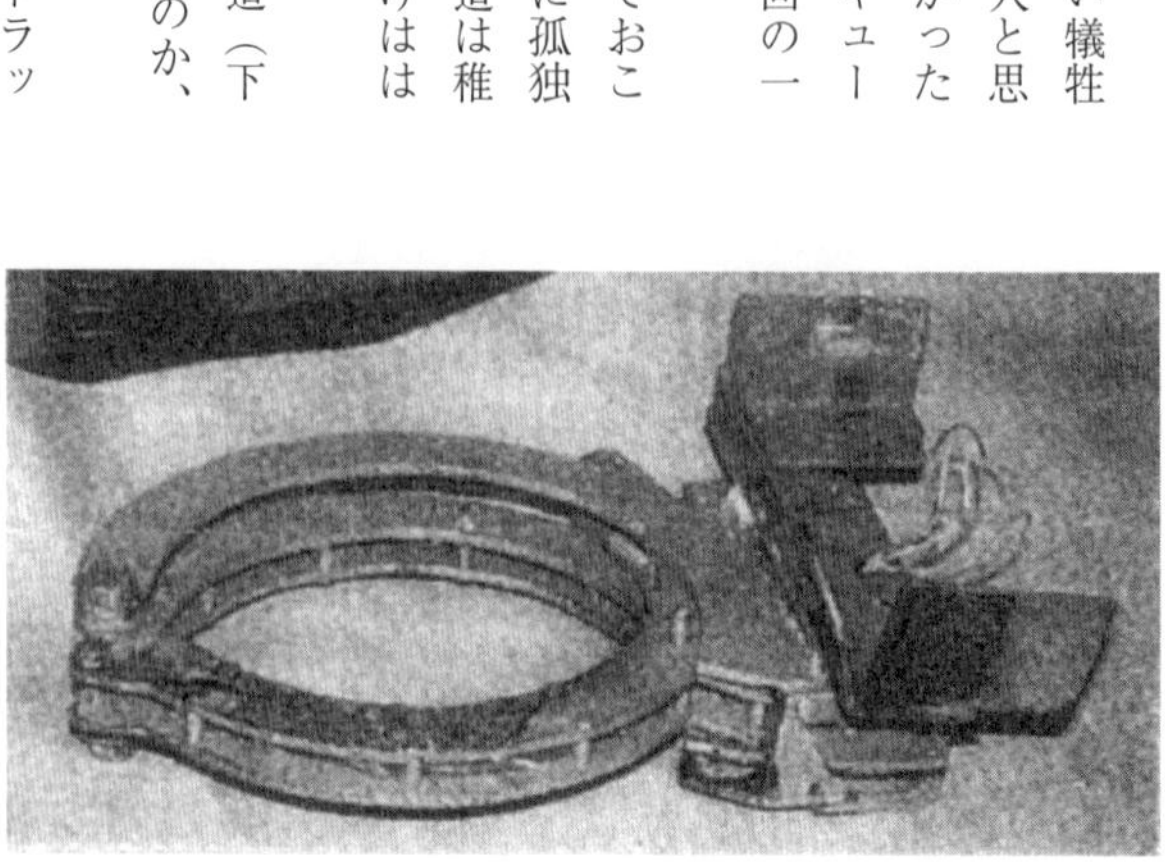

■手錠を模した構造のカラーボム

作には長けているに違いなかった。この男性は捜査中にガンで死亡してしまうのだが、事件とは別に女友達の犯した殺人を隠蔽しようと死体を自宅の冷凍庫に隠していたという驚くべき事実が発覚している。

事件から2年後の2005年8月、FBIはレイプの罪でワシントンに収監されている58歳の男が関与している可能性が高いと発表した。この男性は事件当時、前出の男性と一緒に住んでいたことがわかっている。

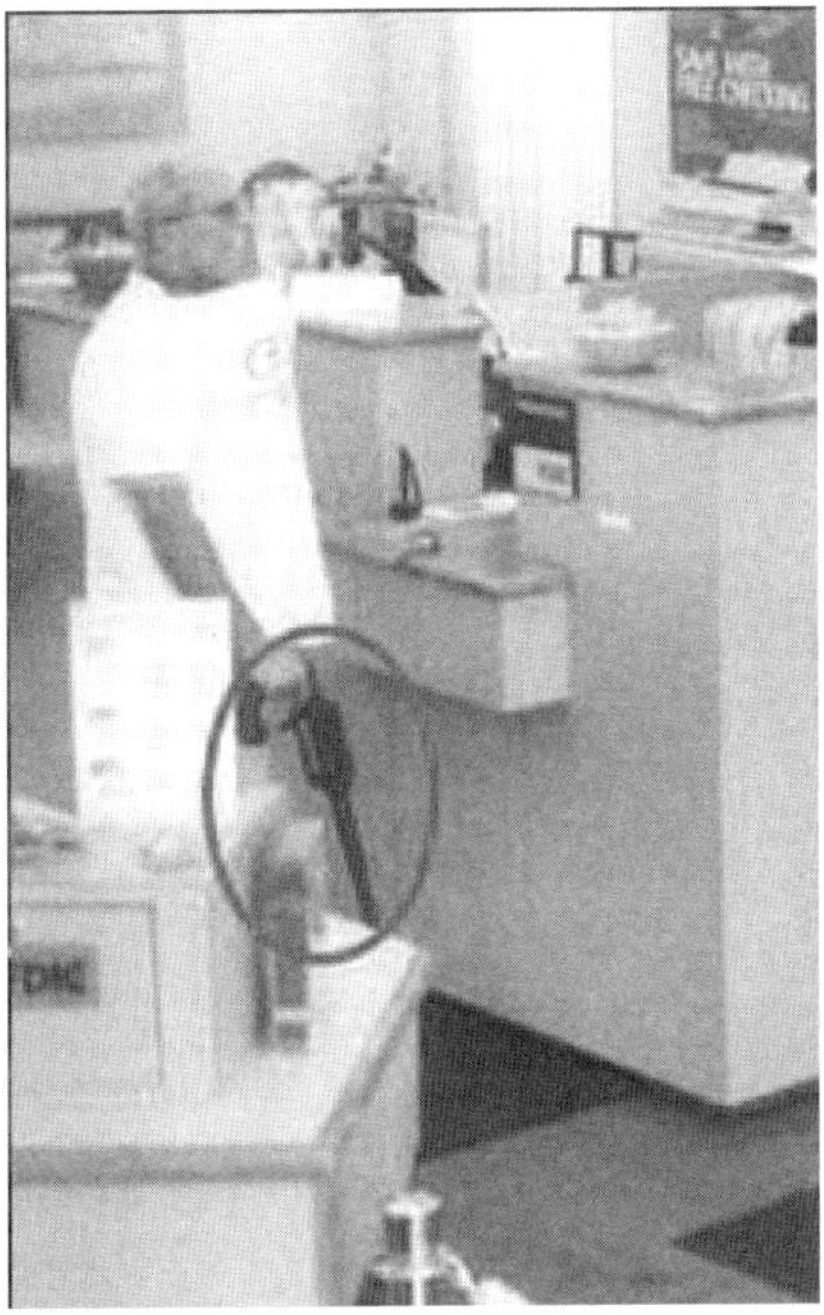

■防犯ビデオに映っていたブライアン。杖を模したハンドメイドガンとTシャツの前の異様な膨らみに注目

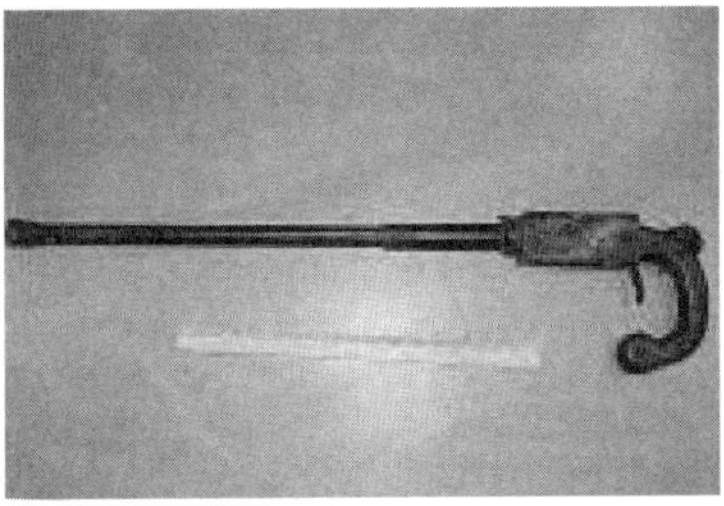

■ブライアンが持っていた杖を模した即席ガン。亜鉛合金パイプに木製のハンドルを取り付けた粗末なハンドメイドガン。実弾の発射は可能。12ゲージのショットガンシェルが装填されていた

C４爆薬

今から約20年前、ほとんどの人が《C４》という名称に馴染みがなかった。C４とはプラスティック爆薬のひとつで、総称はPBX——これは《プラスティック結合剤を用いた爆薬：可塑性爆薬》という意味だ。C４の正式名称はコンポジッション４（composition-4）である。近年、ハリウッド映画やフィクションの世界で頻繁に使われるようになりこの名称は知られるようになった。もちろんノンフィクションの世界では頻繁に使われている。ミリタリーユースがその代表的な用途だ。

C４は従来の爆薬に比べ取扱性（低感度・高い可塑性）に優れていることからテロリストも好んでこれを用いる（パレスチナのスーサイドボマーも使用している）。１９９６年にはサウジアラビアにある米軍の軍用施設が狙われ、２０００年８月にはイエメンのアデン港に停泊中の駆逐艦ＵＳＳコールがゴムボートを使った自爆テロ攻撃を受けた。後者のテロではクルー４名が死亡、12名が行方不明、36人以上が負傷した（下段写真参照）。

■C４爆薬　コンポーネント

C４は配合されているプラスティック結合剤によって１）爆薬の感度（対熱、対摩擦、対衝撃）が劇的に下がり、２）高い可塑性によって自在にかたちを変えられる、ようになった。高い可塑性とは成形性に富んでいるということだ。これは隠匿携帯性の向上にも繋がる。

主成分である爆薬は爆速８０００ｍ／ｓｅｃを誇るＲＤＸ。ＲＤＸには、その名が示すとおり《リサーチ&デベロップメント（研究開発）の末に産まれたＸ（explosives：爆薬）》という

■搭載したミサイルが誘爆を起こし惨事に繋がった

■ブロックで支給されそのままでも使えるが、用途によっては捏ねて使用することもできる。感触はまさにモデリングクレイだ

意味が込められている。２００１年12月にはＣ４を靴に仕込み民間機に乗り込もうとした男が逮捕されるという事件が起きたが、現在テロ防止策として特殊な添加剤が混入されており、航空機への持ち込みは事実上不可能となっている。

ダイナマイトを除く他の爆薬同様、Ｃ４も起爆感度が低いので火にくべてもゆっくりと燃えるだけだ。事実ヴェトナム戦争では即席燃料として使われていたほどだ。もちろんアクション映画で見かけるような銃撃起爆などもありえず、爆轟に導くには雷管による起爆（デトネーション）が不可欠だ。

Ｃ４の威力

Ｃ４が５００ｇあれば周囲にいる人間数名を殺傷することができるといわれている。もちろんただ爆破させればよいというのではない。爆薬にはそれを使うだけのセンスとノウハウが求められる。数kgの爆薬を身につけたスーサイドボマーが自分だけを吹き飛ばすに終わったというケースは山ほどある。米軍が支給するＣ４ブロック／Ｍ１１２は５００ｇでトラック１台を完全に破壊する力を秘めている。使い方次第でさらなる破壊効果が得られるはずだ。重量構造物に使われている20㎝角の鋼材を完全に爆ぜちぎるには４～５kgは必要だ。Ｃ４は空港の滑走路やインフラへのサボタージュ、グレネード用の爆薬などさまざまな用途に使われている。

爆薬探知技術

スーサイドボマーや手荷物への隠匿による爆弾テロを防ぐためにさまざまな探知技術が編み出されている。そのひとつが中性子探知法だ。爆薬の多くは組成上、硝酸エステルやニトロ基

■安全な爆薬——30—06口径のライフルブレットにも反応せず、燃焼もただ燃え尽きるだけだ。爆轟（デトネーション）は爆轟（デトネーション）によってのみ得られるものなのだ

などの窒素化合物を多量に含んでおり、中性子に反応しやすい。中性子探知法はこの特性を利用したものでＸ線探知のように中性子を照射し爆薬を探知する。

爆薬は揮発性が高く、これが蒸気（におい）となって発散される。この蒸気は近年製造時に添加が義務付けられた爆薬探知剤ＤＭＮＢから発せられるものだ。特にＣ４に代表されるプラスティック爆薬は、主成分であるＲＤＸの揮発性が低かったので探知剤の配合が国際条約で義務づけられた。

爆薬はμｍ単位の微粒子となって物体の表面に容易に付着する。この微粒子は簡単に除去できるものではなく爆薬を扱った手で手荷物や航空機の搭乗券に触れれば必ず付着する。したがって搭乗ゲートで中性子探知、蒸気圧探知にかければ探知は可能である。このほかに爆薬の高極性を利用したイオン探知法やルミノール発光法がある。爆薬探知犬に代表される犬の嗅覚もあなどれない。

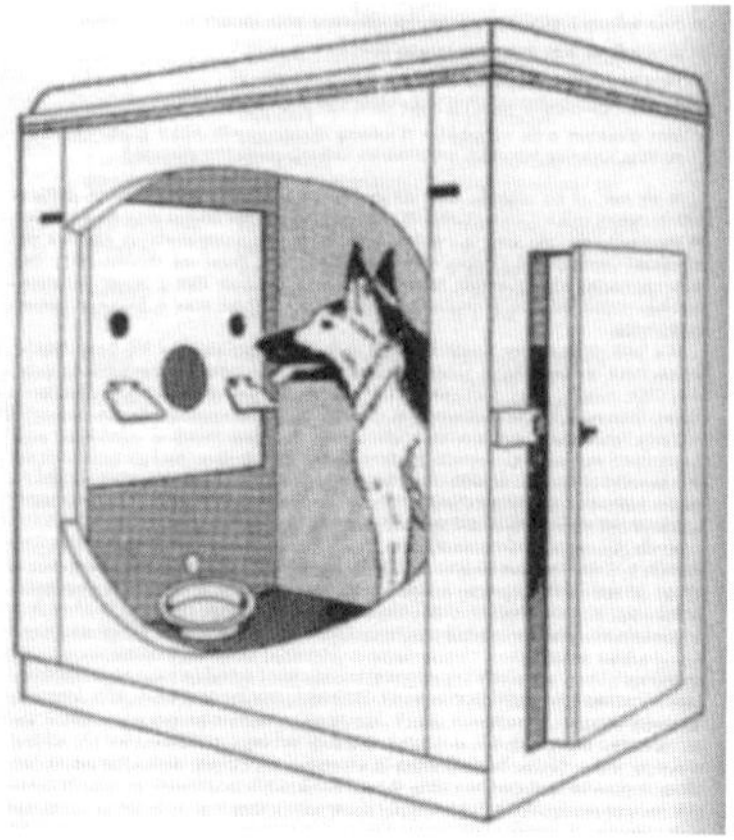

■爆薬探知犬の訓練の様子。当然犬は爆薬が何たるものかを知らない。ただ褒美が欲しいだけけだ

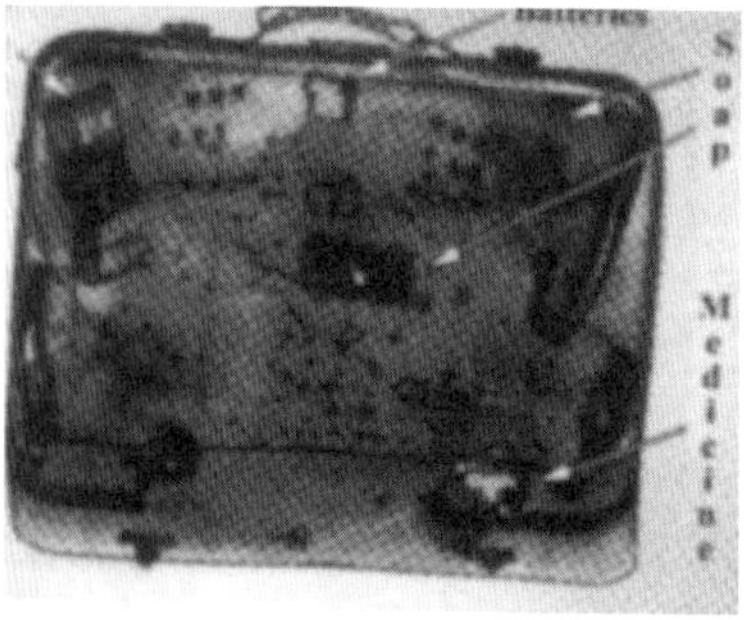

■Xレイモニターの映像。上から電池、石鹸、薬

■Mother of C4――CIAが開発した小麦粉爆薬：配合比率はRDX80％、小麦粉20％。通常は粉状だが爆薬：水を4：1の比率で混ぜ合わせることで可塑性爆薬として機能する。石膏やイースト菌などを加えることで粘土やパン、クッキー（！）にもなる。ただし食用にあらず。焼きあがった《爆薬菓子》は再度水を加え捏ねることで爆薬として再生する

ＩＥＤ攻撃と自爆テロ

現在、火薬が戦場でweaponとして使われるのは銃弾や砲弾の発射、推進目的だけであって破壊の目的には使われない。火薬の力は制御可能だ。だからこそ決められた一定方向に物体を推進させることができるのだ。一方、爆薬は放射状に拡散する衝撃波があまりに強大すぎて、制御不可能だ。狙ったものだけを破壊する空爆をピンポイント爆撃と呼ぶが、市街地などでは到底ありえない話だということがわかる。

■イラク戦争とＩＥＤ

２００３年3月から２００５年12月の時点でイラク戦争における米兵の死者数は２１００名を超えた。このうち約７００名はＩＥＤ攻撃で死亡したと伝えられている。ＩＥＤとはimprovised explosives deviceのことで直訳すれば《即席爆弾》ということになる。広義には後述のブービートラップ（仕掛け爆弾）と同じだが、米軍では爆弾となる部分に軍が放出した、もしくは盗まれた、または廃棄し忘れた兵器、特に砲弾の類などの流出兵器が転用された場合をＩＥＤと定義している。このほか兵器本来の目的とは違った使われ方をすればすべてＩＥＤとする説もある。

未使用の砲弾があってもそれを発射するための装置、戦車や砲がなければそのまま廃棄されるのが普通であるが、これを別の目的で再利用するというのがＩＥＤの基本発想だ。ＩＥＤは、流出兵器とそれを起爆させる装置の二つだけで構成されている。イラクでは圧倒的に砲弾が使われている。殺傷力の大きい砲弾の転用によって車両編隊への攻撃が可能になった。

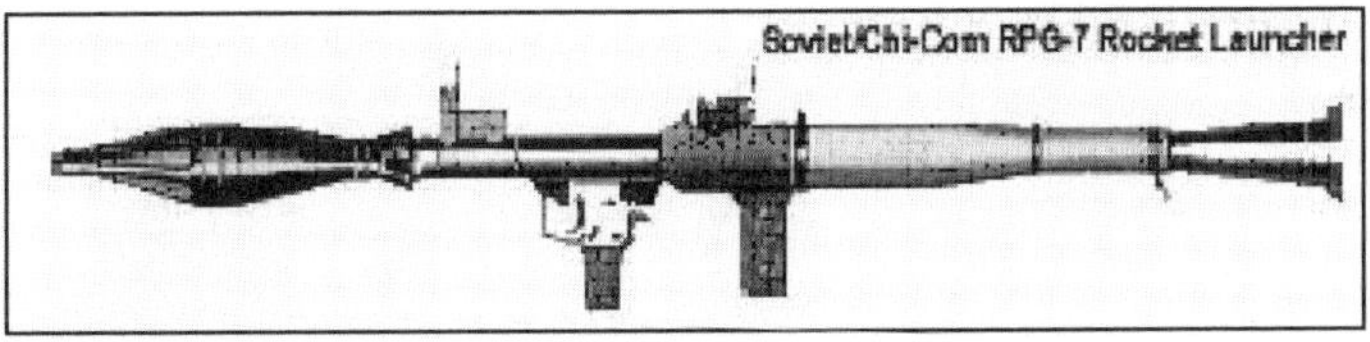

■RPG7（携帯式ロケット推進榴弾）：砲弾の部分がIEDに使われる
RPGとはロシア語でRuchnoi Protivotankovye Granatamyotの頭文字をとったものだ

■イラクという国

イラクは地雷大国で知られている。なぜならばすでに推定1000万個の地雷（対人800万個、対戦車200万個）が敷設されており、同時にこの国そのものが地雷の製造国、輸出国だからである。地雷敷設は半世紀前から始まっていた。1960年代後半からイラク政府は自治独立を要求するイラク北部のクルド人勢力を抑圧する目的で地雷を用いてきた。また1980年から1988年まで続いた隣国イランとの戦争（イラン・イラク戦争）によって両国は互いが主張する国境の警備に大量の地雷を敷設した。湾岸戦争（1990〜1991年）では米軍を初めとする多国籍軍は過去に仕掛けられた地雷やブービートラップに悩まされ続けた。イラク人がIED技術に秀でているのはこうした過去に培ったノウハウによるもので、当然、フセイン政権崩壊後の反米武装勢力にも受け継がれていった。

■史上最悪の兵器　対人地雷

戦争終結後も敵味方の区別なく人を殺傷し続ける兵器が地雷（mine）だ。中でも対人地雷（Anti-personnel mine）には随所に《悪魔の意匠》が凝らされている。敵にその存在を気づかれてはならないことから地雷は隠したり、埋めたりして使われる。一般的なプレッシャー型対人地雷ならば地面から数cmのところに埋めれば十分だ。地雷上部にある圧力プレートに5〜16kgの負荷がかかれば爆発する。子供も犠牲になるのはこの感度のせいだ。対戦車（Anti-tank）地雷ではこのようなことはまず起きない。

地雷を踏むと例外なく下肢が吹き飛ぶ。命に別状がないのが特徴だ。もちろん直ちに適切な

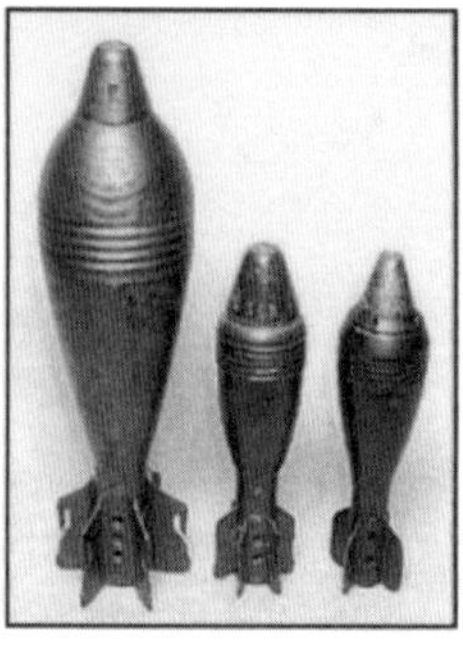

■榴弾：榴弾とは砲弾の一種でIEDのほとんどはこのような廃棄砲弾によって作られている。同じ榴弾でも殺傷力は手榴弾の比ではない。写真はロシア製迫撃砲弾

■手榴弾：ヴェトナム戦争ではワイヤーと安全ピンを繋ぎブービートラップとして盛んに使われた。ブービートラップのターゲットは人間の場合が多いがIEDは編成を組んだ軍用車両を想定している

医療処置を受けなければ失血や感染症で命を落とすことになる。地雷の本来の目的は兵士の士気をくじくことの他に《進軍する敵部隊を一次撤退、退却させること》にある。極端な話をすれば死んだ兵士は放って置けばよいが負傷者は見殺しにはできない。

一度に多くの犠牲者を出すようデザインされた地雷もある。ワイヤー連動タイプ型では指向性地雷クレイモア（claymore）が有名だ。敵が接近したら遠隔からワイヤー操作で起爆させ、内蔵されたボールベアリングをC４爆薬で扇状に撒き散らすといったものだ。プレッシャー型が負傷目的の地雷ならば、これは完全殺傷型の地雷だ。

■地雷に関する数字

世界の兵器庫には３５０種に及ぶ様々なタイプの地雷が2億5千万個もストックされ、毎年２５０万個が新たに製造されている。地雷によって軍、民間を問わず１９７５年以来１００万人が殺傷された。1年間に2万６０００人が地雷の被害に遭っている（日に70名近い計算になる）。種類によっては3ドルという低コストで製造可能だが地雷除去にかかる費用は1個につき１０００ドル。ヴェトナム戦争に従軍したアメリカ兵の33％が地雷によって命を落とした。

■3つのIED

フセイン政権が崩壊した２００3年5月以降、米軍に対する武装勢力（いわゆる民兵）の攻撃の60％はIED攻撃だといわれている。武装勢力を支援する中東の反米ウェブサイトではIED攻撃の模様を公開している。撮影された映像はすべてズーム撮影で、米軍車両が通過、爆破するまでの様子が収められている。その中の一つには明らかに流出砲弾が使われていた。ス

■クレイモアは弧を描いておりフロント面を敵に向けるようになっている

■砂漠から《触角》を除かせるポップアップ型対人地雷

ピードを上げて通過する車両の側面がピンポイントで狙われた。起爆のタイミングが正確なことから無線式起爆装置が使われているに違いない。イラクの道路はよく整備されており国道は4~6車線確保されている。オーバーパス、アンダーパスなども多くＩＥＤを仕掛ける側にとっては好都合だ。ＩＥＤは、道路脇、マンホールや交差地点などに仕掛けられ、偽装隠匿には動物の死骸までもが使われている。

ＩＥＤを構成する基本コンポーネントは流出兵器と起爆システムだ。ここに威力を増すための爆薬やカモフラージュ目的の容器などが加わる。ＩＥＤ製造にあたっての基本理念は、今ある、入手可能な兵器を本来の使い方とは違う方法で有効活用することにある。

ＩＥＤ製造者は常に最新の技術を取り入れ、発見されにくく、除去しにくいものを創るべく創意工夫を凝らしている。その代表ともいえるのが無線（遠隔）起爆装置の採用だ。

ＩＥＤは3つのタイプに分類できる。1）無線起爆式ＩＥＤ（Radio controlled Improvised explosives devise：ＲＣＩＥＤ）。無線機にはカースターター、ドアベル、携帯電話などが使われる。道路や建物に据え置かれるパッケージ型ＩＥＤがこれにあたる。2）車両搭載式ＩＥＤ（Vehicle borne Improvised explosives devise：ＶＢＩＥＤ）は自爆テロ、スーサイドボミングタイプとも呼ばれ、一度に大量の爆弾を積むことができる。3）犠牲者自身の動作に反応する受動式ＩＥＤ（Victim Operated Improvised explosives devise：ＶＯＩＥＤ）はブービートラップとコンセプトが一緒だが、砲弾のような大きな流出兵器が使われるので被害は大きなものとなる。

■榴弾とは

ＩＥＤには圧倒的に流出／廃棄砲弾が使われている。理由は殺傷力が大きいからに他ならない。砲弾には榴弾（High Explosives）と対戦車砲弾（ＨＥＡＴ弾）の2種類がある。

■三つのＩＥＤ

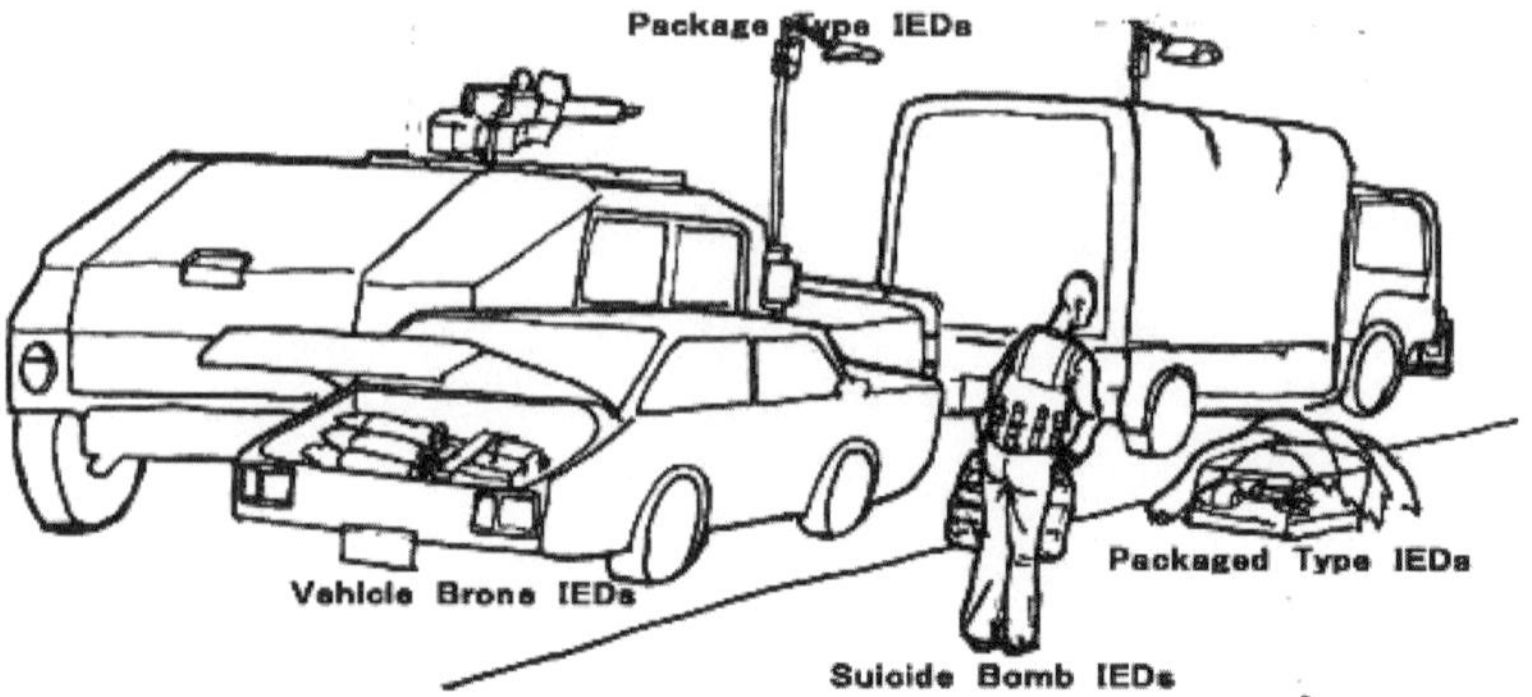

1）榴弾

一般に呼ばれる《爆弾》に最も近い榴弾は、信管が作動し炸薬が爆発すると金属製の外殻が10g程度の破片となり周囲にいる人間を殺傷するようデザインされている。人間を殺傷するには最低でも１９８ｍ／ｓｅｃの速度が必要といわれており、これは厚さ3㎝の松板を貫通する運動エネルギーに相当する。

殺傷力は榴弾の直径と炸薬の種類によって変化する。榴弾の直径が75㎜ならば半径25ｍ範囲内で、１０５㎜ならば半径25～35ｍ以内、１５５㎜で半径38～45ｍ以内で威力を発揮するといった具合だ。破片の発生状況だが75㎜榴弾は10ｇ以上の破片を平均で１２５個生じさせることができる。炸裂時の破片速度は１０００ｍ／ｓｅｃに達する。１５０㎜榴弾になると10ｇ以上の破片は約４６０個も生じ、この中には５００ｇ以上の破片も確認されている。

2）ＨＥＡＴ弾

ＨＥＡＴ（high explosives anti-tank）弾はＷＷⅡ中ドイツで開発された対戦車砲弾のことだ。戦車の装甲を撃ち抜く兵器に対戦車ライフルがあるが、通常の銃器同様ブレットを高速で衝突させる運動エネルギーを利用していることから装甲が一定以上厚くなればそこには限界が生じる。

ＨＥＡＴ弾は別名《自己鍛造弾（砲弾自らが弾丸を造り出す）》とも呼ばれている。ブレットのような飛翔体が装甲を破壊するのではなく、砲弾先端に仕込まれた漏斗状の金属ライナーを爆発エネルギーでブレット（ジェットスラッグ）に変え、それで装甲を射抜くというものだ（この現象はモンロー効果と呼ばれている）。ジェットスラッグの速度は１０００～３０００ｍ／ｓｅｃに達する。これはライフルブレットの速度の4倍であり、生み出す運動エネルギー

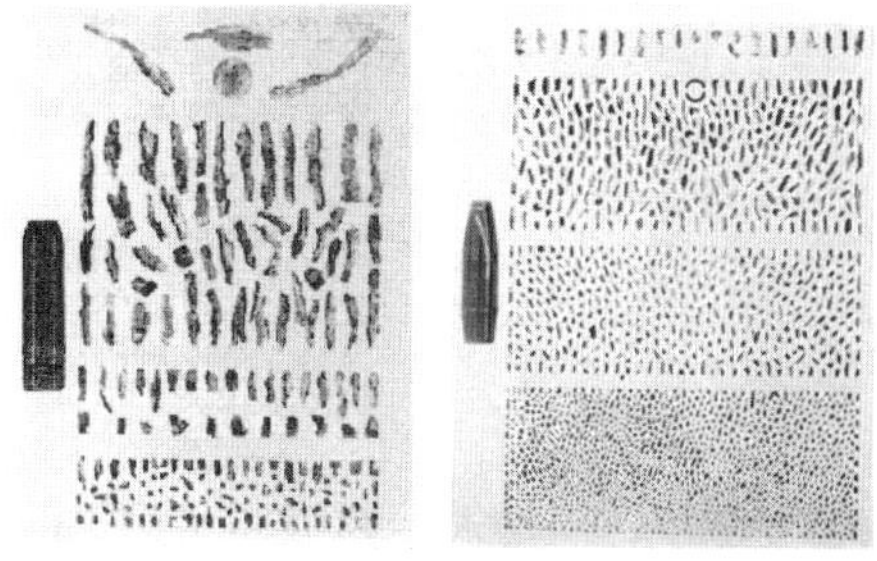

■回収された50mm（左）、105mm（右）榴弾の破片：これだけの破片が衝撃波とともに飛散する

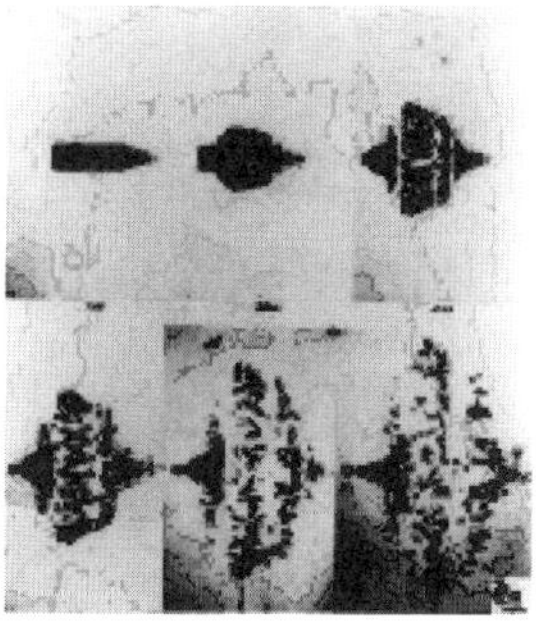

■時限信管によって中空で炸裂する榴弾　殺傷は炸薬が生み出す衝撃波と外殻の破片によっておこなわれる

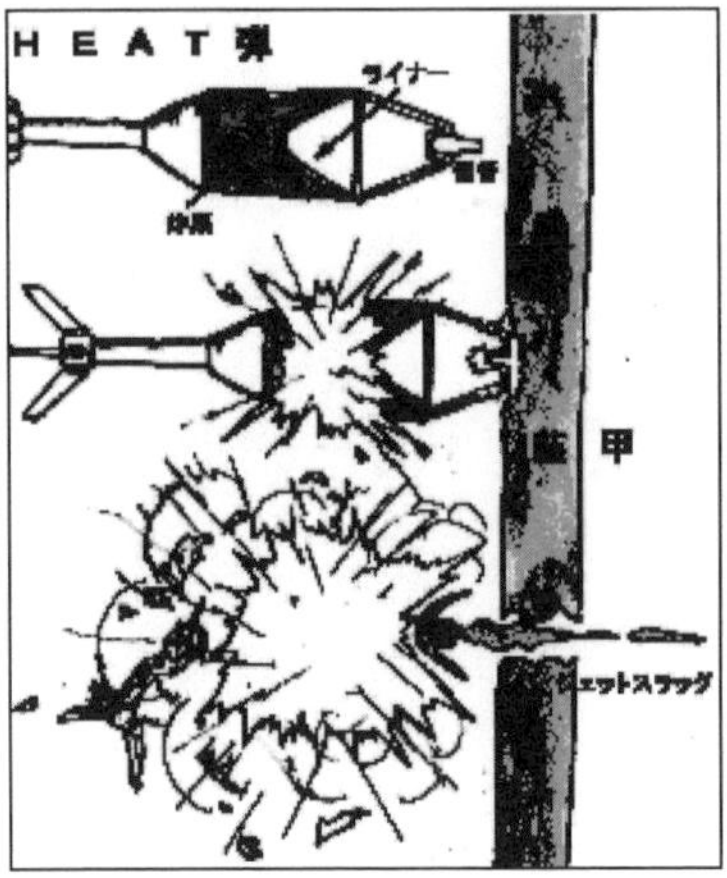

■最近になって信号機やポール、屋根などの高所に仕掛け、直下の車両を狙ったIEDが見つかった

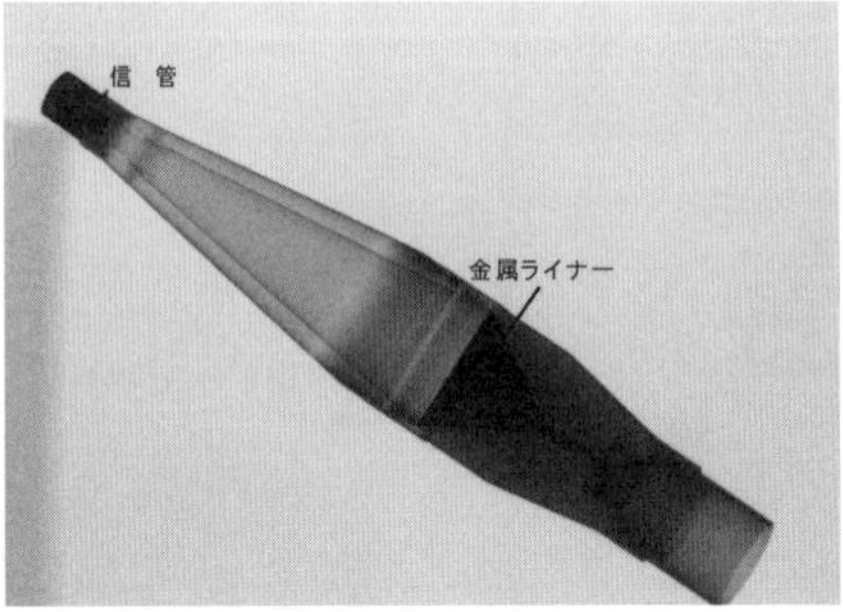

■RPG7の弾頭

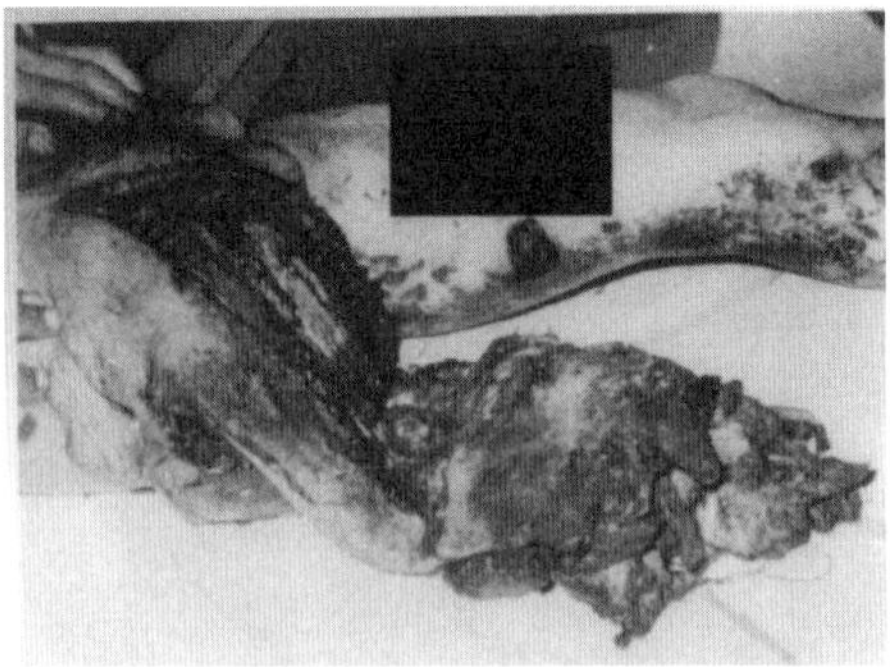

■榴弾の威力――数フィート先に着弾した105mm榴弾によって引きちぎれた下肢

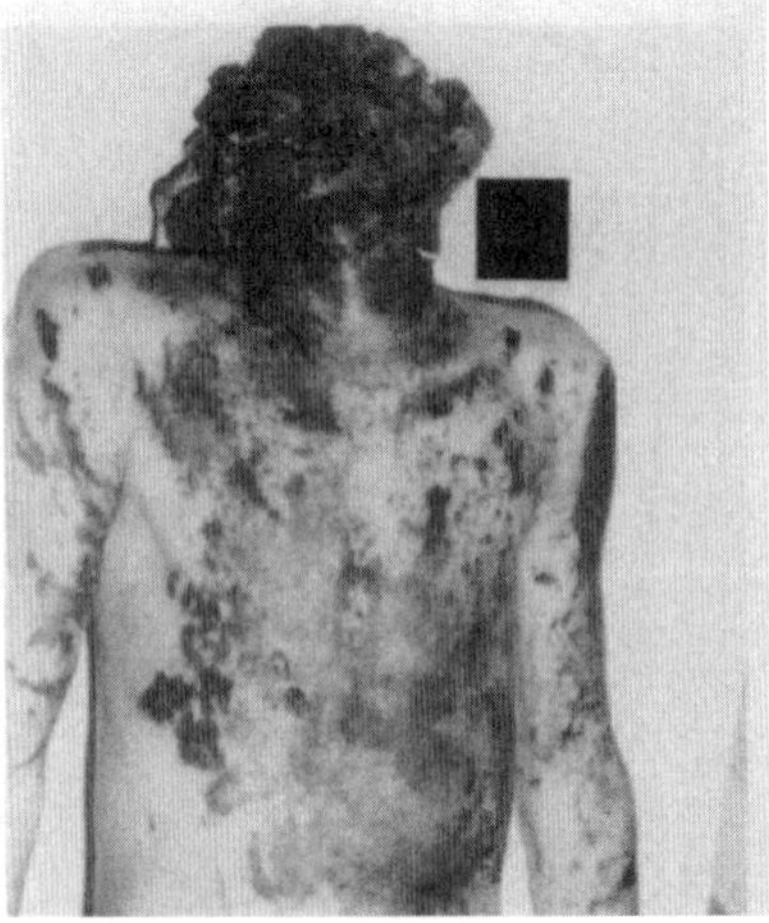

■HEAT弾の威力――HEAT弾の直撃を受けたアーマードヴィークル（装甲車）のクルー

は16倍にもなる。HEAT弾攻撃を受けると外見上は装甲に小さな孔が穿たれるだけだが、乗員らは全員ジェットスラッグによってズタズタにされている。

■車両搭載型IED（Vehicle Borne IED）

VBIEDは爆薬を車両に仕掛け乗員を殺害するという従来の自動車爆弾とはまったくの別物だ。VBIEDのコンセプトは自動車そのものを爆弾化させるというものだ。武装勢力はこれまでにロバに引かせる荷車、自動車、救急車、貨物トラックまでありとあらゆる車両を使ってきた。車体が大きければそれだけ大量の砲弾や爆薬の積載が可能となり、量に比例して被害も大きなものとなる。

放置車両に仕掛け遠隔起爆させるのではなく車ごと検問所などの建物に突っ込んだり、併走した物資輸送車の列を狙ったりすれば立派な自爆テロ、スーサイドボミングということになる。単独車両による攻撃よりも複数台によるものが増えている。1台は《おとり》で、検問や捜索を受けている最中に爆弾を満載した別の車両が特攻を企てるといったスタイルだ。

■パッケージ型IED

最も汎用性の高いIED。流出兵器を梱包、偽装した後に道路や建物に仕掛ける。起爆方式は無線、時限、受動タイプなどさまざま。物資輸送の車両や米軍車両を狙った場合、確実に目標を破壊していることから無線起爆が使われた可能性が高い。

後述の無線妨害技術によってIEDの90％近くは作動する前に発見、排除されている。米軍と武装勢力の間では新しい仕掛けと、それを見破る技術が《イタチごっこ》の様相を呈してい

■群集を殺害するために放置車両に仕掛けられた――VBIEDの典型

■要人暗殺用の自動車爆弾。VBIEDとの違いは乗員を殺傷することであって車両自体を爆弾化することではない

る。たとえば、これまでＩＥＤといえば地面や車両に仕掛けられるものだったが、最近になって高所、ポールや屋根などに仕掛けられたＩＥＤが発見された。いうまでもなく下を通る車両がターゲットでＨＥＡＴ弾が使われていた。

■ＩＥＤと妨害電波

ブービートラップとＩＥＤの違いに起爆方法が挙げられる。前者は犠牲者が手を触れるまで作動しないのに対して後者はターゲットが近づいたのを見極めてから何者かが起爆スイッチを入れている。しかもかなり離れた地点から。とにかく昔のように頃合を見はかりワイヤーを引いたり、ボタンを押すタイプはイラクでは廃れたようだ。

ＩＥＤの無線起爆装置には、単純なものでラジコンカーの送受信回路、ガレージの開閉カード、キーレスシステムが、複雑なもので携帯電話やコードレス電話などが使われている。遠隔起爆によって《仕掛け爆弾》はより厄介な存在になったことは事実だ。しかし弱点はある。電波を利用している以上、この方式は妨害電波の影響を受けやすい。この手の技術に長けているのが日常的に爆弾テロの危険にさらされているイスラエルだ。近年、こうした戦況に対抗するために大手無線会社ではジャミングシステムの研究開発に力を入れている。サンルーフタイプのほかに、人間が背負い込むことができるバックパックタイプやケースタイプのものもある。

実際、アメリカ軍の物資運搬車両は走行中に妨害電波発生装置（ジャマー）のスイッチを常にオンにしている。出力を上げれば上げるほど効果があるのだが、高出力によって携帯電話の電波も干渉を受け、イラク市民の生活に支障が出ている。

■ハンビーのルーフに搭載されたジャミングデバイス

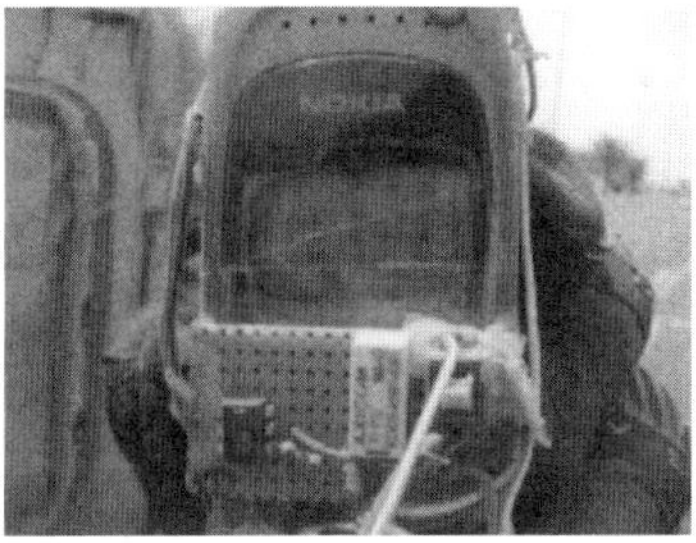

■携帯電話を起爆装置に転用（上）。砲弾に直付けされた携帯電話（右）。イラクではこの手のIEDによって自国民の多くが命を奪われている。犠牲者の8割は治安維持軍などの軍関係者を標的としたものだ

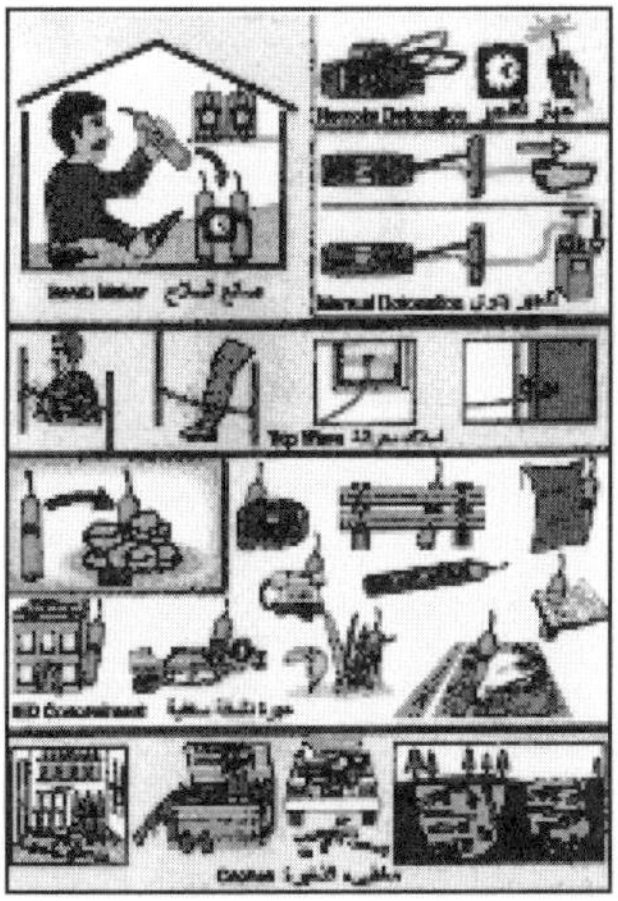

■英語とアラビア語で書かれたイラク渡航者向けのサバイバルテキスト

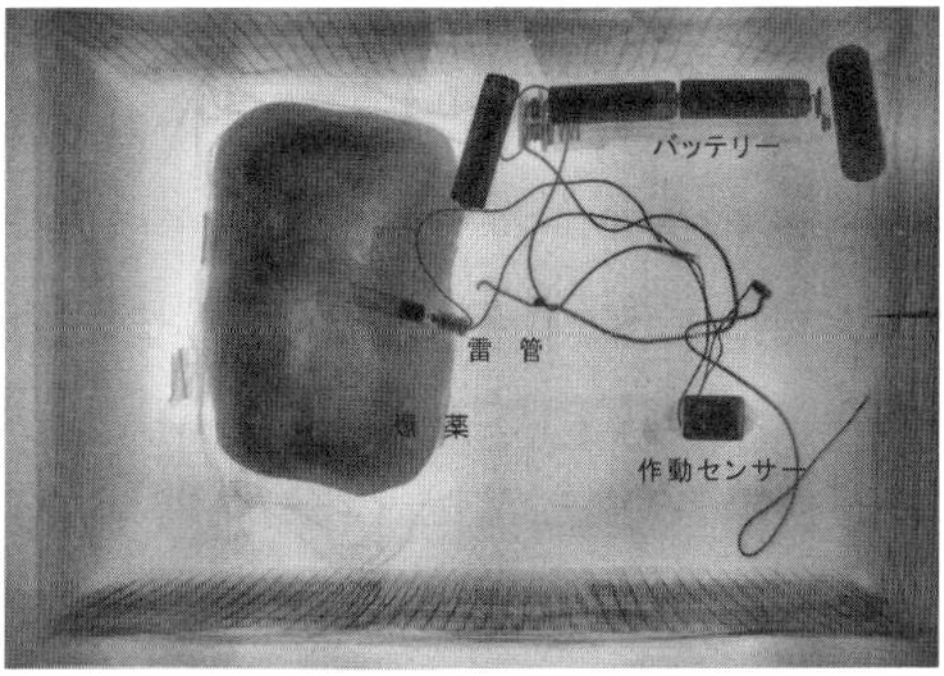

■最新のXレイシステムにより検知されたパッケージタイプのIED

ブービートラップ

元祖仕掛け爆弾。ブービートラップ（booby trap）の語源は《半開きのドアの上にものを挟み、そこを通った人の頭の上に落下させる》というイタズラのことだ。IEDのように車列を狙うような大規模なものではなく威力は1、2名を死傷させる程度で、起爆は踏む、動かす、触わる、持ち上げるといった犠牲者自身の動作によっておこなわれる。この意味からすれば、ばら撒いたら最後敵味方関係なく100年間は作動するといわれる対人地雷は《高性能ブービートラップ》ということになる。

ブービートラップの最大の目的は敵の戦意喪失と、負傷者を何名か出すことによって後退せざるを得なくなる状況を作り出すことにある。

ヴェトナム戦争ではヴェトコンの仕掛けたブービートラップで多くのアメリカ兵が負傷した。起爆方法は至って単純。人間の好奇心を利用すればよいのだ。例えば、戦利品を持ち帰る、珍しいものに触れたい、空き缶を蹴り飛ばす、など人間の心理を上手に突けば事足りる。このほか通路や道路に障害物や遮蔽物を設け、仕掛けた場所にわざと誘い込むといった方法も採られる。1次トラップ、2次トラップと《2重のおとり》が使われていることもある。たとえば《おとり》を排除した直後に《ホンモノ》が作動するという高度なブービートラップはイラクで頻繁に使われている。

敵が占有していた建物の捜索には細心の注意が必要とされる。エントランス、窓といった普段から人の出入りが多いところはまず仕掛けられていると想定し、別の侵入口を探すべきだ（この逆も考えられる）。階段や踊り場にも注意し、家具や日用品には安全が確認されるまで触れてはならない。敷地内に何気なく駐車してある車にもブービートラップが仕掛けられる可能

■ペプシ缶に仕掛けられた——人間の〈モノを蹴り上げる〉という何げない動作を逆手にとったものだ

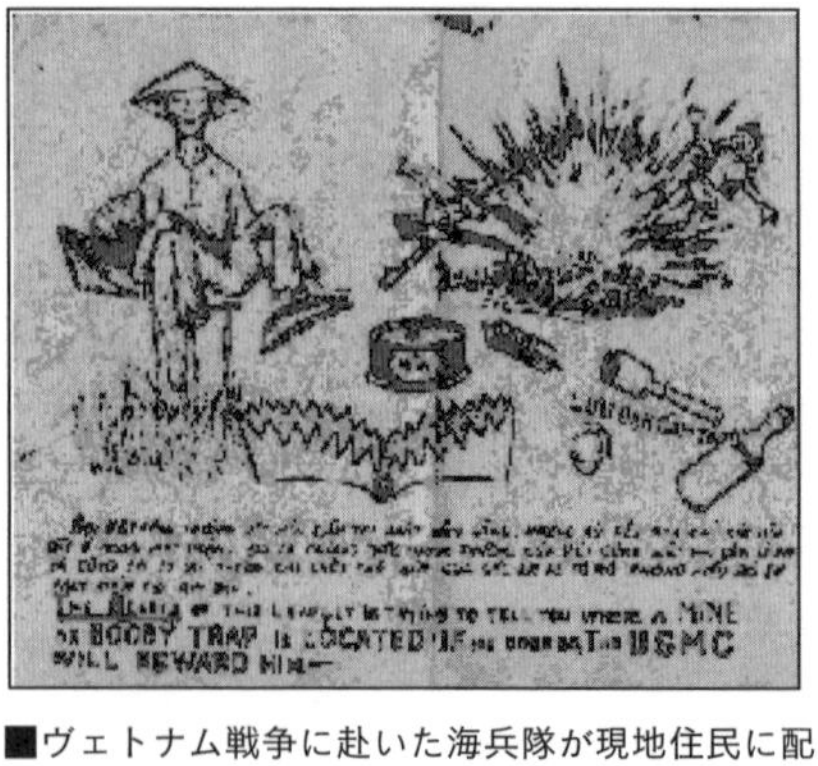

■ヴェトナム戦争に赴いた海兵隊が現地住民に配布した地雷、ブービートラップへの注意喚起を促すリーフレット

性はきわめて高い。

起爆にはスマートなＩＥＤと違い、洗濯ばさみ、ねずみ採り、バネ、ワイヤーなどのどこでもありそうな日用品が転用され、開ける、持ち上げる、ワイヤーに足を引っ掛ける、床板を踏む、ノブを回すといった単純な動作で爆発する。

＊＊＊＊＊

斥候部隊の任務の一つにブービートラップの発見がある。除去作業は別の専門部隊の仕事だ。かつて敵のエリアであった敷地に立ち入る時は必ずやブービートラップが仕掛けられていると思え！　道端の動物の死骸にも注意が必要だ。退却した敵を追跡するにあたっては以下のロケーションに注意すること——

- **道路や軌道：山道や土堤、橋、暗渠、障害物を回避する迂回路**
- **オープンエリア：林や森、回り道、集積場、塹壕、地形を利用した要塞**
- **建物：出入り口、階段、階段の踊り場、家具、引き出し、蛇口、照明のスイッチ、コンセント**
- **その他：工場、発電所、精製所**

ブービートラップはこのようなところに仕掛けられている——

- **放置車両**
- **手つかずの食料や医療品**
- **戦利品、土産物になりそうなもの**

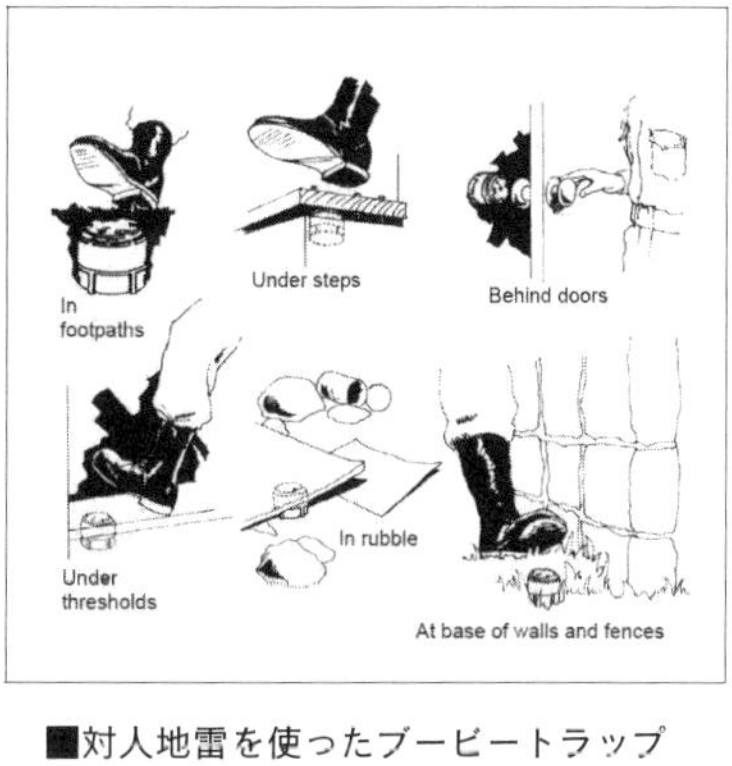

■対人地雷を使ったブービートラップ

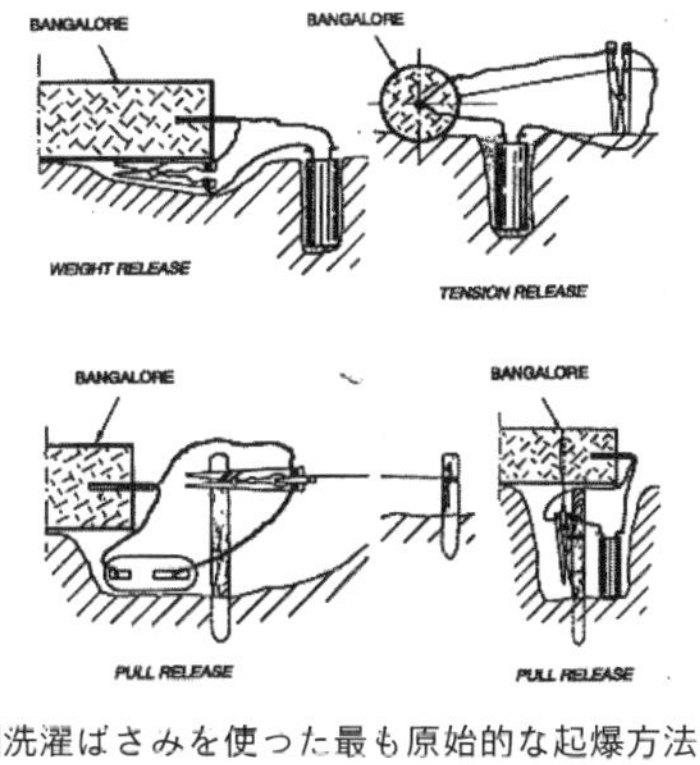

■洗濯ばさみを使った最も原始的な起爆方法

・好奇心をそそるように配置された釘やワイヤー、紐
・木の幹や道端に残された何らかのサイン
・不自然な足跡やタイヤマークが残された場所
・壁や床に残る補修や修繕の跡
・叩くと不自然な音がする壁

もちろん、これですべてというわけではない。自分ならばどこへ仕掛けるか——隊員はイマジネーションを働かせブービートラップを発見しなければならない。こういった能力は訓練や経験によって培われるものだ。

集中力を維持するべく斥候部隊には折を見て休憩時間を与えなければならない。肉体的、精神的疲労は本人のみならず他の隊員を思わぬ危険にさらすことになる。

検出作業には次のような基本原則がある——

・隊員同士の安全距離を確保すること
・室内の捜索は1名でおこなうこと
・窓や壁にあいた穴からの進入は安全が確保されるまで絶対におこなわない
・緩んだ床板には特に注意すること
・カーペットが敷かれた床に注意する
・不用意に家具や調度品に触ったり、動かしたりしない
・引き出しを開けたり、閉めたりしない
・紐やワイヤーは両端に何も仕掛けがないことが確認されるまで触らない
・照明や器具には触れず、椅子やベッドに腰掛けない

■手榴弾1個でもその威力は侮れない。手榴弾を両手に持ち顔の位置で炸裂させた男性

熟練した隊員は本能的に危険を察知することができる。発見作業にあたっては常に五感を研ぎ澄まさなければならない。

「ブービートラップ検出マニュアル」より

＊＊＊＊＊

■スーサイドボマー

イラクに関わらず戦場において敵の放った銃弾で命を落とす兵士は意外なほど少ない。交戦中最も多い死亡原因は砲弾、榴弾の破片による損傷だ。砲撃では、銃撃ほどの命中精度を必要とせずターゲットの周囲に着弾させればキリングゾーンとしては十分だ。

イラクにおける米兵の死亡原因の約3割はＩＥＤ、ブービートラップによるものだ。スーサイドボミングも爆薬だけでなく流出砲弾や無線起爆装置が使われればＩＥＤ攻撃の一つと見なすことができる（普通、自爆ベストやベルトはＩＥＤとはいわない）。

自爆テロには主に二つの方法が採られている。カバン携行・ベスト着用とＶＢＩＥＤ（車両搭載）だ。前者は、カバンや衣類（爆弾ベスト）に爆薬と釘やベアリングなどの飛散物を仕掛けたもので、行列、人が密集した場所、バスや列車などの交通手段を狙う。着用型では流出兵器の類ではなく軍用、産業用爆薬が使われる。携帯量が多ければ当然、着膨れ不自然な格好になるため発見されやすい。起爆は本人がスイッチを押しておこなうセルフデトネーションと、本人を爆破地点まで行かせ他者が起爆スイッチを入れるリモートデトネーション（無線式）とがある。

ここでいうＶＢＩＥＤは、爆薬を仕掛けた放置車両を遠隔起爆するような無人タイプの攻撃

■パレスチナのスーサイドボマー

ではなく、後部座席やトランクに流出砲弾を満載しターゲットとなる車列に接近してから起爆させる、同じように砲弾を満載した車をターゲット（建物や行列などの群衆）に突っ込む自爆スタイルの攻撃のことをいう。

■イラクとパレスチナの自爆テロ

繁華街など人が密集している場所に単身乗り込む場合はセルフ式と無線式のどちらかが使われ、VBIEDではセルフ式が圧倒的に多くなる。無線式ということは実行犯を目的地に送り込み、ターゲットの接近を確認した第三者が起爆スイッチを押しているということだ。よって実行犯が直前になって思い直しをしたり（逃亡）、爆弾所持が発覚したり（中止・延期）する事態にはまずならない。そもそも狂信的な志願者の多いパレスチナでは自分でスイッチを押すケースが圧倒的に多い。

スーサイドボマーは旧日本軍がおこなった神風特攻に準られることが多いが、これは間違いである。特攻は軍人が軍人に対しておこなう行為であり、スーサイドボマーは私設軍隊というべき準軍隊、過激派もしくは武装勢力が民間人を巻き添えに行う殺人行為だ。

自爆行為が強要、ドラッグによるマインドコントロールというのも大方的外れである。たしかにスーサイドボマーといえば純粋な殉教者といった見方がこれまでは一般的であったが、実のところ社会に適応できない者、親や兄弟、教師などから見放された者が〈見返してやりたい〉という心境から志願するケースも少なからずある。しかしこれはまれなケースといえよう。

理性を失うほどの異常な信仰心が凶行に駆り立てているのは事実で、実行者は現世の功徳によって来世の栄華と同時に遺族への手厚い補償が約束される。実行者の半数以上は18歳以上のしかるべき教育を受けた若者で、当然この中に女性も含まれている。

■スーサイドボマーの最期

ターゲットとなる場所は人が集まりやすい市場や交通機関または兵士が集う食堂や会合場だ。自爆テロに限らず爆弾テロはできる限り密集地でおこなわなければ意味をなさない。爆薬の他に釘やベアリングなどの飛散物も必須だ。ただ爆薬を起爆させても衝撃波で当の本人（半径数m範囲の人間）が吹き飛ぶだけだ。自爆テロの現場、特に実行者の遺体に流血は見られない。これは6000～8000m／secという爆轟の衝撃で体が四散するのと同時に心臓の動きがストップするからだ。つまり血を流すヒマもなく死んだということだ。

■実録　スーサイドボマー

テロリストと軍隊の違いは何であろうか。国際的に認知されることを正規軍の条件とするこ

■パレスチナのセルフデトネーション方式

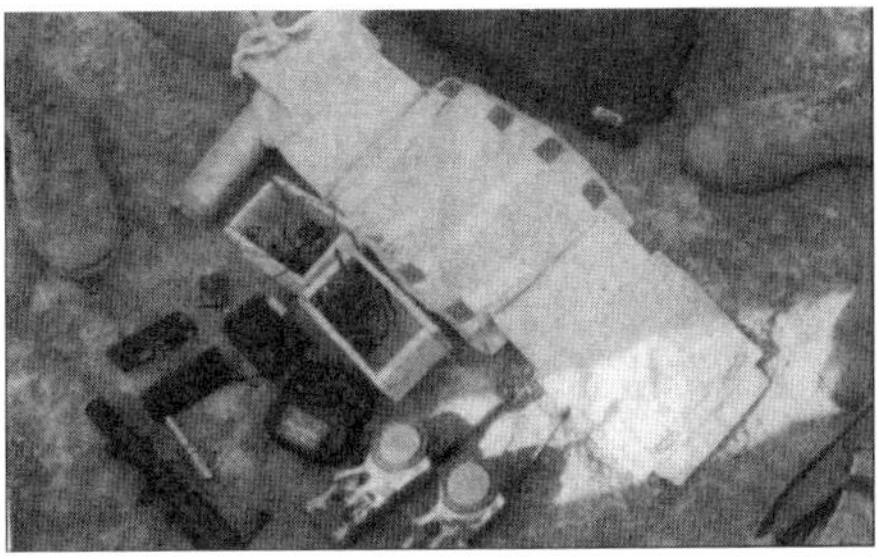

■イラクのリモートデトネーション方式。ラジコンのプロポ、小型無線機が見える

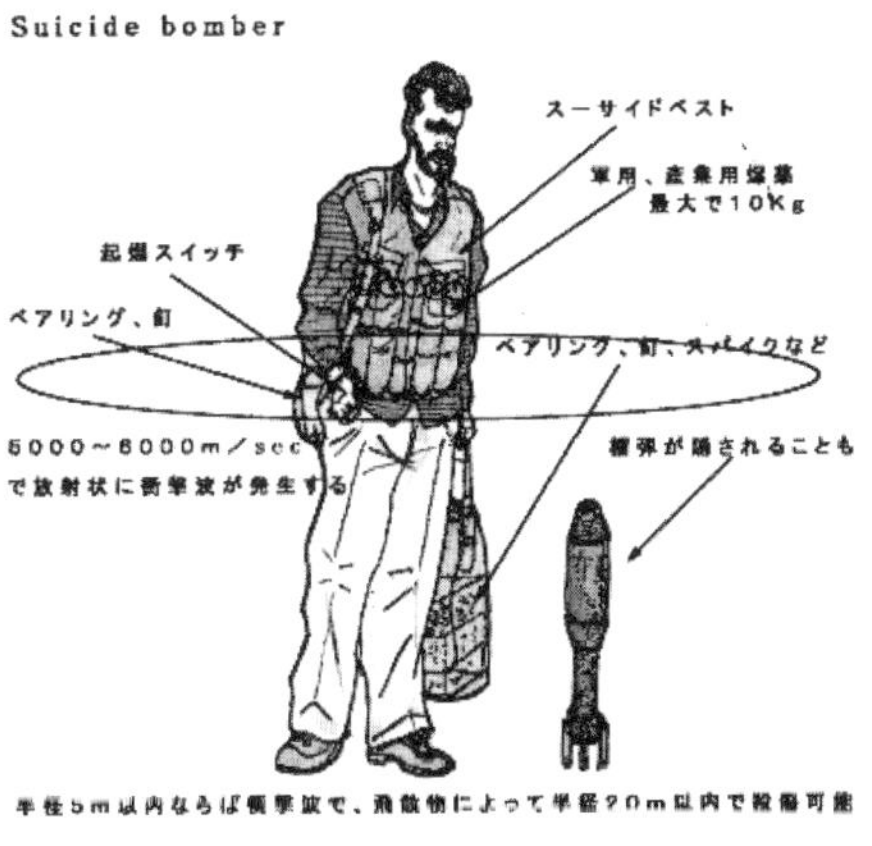

ともできるが、テロリストであろうと正規軍であろうと他国を攻撃することには変わりはない。スーサイドボマーは自分がテロリストだとは絶対に思っていない。アメリカ流にいえば自分は「フリーダムファイター」だというだろう。われわれがいうところのテロリストは、テロリスト本人にとっては祖国・宗教のために命を捧げた愛国者・殉教者に他ならない。テロリストの側からいわせれば空爆を仕掛ける者こそがテロリストということになる。

パレスチナではテロリストのイメージとは程遠い少年や女性が自爆テロをおこなっている――

#1　16歳の少年ボマー

2004年3月午後4時、イスラエルとパレスチナの国境沿いに設けられた検問所付近での出来事。検問所に勤務するイスラエル兵のひとりがダブダブの赤いジャージを着た少年がこちらに向かって歩いてくるのに気がついた。異様な風体に兵士はすぐさまスーサイドボマーであることを見抜いた。2、3日前にも11歳の少年による爆弾持込未遂があったばかりだった。銃を向けジャージを脱ぐよう命じると案の定自爆ベストを着用していた。付近にいたイスラエル兵らは少年に銃を向けコンクリートで四方を囲んだバリアへと誘導した。

少年はまずベストを脱ぐよう命じられたが脱ぎ方がわからないようであった。結局ベストは爆弾処理ロボットを使って脱がし、別の爆弾を隠し持っている恐れがあることから下着1枚の状態でうつ伏せにさせた。

自爆ベストに隠された爆薬は全部で8kg。当時検問所周辺にはイスラエル兵のほか200名近いパレスチナ人がおり、ベストを起爆させていれば自国民にも被害が及んだに違いない。これまでスーサイドボミングといえば判断能力のある成人が確固たる意志の元で志願し、これをおこなうというものであったが、近年は武装グループによってリクルートされた年端もいかな

■スーサイドボマーの遺体を探索する爆弾処理ロボット

■両手を頭につけるよう命じられた少年ボマー

い少年らによるものが増える傾向にある。彼が志願したのか、それともそそのかされたのかは今のところ不明だ。事件を聞きつけた少年の両親は、息子は人に騙されやすい性格で、考え方はまだ子供のままだと話している。

#2　女性ボマー

2004年1月、一人の女性がガザ地区の検問所で係員と言い争っていた。相次ぐ自爆テロに頭を悩ましていたイスラエル軍は検問所を通過するパレスチナ人に対して金属探知器による身体検査をおこなっており、これをパスできない者は即座に連行され厳重な監視下の元さらなる身体検査を受けることになっている。

女性の体にあてられた探知機が警報音を発した。女性は最近受けた外科手術で埋め込まれた金属プレートのせいだと話し何とか通過させて欲しいと食い下がった。

検問所の兵士は女性兵士を呼ぶので個室で身体検査を受けて欲しいといった。爆発はこの女性を個室に招きいれた直後に起きた。この自爆テロで4名のイスラエル軍兵士が死亡し、検問所付近にいた10数名のパレスチナ人が負傷した。

女性の葬儀は盛大にとりおこなわれ彼女は《女傑》として崇められた。この女性こそスーサイドボミングを決行した最初の女性で、享年22歳、3歳と1歳の子供の母親であった。決行前に撮影されたビデオ映像には、最初の女性殉教者になりたいと笑顔で話す女性の姿が収められていた。ハマスや殉教旅団といった組織はスーサイドボミングを最高の殉教行為とみなしこれを奨励し、残された遺族には手厚い待遇まで約束されていた。当日彼女を検問所まで車で送り届けたのは夫だった。

■近親者、同士らに向かってメッセージを伝える女性ボマー

人殺し大百科　第3版

2021年11月9日　第3版第1刷発行

著　者　ホミサイドラボ

発行者　鵜野義嗣

発行所　株式会社データハウス
〒160-0023　東京都新宿区西新宿4-13-14
TEL03-5334-7555（代表）
HP http：//www.data-house.info/

印刷所　三協企画印刷

製本所　難波製本

ISBN978-4-7817-0249-0　C0036

本書は2007年1月に小社より発売された『人殺し大百科』を新装し、新たに発刊したものです。